張大可
韓兆琦 等 注譯

新譯資治通鑑

（十三）

晉紀十二—二十

三民書局

國家圖書館出版品預行編目資料

新譯資治通鑑(十三)／張大可,韓兆琦等注譯.——初版三刷.——臺北市：三民，2024
冊；　公分.——(古籍今注新譯叢書)

ISBN 978-957-14-6239-4 （全套:精裝）
1. 資治通鑑 2. 注釋

610.23　　105022920

古籍今注新譯叢書

新譯資治通鑑(十三)

注譯者　張大可　韓兆琦等
創辦人　劉振強
發行人　劉仲傑
出版者　三民書局股份有限公司(成立於1953年)

三民網路書店
https://www.sanmin.com.tw

地址　臺北市復興北路386號　(復北門市)　(02)2500-6600
臺北市重慶南路一段61號(重南門市)　(02)2361-7511

出版日期　初版一刷2017年1月
初版三刷2024年5月
全套不分售
ISBN　978-957-14-6239-4

三民書局

新譯資治通鑑　目次

第十三冊

卷第九十

晉紀十二

起強圉赤奮若（丁丑 西元三一七年），盡著雍攝提格（戊寅 西元三一八年），凡二年。

【題解】本卷寫晉元帝建武元年（西元三一七年）到太興元年（西元三一八年）兩年間的東晉及各國大事，主要寫了晉愍帝司馬鄴投降漢國後，琅邪王司馬睿在眾臣的勸進下在建康即位晉王，備百官，立宗廟，建社稷，東晉政權初具規模；待至晉愍帝在漢都平陽受盡屈辱被劉聰所殺後，晉王司馬睿立即在建康登基，成為東晉的第一個皇帝，他對勸進的臣民大加封賞，暴露了他此前多次「推讓」的虛偽；寫了晉王朝自其建立伊始，就完全投靠世族豪門，把西晉的許多腐敗制度、腐敗風習全部承繼了下來；寫了漢國丞相劉粲為謀取皇位繼承權而誣陷皇太弟劉乂；劉聰去世，劉粲繼位後，聽信靳準，倒行逆施，大肆誅殺朝廷大臣；靳準又發動政變殺死劉粲，自立為漢大王，稱臣於晉；隨後靳準在漢相國劉曜與漢將石勒的夾擊下，靳準的部下作亂，殺死靳準，攜帶劉淵、劉聰的乘輿舊物投奔劉曜，劉曜被擁戴為漢主，遷都長安。此外還寫了鮮卑人慕容廆在遼東以尊崇晉室為名吞併弱小，發展壯大自己；而其兄吐谷渾則率部越隴，在今甘肅、青海之河西地區逐漸強大，以及多年在并州堅持抗戰，與劉聰、石勒進行艱苦鬥爭的劉琨最後被段匹磾殺害等等。

中宗元皇帝❶上

建武元年（丁丑　西元三一七年）

春，正月，漢兵東略❷弘農❸，太守❹宋哲奔江東❺。

黃門郎❻史淑、侍御史❼王沖自長安奔涼州❽，稱愍帝出降前一日❾，使淑等齎詔❿賜張寔⓫，拜寔大都督⓬、涼州牧⓭、侍中⓮、司空⓯，承制行事⓰，且曰：「朕已詔琅邪王時攝大位⓱，君其協贊⓲琅邪，共濟多難⓳。」淑等至姑臧⓴，寔大臨三日㉑，辭官不受㉒。

初，寔叔父肅㉓為西海太守㉔，聞長安危逼，請為先鋒入援。寔以其老，弗許。及聞長安不守，肅悲憤而卒。

寔遣太府司馬㉕韓璞、撫戎將軍張閬等帥步騎一萬東擊漢，命討虜將軍陳安、安故㉖[1]太守賈騫、隴西太守吳紹各統郡兵為前驅。又遺相國保㉗書曰：「王室有事，不忘投軀。前遣賈騫瞻公舉動㉘，中被符命㉙，敕騫還軍㉚。俄聞寇逼長安，胡崧不進㉛，麴允㉜持金五百，請救於崧，遂決遣騫等進軍度嶺㉝。會聞朝廷傾覆，為忠不遂，憤痛之深，死有餘責。今更遣璞等，唯公命是從㉞。」璞等卒不能進而還。

至南安㉟，諸羌斷路，相持百餘日，糧竭矢盡。璞殺車中牛以饗士，泣謂之曰：「汝曹念父母乎？」曰：「念。」「念妻子乎？」曰：「念。」「欲生還乎？」曰：「欲。」「從我令乎？」曰：「諾。」乃鼓譟進戰。會張閬帥金城兵㊱繼至，夾擊，大破之，斬首數千級。

先是，長安謠曰：「秦川中，血沒腕，唯有涼州倚柱觀。」及漢兵覆關中，氐、羌掠隴右，雍、秦之民，死者什八九，獨涼州安全㊲。

二月，漢主聰㊳使從弟暢帥步騎三萬攻滎陽㊴，太守李矩屯韓王故壘㊵，相去七里，遣使招矩。時暢兵猝至，矩未及為備，乃遣使詐降於暢。暢不復設備，大饗，渠帥㊶皆醉。矩欲夜襲之，士卒皆恇懼㊷。矩乃遣其將郭誦禱於子產祠㊸，使巫揚言曰：「子產有教，當遣神兵相助。」眾皆踊躍爭進。矩選勇敢千人，使誦將之，掩擊㊹暢營，斬首數千級，暢僅以身免。

辛巳㊺，宋哲至建康㊻，稱受愍帝詔，令丞相琅邪王睿統攝萬機㊼。三月，琅邪王素服出次㊽，舉哀三日。於是西陽王羕㊾及官屬等共上尊號，王不許。羕等固請不已，王慨然流涕曰：「孤，罪人也。諸賢見逼不已，當歸琅邪㊿耳！」呼私奴，命駕將歸國(51)。羕等乃請依魏晉故事(52)，稱晉王，許之。辛卯(53)，即晉王位，大赦，改元[54]，始備百官，立宗廟，建社稷。

有司請立太子。王愛次子宣城公裒[55]，欲立之，謂王導[56]曰：「立子當以德。」導曰：「世子、宣城[57]，俱有朗雋[58]之美，而世子年長。」王從之。丙辰[59]，立世子紹為王太子。封裒為琅邪王，奉恭王後[60]，仍以裒都督青、徐、兗三州諸軍事[61]，鎮廣陵[62]。以西陽王羕為太保[63]，封譙剛王遜之子承[64]為譙王。遜，宣帝[65]之弟子也。又以征南大將軍王敦[66]為大將軍[67]、江州牧[68]，揚州刺史[69]王導為驃騎將軍[70]、都督中外諸軍事[71]、領中書監[72]、錄尚書事[73]，丞相左長史刁協[74]為尚書左僕射[75]，右長史周顗[76]為吏部尚書，軍諮祭酒賀循[77]為中書令[78]，右司馬戴淵、王邃為尚書[79]，司直劉隗[80]為御史中丞[81]，行參軍劉超[82]為中書舍人[83]，參軍事孔愉[84]長兼中書郎[85]，自餘參軍[86]悉拜奉車都尉[87]，掾屬[88]拜駙馬都尉[89]，行參軍舍人拜騎都尉[90]。王敦辭州牧，王導以敦統六州，辭中外都督，賀循以老病辭中書令，王皆許之。以循為太常[91]。是時承喪亂之後，江東草創[92]，刁協久宦中朝[93]，諳練舊事[94]，賀循為世儒宗，明習禮學，凡有疑議，皆取決焉。

劉琨、段匹磾相與歃血同盟[95]，期以翼戴晉室[96]。辛丑[97]，琨檄告華夷，遣兼左長史、右司馬溫嶠[98]，匹磾遣左長史榮邵，奉表及盟文詣建康勸進[99]。嶠，羕之弟子也[100]，嶠之從母為琨妻[101]。琨謂嶠曰：「晉祚雖衰[102]，天命未改，吾當立功河朔[103]，使卿延譽江南[104]，行矣，勉之！」

王[105]以鮮卑大都督慕容廆[106]為都督遼左雜夷流民諸軍事[107]、龍驤將軍、大單于、昌黎公，廆不受。征虜將軍魯昌[108]說廆曰：「今兩京覆沒[109]，天子蒙塵[110]，琅邪王承制江東[111]，為四海所係屬[112]。明公雖雄據一方，而諸部猶阻兵未服[113]者，蓋以官非王命[114]故也。謂宜[115]通使琅邪，勸承大統[116]；然後奉詔令以伐有罪，誰敢不從！」處士[117]遼東高詡曰：「霸王之資，非義不濟[118]。今晉室雖微，人心猶附之。宜遣使江東，示有所尊[119]，然後仗大義以征諸部，不患無辭[120]矣。」廆從之，遣長史王濟浮海詣建康勸進。

漢相國粲[121]使其黨王平謂太弟乂[122]曰：「適奉中詔[123]，云京師將有變，宜衷甲以備非常[124]。」乂信之，命宮臣[125]皆衷甲以居。粲馳遣告靳準、王沈[126]。準以白漢主聰曰：「太弟將為亂，已衷甲矣！」聰大驚曰：「寧有是邪？」王沈等皆曰：「臣等聞之久矣，屢言之，而陛下不之信也。」聰使粲以兵圍東宮[127]。粲使準、沈收氐、羌酋長十餘人[128]，窮問[129]之，皆懸首高格[130]，燒鐵灼目，酋長自誣與乂謀反。聰謂沈等曰：「吾今而後知卿等之忠也。當念知無不言，勿恨往日言而不用也。」於是誅東宮官屬及乂素所親厚，準、沈等素所憎怨者大臣數十人，阬士卒萬五千餘人[131]。夏，四月，廢乂為北部王，粲尋使準賊殺之[132]。乂形神秀爽，寬仁有器度，故士心多附之。聰聞其死，哭之慟，曰：「吾兄弟止餘二人而不相容，安得使天下知吾心邪？」氐、羌叛者甚眾，以靳準行車騎大將軍，討平之。

五月壬午[133]，日有食之。

六月丙寅[134]，溫嶠等至建康。王導、周顗、庾亮[135]等皆愛嶠才，爭與之交。是時，太尉豫州牧荀組[136]、冀州刺史邵續[137]、青州刺史曹嶷、寧州刺史王遜[138]、東夷校尉[139]崔毖等皆上表勸進，王不許。

初，流民張平、樊雅各聚眾數千人在譙[140]為塢主[141]。王之為丞相也，遣行參軍譙國桓宣[142]往說平、雅，平、雅皆請降。及豫州刺史祖逖[143]出屯蘆洲[144]，遣參軍殷乂詣平、雅[145]。乂意輕平，視其屋，曰：「可作馬廄。」見大鑊[146]，曰：「可鑄鐵器。」平曰：「此乃帝王鑊[147]，天下清平方用之，柰何毀之？」乂曰：「卿未能保其頭，而愛鑊邪？」平大怒，於坐斬乂，勒兵固守。逖攻之，歲餘不下，乃誘其部將謝浮使殺之，逖進據太丘[148]。樊雅猶據譙城[149]，與逖相拒。逖攻之，不克，請兵於南中郎將王含[150]。桓宣時為含參軍，含遣宣將兵五百助逖。逖謂宣曰：「卿信義已著於彼，今復為我說雅。」宣乃單馬從兩人詣雅[151]曰：「祖豫州方欲平蕩劉、石[152]，倚卿為援，前殷乂輕薄，非豫州意也。」雅即詣逖降。逖既入譙城，石勒遣石虎[153]圍譙。王含復遣桓宣救之，虎解去。逖表宣為譙國內史[154]。己巳[155]，晉王傳檄天下[156]，稱「石虎敢帥犬羊[157]，渡河縱毒[158]，今遣琅邪王裒等九軍，銳卒三萬，水陸四道，徑造賊場[159]，受祖逖節度[160]。」尋復召裒還建康。

秋，七月，大旱。司、冀、并、青、雍州[161]大蝗。河、汾溢[162]，漂千餘家。

漢主聰立晉王粲為皇太子，領相國、大單于[163]，總攝朝政如故[164]。大赦。

段匹磾推劉琨為大都督，檄其兄遼西公疾陸眷[165]及叔父涉復辰[166]、弟末柸[167]等會于固安[168]，共討石勒[169]。末柸說疾陸眷、涉復辰曰：「以父兄而從子弟，恥也。且幸而有功，匹磾獨收之，吾屬何有哉？」各引兵還。琨、匹磾不能獨留，亦還薊[170]。〇以荀組為司徒[171]。

八月，漢趙固[172]襲衛將軍華薈[173]於臨潁[174]，殺之。〇初，趙固與長史周振[175]有隙，振密譖固於漢主聰。李矩之破劉暢也，於帳中得聰詔，令暢既克矩，還過洛陽，收固斬之，以振代固。矩送以示固，固斬振父子，帥騎一千來降[176]。矩復令固守洛陽。

鄭攀等相與拒王廙[177]，眾心不壹[178]，散還橫桑口[179]，欲入杜曾[180]。王敦遣武昌太守趙誘、襄陽太守朱軌擊之，攀等懼，請降。杜曾亦請擊第五猗[181]於襄陽以自贖。

廙將赴荊州，留長史劉浚鎮揚口壘[182]。竟陵內史[183]朱伺謂廙曰：「曾，猾賊也，外示屈服，欲誘官軍使西，然後兼道[184]襲揚口耳。宜大部分[185]，未可便西[186]。」廙性矜厲自用[187]，以伺為老怯，遂西行。曾等果還趨[188]揚口。廙乃遣伺歸，裁至壘[189]，即為曾所圍。劉浚自守北門，使伺守南門。馬雋從曾來攻壘，雋妻子先在壘中，或欲皮其面以示之[190]。伺曰：「殺其妻子，未能解圍，但益其怒耳。」乃止。曾攻陷北門，伺被傷，退入船，開船底以出[191]，沈行[192]五十步，乃得免。曾遣人說伺曰：「馬雋德卿全其妻子，今盡以卿家內外百口付雋，雋已盡心收視，卿可來也。」伺報曰：「吾年六十餘，不能復與卿作賊[193]。吾死亦當南歸，妻子付汝裁之[194]。」乃就王廙於甑山[195]，病創而卒。

戊寅[196]，趙誘、朱軌及陵江將軍黃峻與曾戰於女觀湖[197]，誘等皆敗死。曾乘勝徑造沔口[198]，威震江、沔[199]。王使豫章太守周訪[200]擊之。訪有眾八千，進至沌陽[201]。曾銳氣甚盛，訪使將軍李恆督左甄[202]，許朝督右甄，訪自領中軍。曾先攻左、右甄，訪於陣後射雉以安眾心[203]。令其眾曰：「一甄敗，鳴三鼓，兩甄敗，鳴六鼓。」趙誘子胤，將父餘兵屬左甄，力戰，敗而復合[204]，馳馬告訪。訪怒，叱令更進，胤號哭還戰。自旦至申[205]，兩甄皆敗。訪選精銳八百人，自行酒飲之[206]，敕不得妄動[207]，聞鼓音乃進。曾兵未至三十步[208]，訪親鳴鼓，將士皆騰躍奔赴，曾遂大潰，殺千餘人。訪夜追之，諸將請待明日。訪曰：「曾驍勇能戰，向者彼勞我逸，故克之，宜及其衰乘之[209]，可滅也。」乃鼓行而進，遂定漢、沔。曾走保武當[210]，王廙始得至荊州。訪以功遷梁州刺史，屯襄陽。

冬，十月丁未[211]，琅邪王裒薨。

十一月己酉朔[212]，日有食之。○丁卯[213]，以劉琨為侍中、太尉[214]。

征南軍司戴邈[215]上疏，以為：「喪亂以來，庠序[216]隳廢。議者或謂平世尚文[217]，遭亂尚武。此言似之，而實不然。夫儒道深奧，不可倉猝而成，比天下平泰[218]然後脩之，則廢墜已久矣。又，貴遊之子[219]，未必有斬將搴旗[220]之才，從軍征戍之役[221]，不及盛年[222]使之講肄道義[223]，良可惜也[224]。世道久喪，禮俗日弊，猶火之消膏[225]，莫之覺也。今王業肇建[226]，萬物權輿[227]，謂宜篤道崇儒[228]，以勵風化[229]。」王從之，始立太學[230]。

漢主聰出畋[231]，以愍帝行車騎將軍[232]，戎服執戟前導。見者指之曰：「此故長安天子也。」聚而觀之，故老有泣者。太子粲言於聰曰：「昔周武王豈樂殺紂乎？正恐同惡相求為患[233]故也。今興兵聚眾者，皆以子業為名[234]，不如早除之。」聰曰：「吾前殺庾珉輩[235]，而民心猶如是。吾未忍復殺也，且小觀之[236]。」十二月，聰饗群臣于光極殿，使愍帝行酒洗爵[237]，已而更衣[238]，又使之執蓋[239]。晉臣多涕泣，有失聲者。尚書郎隴西辛賓[240]起，抱帝大哭，聰命引出斬之。

趙固與河內太守郭默侵漢河東[241]，至絳[242]，右司隸部民[243]奔之者三萬餘人。騎兵將軍劉勳追擊之，殺萬餘人，固、默引歸。太子粲帥將軍劉雅生等步騎十萬屯小平津[244]，固揚言曰：「要當[245]生縛劉粲以贖天子！」粲表於聰曰：「子業若死，民無所望，則不為李矩、趙固之用，不攻而自滅矣。」戊戌[246]，愍帝遇害於平陽[247]。粲遣雅生攻洛陽，固奔陽城山[248]。

是歲，王命課督農功[249]，二千石、長吏以入穀多少為殿最[250]，諸軍各自佃作[251]，即以為稟[252]。

氐王楊茂搜[253]卒，長子難敵立，與少子堅頭分領部曲[254]。難敵號左賢王[255]，屯下辨[256]，堅頭號右賢王，屯河池[257]。

河南王吐谷渾[258]卒。吐谷渾者，慕容廆之庶兄也，父涉歸，分戶一千七百以隸之[259]。及廆嗣位，二部馬鬬。廆遣使讓[260]吐谷渾曰：「先公分建有別[261]，柰何不相遠異[262]，而令馬有鬬傷！」吐谷渾怒曰：「馬是六畜[263]，鬬乃其常，何至怒及於人！欲遠別甚易，恐後會為難耳。今當去汝萬里之外。」遂帥其眾西徙。廆悔之，遣其長史乙那婁馮[264]追謝之。吐谷渾曰：「先公嘗稱卜筮之言云：『吾二子皆當彊盛，祚流後世[265]。』我，孽子[266]也，理無並大[267]。今因馬而別，殆天意乎[268]！」遂不復還，西傅陰山而居[269]。屬永嘉之亂[270]，因度隴而西[271]，據洮水之西[272]，極于白蘭[273]，地方數千里。鮮卑謂兄為阿干，廆追思之，為之作阿干之歌。吐谷渾有子六十人，長子吐延嗣[274]。吐延長大有勇力，羌胡皆畏之。

【章　旨】以上為第一段，寫東晉建武元年（西元三一七年）一年間的事件。主要寫了晉愍帝司馬鄴投降漢國後，琅邪王司馬睿接受眾臣勸進，在建康即晉王位，備百官，立宗廟，建社稷，使東晉政權初具規模；寫了晉愍帝司馬鄴降漢後，在漢都平陽受辱被殺；寫了漢國丞相劉粲誣陷皇太弟劉乂致死而自己取得皇位繼承權；寫了晉王朝管區內王廙與杜曾等各派勢力在荊州一帶的相互爭奪；寫了鮮卑族慕容廆在遼西地區以尊晉為名，討伐不服，擴大勢力；而其庶兄吐谷渾則率部越隴西遷，在今青海一帶逐漸強大等等。

【注　釋】❶中宗元皇帝　司馬睿（西元二七五—三二二年），字景文，司馬懿的曾孫，琅邪武王司馬伷之孫，恭王司馬覲之子，東晉王朝建立者，西元三一七至三二二年在位。事詳《晉書》卷五〈元帝紀〉。(《謚法》：始建國都曰元。)❷略 攻佔；掠奪。❸弘農 郡名，治所弘農縣，在今河南靈寶東北故函谷關城。❹太守 官名，郡的最高行政長官。❺江東 地區名，長江在蕪湖至南京段作西南、東北流向，因此，隋、唐以前稱自此以下長江東岸、南岸地區為江東。這裡即指當時司馬睿的統治區。❻黃門郎 官名，給事黃門侍郎的省稱，掌宮內侍奉。❼侍御史 官名，在御史大夫屬下，行監察等職。❽涼州 晉州名，治所姑臧縣，即今甘肅武威。❾愍帝出降前一日 即建興四年(西元三一六年)十一月初十。晉愍帝降漢在十一月十一。晉愍帝名司馬鄴，字彥旗，武帝司馬炎之孫，吳孝王司馬晏之子，西晉的第四代皇帝，西元三一三至三一六年在位。事詳《晉書》卷五〈孝愍帝紀〉。❿齎詔 帶著詔書。⓫張寔 (西元二七〇—三二〇年)字安遜，涼州刺史張軌之子，軌卒，代為刺史。傳見《晉書》卷八十六。張寔當時堅持向晉王朝稱臣。⓬大都督 官名，統領中外諸軍的最高軍事長官。⓭涼州牧 官名，涼州地區的最高行政長官。⓮侍中 官名，本為丞相屬官，執掌侍從皇帝，應對顧問。魏晉以後，事實上相當於宰相。⓯司空 官名，魏晉時三公之一，參議國政。以上「大都督、涼州牧」是給張寔的實職，「侍中、司空」是給張寔的加官，以示榮寵。⓰承制行事 秉承皇帝的旨意行事，意即授予他臨時制宜，有先斬後奏之權。⓱攝大位 代行皇帝職權。⓲協贊 協同贊助。⓳共濟多難 共同救助這個多難的國家。⓴姑臧 晉縣名，即今甘肅武威，當時涼州的州治所在地。㉑大臨三日 率眾哭弔了三天，以表示對國都淪陷、皇帝被俘的哀悼。㉒辭官不受 意思是表示自己願盡臣子之心為國效力，而不願在這種時刻加官進爵地發國難財。㉓寔叔父肅 張寔的叔父張肅。㉔西海太守 西海郡的太守。晉時西海郡的郡治居延，在今內蒙古額濟納旗東南。㉕太府司馬 張寔部下的司馬官。太府，對張寔涼州大都督府的敬稱，部下設有太府司馬、太府主簿；而張寔的涼州牧則被敬稱為少府，設有少府主簿等官。㉖安故 晉郡名，乃張氏分金城、西平二郡地以立之新郡，故〈晉志〉有所謂「張茂分武興、金城、西平、安故四郡為定州」之語。㉗相國保 南陽王司馬模之子司馬保，字景度。八王之亂後盤據於秦州(今甘肅天水市)一帶地區。愍帝建興三年，被遙授為相國。傳見《晉書》卷三十七。㉘瞻公舉動 觀察您的動向，以便追隨行事。㉙中被符命 途中接到您的命令。符命，兵符、將令。㉚敕騫還軍 我才讓賈騫撤軍回來。㉛胡崧不進 事見上卷三一六年，當年八月漢劉曜率軍進逼晉都城長安，司馬保派將軍胡崧率軍從秦州東下入援長安。胡崧在靈臺擊敗漢軍。胡崧擔心再獲得重大勝利，朝廷的聲威將再度振興，麴允、索綝的勢力會更強大，於是，率領長安城西各郡武裝部隊，移向渭水北岸，不再前進，並退守槐里。㉜麴允 晉懷帝時為始平郡太守，愍帝時先為雍州刺史，後為愍帝之輔弼大臣。愍帝出降，允為劉聰所幽辱，憤而自殺。傳見《晉書》卷八十九。㉝遂決遣騫等進軍度嶺 這句話的主語是張寔。度嶺，越隴山東出，以救京師之急。㉞唯公命是從　絕對聽從相國您的命令。㉟南安　晉郡名，治所豲道縣，在今甘肅隴西縣東南渭水東岸。㊱張閬帥金城兵　張閬是張寔的部下，此時任金城太守，金城郡的郡治榆中，在今甘肅蘭州東。㊲獨涼州安全　以上引民謠云云，乃史家以此歌頌張氏家族對維護涼州一帶地區安寧的歷史貢獻。㊳漢主聰　劉聰，字玄明，匈奴族，劉淵的第四子。西元三一〇至三一八年在位為漢主。傳見《晉書》卷一百二。㊴滎陽　晉郡名，郡治滎陽縣，即今河南滎陽東北之古滎鎮。㊵韓王故壘　滎陽一帶地區戰國時屬韓國，故其地有韓王故壘。㊶渠帥　魁首；大頭領。㊷恇懼　恐慌不安。㊸子產祠　鄭人祭祀子產的神廟。子產名僑，春秋時代鄭國的良臣。曾在鄭簡、定、獻、聲四朝執國政。事詳《左傳》、《史記・鄭世家》。鄭國後來被韓國所滅，故韓國的滎陽一帶有子產祠。㊹掩擊　突然襲擊。㊺辛巳　二月二十八。㊻宋哲至建康　宋哲原在晉愍帝屬下為平東將軍，愍帝被劉曜俘去後，宋哲逃向江東投歸司馬睿。建康是古城名，即今南京。三國時吳建都於此，稱建業；西晉時避晉愍帝司馬鄴諱，改名建康。㊼統攝萬機　隱指即皇帝位。㊽素服出次　身穿喪服到宮外居住。古代天子諸侯常居治事之所叫「正寢」或「路寢」，凡遇國喪，天子諸侯須避正寢，出外居住。㊾西陽王羕　司馬羕，字延年，汝南王亮之子。先被封為西陽縣公，後被封為西陽王。㊿當歸琅邪　我還回去當琅邪王。(51)命駕將歸國　讓人準備車駕，我要回到自己本來的封地去。故意裝出一副不肯當皇帝的樣子。(52)依魏晉故事　按照當年司馬炎篡取魏國皇帝的程序行事。即第一步先稱「晉王」，而後再逐步稱皇帝。(53)辛卯　三月初九。(54)改元　改用自己的新年號，即所謂「建武」。(55)宣城公裒　司馬裒，字道成，晉元帝睿之子。初封宣城郡公，後更封琅邪王。傳見《晉書》卷六十四〈元四王傳〉。(56)王導　字茂弘，琅邪臨沂（今山東費縣東）人，東晉大臣，輔佐元、明、成三帝，德重勳高，當時任揚州刺史。傳見《晉書》卷六十五。(57)世子宣城　這裡以稱司馬睿的兩個兒子司馬紹與司馬裒。世子，意同太子，帝王或諸侯正妻所生的長子，這裡指未來的晉明帝司馬紹。(58)朗雋　英達出眾。(59)丙辰　《建康實錄》卷五作「四月丙辰」，即四月初四。(60)奉恭王後　繼承恭王司馬覲之後，世襲為琅邪王。按，琅邪恭王司馬覲，是晉元帝司馬睿的父親。原應由司馬睿繼承其衣缽，但因司馬睿已繼承大統，為司馬炎之後，其子司馬紹又為己之後，故只有讓次子司馬裒承繼司馬覲。(61)都督青徐兗三州諸軍事　意即使之為青州、徐州、兗州三州的最高軍事長官。(62)鎮廣陵　其統率部設於廣陵，在今江蘇揚州東南。(63)太保　官名，與太師、太傅合稱「三公」，亦稱「三師」，此時用為加官，以示榮寵。(64)譙剛王遜之子承　司馬承，字敬才。傳附《晉書》卷三十七〈譙剛王遜傳〉。譙剛王遜，司馬遜，司馬懿之姪。仕魏為關內侯。晉武帝時，封譙王。諡曰剛。(65)宣帝　即司馬懿，字仲達，司馬炎代魏稱帝，追諡為宣帝。事詳《晉書》卷一〈宣帝紀〉。(66)征南大將軍王敦　字處仲，臨沂（今山東費縣東）人。傳見《晉書》卷九十八。

此時任征南大將軍。魏晉時期國家設「四征」、「四鎮」八個大將軍，皆地位崇重。(67)大將軍　官名，漢武帝以來掌管國家軍政大權的最高長官，地位在丞相之上。魏、晉時期的執政大臣，多兼有「大將軍」的官號。(68)江州牧　同時兼任江州刺史。當時江州刺史的州治尋陽，即今江西九江。(69)揚州刺史　揚州的州治建康，即今南京。(70)驃騎將軍　官名，權位僅次於「大將軍」。(71)都督中外諸軍事　意即統領全國軍隊，為國家的最高軍事長官。都督，總統。(72)領中書監　兼任中書省長官，主管為皇帝起草一切詔書、文件。領，兼管。(73)錄尚書事　總管尚書省的一切事務。錄，總管。尚書省，職能有如今之行政院。尚書省的長官為尚書令。東漢以後，常以中央高級官員「領尚書事」或「錄尚書事」，權力遂集中少數人或某一人。(74)丞相左長史刁協　丞相左長史猶如今之總理助理或辦公廳主任。長史，諸史之長。刁協字玄亮，勃海饒安（今河北鹽山縣西南）人。傳見《晉書》卷六十九。(75)尚書左僕射　官名，尚書令的副手。(76)周顗　字伯仁，安城（今河南汝南縣東南）人，東晉初期的名士與朝廷顯宦。傳見《晉書》卷六十九。(77)軍諮祭酒賀循　賀循字彥先，會稽山陰（今浙江紹興）人。傳見《晉書》卷六十八。軍諮祭酒，約當今之軍師、總參謀長。祭酒是官名，軍諮即「軍師」。晉朝人給司馬師避諱，故改軍師曰「軍諮」。(78)中書令　官名，與中書監同為中書省長官，權同宰相。由於尚書臺權力過大，魏、晉以降逐漸實行三省制，增設中書省、門下省與尚書臺分權，由中書決策，門下審議，尚書執行。三省長官權同宰相。(79)尚書　官名，尚書省的成員，協助皇帝處理日常政務。(80)司直劉隗　司直是丞相屬下的司法官。劉隗字大連，彭城（今江蘇徐州）人。傳見《晉書》卷六十九。(81)御史中丞　官名，御史臺的長官，掌管督察糾彈。秦代和西漢時期設御史大夫一職，掌監察，地位僅低於丞相，御史中丞僅為其屬官。西漢末以後，御史大夫改為司空，東漢光武始以御史中丞為御史臺長官。(82)行參軍劉超　代理參軍之職的劉超。行，代理。參軍，大將軍的參謀人員。劉超字世瑜，琅邪臨沂（今山東費縣東）人。傳見《晉書》卷七十。(83)中書舍人　官名，中書令的屬官，掌管傳達詔命。(84)孔愉　字敬康，會稽山陰（今浙江紹興）人。傳見《晉書》卷七十八。(85)長兼中書郎　中書郎即中書侍郎，是中書監與中書令的副職，參與朝政。此職由大將軍的「參軍」永久性的兼任，可見朝廷機要部門被掌兵之人所控制之情狀。胡三省曰：「長兼蓋始於此。」(86)自餘參軍　其他的參謀人員。(87)奉車都尉　皇帝的車馬侍從官，平時為皇帝管理車馬，外出任侍從。與駙馬都尉、騎都尉同職。(88)掾屬　指大將軍王敦、驃騎將軍王導的其他僚屬。掾，手下辦事人員的統稱。(89)駙馬都尉　官名，簡稱「駙馬」，皇帝的侍從武官，為皇帝管理副車之馬。(90)騎都尉　官名，掌管皇帝的羽林騎兵。(91)太常　官名，九卿之一，掌禮樂郊廟社稷事宜。(92)江東草創　指東晉政權剛剛建立。(93)久宦中朝　曾長期在西晉朝廷任職。中朝，東晉人以稱國都洛陽時代的西晉朝廷。(94)諳練舊事　熟悉舊日朝廷的規章法令。諳練，熟悉。(95)劉琨段匹

磾相與歃血同盟　劉琨是西晉末年在今山西一帶堅持抗擊北方民族叛亂的晉朝將領，鬥爭失敗後東逃至今北京市地區投靠幽州刺史段匹磾，事見上年。歃血同盟，意即二人宣誓結盟。歃血是古代定盟時的一種儀式，宣誓雙方把牲畜之血塗於嘴上。96期以翼戴晉室　約定好共同扶持、共同擁戴晉王朝。翼戴，扶持、擁戴。97辛丑　三月十九。98溫嶠　字太真，劉琨的僚屬，後成為東晉名臣。傳見《晉書》卷六十七。99勸進　勸司馬睿由晉王進一步登基稱帝。100嶠二句　溫嶠是溫羨之弟的兒子。溫羨，字長卿，太原祁縣人。傳見《晉書》卷四十四。101嶠之從母為琨妻　溫嶠的姨母是劉琨的妻子（劉琨是溫嶠的姨夫）。從母，母親的姐妹。102晉祚雖衰　晉朝的國運雖然已經衰微。祚，福。103立功河朔　在北方建立功勳。河朔，泛指當時的并州、幽州，即今山西、河北等一帶地區。104延譽江南　向南方的朝廷稟報消息，以求在南方提高我們的名望。延譽，博取聲譽。105王　此指晉王司馬睿。106慕容廆　居住於昌黎棘城（今遼寧義縣）一帶的鮮卑人，初自稱鮮卑大單于，愍帝時，名義上投靠晉王朝，被授為鎮軍將軍，昌黎、遼東二國公。傳見《晉書》卷一百八。107都督遼左雜夷流民諸軍事　官名，意即為今遼寧一帶地區各少數民族、各臣民百姓的軍事、行政總管。遼左，遼河以東。雜夷，指各少數民族。流民，指從中原地區北逃到遼東地區避難的漢族人。108魯昌　慕容廆的部將。109兩京覆沒　指洛陽與長安相繼淪陷。110天子蒙塵　指晉懷帝、晉愍帝先後被匈奴人所俘。111承制江東　接受懷帝、愍帝的指令在江東建立政權。承制，奉皇帝之命。112為四海所係屬　為天下人所歸心、所擁護。113阻兵未服　擁兵自重，不肯臣服。阻兵，依靠武力。114官非王命　您的職務不是由朝廷任命的。115謂宜　我認為您應該。116勸承大統　勸晉王司馬睿正式接續為晉朝皇帝。117處士　稱有才德而隱居不仕的人。118霸王之資二句　即使有足以稱霸稱王的基礎，沒有合理的理由、名分仍是不行。義，宜，充分的理由與合理的名分。濟，成功。119示有所尊　以表示我們是擁護晉王朝的。120不患無辭　不擔心找不到討伐那些不服從我們的部落的藉口。121漢相國粲　劉粲，漢國君主劉聰之子，此時任相國。122太弟乂　劉淵之子劉乂。劉聰繼位為漢主，封劉乂為皇太弟，以之為未來的接班人。123適奉中詔　剛剛接到朝中的密令。中詔，來自朝中、宮中的詔書。124宜衷甲以備非常　應該在外衣裡面暗穿鎧甲以防備意想不到的事情發生。衷甲，外衣內暗穿鎧甲。125宮臣　太弟宮中的工作人員。126靳準王沈　劉粲派在漢主劉聰身邊的親信。127東宮　皇位繼承人劉乂所居之宮。128收氐羌酋長十餘人　將太弟身邊的十多個氐人、羌人的首領逮捕起來。收，逮捕。氐、羌，當時西部地區的少數民族而被匈奴人所服者。129窮問　尋根究源地審問。130懸首高格　人頭朝下地吊在木架上。高格，用大木做成的類似單槓的高架子。131阬士卒萬五千餘人　都是護衛東宮的各支警衛軍隊。132粲尋使準賊殺之　尋，不久。賊殺，殺害。賊、殺二字同義。133五月壬午　五月初一。134六月丙寅　六月十五。135庾亮　字元規，東晉前期的權臣，歷仕元、明、成三帝，其妹為晉明帝皇后。傳見《晉書》卷七十三。(136)荀組　字大章，荀勗之子，西晉王朝下的知名人物。愍帝被匈奴所俘後，荀組與其兄藩移檄天下，以琅邪王司馬睿為盟主。此時任豫州刺史，被遙授太尉。(137)邵續　字嗣祖，曾為成都王穎參軍。天下漸亂，續還鄉，糾合亡命，與段匹磾聯合攻石勒。此時被司馬睿遙授為冀州刺史。傳見《晉書》卷六十三。(138)王遜　字邵伯，西晉時期的名臣，任寧州刺史期間功績卓著。傳見《晉書》卷八十一。寧州的州治在今雲南昆明東南。(139)東夷校尉　管理東北方少數民族事務的軍事長官，駐地在今遼寧遼陽。(140)譙　晉郡名，郡治譙縣，即今安徽亳州。(141)塢主　東漢、魏、晉時代築塢自衛的豪強大姓。塢，土堡；小城。(142)桓宣　西晉末期的名人，曾協助祖逖招撫離叛，被司馬睿授譙國內史。傳見《晉書》卷八十一。(143)祖逖　字士雅，曾與劉琨同為司州主簿，中夜聞雞起舞，並有才名。西晉末率親黨數百家南遷京口。請北伐，被司馬睿任為豫州刺史。傳見《晉書》卷六十二。(144)蘆洲　地名，在今安徽亳州東渦水北岸。(145)詣平雅　到張平、樊雅屯兵居住的堡塢中去。詣，往；前往。(146)大鑊　無腳大鍋。《說文》云：鑊，江、淮人謂之鍋，浙人謂之鑊。(147)帝王鑊　古代帝王鑄的鑊，有文物價值。(148)太丘　晉縣名，縣治在今河南永城西北。(149)譙城　譙國的都城，即今安徽亳州。(150)南中郎將王含　王含字處弘，東晉權臣王敦之兄，此時任南中郎將。當時晉官有東、西、南、北四中郎將。(151)從兩人詣雅　帶著兩個隨從前往樊雅的堡塢。從，帶領；使跟從。(152)劉石　劉聰、石勒。(153)石虎　石勒的姪子與忠實部將，一個極度殘暴的殺人狂。(154)內史　西漢以來諸侯國內的行政長官稱作「相」，「相」的職權相當於郡太守，內史在「相」之下，主管民政。(155)己巳　六月十八。(156)傳檄天下　發布告於全國。檄，古代官方文書用木簡，長尺二寸，多作徵召、曉諭、申討等用。若有急事，則插羽毛，稱為羽檄。後泛稱這類官方文書為檄。(157)犬羊　對北方游牧民族士兵的蔑稱。(158)渡河縱毒　渡過黃河，騷擾劫掠中原地區。河，指黃河。縱毒，縱情劫掠。(159)徑造賊場　直搗賊人的巢穴。徑造，一直殺向。(160)受祖逖節度　接受祖逖的指揮。當時祖逖正在豫州，即今河南一帶。節度，統領；指揮。(161)司冀并青雍州　都是晉王朝的州名，司州的州治洛陽，當時已被匈奴劉漢政權所盤據，冀州的州治信都（今河北冀州），正為石勒所佔領，并州的州治太原，已在漢主劉聰之手，青州的州治臨淄，尚在晉政權的名義下，雍州的州治長安，已經陷於匈奴劉漢的統治下。(162)河汾溢　黃河、汾河發大水。(163)領相國大單于　兼任相國與大單于之職。(164)總攝朝政如故　仍然像過去一樣輔佐漢主劉聰全面處理朝廷政務。總攝，總管。攝，管制。(165)疾陸眷　鮮卑族，遼西公務勿塵之子，段匹磾之兄。務勿塵死，襲號為遼西公。(166)涉復辰　鮮卑族首領，務勿塵之弟。(167)末柸　鮮卑族首領，疾陸眷與段匹磾的從弟。(168)固安　晉縣名，縣治在今河北易縣東南。(169)石勒　字世龍，羯族，原為匈奴頭領劉聰的部將，後來脫離劉聰，自己創立後趙。傳見《晉書》卷一百五。(170)薊　晉縣名，即今北京城的西南部，當時為段匹磾的幽州刺史所在地。(171)司徒　古時的三公之一，掌教化；也有時職同丞相。魏、晉時期三公皆為虛銜，只是一種榮譽職務。(172)趙固　原為晉王朝的雍州刺史，晉懷帝永嘉六年（西元三一二年）向漢投降，被漢主劉聰任命為荊州刺史兼河南郡郡守，鎮守洛陽。(173)衛將軍華薈　華薈字敬叔，為晉王朝的衛將軍，駐兵於臨潁。(174)臨潁　晉縣名，縣治在今河南臨潁西北。(175)長史周振　趙固部下的長史，姓周名振。(176)來降　又反正來歸降晉將李矩。(177)鄭攀等相與拒王廙　鄭攀是陶侃為荊州刺史時的部將，因大將軍王敦任命王廙代替陶侃為荊州刺史，眾心不服，鄭攀遂與馬儁等聯合變民首領杜曾發兵襲擊王廙。王廙字世將，王導的從弟。傳見《晉書》卷七十六。(178)眾心不壹　眾人的意見不統一。壹，一致；統一。(179)橫桑口　地名，在今湖北天門東南。(180)欲入杜曾　想使杜曾進入荊州。入，使進入。杜曾，原是新野王司馬歆的參軍，後來自稱南中郎將，此時正佔據著靠近湖北西部的漢水上游一帶地區。傳見《晉書》卷一百。(181)第五猗　姓第五，名猗，晉愍帝建興三年被朝廷任為安南將軍、荊州刺史，後來又曾與杜曾、鄭攀等共拒王廙入荊州。(182)揚口壘　揚口地區的軍事堡壘。揚口即古揚水注入漢水的匯流處，在今湖北潛江市西北。(183)竟陵內史　竟陵國的民政官。竟陵國屬荊州刺史管轄，故朱伺為王廙進言。(184)兼道　猶言「兼程」，加倍速度地趕路。(185)大部分　加大對此防守的力度。(186)未可便西　不能就這個樣子地大意西進。(187)矜厲自用　驕傲自負，聽不進別人的意見。(188)趨　赴；奔襲。(189)裁至壘　剛剛回到揚口壘。裁，通「才」。剛剛。(190)皮其面以示之　割開他們的面皮讓馬儁看。皮，用如動詞，割開皮膚。(191)開船底以出　鑿開船底，從洞裡逃出。(192)沈行　實即潛泳。沈，通「沉」。(193)復與卿作賊　再與你一道背叛朝廷。(194)付汝裁之　交給你隨意處置。裁，裁決；處理。(195)甑山　山名，在今湖北漢川市東南。(196)戊寅　九月二十九。(197)女觀湖　湖名，在今湖北江陵東北，已湮。(198)沔口　也稱漢口，即今武漢的漢水匯入長江之口。漢水在古代也稱沔水。(199)江沔　指今長江、漢水流域的湖北西部地區。(200)周訪　字士達，此時任豫章太守。傳見《晉書》卷五十八。豫章郡的郡治即今江西南昌。(201)沌陽　晉縣名，縣治在今湖北漢陽東。(202)左甄　軍隊之左翼。晉時稱軍隊左、右兩翼為左、右甄。(203)射雉以安眾心　為了穩定軍心，周訪特意在陣後射野雞，以示從容不迫。雉，野雞。(204)敗而復合　被擊潰之後立即集結起來再戰。合，收攏；聚集。(205)自旦至申　從天明到下午。旦，天亮；早晨。申，十五時至十七時。(206)自行酒飲之　親自為他們擺酒，向他們敬酒。行酒，一一地敬酒。(207)敕不得妄動　告誡這選出的八百人，沒有命令不准隨意行動。敕，告誡。(208)未至三十步　當敵兵前進到離我還只剩下不到三十步遠的時候。(209)宜及其衰乘之　應該趁敵兵潰敗無鬥志的時候追擊它。乘，陵；追擊。(210)武當　晉縣名，縣治在今湖北丹江口市西北。(211)十月丁未　十月二十九。(212)十一月己酉朔　十一月初一是己酉日。朔，農曆的每月初一。(213)丁卯　十一月十九。(214)侍中太尉　在這裡都是虛銜，以示榮寵。太尉在秦、漢時代曾是全國最高軍事長官，與丞相、御史大夫合稱三公，魏晉時用作加官。215戴邈　字望之，東晉時期的儒臣。傳附《晉書》卷六十九。216庠序　學校。殷代叫「序」，周代叫「庠」。217平世尚文　和平的時代提倡文化教育。218比天下平泰　等到天下太平之時。比，等到。219貴遊之子　貴族之家的遊手好閒子弟。220斬將搴旗　斬敵之將，拔取敵軍之旗。221從軍征戍之役　此句殘缺不全，意即這些貴族子弟也沒法完成從軍征伐的任務。222不及盛年　不讓他們趁著年輕力壯。223講肄道義　意即讀些儒家的經典，研究一些仁義道德的問題。講肄，講習。224良可惜也　實在是一件令人遺憾的事。良，甚；很。225火之消膏　燈火的消耗燈油。膏，油脂。226王業肇建　帝王大業剛剛建立。肇建，初建。肇，始。227萬物權輿　萬事都要從頭開始。權輿，開始。228篤道崇儒　追求王道，尊崇儒學。篤，熱愛；追求。229以勵風化　以改良社會風氣。230太學　封建王朝在京師建立的全國最高學府。231出畋　出宮打獵。232行車騎將軍　充當車騎將軍之職，為漢主劉聰指揮參加打獵的車馬。行，代理。通常指官階高而代理較低職位。車騎將軍，官名，僅次於大將軍、驃騎將軍。始設於漢代，唐以後廢。233同惡相求為患　有共同仇恨的人聚在一起作亂。234皆以子業為名　都是打著司馬鄴的旗號。名，名義；藉口。235前殺庾珉輩　事在晉懷帝建興元年（西元三一三年）。漢主劉聰在平陽南宮光極殿大宴群臣，命晉懷帝身穿青衣在席間行酒，庾珉、王儁等目睹故主受如此侮辱，不禁失聲痛哭。事後，劉聰誅殺庾珉、王儁等晉國舊臣十餘人。庾珉，字子琚，為晉懷帝侍中。傳附《晉書》卷五十。236且小觀之　再過一段時間看看。237行酒洗爵　給參加宴會的人巡行斟酒，並為之洗酒杯。爵，古代的酒杯。238更衣　入廁的諱稱，主語是劉聰。239執蓋　手持便器之蓋。240隴西辛賓　隴西郡人姓辛名賓，晉愍帝在位時為尚書郎。傳附《晉書》卷八十九。241河東　晉郡名，郡治安邑，即今山西夏縣西北之禹王城，此時在漢主劉聰的統治下。242絳　晉縣名，縣治在今山西曲沃西南，此時屬漢所有。243右司隸部民　劉聰右司隸統轄下的故晉之民。司隸，官名，負責管理奴隸、俘虜。劉聰分司隸為左、右，各統所部漢民。244小平津　地名，在今河南孟津東北。245要當　一定要。246戊戌　十二月二十。247平陽　古城名，在今山西臨汾西南二十里，永嘉三年劉淵始建都於此。248陽城山　俗名東嶺山，又名馬嶺山，在今河南登封東北。249課督農功　檢查並督促發展農事的事務。250以入穀多少為殿最　把他們向朝廷繳納穀物的多少作為考核政績的標準。繳納最多的名列第一（最），繳納最少的名列最末（殿）。251諸軍各自佃作　軍隊都要就地墾荒種田。佃作，耕作。252即以為稟　種出來的糧食就作為軍糧，由部隊自己支配。稟，通作「廩」。原指倉庫，用為動詞即指供應。253楊茂搜　氐族，元康中自號輔國將軍、右賢王。氐人推以為主，晉愍帝授以為驃騎將軍。254長子難敵立二句　楊茂搜的長子楊難敵繼承了他的職位。楊難敵與其弟楊堅頭分別統領部眾。部曲，古代軍隊的編制單位。大將軍營設五部，部的長官即校尉；部下設曲，曲的長官稱軍候。

引申為部下、部眾。(255)左賢王　原為匈奴官名，與右賢王同為僅低於匈奴單于的兩個君長。左賢王居於匈奴領土的東部，右賢王居於匈奴領土的西部。匈奴尚左，單于以下以左賢王最尊貴，多由單于之子或單于之弟充任，為單于的儲副。古代北方民族亦多採用此制。(256)下辨　晉縣名，縣治在今甘肅成縣西。(257)河池　晉縣名，縣治在今甘肅徽縣西。(258)吐谷渾　人名，鮮卑族，慕容涉歸之子，慕容廆的庶兄，原居於遼東地區。傳見《晉書》卷九十七。吐谷渾後來也成了少數民族部落名。(259)分戶一千七百以隸之　分出一千七百戶歸吐谷渾所有。隸，屬；管轄。(260)讓　責備。(261)分建有別　為我們分建了部落，劃開了地區。(262)柰何不相遠異　為什麼不各自離得遠一點。遠異，遠離。(263)六畜　意即六畜之一。六畜指馬、牛、羊、犬、豕、雞六種家畜。(264)乙那婁馮　人名，乙那婁是鮮卑族的姓氏，馮字是名。(265)祚流後世　福祚流傳給後代，意即建立政權，子孫相繼稱王。祚，福。(266)孽子　古代稱非正妻所生的兒子為庶子，亦即孽子。(267)理無並大　孽子與嫡子並列在一起，不可能同樣強大。(268)殆天意乎　大概是上天的有意讓我強大起來吧。殆，大概。(269)西傅陰山而居　向西在靠近陰山的地方居住下來。西，名詞動用，意思是向西行。傅，同「附」。傍著；靠近。陰山，山名，即今內蒙古境內的陰山山脈。(270)屬永嘉之亂　正趕上永嘉年間的中國大亂，匈奴入侵，懷帝被俘等等。屬，會；正趕上。永嘉，晉懷帝司馬熾的年號（西元三〇七—三一二年）。(271)因度隴而西　因而翻過隴山繼續西行。隴，隴山，也稱隴阪、隴首。在今陝西隴縣、甘肅清水縣一帶。(272)據洮水之西　佔據了洮水以西的大片土地。據，佔有。洮水，源出甘肅、青海二省交界處的西傾山東麓，下流至甘肅永靖注入黃河。(273)極于白蘭　勢力範圍到達白蘭。極，至；抵達。白蘭，山名，在今青海西南部。(274)長子吐延嗣　吐谷渾的大兒子吐延繼承了其父的權位。嗣，繼承。

【校　記】[1]安故　據章鈺校，甲十一行本、乙十一行本皆脫「安」字。

【語　譯】中宗元皇帝上

建武元年（丁丑　西元三一七年）

春季，正月，漢國派兵向東進發，攻打晉國管轄之下的弘農郡，弘農郡太守宋哲不敢抵抗，他拋棄城池逃亡江東。

晉國擔任黃門郎的史淑、擔任侍御史的王沖，從京師長安逃往涼州，他們聲稱：晉愍帝司馬鄴在向漢國投降的前一天，派史淑帶著皇帝詔書前往涼州，封涼州代理刺史張寔為大都督、涼州牧、侍中、司空，讓張寔秉承皇帝的旨意辦事；晉愍帝司馬鄴還說：「我已經下詔讓琅邪王司馬睿即時代行皇帝職權；你等要協助輔佐琅邪王，共同救助這個多難的國家。」史淑等人到了涼州州治所在地姑臧，涼州代理刺史張寔得知皇帝已經向漢投降的消息後率眾哭弔了三天，表示自己願意盡臣子之心為國效力，而不願意在這種時刻接受加官進爵。

當初，張寔的叔父張肅擔任西海郡太守，他聽到京師長安已經岌岌可危的消息，就向張寔請求擔任先鋒率軍入援京師。張寔認為叔父張肅年紀已老，就沒有答應。等到長安陷落的消息傳來，張肅因為悲傷過度而逝世。

張寔派遣自己屬下擔任太府司馬的韓璞、擔任撫戎將軍的張閬等人率領步兵、騎兵總計一萬人，東下攻打漢國，命討虜將軍陳安、安故太守賈騫、隴西太守吳紹各自統領本郡的軍隊作為先遣部隊。張寔又寫信給擔任相國的司馬保，他在書信中說：「皇家有事的時候，我沒有忘記捐軀報效。前些時候我曾經派遣賈騫前去觀察您的動向，以便追隨行事。途中接到您的命令，我才讓賈騫撤軍回來。時隔不久，就聽到漢軍賊寇進犯長安，胡崧不肯率軍向前攻打漢軍，麴允帶著五百斤黃金，向胡崧求救，於是決定派賈騫等人率軍翻越隴山，向東救援長安。此時傳來長安陷落、朝廷覆滅的噩耗，我為國盡忠的心願沒有實現，悲痛憤恨之情無法形容，覺得自己有推卸不掉的責任，即使死了也不能免除責罰。如今，再次命令韓璞等人率軍前往，一切聽從相國您的命令。」但韓璞等最終仍然不能向前推進，只得撤回。

韓璞到達南安時，諸羌部落截斷了歸路，雙方相持了一百多天，韓璞軍隊中已經是糧食枯竭、弓箭用盡。韓璞將拉車的牛殺掉以犒賞將士，流著淚問他們說：「你們想不想念自己的父母？」眾將士回答說：「想。」韓璞再問：「你們想不想念自己的老婆孩子？」回答：「想。」韓璞又問：「你們想不想活著回去？」回答：「想。」韓璞最後問：「你們服不服從我的命令？」眾將士回答：「服從。」於是擂起戰鼓，大聲吶喊著向羌人發起進攻。正巧撫戎將軍張閬率領著金城郡的部隊隨後趕到，前後夾擊，大敗羌人叛軍，殺死了數千人。

在此之前，長安有民謠說：「秦川之中，血水淹沒了腳踝，只有涼州人靠著柱子在旁邊觀看。」等到漢國的軍隊征服關中，諸氐人、羌人在隴右一帶大肆燒殺擄掠的時候，雍州、秦川的百姓死亡了十之八九，只有涼州躲過了這場災難。

二月，漢主劉聰派遣他的堂弟劉暢率領三萬名步兵、騎兵攻打滎陽，滎陽太守李矩正率軍駐紮在韓王故壘，兩軍相距七里遠，劉暢派使者前來招降李矩。當時由於劉暢的軍隊突然而至，李矩沒有來得及做準備，於是便派人向劉暢詐降。劉暢因此不再戒備，他大擺宴席犒賞將士，軍中的魁首、大頭領全都喝得酩酊大醉。李矩想藉著黑夜的掩護襲擊劉暢的營寨，而手下的士卒都心懷畏懼。李矩於是就派手下的將領郭誦到春秋時期鄭國人為鄭子產所建的祠廟中去祈禱，又指使神巫四處散布說：「子產顯靈了，如果攻打漢軍，他會派遣神兵神將相助。」於是眾將士都踴躍爭先。李矩從部隊中挑選了一千名勇敢的人，讓郭誦率領著，在夜幕的掩護下突然襲擊了劉暢的大營，這一仗，殺死了漢軍數千人，劉暢全軍覆沒，僅劉暢一人逃得性命。

二月二十八日辛巳，晉國弘農太守宋哲到達建康，他宣稱自己接受了晉愍帝司馬鄴的詔書，詔令擔任丞相的琅邪王司馬睿即皇帝位。三月，琅邪王司馬睿換上素色喪服，離開正殿到宮外居住，為晉愍帝哀悼三天。在這時候，西陽王司馬羕以及文武官員等共同為琅邪王司馬睿奉上皇帝的尊號，琅邪王司馬睿不答應。司馬羕等人堅決要求司馬睿接受大家的請求，琅邪王感慨萬千，他痛哭流涕地說：「我，是一個有罪之人。各位賢者如果非得強迫我就皇帝位，那我還回去當我的琅邪王！」他招呼自己的家奴，讓他們為自己預備車駕，準備動身回琅邪。司馬羕等只得讓步，請求琅邪王司馬睿依照曹魏末年司馬炎先晉封晉王，繼而再稱皇帝的程序，先稱「晉王」，司馬睿這才答應。初九日辛卯，琅邪王司馬睿即位晉王，大赦天下，改用自己的年號「建武」，開始設置文武百官，建立皇家宗廟，建築祀奉天地神靈的社稷壇。

有關部門請求晉王司馬睿立太子。晉王喜愛自己的第二個兒子、被封為宣城公的司馬裒，因此想立司馬裒為太子，晉王對王導說：「選擇接班人的標準，應該以品德為主。」王導說：「世子司馬紹和宣城公司馬裒，都是稟性英達、才智出眾的人，而世子司馬紹年紀為長。」晉王聽從了王導的意見。四月初四日丙辰，立世子司馬紹為王太子。封次子宣城公司馬裒為琅邪王，繼承祖父琅邪恭王司馬覲之後，世襲琅邪王，仍然讓司馬裒統領青州、徐州、兗州三州的各種軍事，統率部設在廣陵。任命西陽王司馬羕為太保，封譙剛王司馬遜的兒子司馬承為譙王。司馬遜，是晉宣帝司馬懿弟弟的兒子。又任命征南大將軍王敦為大將軍、江州牧，任命揚州刺史王導為驃騎將軍、都督中外諸軍事、並兼任中書監、錄尚書事，任命擔任丞相左長史的刁協為尚書左僕射，任命擔任右長史的周顗為吏部尚書，任命擔任軍諮祭酒的賀循為中書令，任命擔任右司馬的戴淵、王邃為尚書，任命擔任司直的劉隗為御史中丞，任命擔任行參軍的劉超為中書舍人，任命擔任參軍事的孔愉長期兼任中書郎，其他凡是原來擔任參軍職務的全都任命為奉車都尉，其他僚屬都任命為駙馬都尉，行參軍和舍人都任命為騎都尉。王敦辭掉了江州牧，王導因為王敦已經兼任了統領六州軍事的最高長官，因而也辭去了中外都督一職，賀循因為自己年事已高，且又多病，因而辭去中書令，晉王司馬睿都批准了他們的請求。重新任命賀循為執掌禮樂郊廟社稷事宜的太常。當時正是晉愍帝被殺、中原大亂之後，江東局面草創立，由於刁協曾長期在洛陽朝廷任職，熟悉舊日朝廷的法律規章，賀循又是當代儒家學派的宗師，明習禮儀，所以晉王司馬睿每當遇到有疑義的問題，就都請他們二人進行裁定。

晉并州刺史劉琨和幽州刺史段匹磾歃血結盟，宣誓要共同輔佐、擁戴晉王朝。三月十九日辛丑，劉琨發布檄文給漢人和各少數民族，又派遣兼任左長史、右司馬的溫嶠，段匹磾派擔任左長史的榮邵，讓他二人帶著奏章和歃血結盟的誓文前往建康，勸說晉王司馬睿稱帝登基。溫嶠，是溫羨弟弟的兒子，溫嶠的姨母是劉琨的妻子。劉琨對溫嶠說：「晉朝的國運雖然衰微，但上天對晉朝的恩寵還沒有改變，我要在黃河以北建立功勳，而派你向江南朝廷稟報消息，以求在南方提高我們的聲望，走吧，好好幹！」

晉王司馬睿任命擔任鮮卑大都督的慕容廆為統領遼河以東地區各少數民族以及漢人流民的各種軍事行政總管，兼任龍驤將軍、大單于，賜爵昌黎公，慕容廆不願意接受晉王司馬睿的任命。擔任征虜將軍的魯昌對慕容廆說：「現在洛陽和長安全都失守了，晉天子司馬鄴向漢投降後受辱被殺，琅邪王司馬睿奉皇帝之命在江東建立政權，為四海之民所歸心、所擁護。您雖然割據一方，但各部落仍然有人擁兵自重，不肯臣服，究其原因，就是因為您的職務不是由朝廷正式任命的。我認為您應該派使者與晉王司馬睿取得聯繫，勸說晉王繼承皇位；然後再奉他的詔命討伐那些有罪之人，誰還敢不聽從呢！」遼東隱士高詡對慕容廆說：「即使有稱霸稱王的基礎，如果沒有光明正大的理由、名分，仍然不能取得成功。如今晉朝的政權雖然衰弱了，但民心仍然歸附晉朝。應該派使者到江東去，表示我們是尊奉晉朝的，然後打著主持正義的旗號去征伐那些不肯臣服的部落，就不愁沒有藉口了。」慕容廆聽從了他們的建議，派屬下擔任長史的王濟乘船渡海前往建康勸說晉王司馬睿即皇帝位。

漢國擔任相國的劉粲指使他的黨羽王平對皇太弟劉乂說：「剛才接到皇宮中頒發的密詔，說京師平陽將要發生變亂，應該衣內暗穿鎧甲，以防範意想不到的事情發生。」劉乂信以為真，他命令東宮的所有臣屬，外衣裡面都要暗穿鎧甲以應付突然事變。劉粲火速派人去告訴靳準、王沈。靳準立即稟告漢主劉聰說：「太弟劉乂將要發動變亂，他和他的臣屬們外衣之內都已經暗穿鎧甲了！」漢主劉聰聽了這個消息後大吃一驚，說：「難道會有這樣的事情嗎？」王沈等人都說：「我們早就知道太弟的陰謀，曾經多次地向陛下稟報過，而陛下一直不肯相信。」劉聰立即命令劉粲率領兵士包圍東宮。劉粲派靳準、王沈將太弟劉乂身邊的十幾個氐人、羌人的酋長抓起來，對這些酋長窮加審問，把他們人頭朝下吊在木架上，用燒紅的烙鐵去燙他們的眼睛，那些酋長受刑不過，只得誣陷自己參與太弟劉乂謀反。漢主劉聰對王沈等人說：「我從現在起才知道你們對我是忠心耿耿。你們應該常常想到知無不言，不要忌恨以前我對你們的話沒有採納。」於是把東宮的所有臣屬以及太弟劉乂平常所親近的人全部誅殺乾淨，靳準、王沈藉此機會把自己一向所憎恨的幾十個大臣也一起除掉，還將一萬五千名守衛東宮的警衛部隊士兵全部活埋。夏季，四月，漢主劉聰將皇太弟劉乂廢掉，另封為北部王，不久劉粲又指使靳準將北部王劉乂殺害。劉乂長得眉清目秀，神態爽朗，為人寬厚仁慈，氣度寬宏大量，所以士民之心都歸附於他。漢主劉聰聽到劉乂的死訊，哭得很悲痛，他說：「我們兄弟幾個，只剩下我們兩個人，還不能互相包容，怎麼才能使天下的人理解我的心呢？」很多氐族、羌族部落都背叛了漢國，漢主劉聰任命靳準為代理車騎大將軍，靳準率軍將叛變的氐人、羌人全部鎮壓了下去。

五月初一日壬午，發生日蝕。

六月十五日丙寅，晉國溫嶠等人到達建康。王導、周顗、庾亮等都很愛惜溫嶠的才華，爭相與他結交。當時，擔任太尉的豫州牧荀組、擔任冀州刺史的邵續、青州刺史曹嶷、寧州刺史王遜、東夷校尉崔毖等全都上疏給晉王司馬睿，勸說他即皇帝位，晉王司馬睿還是沒有接受眾人的勸進。

當初，逃避災荒的流民首領張平、樊雅各自聚集起數千人，在譙國築起堡塢，當起了塢主。晉王司馬睿在擔任晉國丞相的時候，曾經派遣擔任行參軍的譙國人桓宣前往譙國勸說張平、樊雅，張平、樊雅於是請求歸附朝廷。後來豫州刺史祖逖屯據蘆洲，他派擔任參軍的殷乂前往張平、樊雅所屯居的堡塢中去進行聯絡。殷乂打心眼裡就瞧不起張平，他看了看張平的屋舍，說：「這裡可以當馬廄。」他看到一口大鍋，說：「這口大鍋可以用來鑄造鐵器。」張平說：「這是古代帝王鑄的，有文物價值，天下太平的時候才使用，為什麼要把它毀掉呢？」殷乂諷刺地說：「你連自己的腦袋都未必保得住，還想保住這口鍋嗎？」張平聽了殷乂的這番話，不由得大怒，就在座位上將殷乂殺死，然後部署兵力固守堡塢。祖逖率軍攻打張平的堡塢，攻打了一年多也沒有攻克，於是就引誘張平部下一個叫做謝浮的將領，讓他斬殺了張平，祖逖進軍佔領了太丘。樊雅此時還佔據著譙城，與祖逖對抗。祖逖攻打譙城，不能取勝，就向擔任南中郎將的王含請求派兵相助。當時桓宣正在王含手下擔任參軍，王含便派桓宣率領五百人協助祖逖攻打樊雅。祖逖對桓宣說：「你誠實守信的美德已經取得他們的信任，今天請你再次前往為我去勸降樊雅。」桓宣於是騎著一匹馬，帶著兩個隨從，前往樊雅據守的譙城，他對樊雅說：「豫州刺史祖逖正想掃平劉聰和石勒，他仰仗你的支援，先前殷乂對張平態度輕薄，那是殷乂本人的問題而不是豫州刺史祖逖的本意。」樊雅立即往見祖逖，向祖逖投降。祖逖進入譙城以後，漢國驃騎大將軍石勒派遣石虎包圍了譙城。南中郎將王含又派桓宣率軍來救，石虎於是解圍而去。祖逖上表請求任命桓宣為譙國內史。

六月十八日己巳，晉王司馬睿向天下發布文告，說「石虎膽敢率領著如羊似犬的蠻夷，渡過黃河南下荼毒百姓，現在派遣琅邪王司馬裒等九支部隊，精銳士卒三萬人，分別從水路、陸路四條道路直搗賊人的巢穴，九支部隊全部接受祖逖的指揮。」但過了不久，就又將司馬裒召回建康。

秋季，七月，發生旱災。司州、冀州、并州、青州、雍州蝗蟲成災。黃河、汾河大水氾濫，沖走了一千多戶人家。

漢主劉聰立自己的兒子晉王劉粲為皇太子，兼任相國、大單于，仍然像過去一樣輔佐漢主劉聰全面處理朝廷政務。實行大赦。

晉國幽州刺史段匹磾推舉劉琨為大都督，傳令他的兄長遼西公疾陸眷以及叔父涉復辰、弟弟段末柸等率軍到固安會師，共同討伐漢國驃騎大將軍石勒。段末柸挑撥疾陸眷、涉復辰說：「你們以叔父、兄長的身分卻要聽命於姪子、兄弟，這簡直就是恥辱。再說，如果僥倖取得成功，功勞也會被段匹磾一人所獨佔，我們這些人能得到什麼好處呢？」於是幾個人分別率領自己的部眾返回故地。劉琨、段匹磾無法單獨留下來，只好返回薊城。〇晉王司馬睿任命荀組為司徒。

八月，漢國荊州刺史兼河南郡守趙固率軍攻打駐兵於臨潁的晉國衛將軍華薈，將華薈殺死。〇當初，趙固與擔任長史的周振有矛盾，周振就悄悄地在漢主劉聰面前說趙固的壞話。晉國司州刺史李矩大敗劉暢的時候，在劉暢的營帳中搜出了漢主劉聰寫給劉暢的一封詔書，命令劉暢在攻克李矩之後，回軍途中經過洛陽時，將趙固抓起來殺掉，由周振接替趙固的職務。李矩將這封詔書送給趙固觀看，趙固因此斬殺了周振父子，帶著一千名騎兵向李矩投降。李矩仍令趙固堅守洛陽。

鄭攀等共同抗擊新任荊州刺史王廙，由於眾人的意見不統一，便各自散去，鄭攀退回橫桑口，想使變民首領杜曾進入荊州。晉國大將軍王敦派武昌太守趙誘、襄陽太守朱軌攻擊鄭攀等，鄭攀等心懷恐懼，因此請求投降。杜曾也請求到襄陽攻打第五猗以贖罪。

王廙將往荊州赴任，他留下擔任長史的劉浚鎮守揚口壘。擔任竟陵內史的朱伺對王廙說：「杜曾，是一個非常狡猾的巨賊，表面上向我們表示屈服，實際上是想誘使官軍西進後，他再兼程奔襲揚口壘。應該加大對此處防守的力度，以防備杜曾的襲擊，不可這樣輕易地向西進發。」王廙一向驕傲自負，他認為朱伺勸他不要西進是年老膽怯，他沒有聽從朱伺的意見，便向西進軍。杜曾果然回師，直撲揚口。王廙這才派遣朱伺返回，但朱伺剛剛回到揚口壘，就被杜曾包圍。劉浚堅守北門，他讓朱伺堅守南門。荊州舊將馬儁隨從杜曾來攻揚口壘，馬儁的妻子早先留在揚口壘中，於是有人主張割破馬儁妻子的臉皮讓馬儁看。朱伺說：「即使殺掉馬儁的妻子，也不能解除揚口壘的包圍，只會增加對方的憤怒。」主張割破臉皮的人便不言語了。杜曾攻陷了揚口壘的北門，朱伺身負重傷，逃入船中，鑿開船底，然後從船底的破洞中鑽出來，在水下潛行了五十步遠，才勉強逃脫。杜曾派人勸說朱伺說：「馬儁感激你保全了他的妻子，如今已經把你全家裡裡外外一百口人全部交給馬儁處置，馬儁已經盡心把他們看護起來，歡迎你回來。」朱伺答覆說：「我已經六十多歲了，不能再跟你一起背叛朝廷。我就是死了，也要回到南邊去，妻子就交付給你裁決吧。」於是前往甑山投奔王廙，最後傷重而死。

九月二十九日戊寅，武昌太守趙誘、襄陽太守朱軌以及陵江將軍黃峻與杜曾在女觀湖展開激戰，趙誘等人全都戰敗而死。杜曾乘勝直撲沔口，他的聲威震動了長江、沔水流域。晉王司馬睿派豫章太守周訪率軍攻打杜曾。周訪手下有八千人，挺進到沌陽。此時杜曾軍隊的銳氣很盛，周訪派李恆將軍統領左翼部隊，派許朝統領右翼部隊，周訪親自統領中軍。杜曾率先攻打周訪的左右翼，周訪為了穩定軍心，就顯出一副從容不迫的樣子在陣後射獵野雞。他下令給他的手下說：「一翼戰敗，戰鼓連響三聲，兩翼都戰敗了，戰鼓就連響六聲。」趙誘的兒子趙胤率領自己父親的殘部隸屬於左翼部隊，他竭力苦戰，被擊潰後就立即集結起來再戰，實在頂不住了就飛馬向周訪報告。周訪大怒，對他大聲呵斥，命令他向前再戰，趙胤號哭著回馬投入戰鬥。從天明一直戰到下午四時左右，左右兩翼全都戰敗。周訪從中軍中挑選出八百名精兵，親自給他們敬酒，告誡他們沒有命令不准擅自行動，要聽到戰鼓敲響再進軍。杜曾的軍隊衝殺到距離周訪不足三十步遠的時候，周訪親自擊鼓，將士們全都踴躍而出，殺向杜曾的部隊，杜曾的軍隊於是大敗而逃，被殺死了一千多人。周訪率軍乘夜追擊，諸將請求等到天亮以後再追殺敵人。周訪說：「杜曾驍勇善戰，剛才是他們久戰疲勞而我方以逸待勞，所以才能戰勝他們，應該趁著他們戰敗後士氣低落、軍心動搖的時候攻擊他們，才能將他們一舉消滅。」周訪率軍一邊擂動戰鼓一邊向前挺進，遂平定了漢水、沔水一帶。杜曾逃到武當堅守，新任荊州刺史王廙這才得以進入荊州。周訪因為這次戰功被提升為梁州刺史，率軍屯紮在襄陽。

冬季，十月二十九日丁未，東晉琅邪王司馬裒去世。

十一月初一日己酉，發生日蝕。○十九日丁卯，任命劉琨為侍中、太尉。

征南將軍戴邈上疏給晉王，他認為：「國家自從遭遇喪亂以來，學校教育荒廢。有人認為天下太平的時候才提倡文化教育，遭遇亂世就應該崇尚武功。這種言論聽起來好像很有道理，其實並非如此。儒家學說道理深奧，不可能在短時間內就能有所成就，等到天下太平之時再去研習，那時荒廢已久就來不及了。再有，那些貴族之家遊手好閒的子弟，未必有斬殺敵將、拔取敵軍旗幟的才能，即使從軍征戰也很難建立功勳，如果不趁他們年輕力壯時讓他們讀一些儒家經典，研究一些仁義道德的問題，實在是一件令人遺憾的事情。良好的社會風氣喪失已經很久，禮俗也一天比一天敗壞，就像是燈火的消耗燈油，不知不覺之間就消耗光了。如今帝王大業剛剛建立，萬事都要從頭開始，我認為應該追求王道，尊崇儒學，用以改變社會風氣。」晉王司馬睿聽從了戴邈的建議，開始在京師設立國家最高學府——太學。

漢主劉聰外出打獵，他命晉愍帝司馬鄴充當車騎將軍之職，身穿軍人的服裝，手持著戟在前面開路。看見他的人都指點著他說：「這就是以前長安城裡的皇帝。」聽到消息的人都聚攏過來觀看晉愍帝，老年人中竟然有人哭泣起來。太子劉粲對漢主劉聰說：「過去周武王難道樂意殺掉商紂王嗎？他正是因為擔心那些有著共同仇恨的人們聚集在一起作亂的緣故，所以才將紂王殺掉。如今那些聚眾起兵的人，都是打著司馬鄴的旗號，不如早點將司馬鄴除掉。」劉聰說：「過去我曾經殺掉了庾珉那些人，而民心還是如此。我現在不忍心再將司馬鄴殺死，暫且再觀察一段時間再說。」十二月，漢主劉聰在光極殿大擺宴席招待群臣，命晉愍帝司馬鄴為群臣斟酒、刷洗酒器，過了一會兒，漢主劉聰起身去廁所，又令晉愍帝司馬鄴為他拿著馬桶蓋。看見故主如此受辱，許多晉臣忍不住抽泣起來，有的甚至失聲痛哭。擔任尚書郎的隴西人辛賓站起來，抱住晉愍帝大哭，劉聰命人將辛賓拉出去將他斬首。

晉河南郡守趙固與河內太守郭默進犯漢國的河東郡，當他們抵達絳縣的時候，漢國右司隸管轄之下的民眾投奔趙固的有三萬多人。漢騎兵將軍劉勳率軍追殺他們，殺死了一萬多人，趙固、郭默帶領著剩餘的人回到晉國境內。漢太子劉粲率領將軍劉雅生等步兵、騎兵總計十萬人馬駐紮在小平津，趙固揚言說：「一定要活捉劉粲贖回皇帝司馬鄴！」劉粲上表給漢主劉聰說：「司馬鄴如果死了，人民沒有了希望，就不會聽從李矩、趙固的驅使，李矩、趙固用不著攻打，就會自行滅亡。」十二月二十日戊戌，晉愍帝司馬鄴在漢國的都城平陽被殺害。劉粲派遣劉雅生率軍攻打趙固所鎮守的洛陽，洛陽失守，趙固逃往陽城山。

這一年，晉王司馬睿下令考核官吏督導農事的功績，凡是俸祿在二千石以上的官員都以向朝廷繳納穀物的多少作為考核政績的標準，繳納最多的被評為第一，繳納少的被評為最末，部隊則就地開荒種田，收穫的糧食就作為軍糧，由部隊自行支配。

氐族首領楊茂搜去世，他的長子楊難敵繼位，楊難敵與楊茂搜的小兒子楊堅頭分別統領部眾。楊難敵稱左賢王，駐紮在下辨縣，楊堅頭稱右賢王，屯駐在河池縣。

河南王吐谷渾去世。吐谷渾，是慕容廆的庶兄，他的父親慕容涉歸劃分出一千七百戶歸吐谷渾所有。等到慕容廆繼位，兩個部落牧養的馬混到一起發生爭鬥。慕容廆就派遣使者責備吐谷渾說：「先父在世的時候已經為我們分別建立了部落，劃分了地界，你們為什麼不離地界遠一點，而讓馬群因為撕咬爭鬥而受傷！」吐谷渾很生氣地說：「馬是六畜之一，互相爭鬥是常有的事，何至於遷怒於人！想讓我們離得遠些很容易，只怕後會無期了。現在就離開你到那遙遠的萬里之外去。」於是，吐谷渾便率領著自己的部眾向西遷徙。慕容廆很後悔，立即派自己的長史乙郍婁馮追趕吐谷渾，向吐谷渾道歉。吐谷渾說：「先父曾經說起過，占卜的卦辭說：『我的兩個兒子都能強盛起來，福祚流傳給後代。』我吐谷渾，是父親的姬妾所生，從道理上說，我與身為嫡子的慕容廆在同時同地無法平起平坐。現在因為兩個部落的馬群發生撕咬而使我們分別，這大概是上天有意安排的吧！」就堅持不返回，率領部眾繼續西進，在靠近陰山的地方居住下來。此時正趕上永嘉之亂，因而就又翻過隴山繼續西行，最後佔據了洮水以西的大片地區，勢力範圍到達白蘭，佔地方圓數千里。鮮卑人稱兄長為阿干，慕容廆追思兄長吐谷渾，就為吐谷渾編唱了〈阿干之歌〉。吐谷渾有六十個兒子，吐谷渾死後，由他的長子名叫吐延的繼承了他的權位。吐延長得又高又大，很有勇力，羌人、胡人都很懼怕他。

太興元年（戊寅　西元三一八年）

春，正月，遼西公疾陸眷卒。其子幼，叔父涉復辰自立。段匹磾自薊往奔喪。段末柸宣言：「匹磾之來，欲為篡也。」匹磾至右北平❶，涉復辰發兵拒之。末柸乘虛襲涉復辰，殺之，并其子弟黨與，自稱單于。迎擊匹磾，敗之，匹磾走還薊。

三月癸丑❷，愍帝凶問❸至建康，王斬縗居廬❹。百官請上尊號❺，王不許。紀瞻❻曰：「晉氏統絕❼，於今二年，陛下當承大業。顧望宗室，誰復與讓❽？若光踐大位❾，則神民有所憑依❿。苟為逆天時，違人事，大勢一去，不可復還。今兩都燔蕩⓫，宗廟無主。劉聰竊號於西北⓬，而陛下方高讓於東南，此所謂揖讓而救火⓭也。」王猶不許，使殿中將軍韓績徹去御坐⓮。瞻叱績曰：「帝坐上應列星⓯，敢動者斬！」王為之改容。

奉朝請周嵩⓰上疏曰：「古之王者，義全而後取，讓成而後得⓱，是以享世長久，重光萬載⓲也。今梓宮未返⓳，舊京未清⓴，義夫泣血，士女遑遑。宜開延嘉謀㉑，訓卒厲兵㉒，先雪社稷大恥，副四海之心㉓，則神器將安適哉㉔？」由是忤旨㉕，出為新安太守㉖，又坐怨望抵罪㉗。嵩，顗之弟也。

丙辰㉘，王即皇帝位，百官皆陪列。帝命王導升御床共坐㉙，導固辭曰：「若太陽下同萬物㉚，蒼生何由仰照？」帝乃止。大赦，改元㉛，文武增位二等㉜。帝欲賜諸吏投刺㉝勸進者加位一等，民投刺者皆除吏㉞，凡二十餘萬人。散騎常侍熊遠㉟曰：「陛下應天繼統，率土歸戴㊱，豈獨近者情重，遠者情輕？不若依漢法㊲徧賜天下爵㊳，於恩為普，且可以息檢覈之煩，塞巧偽之端也㊴。」帝不從。

庚午㊵，立王太子紹㊶為皇太子。太子仁孝，喜文辭，善武藝，好賢禮士，容受規諫，與庾亮、溫嶠等為布衣之交㊷。亮風格峻整㊸，善談老、莊，帝器重之，聘亮妹為太子妃。帝以賀循行太子太傅㊹，周顗為少傅，庾亮以中書郎侍講東宮㊺。帝好刑名家㊻，以韓非書賜太子。庾亮諫曰：「申、韓刻薄傷化，不足留聖心㊼。」太子納之。

帝復遣使授慕容廆龍驤將軍、大單于、昌黎公，廆辭公爵不受。廆以游邃為龍驤長史㊽，劉翔為主簿㊾，命邃創定府朝儀法㊿。裴嶷[51]言於廆曰：「晉室衰微，介居江表[52]，威德不能及遠。中原之亂，非明公不能拯也。今諸部雖各擁兵，然皆頑愚相聚，宜以漸并取[53]，以為西討之資[54]。」廆曰：「君言大[55]，非孤所及[56]也。然君中朝名德[57]，不以孤僻陋而教誨之[58]，是天以君賜孤而祐其國也。」乃以嶷為長史，委以軍國之謀。諸部弱小者，稍稍[59]擊取之。

李矩使郭默、郭誦救趙固，屯于洛汭[60]。誦潛遣其將耿稚等夜濟河[61]襲漢營，漢具丘王翼光覘知之[62]，以告太子粲，請為之備。粲曰：「彼聞趙固之敗，自保不暇，安敢來此邪？毋為驚動將士。」俄而稚等奄至[63]，十道進攻。粲眾驚潰，死傷太半，粲走保陽鄉[64]。稚等據其營，獲器械軍資不可勝數。及旦，粲見稚等兵少，更與劉雅生收餘眾攻之。漢主聰使太尉范隆帥騎助之，與稚等相持，苦戰二十餘日，不能下。李矩進兵救之，漢兵臨河拒守，矩兵不得濟。稚等殺其所獲牛馬，焚其軍資，突圍奔虎牢[65]。詔以矩都督河南三郡[66]諸軍事。

漢螽斯則百堂災[67]，燒殺漢主聰之子會稽王康等二十一人。

聰以其子濟南王驥為大將軍、都督中外諸軍事、錄尚書[68]，齊王勱為大司徒。

焦嵩[69]、陳安[70]舉兵逼上邽[71]。相國保遣使告急於張寔，寔遣金城太守竇濤督步騎二萬赴之。軍至新陽[72]，聞愍帝崩，保謀稱尊號。破羌都尉張詵言於寔曰：「南陽王，國之疏屬[73]，忘其大恥而亟欲自尊[74]，必不能成功。晉王近親[75]，且有名德，當帥天下以奉之。」寔從之，遣牙門蔡忠奉表詣建康。比至[76]，帝已即位。寔不用江東年號，猶稱建興[77]。

夏，四月丁丑朔[78]，日有食之。

加王敦江州牧，王導驃騎大將軍、開府儀同三司[79]。○導遣八部從事行揚州郡國[80]，還，同時俱見。諸從事各言二千石官長[81]得失，獨顧和[82]無言。導問之，和曰：「明公作輔[83]，寧使網漏吞舟[84]，何緣採聽風聞[85]，以察察[86]為政邪？」導咨嗟稱善。和，榮之族子也。

成丞相范長生[87]卒，成主雄[88]以長生子侍中賁為丞相。長生博學，多藝能，年近百歲，蜀人奉之如神。

漢中常侍王沈養女有美色，漢主聰立以為左皇后。尚書令王鑒、中書監崔懿之、中書令曹恂諫曰：「臣聞王者立后，比德乾坤[89]，生承宗廟，沒配后土[90]，必擇世德名宗，幽閑令淑[91]，乃副[92]四海之望，稱神祇[93]之心。孝成帝[94]以趙飛燕[95]為后，使繼嗣絕滅，社稷為墟，此前鑒也。自麟嘉[96]以來，中宮之位[97]不以德舉。借使[98]沈之弟女[99]，刑餘小醜[100]，猶不可以塵汙椒房[101]，況其家婢邪！六宮妃嬪，皆公子公孫，柰何一旦以婢主之！臣恐非國家之福也。」聰大怒，使中常侍宣懷謂太子粲曰：「鑒等小子，狂言侮慢，無復君臣上下之禮，其速考實[102]！」於是收鑒等送市[103]，皆斬之。金紫光祿大夫王延馳將入諫，門者弗通。

鑒等臨刑，王沈以杖叩之曰：「庸奴，復能為惡乎？乃公[104]何與汝事[105]！」鑒瞋目叱之曰：「豎子！滅大漢者，正坐[106]汝鼠輩與靳準耳！要當訴汝於先帝，取汝於地下治之。」準謂鑒曰：「吾受詔收君，有何不善，君言漢滅由吾也？」鑒曰：「汝殺皇太弟，使主上獲不友之名[107]。國家畜養汝輩，何得不滅！」懿之謂準曰：「汝心如梟獍[108][1]，必為國患。汝既食人，人亦當食汝。」

聰又立宣懷養女為中皇后。

司徒荀組在許昌，逼於石勒，帥其屬數百人渡江。詔組與太保西陽王羕並錄尚書事。

段匹磾之奔疾陸眷喪也，劉琨使其世子羣送之。匹磾敗，羣為段末柸所得。末柸厚禮之，許以琨為幽州刺史，欲與之襲匹磾，密遣使齎羣書，請琨為內應，為匹磾邏騎[109]所得。時琨別屯征北小城[110]，不知也，來見匹磾。匹磾以羣書示琨曰：「意亦不疑公，是以白公耳。」琨曰：「與公同盟，庶[111]雪國家之恥，若兒書密達，亦終不以一子之故負公而忘義也。」匹磾雅重琨[112]，初無害琨意，將聽還屯[113]。其弟叔軍謂匹磾曰：「我，胡夷耳，所以能服[114]晉人者，畏吾眾也。今我骨肉乖離[115]，是其良圖之日[116]。若有奉琨以起[117]，吾族盡矣。」匹磾遂留琨[118]。琨之庶長子遵懼誅，與琨左長史楊橋等閉門自守，匹磾攻拔之。代郡太守辟閭嵩[119]、後將軍韓據復潛謀[120]襲匹磾，事泄，匹磾執嵩、據及其徒黨悉[121]誅之。五月癸丑[122]，匹磾稱詔收琨[123]，縊殺之，并殺其子姪四人。琨從事中郎盧諶、崔悅[124]等帥琨餘眾奔遼西，依段末柸，奉劉羣為主，將佐多奔石勒。悅，林之曾孫也[125]。朝廷以匹磾尚彊，冀[126]其能平河朔[127]，乃不為琨舉哀。溫嶠表琨盡忠帝室，家破身亡，宜在褒恤[128]。盧諶、崔悅因[129]末柸使者，亦上表為琨訟冤。後數歲，乃贈琨太尉、侍中[130]，諡曰愍。於是夷、晉[131]以琨死故[2]皆不附匹磾。

末柸遣其弟攻匹磾，匹磾帥其眾數千將奔邵續[132]，勒將石越邀之於鹽山[133]，大敗之。匹磾復還保薊，末柸自稱幽州刺史。

初，溫嶠為劉琨奉表詣建康，其母崔氏固止之[134]，嶠絕裾[135]而去。既至，屢求返命[136]，朝廷不許。會琨死[137]，除散騎侍郎[138]。嶠聞母亡，阻亂[139]不得奔喪臨葬[140]，固讓不拜[141]，苦請北歸。詔曰：「凡行禮者，當使理可經通[142]。今桀逆未梟[143]，諸軍奉迎梓宮[144]猶未得進。嶠以一身[145]，於何濟其私難[146]，而不從王命[147]邪？」嶠不得已受拜。

初，曹嶷既據青州[148]，乃叛漢來降。又以建康懸遠[149]，勢援不接，復與石勒相結，勒授嶷東州大將軍、青州牧，封琅邪公。

六月甲申[150]，以刁協為尚書令，荀崧[151]為左僕射[152]。協性剛悍，與物多忤[153]，與侍中劉隗俱為帝所寵任。欲矯時弊[154]，每崇上抑下[155]，排沮豪彊[156]，故為王氏所疾，諸刻碎之政[157]，皆云隗、協所建。協又使酒放肆[158]，侵毀[159]公卿，見者皆側目憚之[160]。

戊戌[161]，封皇子晞為武陵王。

劉虎自朔方侵拓跋鬱律[162]西部。秋，七月，鬱律擊虎，大破之。虎走出塞，從弟路孤[163]帥其部落降于鬱律。於是鬱律西取烏孫[164]故地，東兼勿吉[165]以西，士馬精彊，雄於北方。

漢主聰寢疾[166]，徵大司馬曜為丞相，石勒為大將軍，皆錄尚書事，受遺詔輔政。曜、勒固辭。乃以曜為丞相、領雍州牧，勒為大將軍、領幽、冀二州牧。勒辭不受。以上洛王景為太宰，濟南王驥為大司馬，昌國公顗為太師，朱紀為太傅，呼延晏為太保，並錄尚書事。范隆守[167]尚書令、儀同三司，靳準為大司空、領[168]

司隸校尉，皆迭決[169]尚書奏事。癸亥[170]，聰卒。甲子[171]，太子粲即位。尊皇后靳氏為皇太后，樊氏號弘道皇后，武氏號弘德皇后，王氏號弘孝皇后。立其妻靳氏為皇后，子元公為太子。大赦，改元漢昌。葬聰於宣光陵，諡曰昭武皇帝[172]，廟號烈宗[173]。靳太后等皆年未盈二十[174]，粲多行無禮，無復哀戚。

靳準陰有異志[175]，私謂粲曰：「如聞諸公欲行伊、霍之事[176]，先誅太保及臣，以大司馬統萬機[177]，陛下宜早圖[178]之。」粲不從。準懼，復使二靳氏[179]言之，粲乃從之。收其太宰景、大司馬驥、驥母弟[180]車騎大將軍吳王逞、太師顗、大司徒齊王勱，皆殺之。朱紀、范隆奔長安[181]。八月，粲治兵於上林[182]，謀討石勒。以丞相曜為相國[183]、都督中外諸軍事，仍鎮長安，靳準為大將軍、錄尚書事。粲常遊宴後宮，軍國之事，一決於準[184]。準矯詔[185]以從弟明為車騎將軍，康為衛將軍。

準將作亂，謀於王延。延弗從，馳，將告之。遇靳康，劫延以歸。準遂勒兵[186]升光極殿，使甲士執粲[187]，數而殺之[188]，諡曰隱帝。劉氏男女，無少長皆斬東市[189]。發永光、宣光二陵[190]，斬聰屍，焚其宗廟。準自號大將軍、漢天王，稱制[191]，置百官。謂安定胡嵩曰：「自古無胡人為天子者，今以傳國璽[192]付汝，還如晉家[193]。」嵩不敢受。準怒，殺之。遣使告司州刺史李矩[194]曰：「劉淵，屠各小醜[195]，因晉之亂，矯稱天命，使二帝幽沒[196]。輒率眾扶侍梓宮[197]，請以上聞[198]。」矩馳表于帝，帝遣太常韓胤等奉迎梓宮。漢尚書北宮純等招集晉人，堡於東宮[199]，靳康攻滅之。準欲以王延為左光祿大夫，延罵曰：「屠各逆奴，何不速殺我，以吾左目置西陽門，觀相國之入也！右目置建春門，觀大將軍之入也！」準殺之。

相國曜聞亂，自長安赴之。石勒帥精銳五萬以討準，據襄陵北原[200]。準數挑戰，勒堅壁[201]以挫之。

冬，十月，曜至赤壁[202]。太保呼延晏等自平陽歸之，與太傅朱紀等共上尊號。曜即皇帝位，大赦，惟靳準一門不在赦例。改元光初。以朱紀領司徒，呼延晏領司空，太尉范隆以下悉復本位。以石勒為大司馬、大將軍，加九錫[203]，增封十郡，進爵為趙公。

勒進攻準於平陽，巴及羌、羯降者十餘萬落[204]，勒皆徙之於所部郡縣[205]。◯漢主曜使征北將軍劉雅、鎮北將軍劉策屯汾陰[206]，與勒共討準。

十一月乙卯[207]，日夜出[208]，高三丈。◯詔以王敦為荊州牧，加陶侃都督交州[209]諸軍事。敦固辭州牧，乃聽為刺史。

庚申[210]，詔羣公卿士各陳得失。御史中丞熊遠上疏，以為：「胡賊猾夏[211]，梓宮未返，而不能遣軍進討，一失也。羣官不以讎賊未報為恥，務在調戲酒食[212]而已，二失也。選官用人，不料實德[213]，惟在白望[214]，不求才幹，惟事請託[215]。當官者以治事[216]為俗吏，奉法[217]為苛刻，盡禮為諂諛，從容[218]為高妙，放蕩為達士[219]，驕蹇為簡雅[220]，三失也。世之所惡者[221]，陸沉泥滓[222]，時之所善者[223]，翱翔雲霄[224]。是以萬機未整[225]，風俗偽薄。朝廷羣司[226]，以從順為善，相違見貶[227]，安得朝有辨爭[228]之臣，士無祿仕[229]之志乎？古之取士，敷奏以言[230]，今光祿不試[231]，甚違古義。又舉賢不出世族[232]，用法[233]不及權貴，是以才不濟務[234]，姦無所懲。若此道不改，求以救亂，難矣！」

先是，帝以離亂之際，欲慰悅[235]人心，州郡秀、孝[236]，至者不試，普皆署吏[237]。尚書陳頵[238]亦上言：「宜漸循舊制，試以經策[239]。」帝從之，仍詔[240]：「不中科[241]者，刺史、太守免官。」於是秀、孝皆不敢行。其有到者，亦皆託疾，比三年[242]無就試者。帝欲特除[243]孝廉已到者官，尚書郎孔坦[244]奏議，以為：「近郡懼累君父[245]，皆不敢行，遠郡冀於不試[246]，冒昧來赴。今若偏加除署[247]，是為謹身奉法者失分[248]，僥倖投射[249]者得官，頹風傷教[250]，恐從此始。不若一切罷歸，而為之延期，使得就學，則法均而令信矣。」帝從之，聽孝廉申[251]至七年乃試。坦，愉之從子[252]。

也。

靳準使侍中卜泰送乘輿服御[253]請和於石勒。勒囚泰，送於漢主曜。曜謂泰曰：「先帝[254]末年，實亂大倫[255]。司空[256]行伊、霍之權，使朕及此[257]，其功大矣。若早迎大駕[258]者，當悉以政事相委，況免死乎？卿為朕入城[259]，具宣此意。」泰還平陽，準自以殺曜母兄[260]，沈吟[261]未從。十二月，左、右車騎將軍喬泰、王騰，衛將軍靳康等，相與殺準，推尚書令靳明為主，遣卜泰奉傳國六璽降漢[262]。石勒大怒，進軍攻明。明出戰，大敗，乃嬰城固守[263]。

丁丑[264]，封皇子煥為琅邪王。煥，鄭夫人之子，生二年矣。帝愛之，以其疾篤[265]，故王之。己卯[266]，薨。帝以成人之禮葬之，備吉凶儀服[267]，營起園陵，功費甚廣。琅邪國右常侍會稽孫霄上疏諫曰：「古者凶荒殺禮[268]，況今海內喪亂，憲章舊制[269]，猶宜節省，而禮典所無[270]，顧崇飾如是乎[271]！竭已罷之民[272]，營無益之事[273]，殫已困之財[274]，修無用之費[275]，此臣之所不安也。」帝不從。

彭城內史周撫殺沛國內史周默，以其眾降石勒。詔下邳內史劉遐[276]領彭城內史[277]，與徐州刺史蔡豹、泰山太守徐龕共討之。豹，質之玄孫也[278]。

石虎帥幽、冀之兵會石勒攻平陽。靳明屢敗，遣使求救於漢。漢主曜使劉雅、劉策迎之，明帥平陽士女萬五千人奔漢。曜西屯粟邑279，收靳氏男女無少長皆斬之。曜迎其母胡氏之喪於平陽，葬于粟邑，號曰陽陵，諡曰宣明皇太后。石勒焚平陽宮室，使裴憲、石會脩永光、宣光二陵，收漢主粲已下百餘口葬之，置戍280而歸。

成梁州刺史李鳳數有功，成主雄兄子稚在晉壽281，疾之，鳳以巴西叛282。雄自至涪283，使太傅驤討鳳，斬之。以李壽為前將軍，督巴西軍事。

【章　旨】以上為第二段，寫司馬睿太興元年（西元三一八年）一年間的大事，主要寫了晉王司馬睿接到晉愍帝司馬鄴被殺的消息後，在建康登基，成為東晉的第一代皇帝。司馬睿登基後對那些曾經勸進的臣民大加封賞，暴露了他在此之前多次「推讓」的虛偽。寫了漢主劉聰因為立皇后事而誅殺直言勸諫的大臣，而使陰謀家王沈、靳準等專權肆志。至劉聰死，劉粲繼位後，聽信靳準，倒行逆施，大批誅殺朝廷大臣；靳準又發動政變，殺死劉粲，挖掘劉淵、劉聰墳墓，自立為漢大王，稱臣於晉；而漢相國劉曜自長安起兵討靳準，靳準在劉曜與石勒的夾攻下內部混亂。靳準的部下殺靳準，攜劉淵、劉聰的乘輿舊物投劉曜，劉曜被擁戴為漢主，遷都於長安。寫了司馬睿政權公開投靠世族高門，為官掌權者偃蹇不問政事，真正有才幹的人不得任用，整個官場與社會風氣敗壞。寫了段匹磾因為懷疑劉琨要與段末柸合謀襲己而將劉琨及其子姪殺害。寫了鮮卑人慕容廆假借向晉稱臣為名，而吞併弱小，以發展壯大自己的勢力等等。

【注　釋】❶右北平　漢郡名，西晉改右北平郡置北平郡，郡治徐無縣，在今河北遵化東。❷三月癸丑　三月初七。❸凶問死訊。問，通「聞」。消息。❹斬縗居廬　身穿斬縗的喪服，出居於廬幕，為晉愍帝守喪。斬縗，宗法制度下的喪服名稱，是「五服」中最重要的一種。其上下衣裳都是用最粗的麻布做成，縫製時不包邊，使布邊外露，以表示不修飾，叫做「斬」。用長六寸寬四寸的麻布連綴外衿當心之處，以示哀戚，叫做「縗」。見《儀禮．喪服》及《通典．禮．凶》。居廬，古代喪禮。父母死後，守喪者搬出臥室，另搭棚廬居住，名叫守喪。❺請上尊號　請晉王司馬睿改用皇帝尊號。上，請其改用。尊號，皇帝的稱號。❻紀瞻　字思遠，西晉後期以來的儒學名臣，早早地依附司馬睿，任軍諮祭酒、會稽內史等職。傳見《晉書》卷六十八。❼晉氏統絕　晉國皇帝歷代相傳的世系斷絕。統絕，皇統斷絕。❽誰復與讓　還有誰值得向他推讓呢。❾光踐大位　榮登帝位。❿則神民有所憑依　神與黎民百姓就都有了依靠。憑依，依靠。⓫兩都燔蕩　指長安、洛陽兩個都城都已成為廢墟。燔蕩，焚毀。⓬劉聰竊號於西北　劉聰在西北方竊號自稱皇帝。⓭揖讓而救火　面臨救火的緊急而讓來讓去。⓮徹去御坐　撤去紀瞻等為司馬睿擺好的皇帝寶座。徹，通「撤」。搬開。⓯帝坐上應列星　人間帝王的座位與上天的星宿是彼此對應的。〈天文志〉：帝座在紫宮中。⓰奉朝請周嵩　奉朝請是朝廷給大臣們的一種榮譽官名，意思是只讓他們參加朝會，而沒有具體職務。古代諸侯春季朝見天子叫朝，秋季朝見天子叫請。周嵩是周浚的次子，字仲智，一個比較正直的儒臣。傳附《晉書》卷六十一。⓱義全而後取二句　意思是大義無虧時，然後可以獲取；經過多次謙讓之後，才可以接受。⓲重光萬載　亦即王業萬年的意思。重光，以喻後王能繼前王之功德。⓳梓宮未返　晉懷帝、晉愍帝兩位皇帝的靈柩還沒有運回。梓宮，皇帝、皇后所用梓木製成的棺材。⓴舊京未清　舊日的都城還在賊人的佔領之下，沒有光復。㉑開延嘉謀　意即廣開言路、引進人才、制定正確的謀略。㉒訓卒厲兵　訓練士卒，磨礪兵器。厲，磨刀石，這裡用如動詞。兵，兵器。㉓副四海之心　符合天下民心。副，符合；與之相稱。㉔神器將安適哉　意謂皇帝的寶座還會跑到別人那裡去嗎。神器，指帝位、國家政權。適，往。㉕忤旨　違背了司馬睿的心思。㉖出為新安太守　趕出京城，讓他到新安郡去當太守。新安郡的郡治始新，在今浙江淳安西北。㉗又坐怨望抵罪　又被指控為對皇帝有不滿言行而受到相應的刑罰。坐，因……而獲罪。怨望，怨恨；不滿。抵罪，獲罪。㉘丙辰　三月初十。㉙升御床共坐　司馬睿以此表示對王導的特殊恩寵。㉚若太陽下同萬物　如果太陽落下來與地上的萬物混在一起。㉛改元　即改今年為「太興元年」。在此之前稱「建武二年」。㉜文武增位二等　每個官僚都晉升兩級爵位。㉝投刺　意即上書。刺，毛晃說：「書姓名於奏白曰刺。」㉞除吏　授予官職。㉟熊遠　字孝文，東晉初期的正直儒雅之臣。傳見《晉書》卷七十一。㊱率土歸戴　四海的黎民都歸心擁戴。率土，率土之濱，即四境之內。㊲漢法　漢朝的制度。㊳徧賜天下爵　謂遍賜天下民爵一級。漢代自惠帝繼位，賜民爵一級，其後諸帝初即位，均賜民爵一級，以示皇恩浩蕩。㊴息檢覈之煩二句　既省去考察核實的麻煩，又堵塞弄虛作假、徇私舞弊問題的產生。覈，通「核」。核實。㊵庚午　三月二十四。㊶王太子紹　司馬紹，即日後的晉明帝，元帝長子。事詳《晉書》卷六〈明帝紀〉。㊷布衣之交　不講權位高低的忠實朋友。㊸風格峻整　品格嚴正莊重。㊹行太子太傅　代理太子太傅之職。從漢代開始以太子太傅、太子少傅為太子的正副輔導官，盡教導訓育之責。㊺侍講東宮　在東宮給太子講學。㊻刑名家　戰國時的法家一派，以申不害為代表，強調循名責實，以強化上下關係。刑，通「形」。所以刑名也作「形名」。㊼不足留聖心　不值得學習這一套。留，留心；注意。㊽龍驤長史　龍驤將軍的諸史之長，是主官手下有實權的人物。㊾主簿　官名，漢代中央及郡、縣官府都設有主簿，掌文書簿籍；魏、晉以後，漸變為統兵開府之大臣幕府中的幕僚之長，參與機要，總領府事。㊿府朝儀法　即慕容廆衙門的一切禮儀章程。府朝，六朝以前侯國郡守得徵聘僚屬，同於公府，其治所也稱朝，是為府朝。儀法，禮儀法度。(51)裴嶷　字文冀，西晉時累遷至中書侍郎、滎陽太守。晉末大亂，求為昌黎太守，因送兄喪南歸，道路梗塞，遂投奔慕容廆，成為其得力參謀。傳附《晉書》卷一百八。(52)介居江表　孤獨地立朝於江南。介，孤獨。江表，指長江以南地區。從中原看，地在長江之外，故稱江表。(53)宜以漸并取　應該逐漸地吞併他們。(54)以為西討之資　以此為日後的進兵中原做準備。西討，指從遼東進兵中原。(55)君言大　你所提出的目標宏偉遠大。(56)非孤所及　不是我所能達到的。及，達到。(57)中朝名德　晉王朝德高望重的人物。中朝，中國，此指晉朝。(58)不以孤僻陋而教誨之　不嫌棄我地處偏僻、孤陋寡聞，而來投我，給我以教誨。(59)稍稍　漸漸；逐漸。(60)洛汭　洛水入黃河處，在今河南鞏縣東。汭，河流會合或彎曲處。(61)濟河　渡河。河，指黃河。(62)具丘王翼光覘知之　被劉聰封為具丘王的劉翼光探聽到了晉軍渡河來襲的消息。覘，探聽。(63)奄至　忽然而至。(64)粲走保陽鄉　劉粲退到陽鄉據守。陽鄉，地名，在今河南泌陽西南。(65)虎牢　關名，在今河南滎陽汜水鎮西北大邳山上。(66)河南三郡　此指河南、滎陽、弘農三郡。(67)漢螽斯則百堂災　劉聰的螽斯則百堂被大火焚毀。螽斯則百堂是劉聰的后妃與其子孫所居住的宮殿名，取《詩經》中的〈螽斯〉篇之義。〈螽斯〉篇中有所謂「宜爾子孫振振兮」、「宜爾子孫繩繩兮」、「宜爾子孫蟄蟄兮」等句，故解詩者多以此篇的主旨為祝頌官僚貴族的子孫成群。(68)錄尚書　即錄尚書事，總管國家政事的施行。(69)焦嵩　西晉末曾任安定太守，率眾駐於雍州。(70)陳安　西晉末時任秦州刺史，率眾駐天水一帶。(71)逼上邽　意即想進一步向西擴展勢力。上邽是晉縣名，縣治在今甘肅天水市西南。(72)新陽　晉縣名，縣治在今甘肅秦安東南。(73)國之疏屬　南陽王司馬保之父司馬模，是司馬懿弟弟司馬馗的孫子，於晉皇室為遠支。(74)忘其大恥而亟欲自尊　司馬保忘掉了晉國兩個皇帝以及自己父親司馬模都被漢人所殺的奇恥大辱而急於想自己當皇帝。(75)晉王近親　司馬睿之父司馬覲是司馬懿的孫子，於晉室為近親。(76)比至　等蔡忠到達建康。

比，及；等到。(77)猶稱建興　仍用晉愍帝司馬鄴的年號，即接續建興五年、建興六年。不用當今皇帝的年號，政治上稱為「不奉正朔」，是一種反叛行為。(78)四月丁丑朔　四月初一是丁丑日。(79)開府儀同三司　一種特權名號，原指可以按照三司儀制開建府署，辟置屬僚。三司，即三公。漢制，唯三公可開府；魏、晉以後開府者日多，故別置開府儀同三司名號。晉代重臣多以將軍開府，都督軍事。(80)導遣八部從事行揚州郡國　王導派遣八個擔任部從事的官員前往揚州管轄下的郡國去視察。部從事，官名，即部郡國從事。郡國各一人，掌管文書和察舉非法。行，巡察。揚州郡國，當時揚州管轄八個郡國，即丹陽、會稽、吳、吳興、宣城、東陽、臨海、新安，所以分遣部從事八人。(81)二千石官長　指郡守與諸侯王國的相，他們的秩祿都是二千石一級。(82)顧和　東晉名士，顧榮的族姪，此時也是受王導派出八從事之一。(83)明公作輔　您作為國家的輔弼大臣。(84)寧使網漏吞舟　寧肯使網眼大到能夠漏掉吞舟之魚，以喻為政應寬緩。(85)何緣採聽風聞　何必去搜集那些道聽途說的信息。(86)察察　酷苛細碎的樣子。(87)成丞相范長生　成國的丞相名叫范長生。成是當時的十六國之一。西元三〇一年巴氏族首領李特在蜀地領導西北流民起義。西元三〇四年其子李雄稱成都王。二年後稱帝，國號成，都成都。據有今四川東部和雲南、貴州的一部分。范長生，名賢，成國的謀士、軍師。(88)成主雄　李雄，字仲儁，李特的第三子。西元三〇四至三三四年在位。傳見《晉書》卷一百二十一。(89)比德乾坤　意即與天地同德。比，並列。乾坤，通常即以稱天地。(90)生承宗廟二句　活著承祀祖先宗廟，死後比配土地神靈。沒，通「歿」。死。后土，土神或地神。(91)幽閑令淑　指沉靜安閒的好女子。(92)副　與……相稱；相符合。(93)神祇　泛指神靈。神謂天神，祇謂地神。(94)孝成帝　指漢成帝，名驁，字太孫，元帝劉奭之子。西元前三三至前七年在位。事詳《漢書》卷十〈成帝紀〉。(95)趙飛燕　初為漢成帝的宮人，善歌舞，以體態輕盈號曰「飛燕」。受成帝愛幸，封為婕妤，又立為皇后。事詳《漢書》卷九十七下〈孝成趙皇后傳〉。(96)麟嘉　劉聰的年號，自西元三一六至三一八年，共三年。(97)中宮之位　指皇后的位置。中宮，皇后所居之宮。常用為皇后的代稱。(98)借使　假使；即使。(99)沈之弟女　王沈的妹妹。弟女，女弟。(100)刑餘小醜　對宦官的鄙稱，此指王沈。(101)塵汙椒房　汙染後宮。(102)考實　調查核實他的罪名。(103)送市　古代處決犯人多在市場，並陳屍示眾。(104)乃公　你爸爸，罵人語。(105)何與汝事　與你有何相干。(106)正坐　正是由於。(107)不友之名　即殺弟之罪。不友，弟兄之間不友愛。儒家語有所謂「兄則友，弟則恭」。(108)梟獍　梟為惡鳥，生而食母。獍為惡獸，生而食父。通常用來比喻不忠不孝與忘恩負義之人。(109)邏騎　巡邏的騎兵。(110)征北小城　征北將軍臨時的駐兵之地。(111)庶　希望；為了。(112)雅重琨　素來敬重劉琨。雅，素來；一向。(113)將聽還屯　準備讓他返回駐地。聽，聽任；隨其意。(114)服使　使之順從。(115)骨肉乖離　指段氏兄弟叔姪之間相互爭鬥。乖離，相互矛盾。(116)是其良圖之日　是他們謀劃襲取我們的好時機。

(117)奉琨以起　擁戴劉琨起兵以消滅段氏。(118)留琨　將劉琨扣留。(119)辟閭嵩　人名，複姓辟閭，名嵩。(120)潛謀　密謀。(121)悉　全；都。(122)五月癸丑　五月初八。(123)稱詔收琨　假託皇帝的旨意，正式逮捕劉琨。收，逮捕。(124)盧諶崔悅　劉琨的部屬，劉琨在段匹磾的獄中作有〈贈盧諶〉詩，今存。(125)悅二句　崔悅是崔林的曾孫。崔林是三國曹魏時的官僚，曾位至司空。(126)冀　期望。(127)平河朔　平定黃河以北地區。河朔，古代泛指黃河以北的地區。(128)褒恤　表彰體恤。(129)因　通過；借助。(130)贈琨太尉侍中　追贈劉琨為太尉之職，並有侍中的加官。(131)夷晉　河北地區的少數民族與晉朝人。(132)將奔邵續　準備往投邵續。邵續是晉將，為平原、樂安太守，又有冀州刺史之銜，當時駐兵在今河北東南部一帶地區。(133)邀之於鹽山　在鹽山對段匹磾進行截擊。邀，截擊。鹽山，在今河北鹽山縣東南八十里。(134)固止之　堅決地攔阻他。(135)絕裾　扯斷了衣袖。(136)返命　指回劉琨處覆命。(137)會琨死　正好劉琨這時被害而死。會，適逢；正碰上。(138)除散騎侍郎　朝廷遂授以散騎常侍之職。除，授官。(139)阻亂　由於戰亂而道路不通。(140)臨葬　等到該對其母進行安葬的時候。(141)固讓不拜　堅決推辭，不接受朝廷的任命。(142)當使理可經通　意即應讓這種「禮」能符合人之常情，能夠貫徹實行。經，常。(143)桀逆未梟　作亂的頭子們尚未誅滅。桀逆，指劉聰、石勒等。梟，殺人而懸其頭於木。(144)奉迎梓宮　迎接懷、愍二帝靈柩。(145)嶠以一身　溫嶠只為自己一人作考慮。(146)於何濟其私難　為什麼只為解決自家的私難。於何，為何。濟，成；解決。(147)不從王命　不服從帝王的統一安排。(148)曹嶷既據青州　曹嶷出身於西晉末年王彌所率領的亂民暴動，與劉聰、石勒等相勾結。後來歸晉，被授為青州刺史，駐兵於今山東淄博一帶地區。(149)懸遠　隔絕、遙遠。(150)六月甲申　六月初九。(151)荀崧　字景猷，三國曹魏名臣荀彧之玄孫。傳見《晉書》卷七十五。(152)左僕射　官名，即尚書左僕射。(153)與物多忤　總是和人鬧矛盾。物，人。忤，背，和不來。(154)欲矯時弊　想要糾正當時的社會風氣。(155)崇上抑下　尊君卑臣，強化等級秩序。(156)排沮豪彊　排斥、打擊豪門勢族。排沮，排斥；壓抑。(157)刻碎之政　苛刻、煩瑣的政治措施。(158)使酒放肆　好耍酒瘋，飛揚跋扈。(159)侵毀　侵陵詆毀。(160)側目憚之　不敢正眼看，表示畏懼和憤恨。憚，懼怕。(161)戊戌　六月二十三。(162)拓跋鬱律　拓跋猗盧之子，繼其父為鮮卑拓跋部的首領。(163)從弟路孤　劉虎的堂弟，名喚路孤。(164)烏孫　漢代西域國名，在今新疆伊犁河流域。烏孫原居敦煌、祁連間，與月氏為鄰，後攻佔月氏地，建立烏孫國。(165)勿吉　古代北方少數民族名，居住在今吉林長白山松花江一帶。兩漢稱沃沮，亦稱挹婁，南北朝時稱勿吉，後稱靺鞨、女真，為滿族的祖先。(166)寢疾　臥病。(167)守　代理，官階低而代理官階高的職務叫「守」。(168)領　兼任，官階高而兼理官階低的職位叫「領」。(169)迭決　輪流處理。(170)癸亥　七月十九。(171)甲子　七月二十。(172)諡曰昭武皇帝　劉聰諡曰「昭武」，意即英明、威武。古代帝王、顯官死後，往往要依其生前事跡給他追加一個稱號，由禮官議上。(173)廟號烈宗　帝王死後，在太廟立室供奉，並追尊以某祖、某宗的名號，稱廟號。始於商代，漢承其制，其後歷代封建帝王皆有廟號。(174)未盈二十　不滿二十歲。(175)陰有異志　懷有篡位的野心。陰，暗中。(176)伊霍之事　指朝廷大臣發動政變，廢掉現任皇帝，改立別人為帝。伊，指商代的大臣伊尹，曾一度放逐商王太甲。霍，指漢代的大臣霍光，曾廢掉昌邑王劉賀而改立漢宣帝。(177)以大司馬統萬機　讓大司馬劉驥掌管朝廷的一切大權。(178)圖　設法對付。(179)二靳氏　指劉聰皇后和劉粲皇后，二人皆靳準之女。(180)驥母弟　劉驥的同母弟。既同父、又同母，極言其血緣之親近。(181)奔長安　指前往投奔劉曜。時劉曜駐守長安。(182)上林　此指劉粲在平陽（今山西臨汾西南金殿村）所建的上林苑。(183)相國　職同丞相，但比丞相位高而權專。(184)一決於準　一概由靳準說了算。(185)矯詔　詐稱是奉了皇帝的命令。矯，假託；詐稱。(186)勒兵　統率軍隊。(187)執粲　拘捕劉粲。(188)數而殺之　一條一條地指說其罪狀後將其殺死。數，一條一條地列數其罪狀。(189)東市　漢代處決犯人常在長安的東市，故後人遂以「東市」隱指刑場。(190)發永光宣光二陵　將劉淵、劉聰兩人的陵墓挖開。發，挖掘。永光，劉淵的陵墓名。宣光，劉聰陵墓名。(191)稱制　意即行使皇帝的職權。皇帝的命令稱作「制」。(192)傳國璽　皇帝的印章。又稱秦璽。相傳秦始皇得藍田玉，雕為印，四周刻龍，正面刻有李斯手書篆文「受命於天，既壽永昌」八字。歷代帝王爭以得璽為符瑞。晉末大亂，洛陽淪陷，此璽遂遷於平陽。(193)還如晉家　把它歸還給晉朝皇帝。(194)司州刺史李矩　李矩是西晉末年的著名將領，曾多次大破漢兵，被司馬睿授為司州刺史，駐兵在今河南滎陽一帶地區。(195)屠各小醜　匈奴族的小痞子。屠各，劉淵所屬部落名，是南匈奴的部落之一。(196)使二帝幽沒　意即殺害了晉懷帝與晉愍帝。(197)輒率眾扶侍梓宮　意謂我長期率領部眾在北方為已逝的兩位皇帝守護靈柩。(198)請以上聞　請把這些情況代向朝廷報告。(199)堡於東宮　在東宮構築堡壘，堅守待援。(200)襄陵北原　襄陵縣的城北高地。襄陵縣治在今山西臨汾東南古城莊。師古曰：「晉襄公之陵，因以名縣。」(201)堅壁　深溝高壘，謹慎防守。(202)赤壁　即赤石川，在今山西河津西北。(203)加九錫　加賜九種特殊待遇。即車馬、衣服、虎賁、樂器、納陛、朱戶、弓矢、鈇鉞、秬鬯。(204)十餘萬落　十多萬個村落、部落。(205)所部郡縣　自己管轄下的郡縣。(206)汾陰　晉縣名，縣治在今山西萬榮西南廟前村北古城。(207)十一月乙卯　十一月十三。(208)日夜出　黑夜裡出了太陽。這可能是清早日全蝕給人造成的誤解。(209)交州　晉州名，治所龍編，在今越南北寧仙遊城東。(210)庚申　十一月十八。(211)胡賊猾夏　匈奴等少數民族擾亂中原王朝。猾，亂；搗亂。夏，華夏，中原地區或中原王朝。(212)務在調戲酒食　把全部力量都用在玩樂與吃喝上。玩樂，指清談、縱欲、遊山玩水等等，都是當時貴族們所傾心追求並視為清高絕倫的活動。(213)不料實德　不考察實際德行如何。料，考察。(214)白望　虛名。(215)惟事請託　一切都靠走後門。請託，請人幫忙、關照。(216)治事　處理公務。治，處理。(217)奉法　按章程辦事。(218)從容　不認真、不抓緊，敷衍了事。(219)達

士　闊達的人。達，不拘小節。(220)驕蹇為簡雅　散漫懶惰被看作是平易風雅。(221)世之所惡者　那些被社會風氣所討厭的官員，指「治事」、「奉法」、「盡禮」的人。(222)陸沈泥滓　被人踩在腳下，不得出頭。陸沈，通作「陸沉」。無水而沉，以喻被壓抑、被埋沒。(223)時之所善者　那些被社會風氣所讚賞的官員，指從容、放蕩、驕蹇的人。(224)翱翔雲霄　飛黃騰達。(225)萬機未整　朝廷政事一塌糊塗。(226)朝廷羣司　朝廷上的各部門、各官長。司，主管；主管者。(227)相違見貶　誰跟當權者的意見不合，誰就立刻被貶逐。(228)辨爭　敢於明辨是非，敢於堅持個人意見。(229)祿仕　為了獲取俸祿而做官。祿，薪俸。仕，從政；做官。(230)敷奏以言　讓他陳述對國家大事的見解。敷奏，展開陳述。(231)光祿不試　光祿大夫不對進入官場的人進行考試。光祿大夫是朝官名，主管朝廷禮儀與考試等事。(232)不出世族　一概都是貴族子弟。(233)用法　施法，意即懲辦犯罪。(234)才不濟務　現任官員的才幹都不足以勝任他們所承擔的工作。(235)慰悅　安慰、討好。(236)州郡秀孝　州郡推舉到朝廷來的秀才和孝廉。秀，秀才，才能優秀的人。《管子・小匡》：「農之子常為農，樸野而不慝，其秀才之能為仕者，則足賴也。」注：「有秀異之材，可為士者。」秀才之稱始見此。至漢始為學士之科目。漢武帝元封四年令諸州歲各舉秀才一人。到了宋代凡是應舉者都稱為秀才。孝，孝廉，本來是漢代選舉官吏的科目名。孝，指孝子；廉，指廉潔之士。漢武帝元光元年初，令郡國舉孝廉各一人，後來合稱為孝廉。歷代因之，州舉秀才，郡舉孝廉。(237)普皆署吏　全部任以為官。(238)陳頵　字延思，當時的正直儒學之吏。傳見《晉書》卷七十一。(239)經策　測試他們對儒家經典的理解。經，指儒家經典。策，古代考試將問題書寫在竹片或木片上，讓應試的人作答，稱為策問，也簡稱為策。(240)仍詔　於是下詔。仍，此處同「乃」。(241)不中科　推薦上來的人考試不合格。中科，合格。(242)比三年　連續三年。比，挨；一連。(243)特除　特別予以任用。除，任用。(244)孔坦　字君平，當時的正直儒學之吏。傳附《晉書》卷七十八〈孔愉傳〉。(245)懼累君父　害怕由於自己考試不及格而連累地方長官。(246)冀於不試　寄希望於萬一不用考試。(247)偏加除署　全部地任用了這些撞大運的人。(248)失分　得不到官職。分，職務。(249)投射　投機、押寶。射，下賭注。(250)頹風傷教　敗壞風氣，有害教化。(251)申　通「伸」。延緩；改期。(252)愉之從子　孔坦是孔愉的姪子。(253)送乘輿服御　把當初劉聰稱帝時用過的車駕與日常用品送給石勒，意即尊石勒為帝，離間他與劉曜的關係。乘輿，帝王所乘的車駕。服御，衣服及各種生活用品。(254)先帝　指劉粲。(255)亂大倫　指劉粲與其父劉聰的后妃淫亂之事。(256)司空　以稱靳準。(257)使朕及此　使我登上帝位。(258)迎大駕　指迎接劉曜進入平陽。(259)為朕入城　以見靳準。(260)殺曜母兄　曜母胡氏為準所殺；兄則史失其名。(261)沈吟　同「沉吟」。心口相問，猶豫不決的樣子。(262)降漢　投降劉曜。(263)嬰城固守　意即據城堅守。嬰城，環城四面拒敵。(264)丁丑　十二月初五。(265)以其疾篤　因為他病勢沉重。篤，病重。(266)己卯　十二月初七。(267)備吉凶儀服　給參與喪事的人備辦全套的喪服與喪禮過後改換使用的服裝。儀服，禮服。吉服，喪禮結束後所更換的服裝。(268)凶荒殺禮　凡遇戰亂或災荒之年禮儀就要從簡。凶荒，戰亂與災荒。殺，降；減。(269)憲章舊制　國家明文規定的有關喪事的章程法度。(270)禮典所無　指給年幼的孩子出大殯，為古典所無。《儀禮・喪服》規定，男女未滿八歲而死稱殤，喪禮無服。(271)顧崇飾如是乎　反而鬧得如此鋪張嗎。顧，反而。崇飾，極力鋪張。(272)竭已罷之民　對已經疲憊不堪的民眾還如此竭力搜刮。竭，極力搜刮。罷，通「疲」。(273)營無益之事　操辦一種對國家毫無益處的事情。營，從事；操辦。(274)殫已困之財　消耗原本就所剩無幾的財富。殫，竭盡。(275)脩無用之費　花在毫無意義的開支上。脩，循；用於。(276)下邳內史劉遐　下邳是晉王朝治下的諸侯國名，都城在今江蘇宿遷境內。內史是諸侯國內的民政長官。劉遐，字正長。傳見《晉書》卷八十。(277)領彭城內史　兼任叛變的周撫的職務。當時的彭城國都城即今江蘇徐州。領，兼任。(278)豹二句　蔡豹是蔡質的第五代孫子。玄孫，本身以下的第五代。《爾雅・釋親》：「曾孫之子為玄孫。」郭璞注曰：「玄者，言親屬微昧也。」蔡豹字士宣。傳見《晉書》卷八十一。(279)粟邑　晉縣名，縣治在今陝西白水縣西北。(280)置戍　留下一些守兵。(281)晉壽　晉縣名，縣治在今四川廣元西南。(282)以巴西叛　佔據巴西發動叛變。巴西，晉郡名，郡治即今四川閬中。(283)涪　晉縣名，縣治在今四川綿陽東。

【校　記】[1]鏡　原作「鏡」。據章鈺校，乙十一行本作「鏡」，今從改。[2]故　原無此字。據章鈺校，甲十一行本、乙十一行本皆有此字，今據補。

【語　譯】太興元年（戊寅　西元三一八年）

春季，正月，遼西公疾陸眷去世。他的兒子還很幼小，他的叔父涉復辰便自立為遼西公。段匹磾從薊城前往遼西奔喪。疾陸眷的堂弟段末柸宣揚說：「段匹磾這次來遼西的目的不是奔喪，而是篡位。」段匹磾到達右北平，涉復辰聽信了段末柸的挑撥，就發兵阻截段匹磾。段末柸趁涉復辰後方兵力空虛，便對涉復辰發動襲擊，將涉復辰殺死，連同他的子弟、黨羽全部除掉，便自稱大單于。他發兵迎擊段匹磾，將段匹磾打敗，段匹磾跑回薊城。

三月初七日癸丑，晉愍帝被害的消息傳到建康，晉王司馬睿穿上用粗麻布縫製的斬縗喪服，從自己的王宮寢室搬到廬幕居住，為晉愍帝守喪。文武百官請求晉王改用皇帝尊號，晉王司馬睿不同意。擔任丞相軍諮祭酒的紀瞻說：「晉國皇統斷絕，到現在已經是第二年了，陛下應當擔當起這分大業。看看宗室當中，還能有誰值得推讓呢？如果陛下光榮地登上皇帝寶座，那麼，神與黎民百姓就都有了依靠。如果陛下的行為拂逆了天心，違背了民望，大勢一去，就再也找不回來了。如今長安、洛陽都被燒成了灰燼，皇家宗廟無人祭祀。劉聰在西北盜竊皇帝尊號稱起了皇帝，而陛下卻在東南擺起了清高，這就是所說的面對需要緊急撲救的熊熊大火卻還在讓來讓去。」晉王還是不同意稱帝，他令擔任殿中將軍的韓績撤去紀瞻等事先為他擺好的皇帝寶座。紀瞻大聲呵斥韓績說：「人間帝王的寶座，與上天的星宿是彼此對應的，有敢移動者斬！」晉王為此連神色都改變了。

擔任奉朝請職務的周嵩上疏給晉王說：「古代帝王之位，大義無虧時，然後可以取得；經過多次謙讓不果之後，就可以接受。所以帝王之業能夠維持長久，如同日月，光耀萬年。而現在，懷帝、愍帝兩位先皇的靈柩還沒有返回故國，舊日的京城還在賊人的佔領之下，沒有收復，忠義之士正在流淌著血淚，男女老少日夜惶恐不安。此時應該廣開言路、延攬賢能、制定出正確的謀略，加緊訓練士卒、磨礪兵器，做好征戰的準備，先洗雪國家的奇恥大辱，以符合全國人民的願望，如此的話，皇帝的寶座還會被別人搶走嗎？」因為周嵩的這番話違背了晉王的心思，所以就把他調離京師建康，打發他到新安去擔任太守，後來又遭人指控對皇帝心懷怨恨而被判處相應的刑罰。周嵩，是周顗的弟弟。

三月初十日丙辰，晉王司馬睿登上皇帝寶座，就是晉元帝，文武百官排列在兩旁侍奉。晉元帝命驃騎將軍王導到御床上來坐在自己身邊，王導堅決推辭說：「如果天上的太陽落下來和地上的萬物混在一起，天下蒼生還怎麼仰望陽光普照？」晉元帝這才作罷。於是大赦天下，改年號為太興，文武百官一律提升兩級爵位。晉元帝想把官吏中那些上疏勸進的每人提升一級爵位，平民百姓中上疏勸進的全部授予官職，這些人加起來有二十多萬人。擔任散騎常侍的熊遠說：「陛下上應天命下繼皇統，四海的黎民百姓全都歸心擁戴，難道只有距離建康近的人情義深重，而距離遠的人情義就輕了嗎？不如依照漢朝的制度，普天之下的人民全部賜爵一級，以示皇恩浩蕩，這樣一來，既可以省去檢查核實的麻煩，又能堵塞那些弄虛作假、徇私舞弊事情的發生。」晉元帝沒有採納熊遠的建議。

三月二十四日庚午，晉元帝司馬睿立王太子司馬紹為皇太子。皇太子司馬紹為人仁愛孝順，喜歡文學，精通武藝，尊賢禮士，很能接受別人的規勸，與庾亮、溫嶠等人，都是不講權位高低的忠實朋友。庾亮品格嚴正莊重，喜歡談論老子、莊子的學說，晉元帝很器重他，就聘娶了他的妹妹為太子妃。晉元帝任命賀循為代理太子太傅，任命周顗為太子少傅，庾亮以中書郎的身分兼任東宮侍講，為太子講學。晉元帝喜好法家學派中的刑名之學，就把《韓非子》一書賞賜給皇太子。庾亮勸阻皇太子說：「申不害、韓非的學說刻薄寡恩，會有傷教化，不值得把心思花費在這上面。」皇太子接受了庾亮的意見。

晉元帝又派遣使者去授予慕容廆為龍驤將軍、大單于、昌黎公，慕容廆沒有接受昌黎公這一爵位。龍驤將軍、大單于慕容廆任命游邃為龍驤長史，任命劉翔為參與機要、總領府事的主簿，讓游邃負責為自己的官署制定禮儀和章程。裴嶷對慕容廆說：「晉室衰微，晉元帝司馬睿孤獨地立朝於江南，恩德和威勢都不能到達遠方。中原地區的戰亂，除去您以外沒有人能夠拯救。如今，其他部落雖然都各自擁有部隊，然而都是一些頑劣之輩聚集在一起，應該逐漸地把他們吞併掉，以此作為日後向西進攻中原的資本。」慕容廆說：「你的目標太遠大宏偉，恐怕不是我所能實現的。然而先生是晉朝德高望重的人物，不嫌棄我地處偏僻、孤陋寡聞而來投奔我，給我以教誨，這是上天把你賞賜給我以保佑我的國家呀。」於是任命裴嶷為長史，把軍國大計全部委託給他辦理。對那些弱小的部落，漸漸地進行征服和吞併。

晉司州刺史李矩派郭默、郭誦率軍救援趙固，他們把軍隊駐紮在洛汭。郭誦暗中派遣自己手下的將領耿稚等趁黑夜偷偷渡過黃河襲擊漢軍的營寨，被漢主劉聰封為具丘王的劉翼光探聽到了晉軍渡河來襲的消息，便趕緊派人稟告漢太子劉粲，請他加強戒備。漢太子劉粲說：「我聽說趙固兵敗之後，連自保都來不及，又怎麼敢到這裡來襲擊我的營寨呢？不要為此驚動將士。」不久，耿稚等率軍突然殺到，兵分十路，同時進攻。劉粲手下的將士驚慌失措、潰不成軍，被晉軍殺死殺傷了一大半，劉粲率領殘兵敗將撤退到陽鄉據守。耿稚等佔領了劉粲的大營，繳獲的器械、軍用物資多得都清點不過來。到了天亮，劉粲發現耿稚等所帥晉軍並不多，就與漢軍將領劉雅生一起將殘敗兵眾重新組織起來，向耿稚等發動進攻。漢主劉聰派太尉范隆率領騎兵前來助戰，與耿稚等對峙，苦戰了二十多天，仍然不能取勝。晉滎陽太守李矩率軍進前救援耿稚等，漢軍沿著黃河岸邊把守，李矩的士卒無法渡過黃河。耿稚等便把所繳獲的牛馬全部殺掉，放火把軍用物資全部燒成了灰燼，然後突出包圍奔往虎牢。晉元帝下詔任命李矩為都督河南三郡諸軍事。

漢「螽斯則百堂」發生火災，大火燒死了二十一人，其中包括漢主劉聰的兒子會稽王劉康。

漢主劉聰任命他的兒子濟南王劉驥為大將軍、都督中外諸軍事、錄尚書，任命齊王劉勱為大司徒。

晉安定太守焦嵩、討虜將軍陳安率軍逼近上邽。相國司馬保派遣使者向涼州刺史張寔告急求救，張寔派遣金城太守竇濤率領著二萬名步兵、騎兵趕赴上邽救援。竇濤的軍隊到達新陽時，聽到晉愍帝司馬鄴已經被害身亡，相國司馬保想要自己當皇帝的消息。擔任破羌都尉的張詵提醒涼州刺史張寔說：「南陽王司馬保在皇族中與皇帝的血緣關係疏遠，他忘掉了兩朝皇帝被漢俘虜殺害、自己父親司馬模也死在漢人之手的奇恥大辱，而只想著自己當皇帝，他肯定不會成功。而晉王司馬睿是皇室的近親，且又有名望有恩德，應當率領天下人尊奉晉王為皇帝。」張寔聽從張詵的建議，馬上派擔任牙門官的蔡忠帶著勸進的奏章前往建康。蔡忠來到建康才知道晉王司馬睿已經登基做了皇帝。張寔不用江東皇帝司馬睿的「太興」年號，仍用晉愍帝司馬鄴的「建興」年號。

夏季，四月初一日丁丑，發生日蝕。

晉元帝加封大將軍王敦為江州牧，王導為驃騎大將軍、開府儀同三司。〇王導派遣八位擔任部從事的官員巡察揚州管轄之下的郡國，八位部從事巡察回來後，同時參見王導。他們分別彙報了各郡國俸祿二千石級別的官員施政的得與失，只有顧和沒有言語。王導就問他，顧和說：「您作為皇帝的輔弼大臣，寧願使網眼大到可以漏掉吞舟的大魚，現在為什麼竟然聽信起這些道聽途說得來的信息，要以苛察作為施政的原則呢？」王導聽了之後歎息了一番，認為顧和說得很對。顧和，是顧榮同族的姪子。

成國丞相范長生去世，成主李雄任命范長生的兒子、擔任侍中的范賁為丞相。范長生學問淵博，多才多藝，活到年近百歲，蜀地的人敬奉他，如同敬奉神明一樣。

在漢國宮中擔任中常侍的宦官王沈有一個養女，長得非常漂亮，漢主劉聰就把王沈的這個養女封為左皇后。擔任尚書令的王鑒、擔任中書監的崔懿之，還有擔任中書令的曹恂全都勸阻說：「我等聽說，君主選立皇后，其品德要能堪配乾坤、母儀天下，活著的時候奉祀宗廟，死後與土地神靈分享人間香火，所以必須選擇世代有品行有名望的家族、沉靜賢淑的好女子，才能符合四海人民的願望，滿足天地神靈的心意。西漢孝成帝劉驁冊封趙飛燕為皇后，結果使後嗣滅絕，國家祭祀土神穀神的社稷壇成為一片廢墟，這就是前車之鑑。我們漢國自麟嘉以來，所選立的皇后，都不是根據她們的品行。即使是王沈的妹妹，也屬於閹割刑餘的宦官的親屬，都不可以讓她汙染後宮，更何況是王沈家的奴婢！六宮中的嬪妃，不是公爵的女兒就是公爵的孫女，怎麼能突然間讓一個奴婢充當她們的主子！我擔心這樣做不是國家的福分。」劉聰大發雷霆，立即派擔任中常侍的宣懷去對皇太子劉粲說：「王鑒等這批小子，言辭狂妄、態度侮慢，一點也不講君臣上下的禮節，趕緊調查核實他們的罪名！」於是，將王鑒等人押送到鬧市上，全部斬首示眾。擔任金紫光祿大夫的王延飛奔而來，將要入宮諫阻，把守宮門的衛士不給他通報。

王鑒等即將被斬首之前，王沈來到刑場，他用手杖敲打著王鑒說：「愚蠢的奴才，你還能再做壞事嗎？你老子的事情跟你有什麼關係！」王鑒瞪圓了眼睛大聲斥責他說：「小子！將來導致漢國滅亡的，必定是由於你等這些鼠輩和靳準！我要到先帝面前去控告你，讓先帝在地下逮捕你治你的罪。」靳準對王鑒說：「我接受皇帝的詔命逮捕你，有什麼不對，你憑什麼說大漢滅亡是因為我？」王鑒說：「你殺死了皇太弟劉乂，使皇帝背上不友愛弟弟的惡名。國家豢養著你們這類人，怎麼能不滅亡！」崔懿之對靳準說：「你的心就像吞食父母的梟鳥和獍獸一樣狠毒，必定成為國家的禍患。你既然能吃人，人也要把你吃掉。」

漢主劉聰冊封宣懷的養女為中皇后。

晉司徒荀組駐紮在許昌，因為受到漢驃騎大將軍石勒沉重的軍事壓力，就放棄許昌，率領自己的部屬數百人渡過長江來到建康。晉元帝下詔命荀組與太保西陽王司馬羕一同管理朝廷機要。

當初遼西公疾陸眷去世，段匹磾自薊城前往遼西奔喪的時候，劉琨派自己的世子劉羣護送段匹磾前往遼西。段匹磾被堂弟段末杯打敗，劉羣被段末杯俘獲。段末杯對劉羣優禮相待，許諾任用劉琨為幽州刺史，希望劉琨與自己聯合襲擊段匹磾。他暗中派遣使者帶著劉羣的書信，請求劉琨在城內做內應，不料這個密使被段匹磾巡邏的騎兵抓獲。當時劉琨駐紮在薊城外面的征北小城，對上述情況一點也不知道，他來到薊城會見段匹磾。段匹磾就把劉羣寫給劉琨的密信拿給劉琨看，段匹磾對劉琨說：「我心裡對你一點也不懷疑，所以才把這事告訴你知道。」劉琨說：「我與你曾經共同歃血盟誓，希望共同洗雪國家的恥辱，即使我兒子的信能夠祕密地送到我的手中，我也絕不會為了一個兒子而忘掉大義。」段匹磾一向敬重劉琨，開始的時候並沒有要殺害劉琨的想法，他準備讓劉琨返回自己的駐地。段匹磾的弟弟段叔軍提醒段匹磾說：「我們在晉人眼裡只不過是胡人而已，所以能使晉人順從我們，是因為晉人畏懼我們人多勢眾。如今我們骨肉之間互相殘殺，正是他們謀劃襲擊我們的好機會。如果有人擁戴劉琨起兵消滅我們，我們就會被滅族。」段匹磾於是扣留了劉琨。劉琨的庶長子劉遵懼怕被殺，就與擔任左長史的楊橋等人關閉了征北小城城門據守，段匹磾率軍攻打，很快就將小城攻陷。擔任代郡太守的辟閭嵩、後將軍韓據暗中謀劃襲擊段匹磾，事情洩露，段匹磾將辟閭嵩、韓據及其黨羽徒眾全都抓起來，一個不留地全部處死。五月初八日癸丑，段匹磾假傳皇帝的詔命將劉琨正式逮捕收監，然後用繩子將劉琨勒死，同時被殺的還有劉琨的四個兒子和姪子。在劉琨手下擔任從事中郎的盧諶、崔悅等人率領著劉琨的餘眾逃往遼西，依靠段末杯，尊奉劉琨的兒子劉羣為首領，而劉琨手下的其他將領大多投奔了石勒。崔悅，是崔林的曾孫。東晉朝廷認為段匹磾的勢力很強大，希望他能為晉國平定黃河以北的廣大地區，因而就沒有為劉琨舉行任何形式的追悼活動。溫嶠上疏給朝廷說劉琨盡忠皇室，而自己卻落個家破身亡，朝廷應該給予褒揚和撫恤。盧諶、崔悅也借助於段末杯的使者，上疏為劉琨訴訟冤屈。但一直拖了好幾年，才追贈劉琨為太尉、侍中，諡號為愍。於是，夷人和晉人因劉琨被害死這一緣故，都不再歸附段匹磾。

自稱大單于的段末杯派遣自己的弟弟率軍攻打堂兄段匹磾，段匹磾率領自己的部眾數千人準備投奔冀州刺史邵續，漢國驃騎大將軍石勒的部將石越在鹽山一帶進行截擊，大敗段匹磾。段匹磾又返回薊城堅守，段末柸便自稱幽州刺史。

當初，溫嶠作為劉琨的使者，帶著劉琨的奏章前往建康，溫嶠的母親崔氏堅決阻止他，溫嶠扯斷了衣袖決然而去。溫嶠到了建康以後屢次請求返回薊城覆命，朝廷都沒有允許。正好此時劉琨被害身亡，朝廷遂授予溫嶠散騎侍郎的官職。溫嶠聽說自己的母親去世，因為戰亂道路不通而不能前去奔喪送葬，因此堅決不接受朝廷的授職，苦苦地要求北還。晉元帝下詔說：「凡是堅持禮義的人，就應該讓這種『禮』能符合人之常情，能夠貫徹實行。如今還沒有將劉聰、石勒等兇狠忤逆的叛賊斬首，各路奉迎懷、愍二位皇帝靈柩的人馬還不能前進。溫嶠只為自己一個人考慮，為何只想解救自己一家的苦難，而不聽從君主的統一安排？」溫嶠迫不得已只好接受皇帝的任命。

當初，漢青州刺史曹嶷佔據青州之後，就背叛了漢國向晉投降。又因為青州距離建康路途遙遠，擔心自己一旦有事，建康方面勢必無法及時趕來救援，於是就又與漢驃騎大將軍石勒結好，石勒授予曹嶷東州大將軍、青州牧，並封他為琅邪公。

六月九日甲申，晉元帝司馬睿任命刁協為尚書令，任命荀崧為左僕射。刁協性情剛烈強悍，總是和人鬧矛盾，他與擔任侍中的劉隗深受皇帝司馬睿的寵愛和信任。他們想要糾正當時的社會風氣，往往尊崇皇帝、壓制群臣，強化等級秩序，排斥、打擊豪門勢族，所以遭到王氏家族的忌恨，凡是苛刻、煩瑣的政治措施，就都說是劉隗、刁協的主意。刁協又愛撒酒瘋，飛揚跋扈，侵陵詆毀朝廷的公卿大臣，看見他的人連正眼看他一眼都不敢。

六月二十三日戊戌，晉元帝司馬睿封皇子司馬晞為武陵王。

漢樓煩公劉虎從朔方侵入拓跋鬱律國境的西部。秋季，七月，拓跋鬱律率軍攻打劉虎，將劉虎打得大敗。劉虎逃出塞外，劉虎的堂弟劉路孤率領自己的部眾投降了拓跋鬱律。於是拓跋鬱律向西攻佔了古烏孫國的故地，向東兼併了勿吉以西的土地，兵強馬壯，稱雄於北方。

漢主劉聰臥病在床，他徵調擔任大司馬的劉曜為丞相，任命石勒為大將軍，共同主管朝廷機要，接受遺詔輔佐朝政。劉曜、石勒堅決辭讓。於是任命劉曜為丞相，兼任雍州牧，石勒為大將軍，兼任幽州、冀州二州州牧。石勒推辭沒有接受任命。劉聰任用上洛王劉景為太宰，任用濟南王劉驥為大司馬，任用昌國公劉顗為太師，任命朱紀為太傅，呼延晏為太保，以上各官員同時管理朝廷機要事務。又任命范隆為代理尚書令、儀同三司，任命靳準為大司空，兼任司隸校尉，二人輪流處理尚書省的奏章。七月十九日癸亥，漢主劉聰病逝。二十日甲子，太子劉粲繼位為漢皇帝。劉粲尊奉右皇后靳氏為皇太后，尊皇后樊氏為弘道皇后，武氏為弘德皇后，王氏為弘孝皇后。冊封自己的妻子靳氏為皇后，立兒子劉元公為皇太子。在國內實行大赦，改年號為漢昌。將劉聰葬入宣光陵，謚號昭武皇帝，廟號烈宗。靳太后等年齡全都未滿二十歲，劉粲與先皇的這些嬪妃日夜胡鬧取樂，對父親的去世一點也不悲傷。

靳準暗中懷有篡位的野心，他私下裡對劉粲說：「我聽說有幾位大臣要效法商代伊尹放逐太甲、西漢霍光廢黜昌邑王劉賀的故事，準備先殺掉太保呼延晏和我，讓大司馬劉驥掌管朝廷的一切大權，陛下應該早點做好應付的對策。」劉粲沒有聽信靳準的話。靳準心懷恐懼，就又指使自己的兩個女兒——劉聰的皇后和劉粲的皇后再對劉粲說同樣的話，劉粲才相信確有其事。於是將擔任太宰的劉景、擔任大司馬的劉驥、劉驥的同母弟弟擔任車騎大將軍的吳王劉逞、太師劉顗、大司徒齊王劉勱全都逮捕起來，一齊殺掉。朱紀、范隆逃往長安去投奔丞相劉曜。八月，劉粲在平陽的上林苑中檢閱軍隊，準備討伐大將軍石勒。劉粲任命丞相劉曜為相國，總領全國諸軍事，仍然在長安鎮守，任命靳準為大將軍，主管朝廷機要。劉粲經常在後宮中遊蕩宴飲，軍國大事一概由靳準說了算。靳準便詐稱奉了皇帝劉粲的命令任命自己的堂弟靳明為車騎將軍，靳康為衛將軍。

靳準準備發動政變，他找擔任金紫光祿大夫的王延商量此事。王延不肯參與靳準謀反，他飛速跑向皇宮，準備將靳準的陰謀稟告劉粲。路上正巧遇到靳準的堂弟、擔任衛將軍的靳康，靳康便將王延劫持回來。靳準統帥軍隊衝進皇宮，登上光極殿，命令武士們拘捕了漢主劉粲，並當眾一條一條地數說劉粲的罪狀，然後將劉粲殺死；他給劉粲的諡號是「隱帝」。凡是姓劉的，不論男女老少全都被押赴到東市斬首示眾。靳準又挖掘了漢主劉淵的永光陵、劉聰的宣光陵，將劉聰的屍體扯出來砍下人頭，同時放火燒毀了皇家宗廟。靳準自稱為大將軍、漢天王，行使皇帝職權，設置文武百官。他對安定人胡嵩說：「自古以來就沒有胡人做皇帝的，現在我把傳國玉璽交付給你，請你把它歸還給晉國皇帝。」胡嵩不敢接傳國玉璽。靳準很生氣，殺了胡嵩。靳準派人去對晉國司州刺史李矩說：「劉淵，只不過是匈奴屠各部落的一個小丑，趁著晉國內亂，就假託天命做起皇帝來，致使晉國的兩位皇帝被他們囚禁而死。我長期率領部眾在北方為已經逝世的兩位皇帝守護靈柩，請你將這些情況代為向朝廷報告。」李矩不敢怠慢，他飛速將奏章上奏給晉元帝司馬睿，晉元帝司馬睿立即派遣擔任太常的韓胤等人出發迎接兩位先皇的靈柩。在漢擔任尚書的北宮純等人將在平陽的晉人招集起來，在東宮築起堡壘堅守待援，最後被靳康率人攻破殺滅。靳準想讓王延為自己擔任左光祿大夫，王延厲聲大罵說：「你這個屠各族的叛逆奴才，為何不快點將我殺死，你把我的左眼球放在西陽門，我要觀看相國劉曜率軍從西陽門殺入城中！你把我的右眼球放在建春門，我要觀看大將軍石勒率領軍隊從建春門殺入城中！」靳準遂將王延殺死。

漢相國劉曜聽到靳準政變的消息，立即率領軍隊從駐地長安趕來。大將軍石勒也率領五萬精銳軍隊前來討伐靳準，佔據了襄陵城北的高地。靳準多次派人挑戰，石勒卻深溝高壘、以堅守不戰的策略來挫敗他的銳氣。

冬季，十月，相國劉曜率軍抵達赤壁。太保呼延晏等人從平陽跑來投靠他，呼延晏與太傅朱紀等人共同擁戴相國劉曜，為他奉上皇帝的尊號。劉曜便登上皇帝寶座，繼位為皇帝，實行大赦，唯獨靳準一門不在赦免之例。改年號為「光初」。劉曜任命太傅朱紀兼任司徒，任命太保呼延晏兼任司空，太尉范隆以下的官員，全都官復原職。劉曜任命大將軍石勒為大司馬、大將軍，並給予他極高的禮遇——加九錫，同時為他增加十個郡的封地，進爵為趙公。

石勒攻打駐守平陽的靳準，巴人、羌人、羯人向石勒投降的有十多萬個村落，石勒把他們全都遷徙到自己管轄下的郡縣中。〇漢主劉曜派擔任征北將軍的劉雅、擔任鎮北將軍的劉策駐紮在汾陰，與石勒共同討伐靳準。

十一月十三日乙卯，太陽在夜間升起，高出地平線三丈。○晉元帝司馬睿下詔任命王敦為荊州牧，加封擔任廣州刺史的陶侃為都督交州諸軍事。王敦堅決推讓荊州州牧這個名位，晉元帝同意王敦為荊州刺史。

十一月十八日庚申，晉元帝司馬睿下詔，命令文武百官，上至公卿，下及一般的知識分子，每個人都要上疏評論朝政的得失。擔任御史中丞的熊遠於是上疏評論說：「匈奴等少數民族擾亂中原王朝，被漢囚禁、害死的兩位皇帝的靈柩還沒有運回來，而朝廷卻不能派遣大軍前往征討，這是第一個失誤。朝廷的文武百官沒有人認為大仇未報是國家的恥辱，每天都把主要精力用在遊戲取樂、大擺酒宴上，這是第二個失誤。朝廷選擇官吏，考察的不是他的真實品行如何，而只看他的虛名，不是衡量他的工作才幹，一切都靠走後門。當了官的人，把忠於職守、認真處理公務的人看成是庸俗的官吏，把奉公守法、按章辦事看作是施政苛刻，把待人接物彬彬有禮看作是阿諛奉承、溜須拍馬，而把辦事拖拉、敷衍了事看作是一種瀟灑高妙，把行為放蕩、狂傲不羈當成胸襟闊達，把散漫懶惰說成是平易風雅，這是第三個失誤。那些被世俗風氣所厭惡的官員大多都被人踩在腳下，不得出頭，那些被時俗所讚賞的官員，則都是飛黃騰達、青雲直上。正是因為如此，所以朝廷政事一塌糊塗，都沒有得到很好的治理，社會風俗虛偽澆薄。朝廷的各部門、各官長，都把馴服順從看作美好，而與官長持有不同意見的人就會遭到貶逐，這樣朝堂之上哪會有敢於明辨是非、敢於堅持自己的意見的大臣，知識分子不會只為了獲取俸祿而做官呢？古代遴選官吏，都要讓他們陳述對國家大事的見解，而今光祿大夫對進入官場的人並不進行考試，完全違背了古人的做法。還有，推舉賢能永遠跳不出豪門貴族的範圍，而刑罰卻從來用不到權貴身上，所以官員的才幹都不足以勝任他們所承擔的工作，而有才幹的人又得不到居官任職，貪贓枉法的官吏從來沒有受到應有的懲處。這些弊端如果不改正，卻希望將國家治理好，那是非常困難的！」

在這之前，晉元帝司馬睿因為當時正逢天下大亂之際，他想安撫百姓、取悅民心，凡是州郡推舉的秀才、孝廉，來到建康，不必經過考試就都授予一定的官職。擔任尚書的陳頵也上疏說：「應該逐漸恢復舊有的考試取仕制度，測試他們對儒家經典的理解。」晉元帝司馬睿聽從了陳頵的建議，於是下詔說：「各州郡所推舉的秀才、孝廉，經過考試，如果不合格，所在州郡的刺史、太守一律免官。」於是各地推舉出來的秀才、孝廉都不敢前往建康。即使有人到了建康，也都藉口有病而不參加考試，一連三年，竟然沒有一個人參加考試。晉元帝司馬睿想破格任用那些已經到達建康的孝廉，擔任尚書郎的孔坦上疏認為：「建康附近州郡推舉出來的秀才、孝廉，害怕考試不合格而連累自己所在州郡的刺史、太守丟掉官職，所以都不敢前來應試，而地處偏僻、或距離建康路途遙遠的州郡所推舉的秀才、孝廉則寄希望於萬一不用考試，所以就抱著一種僥倖心理來到建康。如果對這些撞大運的人全部任用，就等於使行為謹慎、奉公守法的人得不到官職，而心懷僥倖、投機射利的人卻得到了官職，敗壞風俗、有害教化，恐怕就要從此開始了。不如讓他們全都回去，將考試的時間延期，讓他們有更多的時間去學習，如此制度公平，法令才有威信。」晉元帝司馬睿同意孔坦的意見，聽任把孝廉考試時間推遲七年。孔坦，是孔愉的姪子。

靳準派擔任侍中的卜泰為使者，把劉聰稱帝時使用過的車駕、衣物及日常用品送給大將軍、趙公石勒，請求和解。石勒將卜泰囚禁起來，派人押送給漢主劉曜。劉曜對卜泰說：「先帝劉粲末年，確實淫亂後宮違背倫常。當時擔任司空的靳準像伊尹、霍光那樣行使輔政大權除掉了劉粲，才使我有機會當上皇帝，靳準的功勞實在是太大了。如果他能早一點前來迎接我回到都城平陽，我會把國家政事全部委託給他，豈止是免他一死呢？你為我進城去見靳準，把我的意思轉達給他。」卜泰回到平陽，靳準因為自己已經將劉曜的母親、哥哥殺死，所以猶豫不決。十二月，左右車騎將軍喬泰、王騰和衛將軍靳康等聯合起來殺死了靳準，推舉擔任尚書令的靳明為首領，又派卜泰捧著皇帝的傳國六璽，投降了漢主劉曜。趙公石勒大為憤怒，就率領軍隊進攻靳明。靳明出來迎戰，被石勒打得大敗，只好退回平陽城中堅守。

十二月初五日丁丑，晉元帝司馬睿封皇子司馬煥為琅邪王。司馬煥，是鄭夫人生的兒子，出生兩年了。晉元帝非常疼愛他，因為司馬煥病勢沉重，所以就趕在他去世之前封他為琅邪王。初七日己卯，兩歲的琅邪王去世。晉元帝司馬睿按照成年人的禮節安葬了他，並為參與喪事的人備辦了全套的喪服與喪禮過後改穿的吉服，又為司馬煥營建陵園，工程浩大，費用可觀。擔任琅邪國右常侍的會稽人孫霄給晉元帝司馬睿上疏，他勸諫晉元帝說：「在古代，凡是遇到戰亂或災荒之年，禮儀就要從簡，何況如今海內大亂，就是憲章所明確規定的有關喪事的章程法度，尚且要本著從簡從省的原則，何況是用成人之禮葬無服之殤，反要鋪張到如此的程度！對已經疲憊不堪的民眾如此竭力搜刮，用來去操辦對國家毫無益處的陵園建築，消耗原本就所剩無幾的財富，使已經枯竭的國家財政又增加毫無意義的開支，這使我深感不安。」晉元帝對孫霄的規勸置若罔聞。

晉國彭城內史周撫殺死了沛國內史周默，然後率領著自己的部眾投降了石勒。晉元帝司馬睿下詔命擔任下邳內史的劉遐兼任彭城內史，會同徐州刺史蔡豹、泰山太守徐龕共同討伐周撫。蔡豹，是蔡質的玄孫。

石虎率領幽州、冀州的兵力會同石勒攻打平陽叛臣靳明。靳明多次戰敗，派遣使者向漢主劉曜求救。漢主劉曜派征北將軍劉雅、鎮北將軍劉策前往接應，靳明率領平陽男女總計一萬五千人投奔漢主劉曜。劉曜向西屯駐在粟邑，將靳姓男女，不論老少全部斬首。漢主劉曜到平陽迎接自己母親胡氏的靈柩，將其安葬在粟邑，稱為陽陵，所上諡號為宣明皇太后。趙公石勒焚毀了平陽皇宮，派將領裴憲、石會重新整修漢主劉淵的永光陵和劉聰的宣光陵，埋葬了漢主劉粲以下一百多口人的屍體，留下一批兵士守陵，然後撤軍而回。

大成國梁州刺史李鳳多次立功，成主李雄哥哥的兒子李稚率軍在晉壽駐防，李稚對李鳳非常嫉妒，李鳳因此在巴西叛變。成主李雄親自率軍抵達涪城，命擔任太傅的李驤進兵討伐李鳳，李驤將李鳳斬首。成主李雄任命李壽為前將軍，負責主管巴西軍事。

【研　析】 本卷寫了晉元帝建武元年（西元三一六年）到太興元年（西元三一七年）兩年間的大事。其中比較重要、值得議論的有以下幾件事：

其一是晉愍帝司馬鄴之死。晉朝的建立是經過司馬懿、司馬師、司馬昭兩代三人幾十年的努力才由司馬炎以篡位的方式取代曹魏而獲得的。在整個奪權的過程中充滿了血腥，廢曹芳、殺曹髦、篡曹奐。司馬炎在位二十餘年，他死後，墳土未乾，變亂就已興起，經過一番內亂之後，北方各民族紛紛登上皇帝寶座，而西晉末年的兩位皇帝晉懷帝司馬熾、晉愍帝司馬鄴相繼被匈奴人劉淵建立的漢國所俘虜，他們喪失的不僅是高貴的帝位，而是做人的尊嚴。劉聰在南宮光極殿大宴群臣，令晉懷帝司馬熾身穿平民的衣服，在席間勸酒，即使如此馴服，最後還是被殺死，年僅三十歲。晉愍帝司馬鄴被俘後，劉聰外出打獵，命司馬鄴手持鐵戟，在前面為劉聰開路；劉聰上廁所坐馬桶，讓司馬鄴為他捧著馬桶蓋，最後也沒有逃脫被殺的命運，死時只有十八歲。他們的結局比起曹芳、曹髦、曹煥還要不如，假如司馬炎死後有知，將會作何感想？

其二是司馬睿與其組建的東晉王朝。司馬睿在群臣開始勸其進位為帝時，他一再唱高調，並說什麼「諸賢見逼不已，當歸琅邪耳！」於是「呼私奴，命駕將歸國」；待至晉愍帝去世的消息一到，司馬睿立即迫不及待地即位為帝。周嵩勸他再忍耐一下以進一步地爭取人心時，司馬睿竟惱怒地將周嵩逐出了朝廷。這前後的鮮明對比，是多麼令人生厭！東晉王朝從它的建立伊始就非常腐朽，它完全依附於世家豪族，赤裸裸地維護世家豪族利益，把西晉王朝、西晉官場的種種嚴重弊病都通通地承襲了下來。對此熊遠、陳頵等人都提過中肯的意見，有些是司馬睿根本不聽，有些是王氏大族從中作梗，使之不能實行。對此王夫之的《讀通鑑論》說過一些似是而非的話。他說：「承傾危以立國，倚眾志以圖存，則為勢已孤，或外有挾尊親之宗藩，或內有挾功名之將相，日陵日夷，而伏篡弒之機，此正君子獨立以靖宗社之時，而縻軀非其所恤。然君之所急與吾之所以事君者在是，則專心致志以彌縫之而恐不逮。即有刑賞之失，政教之弛，風俗之敝，且置之，以待主權既尊，國紀既立之後。而必不可迫為張弛，改易前政，以解臣民之心，使權姦得挾以為辭，而誘天下以歸己。」並說：「沈靜以收人心，而起衰救敝之人作，且從容以俟人心之定，則權臣自戢，而外侮以消。況名法綜核為物情所駭者，其可迫求之以拂眾怒也乎？」結果東晉王朝就這麼一天天地爛了下去，內憂外患，戰亂不絕，而唯一得利的是世族豪門與司馬氏皇室相依為命地苟延殘喘了一百年。當然這也可以說是一種成功，但那就得看看是從哪個角度說話了。司馬睿為他只活了兩歲的兒子出大殯、修陵墓，言官出來諫阻，說「古者凶荒殺禮，況今海內喪亂，憲章舊制，猶宜節省，而禮典所無，顧崇飾如是乎！竭已罷之民，營無益之事，殫已困之財，脩無用之費」，言辭懇切，司馬睿置若罔聞。這也是千古少見的事！

其三，并州刺史劉琨是一個讓人非常惋惜的人物，他心懷晉室，與段匹磾歃血同盟，期以翼戴晉室。他對溫嶠說：「晉祚雖衰，天命未改，吾當立功河朔」云云，是何等的豪邁！當劉琨兒子劉羣在段末柸處致書劉琨，約劉琨與末柸裡應外合共破段匹磾，書信被段匹磾截獲，段匹磾持書以責劉琨時，劉琨毫不猶豫地說：「與公同盟，庶雪國家之恥，若兒書密達，亦終不以一子之故負公而忘義也。」是何等的光明磊落！然而壯志未酬，最後竟被段匹磾殺害。對這樣一個一心報國而最終被害的人物，古人評價不一。明代張溥《漢魏六朝百三家集題辭》讚頌劉琨的文章說：「勁氣直辭，迴薄霄漢，推此志也，屈平沅湘，荊軻易水，其同聲耶？」「夫漢賊不滅，諸葛興師；二聖未還，武穆鞠旅；二臣忠貞，表懸天壤。上下其間，中有越石。予嘗感中夜荒雞，月明清嘯，抑覽是集，彷彿其如有聞乎！」而王夫之《讀通鑑論》則對劉琨多有指責，如其所謂：「琨亦功名之士耳，志在功名而不聞君子之道，則功不遂、名不貞，而為後世僇，自貽之矣。」深責劉琨的不自量力，似乎太不看大節了。

其四，靳準是一個「成功」的陰謀家，他把自己的兩個女兒分別地獻給劉聰、劉粲父子，輕而易舉地獲取了劉聰、劉粲對他的寵信和重用。他重權在握之後，就借劉聰、劉粲的手，逐個地處死了那些真心擁護劉聰、劉粲的忠臣；等到劉聰父子把自己的左膀右臂全部斬殺之後，靳準立即舉行政變，他把活主子劉粲殺死，把兩代死主子劉淵、劉聰掘墓戮屍，他將劉氏宗廟焚毀，還把這支劉姓的匈奴人不論男女老少通通殺光。靳準對劉氏為何如此仇恨？其手段為何如此惡毒？其從內部興起而一舉顛覆劉淵、劉聰政權的極端省力與其功效之巨大與徹底，都是歷史上之所罕聞。靳準到底是怎麼一回事，過去的歷史家沒有做出深刻的分析判斷。趙高顛覆了秦王朝，於是有人說趙高是趙國人，是採取了一種特殊手段而完成了一種曲線復仇。趙高尚可立論，為什麼就沒有人說靳準是晉王朝的內奸，說他是為晉王朝淪陷的江山社稷、為呻吟於匈奴鐵蹄下的漢族遺民而潛入敵營、行此手段的？靳準政變成功後，「遣使告司州刺史李矩曰：『劉淵，屠各小醜，因晉之亂，矯稱天命，使二帝幽沒。輒率眾扶侍梓宮，請以上聞。』」明確宣告臣服於晉。倘若晉王朝能不失時宜地加以聯合、借用，豈不是一支很好的力量？凡此種種，似乎都應再做深入的考察。

卷第九十一

晉紀十三

起屠維單閼（己卯　西元三一九年），盡重光大荒落（辛巳　西元三二一年），凡三年。

【題　解】本卷寫晉元帝司馬睿太興二年（西元三一九年）至太興四年共三年間的東晉及各國大事。主要寫了蘇峻在永嘉之亂中糾合鄉里數千家，結壘自保，後因曹嶷之逼率眾南渡，因為助討周撫有功，被晉元帝任命為淮陵內史，為其日後稱兵為逆作伏線；寫了漢將石勒在平定靳準餘部後派王脩向漢主劉曜獻捷，結果因有人讒毀挑動，劉曜殺王脩，致使石勒與劉曜反目；寫了漢主劉曜更改國號為趙國（史稱前趙），建都於長安，尊奉匈奴冒頓單于為祖，創立太學，修建宮室、陵墓，又能容人納諫，聽用游子遠的建議，收服自稱「大秦」的巴人部落，頗具王者氣象；寫了石勒也建國為趙（史稱後趙），自稱趙王，建都襄國（今河北邢臺）；寫了石勒的一些生活瑣事，甚有草莽英雄的氣概；寫了石勒部將石虎打敗並擒獲邵續，進而攻打、俘獲段匹磾的部將段文鴦，段匹磾被部下劫持，投降石勒，段匹磾、段文鴦、邵續都被石勒所殺，晉王朝的幽州、并州、冀州全部歸入後趙的版圖；寫了晉王朝豫州刺史祖逖協調中原地區不同派系晉軍將領，不斷攻擊後趙，使後趙疆土日益縮小，以及使管區內的百姓與石勒佔區的百姓相互通商，使百姓稍得休息；而由於司馬睿另派親信戴淵任豫州刺史，都督中原諸州軍事，祖逖因軍權被取代而失望憤慨病故；寫了東晉王朝內部王敦與司馬睿的矛盾加劇，各樹黨羽，劉隗、司馬承等與王敦鬥爭已經公開化；寫了涼州刺史、西平公張寔被自己的部下所殺，其弟張茂被推舉為涼州刺史；寫了慕容廆接受晉王朝任命為都督幽州、平州、東夷諸軍事、平州牧，雄據一方；拓跋猗㐌的妻子惟氏殺死代王拓跋鬱律而立自己的兒子拓跋賀傉為代王，惟氏專制朝政，為日後什翼犍的興起掌權作伏筆。

中宗元皇帝中

太興二年（己卯　西元三一九年）

春，二月，劉遐、徐龕擊周撫於寒山❶，破斬之。初，掖人蘇峻❷帥鄉里數千家結壘以自保，遠近多附之。曹嶷❸惡其彊，將攻之，峻率眾浮海來奔。帝以峻為鷹揚將軍❹，助劉遐討周撫有功，詔以遐為臨淮❺太守，峻為淮陵內史❻。

石勒遣左長史王脩獻捷❼於漢。漢主曜遣兼司徒郭汜授勒太宰❽、領大將軍，進爵趙王，加殊禮，出警入蹕❾，如曹公輔漢故事❿，拜王脩及其副劉茂皆為將軍，封列侯⓫。脩舍人⓬曹平樂從脩至粟邑，因留仕漢，言於曜曰：「大司馬⓭遣脩等來，外表至誠，內覘大駕彊弱⓮，俟⓯其復命，將襲乘輿⓰。」時漢兵實疲弊，曜信之。乃追汜還，斬脩於市。三月，勒還至襄國⓱。劉茂逃歸，言脩死狀。勒大怒，曰：「孤事劉氏，於人臣之職有加矣。彼之基業，皆孤所為。今既得志，還欲相圖⑱。趙王、趙帝，孤自為之，何待於彼邪！」乃誅曹平樂三族。

帝令羣臣議郊祀⑲，尚書令刁協等以為宜須還洛乃脩之⑳。司徒荀組等曰：「漢獻帝都許㉑，即行郊祀，何必洛邑！」帝從之，立郊丘㉒於建康城之巳地㉓。辛卯㉔，帝親祀南郊㉕。以未有北郊㉖，并地祇合祭之。詔：「琅邪恭王宜稱皇考㉗。」賀循曰：「禮，子不敢以己爵加於父㉘。」乃止。

初，蓬陂塢主㉙陳川自稱陳留太守。祖逖之攻樊雅㉚也，川遣其將李頭助之。頭力戰有功，逖厚遇之。頭每嘆曰：「得此人為主，吾死無恨㉛。」川聞而殺之。頭黨馮寵帥其眾降逖。川益怒，大掠豫州諸郡，逖遣兵擊破之。夏，四月，川以浚儀㉜叛降石勒。

周撫之敗走也，徐龕部將于藥追斬之。及朝廷論功，而劉遐先之。龕怒，以泰山㉝叛降石勒，自稱兗州㉞刺史。

漢主曜還，都長安，立妃羊氏㉟為皇后，子熙為皇太子，封子襲為長樂王，闡為太原王，沖為淮南王，敞為齊王，高為魯王，徽為楚王，諸宗室皆進封郡王㊱。羊氏，即故惠帝后也。曜嘗㊲問之曰：「吾何如司馬家兒？」羊氏曰：「陛下開基之聖主，彼亡國之暗夫，何可並言！彼貴為帝王，有一婦、一子及身三耳，曾不能庇㊳。妾於爾時，實不欲生，意謂世間男子皆然。自奉巾櫛㊴已來，始知天下自有丈夫耳。」曜甚寵之，頗干預國事。

南陽王保自稱晉王，改元建康，置百官，以張寔為征西大將軍、開府儀同三司。陳安自稱秦州㊵刺史，降于漢，又降于成㊶。上邽大饑，士眾困迫，張春奉保之㊷南安祁山㊸，寔遣韓璞帥步騎五千救之。陳安退保緜諸㊹，保歸上邽。未幾㊺，保復為安所逼，寔遣其將宋毅救之，安乃退。

江東大饑，詔百官各上封事㊻。益州刺史應詹㊼上疏曰：「元康㊽以來，賤經尚道㊾，以玄虛弘放㊿為夷達(51)，以儒術清儉(52)為鄙俗。宜崇獎(53)儒官，以新俗化(54)。」

祖逖攻陳川于蓬關(55)。石勒遣石虎將兵五萬救之，戰于浚儀，逖兵敗，退屯梁國(56)。勒又遣桃豹將兵至蓬關，逖退屯淮南(57)。虎徙川部眾五千戶于襄國，留豹守川故城。

石勒遣石虎擊鮮卑日六延(58)於朔方(59)，大破之，斬首二萬級，俘虜三萬餘人。孔萇(60)攻幽州諸郡，悉取之。段匹磾士眾[1]飢散，欲移保上谷(61)。代王鬱律(62)勒兵將擊之，匹磾棄妻子奔樂陵(63)，依邵續(64)。

曹嶷遣使賂石勒，請以河為境(65)。勒許之。

梁州刺史周訪擊杜曾，大破之。馬雋等執曾以降，訪斬之，并獲荊州刺史第五猗(66)，送於武昌(67)。訪以猗本中朝所署(68)，加有時望(69)，白(70)王敦不宜殺，敦不聽而斬之。初，敦患杜曾難制，謂訪曰：「若擒曾，當相論為荊州(71)。」及曾死而敦不用(72)。王廙在荊州，多殺陶侃將佐(73)，以皇甫方回(74)為侃所敬，責其不詣己(75)，收斬之。士民怨怒，上下不安。帝聞之，徵廙為散騎常侍(76)，以周訪代廙為荊州刺史。王敦忌訪威名，意難之。從事中郎郭舒說敦曰：「鄙州(77)雖荒弊，乃用武之國，不可以假人，宜自領(78)之，訪為梁州足矣。」敦從之。六月丙子(79)，詔加訪安南將軍，餘如故。訪大怒，敦手書譬解，并遺玉環玉椀以申厚意。訪抵之於地(80)，曰：「吾豈賈豎(81)，可以寶悅邪！」訪在襄陽(82)，務農訓兵，陰有圖敦之志，守宰(83)有缺輒補，然後言上。敦患之而不能制。

魏該為胡寇所逼，自宜陽率眾南遷新野(84)，助周訪討杜曾有功，拜順陽(85)太守。

趙固死，郭誦留屯陽翟(86)。石生屢攻之，不能克。

漢主曜立宗廟社稷，南北郊於長安(87)。詔曰：「吾之先，興於北方。光文立漢宗廟(88)以從民望。今宜改國號，以單于為祖。亟議以聞(89)！」羣臣奏：「光文始封盧奴伯[90]，陛下又王中山[91]。中山，趙分[92]也，請改國號為趙。」從之。以冒頓配天[93]，光文配上帝[94]。

徐龕寇掠濟、岱[95]，破東莞[96]。帝問將帥可以討龕者於王導，導以為太子左衛率[97]泰山羊鑒[98]，龕之州里冠族[99]，必能制之。鑒深辭才非將帥[100]，郗鑒[101]亦表鑒非才，不可使。導不從。秋，八月，以羊鑒為征虜將軍[102]、征討都督[103]，督徐州刺史蔡豹、臨淮太守劉遐、鮮卑段文鴦[104]等討之。

冬，石勒左、右長史張敬、張賓，左、右司馬張屈六、程遐等勸勒稱尊號[105]，勒不許。十一月，將佐等復請勒稱大將軍、大單于、領冀州牧、趙王，依漢昭烈在蜀、魏武在鄴故事[106]，以河內等二十四郡[107]為趙國，太守皆為內史[108]；準禹貢[109]，復冀州之境[110]；以大單于鎮撫百蠻[111]，罷并、朔、司三州[112]，通置部司以監之[113]。勒許之。戊寅[114]，即趙王位，大赦，依春秋時列國稱元年[115]。

初，勒以世亂律令煩多，命法曹令史貫志[116]采集其要，作辛亥制五千文，施行十餘年，乃用律令。以理曹參軍上黨續咸為律學祭酒[117]。咸用法詳平[118]，國人稱之。以中壘將軍支雄、游擊將軍王陽領門臣祭酒[119]，專主胡人辭訟，重禁胡人[120]，不得陵侮衣冠華族[121]，號胡為國人[122]。遣使循行州郡[123]，勸課農桑[124]。朝會始用天子禮樂，衣冠儀物[125]，從容可觀[126]矣。加張賓大執法[127]，專總朝政。以石虎[128]為單于元輔[129]、都督禁衛諸軍事，尋[130]加驃騎將軍、侍中[131]、開府[132]，賜爵中山公。自餘羣臣，授位進爵各有差[133]。

張賓任遇優顯，羣臣莫及，而謙虛敬慎[134]，開懷下士[135]，屏絕阿私[136]，以身帥物[137]，入則盡規[138]，出則歸美[139]。勒甚重之，每朝，常為之正容貌[140]，簡辭令，呼曰「右侯[141]」，而不敢名[142]。

十二月乙亥[143]，大赦。

平州刺史崔毖自以中州人望[144]，鎮遼東[145]，而士民多歸慕容廆，心不平。數遣使招之，皆不至。意廆拘留之[146]，乃陰說[147]高句麗[148]、段氏[149]、宇文氏[150]，使共攻之，約滅廆分其地。毖所親勃海高瞻[151]力諫，毖不從。

三國合兵伐廆，諸將請擊之。廆曰：「彼為崔毖所誘，欲邀[152]一切之利[153]。軍勢初合，其鋒[154]甚銳，不可與戰，當固守以挫[155]之。彼烏合[156]而來，既無統壹[157]，莫相歸服[158]，久必攜貳[159]，一則疑吾與毖詐而覆之[160]，二則三國自相猜忌。待其人情離貳，然後擊之，破之必矣。」

三國進攻棘城[161]，廆閉門自守，遣使獨以牛酒犒宇文氏。二國疑宇文氏與廆有謀，各引兵歸。宇文大人悉獨官[162]曰：「二國雖歸，吾當獨取之。」

宇文氏士卒數十萬，連營四十里。廆使召其子翰[163]於徒河[164]。翰遣使白廆曰：「悉獨官舉國為寇，彼眾我寡，易以計破，難以力勝。今城中之眾，足以禦寇。翰請為奇兵於外，伺其間[165]而擊之。內外俱奮[166]，使彼震駭不知所備，破之必矣。今并兵為一，彼得專意攻城，無復它虞[167]，非策之得者也。且示眾以怯，恐士氣不戰先沮[168]矣。」廆猶疑之。遼東韓壽言於廆曰：「悉獨官有憑陵[169]之志，將驕卒惰，軍不堅密[170]。若奇兵卒起[171]，掎其無備[172]，必破之策也。」廆乃聽翰留徒河。

悉獨官聞之曰：「翰素名驍果[173]，今不入城，或能為患。當先取之，城不足憂。」乃分遣數千騎襲翰。翰知之，詐為段氏使者，逆[174]於道曰：「慕容翰久為吾患，聞當擊之，吾已嚴兵[175]相待，宜速進也。」使者既去，翰即出城，設伏以待之。宇文氏之騎見使者，大喜馳行，不復設備，進入伏中。翰奮擊，盡獲之，乘勝徑進[176]，遣間使[177]語廆出兵大戰。廆使其子皝與長史裴嶷將精銳為前鋒，自將大兵繼之。悉獨官初不設備，聞廆至，驚，悉眾[178]出戰。前鋒始交，翰將千騎從旁直入其營，縱火焚之。眾皆惶擾[179]，不知所為，遂大敗，悉獨官僅以身免。廆盡俘其眾，獲皇帝玉璽三紐[180]。

崔毖聞之，懼，使其兄子燾詣棘城偽賀。會[181]三國使者亦至請和，曰：「非我本意，崔平州教我耳。」廆以示燾，臨之以兵[182]。燾懼，首服[183]。廆乃遣燾歸謂毖曰：「降者上策，走[184]者下策也。」引兵隨之。毖與數十騎棄家奔高句麗，其眾悉降於廆。廆以其子仁為征虜將軍，鎮遼東，官府市里[185]，按堵如故[186]。高句麗將如奴子[187]據于河城[188]，廆遣將軍張統掩擊[189]，擒之，俘其眾千餘家。以崔燾、高瞻、韓恆[190]、石琮歸于棘城，待以客禮。恆，安平人[191]。琮，鑒之孫[192]也。廆以高瞻為將軍，瞻稱疾不就。廆數臨候[193]之，撫其心曰：「君之疾在此[194]，不在它也。今晉室喪亂，孤欲與諸君共清世難，翼戴帝室[195]。君中州望族[196]，宜同斯願[197]，柰何以華夷之異[198]，介然疏之[199]哉！夫立功立事，惟問志略[200]何如耳，華夷何足問乎！」瞻猶不起。廆頗不平[201]。龍驤主簿宋該與瞻有隙[202]，勸廆除之，廆不從。瞻以憂卒。

初，鞠羨既死[203]，苟晞[204]復以羨子彭為東萊[205]太守。會曹嶷徇青州[206]，與彭相攻[207]。嶷兵雖彊，郡人皆為彭死戰，嶷不能克。久之，彭歎曰：「今天下大亂，彊者為雄。曹亦鄉里[208]，為天所相[209]，苟可依憑[210]，即為民主[211]，何必與之力爭，使百姓肝腦塗地[212]！吾去此[213]，則禍自息矣。」郡人以為不可，爭獻拒嶷之策，彭一無所用，與鄉里千餘家浮海歸崔毖[214]。北海鄭林客於東萊，彭、嶷之相攻，林情無彼此[215]。嶷賢之，不敢侵掠，彭與之俱去。比至遼東[216]，毖已敗，乃歸慕容廆。廆以彭參龍驤軍事[217]。遺[218]鄭林車牛粟帛，皆不受，躬[219]耕於野。

宋該勸廆獻捷江東[220]。廆使該為表，裴嶷奉之[221]，并所得三璽詣建康獻之。

高句麗數寇遼東，廆遣慕容翰、慕容仁伐之。高句麗王乙弗利[222]逆來求盟[223]，翰、仁乃還。

是歲，蒲洪[224]降趙，趙主曜以洪為率義侯[225]。

屠各路松多[226]起兵於新平[227]、扶風[228]以附晉王保，保使其將楊曼、王連據陳倉[229]，張顗、周庸據陰密[230]，松多據草壁[231]，秦、隴氐、羌多應之。趙主曜遣諸將攻之，不克，曜自將擊之。

【章　旨】以上為第一段，寫晉元帝太興二年（西元三一九年）的大事。主要寫了石勒派王脩為使者向漢主劉曜獻捷，被劉曜進爵為趙王；又因王脩舍人在劉曜面前挑撥，致使王脩被殺，石勒與劉曜反目；寫了漢主劉曜建都長安，改國號為「趙」（史稱「前趙」），尊奉匈奴冒頓單于為祖，創立諸種制度；而石勒也建國於趙地，自稱趙王（史稱「後趙」），並寫了其軍師張賓對發展石勒政權所起的重要作用；寫了梁州刺史周訪擊杜曾有功，而遭權臣王敦排抑；而周訪遂盡心經營襄陽一帶，為日後協助朝廷平定王敦叛亂積蓄力量；寫了平州刺史崔毖欲聯絡高句麗、段氏、宇文氏攻打慕容廆，結果被慕容廆離間三方，致宇文氏部落與崔毖被慕容廆打得大敗，慕容廆的勢力大大增強。此外還寫了晉將祖逖在豫州堅持抗戰，南陽王司馬保自稱晉王，在上邽建立小朝廷，以及蘇峻因曹嶷之逼，率眾南渡，因助討周撫有功，被晉元帝任命為淮陵內史等等，為蘇峻的日後叛變作鋪墊。

【注釋】❶擊周撫於寒山　周撫原任彭城內史，率眾叛降石勒。朝廷命下邳內史劉遐兼任彭城內史，率泰山太守徐龕等共討周撫。事見上卷。寒山，在今江蘇銅山縣東南。❷蘇峻　字子高，長廣郡掖縣（今山東萊州）人，永嘉之亂，峻糾合數千家，結壘自保。因曹嶷之逼，率眾南渡，助討周撫有功，為淮陵內史，遷蘭陵相。傳見《晉書》卷一百。❸曹嶷　時為晉王朝的青州刺史。❹鷹揚將軍　東漢時始建的雜號將軍，主征伐。❺臨淮　晉郡名，郡治盱眙，在今江蘇盱眙東北。❻淮陵內史　淮陵國的民政長官。淮陵國的都城淮陵，在今江蘇盱眙西北八十五里。❼獻捷　打勝仗後進獻俘虜和戰利品。❽太宰　官名，周代亦名冢宰，為天官之長。秦、漢、魏不設。晉避司馬師諱，改太師為太宰，其職掌與冢宰不同。❾出警入蹕　指古代帝王出入時的警戒與清道。左右侍衛為警，止人清道為蹕。帝王有時也把這一特權賜給地位顯赫的權臣，以示恩寵之意。❿如曹公輔漢故事　像東漢末曹操輔佐漢獻帝，進爵魏王，特加殊禮之事。⓫列侯　或稱徹侯，爵位名，秦制爵分二十等，徹侯位最高。漢代為避武帝劉徹諱，始改徹侯為列侯，魏、晉後仍然襲用。⓬舍人　王公貴族的左右親近屬官。⓭大司馬　以稱石勒。⓮內覘大駕彊弱　真正目的是來探看您的虛實。覘，窺視；暗中觀察。大駕，尊稱劉曜。⓯俟　等候。⓰將襲乘輿　將要對您發起攻擊。乘輿，帝王乘坐的車駕，這裡用以謙稱劉曜。⓱襄國　晉縣名，縣治在今河北邢臺西南，時石勒據以為都城。⓲還欲相圖　還要想來謀害我。圖，謀；加害。⓳議郊祀　討論在郊外祭祀天地的禮法章程。郊祀，又叫「郊社」、「郊祭」，指帝王在郊外祭祀天地。⓴宜須還洛乃脩之　應該等收復舊都洛陽之後再講究這一套。須，等候。脩，治；舉行。㉑漢獻帝都許　漢獻帝被曹操遷出洛陽、建都許昌的時候。漢時的許昌在今河南許昌東。㉒郊丘　古代帝王為祭祀天地神靈而築起的土壇。祭天神時於地上築圓丘，稱太壇；祭地祇時於澤中築方丘，稱太折。㉓巳地　東南方。㉔辛卯　三月朔壬寅，無辛卯日，此處記載有誤。應為二月辛卯。㉕祀南郊　古代冬至日於南郊祭祀天神。㉖未有北郊　還沒有建造夏至日於北郊祭祀地祇的神臺。㉗琅邪恭王宜稱皇考　司馬睿想稱自己的生父作「皇考」。皇考，對亡父的尊稱。㉘子不敢以己爵加於父　做兒子的不能讓自己的爵位超過父親。意即司馬睿既然已繼司馬炎之統系稱皇帝，就不能再稱琅邪恭王司馬覲為父親。㉙蓬陂塢主　蓬陂地區的武裝頭領。蓬陂，在今河南開封南。塢主，依靠塢堡與匪盜相抗的武裝頭領。漢末、魏、晉時期這種勢力星羅棋布，到處都有。㉚祖逖之攻樊雅　祖逖是當時在今河南地區堅持抗戰的晉軍統帥，被任為豫州刺史，州治在今河南淮陽。樊雅是譙郡一帶的堡塢勢力，被軍閥劉演授為譙郡太守。㉛死無恨　即死而無憾。恨，遺憾。㉜以浚儀　帶著浚儀縣。浚儀縣治即今河南開封。㉝泰山　晉郡名，郡治奉高縣，在今山東泰安東北。㉞兗州　晉州名，州治廩丘，在今山東鄆城西。東晉建武初移治鄒山縣，在今山東鄒城東南。㉟羊氏　即晉惠帝司馬衷的羊皇后。晉懷帝永嘉五年六月十一，「曜殺太子詮、吳孝王晏、竟陵王楙、右僕射曹馥、尚書閭丘沖、河南尹劉默等，士民死者三萬餘人。遂發掘諸陵，焚宮廟、官府皆盡。曜納惠帝羊皇后，遷帝及六璽於平陽。」㊱郡王　爵號為「王」，封地為一個郡的地盤。㊲嘗　曾經。㊳曾不能庇　竟然都不能保護。曾，竟然；根本。㊴奉巾櫛　伺候其日常生活。巾櫛，洗沐用具。巾用以拭手，櫛用以梳髮。古代貴族認為奉執巾櫛為婢妾的事情，舊因以奉巾櫛為作妻子的謙詞。㊵秦州　晉州名，初治冀縣，在今甘肅甘谷縣東；後移治上邽，即今甘肅天水市。㊶成　此時建都於成都的少數民族名，其帝王名叫李雄。傳見《晉書》卷一百二十一。㊷之　遷往。㊸南安祁山　南安郡的祁山縣。南安郡的郡治獂道，在今甘肅隴西縣東南渭水東岸。祁山縣在今甘肅西和東北。㊹緜諸　晉縣名，西漢置緜諸道，其地在今甘肅清水縣西南。㊺未幾　不久。㊻封事　密封的章表，又叫封章。百官上書奏機密之事，用皂囊封緘呈進，以防洩露。㊼應詹　字思遠，此時任益州刺史。傳見《晉書》卷七十。㊽元康　晉惠帝司馬衷的第三個年號（西元二九一—二九九年）。㊾賤經尚道　輕視儒家經典，崇尚道家學說。㊿玄虛弘放　玄妙虛無，蕭散放達。(51)夷達　曠達。(52)儒術清儉　謹守儒教，行為檢點。(53)崇獎　提高、獎勵。(54)以新俗化　使社會風氣為之一新。(55)蓬關　即前文所說的「蓬陂」，春秋時稱逢澤，在今河南開封南。(56)梁國　晉代諸侯國名，都城睢陽，在今河南商丘南。(57)淮南　晉郡名，郡治壽春，即今安徽壽縣。(58)日六延　鮮卑族的部落首領名。(59)朔方　古郡名，郡治朔方，在今內蒙古杭錦旗西北之黃河南岸。東漢移治臨戎縣，在今內蒙古磴口北。(60)孔萇　石勒的部將。(61)上谷　晉郡名，郡治沮陽，在今河北懷來東南。(62)代王鬱律　當時活動在今山西北部與河北西北部的少數民族部落首領名，鮮卑族，姓拓跋，名鬱律。傳見《魏書》卷一。(63)樂陵　晉郡名，郡治厭次，在今山東陽信東南。(64)邵續　堅持在敵後抗戰的晉軍統領，此時任樂安太守，駐兵在今山東與河北的鄰近地區。(65)以河為境　以黃河為雙方的分界線。當時黃河下游的流向與今時之黃河大致相同，在利津入海。(66)第五猗　姓第五，名猗，晉愍帝任命的荊州刺史，此時為獨立軍閥，曾與杜曾、鄭攀等共拒司馬睿派來的荊州刺史王廙前來上任。(67)武昌　晉縣名，縣治即今湖北鄂州，當時大將軍王敦的行營在武昌。(68)中朝所署　西晉朝廷所任命。中朝，中原地區的朝廷。(69)時望　在現時有威信、有聲望。(70)白　稟告；勸告。(71)當相論為荊州　我將推舉你為荊州刺史。論，議論；建議。荊州，指荊州刺史。(72)不

用　不任用周訪，因為他任用了親黨王廙。(73)陶侃將佐　當年陶侃為荊州刺史時所任命的一些部屬。(74)皇甫方回　姓皇甫，名方回，皇甫謐之子，荊州地區的高士。傳見《晉書》卷五十一。(75)不詣己　不親附、不來拜見自己。詣，往；到。這裡指拜見。(76)散騎常侍　朝官名，侍從皇帝左右，起參謀顧問之用。(77)鄙州　郭舒曾在荊州歷事劉弘、王澄，故謙稱荊州為鄙州。(78)自領　自己兼任。官階高而兼任較低級的職務曰「領」。(79)六月丙子　六月初七。(80)抵之於地　扔在地上。抵，扔。(81)賈豎　對商人的蔑稱。(82)襄陽　古城名，即今湖北襄樊，東晉時的梁州刺史僑居於此。(83)守宰　這裡指襄陽一帶的地方官。(84)自宜陽率眾南遷新野　魏該時為宜陽縣令。宜陽是晉縣名，縣治在今河南宜陽西。新野，晉縣名，縣治即今河南新野。(85)順陽　晉郡名，郡治在今河南淅川縣東南。(86)陽翟　晉縣名，縣治即在今河南禹州。(87)南北郊於長安　意即冬至日在長安的南郊祭天，夏至日在長安的北郊祭地。這是歷代帝王一直沿用的禮儀制度。(88)光文立漢宗廟　劉淵當年建立漢國，事見晉惠帝永興元年。光文，劉淵的謚號。(89)亟議以聞　你們趕緊議論一下，上報給我。亟，趕快；急速。(90)盧奴伯　劉淵當年被晉王朝所加的封號。封地盧奴，即今河北定州，爵位為伯。(91)中山　漢代的諸侯國名，都城即今河北定州。(92)趙分　趙國疆土的一部分。分，即整體中的一部分。(93)以冒頓配天　在祭天時，把冒頓的靈位放在天神旁邊，一同享受祭祀。冒頓是秦漢之際的匈奴單于，是使匈奴強大一時的關鍵人物。他東滅東胡，西破月氏，進佔今河套地區，威脅西漢政權。事跡詳見《史記》與《漢書》的〈匈奴傳〉。(94)光文配上帝　在祭祀上帝時，讓劉淵的靈牌一同享受祭祀。(95)濟岱　指今山東境內的濟水、泰山一帶地區。濟，濟水，源出今河南濟源西王屋山，其故道東流至山東，與黃河並行東流入海，後下游為黃河所奪。岱，岱嶽，即泰山，在山東泰安北。古稱「東嶽」，為「五嶽」之一。(96)東莞　晉郡名，郡治即今山東莒縣。(97)太子左衛率　皇太子的侍衛官名，統領禁兵，設左右二人。(98)羊鑒　字景期，泰山郡人。傳見《晉書》卷八十一。(99)龕之州里冠族　是徐龕的同鄉，在那一帶是最顯貴的豪門世族。(100)深辭才非將帥　懇切推辭自己非將帥之才。(101)郗鑒　字道徽，此時任兗州刺史。傳見《晉書》卷六十七。(102)征虜將軍　東漢時始建的雜號將軍，主征戰。(103)征討都督　軍官名，是臨時設置的征討總指揮。(104)鮮卑段文鴦　鮮卑族段匹磾的部將。(105)稱尊號　自稱皇帝的尊號。即稱帝。(106)漢昭烈在蜀魏武在鄴故事　指蜀漢昭烈帝劉備在西元二一九年自稱漢中王、二二一年稱帝，和魏武帝曹操在鄴都稱魏王的歷史舊例。事詳《三國志・蜀書・先主傳》和《魏書・武帝紀》。(107)河內等二十四郡　指河內、魏、汲、頓丘、平原、清河、鉅鹿、常山、中山、長樂、樂平、趙國、廣平、陽平、章武、勃海、河間、上黨、定襄、范陽、漁陽、武邑、燕國、樂陵等二十四郡。其地大致包括今河北、山西和河南北部。(108)太守皆為內史　以上二十四郡的太守官皆改稱「內史」。(109)準禹貢　按照《尚書・禹貢》的章程。〈禹貢〉是我國最古老的地理書，記載了大禹治水，與大禹分天下為九州的情形。[110]復冀州之境　重新設立冀州，並恢復舊時冀州的地盤，包括今山西與河北東南境之地。[111]百蠻　這裡泛指趙國境內的各少數民族。[112]罷并朔司三州　撤銷并州、朔州、司州三州的建制。罷，撤銷。[113]通置部司以監之　在過去三州的地面上設立部司以監督官民的動向。[114]戊寅　十一月朔戊戌，此月無戊寅日，當是記載有誤。[115]依春秋時列國稱元年　按照春秋時期各國都使用本國年號的舊例，稱趙王元年。[116]貫志　姓貫名志。[117]律學祭酒　官名，石勒創置，主管制定和講授律令。[118]詳平　周密公平。[119]門臣祭酒　官名，石勒創置，負責在胡人中實行法令。[120]重禁胡人　嚴厲約束、禁止胡人。[121]衣冠華族　指漢族士大夫。[122]號胡為國人　稱胡人是本國的基本國民。[123]循行州郡　到各州郡巡行視察。[124]勸課農桑　督促鼓勵百姓們種地養蠶。[125]衣冠儀物　君臣們的穿戴與禮儀章程。[126]從容可觀　行為做派，全都有個看頭了。[127]加張賓大執法　加封張賓為「總裁」、「總指揮」。張賓，字孟孫，為人謙虛敬慎，是石勒的智囊人物，傳附《晉書》卷一百五〈石勒載記〉下。[128]石虎　石勒之父的養子，故稱石勒之弟，為人殘忍善戰。事見《晉書》一百六。[129]單于元輔　石勒的首輔。因居大臣首位，故稱元輔。[130]尋　不久。[131]侍中　帝王的侍從官員。南北朝時為親信大臣的加官，地位相當於宰相。[132]開府　原指准許該臣設立辦事衙門，聘任各部僚屬，這裡是對寵臣的加官名。[133]進爵各有差　都有程度不同的加官進爵。[134]敬慎　恭敬、謹慎。[135]開懷下士　胸襟開闊，禮賢下士。下，屈己尊人。[136]屏絕阿私　杜絕營私舞弊。屏，除。阿私，邪惡；不正當的行為。[137]以身帥物　以身作則。帥，同「率」。帶領。物，人；公眾。[138]入則盡規　在石勒當面，總是直言規諫。[139]出則歸美　在處理具體事務時，總是把好處都推歸石勒。[140]正容貌　態度端莊的樣子。[141]右侯　石勒對張賓的尊稱。古人以右為尊，故稱所重者為右。[142]不敢名　不敢直呼其名。[143]十二月乙亥　十二月初九。[144]中州人望　中原（泛指黃河中下游）地區有影響的人物。人望，眾望所歸。[145]遼東　晉王朝的郡國名，郡治襄平，在今遼寧遼陽。[146]意廆拘留之　懷疑是慕容廆阻撓他們。意，懷疑；猜想。[147]陰說　暗中聯絡。[148]高句麗　古國名，又稱句麗、句驪、高麗，其地在今朝鮮北部和吉林長白山一帶。[149]段氏　鮮卑段氏部落，當時活動在今河北秦皇島市一帶。[150]宇文氏　鮮卑宇文氏部落，當時活動在今內蒙古赤峰一帶。[151]高瞻　字子前，渤海蓨縣（今河北景縣南）人，永嘉之亂，與叔父率數千家避亂幽州，先後依附王浚、崔毖。毖敗，降慕容廆。傳附《晉書》卷一百八〈慕容廆傳〉。[152]邀　求。[153]一切之利　一時的利益。[154]鋒　鋒芒；氣勢。[155]挫　挫敗。[156]烏合　比喻沒有組織，像見食而聚的烏鴉一樣。[157]統壹　同「統一」。[158]莫相歸服　彼此互不服氣。[159]攜貳　彼此分崩離析。攜，離。[160]詐而覆之　騙其聚合一起，集中加以消滅。[161]棘城　古城名，當時屬於昌黎郡，在今遼寧義縣西北。慕容廆當時的都城在此地。[162]宇文大人悉獨官　宇文部落的首領，名叫悉獨官。[163]其子翰　慕容翰。[164]徒河　晉縣名，縣治在今遼寧錦州西北。時慕容翰駐兵於此。(165)伺其間　窺測其可乘之機。伺，等候。間，空隙。(166)內外俱奮　裡外一齊發動進攻。奮，發起。(167)無復它虞　再沒有其他的任何顧慮。虞，慮；擔心。(168)沮　沮喪；灰心喪氣。(169)憑陵　欺侮人；不把人看在眼裡。(170)堅密　堅強團結。(171)卒起　突然對其發動攻擊。卒，通「猝」。突然。(172)掎其無備　打他個毫不提防。掎，從旁攻擊。(173)驍果　驍勇果敢。(174)逆　迎。(175)嚴兵　調集好軍隊。嚴，整飭；整頓。(176)徑進　一直向前。(177)遣間使　派使者化裝入城。(178)悉眾　所有的部眾。(179)惶擾　恐懼混亂。(180)皇帝玉璽三紐　晉朝皇帝用過的印璽三方。紐，玉璽或印章上用以提攜的部分，多雕刻成鳥獸、人形。天子璽必用螭虎或龍虎紐。胡三省注：「皇帝璽，即宇文大人普回出獵所得者。」(181)會　適逢；正趕上。(182)臨之以兵　舉兵器威脅他。(183)首服　點頭服罪。此處是指點頭承認高句麗、段氏、宇文氏三國所說的是事實。(184)走　逃跑。(185)市里　城市街巷。(186)按堵如故　各就各位，一切正常。按堵，安居。(187)如奴子　高麗將領名。(188)于河城　在今遼寧瀋陽東北。(189)掩擊　乘其不備，突然襲擊。(190)韓恆　字景山，灌津（今河北武邑東南）人，永嘉之亂，避地遼東，歷仕慕容廆，正直敢言，官歷諮議參軍，加揚烈將軍、太子太傅。傳附《晉書》卷一百十〈慕容儁傳〉。(191)安平人　《晉書》作「灌津人」。安平，晉縣名，即今河北安平。(192)鑒之孫　石琮是石鑒之孫。石琮在慕容廆部任都尉，石鑒的事跡不詳。(193)臨候　親自去看望問候。臨，到其家。候，問候。(194)疾在此　意指其忘不了晉王朝，不願做別族的官。(195)翼戴帝室　擁戴晉王朝。(196)望族　有聲望的世家豪族。(197)宜同斯願　應該有與此相同的志願。斯，此，指「共清世難，翼戴帝室」。(198)華夷之異　華夏人與少數民族的出身不同。(199)介然疏之　斷然地拒絕我。介然，堅正不移的樣子。(200)志略　志向才略。(201)不平　指心裡不愉快。(202)有隙　有裂痕；有矛盾。(203)鞠羨既死　晉懷帝永嘉元年二月，王彌率暴亂之民寇青、徐二州，自稱征東大將軍。太傅司馬越任命東萊鞠羨為東萊太守以討王彌，被王彌擊殺。(204)苟晞　字道將，西晉末曾為都督青、兗諸州軍事。傳見《晉書》卷六十一。(205)東萊　郡國名，都城掖縣，在今山東萊州。(206)徇青州　在青州擴大地盤。徇，略地；擴大地盤。(207)與彭相攻　曹嶷與苟晞雖然同為晉將，但因接受封拜的派系不同，故而彼此相攻。(208)曹亦鄉里　自己與曹嶷也是同鄉。(209)相　關照；輔助。(210)苟可依憑　只要能夠依靠。(211)即為民主　那他也就可以被看做是一方民眾的主子。(212)肝腦塗地　即通常所說的「灑鮮血、拋頭顱」。(213)吾去此　只要我離開這個地方。去，離開。(214)浮海歸崔毖　渡渤海去了遼東。時崔毖為東夷校尉，駐兵在今遼寧遼陽。(215)林情無彼此　鄭林的態度無所偏依，誰來聽誰的。(216)比至遼東　等他們到達遼東。比，及。(217)參龍驤軍事　即為慕容廆當參謀。慕容廆當時被東晉王朝任之為龍驤將軍。(218)遺　給予。(219)躬　親自。(220)獻捷江東　向司馬睿王朝報破敗崔毖與高句麗、段氏、宇文氏之捷並送上戰利品。(221)奉之　捧著表章。(222)乙弗利　高麗王名。(223)逆來求盟　正好迎著前來請求講和。逆，迎。224蒲洪　字廣世，氐族。世為西戎酋長，西晉永嘉之亂，被部族首領推為盟主。傳見《晉書》卷一百十二。225率義侯　取其能觀測風向，帶頭投靠劉曜。226屠各路松多　屠各部落的首領名叫路松多。屠各是匈奴部落之一，故前文也有人稱劉淵、劉聰為「屠各小醜」。227新平　晉郡名，郡治漆縣，即今陝西彬縣。228扶風　晉郡名，郡治槐里，在今陝西興平東南。西晉移治池陽縣，在今陝西涇陽西北。229陳倉　晉縣名，縣治在今陝西寶雞東。230陰密　晉縣名，縣治在今甘肅靈臺西五十里。231草壁　晉地名，在陰密縣東。隴山西南降隴城北有松多川，即其地。

【校　記】1眾　據章鈺校，甲十一行本、乙十一行本、孔天胤本皆作「卒」。

【語　譯】中宗元皇帝中

太興二年（己卯　西元三一九年）

春季，二月，晉下邳內史劉遐、泰山太守徐龕率軍攻打叛變後盤踞在寒山的彭城內史周撫，他們攻破寒山，將周撫斬首。當初，掖縣人蘇峻為應付日益蔓延的戰亂，就率領家鄉的數千戶人家，構築起堡寨，進行武裝自衛，遠近的人民，有很多人都來投靠他。晉青州刺史曹嶷厭惡蘇峻的日益強大，就要發兵攻打他，蘇峻就率領著他的部眾乘船渡海前來建康投靠。晉元帝司馬睿任命蘇峻為鷹揚將軍，他協助下邳內史劉遐討伐周撫，建立了功勞，晉元帝下詔任命劉遐為臨淮太守，任命蘇峻為淮陵內史。

漢趙公石勒派遣擔任左長史的王脩向漢主劉曜獻捷。漢主劉曜派遣兼任司徒的郭汜授予石勒太宰、兼任大將軍，進爵為趙王，並加授特殊的尊崇禮儀，出行時按照皇帝的規格進行警戒與清道，就像東漢末年曹操輔佐漢獻帝時，進爵魏王，特加殊禮之事，任命王脩及其副使劉茂都為將軍，封侯爵。王脩的屬官曹平樂跟隨王脩來到粟邑，便留下來在漢主劉曜手下任職，他對漢主劉曜說：「大司馬石勒這次派王脩等人前來，表面上看起來對漢非常忠誠恭敬，而實際上是為了窺探陛下的虛實強弱，等到他回去彙報情況之後，就要發兵攻打您了。」當時漢國的軍隊確實是疲憊不堪，所以劉曜就聽信了曹平樂。劉曜立即派人將郭汜等追回來，將石勒的使者王脩拉去鬧市斬首示眾。三月，趙公石勒回到自己的都城襄國。擔任副使的劉茂從漢逃了回來，將王脩被漢主劉曜處死的情形詳細報告給石勒。石勒勃然大怒，說道：「我侍奉劉氏，已經遠遠超出人臣的職分。他的皇家基業，都是我的汗馬功勞。如今他們的目的實現了，就想來謀害我。趙王、趙帝，我想做什麼就做什麼，難道還要等他批准嗎！」於是將曹平樂誅滅三族。

晉元帝司馬睿令群臣商議有關在郊外祭祀天地的禮法章程，擔任尚書令的刁協等人都認為應該等到收復舊都洛陽之後再講究這一套。擔任司徒的荀組等人則認為：「漢獻帝被曹操遷出洛陽、建都許昌的時候，漢獻帝就在許昌郊外舉行祭祀天地的儀式，何必非要在洛陽！」晉元帝聽從了荀組等人的意見，就在建康城的東南方築起祭祀天地神靈的土壇。辛卯日，晉元帝司馬睿親自到南郊祭天。因為還沒有在北郊建築夏至日祭祀地祇的神臺，就在南郊祭天的時候將地神一起合祭。晉元帝下詔說：「我應該稱我的父親琅邪恭王司馬覲為『皇考』。」擔任中書令的賀循說：「按照《儀禮》，當兒子的不應該讓自己的爵位超過父親。」晉元帝這才作罷。

當初，在蓬陂修築堡寨以自衛的大姓陳川，竟然自稱陳留太守。早先，豫州刺史祖逖攻打樊雅的時候，陳川曾經派遣手下將領李頭前去協助作戰。李頭作戰英勇，立了戰功，所以祖逖很厚待他。李頭時常歎息說：「能得到祖逖這樣的人為首領，我就是死了也沒有什麼遺憾。」陳川聽到這話，就把李頭殺死了。李頭的黨羽馮寵便率領著自己的部眾歸降了祖逖。陳川更加惱怒，就率人到豫州管轄下的各郡大肆搶掠，祖逖派軍隊出擊，將陳川打敗。夏季，四月，陳川在浚儀叛變，投降了石勒。

晉國叛將周撫被打敗逃走的時候，徐龕的部將于藥追趕上去將周撫斬首。到了朝廷論功行賞的時候，下邳內史劉遐的功勞卻在徐龕之上。徐龕一怒之下，就獻出泰山城，投降了石勒，自稱兗州刺史。

漢主劉曜從粟邑回到長安，就把都城從平陽遷到長安，他冊封羊氏為皇后，封自己的兒子劉熙為皇太子，封皇子劉襲為長樂王，封劉闡為太原王，封劉沖為淮南王，封劉敞為齊王，封劉高為魯王，封劉徽為楚王，凡是皇室都晉封郡王。羊氏，就是已故晉惠帝司馬衷的皇后羊獻容。劉曜曾經問羊皇后說：「我比姓司馬的那個男人怎麼樣？」羊皇后回答說：「陛下是開創基業的君主，而他是一個亡國的愚夫，怎麼能和陛下相提並論呢！司馬衷貴為皇帝，一個皇后、一個兒子，連他自己不過三個人，他竟然都保護不了。我在那個時候，真的是不想再活著了，心想天下的男人大概都如此。自從做了你的妻子，才知道天下原來真有大丈夫。」劉曜非常寵幸羊皇后，而羊皇后有時候也干預一些朝政。

晉南陽王司馬保自稱晉王，並改年號為「建康」，設立文武百官，任用涼州刺史張寔為征西大將軍、開府儀同三司。陳安自稱秦州刺史，先是投降漢劉曜，後來又投降了成國李雄。上邽遇到大災荒，百姓困苦不堪，部將張春侍奉著晉王司馬保遷往南安郡的祁山，張寔派太府司馬韓璞率領五千名步兵、騎兵救援司馬保。陳安撤到緜諸自守，司馬保返回上邽。不久，司馬保再次受到陳安的逼迫，張寔又派手下將領宋毅趕來救援，陳安這才退去。

江東地區遭遇大災荒，晉元帝司馬睿下詔給文武官員，讓他們上密摺奏陳機密之事。擔任益州刺史的應詹上疏說：「自從惠帝元康年間以來，讀書人都輕視儒家經典，而尊崇道家學說，把故弄玄虛、任性而為看成是曠達，把謹守儒術、清廉檢點當作卑賤庸俗。現在應該獎勵儒家學派的官員，使社會風氣為之一新。」

東晉豫州刺史祖逖率軍攻打據守蓬關的陳川。趙公石勒派遣他的姪子石虎率軍隊五萬人救援陳川，與祖逖在浚儀發生激戰，祖逖兵敗，退到梁國駐紮。石勒又派部將桃豹率軍抵達蓬關，祖逖只得向淮南撤退。石虎將陳川的五千戶部眾全部遷移到襄國，留下桃豹鎮守陳川的故城蓬關。

趙公石勒派石虎率軍前往朔方攻打鮮卑部落酋長日六延，將日六延打得大敗，斬首二萬級，俘虜三萬多人。石勒的另一部將孔萇率軍攻打晉國管轄下的幽州各郡，全部攻佔。幽州刺史段匹磾的部眾因為飢餓難忍而紛紛離散，段匹磾想移駐上谷郡據守。代王拓跋鬱律組織兵力準備攻打段匹磾，段匹磾拋下妻子逃往樂陵，依附於樂安太守邵續。

晉青州刺史曹嶷派使者到襄國賄賂趙公石勒，請求以黃河為界。石勒表示同意。

東晉梁州刺史周訪率軍攻打杜曾，大敗杜曾。杜曾的部將馬雋等將杜曾擒獲，向周訪投降，周訪將杜曾斬首，並且抓獲了依從於杜曾的荊州刺史第五猗，將第五猗押送到武昌移交給大將軍王敦。周訪認為第五猗原本是西晉朝廷正式任命的官員，加上在當時又很有聲望，就稟告大將軍王敦不應該將第五猗殺死，王敦沒有採納周訪的意見，而殺死了第五猗。當初，王敦擔心杜曾難以制服，就對周訪說：「如果你能將杜曾擒獲，我當推薦你為荊州刺史。」等到杜曾被處死，王敦竟然沒有任用周訪為荊州刺史。擔任荊州刺史的王廙在荊州，將原任荊州刺史陶侃所任命的將佐大多殺掉，因為皇甫方回一向受到陶侃的敬重，王廙責備他不親附、不來拜見自己，竟然以此為藉口將皇甫方回收監、斬首。荊州的士民對此充滿怨恨與憤怒，上下不安。晉元帝司馬睿聽說了這種情況，就將王廙徵調到建康擔任散騎常侍，準備讓周訪代替王廙為荊州刺史。王敦忌恨周訪的威名，正在感到為難。擔任從事中郎的郭舒向王敦建議說：「荊州雖然荒僻殘破，但卻是一個用武之地，不能把它交到別人手裡，您應該自己兼任荊州刺史，讓周訪擔任一個梁州刺史就足夠了。」王敦聽從了郭舒的意見。六月初七日丙子，晉元帝司馬睿下詔加封周訪為安南將軍，其他職務不變。周訪大為憤怒，王敦於是寫信給周訪進行解釋，並贈送給周訪玉環、玉碗，以表達自己的誠意。周訪將玉環玉碗扔到地上，說：「我難道是一個做買賣的商人，用寶物就能使我高興嗎！」周訪在襄陽，推廣農耕、訓練士卒，暗中有圖謀王敦的志向，襄陽郡所轄的地方官一旦出現空缺，周訪就立即進行委派，然後再向上級報告。王敦對此十分擔憂，然而又無法制止。

魏該深受漢國軍隊的侵擾、逼迫，便率眾從宜陽向南遷移到了新野，他幫助周訪討伐杜曾有功，被任命為順陽太守。

晉河南太守趙固去世，揚武將軍郭誦留下來駐防陽翟。漢將石生屢次攻打，都沒有攻克。

漢主劉曜在長安興建皇家宗廟，建造祭祀土神穀神的社稷壇，在南郊北郊祭祀天地。劉曜下詔說：「我的祖先興盛於北方。光文帝當年建立漢家宗廟是為了順從人民的願望。如今是我們更改國號的時候了，我們要以匈奴單于作為我們的祖先。你們趕快進行商議，然後將商議的結果奏報上來！」群臣經過一番討論之後，向漢主劉曜奏報說：「漢光文帝開始受封的是盧奴伯，陛下又封為中山王。中山是古代趙國疆土的一部分，請改國號為趙國。」劉曜聽從了大臣們的意見。於是在祭天時，將秦漢之際的匈奴單于冒頓的靈位放在天神牌位的旁邊，讓他一同享受祭祀；在祭祀上帝時，將漢光文帝劉淵的靈位放在上帝牌位的旁邊，讓劉淵一同享受祭祀。

徐龕派人大肆劫掠東晉的濟水流域和泰山一帶，並攻佔了東莞。晉元帝司馬睿諮詢王導可以征討徐龕的將帥，王導便推舉擔任太子左衛率的泰山人羊鑒，認為羊鑒是徐龕的同鄉，又是那一帶最顯赫的豪門士族，必定能制服徐龕。羊鑒懇切地推辭，說自己不是將帥之才，兗州刺史郗鑒也上表給晉元帝，認為羊鑒不是這個材料，不能讓他擔當此項重任。王導拒不聽從。秋季，八月，任命羊鑒為征虜將軍、征討都督，統領徐州刺史蔡豹、臨淮太守劉遐、鮮卑人段文鴦等前去討伐徐龕。

冬季，石勒的左右長史張敬、張賓，左右司馬張屈六、程遐等全都勸說石勒稱帝，石勒不同意。十一月，將佐們又請求石勒稱大將軍、大單于、兼任冀州牧、稱趙王，依照蜀漢昭烈皇帝劉備當年在蜀先領益州牧，自稱漢中王，最後稱帝，魏武帝曹操在鄴縣置鄴都，為漢丞相，後晉封魏公，繼而封魏王的歷史舊例，把河內等二十四郡作為趙國的疆土，太守都改稱內史；根據《尚書・禹貢》的記載，重新設置冀州，並恢復舊時冀州的疆域；以大單于的身分鎮撫境域內的各族人民，撤銷并州、朔州、司州三州的建置，另行設立部司進行監管。石勒贊同這個意見。戊寅日這一天，石勒即位為趙王，實行大赦，按照春秋時期各國都使用本國年號的舊例，稱本年為趙王元年。

當初，後趙王石勒因為時逢亂世，法律條文很多很繁瑣，就命令擔任法曹令史的貫志，從當時的法律條文中採擇精華，作《辛亥制》五千條，施行了十多年，才修改成為正式法律條令。任命擔任理曹參軍的上黨人續咸為律學祭酒。續咸執法周密公平，後趙人都很稱讚他。任命擔任中壘將軍的支雄、擔任游擊將軍的王陽兼任門臣祭酒，專門負責胡人的訴訟，嚴厲約束、禁止胡人，不得陵辱漢族士大夫，把胡人稱作「國人」。後趙王石勒派使者到轄境內各州郡進行巡視考察，鼓勵和督促農民耕種土地、植桑養蠶。朝會時開始使用天子的禮樂儀仗，君臣的穿著打扮、行為做派就相當可觀了。石勒加授張賓為大執法，專職總領朝廷政務。任命自己的姪子石虎為單于元輔，同時統領禁衛軍的各項軍務，不久，又加授石虎為驃騎將軍、侍中、開府，賜爵中山公，其餘臣屬根據不同級別都有不同的加官進爵。

大執法張賓所受到的特別任用和優厚待遇，滿朝文武大臣都比不上，而張賓為人謙虛謹慎、待人恭敬有禮、胸襟開闊、禮賢下士，杜絕營私舞弊，處處以身作則，進入朝堂，在趙王石勒面前總是知無不言，直言規諫，離開朝堂則把美好的聲譽歸功於主上。趙王石勒非常器重他，每當朝見的時候，石勒常常為了張賓而特意整肅自己的儀容，簡短自己的談話，稱呼張賓為「右侯」，而不敢直接稱呼他的名字。

十二月初九日乙亥，晉國實行大赦。

東晉擔任東夷校尉、平州刺史的崔毖自以為是中原地區有影響力的人物，鎮守遼東，而當地的士民卻大多歸附了鮮卑大單于慕容廆，心中因此而憤憤不平。他多次派遣使者去招集那些流亡的百姓，然而誰都不來。崔毖懷疑是慕容廆阻撓他們，不允許他們到自己這邊來，於是便暗中派人聯絡高句麗國、鮮卑族的段氏部落、宇文部落的首領，讓他們共同出兵攻打慕容廆，約定滅掉慕容廆之後瓜分他的土地。崔毖的親信渤海人高瞻極力勸阻，崔毖不肯聽從。

高句麗國、段氏部落、宇文部落聯合討伐慕容廆，慕容廆手下的將領都請求出兵還擊。慕容廆說：「這三個國家都是受了崔毖的誘惑，想要獲取一時的利益。他們的軍隊剛剛集結起來，士氣正高，現在還不能跟他們交戰，我們應當先採取堅守不戰的策略挫敗他們的銳氣。他們此來，就像一群烏鴉為了爭食而聚合在一起，既然沒有一個統一的指揮，就誰也不會服從別人的指揮，時間一長，他們之間必然互相猜忌，一是懷疑我方與崔毖一起設下圈套，將他們騙到一起集中加以消滅，二是他們三國之間自相猜忌。等到他們軍心離散，然後出兵攻打他們，一定能把他們打得大敗。」

高句麗、段氏、宇文氏三國進攻慕容廆的都城棘城，慕容廆一方面緊閉城門堅守不出，一方面派遣使者帶著牛酒單獨去犒賞宇文氏的軍隊。高句麗、段氏因此懷疑宇文氏與慕容廆互相勾結，定有不可告人的陰謀，於是就各自撤軍而回。宇文部落的首領名叫悉獨官，悉獨官說：「高句麗和段氏部落雖然撤軍而回，我也可以單獨奪取棘城。」

宇文氏部落有士卒數十萬人，營寨連綿四十里。慕容廆派人到徒河去叫他的兒子慕容翰率軍增援棘城。

慕容翰派使者到棘城稟告他的父親慕容廆說：「悉獨官發動全國的兵力來進犯我們，敵眾我寡，容易用計謀破敗他們，而很難憑藉軍事對抗取得勝利。如今棘城中的兵力，足以抵禦敵人。我請求讓我留在棘城之外，作為奇兵，窺測到可乘之機就立即出兵攻打他們。城內城外同時奮勇殺敵，使敵人感到震驚和不知所措，就一定能把他們擊敗。如果我們把兵力都集中在城裡，他們就可以專心攻城，而沒有其他的顧慮，這不是好計策。而且如果放棄徒河，就等於向眾人表明我們膽怯，恐怕還沒等交戰，士氣就已經沮喪得無法再用了。」慕容廆對此猶豫不決。遼東人韓壽對慕容廆說：「悉獨官有陵駕於他人之上的野心，然而他手下的將領驕傲、士卒懈怠，軍隊內部不能緊密團結。如果突然對其發動進攻，打他一個措手不及，就一定可以將其打敗。」慕容廆於是同意慕容翰留在徒河。

悉獨官聽到慕容翰留在徒河的消息說：「慕容翰以驍勇善戰而聞名於世，如今他不肯離開徒河進入棘城，可能會成為我們的禍患。應當首先拿下徒河，棘城就不值得憂慮了。」於是派遣數千名騎兵分頭去襲擊慕容翰。慕容翰探知消息，就派人裝扮成段氏的使者，在路旁迎候，對宇文氏的騎兵說：「慕容翰早就成了我們段氏部落的禍患，聽說你們要襲擊他，我們已經整頓好軍隊在前面等候，請你們快速進軍。」慕容翰把使者派出去之後，立即出城，設好埋伏等待宇文氏騎兵的到來。宇文氏的騎兵遇見段氏的使者之後，非常高興，催馬奔馳，不再警惕，於是進入了慕容翰為他們設好的埋伏圈。慕容翰奮力攻擊，把宇文氏派來的數千名騎兵全部俘獲，然後乘勝前進，一面派人從小路去稟告慕容廆出兵會戰。慕容廆派自己的兒子慕容皝與擔任長史的裴嶷率領精銳打前鋒，自己則統帥大軍緊隨其後。悉獨官根本就沒有警戒，聽到慕容廆大軍來到的消息，不禁大驚，趕緊把所有部眾全都拉出來投入戰鬥。擔任先鋒部隊的慕容皝剛與宇文氏的軍隊交上手，慕容翰就率領著一千名騎兵從側翼逕直衝入宇文氏的營寨，放火焚燒。宇文氏的將士全都驚慌失措，不知如何是好，於是立即大敗，首領悉獨官隻身逃得一命。慕容廆把悉獨官的部眾全部俘獲，繳獲皇帝玉璽三枚。

晉平州刺史崔毖聽到宇文氏被慕容廆打敗的消息後，感到非常恐懼，就派自己的姪子崔燾前往慕容廆所在的棘城假裝祝賀。正遇上高句麗、段氏、宇文氏三國的使者也都來到棘城，請求與慕容廆講和，他們說：

「前來攻打棘城並不是我們的本意，是平州刺史崔毖教我們這樣做的。」慕容廆示意崔燾當面聽取他們的證詞，並將兵器對準了他。崔燾心中害怕，只得點頭承認高句麗、宇文氏、段氏三國使者所說的都是事實。慕容廆就把崔燾放回去，讓他帶話給崔毖說：「投降是最好的出路，逃走是最壞的辦法。」慕容廆的大軍尾隨崔燾之後。崔瑟毖領著幾十名騎兵拋棄了家小逃往高句麗，他的所有部眾全部投降了慕容廆。慕容廆任命自己的兒子慕容仁為征虜將軍，率軍鎮守遼東，原有的官署、城市街巷，沒有受到絲毫的驚擾，一切如常。

高句麗的將領如奴子據守于河城，慕容廆派遣手下將領張統率軍突襲如奴子，將如奴子生擒活捉，俘獲了他的部眾數千家。將同時俘獲的崔燾、高瞻、韓恆、石琮等護送到棘城，當做賓客一樣對待。韓恆，安平人。石琮，是石鑒的孫子。慕容廆任命高瞻為將軍，高瞻推說自己有病而不肯就職。慕容廆幾次親自登門看望問候，並撫摸著高瞻的心口說：「先生的病是在這裡，而不在別處。如今晉國遭遇戰亂，朝廷喪失了統治國家的能力，我想要與各位先生共同清除這場人世間的災難，擁戴晉室。先生出自中原地區有名望的世家豪族，應該與我有同樣的願望，為什麼卻因你是漢人、我是少數民族的這點不同，就斷然地拒絕我呢！建立偉大的功業，只需問他的志向韜略怎麼樣就夠了，何必要問他是漢人還是少數民族呢！」高瞻仍然裝病不起。慕容廆心裡非常不高興。擔任龍驤主簿的宋該，與高瞻有矛盾，就勸說慕容廆除掉高瞻，慕容廆沒有照他的話去做。高瞻最後因為憂懼過度而死。

當初，東萊太守鞠羨被王彌殺死，兗州刺史苟晞任命鞠羨的兒子鞠彭為東萊太守。正遇曹嶷率軍到青州來搶奪地盤，與新任東萊太守鞠彭互相攻打。曹嶷的兵力雖然強大，但東萊郡的人都願意為鞠彭拼死作戰，所以曹嶷不能取勝。過了許久，鞠彭感歎地說：「如今天下大亂，勢力強大的就是英雄。曹嶷也是本地人，是我的同鄉，他正得到上天的關照，只要能夠依靠，那他就可以被看做是一方人民的主子，我何必要與他奮力拼爭，使這裡的人民慘遭殺害呢！我離開這裡，災禍自然就平息了。」郡民認為鞠彭不能這樣做，都爭相為攻破曹嶷獻計獻策，鞠彭一個也沒有採用，他帶領鄉里的一千多家乘船渡渤海去投奔鎮守遼東的平州刺史崔毖。北海人鄭林客居於東萊，在鞠彭與曹嶷相互攻擊的時候，鄭林一直保持中立的態度，不偏倚任何一方。

曹嶷認為他是一個賢能的人，因此不敢侵犯他，鞠彭與鄭林一同離開東萊。當他們到達遼東的時候，崔毖已被慕容廆打敗，於是就歸附了慕容廆。慕容廆任命鞠彭為參龍驤軍事。送給鄭林車輛、牛、糧食、布帛等，鄭林一樣也沒有接受，他自食其力，親自在田野中耕作。

宋該向慕容廆建議，應該向江東的司馬睿王朝奏報並獻上戰利品。慕容廆便令宋該撰寫表章，派擔任長史的裴嶷捧著表章以及從宇文氏那裡獲得的三顆皇帝玉璽前往建康呈獻給晉元帝司馬睿。

高句麗多次進犯遼東，慕容廆派自己的兩個兒子慕容翰和慕容仁率軍討伐高句麗。正好迎頭遇上高句麗國王乙弗利派人前來請求和解結盟，慕容翰、慕容仁於是撤軍而回。

這一年，氐族部落酋長蒲洪投降了前趙，前趙主劉曜封蒲洪為率義侯。

匈奴屠各部落首領路松多為了歸附晉王司馬保而在新平、扶風起兵，晉王司馬保派屬下將領楊曼、王連據守陳倉，派張顗、周庸據守陰密，派松多據守草壁，秦隴一帶的氐人部落、羌人部落紛紛響應。前趙主劉曜派遣諸將攻打晉王司馬保，不能取勝，劉曜便準備御駕親征。

三年（庚辰　西元三二〇年）

春，正月，曜攻陳倉，王連戰死，楊曼奔南氐❶。曜進拔草壁，路松多奔隴城❷。又拔陰密，晉王保懼，遷于桑城❸。曜還長安，以劉雅為大司徒❹。○張春謀奉晉王保奔涼州❺。張寔遣其將陰監將兵迎之，聲言翼衛❻，其實拒之。

段末柸攻段匹磾，破之。匹磾謂邵續曰：「吾本夷狄，以慕義破家❼。君不忘久要❽，請相與共擊末柸。」續許之，遂相與追擊末柸，大破之。匹磾與弟文鴦攻薊。後趙王勒知續勢孤，遣中山公虎將兵圍厭次⑨，孔萇攻續別營十一，皆下之。二月，續自出擊虎，虎伏騎斷其後，遂執續，使降其城⑩。續呼兄子竺等謂曰：「吾志欲報國，不幸至此。汝等努力奉匹磾為主，勿有貳心。」匹磾自薊還，未至厭次，聞續已沒⑪，眾懼而散，復為虎所遮⑫。文鴦以親兵數百力戰，始得入城，與續子緝、兄子存、竺等嬰城⑬固守。虎送續於襄國⑭，勒以為忠，釋而禮之，以為從事中郎⑮。因下令：「自今克敵獲士人，毋得擅殺，必生致之⑯。」吏部郎劉胤⑰聞續被攻，言於帝曰：「北方藩鎮⑱盡矣，惟餘邵續而已。如使復為石虎所滅，孤義士之心⑲，阻歸本之路⑳，愚謂宜發兵救之。」帝不能從。

聞續已沒，乃下詔以續位任授其子緝。

趙將尹安、宋始、宋恕、趙慎四軍屯洛陽，叛降後趙㉑，後趙將石生引兵赴之㉒。安等復叛，降司州刺史李矩㉓。矩使潁川太守郭默將兵入洛㉔。石生虜宋始一軍，北渡河。於是河南之民皆相帥歸矩，洛陽遂空。

三月，裴嶷至建康，盛稱慕容廆之威德，賢雋皆為之用，朝廷始重之。帝謂嶷曰：「卿中朝名臣，當留江東，朕別詔龍驤㉕送卿家屬。」嶷曰：「臣少蒙國恩，出入省闥㉖，若得復奉輦轂㉗，臣之至榮。但以舊京㉘淪沒，山陵穿毀㉙，雖名臣宿將，莫能雪恥；獨慕容龍驤竭忠王室，志除凶逆，故使臣萬里歸誠㉚。今臣來而不返，必謂㉛朝廷以其僻陋而棄之，孤㉜其嚮義之心，使懈體㉝於討賊。此臣之所甚惜，是以不敢徇私而忘公也㉞。」帝曰：「卿言是也。」乃遣使隨嶷拜廆安北將軍㉟、平州㊱刺史。

閏月㊲，以周顗為尚書左僕射。

晉王保將張春、楊次與別將楊韜不協㊳，勸保誅之，且請擊陳安，保皆不從。夏，五月，春、次幽保㊴，殺之。保體肥大，重八百斤，喜睡，好讀書，而暗弱無斷㊵，故及於難。保無子，張春立宗室子瞻為世子㊶，稱大將軍。保眾散，奔涼州者萬餘人。陳安表於趙主曜，請討瞻等。曜以安為大將軍，擊瞻殺之，張春奔枹罕㊷。安執楊次，於保柩前斬之，因以祭保。安以天子禮葬保於上邽，諡曰元王。

羊鑒討徐龕，頓兵下邳㊸，不敢前。蔡豹敗龕於檀丘㊹，龕求救於後趙，後趙王勒遣其將王伏都救之，又使張敬將兵為之後繼。勒多所邀求㊺，而伏都淫暴，龕患之。張敬至東平㊻，龕疑其襲己，乃斬伏都等三百餘人，復來請降㊼。勒大怒，命張敬據險以守之㊽。帝亦惡龕反覆，不受其降，敕鑒、豹㊾以時進討。鑒猶疑憚[50]不進，尚書令刁協劾奏[51]鑒，免死除名[52]，以蔡豹代領其兵。王導以所舉失人，乞自貶[53]。帝不許。

六月，後趙孔萇攻段匹磾，恃勝而不設備。段文鴦襲擊，大破之。

京兆[54]人劉弘客居涼州天梯山[55]，以妖術惑眾，從受道者千餘人，西平元公張寔左右皆事之。帳下閻涉、牙門趙卬，皆弘鄉人，弘謂之曰：「天與我神璽，應王涼州[56]。」涉、卬信之，密與寔左右十餘人謀殺寔，奉弘為主。寔弟茂[57]知其謀，請誅弘。寔令牙門將史初[58]收之。未至，涉等懷刃而入，殺寔於外寢[59]。弘見史初至，謂曰：「使君[60]已死，殺我何為！」初怒，截[61]其舌而囚之，轘[62]於姑臧市[63]，誅其黨與數百人。左司馬陰元等以寔子駿[64]尚幼，推張茂為涼州刺史、西平公，赦其境內，以駿為撫軍將軍[65]。

丙辰[66]，趙將解虎及長水校尉尹車謀反，與巴酋[67]句徐、厙彭[68]等相結。事覺，虎、車皆伏誅。趙主曜囚徐、彭等五十餘人于阿房[69]，將殺之。光祿大夫游子遠諫曰：「聖王用刑，惟誅元惡[70]而已，不宜多殺。」爭之，叩頭流血。曜怒，以為助逆而囚之。盡殺徐、彭等，尸諸市[71]十日，乃投於水。於是巴眾盡反，推巴酋句渠知[72]為主，自稱大秦，改元曰平趙。四山氐、羌、巴、羯應之者三十餘萬，關中大亂，城門晝閉。子遠又從獄中上表諫爭。曜手毀其表，曰：「大荔奴[73]，不憂命在須臾[74]，猶敢如此，嫌死晚邪！」叱左右速殺之。中山王雅、郭汜、朱紀、呼延晏等諫曰：「子遠幽囚，禍在不測，猶不忘諫爭，忠之至也。陛下縱不能用，柰何殺之？若子遠朝誅，臣等亦當夕死，以彰[75]陛下之過。天下將皆捨陛下而去，陛下誰與居乎！」曜意解[76]，乃赦之。

曜敕內外戒嚴，將自討渠知。子遠又諫曰：「陛下誠能用臣策，一月可定，大駕不必親征也。」曜曰：「卿試言之。」子遠曰：「彼非有大志，欲圖非望[77]也，直[78]畏陛下威刑，欲逃死[79]耳。陛下莫若廓然[80]大赦，與之更始[81]，應前日坐虎、車等事[82]，其家老弱沒入奚官[83]者，皆縱遣[84]之，使之自相招引[85]，聽其復業。彼既得生路，何為不降？若其中自知罪重，屯結[86]不散者，願假臣[87]弱兵五千，必為陛下梟之[88]。不然，今反者彌山被谷[89]，雖以天威臨之[90]，恐非歲月[91]可除也。」曜大悅，即日大赦，以子遠為車騎大將軍、開府儀同三司、都督雍・秦征討諸軍事。

子遠屯于雍城[92]，降者十餘萬。移軍安定[93]，反者皆降。惟句氏宗黨五千餘家保于陰密，進攻，滅之，遂引兵巡隴右[94]。先是，氐、羌十餘萬落據險不服，其酋虛除權渠[95]自號秦王。子遠進造其壁[96]，權渠出兵拒之，五戰皆敗。權渠欲降，其子伊餘大言於眾曰：「往者劉曜自來，猶無若我何[97]，況此偏師[98]，何謂降也[99]！」帥勁卒五萬，晨壓[100]子遠壘門[101]。諸將欲擊之，子遠曰：「伊餘勇悍，當今無敵；所將之兵，復精於我；又其父新敗，怒氣方盛，其鋒不可當也。不如緩之，使氣竭而後擊之。」乃堅壁[102]不戰，伊餘有驕色。子遠伺其無備[103]，夜，勒兵蓐食[104]，旦，值大風塵昏，子遠悉眾出掩之[105]，生擒伊餘，盡俘其眾。權渠大懼，被髮[106]剺面[107]請降。子遠啟曜[108]，以權渠為征西將軍、西戎公[109]，分徙伊餘兄弟及其部落二十餘萬口于長安。曜以子遠為大司徒、錄尚書事。

曜立太學，選民之神志可教者[110]千五百人，擇儒臣以教之。作酆明觀及西宮，起陵霄臺於滈池[111]，又於霸陵[112]西南營壽陵[113]。侍中喬豫、和苞上疏諫，以為：「衛文公[114]承亂亡之後，節用愛民，營建宮室，得其時制[115]，故能興康叔之業[116]，延九百之祚[117]。前奉詔書營酆明觀，市道細民[118]咸譏其奢[119]，曰：『以一觀之功[120]，足以平涼州[121]矣。』今又欲擬阿房而建西宮，法瓊臺[122]而起陵霄，其為勞費億萬酆明。若以資軍旅[123]，乃可兼吳、蜀[124]而壹齊、魏[125]矣。又聞營建壽陵，周圍四里，深三十五丈，以銅為椁[126]，飾以黃金。功費若此，殆[127]非國內[1]所能辦也。秦始皇下錮三泉[128]，上未乾而發毀[129]。自古無不亡之國，不掘之墓。故聖王之儉葬，乃深遠之慮也。陛下奈何於中興[130]之日，而踵亡國之事[131]乎！」曜下詔曰：「二侍中[132]懇懇有古人之風，可謂社稷之臣[133]矣。其悉罷宮室諸役，壽陵制度，一遵霸陵之法[134]。封豫安昌子[135]，苞平輿子[136]，並領諫議大夫[137]。仍[138]布告天下，使知區區之朝，欲聞其過也[139]。」又省酆水囿[140]以與貧民。

祖逖將韓潛與後趙將桃豹分據陳川故城[141]，豹居西臺[142]，潛居東臺，豹由南門，潛由東門，出入相守[143]四旬。逖以布囊盛土如米狀，使千餘人運上臺。又使數人擔米，息於道。豹兵逐之，棄擔而走。豹兵久飢，得米，以為逖士眾豐飽，益懼。後趙將劉夜堂以驢千頭運糧饋豹[144]，逖使韓潛及別將馮鐵邀擊於汴水[145]，盡獲之。豹宵遁，屯東燕城[146]。逖使潛進屯封丘[147]以逼之，馮鐵據二臺，逖鎮雍丘[148]，數遣兵邀擊後趙兵，後趙鎮戍[149]歸逖者甚多，境土漸蹙[150]。

先是，趙固、上官巳、李矩、郭默[151]互相攻擊，逖馳使[152]和解之，示以禍福[153]，遂皆受逖節度[154]。秋，七月，詔加逖鎮西將軍。逖在軍與將士同甘苦，約己務施[155]，勸課農桑，撫納新附[156]，雖疏賤者皆結以恩禮。河上諸塢[157]先有任子[158]在後趙者，皆聽兩屬[159]，時遣游軍[160]偽抄之[161]，明其未附[162]。塢主皆感恩，後趙有異謀[163]，輒密以告，由是多所克獲[164]。自河以南，多叛後趙歸于晉。

逖練兵積穀，為取河北之計。後趙王勒患之，乃下幽州為逖脩祖、父墓[165]，置守冢二家[166]，因與逖書，求通使及互市[167]。逖不報書[168]，而聽其互市[169]，收利十倍。逖牙門童建殺新蔡[170]內史周密，降于後趙，勒斬之，送首於逖，曰：「叛臣逃吏，吾之深仇，將軍之惡，猶吾惡也。」逖深德之。自是後趙人叛歸逖者，逖皆不納，禁諸將不使侵暴後趙之民，邊境之間，稍得休息。

八月辛未[171]，梁州刺史周訪卒。訪善於撫納[172][2]，士眾皆為致死[173]。知王敦有不臣之心[174]，私常切齒[175]，敦由是終訪之世[176]，未敢為逆。敦遣從事中郎郭舒監襄陽軍[177]，帝以湘州刺史甘卓[178]為梁州刺史，督沔北[179]諸軍事，鎮襄陽[180]。舒既還[181]，帝徵為右丞[182]，敦留不遣[183]。

後趙王勒遣中山公虎帥步騎四萬擊徐龕。龕送妻子為質，乞降，勒許之。蔡豹屯卞城[184]，石虎將擊之，豹退守下邳，為徐龕所敗。虎引兵城封丘[185]而旋[186]，徙士族[187]三百家置襄國崇仁里[188]，置公族大夫以領[189]之。

後趙王勒用法甚嚴，諱「胡」尤峻[190]。宮殿既成，初有門戶之禁[191]，有醉胡乘馬，突入止車門[192]，勒大怒，責[193]宮門小執法馮翥。翥惶懼忘諱，對曰：「向[194]

有醉胡，乘馬馳入，甚訶禦之[195]，而不可與語[196]。」勒笑曰：「胡人正自難與言。」恕而不罪。

勒使張賓領選[197]，初定五品[198]，後更定九品[199]。命公卿及州郡歲舉秀才、至孝、廉清、賢良、直言、武勇[200]之士各一人。

西平公張茂立兄子駿為世子[201]。

蔡豹既敗，將詣[202]建康歸罪[203]，北中郎將王舒[204]止之。帝聞豹退，遣使收之。舒夜以兵圍豹，豹以為它寇，帥麾下擊之。聞有詔，乃止。舒執豹送建康，冬，十月丙辰[205]，斬之。

王敦殺武陵內史向碩。

帝之始鎮江東也，敦與從弟導同心翼戴[206]，帝亦推心任之[207]。敦總征討[208]，導專機政[209]，羣從子弟[210]布列顯要[211]。時人為之語曰：「王與馬[212]，共天下[213]。」後敦自恃有功，且宗族彊盛，稍益驕恣，帝畏而惡之，乃引劉隗、刁協等以為腹心，稍抑損王氏之權，導亦漸見疏外[214]。中書郎孔愉陳導忠賢，有佐命之勳[215]，宜加委任。帝出愉為司徒左長史[216]。導能任真推分[217]，澹如[218]也，有識[219]皆稱其善處興廢[220]。而敦益懷不平[221]，遂構嫌隙[222]。

初，敦辟[223]吳興沈充[224]為參軍[225]，充薦同郡錢鳳於敦，敦以為鎧曹參軍[226]。二人皆巧諂凶狡[227]，知敦有異志，陰贊成之[228]，為之畫策。敦寵信之，勢傾內外。敦上疏為導訟屈[229]，辭語怨望[230]。導封以還敦[231]，敦復遣奏之。左將軍譙王丞[232]忠厚有志行[233]，帝親信之。夜，召丞，以敦疏示之，曰：「王敦以頃年[234]之功，位任[235]足矣，而所求不已，言至於此，將若之何？」丞曰：「陛下不早裁[236]之，以至今日。敦必為患。」

劉隗為帝謀，出心腹以鎮方面[237]。會敦表以宣城內史沈充代甘卓為湘州[238]刺史，帝謂丞曰：「王敦姦逆已著，朕為惠皇其勢不遠[239]。湘州據上流[240]之勢，控三州之會[241]，欲以叔父[242]居之，何如？」丞曰：「臣奉承詔命，惟力是視[243]，何敢有辭！然湘州經蜀寇之餘[244]，民物凋弊，若得之部[245]，比及三年[246]，乃可即戎[247]。苟未及此，雖復灰身[248]，亦無益也。」十二月，詔曰：「晉室開基[249]，方鎮之任[250]，親賢並用[251]，其以譙王丞為湘州刺史。」長沙鄧騫[252]聞之，歎曰：「湘州之禍，其在斯乎！」丞行至武昌，敦與之宴，謂丞曰：「大王雅素佳士[253]，恐非將帥才也。」丞曰：「公未見知[254]耳。鉛刀豈無一割之用[255]！」敦謂錢鳳曰：「彼不知懼而學壯語，足知其不武，無能為也。」乃聽之鎮[256]。時湘土荒殘，公私困弊，丞躬自[257]儉約，傾心綏撫[258]，甚有能名。

高句麗寇遼東，慕容仁[259]與戰，大破之，自是不敢犯仁境。

【章旨】以上為第二段，寫晉元帝太興三年（西元三二〇年）一年間的大事。主要寫了晉王司馬保先是被御駕親征的前趙王劉曜打敗，後被屬下將領張春、楊次殺死；寫了晉幽州刺史段匹磾與冀州刺史邵續聯合擊敗晉遼西公段末柸；寫了涼州刺史、西平公張寔被自己部下殺死，其弟張茂被推舉為涼州刺史；寫了巴族民眾推句渠知為主，號稱大秦，與劉曜對抗；劉曜聽取游子遠的建議，有勇有謀地將巴人部落討平；寫了劉曜建太學、立制度，大興土木，建造宮室陵園，生靈塗炭，後來接受喬豫、和苞的規勸而悉罷諸役，並褒獎諫官，下詔讓天下人「知區區之朝，欲聞其過也」；寫了劉曜將領尹安、宋始、宋恕、趙慎投降晉司州刺史李矩，黃河南岸居民亦紛紛投歸李矩，李矩的勢力壯大；寫了豫州刺史祖逖調節中原地區諸路晉軍的矛盾，使其聽己節度；寫了祖逖用計奪得陳川故城，並不斷攻擊後趙，使後趙的疆土日益縮小；寫了後趙石虎打敗並擒獲邵續，邵續遂為石勒所用；寫了石勒招納中原地區的望族，將其遷入襄國的崇仁里，以及用各種方式向祖逖示好，使雙方地區的百姓彼此通商，生活稍得安定；寫了晉征虜將軍羊鑒被王導舉薦往討徐龕，羊鑒因畏敵不前而被免職，其部將蔡豹先勝後敗，被司馬睿所殺；以及王敦自恃族大有功，漸益驕縱，與司馬睿的矛盾日益尖銳等等。

【注釋】❶南氐　居住在陳倉以南的氐族部落，即仇池楊氏。❷隴城　即兩漢時的隴縣縣治，在今甘肅張家川縣。兩晉隴縣廢，故稱隴城。❸桑城　晉地名，在今甘肅臨洮西南。❹大司徒　官名，周代置司徒，掌教化。漢哀帝以大司徒代丞相。東漢時又改稱司徒，為三公之一。魏、晉以後三公漸為虛銜，不預朝政。南北朝時北方少數民族政權多在司徒、司空前加「大」字。❺涼州　晉州名，州治姑臧縣，即今甘肅武威，是當時張寔政權的都城所在地。❻翼衛　拱衛；護衛。❼以慕義破家　由於堅持心向晉王朝而使家庭分裂，指與弟末柸對立相攻。❽不忘久要　不忘舊日的友好前盟。久要，舊時的約定，指共同忠於晉室。❾厭次　晉縣名，縣治在今山東陽信東南，當時晉將邵續駐兵於此。❿使降其城　讓邵續招呼他所管轄的未破城鎮投降石勒。⓫沒　全軍覆沒。⓬遮　攔截；截擊。⓭嬰城　環城；繞城。⓮襄國　晉縣名，縣治即今河北邢臺，當時石勒據以為都城。⓯從事中郎　官名，為將帥的近侍、幕僚，掌機要和日常事務。⓰生致之　生擒押解回來。⓱劉胤　字承胤，此時任東晉尚書吏部郎。傳見《晉書》卷八十一。⓲藩鎮　各地區的州刺史等軍政長官，因其勢力之大相當於一個諸侯。⓳孤義士之心　使堅持敵後作戰的義士感到孤立無援。⓴阻歸本之路　斷絕北方軍民歸附晉王朝的道路。歸本，歸附東晉朝廷。㉑後趙　指石勒新建的河北襄國政權，以區別建都長安的劉曜前趙政權而言。㉒石生引兵赴之　石生是石勒的部將，引兵前往受降。赴，趨往。㉓李矩　字世迴，東晉名將，前曾大破劉聰的部將劉暢於滎陽，此時任滎陽太守。傳見《晉書》卷六十三。㉔入洛　進駐洛陽。㉕龍驤　敬稱慕容廆。㉖出入省闥　即出入禁中、宮中。裴嶷在西晉時曾經歷任中書侍郎、給事黃門郎，故云。㉗復奉輦轂　再回到皇帝身邊。輦轂，皇帝的車駕，這裡用以敬稱皇帝。㉘舊京　指西晉都城洛陽。㉙山陵穿毀　西晉諸帝的陵墓被挖掘。㉚歸誠　向朝廷敬獻忠心。㉛必謂　必然使慕容廆認為。㉜孤　有負；辜負。㉝懈體　胡三省注：「體，當依《載記》作『怠』。」意即鬆弛、懈怠。㉞是以不敢徇私而忘公也　胡三省注：「謂留江東乃是徇一身之私計，歸棘城則可輔廆以討賊，乃天下之公義也。嶷之心蓋以廆可與共功名，鄙晉之君臣宴安江沱，為不足與共事而已。」㉟安北將軍　雜號將軍之一，掌征伐。㊱平州　晉州名，州治襄平，即今遼寧遼陽。㊲閏月　太興三年的閏三月。㊳不協　不和睦。㊴春次幽保　張春、楊次將司馬保囚禁。㊵暗弱無斷　昏庸懦弱，辦事不果斷。㊶世子　義同太子。接班人；繼承人。㊷枹罕　晉縣名，縣治在今甘肅臨夏。㊸頓兵下邳　中途屯兵於下邳而不敢進。頓，停留。下邳是當時的諸侯國名，都城在今江蘇睢寧西北的古邳鎮東。㊹檀丘　晉地名，在今山東泗水縣東南。㊺邀求　指索取賄賂。邀求，索取；討要。㊻東平　晉諸侯國名，都城須昌，在今山東東平西北。當時徐龕駐兵於此。㊼復來請降　又來請求歸降於晉。㊽據險以守之　佔據險要之地以斷徐龕的南逃之路。㊾敕鑒豹　命令羊鑒、蔡豹。㊿疑憚　猶豫畏懼。(51)劾奏　向皇帝檢舉彈劾某人的罪狀。(52)除名　除去名籍，這裡指撤銷其征虜將軍與征討都督的官職。(53)乞自貶　請求受降職處罰。(54)京兆　晉郡名，郡治長安，在今陝西西安城西北十三里。(55)天梯山　山名，在今甘肅武威城南八十里。(56)王涼州　在涼州稱王。(57)寔弟茂　張茂，字成遜，張軌之子，張寔之弟。傳附《晉書》卷八十六〈張軌傳〉。(58)牙門將史初　帳下親兵統領名叫史初。(59)外寢　又叫「路寢」、「正寢」。天子、諸侯的常居辦公之處。張寔雖名為晉臣，但實同於一方的藩鎮割據，相當於諸侯，故有外寢之居。(60)使君　漢代以來對刺史、太守的敬稱。時張寔為涼州刺史，故稱。(61)截　割斷。(62)轘　車裂，即俗所謂五馬分屍。(63)姑臧市　姑臧城的市場。

姑臧即今甘肅武威，當時是涼州的州治所在地。古代處死罪犯，刑場常設於集市，以表示與市人共同蔑棄這個人，故斬首也稱「棄市」。(64)寔子駿　張駿，字公庭，涼州刺史張寔之子。傳附《晉書》卷八十六〈張軌傳〉。(65)撫軍將軍　三國時曹魏始建的將軍名號，掌軍事。(66)丙辰　六月二十三。(67)巴酋　巴人部落的頭領。巴是當時的少數民族名，主要活動在今川東、鄂西一帶。(68)句徐厙彭　均為巴族的豪帥名。(69)阿房　此指秦時的阿房宮舊址，亦稱阿城，在今陝西西安西郊阿房村、太古村一帶。(70)元惡　首惡。元，為首的。(71)尸諸市　把他們的屍體擺列在市場上。尸，用如動詞，陳屍。(72)句渠知　巴族人名。(73)大荔奴　罵人語。大荔是古代西戎族的一支，居住在今陝西大荔一帶。游子遠為大荔人，故劉曜罵他大荔奴。(74)命在須臾　猶言死在臨頭。須臾，頃刻。(75)彰　顯揚；暴露。(76)意解　怒氣消失。(77)非望　指謀奪帝位。胡三省注曰：「謂帝王之事，非常人所望。」(78)直　只不過；僅僅。(79)逃死　求得一條活命。(80)廓然　空曠的樣子，這裡指豁然大度，不計前嫌。(81)與之更始　允許他們重新開始，指給他們一個改過自新、重新做人的機會。(82)坐虎車等事　因受解虎、尹車等人的牽連。坐，因……而獲罪。(83)沒入奚官　意即被收進官府為奴隸。奚官，官署名，管理罪犯家屬被罰沒為奴隸、充當苦役者。(84)縱遣　釋放。(85)自相招引　各自去招喚他們的子弟回鄉。(86)屯結　集結不散，繼續對抗。(87)願假臣　請你給我。假，給予的謙稱。(88)梟之　殺其人頭懸於高竿示眾。(89)彌山被谷　漫山遍野。彌，滿。被，覆蓋。(90)雖以天威臨之　即使您御駕親征。天威，敬稱劉曜的威嚴。(91)歲月　猶言「一年半載」。(92)雍城　雍縣的縣治所在地，在今陝西鳳翔南。(93)安定　晉郡名，郡治在今甘肅涇川縣北五里。(94)巡隴右　帶兵巡行隴山以西至黃河以東地區。(95)虛除權渠　人名，姓虛除，名權渠。(96)進造其壁　一直前進到他的營壘前面。壁，營房周圍的防禦工事。(97)無若我何　對我無可奈何。(98)偏師　指全軍的一部分，有別於主力大軍。(99)何謂降也　怎麼能投降呢。何謂，何為；為何。(100)壓　迫近。(101)壘門　猶上所謂壁門。(102)堅壁　堅守營寨。(103)伺其無備　選擇了一個他沒有防備的機會。伺，偵察；窺測。(104)勒兵蓐食　集合軍隊，提前吃飯。蓐，通「褥」。在床上就把飯吃完了，極言其用飯之早。(105)悉眾出掩之　全軍出動，對其發動突然襲擊。悉，全部。掩，突然襲擊。(106)被髮　散髮以示請罪。被，通「披」。(107)剺面　用刀劃面表示悲哀。我國古代北方少數民族，凡遇大喪大憂，即用刀劃臉以示悲愁。此處是表示認罪。(108)啓曜　稟明劉曜。(109)西戎公　西戎部族的最高君長。「公」比「王」低一等，比「侯」高一等。(110)神志可教者　指資質聰穎可栽培的人。(111)滈池　地名，在今陝西西安城西南昆明池北。滈，亦作「鎬」。(112)霸陵　漢文帝劉恒的陵墓，因在霸水西岸，因以為陵號，在今陝西西安東北。(113)營壽陵　為自己預建陵墓。壽陵，生人之墓。(114)衛文公　春秋時代的衛國諸侯，西元前六五九—前六三五年在位，姓姬名辟疆，後改名燬。承衛懿公好鶴亡國之後，被齊桓公選立為衛君。即位後節用愛民，發展農工，使衛國一度得到穩定。115得其時制　採用了一種合乎時宜的儉樸的制度。116故能興康叔之業　意即使衛國又能興旺起來。康叔，名封，周武王之弟。因初封於康（今河南禹州西北），故稱康叔，亦稱康侯。周公平定武庚及三監叛亂後，封康叔在殷朝的故都淇縣，國號曰衛。117延九百之祚　使衛國政權延續了九百餘年。祚，福。這裡指國運。118市道細民　街市道路上的平民百姓。細民，小民；平民。119咸譏其奢　都批評它的過於奢侈。120以一觀之功　憑修這個臺子所花費的人力物力。121足以平涼州　足以討平涼州的張氏政權。122法瓊臺　模仿瓊臺。法，模仿；學習。瓊臺，夏桀建造的臺觀。123資軍旅　用於軍事行動。資，助；用於。124兼吳蜀　吞併江東的東晉與成都李氏政權。125壹齊魏　統一山東的曹嶷與魏地的石勒政權。126椁　外棺。古代棺木有兩重，內稱棺，外稱椁。127殆　大概；大約。128下錮三泉　地宮之深挖到三層泉水以下，再冶銅汁以灌塞地宮的石縫，以防其滲水。錮，鑄塞。129土未乾而發毀　相傳劉邦滅秦後，項羽焚秦宮室，有牧兒持火把進入始皇陵的洞穴尋找亡羊，失火燒毀了始皇陵墓。130中興　指劉曜平靳準之亂而重新強大。131踵亡國之事　學習那些奢侈亡國的事例。踵，腳跟，這裡指追隨、步其後塵。132二侍中　指喬豫、和苞。133社稷之臣　與國家、社稷共存亡的中正之臣。134遵霸陵之法　按照漢文帝霸陵那種儉樸的樣子，即因山為藏，不再起墳，山下川流不斷絕，就其水名作為陵號等。135安昌子　安昌是封地名，子是爵位。136平輿子　平輿是封地名，子是爵位。137領諫議大夫　兼任諫議大夫。諫議大夫的職責是給皇帝參謀顧問，拾遺補闕。138仍　這裡是「乃」的假借字。139使知區區之朝二句　我是想讓人們知道，我們這個朝廷雖小，但是我們願意讓人指出我們的缺點。140酆水囿　劉曜在豐水兩側建立的苑囿。酆，同「豐」。河水名，出京兆南山，東北流注於渭。囿，古代帝王畜養禽獸的園林。141陳川故城　即指蓬陂，亦作「蓬關」、「蓬池」，在今河南開封南。陳川曾為蓬陂塢主，後降石勒。142臺　古城四周所築用以瞭望守衛的土壘。143相守　各方自守，成對峙狀態。144饋豹　供應桃豹。145邀擊於汴水　在汴水對劉夜堂發動截擊。汴水是古運河名，在河南滎陽北由黃河分出，東南流經今開封南，商丘北，復東南流經今安徽碭山縣、蕭縣北，至江蘇徐州合泗水入淮河。上流又稱鴻溝、狼蕩渠，中下游又稱汳水、獲水。古汴水河道在元代為黃河所奪，今已淤塞。146東燕城　西漢南燕縣的故城，在今河南延津東三十五里。147封丘　晉縣名，縣治即今河南封丘。148雍丘　晉縣名，縣治即今河南杞縣。149鎮戍　城鎮和營壘。150漸蹙　越來越少。151趙固上官巳李矩郭默　四人都是活動在豫州一帶的晉軍將領，只是派系不同。152馳使　急速地派出使者。153示以禍福　告訴他們怎樣做對國家與個人有利還是不利。154受逖節度　接受祖逖的統領、指揮。155約己務施　嚴於律己，施恩於人。務，致力；從事。施，施恩；加惠。156撫納新附　安撫招納從石勒佔領區逃過來的軍民。157河上諸塢　黃河沿岸的各個塢堡。158任子　人質，以親屬為其人質以獲取安定。159皆聽兩屬　都任憑他們接受兩方面政權的管轄。(160)游軍　負責巡邏的小部隊。(161)偽抄之　假裝對他們進行掠奪。(162)明其未附　讓石勒一方看起來這些堡塢像是沒有歸順晉王朝。(163)有異謀　有向晉王朝進攻的陰謀。(164)多所克獲　多有勝利；多有收穫。(165)下幽州為逖脩祖父墓　下令幽州的地方長官為祖逖的祖父、父親修整墳墓。祖逖是范陽人，其祖父、父親的墳墓都在范陽。范陽隸屬幽州，即現在的河北涿州。(166)置守冢二家　安排兩家人專門為祖逖的祖父、父親守墓。這守墳的人家不再向官府繳糧納稅，而是把糧稅代金，作為掃墓祭祀之用。(167)互市　相互通商。(168)不報書　不回信。報，回覆；答覆。(169)聽其互市　聽任兩地的百姓相互通商。(170)新蔡　晉郡名，郡治即今河南新蔡。(171)八月辛未　八月朔癸巳，無辛未日，此處疑有誤。(172)撫納　安撫和接納。(173)致死　猶言效死，豁得出死。(174)不臣之心　指圖謀篡逆的野心。(175)切齒　咬牙，表示極端憤恨。(176)終訪之世　猶言「整個周訪在世的時候」。(177)監襄陽軍　監督前時周訪所統的軍隊。(178)甘卓　字季思，東晉名臣，在平息叛亂中多有戰功。傳見《晉書》卷七十。(179)沔北　漢水以北地區。沔，沔水，即今之漢水。源出陝西寧強北嶓冢山，東流經漢中、安康、襄樊，至武漢注入長江。(180)襄陽　即今湖北襄樊之襄陽區，當時為梁州的州治所在地。(181)舒既還　周訪一死，王敦反心即現，派郭舒為監軍，控制周訪的襄陽軍。正逢晉元帝派甘卓代周訪為梁州刺史，故郭舒又返回王敦處。(182)徵為右丞　召他到朝廷任尚書右丞之職，主持尚書臺並掌監察百官。(183)敦留不遣　把死黨留在自己身邊，以備大用。(184)卞城　卞縣縣城，在今山東泗水縣東南五十里。(185)城封丘　在封丘縣築城。(186)旋　歸；返回。(187)徙士族　強制豪門大族向石勒的轄區搬遷。(188)襄國崇仁里　襄國即今河北邢臺，石勒的都城所在地。石勒修建崇仁里，以安置搬遷來的衣冠之族。(189)領　統率；管理。(190)諱胡尤峻　特別忌諱人們說這個「胡」字。(191)門戶之禁　出入宮廷的禁令。(192)止車門　石勒的宮門名，官員人等至此須下車馬步行。(193)責　斥問。(194)向　剛才。(195)甚呵禦之　我大聲地吆喝他停止。禦，制止。(196)不可與語　無法與他交流，彼此聽不懂對方的話。(197)領選　主管選舉工作。領，管理。(198)五品　指把人分五等進行品評，是石勒初定選舉制時的一種臨時措施。(199)九品　指把人分九等進行品評。三國曹魏始立九品之制，各郡縣均設中正官以評定人才高下。兩晉、南北朝時沿襲此制。(200)秀才至孝廉清賢良直言武勇　均為公卿、州郡察舉人才的不同科目，儒家學術和倫理道德標準是察舉的基本準則。(201)世子　即太子。是天子、諸侯的法定繼承人。(202)詣　往；到。(203)歸罪　猶言「請罪」。歸，自首。(204)王舒　字處明，王導的從弟，時任北中郎將之職。傳見《晉書》卷七十六。(205)十月丙辰　十月二十五。(206)翼戴　輔佐、擁戴。(207)推心任之　推心置腹地加以委任。(208)敦總征討　王敦總管征討方面的事務。胡三省注曰：「晉懷帝永嘉五年，帝以敦刺揚州，加都督征討諸軍事，其討華軼、王機、杜曾，皆有功也。」總，全面負責。(209)導專機政　王導全面管理政務。胡三省注曰：「尚書，萬機之本，導錄尚書事，是專機政也。」專，總攬。機政，機要、政務。(210)羣從子弟　指王氏家族的諸多子弟。羣從，王敦、王導的各個堂兄弟。(211)布列顯要　遍布於各個顯要部門。(212)王與馬　指王氏與司馬氏。(213)共天下　平分天下。共，共有；平分。(214)疏外　疏遠。(215)佐命之勳　輔佐司馬睿建立東晉王朝的功勳。命，指承天命而為帝。(216)司徒左長史　官名，司徒屬官。掌禮儀教化。(217)任真推分　聽任自然，守分自安。推，辭讓。分，職務；名分。(218)澹如　恬靜淡泊的樣子。(219)有識　有識之士。(220)善處興廢　在自己受提拔重用或被疏遠廢斥的時刻能恰當對待。處，對付；對待。(221)益懷不平　內心越來越不滿。(222)遂構嫌隙　於是便和司馬睿產生矛盾，結下怨仇。(223)辟　聘任。(224)沈充　字士居，吳興人。傳附《晉書》卷九十八〈王敦傳〉。(225)參軍　又名「參軍事」，晉以後軍府和王國皆設此職，位任頗重。(226)鎧曹參軍　王公府及軍府的佐吏，主管軍中鎧甲。(227)巧諂凶狡　巧語諂媚，兇暴狡猾。(228)陰贊成之　暗中予以贊助。(229)訟屈　申訴冤屈。訟，申訴。(230)辭語怨望　給司馬睿的上書中表現怨恨不滿。(231)封以還敦　密封起來退給王敦。時王導錄尚書事，大臣上疏先經王導之手，故可以中途扣下，封以退回。(232)譙王丞　司馬丞，司馬遜之子，當時繼父位為譙王。(233)志行　志氣操守。(234)頃年　近年。頃，剛才；近來。(235)位任　職位和權力。(236)裁　壓抑；節制。(237)出心腹以鎮方面　派心腹大臣到各州各軍鎮任刺史、任督軍。方面，一個大區域的軍政大權。(238)湘州　晉州名，州治即今湖南長沙。(239)朕為惠皇其勢不遠　我成為第二個晉惠帝的局勢已經不遠了。指皇帝受制於權臣。(240)據上流　指長沙在南京的長江上游。(241)控三州之會　控制著荊州、交州、廣州三州的交接點。(242)叔父　司馬睿以稱司馬丞。司馬睿是司馬懿的曾孫，司馬丞是司馬懿兄長司馬孚的後代，比司馬睿大一輩，故司馬睿稱之為叔父。(243)惟力是視　不惜餘力，盡力而為。(244)蜀寇之餘　指剛被杜弢嚴重地禍害過。杜弢原是巴蜀地區的地方官，後被變民擁為首領，率部周遊於今四川、湖北、湖南一帶地區，歷經許多曲折才被陶侃、王敦等所平定。事見《晉書》卷一百。(245)之部　前往長沙軍府。(246)比及三年　意即必須三年的時間。(247)即戎　組建成軍隊。(248)灰身　猶言粉身碎骨。灰，碎裂。(249)晉室開基　晉王朝建國以來的慣例。(250)方鎮之任　各地區軍政大員的任用。方鎮，指掌握一方軍政大權的長官。(251)親賢並用　既用司馬氏皇室的兄弟子姪，也任用其他姓氏的賢才。這裡的意思是不能讓王氏家族通通把持各地區的軍鎮，也應該派一些姓司馬的人前去擔當。(252)鄧騫　字長真，此時任司馬丞的主簿。傳附《晉書》卷七十〈甘卓傳〉。(253)雅素佳士　一向是個風流倜儻的人。雅，平素；平常。(254)公未見知　那是您不瞭解我。見知，瞭解；知道。(255)鉛刀豈無一割之用　鉛質軟鈍，用來自謙。指才能雖薄弱如鉛刀，但盡其所能，未嘗不可一用。《後漢書·班超傳》有所謂：「昔魏絳列國大夫，尚能和輯諸戎，況臣奉大漢之威，而無鉛刀一割之用乎？」(256)聽之鎮　任憑他前往長沙上任。(257)躬自　親自；親身。(258)綏撫　安撫。(259)慕容仁　慕容廆庶子。

【校記】①國內 據章鈺校，此二字下，甲十一行本、乙十一行本皆有「之」字。②納 原無此字。據章鈺校，甲十一行本、乙十一行本、孔天胤本皆有此字，張敦仁《通鑑刊本識誤》同，今據補。

【語譯】三年（庚辰 西元三二〇年）

春季，正月，前趙主劉曜親自率軍攻打據守陳倉的楊曼、王連，王連戰敗陣亡，楊曼逃奔居住在陳倉以南的氐族部落首領楊氏。劉曜乘勝進軍，一舉攻克了由路松多據守的草壁，路松多逃奔隴城。劉曜又攻下了張顗、周庸據守的陰密，晉王司馬保大為驚恐，立即從上邽遷往桑城。前趙主劉曜得勝班師返回自己的都城長安，任命劉雅為大司徒。○張春計劃保護著司馬保投奔涼州。涼州牧張寔派遣手下的將領陰監率軍前往迎接，宣稱要對晉王司馬保嚴加保護，而實際上是用武力阻止他進入涼州。

晉遼西公段末柸率軍攻擊段匹磾，將段匹磾打敗。段匹磾對冀州刺史邵續說：「我本出身於北方的少數民族，因為傾慕大義、忠心擁戴晉王朝而導致我與段末柸兄弟之間互相攻擊，弄得家破人亡。先生如果沒有忘記我們舊日的友好同盟，就讓我們聯合起來共同打敗段末柸。」邵續答應了段匹磾的請求，於是聯起手來追擊段末柸，將段末柸打得大敗。段匹磾與自己的弟弟段文鴦率軍攻打原本屬於自己卻被後趙佔領的薊城。後趙王石勒發現段匹磾率軍北上，厭次城內只剩下勢孤力單的邵續，於是就派中山公石虎率軍包圍了厭次城，孔萇則率領著一支部隊專門攻打邵續的其他營寨，他一連攻下了十一處。二月，冀州刺史邵續親自出城攻打石虎，石虎埋伏的騎兵截斷了邵續的退路，遂活捉了邵續，並想讓邵續招降厭次城。邵續藉機衝著守城的姪子邵竺等高喊：「我立志報效國家，卻不幸落到如此下場。你們要努力擁戴段匹磾，讓他做你們的首領，不要懷有二心。」段匹磾從薊城返回厭次，還沒有抵達，就聽說邵續已經全軍覆沒，屬下的部眾因為心中懼怕，於是四散逃亡，又遭到石虎大軍的截擊。段文鴦率領著自己的數百名親兵奮力死戰，他們才得以進入厭次城，與邵續的兒子邵緝、姪子邵存、邵竺等共同堅守厭次城。石虎將邵續押送到後趙的都城襄國，後趙主石勒認為邵續是一個忠臣，就將邵續釋放，並以禮相待，任命他為從事中郎。石勒並藉此下令說：「從今以後，戰勝敵人俘獲了士大夫，任何人不得擅自殺戮，一定要把他們活著護送到我這裡來。」

晉吏部郎劉胤聽說冀州刺史邵續被後趙石虎攻打的消息，就對晉元帝司馬睿說：「我們北方的幾個藩鎮都丟掉了，只剩下冀州刺史邵續一個人而已。如果再聽任邵續被石虎消滅而坐視不管，將會使堅持敵後作戰的義士感到孤立無援，斷絕北方軍民歸附東晉朝廷的道路，我以為朝廷應該出兵救援邵續。」晉元帝司馬睿沒能聽取劉胤的意見。後來聽說邵續被後趙俘獲的消息，就下詔將邵續的冀州刺史職位授予他的兒子邵緝。

前趙的將領尹安、宋始、宋恕、趙慎四支軍隊駐紮在洛陽，他們背叛了前趙，投降了後趙，後趙將領石生率領軍隊前去接應。不料尹安等又改變了主意，投降了晉國司州刺史李矩。李矩派潁川太守郭默率領軍隊進入洛陽。後趙將領石生俘虜了宋始和他的所有部眾，向北渡過黃河。黃河南岸的民眾全都你跟著我、我跟著他，紛紛投靠了李矩，洛陽成了一座空城。

三月，裴嶷來到了東晉的都城建康，在晉元帝面前極力稱讚慕容廆的威望和美德，說那些有才能的人都願意為慕容廆效勞，朝廷這才開始重視慕容廆。晉元帝對裴嶷說：「你原本是朝廷有名的大臣，應當留在江東朝廷之中，我另外下一道詔命令龍驤將軍慕容廆將你的家屬送回來。」裴嶷回答說：「我從小就蒙受國家的厚恩，出入宮廷，如果能夠回來侍奉陛下，那是我最大的榮耀。但是，故都已經淪陷，皇家陵墓遭受破壞，即使是著名的大臣和能征慣戰的老將，都不能洗雪這個恥辱；只有龍驤將軍慕容廆竭心盡力效忠王室，志在為王室剷除兇手逆賊，所以才派我不遠萬里前來奉獻一片忠誠。現在如果我來到建康就不再返回，龍驤將軍慕容廆必定會認為朝廷嫌他地處偏遠、孤陋寡聞而拋棄他不用，辜負了他一片歸向朝廷的心願，使他為國家討伐逆賊的心志懈怠下來。這是我感到十分惋惜的，所以我不敢為了個人的私利而忘記了國家討賊的公義。」晉元帝司馬睿說：「你說得也有道理。」於是派遣使者跟隨裴嶷前往棘城拜慕容廆為安北將軍、平州刺史。

閏三月，晉國任命周顗為尚書左僕射。

晉王司馬保的部將張春、楊次與另一將領楊韜關係不睦，就勸說司馬保將楊韜殺掉，並且請求攻打陳安，司馬保沒有聽從他們。夏季，五月，張春、楊次囚禁了晉王司馬保，並把司馬保殺害。司馬保身體肥胖高大，體重八百斤，愛睡覺，喜歡讀書，但性情懦弱，遇事優柔寡斷，所以被害。司馬保沒有兒子，張春就立皇室子弟司馬瞻為世子，稱其為大將軍。司馬保的部眾見司馬保已死，就都四散而去，光是投奔涼州的就有一萬多人。陳安上表給前趙主劉曜，請求出兵討伐司馬瞻等人。前趙主劉曜於是任命陳安為大將軍，率軍攻擊司馬瞻，將司馬瞻殺死，張春逃往枹罕。陳安活捉了楊次，就在司馬保的靈柩前將楊次斬首，用他的人頭祭奠司馬保。陳安用埋葬皇帝的盛大禮儀，把司馬保安葬在上邽，諡號為「元王」。

晉征虜將軍羊鑒率軍討伐投降後趙的泰山太守徐龕，他卻中途把軍隊駐紮在下邳，不敢前進。徐州刺史蔡豹在檀丘打敗了徐龕，徐龕向後趙求救，後趙王石勒派遣他的將領王伏都率軍前往救援，又派張敬率軍作為後續部隊。然而石勒不斷地向徐龕索取財物，而王伏都又極其兇狠暴虐，徐龕對此很是憂慮。張敬率軍到達東平，徐龕懷疑他是來襲擊自己，就將王伏都等三百多人斬首，又向晉國投降。石勒見徐龕如此反覆無常，又殺死自己的將領，不禁勃然大怒，他命令張敬扼守險要之地截斷徐龕的退路。晉元帝司馬睿也厭惡徐龕的反覆無常，因而不接受他的投降，並下詔給羊鑒、蔡豹，要他們抓住時機進軍討伐。羊鑒還是猶豫畏懼，不敢向前，擔任尚書令的刁協上疏彈劾羊鑒畏敵不前，羊鑒雖然被免除了死罪，他的征虜將軍與征討都督的官職全部被撤銷，由蔡豹接管他的軍隊。王導因為自己舉薦人才不當，便主動請求受降職處分。晉元帝司馬睿沒有同意。

六月，後趙將領孔萇攻打據守厭次的段匹磾，他仗恃自己打了勝仗而戒備鬆懈。段匹磾的弟弟段文鴦率軍襲擊，將孔萇打得大敗。

京兆人劉弘客居在涼州的天梯山，他用妖術迷惑眾人，跟從他學習妖術的有一千多人，就連西平元公張寔身邊的親信也都成了劉弘的弟子。張寔帳下的閻涉、擔任牙門官的趙卬，都是劉弘的同鄉，劉弘對閻涉和趙卬說：「上天賜給我神印，說我應該在涼州稱王。」閻涉、趙卬真的相信了他，於是暗中聯絡了張寔身邊的十多個親信準備謀殺張寔，尊奉劉弘為首領。張寔的弟弟張茂知道了他們的陰謀，請求張寔將劉弘殺掉。張寔就命令擔任牙門將的史初去逮捕劉弘。史初還沒到，閻涉等人已經懷揣利刃闖入張寔的外寢室，將張寔殺死。劉弘看見史初到來收捕自己，就對史初說：「涼州刺史張寔已死，你殺我還有什麼用！」史初一聽大怒，立即將劉弘的舌頭割斷，而後將他囚禁起來，拉到姑臧的鬧市中，用車裂的酷刑將劉弘處死，又將劉弘的數百名黨羽殺死。擔任左司馬的陰元等人因為張寔的世子張駿年紀還小，就推舉張寔的弟弟張茂為涼州刺史、西平公，張茂實行大赦，任命張寔的兒子張駿為撫軍將軍。

六月二十三日丙辰，前趙將領解虎以及擔任長水校尉的尹車謀反，他們與巴人部族首領句徐、厙彭等相互勾結。事情敗露，解虎、尹車都被處死。前趙主劉曜將句徐、厙彭等五十多人囚禁於阿房，準備把他們全部處死。擔任光祿大夫的游子遠勸阻說：「聖明的君主動用刑罰只將元凶首惡殺掉而已，不應該將那麼多的人全都殺死。」他極力勸諫，以至於磕頭流血。前趙主劉曜非常憤怒，認為游子遠是在幫助逆賊說話，就將游子遠囚禁起來。然後把句徐、厙彭等人全部殺死，並將他們的屍體陳列在鬧市中示眾十天，最後又將屍首投入水中。這一來激怒了巴人民眾，他們全都造反了，共同推舉巴人部族酋長句渠知為首領，自稱大秦，改年號為「平趙」。四山中的氐人部落、羌人部落、巴人部落、羯人部落中起兵響應的有三十多萬人，關中局勢大亂，即使在大白天也是城門緊閉。游子遠在監獄中又上疏給前趙主劉曜，極力諫諍。劉曜把他的奏章撕得粉碎，說：「這個大荔奴才，不擔憂自己死到臨頭，還敢如此，是不是嫌死得太晚了！」喝令左右趕緊把游子遠殺死。中山王劉雅、將軍郭汜、朱紀、呼延晏等人全都勸阻說：「游子遠已經被囚禁起來，對他來說，災禍隨時都有可能發生，但他仍然不忘諫諍，他的忠心真是達到了極致。陛下即使不採納他的意見，為何非要殺他呢？如果游子遠早晨被殺死，我們就在晚上去死，以此來彰顯陛下的過失。那時，天下的人都會拋棄陛下離開趙國，陛下將跟什麼人在一起呢！」劉曜的怒氣消了，這才把游子遠釋放出獄。

前趙主劉曜詔令內外戒嚴，準備御駕親征句渠知。游子遠又勸諫說：「陛下如果能夠採納我的計策，一個月就可以平定這場叛亂，陛下用不著御駕親征。」劉曜說：「那就把你的想法試著跟我說說。」游子遠說：「句渠知並不是那種胸懷大志、想圖謀奪取皇帝之位的人，他是因為懼怕陛下會對他們施以威嚴的刑罰，只想逃生救死而已。陛下不如寬宏大度一些，實行一次大赦，給他們重新做人的機會，就是前日因為受解虎、尹車一案的牽連而獲罪的人，其家中老弱被沒收到官府充當奴隸的，都應該釋放出來，使他們各自去召喚他們的子弟回鄉，聽任他們恢復舊業。他們已經有了活路，怎麼會不投降呢？如果其中那些知道自己罪行嚴重，仍然集結不散，繼續對抗的，希望陛下撥給我五千名弱兵，我一定能為陛下消滅他們，將他們的人頭懸掛在高桿上示眾。不如此的話，今天謀反的人漫山遍野，即使陛下御駕親征，恐怕也不是一年半載所能根除的。」劉曜聽了游子遠的這番話非常高興，當天就下詔實行大赦，任命游子遠為車騎大將軍、開府儀同三司、都督雍・秦征討諸軍事。

游子遠率軍屯紮在雍城，前來向他投降的有十多萬人。游子遠進軍來到安定，謀反的人全部投降。只有句氏家族的五千多家據守陰密，游子遠率軍攻打，很快就將其消滅，於是引兵巡行於隴山以西至黃河以東地區。先前，氐人、羌人的十多萬部落佔據險要而不肯歸服，他們的酋長虛除權渠自稱秦王。游子遠率軍一直前進到虛除權渠屯兵自保的塢寨前，虛除權渠出兵進行抵抗，五次出戰五次失敗。虛除權渠想向游子遠投降，他的兒子虛除伊餘在眾人面前吹大話說：「以前趙主劉曜親自率軍前來，都對我們無可奈何，何況現在來的只是一支非主力部隊，怎麼能向他們投降呢！」虛除伊餘率領著五萬名精銳士兵，在黎明時分直逼游子遠營寨的大門，游子遠屬下的將領都想出兵攻打伊餘，游子遠說：「虛除伊餘勇猛強悍，在當今之世還沒有人能敵得過他；他所率領的軍隊，又比我們的精良；再加上他的父親剛剛打了敗仗，復仇的怒氣正盛，鋒芒不可阻擋。不如延緩一下，使他的銳氣逐漸衰竭再攻擊他。」於是堅守營寨，拒不出戰，虛除伊餘臉上露出驕傲的神色。游子遠抓住虛除伊餘戒備鬆懈的機會，在夜間，集合部隊，早早的吃了早飯，黎明時分，忽然颳起大風，塵土飛揚，天昏地暗，游子遠全軍出動突然襲擊虛除伊餘，把虛除伊餘生擒活捉，他所率領的五萬精銳也全部成了俘虜。虛除權渠大為震恐，他披散著頭髮，用刀劃破臉皮，請求投降。游子遠派人稟告前趙主劉曜，劉曜任命虛除權渠為征西將軍、西戎公，把虛除伊餘兄弟及其部落二十多萬人分別遷徙到前趙的都城長安附近。前趙主劉曜提升游子遠為大司徒、錄尚書事。

前趙主劉曜在都城長安設立相當於國家最高學府的太學，從民間遴選出資質聰穎有培養前途的一千五百人送入太學，又選擇研習儒家經典的官員擔任老師對他們進行教育。劉曜又興建酆明觀以及西宮，在滈池起造陵霄臺，還在霸陵西南方為自己預造陵墓。擔任侍中的喬豫和和苞上疏勸諫說：「春秋時期，衛國國君衛文公姬燬，他是在國家遭遇危難之時登上國君的寶座，他節儉開支愛護百姓，營建宮室，採用了一種合乎時宜的儉樸的制度，所以才使由衛國始祖康叔所建立的大業得到復興，使衛國政權延續了九百年之久。前些時接受詔命營造酆明觀，街頭巷尾的老百姓都譏諷它太奢華，說：『憑修建酆明觀所花費的人力物力，完全可以平定涼州的張氏政權。』現在又模仿秦始皇的阿房宮建造西宮，效法商紂王的瓊臺起造陵霄臺，所花費的人力物力比酆明觀多出億萬。如果把這些費用用於軍事行動，完全可以兼併吳地的東晉政權、蜀地的李特政權，統一齊地的曹嶷、魏地的石勒！我等還聽說陛下為自己預造陵墓，周圍四里，深達三十五丈，罩在棺材外面的槨完全用銅打造，還用黃金做裝飾。開支如此龐大，恐怕傾盡全國的財力也負擔不起。秦始皇為自己修建陵墓，地宮之深挖到三層泉水以下，再冶銅汁堵塞地宮的石縫以防止滲水，然而陵墓上的土還沒有乾就遭人挖掘而被毀壞。自古以來沒有不滅亡的國家，沒有不被挖掘的墳墓。所以聖明的君主都主張喪葬從簡，實在是一種深謀遠慮呀。陛下為何在國家中興之時卻追隨亡國之君去做那些能導致國家滅亡的事情呢！」前趙主劉曜立即下詔說：「喬豫和和苞兩位侍中言辭懇切，有古人的風範，可以稱得上是能與國家、社稷共存亡的棟樑之臣。從現在起，修建宮室等土木工程全部停止，我百年之後所用的壽陵規模和體制，完全以漢文帝的霸陵為樣板。封喬豫為安昌子，封和苞為平輿子，兼任諫議大夫之職。還要向天下宣布，讓人民知道，我們這個朝廷雖小，卻非常願意讓人指出我們的缺點和過失。」又撤銷了在酆水兩岸修建的皇家園林，分給當地的貧民百姓進行經營耕作。

晉豫州刺史祖逖的部將韓潛與後趙將領桃豹分別據守陳川從前所佔據的蓬陂城，桃豹佔據著蓬陂的西臺，韓潛佔據著蓬陂的東臺，桃豹的軍隊由蓬陂的南門進出，韓潛的軍隊由蓬陂的東門進出，兩軍對峙了四十多天。祖逖用布袋裝上沙土假裝成糧米的樣子，派一千多人將其運上東臺。又另外派幾個人用擔子挑著糧米，在路邊休息。桃豹的軍隊看見後就來追擊，這幾個挑米的軍人把米擔子扔下就跑。桃豹的軍隊因為缺糧已經餓了很久，他們從韓潛的軍士手中搶到了米，就認為晉國軍隊中軍糧充足、軍士都吃得很飽，因此心中更加恐懼。後趙將領劉夜堂武裝押運著一千頭驢馱運糧食給桃豹，祖逖派韓潛以及另外一員將領馮鐵率軍在汴水岸邊進行截擊，將這批糧食全部繳獲。桃豹因軍中缺糧而無法堅守，就拋棄了西臺，率領著自己的部下趁黑夜逃走，他們在東燕城駐紮下來。祖逖派韓潛進軍封丘以逼近桃豹，派部將馮鐵駐防蓬陂的東西二臺，祖逖自己則鎮守雍丘，多次派兵襲擊後趙的軍隊，後趙沿邊各城鎮和軍營歸降祖逖的人很多，後趙的疆土因此日益縮小。

在此之前，晉國河南太守趙固、已故東海王司馬越的部將上官巳、司州刺史李矩以及河內太守郭默之間內鬥不止，互相攻打，祖逖立即派使者往來奔走、說和調解，為他們分析這樣做對國家與個人有利還是有害的道理，最後大家都願意接受祖逖的統領。秋季，七月，晉元帝司馬睿下詔加授祖逖為鎮西將軍。祖逖在軍隊當中，與將士同甘共苦，嚴格要求自己，施恩於人，督促鼓勵農民耕田植桑，安撫招納從石勒佔領區逃過來的軍民，即使是地位低下、關係疏遠的人，祖逖也都以禮相待，對他們施以恩德。黃河沿岸的堡塢中，原先有人為了獲得安定而把親屬送到後趙去做人質，祖逖就聽憑他們接受兩方面政權的管轄，同時又不時地派出負責巡邏的小股部隊假裝去劫掠他們，讓石勒一方看起來好像這些堡塢並未歸附晉國。因此這些堡塢的首領都很感激祖逖的恩德，後趙國內如果有向晉國進攻的陰謀，他們就祕密地告訴晉國，因為這個原因，所以祖逖大軍所向，大多都能獲取勝利。黃河以南的很多城鎮、堡塢都背叛後趙而歸附於晉國。

晉祖逖積極訓練軍隊、積存糧食，為奪取河北地區積極做著準備。後趙王石勒對此很是擔憂，就下令給幽州官府，為祖逖的祖父、父親修建墳墓，並安置兩戶人家專門負責為祖逖的祖父、父母看守墓地，石勒藉此寫信給祖逖，要求互通使者以及通商貿易。祖逖沒有給他答覆，但卻聽任兩地的百姓互通貿易，僅此一項，每年就獲利十倍。在祖逖手下擔任牙門的童建殺死了新蔡內史周密，而後投降了後趙，後趙王石勒將童建斬首，還將他的人頭送給祖逖，石勒說：「叛臣逃吏，是我最痛恨的，將軍所憎惡的，就是我所憎惡的。」祖逖對石勒的做法非常感激。從此以後，凡是後趙的人背叛後趙前來歸附的，祖逖一概不予接納，祖逖還下令給諸將領，不許侵陵劫掠後趙邊境內的居民，兩國邊境之間的人民，稍微得到休養生息。

八月辛未日，晉國梁州刺史周訪去世。周訪在軍中很能體恤接納士卒，眾人都樂意為他賣命。周訪知道大將軍、江州牧王敦有圖謀篡逆的野心，私下裡常常恨得咬牙切齒，而王敦在周訪在世的時候，也一直沒敢輕舉妄動。王敦派擔任從事中郎的郭舒去督察襄陽軍事，晉元帝司馬睿任命湘州刺史甘卓為梁州刺史，統帥沔北諸軍事，甘卓將治所設在襄陽。郭舒在甘卓到任後便返回王敦處，晉元帝徵調郭舒到建康擔任右丞，王敦留住郭舒不讓他到建康赴任。

後趙王石勒派遣中山公石虎率領四萬名步兵、騎兵攻擊徐龕。徐龕趕緊將妻小送到後趙做人質，請求投降，石勒再次接受了他的投降。晉國徐州刺史蔡豹駐紮在卞城，後趙中山公石虎率軍攻擊蔡豹，蔡豹撤退到下邳防守，被徐龕打敗。石虎率領軍隊修築了封丘城之後撤軍返回，同時把三百戶豪門大族強行遷徙到後趙的都城襄國，安置在崇仁里，並專門設置公族大夫負責管理。

後趙王石勒用法嚴苛，尤其忌諱人們說這個「胡」字。襄國的宮室建成之後，開始執行有關出入宮門的禁令，有一個喝醉酒的胡人騎著馬，突然闖入止車門，石勒大發雷霆，責問在宮門擔任小執法的馮翥。馮翥因驚慌過度，一時之間竟然忘記了忌諱，脫口說出：「剛才有一個喝醉酒的胡人騎著馬闖入，我使勁地呵斥阻擋他，卻無法與他交流，怎麼也跟他說不清楚。」石勒笑著說：「胡人本來就很難跟他說清楚。」竟然寬恕了馮翥而沒有責罰他。

後趙王石勒派擔任大執法、總朝政的張賓負責官吏的選拔工作，開始時把人分成五個等級進行品評，後來又更定為九等。命令公卿以及州郡級別的官吏每年向朝廷推舉秀才、至孝、廉清、賢良、直言、武勇方面的人才各一人。

涼州刺史、西平公張茂立自己哥哥張寔的兒子張駿為世子。

晉徐州刺史蔡豹被徐龕打敗之後，就要親自前往建康請罪，擔任北中郎將的王舒阻止他不要去。晉元帝司馬睿聽到蔡豹失敗的消息，就派遣使者前來逮捕他。王舒在接到詔書後連夜率軍包圍了蔡豹的住所，蔡豹還以為是敵人前來襲擊，就率領手下部眾進行反擊。後來聽說有皇帝的詔書，這才停止反擊。王舒捉住蔡豹，然後把蔡豹押送到建康，冬季，十月二十五日丙辰，將蔡豹斬首。

大將軍、江州牧王敦殺死了擔任武陵內史的向碩。

當初，晉元帝司馬睿開始鎮守江東的時候，大將軍、江州牧王敦與他的堂弟王導同心同德地輔佐、擁戴於他，晉元帝對王敦、王導二人也是推心置腹地信任他們、倚重他們。王敦全面負責征討方面的事務，王導專門管理朝政，王氏家族的諸多子弟遍布於朝廷的各個顯要部門。當時的人形容說：「王氏與司馬氏，共同享有天下。」後來大將軍王敦自恃有功，而且家族勢力強盛，便逐漸地驕傲放縱起來，晉元帝對他既懼怕又憎惡，遂引用劉隗、刁協作為自己的心腹，對王氏的權力稍微進行了一些壓制，對王導也逐漸的疏遠。擔任中書郎的孔愉在晉元帝面前稱讚王導的忠誠賢能，有翼戴晉室、輔佐皇帝建立東晉王朝的功勳，應該加以信任。晉元帝便免去孔愉的中書郎，讓他到司徒手下去做司徒左長史。王導能夠聽任自然，守分自安，態度恬靜淡薄，有識之士都稱讚王導無論是在受重用得到提拔還是被疏遠遭到廢斥，都能坦然處之。而王敦對此則心中憤憤不平，與晉元帝之間結下怨恨。

當初，王敦徵召吳興人沈充為參軍，沈充又向王敦舉薦了與自己同郡的錢鳳，王敦任命錢鳳為鎧曹參軍。沈充與錢鳳不僅為人巧言令色善於諂媚，而且奸詐狡猾兇狠殘暴，他們知道王敦有背叛朝廷的念頭，就暗中支持他，為他出謀劃策。王敦也特別的寵信他們，因此兩人的權勢遂壓倒了朝廷內外的官員。王敦上疏給晉元帝為王導申訴冤屈，字裡行間流露出對晉元帝的強烈不滿與怨恨。王導看到後就將他的奏章密封起來退還給他，王敦又派人將奏章呈遞上去。擔任左將軍的譙王司馬承，為人忠厚，有志氣操守，晉元帝對他很親近信任。夜間，晉元帝司馬睿召見譙王司馬承，把王敦的奏章拿給司馬承看，晉元帝說：「憑王敦近年來所建立的功勞，他現在的職務和地位已經夠高的了，而他的要求卻沒完沒了，言辭竟然如此的惡劣，該怎麼辦呢？」司馬承說：「陛下沒有早點節制他，才弄到今天這種地步。王敦早晚必然成為禍患。」

丹楊尹劉隗為晉元帝出主意，讓晉元帝把自己的心腹之臣派出去擔任地方大員。正巧此時王敦上表請求任命擔任宣城內史的沈充代替甘卓為湘州刺史，晉元帝對譙王司馬丞說：「王敦陰謀叛逆的跡象已經顯現出來，我成為晉惠帝第二、受權臣挾制已經為期不遠。湘州佔據著長江上游的有利地勢，是控制荊州、廣州、交州的咽喉，我想讓叔父您去鎮守湘州，您覺得怎麼樣？」司馬丞回答說：「我接受詔命，當不惜餘力，盡力而為，怎麼敢推辭！然而，湘州經過蜀地賊寇杜弢之亂以後，民窮財盡，百業凋敝，如果我到湘州赴任，得需要三年的修整，才能組建成軍隊投入戰鬥。如果沒有三年的時間，我就是粉身碎骨，也無益於事。」十二月，晉元帝司馬睿下詔說：「按照晉國開基創業以來的慣例，各地區軍政大員的任用，都是司馬氏皇族的兄弟子姪與其他姓氏的賢才同時並用，現在任命譙王司馬丞為湘州刺史。」長沙人鄧騫聽到這個消息後歎息著說：「湘州的災禍，恐怕就要因此而起吧！」譙王司馬丞前往湘州赴任，當他行至武昌的時候，大將軍、江州牧王敦設宴招待他，席間，王敦對司馬丞說：「大王一向是個風流倜儻的人，恐怕不是將帥的材料。」譙王司馬丞回答說：「那是因為你不瞭解我。我雖然才薄力弱如同鉛刀，但盡其所能，也未嘗不可一用！」王敦對自己的親信錢鳳說：「司馬丞不知道畏懼而只會學說一些豪言壯語，僅憑這一點就能知道此人不足以顯示威武，不會有什麼大作為。」遂任憑他前往湘州上任。當時湘州境內土地荒蕪，到處斷壁殘垣，無論是官府還是私人都困窘不堪，司馬丞以身作則，力行節儉，全身心地投入到招徠人民、安撫百姓的工作之中，在湘州享有「能臣」的美譽。

　　高句麗侵犯遼東，遼東守將慕容廆的兒子慕容仁率領軍隊與高句麗作戰，將高句麗打得大敗，從此以後，高句麗再也不敢進犯慕容仁所管轄的區域。

四年（辛巳　西元三二一年）

春，二月，徐龕復請降。

張茂築靈鈞臺，基高九仞❶。武陵❷閻曾夜叩府門呼曰：「武公❸遣我來，言『何故勞民築臺？』」有司❹以為妖，請殺之。茂曰：「吾信勞民❺。曾稱先君之命❻以規我，何謂妖乎？」乃為之罷役。

三月癸亥❼，日中有黑子❽。著作佐郎河東郭璞❾以帝用刑過差❿，上疏以為：「陰陽錯繆⓫，皆繁刑所致。赦不欲數⓬，然子產⓭知鑄刑書⓮非政之善⓯，不得不作者，須以救弊⓰故也。今之宜赦⓱，理亦如之。」

後趙中山公虎攻幽州刺史段匹磾於厭次⓲，孔萇攻其統內⓳諸城，悉拔之。段文鴦言於匹磾曰：「我以勇聞，故為民所倚望。今視民被掠而不救，是怯也。民失所望，誰復為我致死！」遂帥壯士數十騎出戰，殺後趙兵甚眾。馬乏，伏不能起，虎呼之曰：「兄與我俱夷狄，久欲與兄同為一家。今天不違願，於此得相見，何為復戰？請釋仗⓴。」文鴦罵曰：「汝為寇賊，當死日久。吾兄不用吾策，故令汝得至此。我寧鬭死，不為汝屈！」遂下馬苦戰，槊㉑折，執刀戰不已，自辰至申㉒。後趙兵四面解馬羅披㉓自鄣㉔，前執文鴦。文鴦力竭被執，城內奪氣㉕。

匹磾欲單騎歸朝㉖，邵續之弟樂安內史洎勒兵不聽，洎復欲執臺使㉗王英送於虎。匹磾正色責之曰：「卿不能遵兄之志，逼吾不得歸朝，亦已甚矣。復欲執天子使者，我雖夷狄，所未聞也。」洎與兄子緝、竺等輿櫬㉘出降。匹磾見虎曰：「我受晉恩，志在滅汝，不幸至此，不能為汝敬㉙也。」後趙王勒及虎素與匹磾結為兄弟，虎即起拜之。勒以匹磾為冠軍將軍，文鴦為左中郎將㉚，散諸流民㉛三萬餘戶，復其本業，置守宰㉜以撫之。於是幽、冀、并三州皆入於後趙。匹磾不為勒禮，常著朝服，持晉節㉝。久之，與文鴦、邵續皆為後趙所殺。

五月庚申㉞，詔免中州㉟良民遭難為揚州諸郡僮客㊱者，以備征役。尚書令刁協之謀也。由是眾益怨之。○終南山㊲崩。

秋，七月甲戌㊳，以尚書僕射戴淵㊴為征西將軍㊵、都督司・兗・豫・并・雍・冀六州諸軍事、司州刺史，鎮合肥㊶；丹楊尹劉隗為鎮北將軍、都督青・徐・幽・平四州諸軍事、青州刺史，鎮淮陰㊷。皆假節㊸領兵，名為討胡，實備王敦也。

隗雖在外，而朝廷機事，進退㊹士大夫，帝皆與之密謀。敦遺隗書曰：「頃㊺承聖上顧眄㊻足下，今大賊未滅，中原鼎沸㊼，欲與足下及周生㊽之徒，戮力㊾王室，共靜海內。若其泰㊿也，則帝祚於是乎隆(51)；若其否也(52)，則天下永無望(53)矣！」隗答曰：『魚相忘於江湖(54)，人相忘於道術(55)。』『竭股肱之力，效之以忠貞(56)。』

吾之志也。」敦得書，甚怒。

壬午[57]，以驃騎將軍王導為侍中、司空、假節、錄尚書、領中書監。帝以敦故，并疏忌導。御史中丞周嵩上疏，以為：「導忠素竭誠，輔成大業，不宜聽孤臣[58]之言，惑疑似之說[59]，放逐舊德，以佞伍賢[60]，虧既往之恩，招將來之患[61]。」帝頗感寤。導由是得全。

八月，常山[62]崩。

豫州刺史祖逖，以戴淵吳士，雖有才望[63]，無弘致遠識[64]；且已翦荊棘[65]，收河南地，而淵雍容[66]，一旦來統[67]之，意甚怏怏[68]。又聞王敦與劉、刁構隙[69]，將有內難，知大功不遂[70]，感激[71]發病。九月壬寅[72]，卒於雍丘。豫州士女[73]若喪父母，譙、梁間皆為立祠。王敦久懷異志，聞逖卒，益無所憚。

冬，十月壬午[74]，以逖弟約[75]為平西將軍、豫州刺史，領逖之眾。約無綏御[76]之才，不為士卒所附。

初，范陽李產[77]避亂依逖，見約志趣異常[78]，謂所親曰：「吾以北方鼎沸，故遠來就此，冀全宗族[79]。今觀約所為，有不可測之志[80]。吾託名姻親[81]，當早自為計，無事[82]復陷身於不義也，爾曹[83]不可以目前之利而忘長久[1]之策。」乃帥[84]

子弟十餘人間行[85]歸鄉里。

十一月，皇孫衍[86]生。

後趙王勒悉召武鄉耆舊[87]詣襄國，與之共坐歡飲[88]。初，勒微時[89]，與李陽鄰居，數爭漚麻池[90]相毆[91]，陽由是獨不敢來。勒曰：「陽，壯士也。漚麻，布衣之恨[92]。孤方兼容天下[93]，豈讎匹夫乎[94]！」遽[95]召與飲，引陽臂[96]曰：「孤往日厭卿老拳[97]，卿亦飽孤毒手[98]。」因拜參軍都尉。以武鄉比豐沛[99]，復之三世[100]。

勒以民始復業，資儲未豐，於是重制禁釀[101]，郊祀宗廟，皆用醴酒[102]。行之數年，無復釀者。

十二月，以慕容廆為都督幽平二州‧東夷諸軍事、車騎將軍、平州牧，封遼東公，單于如故，遣謁者[103]即授印綬[104]，聽承制[105]置官司守宰[106]。廆於是備置僚屬[107]，以裴嶷、游邃為長史[108]，裴開為司馬[109]，韓壽為別駕[110]，陽耽為軍諮祭酒，崔燾為主簿[111]，黃泓、鄭林參軍事。廆立子皝[112]為世子。作東橫[113]，以平原劉讚為祭酒[114]，使皝與諸生同受業，廆得暇，亦親臨聽之。皝雄毅多權略，喜經術，國人稱之。廆徙慕容翰鎮遼東[115]，慕容仁鎮平郭[116]。翰撫安民夷，甚有威惠，仁亦次之。

拓跋猗㐌妻惟氏忌代王鬱律[117]之彊，恐不利於其子，乃殺鬱律而立其子賀傉，大人[118]死者數十人。鬱律之子什翼犍幼在襁褓[119]，其母王氏匿於袴中，祝之曰：「天苟存汝，則勿啼。」久之，不啼，乃得免。惟氏專制國政，遣使聘[120]後趙，後趙人謂之「女國使」[121]。

【章　旨】以上為第三段，寫晉元帝太興四年（西元三二一年）的大事。主要寫了後趙石虎攻打據守厭次的晉幽州刺史段匹磾，段氏部將段文鴦戰敗被俘，段匹磾被邵續之弟邵洎劫持投歸後趙，最後段匹磾、段文鴦、邵續等均被石勒所殺，晉國的幽州、并州、冀州全部歸入後趙的版圖，以及石勒其人豁達幹練的一些動人故事；寫了晉王朝內部權臣王敦與晉元帝的矛盾日益尖銳，晉元帝派親信劉隗、戴淵等出鎮方面，分散王氏之權；寫了豫州刺史祖逖，因戴淵被任都督司、兗、豫、并、雍、冀諸州軍事，司州刺史，而自己被取替，悲憤失望，發病身死，從而使王敦更加有恃無恐；寫了晉國任命慕容廆為都督幽、平、東夷諸軍事，封遼東公，並有權設置官司守宰，勢力越來越大；寫了代王拓跋鬱律被拓跋猗㐌之妻惟氏所殺，寫惟氏立其子賀傉而自己專政，為日後之什翼犍上臺作伏筆。

【注　釋】❶仞　長度單位。漢尺，七尺為一仞；東漢末尺，五尺六寸為一仞。❷武陵　據胡注，疑當作「武威」。❸武公　張茂之父張軌的謚號。❹有司　負責該項事務的官吏。❺信勞民　確實是勞民傷財。信，的確。❻稱先君之命　假託是我先人的命令。稱，聲稱；假託。❼三月癸亥　三月初四。❽黑子　即今天所說的「太陽黑子」。是一種太陽光球層上出現斑點的自然現象。黑子溫度比光球低攝氏一千至二千度，和光球相比就成為暗淡的黑斑。黑子有強達幾千高斯的磁場，它常成群出現。其生存時間平均約一天，但少數大黑子可以存在數月甚至一年以上。❾郭璞　字景純，博學，善辭賦，精天文、曆算、卜筮。在東晉任著作佐郎，與王隱共撰《晉史》。又注《爾雅》、《方言》、《山海經》、《穆天子傳》等。傳見《晉書》卷七十二。❿過差　過度；過分酷苛。⓫陰陽錯繆　陰陽錯亂。古人講天人感應，故郭璞認為太陽黑子是元帝用刑過繁，使得自然失序，陰侵陽，象見於天所致。⓬赦不欲數　大赦不能用得太頻繁。數，頻繁。⓭子產　春秋時期鄭國的著名政治家，為使國家的施法有所依據而鑄過刑鼎。⑭鑄刑書　將法律條文刻在鼎上。刑書，刑法條文。⑮非政之善　不是治理國家的上策。儒家與道家都講最高的太平境界是不用法律而天下自治，故用法律治好天下就是低一個層次的治績了。⑯須以救弊　需要用法律來補救道德教化的無力。須，待；靠。弊，無能為力。⑰今之宜赦　現在國家因用法過苛，故而也應該用「恩德」、「感化」來緩和一下。⑱厭次　晉縣名，在今山東惠民東北，陽信東南，當時為段匹磾的駐兵之地。⑲統內　指段匹磾統轄的幽州境內。⑳釋仗　放下兵器。㉑槊　古代兵器，即長矛。㉒自辰至申　從辰時一直打到申時。辰，指上午七時至九時。申，下午三時至五時。㉓馬羅披　垂於馬腹兩側，用以遮擋塵土的設備，又叫「障泥」。㉔自鄣　以遮蔽自己。鄣，此處通「障」。遮蔽。㉕奪氣　喪氣。㉖歸朝　歸往東晉朝廷。㉗臺使　朝廷派來的使者。㉘輿櫬　用車拉著棺材，表示請罪，接受處死。櫬，棺。㉙不能為汝敬　不可能向你表示恭敬、客氣。㉚左中郎將　皇帝的禁兵統領，這裡用為加官，以表寵信。㉛散諸流民　將俘獲的段匹磾部下的軍民釋放。㉜置守宰　派遣官吏去管理這些人。㉝持晉節　手中時常秉持著晉王朝所賜予的旌節，以表示永遠不忘晉王朝。節，朝廷賜予使臣以及地方官、方面大員的一種信物。旌節是以竹為之，以犛牛尾為之旄，三重。㉞五月庚申　五月初二。㉟中州　中原，泛指黃河中游地區。㊱僮客　奴僕。當時有很多中原地區的百姓逃難到淮河以南、長江以南，因無法生活而淪為了淮南、江南當地百姓的奴隸。㊲終南山　又名「中南山」、「太乙山」，在今陝西西安南，為秦嶺主峰之一。㊳七月甲戌　七月十七。㊴戴淵　字若思，西晉王朝的名臣，後又為司馬睿所寵信。傳見《晉書》卷六十九。㊵征西將軍　東漢末始建的將軍稱號，為四征將軍之一，地位崇重。㊶鎮合肥　軍府設在合肥。㊷鎮淮陰　軍府設在淮陰，在今江蘇淮陰西南。㊸假節　授予旌節。當時朝廷賜予大臣或使臣旌節分三個等級，最高者稱「持節」，其次者稱「使持節」，其下者稱「假節」。三者之間的權限有所不同。㊹進退　升遷與降免。㊺頃　近來。㊻顧眄　這裡的意思是垂青、看重。還視叫顧，斜視叫眄。㊼鼎沸　鼎中的開水沸騰，以喻時局的紛擾動亂。㊽周生　謂周顗。王敦素來畏懼周顗，故舉以為官。㊾戮力　并力；齊心協力。㊿泰　通暢；順利。《易》卦名。與〈否卦〉相反。「泰」為好，「否」為壞；「泰」為順，「否」為逆；「泰」為通暢，「否」為不通。(51)隆　興旺；興盛。(52)若其否也　如果幹事不順利，言外之意是如果劉隗等不與王敦合作，故意與王敦等為難、作對。(53)則天下永無望　意即朝廷政權就要遭到毀滅，這是王敦在威脅劉隗屈服。(54)魚相忘於江湖　魚在大水之中各自活得自由自在，誰也不管誰、不靠誰。(55)人相忘於道術　每個人都有自己的理想、主張，各行其是，誰也不用管誰。二句出自《莊子・大宗師》。劉隗引這兩句話，是表示不怕王敦的威脅，不理睬他。(56)竭股肱之力二句　自己既然是皇帝的左膀右臂，那就一定要為皇帝竭盡全力。二句引自《左傳》僖公九年，是晉大夫荀息的話。股肱，大腿和胳膊，以喻輔佐君主的大臣。(57)壬午　七月二十五。(58)孤臣　指固執己見，言辭偏頗的大臣，指劉隗等。(59)惑疑似之說　被似是而非的說法所迷惑。(60)以佞伍賢　把佞臣與賢臣排在一起。佞，奸巧諂諛。伍，配；列。(61)虧既往之恩二句　虧，損；辜負。胡三省注曰：「向者親倚導而今疏忌之，是虧既往之恩也；導或自疑，外而與敦同，是招將來之患也。」(62)常山　本名「恆山」，五嶽中的北嶽。主峰在今河北曲陽西北一百四十里。漢代避文帝劉恆諱，改名常山。宋以後又名大茂山。(63)才望　才能名望。(64)弘致遠識　高風遠見。(65)翦荊棘　用來比喻誅除胡夷，討平叛逆。翦，同「剪」。消滅。(66)雍容　從容閒暇的樣子，這裡指一點事情也沒幹，有未經戰陣而坐享其成的意思。(67)來統　來取代祖逖的職務，都督六州諸軍事。(68)怏怏　不服、不滿的樣子。(69)構隙　結怨；發生矛盾。(70)大功不遂　掃滅胡羯、平定北方的大業不能實現。(71)感激　生氣受刺激。(72)九月壬寅　九月朔丁巳，無壬寅日，此處記載有誤。(73)士女　男女，泛指軍民百姓。(74)十月壬午　十月朔丙戌，無壬午日。疑與上文壬寅錯置。壬寅，十月十七。(75)逖弟約　祖約，字士少。傳見《晉書》卷一百。(76)綏御　安撫、統率。(77)李產　字子喬。傳附《晉書》卷一百十《慕容儁載記》。(78)志趣異常　興趣愛好都跟別人不一樣。(79)冀全宗族　目的是想藉以保全自己的家族。(80)有不可測之志　猶言「居心叵測」、「心懷異志」。(81)託名姻親　名義上作為祖氏的親戚。託名，名義上是。(82)無事　不能；不應該。(83)爾曹　猶言「汝輩」、「爾等」，以稱其族中諸人。(84)帥　通「率」。帶領。(85)間行　投空隙而行，猶今言「抄小路走」。(86)皇孫衍　司馬衍，元帝孫，太子司馬紹的長子，即日後的晉成帝。(87)武鄉耆舊　武鄉縣的長年友好。武鄉縣治在今山西榆社西北之杜城，是石勒的故鄉。耆舊，年老的舊好，人年六十稱耆。(88)共坐歡飲　亦如當年劉邦之稱帝後還鄉。(89)微時　未顯達的時候。(90)漚麻池　漚麻用的水坑。漚，浸泡。麻稈長到一定程度時，將其砍下漚在水中，過些天後，其表皮便與麻稈脫離，種植者剝取其表皮，加工後就是製繩用的麻。魏收《地形志》：「武鄉郡三臺嶺上有李陽墓，有麻池，石勒與李陽爭漚麻處也。」(91)相毆　相互打架。(92)布衣之恨　平民時代的一些小矛盾。布衣，平民的服裝，代稱平民。(93)兼容天下　廣泛地容納普天下的人。(94)豈讎匹夫乎　難道還和一個平民百姓記仇嗎。匹夫，古代指平民中的男子，也泛指尋常的個人。(95)遽　疾；立刻。(96)引陽臂　拉著李陽的胳膊。(97)厭卿老拳　被你老兄的拳頭打得不輕。厭，飽；飽受。(98)飽孤毒手　也被我這兩手整治得不輕。飽，飽受。(99)比豐沛　與當年劉邦給豐沛的待遇相同，即免除其全縣人的徭役租稅。比，比照；相同。劉邦是沛縣豐邑人，劉邦稱帝後還鄉，與父老暢飲敘舊，並免除其全縣的賦稅徭役事。見《史記・高祖本紀》。(100)復之三世　給武鄉縣的全縣人免除三輩子的賦稅徭役。(101)重制禁釀　用嚴格的法規禁止造酒。(102)醴酒　甜酒，一宿而熟的酒，以示節儉。(103)謁者　皇帝的侍從官，掌賓贊及奉詔出使。(104)即授印綬　將封賜慕容廆的符節印綬都送到棘城，當面賜予。即，就；送到。(105)聽

承制　允許他用皇帝的名義。(106)置官司守宰　建立自己管轄地區的各部門、各級別的官吏。(107)備置僚屬　將各種僚屬都任命齊全。(108)長史　丞相、大將等權貴屬下的諸史之長，位任崇重。(109)司馬　將軍屬下的司法官員。(110)別駕　州刺史的高級屬官，因隨州牧、刺史出巡時另乘一輛車，故稱別駕。(111)主簿　總領門下眾事，掌管簿書，匡輔拾遺。(112)皝　慕容皝，字元真，慕容廆之子。傳見《晉書》卷一百九。(113)東横　慕容廆都城裡的太學。横，同「黌」。學舍。(114)祭酒　管理太學的官員，亦稱國子祭酒。(115)遼東　慕容廆轄區的郡名，郡治即今遼寧遼陽。(116)平郭　慕容廆轄區的縣名，縣治在今遼寧蓋州南。(117)代王鬱律　拓跋猗盧之子，普根之弟。晉愍帝建興四年，拓跋普根剛出世的兒子即位為代王，不久去世，國人便推舉拓跋鬱律為代王。國都平城，在今山西大同東北。(118)大人　鮮卑、烏桓等族各部落首領稱「大人」。(119)襁褓　背負小兒的背帶和布兜。(120)聘　古代國與國之間友好訪問。(121)女國使　女主掌權的國家派來的使者。

【校　記】[1]長久　據章鈺校，甲十一行本、乙十一行本、孔天胤本二字皆互乙。

【語　譯】四年（辛巳　西元三二一年）

春季，二月，徐龕又來向晉國請求投降。

涼州刺史、西平公張茂建築靈鈞臺，臺基高九仞。武陵人閻曾深夜中就來敲涼州府的大門，他大聲呼喊說：「武公派我來問你：『為什麼如此勞動民眾，修築高臺？』」有關部門以為這是妖言惑眾，就請求將閻曾殺死。張茂說：「我修築這個高臺確實是勞民傷財。閻曾說是奉了我老父親的命令來規勸我，怎麼能說是妖言呢？」為此，張茂下令停止修築靈鈞臺。

三月初四日癸亥，太陽中發現了黑子。晉國擔任著作佐郎的河東人郭璞認為是晉元帝司馬睿用刑過於苛刻造成的，於是就上疏給晉元帝，他說：「陰陽錯亂都是因為用刑太多造成的。實行大赦也不能太頻繁，然而春秋時期鄭國的子產明知將法律條文鑄在鼎上並不是治理國家的上策，但他又不得不這樣去做，因為需要用法律來補救道德教化的無力。現在國家因為用法太苛刻，所以也應該施行一次大赦，用『恩德』、『感化』來緩和一下這個矛盾，其道理就像鄭子產鑄刑鼎一樣。」

後趙中山公石虎率軍攻打晉幽州刺史段匹磾所據守的厭次城，後趙將領孔萇率軍攻打段匹磾管轄之下的其他城池，大獲全勝。段文鴦對他的哥哥段匹磾說：「我以勇冠三軍而聞名於世，所以成為百姓的依靠和希望。如今看到百姓遭受後趙軍隊的劫掠卻不去救援，明顯的就是膽怯。人民對我們失去了希望，誰還肯再為我們賣命！」於是率領幾十名精壯的騎兵出去應戰，殺死很多後趙的士兵。段文鴦座下的戰馬累得倒在地上起不來，石虎見狀就呼喊他說：「老兄和我，咱們都是胡人，我很早就想和你成為一家人。如今我的願望總算實現了，能夠在此與你相見，為什麼還要再戰？請放下你手中的兵器吧。」段文鴦痛罵石虎說：「你當強盜，早就該死了。我哥哥不肯聽我的話，所以才使你有了今天。我寧可戰死在沙場，也不會向你屈服！」於是下馬徒步苦戰，手裡的長矛折斷了，就拿起刀再戰，從早上七八點鐘一直戰鬥到下午四五點。後趙的軍隊從四面包圍上來，他們都將戰馬身上的障泥取下來遮擋自己，然後步步向前進逼，要活捉段文鴦。段文鴦戰得精疲力竭，最後被後趙軍擒獲，厭次城內看見段文鴦被擒，立時膽氣盡喪。

段匹磾想單人匹馬奔回東晉朝廷建康，冀州刺史邵續的弟弟、樂安內史邵洎統領軍隊不許他離開厭次，邵洎還想把東晉朝廷派來的使者王英抓起來送給後趙石虎。段匹磾神情嚴肅地責備邵洎說：「你不能遵從你哥哥邵續的志願，逼迫我不能回歸朝廷，就已經太過分了。還想抓捕晉朝天子派來的使者，我雖然是一個胡人，也從未聽說過這樣的事情。」邵洎與邵續的兒子邵緝、邵竺等用車拉著棺材，押著段匹磾等到後趙中山公石虎的軍前投降。段匹磾看見石虎，說：「我深受晉國大恩，立志要將你們消滅，今天不幸落到這種地步，不可能向你表示恭敬。」後趙王石勒和中山公石虎過去曾與段匹磾結拜為兄弟，石虎立即站起身來叩拜段匹磾。石勒任命段匹磾為冠軍將軍，任命段文鴦為左中郎將，把從厭次俘獲的三萬多戶軍民釋放，讓他們恢復原來所從事的職業，並為段匹磾所管轄的區域派遣後趙的地方官吏，負責安撫那裡的百姓。至此，晉國的幽州、冀州、并州三個州就都併入後趙的版圖。段匹磾不肯向後趙王石勒俯首稱臣，他經常穿著晉國的官服，手持晉王朝所賜予的旌節，表示自己永遠都是晉朝的臣子。過了很久，石勒實在無法再容忍，就把段匹磾、段文鴦、邵續全都殺死了。

五月初二日庚申，晉元帝司馬睿下詔，凡是中原地區的良家百姓因為逃避戰亂來到揚州各郡而淪落為奴僕的，一律免除他們的奴僕身分，準備應徵入伍。這是擔任尚書令的刁協的主意。因為這個原因，很多官僚貴族都更加怨恨刁協。〇終南山發生崩裂。

秋季，七月十七日甲戌，晉元帝司馬睿任命擔任尚書僕射的戴淵為征西將軍、都督司州・兗州・豫州・并州・雍州・冀州六州諸軍事、司州刺史，軍府設在合肥。任命丹楊尹劉隗為鎮北將軍、都督青州・徐州・幽州・平州四州諸軍事、青州刺史，軍府設在淮陰。二人皆假節領兵，名義上是為討伐胡人，實際上是為防範大將軍、江州牧王敦謀反。

劉隗雖然到地方任職，然而朝廷中的機密要事以及官員的升遷與降免，晉元帝司馬睿都與他祕密磋商後再做決定。大將軍、江州牧王敦寫信給劉隗說：「近來聖明的皇帝特別青睞、看重閣下，如今強大的賊寇還沒有被消滅，中原的局勢就像鍋裡的沸水一樣動盪不安，我想與閣下以及周顗這樣的人物一起，齊心協力效忠皇室，共同平定海內。如果順利的話，皇家的國運就會從此興旺；如果不順利，那麼天下就沒有希望了！」劉隗回覆說：「『魚游在江湖之中各自活得自由自在，誰也不管誰、不靠誰；每個人都有自己的理想和主張，各行其是，誰也不要干涉誰。』『既然是輔佐皇帝的股肱之臣，那就一定要為皇帝竭盡全力，奉獻出自己的忠誠與節操。』這就是我的志向。」王敦看了劉隗的信，不由怒火中燒。

七月二十五日壬午，任命驃騎將軍王導為侍中、司空、假節、錄尚書、兼任中書監。晉元帝司馬睿因為王敦的緣故，所以對王導也心懷猜忌而疏遠他。擔任御史中丞的周嵩上疏給晉元帝說：「驃騎將軍王導對陛下一向忠心耿耿，他輔佐陛下成就大業，現在不應該聽信那些固執己見、言辭偏頗的大臣的意見，被他們似是而非的說法所迷惑，因而疏遠有恩於己的舊臣，把佞臣與賢臣放在一起。這樣一來，不僅過去的恩義有始無終，還會給將來招致不可預測的災禍。」晉元帝一下子醒悟過來。王導因此得以保全。

八月，後趙境內的常山發生崩裂。

晉國豫州刺史祖逖，因為戴淵是吳地人，雖然有才能有聲望，但卻沒有恢宏的志向和遠見卓識；而且自己已經誅除胡夷，討平叛逆，收復了黃河以南的廣大地區，而戴淵從從容容、未經戰陣，忽然之間就成了自己的頂頭上司，心中很不服氣。又聞聽王敦與劉隗、刁協之間矛盾很深，國家內部將要爆發內亂，知道掃滅胡羯、平定北方的大業將無法實現，因生氣、受刺激而一病不起。九月壬寅日，在雍丘病逝。豫州老少軍民就像死了親生父母一樣悲痛，譙郡、梁國一帶都為豫州刺史祖逖修建祠堂，進行祭祀。大將軍、江州牧王敦早就心懷異志，聽到祖逖已死的消息，就更加肆無忌憚。

冬季，十月壬午日，晉朝廷任命祖逖的弟弟祖約為平西將軍、豫州刺史，統領祖逖的部眾。祖約沒有安撫百姓、統率軍隊的才能，因此士卒都不親附他。

當初，范陽人李產為躲避戰亂來到江南依附祖逖，他看出祖約的興趣愛好都跟別人不一樣，就對自己的親友說：「我因為北方政局動盪、戰亂不止，所以不遠萬里來到這裡，希望能夠藉此保全我們這個家族。如今觀察祖約居心叵測，心懷異志。我們名義上是因為與祖家有姻親關係而前來投奔的，現在應該早點為自己打算，不要使自己陷入不義的政治漩渦之中，你們這些人不要貪圖目前比較安逸這點小利而忘記了未來的危險。」於是就率領著十幾名子弟從偏僻小路返回自己的故鄉。

十一月，晉元帝司馬睿的孫子司馬衍降生。

後趙王石勒把自己家鄉武鄉的年老故交全都請到後趙的都城襄國，同他們坐在一起共同歡樂飲酒。當初，石勒未顯達的時候，在家鄉與李陽是鄰居，曾多次為爭奪一個漚麻池而互相毆打，因此，李陽不敢來。石勒說：「李陽，是一個壯士。為了爭奪漚麻池而相鬥，那是平民時代的一些小矛盾。我現在正在廣泛地容納普天下的人，難道還和一個平民百姓記仇嗎！」石勒立即召見李陽，和他一塊飲酒，石勒拉著李陽的胳膊說：「我以前被你的老拳打得不輕，你也飽嘗了我的毒手。」於是任命李陽為參軍都尉。石勒比照漢高祖劉邦免除故鄉沛縣豐邑賦稅徭役的先例，給武鄉縣全縣人免除三輩子的賦稅徭役。

後趙王石勒因為百姓剛剛恢復生產，資財和儲備還不豐裕，因此制定了嚴格的法律法規禁止釀酒，就連在南郊北郊舉行的祭祀天地，在宗廟中祭祀祖先的盛大典禮，所用的都是甜酒。這樣推行了幾年之後，釀酒就基本絕跡了。

十二月，晉國朝廷任命安北將軍、平州刺史慕容廆為都督幽州、平州、東夷諸軍事，車騎將軍，平州牧，封為遼東公，仍然是鮮卑單于，派遣謁者前往棘城為慕容廆送去符節和印綬，授權慕容廆代表皇帝在自己的轄區內設立各級官府，任命州郡官員。慕容廆於是將各種僚屬全部配備齊全，他任命裴嶷、游邃為長史，任命裴開為司馬，任命韓壽為別駕，任命陽耽為軍諮祭酒，任命崔燾為主簿，任命黃泓、鄭林為參軍事。立慕容皝為世子。在自己的都城設立太學，任命平原人劉讚為管理太學的祭酒，令慕容皝與諸生一起到太學進修學業。慕容廆閒暇的時候，也親自到學校視察聽講。慕容皝高大威武，又很有權謀韜略，喜好儒家經典，國內的人都稱讚他。慕容廆把鎮守徒河的慕容翰調去鎮守遼東，把原來鎮守遼東的征虜將軍慕容仁調去鎮守平郭。慕容翰在遼東安撫漢人和夷人，施恩惠於百姓，很有威望，慕容仁稍次於他，但也很不錯。

拓跋猗㐌的妻子惟氏，忌恨代王拓跋鬱律的強大，恐怕將來對自己的兒子不利，就殺死了拓跋鬱律而立自己的兒子拓跋賀傉為代王，這次政變中，部落酋長死了幾十個。拓跋鬱律的兒子什翼犍還在襁褓之中，他的母親王氏把他藏在套褲裡，禱告說：「上天如果要你活下來，你就不要啼哭。」很久，什翼犍都沒有啼哭，這才免於被殺。惟氏控制了政權，她派遣使者訪問後趙，後趙人說使者是「女主掌權的國家派來的使者」。

【研　析】本卷寫晉元帝太興二年（西元三一九年）至太興四年共三年間的各國大事。其中引人思考的有以下幾點：

其一，羯人石勒在張賓、張敬等人的勸說下脫離前趙，以所佔據的河內、魏、汲、頓丘、平原、清河、鉅鹿、常山等二十四郡為後趙，建都於襄國。他刪減律令，制定了五千言的《辛亥制度》；他設立門臣祭酒，專管胡人的訴訟；他重視漢人中的名門士族，下令諸將帥，俘獲士人不得殺死，要送到襄國來。石虎率軍攻打徐龕，徙晉士族三百家安置在襄國的崇仁里，特意設置公族大夫來管理這些人，這對於爭取漢人對其政權的承認與擁護是有重要作用的。石勒政權的鼎盛時期全部佔領了晉王朝的幽州、并州、冀州，並用各種方式向祖逖示好，他在祖逖的家鄉為祖逖的父祖修建墳墓、專門派人為之看守；他讓他管區的百姓發展生產，與祖逖管區的百姓彼此通商，使百姓生活稍得安定。石勒其人在當時少數民族的眾多領袖中是比較有雄才大略，比較令人喜愛的一個，至少要比司馬睿之流更令人喜愛。

其二，本卷用了較大篇幅寫了前趙主劉曜採納謀士游子遠的意見，輕而易舉地平定了巴人叛亂，以及聽從喬豫、和苞的進言停止修宮室、建陵墓等等，表現出了一種英主的姿態。前者是由於部將解虎、尹車勾結巴族頭領句徐、厙彭等圖謀反漢，事情發覺，解虎、尹車被誅，巴族頭領句徐、厙彭等五十餘人被囚禁。光祿大夫游子遠勸劉曜不要殺這些巴族人。劉曜不聽，不僅殺了句徐、厙彭等五十餘人，而且以為游子遠是「助逆」，也將其囚禁。結果招得巴族諸部「盡反，推巴酋句渠知為主，自稱大秦，改元曰『平趙』。四山氐、羌、巴、羯應之者三十餘萬，關中大亂，城門晝閉」。這時劉曜又準備派大兵進行討伐，游子遠則又從獄中上表諫爭，劉曜不悟，下令處死游子遠。劉曜的群臣劉雅、郭汜、朱紀、呼延晏等都說：「子遠幽囚，禍在不測，猶不忘諫爭，忠之至也。陛下縱不能用，柰何殺之？若子遠朝誅，臣等亦當夕死，以彰陛下之過。」劉曜見此情景，漸漸變過味來，他赦免了游子遠，褒獎了劉雅、郭汜、朱紀、呼延晏等人。劉曜準備親自往討句渠知，游子遠為他分析說：「彼非有大志，欲圖非望也，直畏陛下威刑，欲逃死耳。陛下莫若廓然大赦，與之更始；應前日坐虎、車等事，其家老弱沒入奚官者，皆縱遣之，使之自相招引，聽其復業。彼既得生路，何為不降？若其中自知罪重，屯結不散者，願假臣弱兵五千，必為陛下梟之。不然，今反者彌山被谷，雖以天威臨之，恐非歲月可除也。」說得劉曜大喜，即日大赦巴族人，並以子遠為將軍前往處理諸事。結果「雍城降者十餘萬」，「安定反者皆降」，只有少數骨幹堅持對抗，「子遠伺其無備，夜，勒兵蓐食，旦，值大風塵昏，子遠悉眾出掩之，生擒伊餘，盡俘其眾。」游子遠又建議劉曜，任命歸降的巴人頭領權渠為征西將軍、西戎公，令其統領巴人部落。真是君臣和諧如魚水，事情幹得漂亮！

當劉曜準備大興土木，要建造酆明觀、西宮、陵霄臺，並要學著秦漢皇帝的樣子為自己預建陵墓時，侍中喬豫、和苞上疏諫，以為「前奉詔書營酆明觀，市道細民咸譏其奢，曰：『以一觀之功，足以平涼州矣。』今又欲擬阿房而建西宮，法瓊臺而起陵霄，其為勞費億萬酆明。若以資軍旅，乃可兼吳、蜀而壹齊、魏矣。

又聞營建壽陵，周圍四里，深三十五丈，以銅為椁，飾以黃金。功費若此，殆非國內所能辦也。秦始皇下錮三泉，土未乾而發毀。自古無不亡之國，不掘之墓。故聖王之儉葬，乃深遠之慮也。陛下柰何於中興之日，而踵亡國之事乎！」於是劉曜下詔曰：「二侍中懇懇有古人之風，可謂社稷之臣矣。其悉罷宮室諸役，壽陵制度，一遵霸陵之法。」接著他把這件事情布告天下，目的是讓天下人都知道我們這個王朝雖然沒有多大，但是我們能接受意見，願意聽到人們對我們的批評！這是何等的胸襟氣魄！翻檢一遍「二十四史」，也找不出幾個來！

其三，本卷寫了梁州刺史周訪與豫州刺史祖逖的死，這是兩位功勳卓著的名將，也是一心想為國家效力的貞臣，可惜都默默地死在了晉元帝這樣的時代下，令人生千古之憾。周訪大破流民頭領杜曾，使荊湘地區獲得安定，這樣的人才竟在司馬睿的妥協與權臣王敦的壓抑下，有志不得伸，抱恨死去，從而使日後王敦作亂更加肆無忌憚。豫州刺史祖逖轉戰於中原地區，氣吞胡虜，志在復國，並收復了不少失地，正當他「練兵積穀，為取河北之計」的時候，晉元帝卻把一個「無弘致遠識」的戴淵派去都督司、兗、豫、并、雍、冀六州諸軍事，壓在了祖逖頭上，其排斥異己之行為誰能忍受？加上王敦篡國的野心已路人皆知，滅賊復國的大計已經無法實現，於是竟使自少年之時就胸懷大志、聞雞起舞，後又屢立戰功的祖逖抑鬱成疾而死。當時盤據著冀州、幽州、并州等大片地區的後趙石勒，所視為勁敵而不敢不與之百般討好，力求通商、保民的就是祖逖這一支中原大軍。王夫之《讀通鑑論》曾高度評價了祖逖當時允許自己佔區的百姓與石勒佔區的百姓通商一事，他說：「祖逖立威河南，石勒求與通好，逖不報書，而聽其互市，可謂善謀矣。兩軍相距而絕其市，非能果絕之也。豈徒兵民之沒於利者雖殺之而不止哉？吾且有時而需彼境之物用而陰購之矣。絕市者，能絕吾之不往，而不能絕彼之不來也。若彼之來也，授受於疆埸，一夕而竟千金之易，而自我以逮吏士編氓無不仰給焉，惡可絕也？逖之慮此密矣。此兩軍相距，贍財用、杜姦人之善術，用兵者不可不知也。」

其四，晉元帝司馬睿是一個胸無大志的君主，他只圖苟安於江南，而無收復失地、洗雪恥辱的願望。這時的北方，對晉王朝忠心耿耿的劉琨已死，剩下的只有冀州刺史邵續和幽州刺史段匹磾了。當段匹磾的地盤已經被後趙佔領，段匹磾率領殘部投奔邵續，邵續又被後趙所圍攻，孤軍奮戰於數千里之外時，吏部郎劉胤請求晉元帝出兵相救，並為他分析了救與不救的利害關係，晉元帝置若罔聞，聽任邵續兵敗被石勒所俘。當慕容廆派裴嶷為使者到建康報捷，晉元帝唯一想做的就是把裴嶷留下來給自己效力。裴嶷看透了晉元帝的自私與無能，他說：「但以舊京淪沒，山陵穿毀，雖名臣宿將，莫能雪恥，獨慕容龍驤竭忠王室，志除凶逆，故使臣萬里歸誠。今臣來而不返，必謂朝廷以其僻陋而棄之，孤其嚮義之心，使懈體於討賊，此臣之所甚惜，是以不敢徇私而忘公也。」其內心實際恐怕是看這司馬睿的人頭兒、氣魄還不如個慕容廆！他不肯在這個腐朽的王朝中混下去！

卷第九十二

晉紀十四

起玄黓敦牂（壬午 西元三二二年），盡昭陽協洽（癸未 西元三二三年），凡二年。

【題解】本卷寫晉元帝永昌元年（西元三二二年）至晉明帝太寧元年（西元三二三年）共兩年間的東晉及各國大事。主要寫了東晉王朝的大權奸王敦以清除晉元帝所寵信的劉隗、刁協為名，在武昌起兵謀反，攻克都城建康，刁協被殺，劉隗北投石勒；接著王敦又殺了當時的名臣周顗、戴淵等人；寫了湘州刺史譙王司馬承舉義旗討伐王敦，但因勢孤力單，最後長沙失陷，司馬承與虞悝、桓雄、易雄等一批忠義之士被俘、被殺；寫了梁州刺史甘卓先是動搖觀望，後來起兵反王敦，又逗留不進，坐視湘州刺史司馬承被圍而不救，任其被滅；當王敦攻下建康後，便率軍返回襄陽，結果被王敦指使的襄陽太守周慮所殺，梁州刺史也由王敦的黨羽所充任；寫了王敦先是返回武昌，居武昌而遙控朝廷；後又返回朝廷，獨攬朝政，封王邃、王含、王舒、王彬、王諒等皆為大州刺史；寫了晉元帝憂憤病死，其子司馬紹繼位；寫了王敦與其心腹錢鳳密謀篡位，被王舒的兒子王允之聽到告發，司馬紹等預為之備；寫了氐族頭領楊難敵稱雄於武都，被前趙主劉曜說服，稱藩於劉曜；寫了秦州的軍閥陳安被劉曜消滅，隴城、上邽一帶併入前趙；寫了前涼張茂攻取隴西、南安之地，設置為秦州；劉曜親征張茂，張茂不敵而向劉曜稱臣；寫了後趙石虎生擒了自稱兗州刺史的徐龕，又破殺青州刺史曹嶷，使兗州、青州落入後趙；又因兗州刺史郗鑒被召入朝廷，豫州刺史祖逖死後，繼任者祖約無能，於是徐州、兗州、豫州的大片國土被後趙佔領；寫了成國將領李驤、任回進犯臺登，東晉的將領司馬玖戰死，越巂、漢嘉太守相繼以郡投降成國等等。

中宗元皇帝下

永昌元年（壬午　西元三二二年）

春，正月，郭璞復上疏❶，請因皇孫生❷下赦令，帝從之。乙卯❸，大赦，改元❹。

王敦以璞為記室參軍❺。璞善卜筮❻，知敦必為亂，己預其禍❼，甚憂之。大將軍掾❽潁川陳述卒，璞哭之極哀，曰：「嗣祖❾，焉知非福❿也！」

敦既與朝廷乖離⓫，乃羈錄⓬朝士有時望⓭者置己幕府⓮，以羊曼⓯及陳國謝鯤⓰為長史。曼，祜⓱之兄孫也。曼、鯤終日酣醉⓲，故敦不委以事。敦將作亂，謂鯤曰：「劉隗姦邪，將危社稷，吾欲除君側之惡，何如？」鯤曰：「隗誠始禍⓳，然城狐社鼠⓴。」敦怒曰：「君庸才，豈達大體㉑！」出為豫章㉒太守，又留不遣。

戊辰㉓，敦舉兵於武昌，上疏罪狀㉔劉隗，稱：「隗佞邪讒賊，威福自由㉕，妄興事役㉖，勞擾士民，賦役煩重，怨聲盈路。臣備位宰輔㉗，不可坐視成敗，輒進軍致討㉘。隗首朝懸，諸軍夕退㉙。昔太甲㉚顛覆厥度㉛，幸納伊尹之忠㉜，殷道㉝復昌。願陛下深垂㉞三思，則四海乂安㉟，社稷永固矣！」沈充亦起兵於吳興㊱以應敦，敦以充為大都督、督護東吳諸軍事㊲。敦至蕪湖㊳，又上表罪狀刁協。帝大怒，乙亥㊴，詔曰：「王敦憑恃寵靈㊵，敢肆狂逆，方朕太甲㊶，欲見幽囚㊷，是可忍也，孰不可忍！今親帥六軍以誅大逆，有殺敦者，封五千戶侯。」敦兄光祿勳含㊸乘輕舟逃歸于敦。

太子中庶子溫嶠㊹謂僕射周顗曰：「大將軍此舉似有所在㊺，當無濫邪㊻？」顗曰：「不然。人主自非堯、舜㊼，何能無失，人臣安可舉兵以脅之！舉動如此，豈得云非亂乎？處仲狼抗無上㊽，其意寧有限邪㊾？」

敦初起兵，遣使告梁州刺史甘卓，約與之俱下㊿，卓許之。及敦升舟，而卓不赴(51)，使參軍孫雙詣武昌諫止敦。敦驚曰：「甘侯前與吾語云何(52)，而更有異，正當慮吾危朝廷(53)耳！吾今但除姦凶，若事濟(54)，當以甘侯作公(55)。」雙還報，卓意狐疑。或(56)說卓：「且偽許敦，待敦至都而討之。」卓曰：「昔陳敏之亂，吾先從而後圖之(57)，論者謂吾懼逼而思變(58)，心常愧之。今若復爾(59)，何以自明(60)！」

卓使人以敦旨(61)告順陽太守魏該(62)。該曰：「我所以起兵拒胡賊(63)者，正欲忠於王室耳。今王公舉兵向天子，非吾所宜與[64]也！」遂絕之。

敦遣參軍桓羆說譙王承，請承為軍司[65]。承歎曰：「吾其死矣！地荒民寡，勢孤援絕，將何以濟！然得死忠義，夫復何求！」承檄[66]長沙虞悝[67]為長史，會悝遭母喪，承往弔之，曰：「吾欲討王敦，而兵少糧乏，且新到，恩信未洽[68]。卿兄弟湘中[69]之豪俊，王室方危，金革之事，古人所不辭[70]，將何以教之？」悝曰：「大王不以悝兄弟猥劣[71]，親屈臨[72]之，敢不致死[73]！然鄙州荒弊，難以進討。宜且收眾固守，傳檄[74]四方。敦勢必分[75]，分而圖之，庶幾可捷[76]也。」承乃囚桓羆，以悝為長史，以其弟望[77]為司馬，督護諸軍，與零陵[78]太守尹奉、建昌太守長沙王循、衡陽太守淮陵劉翼、舂陵令長沙易雄[79]同舉兵討敦。雄移檄遠近，列敦罪惡，於是一州之內皆應承。惟湘東太守鄭澹不從，承使虞望討斬之，以徇四境[80]。澹，敦姊夫也。

承遣主簿鄧騫至襄陽說甘卓曰：「劉大連[81]雖驕蹇[82]失眾心，非有害於天下。大將軍以其私憾[83]稱兵向闕[84]，此忠臣義士竭節[85]之時也。公受任方伯[86]，奉辭伐罪[87]，乃桓、文之功[88]也。」卓曰：「桓、文則非吾所能，然志在徇國[89]，當共詳思之。」參軍李梁說卓曰：「昔隗囂跋扈[90]，竇融[91]保河西[92]以奉光武[93]，卒受其福[94]。今將軍有重望[95]於天下，但當按兵坐以待之。使大將軍事捷，當委[96]將軍以方面[97]，不捷，朝廷必以將軍代之，何憂不富貴！而釋此廟勝[98]，決存亡於一戰[99]邪？」騫謂梁曰：「光武當創業之初[100]，故隗、竇可以文服[101]從容顧望[102]。今將軍之於本朝，非竇融之比[103]也；襄陽之於太府[104]，非河西之固[105]也。使大將軍克劉隗，還武昌，增石城之戍[106]，絕荊、湘之粟[107]，將軍將安歸乎？勢在人手，而曰『我處廟勝』，未之聞也。且為人臣，國家有難，坐視不救，於義安乎？」卓尚疑之。騫曰：「今既不為義舉[108]，又不承大將軍檄[109]，此必至之禍，愚智所見也。且議者之所難，以彼彊而我弱也。今大將軍兵不過萬餘，其留者不能五千，而將軍見眾[110]既倍之矣。以將軍之威名，帥此府之精銳，杖節鳴鼓[111]，以順討逆，豈王含所能禦[112]哉！遡流之眾勢不自救[113]，將軍之舉武昌[114]若摧枯拉朽，尚何顧慮邪？武昌既定，據其軍實[115]，鎮撫二州[116]，以恩意招懷[117]士卒，使還者如歸[118]，此呂蒙所以克關羽[119]也。今釋必勝之策，安坐以待危亡，不可以言智矣！」

敦恐卓於後為變，又遣參軍丹楊樂道融[120]往邀之，必欲與之俱東。道融雖事敦，而忿其悖逆，乃說卓曰：「主上親臨萬機，自用譙王為湘州[121]，非專任劉隗也。而王氏擅權日久，卒見分政[122]，便謂失職[123]，背恩肆逆[124]，舉兵向闕。國家遇君[125]至厚，今與之同[126]，豈不違負[127]大義。生為逆臣，死為愚鬼，永為宗黨[128]之恥，不亦惜乎！為君之計，莫若偽許應命，而馳襲[129]武昌。大將軍士眾聞之，必不戰自潰，大勳可就矣！」卓雅[130]不欲從敦，聞道融之言，遂決曰：「吾本意也！」乃與巴東監軍柳純、南平太守夏侯承、宜都太守譚該等露檄[131]數敦逆狀[132]，帥所統致討[133]。遣參軍司馬讚、孫雙奉表詣臺[134]，羅英至廣州，約陶侃同進[135]。戴淵在江西[136]，先得卓書，表上之，臺內[137]皆稱萬歲。陶侃得卓信，即遣參軍高寶帥兵北下。武昌城中傳卓軍至，人皆奔散。

敦遣從母弟[138]南蠻校尉魏乂、將軍李恆帥甲卒二萬攻長沙。長沙城池不完[139]，資儲又闕[140]，人情震恐。或說譙王承南投陶侃，或退據零、桂[141]。承曰：「吾之起兵，志欲死於忠義，豈可貪生苟免，為奔敗之將乎！事之不濟[142]，令百姓知吾心耳。」乃嬰城固守[143]。未幾[144]，虞望戰死。甘卓欲留鄧騫為參軍，騫不可，卓[1]乃遣參軍虞沖與騫偕[145]至長沙，遺譙王承書，勸之固守，當以兵出沔口[146]，斷敦歸路，則湘圍自解。承復書稱：「江左中興，草創始爾，豈圖[147]惡逆萌自寵臣[148]。吾以宗室受任，志在隕命[149]，而至止尚淺[150]，凡百茫然[151]。足下能卷甲電赴[152]，猶有所及。若其狐疑[153]，則求我於枯魚之肆[154]矣！」卓不能從。

二月甲午[155]，封皇子昱為琅邪王。○後趙王勒立子弘為世子。遣中山公虎將精卒四萬擊徐龕，龕堅守不戰，虎築長圍守之[156]。

趙主曜自將擊楊難敵[157]。難敵逆戰[158]不勝，退保仇池。仇池諸氐羌及故晉王保[159]將楊韜、隴西[160]太守梁勛皆降於曜。曜遷隴西萬餘戶於長安，進攻仇池。會軍中大疫，曜亦得疾，將引兵還。恐難敵躡其後[161]，乃遣光國中郎將[162]王獷說難敵，諭[163]以禍福，難敵遣使稱藩[164]。曜以難敵為假黃鉞[165]，都督益・寧・南秦・涼・梁・巴[166]六州、隴上、西域[167]諸軍事，上大將軍[168]，益、寧、南秦三州牧，武都王[169]。

秦州刺史陳安求朝[170]於曜，曜辭以疾。安怒，以為曜已卒，大掠[171]而歸。曜疾甚，乘馬輿[172]而還，使其將呼延寔監輜重[173]於後。安邀擊[174]，獲之[175]，謂寔曰：「劉曜已死，子尚誰佐[176]？吾當與子共定大業。」寔叱之曰：「汝受人寵祿[177]而叛之，自視智能何如主上？吾見汝不日[178]梟首於上邽市[179]，何謂大業！宜速殺我！」安怒，殺之，以寔長史魯憑為參軍。安遣其弟集帥騎三萬追曜，衛將軍呼延瑜逆擊，斬之。安乃還上邽，遣將襲汧城[180]，拔之。隴上氐羌皆附於安，有眾十餘萬，自稱大都督、假黃鉞、大將軍、雍・涼・秦・梁四州牧、涼王，以趙募為相國。魯憑對安大哭，曰：「吾不忍見陳安之死也！」安怒，命斬之。憑曰：

「死自吾分，懸吾頭於上邽市，觀趙之斬陳安也。」遂殺之。曜聞之，慟哭曰：「賢人，民之望[181]也。陳安於求賢之秋而多殺賢者，吾知其無所為也。」

休屠王石武[182]以桑城[183]降趙，趙以武為秦州刺史，封酒泉王[184]。

帝徵戴淵、劉隗入衛建康。隗至，百官迎于道。隗岸幘大言[185]，意氣自若[186]。及入見，與刁協勸帝盡誅王氏。帝不許，隗始有懼色[187]。

司空導[188]帥其從弟中領軍邃[189]、左衛將軍廙[190]、侍中侃・彬及諸宗族二十餘人，每旦詣臺待罪[191]。周顗將入，導呼之曰：「伯仁[192]，以百口累卿[193]！」顗直入不顧。既見帝，言導忠誠，申救甚至[194]。帝納其言。顗喜飲酒，至醉而出。導猶在門，又呼之。顗不與言，顧左右曰：「今年殺諸賊奴[195]，取金印如斗大，繫肘後。」既出，又上表明導無罪，言甚切至[196]。導不之知，甚恨之。

帝命還導朝服，召見之。導稽首[197]曰：「逆臣賊子，何代無之，不意今者近出臣族！」帝跣[198]而執其手，曰：「茂弘[199]，方寄卿以百里之命[200]，是何言邪[201]！」

三月，以導為前鋒大都督，加戴淵驃騎將軍。詔曰：「導以大義滅親[202]，可以吾為安東時節假之[203]。」以周顗為尚書左僕射，王邃為右僕射。帝遣王廙往諭止敦[204]，敦不從而留之，廙更為敦用[205]。征虜將軍周札[206]素矜險[207]好利，帝以為右將軍、都督石頭[208]諸軍事。敦將至，帝使劉隗軍金城[209]，札守石頭，帝親被甲徇師[210]於郊外。以甘卓為鎮南大將軍、侍中、都督荊・梁二州諸軍事，陶侃領江州[211]刺史，使各帥所統以躡敦後[212]。

敦至石頭，欲攻劉隗。杜弘言於敦曰：「劉隗死士[213]眾多，未易可克，不如攻石頭。周札少恩，兵不為用，攻之必敗，札敗則隗自走矣。」敦從之。以弘為前鋒，攻石頭，札果開門納弘。敦據石頭，歎曰：「吾不復得為盛德事矣[214]！」謝鯤曰：「何為其然也[215]？但使自今以往日忘日去耳[216]。」

帝命刁協、劉隗、戴淵帥眾攻石頭，王導、周顗、郭逸、虞潭等三道出戰[217]，協等兵皆大敗。太子紹聞之，欲自帥將士決戰。升車將出，中庶子溫嶠執鞚[218]諫曰：「殿下國之儲副[219]，柰何以身輕天下[220]！」抽劍斬鞅[221]，乃止。

敦擁兵不朝，放士卒劫掠，宮省奔散[222]，惟安東將軍劉超按兵直衛[223]，及侍中二人侍帝側。帝脫戎衣，著朝服[224]，顧而言曰[225]：「欲得我處[226]，當早言，何至害民如此！」又遣使謂敦曰：「公若不忘本朝[227]，於此息兵，則天下尚可共安[228]。如其不然[229]，朕當歸琅邪[230]以避賢路[231]。」

刁協、劉隗既敗，俱入宮，見帝於太極東除[232]。帝執協、隗手，流涕嗚咽，勸令避禍[233]。協曰：「臣當守死，不敢有貳[234]！」帝曰：「今事逼[235]矣，安可不行！」乃令給協、隗人馬，使自為計。協老，不堪騎乘[236]，素無恩紀[237]，募從者[238]皆委之[239]。行至江乘[240]，為人所殺，送首於敦。隗奔後趙，官至太子太傅而卒[241]。

帝令公卿百官詣石頭[242]見敦。敦謂戴淵曰：「前日之戰，有餘力乎？」淵曰：「豈敢有餘，但力不足耳[243]！」敦曰：「吾今此舉，天下以為何如？」淵曰：「見形者謂之逆，體誠者謂之忠[244]。」敦笑曰：「卿可謂能言。」又謂周顗曰：「伯仁，卿負我[245]！」顗曰：「公戎車犯順[246]，下官親帥六軍，不能其事[247]，使王旅[248]奔敗，以此負公[249]！」

辛未[250]，大赦。以敦為丞相、都督中外諸軍、錄尚書事、江州牧，封武昌郡公，並讓不受。

初，西都覆沒[251]，四方比肩勸進於帝[252]。敦欲專國政，忌帝年長[253]難制，欲更議所立，王導不從。及敦克建康，謂導曰：「不用吾言，幾至覆族。」

敦以太子有勇略，為朝野所嚮[254]，欲誣以不孝而廢之。大會百官，問溫嶠曰：「皇太子以何德稱[255]！」聲色俱厲。嶠曰：「鉤深致遠[256]，蓋非淺局所量[257]，以禮觀之[258]，可謂孝矣[259]。」眾皆以為信然，敦謀遂沮[260]。

帝召周顗於廣室[261]，謂之曰：「近日大事[262]，二宮無恙[263]，諸人平安，大將軍固副所望[264]邪？」顗曰：「二宮自如明詔[265]，臣等尚未可知。」護軍長史郝嘏[266]等勸顗避敦，顗曰：「吾備位大臣[267]，朝廷喪敗，寧可[268]復草間求活[269]，外投胡越[270]邪？」敦參軍呂猗嘗為臺郎[271]，性姦諂。戴淵為尚書，惡之。猗說敦曰：「周顗、戴淵，皆有高名，足以惑眾[272]。近者之言[273]，曾無怍色[274]。公不除之，恐必有再舉之憂[275]。」敦素忌二人之才，心頗然之，從容[276]問王導曰：「周、戴，南北之望[277]，當登三司[278]無疑也。」導不答[279]。又曰：「若不三司，止應令僕[280]邪？」又不答。敦曰：「若不爾，正當誅爾！」又不答。丙子[281]，敦遣部將陳郡鄧岳收[282]顗及淵。

先是，敦謂謝鯤曰：「吾當以周伯仁為尚書令，戴若思為僕射。」是日，又問鯤：「近來人情[283]何如？」鯤曰：「明公之舉，雖欲大存社稷，然悠悠之言[284]實未達高義[285]。若果能舉用周、戴，則羣情帖然[286]矣。」敦怒曰：「君粗疏[287]邪！二子不相當[288]，吾已收之矣！」鯤愕然自失[289]。參軍王嶠曰：「『濟濟多士，文王以寧[290]』，柰何戮諸名士！」敦大怒，欲斬嶠，眾莫敢言。鯤曰：「明公舉大事，不戮一人。嶠以獻替忤旨[291]，便以釁鼓[292]，不亦過乎？」敦乃釋之，黜[293]為領軍長史[294]。嶠，渾[295]之族孫也。

顗被收，路經太廟[296]，大言[297]曰：「賊臣王敦，傾覆社稷，枉殺忠臣，神祇有靈，當速殺之！」收人[298]以戟傷其口，血流至踵，容止自若[299]，觀者皆為流涕。并戴淵殺之於石頭南門之外。

帝使侍中王彬[300]勞敦。彬素與顗善，先往哭顗，然後見敦。敦怪其容慘[301]，問之。彬曰：「向[302]哭伯仁，情不能已。」敦怒曰：「伯仁自致刑戮，且凡人遇汝[303]，汝何哀而哭之！」彬曰：「伯仁長者，兄之親友。在朝雖無謇愕[304]，亦非阿黨[305]。而赦後加之極刑[306]，所以傷惋[307]也。」因[308]勃然數敦曰：「兄抗旌[309]犯順，殺戮忠良，圖為不軌[310]，禍及門戶[311]矣！」辭氣慷慨，聲淚俱下。敦大怒，厲聲曰：「爾狂悖[312]乃至此，以吾為不能殺汝邪！」時王導在坐，為之懼[313]，勸彬起謝[314]。彬曰：「腳痛不能拜，且此復何謝[315]！」敦曰：「腳痛孰若頸痛？」彬殊無[316]懼容，竟不肯拜[317]。

王導後料檢[318]中書故事[319]，乃見顗救己之表，執之流涕曰：「吾雖不殺伯仁，伯仁由我而死[320]，幽冥之中[321]，負此良友！」

沈充拔吳國[322]，殺內史張茂。

初，王敦聞甘卓起兵，大懼。卓兄子卬為敦參軍，敦使卬歸說卓曰：「君此自是臣節，不相責也。吾家計急[323]，不得不爾。想便旋軍襄陽[324]，當更結好。」卓雖慕忠義，性多疑少決。軍于豬口[325]，欲待諸方[326]同出軍，稽留累旬[327]不前。敦既得建康[328]，乃遣臺使[329]以騶虞幡駐卓軍[330]。卓聞周顗、戴淵死，流涕謂卬曰：「吾之所憂，正為今日。且使聖上元吉[331]，太子無恙，吾臨敦上流[332]，亦未敢遽危社稷[333]。適吾徑據武昌[334]，敦勢逼[335]，必劫天子以絕四海之望[336]，不如還襄陽，更思後圖。」即命旋軍。都尉秦康與樂道融說卓曰：「今分兵斷彭澤[337]，使敦上下不得相赴[338]，其眾自然離散，可一戰擒也。將軍起義兵而中止，竊為將軍不取。且將軍之下，士卒各求其利[339]，欲求西還，亦恐不可得也。」卓不從。道融晝夜泣諫，卓不聽，道融憂憤而卒。卓性本寬和，忽更彊塞[340]，徑還襄陽，意氣騷擾[341]，舉動失常，識者知其將死矣。

王敦以西陽王羕[342]為太宰，加王導尚書令，王廙為荊州刺史。改易百官及諸軍鎮，轉徙黜免[343]者以百數，或朝行暮改，惟意所欲。敦將還武昌，謝鯤言於敦曰：「公至都以來，稱疾不朝，是以雖建勳，而人心實有未達[344]。今若朝天子，使君臣釋然[345]，則物情[346]皆悅服矣！」敦曰：「君能保無變乎？」對曰：「鯤近日入覲[347]，主上側席[348]，遲得見公[349]，宮省穆然[350]，必無虞[351]也。公若入朝，鯤請侍從。」敦勃然曰：「正復[352]殺君等數百人，亦復何損於時！」竟不朝而去。夏，四月，敦還武昌。

初，宜都內史天門[353]周級聞譙王承起兵，使其兄子該潛詣長沙申款於承[354]。魏乂等攻湘州急，承遣該及從事邵陵[355]周崎間出[356]求救，皆為邏者[357]所得。乂使崎語城中，稱大將軍已克建康，甘卓還襄陽，外援理絕[358]。崎偽許之。既至城下，大呼曰：「援兵尋至，努力堅守[359]！」乂殺之。乂考[360]該至死，竟不言其故。周級由是獲免。

乂等攻戰日逼，敦又送所得臺中人書疏[361]，令乂射以示承。城中知朝廷不守，莫不悵惋[362]。相持且百日[363]，劉翼戰死，士卒死傷相枕[364]。癸巳[365]，乂拔長沙，承等皆被執。乂將殺虞悝，子弟對之號泣。悝曰：「人生會當[366]有死，今闔門[367]為忠義之鬼，亦復何恨！」

乂以檻車[368]載承及易雄送武昌，佐吏皆奔散，惟主簿桓雄、西曹書佐韓階、從事武延毀服為僮[369]從承，不離左右。乂見桓雄姿貌舉止非凡人，憚[370]而殺之，韓階、武延執志[371]愈固。荊州刺史王廙承敦旨[372]殺承於道中。階、延送承喪[373]至都，葬之而去。易雄至武昌，意氣忼慨，曾無懼容。敦遣人以檄[374]示雄而數之。雄曰：

「此實有之。惜雄位微力弱，不能救國難耳。今日之死，固所願也。」敦憚其辭正，釋之，遣就舍。眾人皆賀之，雄笑曰：「吾安得生？」既而[375]敦遣人潛殺[376]之。

魏乂求[377]鄧騫甚急，鄉人皆為之懼。騫笑曰：「此欲用我耳。彼新得州[378]，多殺忠良，故求我以厭人望[379]也。」乃往詣乂。乂喜曰：「君，古之解揚也[380]。」以為別駕。

詔以陶侃領湘州刺史。王敦上侃復還廣州[381]，加散騎常侍。

甲午[382]，前趙羊后卒，諡曰獻文。

甘卓家人皆勸卓備王敦，卓不從，悉散兵佃作[383]，聞諫輒怒。襄陽太守周慮密承敦意，詐言湖中多魚，勸卓遣左右悉出捕魚。五月乙亥[384]，慮引兵襲卓於寢室，殺之，傳首於敦，并殺其諸子。敦以從事中郎周撫督沔北諸軍事，代卓鎮沔中[385]。撫，訪之子也。

敦既得志，暴慢滋甚，四方貢獻多入其府，將相岳牧[386]皆出其門。以沈充、錢鳳為謀主[387]，唯二人之言是從，所譖[388]無不死者；以諸葛瑤、鄧岳、周撫、李恆、謝雍為爪牙。充等並凶險驕恣，大起營府，侵人田宅，剽掠市道[389]，識者咸知其將敗焉。

【章　旨】以上為第一段，寫晉元帝永昌元年（西元三二二年）正月到六月半年間的大事。主要寫了東晉王朝的大權奸王敦以清除晉元帝所寵信的劉隗、刁協為名，在武昌起兵謀反，攻克都城建康，刁協被殺，劉隗北奔石勒；接著又殺了當時的名臣周顗、戴淵等人；寫了王敦獨居石頭城，不見司馬睿，後又返回武昌而遙控朝廷；寫了湘州刺史譙王司馬承舉義旗討伐王敦，但因勢孤力單，長沙失陷，司馬承與虞悝、桓雄、易雄等一批忠義之士被俘、被殺；寫了梁州刺史甘卓先是動搖觀望，後來起兵反王敦，但又逗留不進，坐視湘州刺史司馬承被圍而不救，任其被滅；待王敦攻下建康，控制朝權，僅僅保留司馬睿與其太子的虛名，其他一切由己，乃至「四方貢獻多入其府，將相岳牧皆出其門」時，甘卓便以為大事已定，率軍返回襄陽，結果被王敦指使的襄陽太守周慮殺死，梁州刺史也由王敦黨羽所充任；寫了王導在王敦專權的日子裡，因誤解而不救周顗，致使周顗被殺的自私面目；此外還寫了氐族頭領楊難敵稱雄於武都，被前趙主劉曜說服，稱藩於劉曜；與前趙的秦州刺史陳安反趙，聚眾自稱涼王等等。

【注　釋】❶郭璞復上疏　郭璞於太興四年三月，因為日中有黑子，曾上疏給晉元帝請求大赦。現在又請求大赦，故曰「復」。復，又；再。郭璞是當時著名的學者與文學家。❷皇孫生　皇孫司馬衍於太興四年十一月出生。司馬衍即後來的晉成帝，西元三二六—三四二年在位。❸乙卯　正月初一。❹改元　改變年號。將「太興」年號改為「永昌」。❺記室參軍　王公與將軍的屬官，掌書記文翰。❻卜筮　算卦。古人用火灼燒龜甲，通過分析龜甲上被灼開的裂紋以推測事情的吉凶稱「卜」；用投擲蓍草以分析吉凶稱「筮」。《禮記・曲禮上》：「龜為卜，蓍為筮。」❼己預其禍　自己參加到王敦作亂的行列中。預，參與；加入。❽大將軍掾　大將軍屬下辦事人員。掾，屬官。❾嗣祖　陳述字嗣祖。❿焉知非福　你的死誰能斷定不是一種福分呢。「塞翁失馬，焉知非福」的典故出自《淮南子・人間》。比喻暫時受損失，卻因此而得到好處，壞事可以變成好事。⓫乖離　背離。此指陳述死，可以不會再被捲入王敦之亂。⓬羈錄　羈留錄用。羈，馬籠頭，這裡是羈縛、強留的意思。錄，任用。⓭時望　聲望。⓮置己幕府　收羅在自己屬下。幕府，古代將帥在軍中所居的營帳。這裡即指軍部、軍事衙門。⓯羊

曼　字祖延，西晉太傅羊祜的姪孫。傳見《晉書》卷四十九。⑯謝鯤　字幼輿，陳國陽夏（今河南太康）人。傳見《晉書》卷四十九。⑰祜　羊祜，字叔子，司馬氏的開國元勳，晉王朝建立後封之為鉅平侯，都督荊州諸軍事，對吞併東吳有重要貢獻。事見《晉書》卷三十四。⑱終日酣醉　整天喝酒，故意不參與王敦造反的陰謀。⑲隗誠始禍　劉隗的確是第一個挑起禍端。指按照司馬睿的指令，從事了一系列削弱王氏勢力的活動。⑳城狐社鼠　城牆中的狐狸，社稷壇裡的老鼠。挖掘狐狸害怕毀壞城牆，薰殺老鼠害怕毀壞社廟，以比喻棲身於帝王身邊的惡人。胡三省注曰：「後漢虞延曰：『城狐社鼠，不畏薰燒，謂有所憑託也。』又中山王勝曰：『社鼷不灌，屋鼠不薰，所託者然也。』《爾雅翼》曰：『管仲稱社束木而塗之，鼠因往託焉，薰之則恐燒其木，灌之則恐敗其塗，此鼠之所以不可得而殺者，以社故也。』以喻君之左右。」㉑豈達大體　哪裡知道該如何處理大問題。㉒豫章　晉郡名，郡治即今南昌。㉓戊辰　正月十四。㉔罪狀　這裡用如動詞，即聲討劉隗的罪狀。㉕威福自由　作威作福，都是由他個人說了算。自由，由自，出於自己。㉖妄興事役　隨隨便便地興風作浪。事役，指工程、徭役、徵調等等。㉗備位宰輔　意即身處宰相之職。備位，謙詞，猶言聊以充數，徒佔其位。宰輔，皇帝的輔政大臣，一般指宰相或三公。王敦時為大將軍、侍中，故自稱備位宰輔。㉘輒進軍致討　於是我起兵討伐他。輒，乃；於是。㉙隗首朝懸二句　朝廷一旦處死劉隗，我們便立刻退兵。懸，懸首示眾。㉚太甲　商代帝王，成湯的長孫，太甲即位後，不遵湯法，被伊尹放逐於桐（今河南虞城東北）。三年後，因悔過返善而得復位。事詳《孟子・萬章上》、《史記・殷本紀》。㉛顛覆厥度　指敗壞商湯的法度。顛覆，敗壞。厥，其。度，謂法度、典刑。㉜納伊尹之忠　多靠有伊尹的忠心。納，用，這裡是靠著。伊尹是商初大臣，名摯。傳說出身家奴，以有莘氏女的陪嫁之臣，助商滅夏，掌國政。湯死後，先輔佐外丙、仲壬，官為保衡。仲壬去世，又輔佐太甲。事見《史記・殷本紀》。㉝殷道　殷朝的國家政權。㉞深垂　聽取臣子們的意見。垂，垂聽，垂字用為敬詞。㉟乂安　太平無事。㊱吳興　晉郡名，郡治烏程縣，在今浙江湖州南下菰城。王敦的親信沈充當時任吳興太守。㊲督護東吳諸軍事　總領東吳一帶的各路兵馬。督護，監督；節制。東吳，泛指太湖流域一帶。㊳蕪湖　晉縣名，縣治在今安徽蕪湖市東。㊴乙亥　正月二十一。㊵憑恃寵靈　憑藉著朝廷對他的恩寵。寵靈，恩寵。㊶方朕太甲　把我比喻成太甲。方，比擬。㊷欲見幽囚　想把我也囚禁起來。見，對……；把……。㊸光祿勳含　王含，時任光祿勳之職。光祿勳的職責是為皇帝管理宮廷門戶。㊹溫嶠　東晉名臣，原為劉琨的部將，後為劉琨捧表南歸，遂留仕於朝，此時任太子中庶子，是太子的輔導官。傳見《晉書》卷六十七。㊺似有所在　好像是有預定的目標，指討伐劉隗、刁協等。㊻當無濫邪　也許不會做得過分吧。當無，也許不會。濫，過分；越軌。㊼自非堯舜　除了堯舜之外。㊽處仲狼抗無上　王敦如此暴戾無君。王敦字處仲。

狼抗，傲慢；暴戾。胡三省曰：「狼似犬，銳頭白頰，高前廣後，貪而敢抗人，故以為喻。」㊾其意寧有限邪　他的欲望還會有止境嗎。寧，豈。㊿俱下　一同東下進攻朝廷。當時甘卓鎮襄陽（今湖北襄樊），與王敦駐兵的武昌都在建康西面，進軍建康是順長江東下。51不赴　不往，意即不與之合作。52前與吾語云何　猶今言「以前同我怎麼說來著」。53慮吾危朝廷　擔心我幹出對朝廷不利的事情。54事濟　事情獲得成功。55當以甘侯作公　一定讓甘卓進升公爵，或位列三公。56或　有人。57昔陳敏之亂二句　晉惠帝永興二年，軍閥陳敏據歷陽叛亂，此時任吳王常侍的甘卓投歸陳敏，與陳敏結為姻親。隨後陳敏勢力擴大，佔有了整個江東地區，遂網羅黨羽，圖謀割據。陳敏把他的堅甲精兵都託付給甘卓，委以征討之任。這時東海王司馬越派人勸說已受陳敏網羅的江東名士顧榮、周玘脫離陳敏，而後顧榮、周玘又共同對甘卓進行策反，甘卓遂與顧榮、劉準等聯合，消滅了陳敏。事見本書前文惠帝永興二年、懷帝永嘉元年。58懼逼而思變　意思是經不住考驗，見利忘義，沒有節操。59復爾　又是這樣。爾，如此；這樣。60何以自明　何以表明自己的真實想法。61敦旨　王敦的意圖。62魏該　在中原地區堅持抗戰的將領，與李矩、郭默相聯合，共拒劉曜。此時任順陽太守。63胡賊　指劉淵、劉聰、石勒等。64與　親附；聯合。65軍司　即軍師。晉避司馬師諱，改稱軍師為軍司。66檄　徵召。檄是古代官方文書用的木簡，這裡用作動詞，意即「徵召」。67虞悝　東晉初期的節義之士，長沙人。傳見《晉書》卷八十九。68未洽　未周；未深入人心。69湘中　湘州地區，指今湖南。70金革之事二句　古人凡遇國家危難，即使服喪，也義不容辭。金革，兵器、甲胄，代指戰爭。71猥劣　卑賤；低下。72屈臨　屈尊光臨。臨，尊者往見卑者。73致死　獻身；效死。74檄　討伐王敦的檄文。75敦勢必分　王敦必然要分兵以對付四方的反對者。76庶幾可捷　這樣就可以打敗他。庶幾，或許，表示推測。77望　虞望，字子都，虞悝之弟。78零陵　晉郡名，郡治即今湖南零陵。79易雄　字興長，當時的節義之士。傳見《晉書》卷八十九。80以徇四境　在湘州的四面邊境巡行示眾。81劉大連　指劉隗，字大連。82驕蹇　傲慢不遜。83私憾　私人之間的怨恨。84稱兵向闕　舉兵殺向朝廷。稱兵，興兵。闕，古代宮門前的左右兩臺，以其兩臺之間有空缺，故名闕。這裡代指帝王的宮殿。85竭節　盡忠。86受任方伯　為一方的諸侯之長，這裡用以代稱州刺史。87奉辭伐罪　如果能以皇帝的名義討伐叛逆。辭，皇帝的命令。88桓文之功　當年齊桓公、晉文公一樣的功勳。齊桓公、晉文公都是春秋時代的諸侯盟主，當周天子兩次遇到危難時，都是靠著齊桓公、晉文公率領諸侯打敗了作亂者，恢復與穩定了周天子的統治地位。齊桓公、晉文公都是受到歷史稱讚的諸侯霸主。事見《左傳》與《史記》。89志在徇國　一心想為國難獻身。徇，通「殉」。90隗囂跋扈　隗囂稱霸一方。隗囂字季孟，東漢初期的地方軍閥，割據於天水、武都、金城等郡，最後被漢光武帝劉秀消滅。傳見《後漢書》卷十三。91竇融　西漢末年王莽亂政時期的軍事統領，他聯合酒泉、敦煌等五郡，割據河西，自稱行河西五郡大將軍事，後來幫著光武帝劉秀消滅了隗囂，成為東漢的大功臣。傳見《後漢書》卷二十三。(92)保河西　佔據並堅守河西地區。河西，泛指今甘肅、青海的黃河以西地區。(93)以奉光武　以擁戴光武帝劉秀。劉秀是東漢王朝的建立者，西元二五至五七年在位。事詳《後漢書》卷一。(94)卒受其福　指隗囂被消滅後，竇融封侯為卿相等事。李梁說此，是勸甘卓像竇融對待隗囂和劉秀那樣，選好目標，為明主立功。(95)重望　崇高的聲譽。(96)委　委派；委任。(97)方面　指掌管一個地區的軍政大權的長官。(98)釋此廟勝　放著這種不戰而勝的路子不走。廟勝，指臨戰前朝廷做出的克敵取勝的謀略，這裡指不戰而勝的謀略。古人謀事必祭祖，故有「廟謀」、「廟策」、「廟算」、「廟勝」之稱。(99)決存亡於一戰　通過一場戰鬥來決定自己的生死。按，李梁勸甘卓坐山觀虎鬥，誰勝利投向誰，乃不辨是非、不思順逆，有奶就是娘的小人行徑。(100)當創業之初　指還有許多反對勢力尚未削平，尚待征討。(101)文服　內心不服，只是口頭上表示臣服。(102)從容顧望　有時間可以游移、觀望。(103)非竇融之比　意即你與朝廷有君臣之分，有為國討賊的義務。(104)襄陽之於太府　你甘卓與王敦的軍事實力對比。襄陽，指甘卓梁州的軍事實力。太府，指王敦軍府的實力。(105)非河西之固　也沒有當年竇融佔據河西時那麼強大。(106)增石城之戍　增加他在石城的駐兵，做出進攻甘卓的姿態。石城在今湖北鍾祥北，靠近甘卓的軍鎮襄陽。(107)絕荊湘之粟　斷絕漢水下游對襄陽軍民的糧食供應。(108)不為義舉　不亮明旗號討伐王敦。(109)不承大將軍檄　不接受王敦的指令。承，接受；聽從。(110)見眾　現有的兵力。見，同「現」。(111)杖節鳴鼓　手執朝廷的旌節，鳴鼓而攻之。(112)豈王含所能禦　哪裡是王含所能抵抗。禦，抵抗。當時王敦留下王含守衛武昌。(113)遡流之眾勢不自救　意思是王敦已經率兵東下，甘卓如果從襄陽順漢水去攻打他的武昌大本營，王敦即使想逆流西上回師自救，也已無能為力。遡，逆流而上。(114)舉武昌　攻克王敦的老巢武昌。(115)據其軍實　佔有他的一切軍事物資，指器械、糧餉等等。(116)二州　指王敦統治下的荊州和江州。(117)招懷　招納安撫。(118)如歸　像回到家裡一樣。(119)呂蒙所以克關羽　呂蒙是三國時吳國的大將。西元二一九年，呂蒙乘蜀將關羽在襄陽同曹軍作戰之機，潛軍襲取江陵，並於麥城擒獲關羽事，見《三國志》卷五十四與本書〈魏紀一〉。(120)樂道融　東晉初期的忠義之士，丹楊人，此時任王敦的佐史。事見《晉書・忠義傳》。(121)為湘州　任湘州刺史。(122)卒見分政　突然見朝廷又給別人分出了一些權柄。卒，通「猝」。(123)便謂失職　便說自己被架空了、被奪權了。(124)背恩肆逆　違背皇恩，恣意為亂。(125)遇君　對待你。遇，對待；待遇。(126)與之同　與他同流合汙。(127)違負　違背。(128)宗黨　同宗同族。(129)馳襲　奔襲。(130)雅　一向；素來。(131)露檄　不緘封的文書，相當於現在的「公告」。(132)數敦逆狀　羅列王敦的罪行。數，一條條地列舉譴責。(133)致討　對其進行討伐。(134)詣臺　到建康稟告朝廷。臺，本為朝廷的官署名，如御史臺、蘭臺、尚書臺，這裡即代指朝廷。(135)約陶侃同進　時陶侃任廣州刺史。(136)江西　當時習慣上稱長江西北側的淮水以南為江西，當時戴淵駐兵合肥，在長江西北側。(137)臺內　猶言朝廷內。(138)從母弟　姨表兄弟。從母，即姨。(139)不完　不完好；不堅固。(140)資儲又闕　糧食、兵械等儲備又很缺乏。闕，同「缺」。(141)零桂　零陵郡或桂陽郡。零陵郡的郡治泉陵縣，即今湖南永州，桂陽郡的郡治即今湖南郴州，當時都是湘州刺史的管轄區。(142)事之不濟　事情即使不成功。濟，完成；成功。(143)嬰城固守　環繞四面堅守。(144)未幾　時間不長。(145)偕　一同。(146)出沔口　從沔口出兵進入長江。沔口，以沔水入長江之口而得名。沔水即今漢水，沔口即今漢口。(147)豈圖　猶言「豈料」、「哪裡料到」。(148)惡逆萌自寵臣　亂臣賊子從寵臣中冒出來。萌，萌生；冒頭。(149)隕命　喪命；為國捐軀。(150)至止尚淺　來湘州任職的時間短淺。至止，來此湘州。(151)凡百茫然　一切事情都還沒有個頭緒。凡百，一切，指各項政務。茫然，頭緒不清。(152)卷甲電赴　意即飛兵前來。卷甲，為急速行軍而脫下鎧甲抱持而行。電赴，像閃電一樣快地來到。(153)狐疑　優柔寡斷。(154)求我於枯魚之肆　意思是那樣我就等不及了。此語出《莊子．外物》。莊子見到車轍中的鮒魚，鮒魚問道：「君豈有斗升之水而活我哉？」莊子說：「我且南遊吳越之土，激西江之水而迎子，可乎？」鮒魚說：「吾得斗升之水然活耳，君乃言此，曾不如早索我於枯魚之肆！」司馬承引此來表明自己身陷困境，急待救援。肆，店鋪。(155)甲午　二月初十。(156)築長圍守之　圍著城池修築起一道長牆，對城中之敵進行長期圍困，待其山窮水盡而滅之。(157)楊難敵　當時氐族部落的頭領，佔據今甘肅的武都一帶地區，根據地為仇池，在今甘肅成縣西。(158)逆戰　迎戰。(159)晉王保　司馬保，南陽王司馬模之子，曾盤據在秦州一帶自稱晉王，後被部將張春、楊次殺死。(160)隴西　晉郡名，郡治襄武，在今甘肅隴西縣東南。(161)躡其後　緊隨其後而擊之。(162)光國中郎將　劉曜政權的官名，中郎將是帝王的侍衛長官，「光國」是加以美名。(163)諭　分析形勢，指出前途。(164)稱藩　猶言稱臣。藩，藩國；屬國。(165)假黃鉞　古代帝王賜予大臣的一種特殊榮譽。黃鉞，以黃金為飾的大斧，本天子所用，後世遂作為帝王的儀仗，有時也授予大臣，表示特別權力與特別榮寵。(166)益寧南秦涼梁巴　都是當時的州名，益州的州治原在成都，因此時成都為李雄政權所佔據，故寄治巴郡，在今重慶市，寧州的州治滇池，在今雲南晉寧東北的晉城鎮，南秦州的州治下辨，在今甘肅成縣西，巴州的州治在今重慶市奉節東五里。(167)隴上西域　都是地區名，隴上指隴山所綿亙的今甘肅清水縣、張家川回族自治縣和陝西隴縣、寶雞之間的一帶地區，西域是玉門關（今甘肅敦煌西北）以西地區的總稱。(168)上大將軍　官名，三國吳始置，掌軍事，位在大將軍上。(169)武都王　武都原是晉郡名，郡治下辨，在今甘肅成縣西。按，劉曜為討好楊難敵，給楊難敵加了許多榮譽稱號，但大多數都有名無實，因為上述的許多州郡根本不在劉曜的管轄之內。(170)求朝　請求拜見。(171)大掠　指大掠仇池附近。(172)馬輿　馬拉的車子，以區別於人抬的肩輿而言。(173)監輜重　意即押解軍用物資。

監，看護；押運。(174)邀擊　半路襲擊。(175)獲之　將呼延寔俘獲。(176)子尚誰佐　你還在那裡準備輔佐誰。(177)受人寵祿　指陳安在太興二年降前趙，劉曜以安為大將軍事。(178)不日　不久；過不了幾天。(179)梟首於上邽市　斬首懸掛於上邽的市場。上邽即今甘肅天水市，當時為陳安的秦州刺史所駐兵之地。(180)汧城　汧縣縣治，故城在今陝西隴縣東南。(181)民之望　眾望所歸的人物。(182)休屠王石武　休屠是匈奴的一個部落名，其頭領名叫石武。「石武」即「石虎」，與石勒的部將石虎同名，但不是同一個人。(183)桑城　其地不詳，應在甘肅東部一帶。(184)酒泉王　酒泉是晉郡，郡治福祿，即今甘肅酒泉。石武被劉曜封為酒泉王，疑只是封號，劉曜的勢力當時不可能遠達酒泉。(185)岸幘大言　一副傲慢的樣子。岸幘，推起頭巾，露出前額，形容衣著簡率不拘。幘，頭巾。大言，大聲講話，以言其無所顧忌。(186)意氣自若　氣概談吐還與出事前的樣子相同。自若，如常，極言其不知收斂，缺乏自知之明。(187)愧始有懼色　才感覺到了自己的問題嚴重。(188)司空導　王導，王敦的堂兄，此時在朝任司空之職，位同宰相。傳見《晉書》卷六十五。(189)中領軍邃　王邃，時任中領軍，皇帝親兵的統帥。(190)左衛將軍廙　王廙，王敦的親信，時在朝任左衛將軍，皇帝警衛部隊的將領。傳見《晉書》卷七十六。(191)詣臺待罪　到朝廷聽候處置。(192)伯仁　周顗的字。周顗是江東名士，與王導等豪族最早出面擁戴司馬睿，此時在朝任尚書僕射，領吏部。傳見《晉書》卷六十九。(193)以百口累卿　意即請你搭救我們這全家一百多口。累，給你添麻煩，請你受累給解救一下。(194)申救甚至　幫著申冤救助，做得很到家。(195)諸賊奴　指王敦等逆臣。(196)切至　懇切妥貼。(197)稽首　古代最虔敬的跪拜禮，行禮時，磕頭至地。(198)跣　光腳，表示顧不上穿鞋，慌忙離座的樣子。(199)茂弘　王導的字。呼人稱字，表示敬重。(200)方寄卿以百里之命　猶言「正要把整個國家的政令託付與你」。寄，託付。百里，謙言國家之小。命，指國家的政令。(201)是何言邪　你這是說的什麼話呢。意思是你剛才的話太言重了。(202)大義滅親　言王導能與王敦劃清界限。胡三省曰：「衛石碏之子厚，與公子州吁弒衛桓公，又與州吁如陳，碏使告於陳而殺之。君子曰：『石碏，純臣也，惡州吁而厚與焉。大義滅親，其是之謂乎？』」石碏的故事見《左傳》與《史記·衛康叔世家》。(203)以吾為安東時節假之　把我當年任安東將軍時使用的旌節授予王導使用。安東，指安東將軍，司馬睿登基前鎮揚州，領安東將軍之職。節，旌節，朝廷所授予將軍以表示權威與榮寵的憑信。假，授予。(204)往諭止敦　到王敦處勸阻他不要造反。(205)廙更為敦用　於是王廙又反過來為王敦效力。(206)周札　字宣季，周處的第三子。傳附《晉書》卷五十八〈周處傳〉。(207)矜險　驕矜而陰險。(208)石頭　石頭城，也叫「石首城」，簡稱「石城」，遺址在今南京西清涼山後。(209)軍金城　駐兵於金城。金城在今江蘇句容北。(210)徇師　巡行檢閱軍隊。(211)江州　晉州名，州治即今江西南昌。(212)躡敦後　在王敦軍隊的西側對之跟蹤、追蹤。(213)死士　敢死之士。(214)吾不復得為盛德事矣　意思是我不可能再被後世稱讚為有美好品德的人了。盛德，美好的品德。《易・繫辭上》：「日新之謂盛德。」(215)何為其然也　怎麼會這個樣子呢。(216)但使自今以往日忘日去耳　意思是說隨著時光推移，今後不也就一點點地忘記了嗎。日，猶言「一天天地」。去，去掉；消失。(217)三道出戰　三路出擊。(218)執鞚　拉住馬籠頭。鞚，馬勒；有嚼口的馬絡頭。(219)儲副　儲君；未來的君位繼承人。(220)柰何以身輕天下　怎麼能不顧國家地親自出去冒險。(221)斬鞅　斬斷了馬拉車的引繩。(222)宮省奔散　朝廷與宮廷的官員四散逃跑。省，設於皇宮內的官署。(223)按兵直衛　掌握住手下士兵，照常地值勤護衛。直，通「值」。(224)脫戎衣二句　表示不再進行戰鬥，要通過談判解決。(225)顧而言曰　對四周的人說。(226)欲得我處　誰要是想得我這個皇帝的座位。(227)不忘本朝　意即還不忘本朝的舊恩，還承認我是皇帝。(228)尚可共安　尚可相安共處，即仍維持「王與馬，共天下」的局面。(229)如其不然　意即存心要推翻晉王朝，要讓我下臺。(230)歸琅邪　還回到我原來的封地去當琅邪王。司馬睿的父祖是世襲的琅邪王，司馬睿在當晉王以前也是當琅邪王。(231)以避賢路　來給你們當中的賢人讓位。避，讓。(232)太極東除　太極殿的東臺階。(233)勸令避禍　勸他們離開京城，找地方躲躲。(234)貳　貳心；背離之心。(235)逼　急迫；緊急。(236)不堪騎乘　受不了騎馬、坐車的顛簸。(237)素無恩紀　平常對部下既無恩情，又無法紀。(238)募從者　應募來的一些跟從刁協的人。(239)皆委之　都拋下刁協，自己逃走。(240)江乘　晉縣名，縣治在今江蘇句容北。(241)隗奔後趙二句　胡三省注曰：「成帝咸和八年，劉隗從石虎戰死於潼關，豈即此劉隗邪？」(242)詣石頭　到石頭城的王敦軍部。(243)豈敢有餘二句　怎敢留有餘力，只是力量不足罷了。但，只是。(244)見形者謂之逆二句　看你的行動的人，會認為你是叛逆；領會你內心的人，會認為你是忠臣。體，體察；領悟。(245)卿負我　晉愍帝建興元年（西元三一三年），周顗為荊州刺史時被杜弢所困，曾到豫章投奔王敦，所以王敦認為他對周顗有恩。(246)戎車犯順　指王敦起兵進逼朝廷，是大逆不道。(247)不能其事　不能勝任其事。能，勝任。(248)王旅　帝王的軍隊。(249)以此負公　這才是我真正對不起你的地方。(250)辛未　三月十八。(251)西都覆沒　指長安陷落，晉愍帝被俘。(252)勸進於帝　勸司馬睿即皇帝位。(253)忌帝年長　司馬睿當時四十二歲。(254)所嚮　所嚮往；所仰慕。(255)以何德稱　有何德才能符合太子的稱號。稱，符合；相當。(256)鉤深致遠　語出《易・繫辭上》，意思是物在深處，能鉤取它；物在遠方，能招致它。這裡指才力廣大。(257)非淺局所量　不是我等這種器量狹小的人所能夠妄加衡量的。局，器量。(258)以禮觀之　僅從知禮這一點而論。(259)可謂孝矣　可以說是大孝子。儒家講究「百行孝為先」，故而這一條可以頂百條千條。(260)敦謀遂沮　王敦的陰謀遂告失敗。沮，失敗；廢止。(261)廣室　殿名。(262)近日大事　指王敦打敗朝廷軍隊後獨攬朝政的各舉動。(263)二宮無恙　兩宮暫尚安好。此處指皇帝與太子，都沒有被廢除。(264)固副所望　意即滿足心願、達到目的，不再幹別的了嗎。副，符合；滿足。(265)自如明詔　自然是像陛下所說，意即皇帝與太子不會被廢。(266)護軍長史郝嘏　周顗的屬下。胡三省注曰：「顗代戴淵為護軍將軍，以郗嘏為長史。」267備位大臣 意即身居大臣之位。備位是謙詞，猶言「充數」。268寧可 豈可；怎麼能。269草間求活 指逃到草澤山間等荒僻之地。270外投胡越 意即外逃到北方或南方的少數民族地區。271臺郎 即尚書郎，尚書省的辦事人員。尚書臺最高長官是尚書令，其副手是左右僕射。令下又設若干曹尚書，每曹下更設尚書郎若干人，掌文書和詔令的起草。272足以惑眾 意即有威望，說話有號召力。273近者之言 指周顗、戴淵在石頭城回答王敦時所說的話。274曾無怍色 竟然沒有一點畏懼之情。怍，這裡指畏懼。275必有再舉之憂 我擔心還得再一次起兵來解決他們的問題。276從容 假裝是漫不經心地。277周戴二句 周顗是汝南安城（今河南汝南縣東南）人，戴淵是廣陵（今江蘇揚州西北）人，一個是北方的名人，一個是南方的名人，晉室南遷，二人名冠當時。278當登三司 當處於三公之位。東漢曾改大司馬為太尉，與司徒、司空並稱「三公」，也稱「三司」。279導不答 因王導正在誤解周顗，對周顗充滿怨恨，故不應王敦任周顗以高位之說。280令僕 指尚書令及左右僕射。281丙子 三月二十三。282收 逮捕。283人情 人們的反應；人們的看法。284悠悠之言 社會上的一般言論，指人們對王敦舉兵向朝廷的非議。285未達高義 不能理解你的崇高目的。286羣情帖然 猶言眾心安定。帖然，贊成、安定的樣子。287粗疏 粗心。288不相當 不合適，指德識與官位不相稱。289愕然自失 吃驚王敦態度的改變而自覺失言。290濟濟多士二句 二句出自《詩．文王》。意思是說有了威儀濟濟的眾多賢士，文王的國家就因此安寧。王嶠引此勸阻王敦不要殺害這些名士。濟濟，多而整齊的樣子。多士，眾多的士子。291以獻替忤旨 由於提意見讓你不開心。獻替，「獻可替否」的略語，意思是進獻其可行者，除去不可行者，這裡即指提意見。忤旨，不對心思。292便以釁鼓 便將其殺頭。古代新製鼓成，殺牲以祭，用其血塗抹縫隙，這裡即指殺人。293黜 貶官；降職。294領軍長史 官名，領軍將軍（亦稱中領軍）的長史。魏晉以後，凡刺史帶將軍稱號開府的，其幕府長史多兼任首郡太守，所以位任頗重。王嶠以大將軍府參軍黜為領軍長史，可見王敦府重於諸府。295渾 王渾，字玄沖，武帝時任安東將軍，在滅東吳的戰爭中有功。傳見《晉書》卷四十二。296太廟 皇族的宗廟。297大言 高聲。298收人 逮捕、押送的人員。299容止自若 面容舉止就和往常一樣。自若，自如；照舊。300王彬 字世儒，王廙之弟，王敦的從弟。傳附《晉書》卷七十六〈王廙傳〉。301容慘 面容悲愴。302向 剛才。303凡人遇汝 過去對待你就像對待普通人一樣。304謇愕 堅持真理，仗義正直的樣子。305阿黨 沒有原則地順從、討好於人。阿，曲從。黨，拉幫結派。306赦後加之極刑 先已饒過了人家，而後又將人處死。赦，指王敦進入石頭城於三月十八日大赦天下事。307傷惋 悲傷惋惜。308因 隨後；接著。309抗旌 對抗朝廷的旌旗。古代凡出征必建旌旗，這裡代指朝廷的軍隊。310圖為不軌 陰謀造反。不軌，越出常軌；不遵守法度。311禍及門戶 意即將招致滿門被殺。312狂悖 狂妄無理。313為

之懼　為他感到害怕。[314]起謝　起來向王敦道個歉。謝，道歉；謝罪。[315]復何謝　又有什麼可道歉的。[316]殊無　毫無。[317]竟不肯拜　到頭來也沒有向王敦賠禮。竟，到頭來；到底。[318]料檢　整理、檢查。[319]中書故事　這裡指中書省所保存的檔案資料。[320]伯仁由我而死　愧悔當初王敦三問己而不答。[321]幽冥之中　猶言黃泉之下。[322]沈充拔吳國　沈充是王敦的死黨，首先從吳興起兵響應王敦，今又擅自滅吳國。吳是晉代的諸侯國名，都城即今江蘇蘇州。[323]吾家計急　我們家族所處的形勢緊急，指晉元帝抑制、分散王氏勢力。[324]想便旋軍襄陽　如果你現時能把軍隊撤回到襄陽。旋，回；撤回。[325]豬口　地名，胡三省據《水經注・沔水》認為，豬口即江夏雲杜縣東夏水注入沔水處的豬口。雲杜縣故城在今湖北仙桃沔城西北。但今本《水經注》作「堵口」，不作「豬口」。[326]諸方　指討伐王敦的各路人馬。[327]稽留累旬　一直駐兵不前幾十天。十天為一旬。[328]既得建康　意即已經控制了朝廷政權。[329]乃遣臺使　乃以朝廷的名義派出一名使者。臺使，朝廷的使者。[330]以騶虞幡駐卓軍　以揮動騶虞幡為號，命令甘卓的軍隊停止前進。騶虞幡，一種畫有騶虞的旗幟。晉代朝廷有白虎幡、騶虞幡。白虎威猛主殺，用於督促進軍；騶虞仁獸，用以命令撤退。[331]元吉　大吉。[332]臨敦上流　駐兵於王敦的上游，指王敦駐兵武昌，甘卓佔據襄陽，可以威懾處於下游的王敦。[333]亦未敢遽危社稷　意思是我看王敦也不敢對朝廷怎麼樣。遽，疾；立即。[334]適吾徑據武昌　如果我直接佔據了他的武昌。適，假如。[335]敦勢逼　王敦所處的形勢緊迫。[336]絕四海之望　斷絕天下人對晉王朝存在的希望，意思是還不如現時這樣的局面。[337]斷彭澤　駐兵彭澤，以斷絕王敦的老巢武昌與他現在所佔據建康之間的聯絡。彭澤是晉縣名，在今江西湖口東，地處武昌與建康之間的水路要衝。[338]不得相赴　不能相互救援。赴，趨往。[339]各求其利　指做成一件事情，每個人都能有所收穫。[340]忽更彊塞　忽然變得固執己見、一意孤行。[341]騷擾　煩躁不安。[342]西陽王羕　司馬羕，司馬懿之孫，司馬亮之子，襲其父祖之爵為西陽王。[343]轉徙黜免　調動、遷移、降職、罷免。[344]實有未達　不明白你到底想幹什麼。達，明白；理解。[345]釋然　猶言「放心」，彼此之間消除疑慮。[346]物情　人心；人情。物，人。[347]覲　大臣朝見天子。[348]側席　側身而坐，以言其虛心對待臣下。《後漢書・章帝紀》：「朕思遲直士，側席異聞。」李賢注：「側席，謂不正坐，所以待賢良也。」[349]遲得見公　皇帝如果見到你。遲，待；一旦。[350]宮省穆然　整個宮廷必然是一片謙和肅靜的樣子。[351]無虞　不會有任何問題。虞，慮；意外。[352]正復　即使。[353]天門　晉郡名，胡三省注曰：「吳孫皓永安六年，分武陵立天門郡。充縣有松梁山，山有石，石開處數十丈，其高，以弩仰射，不至其上，名天門，因此名郡。」[354]申款於氶　向司馬氶表明擁護支持之意。款，真誠。[355]邵陵　晉郡名，胡三省注曰：「此非潁川之邵陵。吳孫皓寶鼎元年，分零陵北部都尉立邵陵郡。」[356]間出　潛出；偷偷出城。[357]邏者　敵方的巡邏騎兵。[358]外援理絕　等待外援來救的想法已經不可能實現。[359]援兵尋至二句尋，不久。按，周崎的表現，有如《左傳》所寫的解揚，令人感動。周崎的事跡見《晉書・忠義傳》。[360]考　通「拷」。拷問。[361]臺中人書疏　指司馬丞與朝廷官員之間的通信。[362]悵惋　感慨惋惜。[363]且百日　將近一百天。且，將近。[364]相枕　互相枕藉、堆積，極言其多。[365]癸巳　四月初十。[366]會當　必然。[367]闔門　全家。[368]檻車　有柵欄的囚車。[369]毀服為僮　毀棄官服化裝為奴僕。[370]憚　懼怕。[371]執志　堅持自己的思想節操。[372]承敦旨　秉承王敦的意思。[373]丞喪　司馬丞的靈柩。[374]檄　指前此易雄所寫的列舉王敦罪惡、號召天下起兵討伐王敦的檄文。[375]既而　事後不久。[376]潛殺　祕密殺害。[377]求　尋找。[378]新得州　剛剛攻下湘州。[379]以厭人望　以順從眾人的願望。厭，滿足；順從。[380]君二句　解揚是春秋時晉國大夫。魯宣公十五年（西元前五九四年），楚國攻打宋國。晉國派解揚到宋宣布晉君的要求，讓宋不要降楚，並表明晉國救兵不久即到。解揚途中被俘獲，楚君以重金收買他，使反其言。他偽許，等登上樓車後，便把晉君的意圖呼告給宋人。楚君感歎他的忠心，沒有殺他。按，此處行文有舛誤。與解揚表現相同的是周崎，而不是鄧騫。鄧騫的行為有點像是為袁紹寫檄文討伐曹操的陳琳。[381]王敦上侃復還廣州　王敦上奏讓陶侃仍回原地任廣州刺史。[382]甲午　四月十一。[383]佃作　從事農業耕作。[384]五月乙亥　五月二十三。[385]沔中　地區名，指今陝西漢中至湖北襄樊漢水（沔水）流域地區。[386]岳牧　古官名，指一方的諸侯之長，傳說舜時有四岳、十二牧。此處用以代指州刺史。[387]謀主　主謀；言聽計從的心腹謀士。[388]譖　說人壞話；以挑動、誣陷等手段加害於人。[389]剽掠市道　搶東西於市場，劫人財物於道路。

【校　記】[1]卓　原無此字。據章鈺校，甲十一行本、乙十一行本皆有此字，張敦仁《通鑑刊本識誤》同，今據補。

【語　譯】中宗元皇帝下

永昌元年（壬午　西元三二二年）

春季，正月，晉著作佐郎郭璞又上疏給晉元帝司馬睿，請求晉元帝藉著皇孫誕生的喜慶頒布大赦令，晉元帝聽從了他的建議。初一日乙卯，大赦天下，改年號為「永昌」。

晉大將軍、江州牧王敦任命著作佐郎郭璞為記室參軍。郭璞精於占卜，知道王敦必定會發動變亂，自己因參與王敦作亂的行列中而躲不過這場災禍，因此心裡非常憂慮。在王敦手下擔任大將軍掾的潁川人陳述去世了，郭璞弔唁他時，哭得非常哀痛，郭璞說：「嗣祖，你現在死去，怎麼知道這不是你的福分呢！」

大將軍王敦與朝廷已經是離心離德，就把朝廷中有名望的人士強行留任在自己的官署中，任命羊曼和陳國人謝鯤為長史。羊曼，是西晉太傅羊祜哥哥的孫子。羊曼與謝鯤一天到晚喝得酩酊大醉，所以王敦也不安排他們負責什麼事情。王敦準備對朝廷採取軍事行動，他對謝鯤說：「劉隗是一個奸佞邪惡的人，將會威脅到國家的安全，我準備把皇帝身邊像劉隗那樣邪惡的人清除掉，你認為怎麼樣？」謝鯤回答說：「劉隗確實是一個最早製造禍端的人，然而他就像是住在城牆裡的狐狸，不能去挖他，如果去挖恐怕會毀壞城牆；他就像是住在社廟裡的老鼠，不能去薰他，如果去薰就要破壞社廟。」王敦聽了大怒，說：「你簡直就是一個蠢才，哪裡知道應該怎樣去處理大問題！」竟因此把謝鯤放出去做豫章太守，卻又留住他不讓他去豫章赴任。

正月十四日戊辰，王敦在武昌起兵，他上疏給晉元帝司馬睿，指控鎮北將軍、青州刺史劉隗的罪狀，他說：「劉隗是一個性情奸佞邪惡、用讒言殘害忠良的亂臣賊子，作威作福，一切都由他個人說了算，隨隨便便地製造一個事由就向人民徵收賦稅勞役，擾亂人民的正常生活，百姓因為賦稅繁多、勞役繁重而怨聲載道。我位居宰輔，是國家的高級官員，不能眼看國家敗壞而坐視不管，因此決定率軍東下進行討伐。劉隗的首級早上懸掛在高桿上示眾，諸路大軍晚上就撤退。古時候，商代國君太甲敗壞了商湯制定的法度，幸虧有宰輔之臣伊尹的忠誠，商朝的法度才得以恢復、國家才得以復興。希望陛下能夠認真、深刻地思考我所說的這番話，那麼四海之內就會平安無事，國家政權也會永遠的鞏固了！」王敦的親信沈充在吳興起兵響應王敦，王敦任命沈充為大都督、總領東吳一帶的各路兵馬。王敦抵達蕪湖的時候，又上表給晉元帝司馬睿，指控刁協的罪狀。晉元帝怒不可遏，二十一日乙亥，晉元帝下詔說：「王敦憑藉著朝廷對他的恩寵，竟敢如此的犯上作亂，把我比作商朝的太甲，想把我也囚禁起來，如果我連這個都能容忍的話，還有什麼是不能容忍的呢！現在，我要親自統帥六軍去誅滅這個大逆不道之人，有誰能將王敦殺死，我就封誰為五千戶侯。」王敦的哥哥、光祿勳王含搭乘一艘輕快的小船逃出建康投奔王敦去了。

擔任太子中庶子的溫嶠向擔任僕射的周顗詢問說：「大將軍王敦這次行動的目的似乎只是為了清君側，應當不是叛亂，不會做得太過分吧？」周顗斷然回答說：「不然。除了堯舜之外，每個君主都可能犯有過錯，作為臣子怎麼可以用發兵的形式對君主進行要挾！舉動如此明顯，難道能說不是叛亂嗎？王敦如此暴戾、目無君長，他的欲望難道還會有止境嗎？」

王敦開始起兵的時候，派使者告訴梁州刺史甘卓，約請他共同出兵東下進攻建康，甘卓答應了王敦的約請。等到王敦登上戰船準備出發的時候，甘卓卻沒有按照約定如期到達，而是派屬下擔任參軍的孫雙來到武昌勸阻王敦不要進攻建康。王敦非常吃驚地說：「甘侯以前同我怎麼說來著，而現在卻臨時變卦，他是擔心我會做出危害朝廷的事情！我今天只清除奸邪元凶，如果事情成功了，我一定讓甘卓進位為公爵。」孫雙回到梁州治所襄陽，將王敦的話彙報給甘卓，甘卓心中猶豫不決。有人對甘卓說：「你不妨假裝答應王敦，等到王敦率軍抵達建康的時候，再出兵討伐他。」甘卓說：「過去陳敏作亂的時候，我先前跟隨了陳敏，後來才討伐陳敏，輿論都認為我是經不住考驗，見利忘義，沒有節操，我常常為此而心懷慚愧。現在如果再這樣的話，我將如何表明自己的真實想法！」

甘卓派人將王敦的意圖告訴順陽太守魏該。魏該回覆說：「我所以要聚眾起兵抗擊胡賊，就是為了效忠於晉王室。現在王敦起兵把攻擊的矛頭指向天子，這不是我等應該參與的事情！」甘卓遂與王敦斷絕了關係。

王敦派自己手下擔任參軍的桓羆前往湘州去遊說譙王司馬承，請求司馬承為自己擔任軍司。司馬承歎息著說：「我的死期大概到了！湘州這個地方土地荒僻，人口稀少，勢孤力單，援救斷絕，將依靠什麼度過這個難關！然而能夠為了忠義而死，我還要求什麼呢！」司馬承用公文徵召長沙人虞悝為長史，正好遇上虞悝的母親去世，司馬承就親自前往虞悝的家中弔唁，他對虞悝說：「我準備率軍去討伐王敦，但是我手下的軍隊很少，又缺少糧食，而且新到湘州，恩德沒有深入人心，信譽也還沒有建立起來。你們兄弟，是湘州的豪傑，晉王室正陷於為難之際，古人如果遇到國家危難，即使正在服喪期間，也會義不容辭地脫下孝服投入戰鬥，對此你將如何教導我？」虞悝說：「大王您不因為我們兄弟地位卑微、性情愚鈍，親自屈尊光臨，我們怎敢不為大王效死！然而本州荒涼破敗，實在沒有能力進軍討伐。現在應該集結所有人馬固守湘州，然後向四方發布討伐王敦、救援王室的檄文。如此一來，王敦勢必要分散兵力對付四方的反對者，等王敦兵力分散之後再想辦法對付他，或許有可能打敗他。」司馬承就把王敦的使者桓羆囚禁起來，任用虞悝為長史，任命虞悝的弟弟虞望為司馬，統領各路軍隊，與零陵太守尹奉、建昌太守長沙人王循、衡陽太守淮陵人劉翼、舂陵令長沙人易雄，共同起兵討伐王敦。易雄向遠近郡縣發布檄文，列數王敦的罪惡，於是整個湘州全都響應譙王司馬承。只有湘東太守鄭澹不肯聽從司馬承，司馬承派遣擔任司馬的虞望去討伐鄭澹，將鄭澹斬首，並將鄭澹的人頭在湘州的四面邊境巡行示眾。鄭澹，是王敦的姐夫。

司馬承派遣屬下擔任主簿的鄧騫前往襄陽，對梁州刺史甘卓說：「劉隗雖然因為為人驕傲蠻橫而失去民心，但對於國家並沒有造成危害。大將軍王敦因為私人之間的恩怨舉兵殺向朝廷，這正是忠臣義士向皇帝奉獻忠誠的時候。你接受朝廷任命成為獨當一面的地方大員，如果能夠秉承皇帝的詔命討伐犯有謀亂之罪的王敦，其功勞就如同當年齊桓公、晉文公所建立的功勳一樣啊。」甘卓說：「建立齊桓公、晉文公那樣的功勞不是我所能做到的，即便如此，我的志向一直是想為國難獻身，應當讓我們共同詳細思考一下應對的策略。」擔任參軍的李梁對甘卓說：「新莽末年隗囂驕橫跋扈，竇融佔據並堅守河西地區，他擁戴漢光武帝劉秀，終於封侯拜相，後福無窮。如今將軍在全國享有很高的聲望，只應按兵不動，坐待時機。如果大將軍王敦獲得勝利，必將把一方的軍政事務委派給將軍，如果大將軍王敦沒有取勝，朝廷必定會讓您接替王敦的職位，到那時還擔憂沒有富貴找上門來嗎！放著這個不戰而勝的謀略不用，反要把希望寄託在以一場戰爭來決定生死存亡嗎？」鄧騫對李梁說：「漢光武帝劉秀正當創業之初，所以隗囂、竇融可以表面上裝出服從的樣子，採取腳踩兩條船的策略，從容觀望。而將軍與竇融完全不同，將軍是本朝任命的官員，有為國討賊的義務；襄陽的實力與大將軍王敦的軍事實力相比，也沒有當年竇融佔據河西時那樣強大。假使大將軍王敦擊敗了劉隗，回到武昌後，加強他在石城的駐兵，斷絕漢水下游對荊州、湘州軍民的糧食供應，將軍您將怎麼辦呢？局勢掌握在別人手中，卻說『我有克敵制勝的萬全之策』，這樣的事情從來沒有聽說過。再說，身為國家的大臣，國家有了危難，卻坐視不救，從道義上來說能心安嗎？」甘卓還是猶豫不決。鄧騫說：「現在既然不能亮明旗號起兵勤王討賊，又不接受大將軍王敦的指令，必然會大禍臨頭，不論是有識之士，還是愚鈍之人，都能看出這一點。議論的人都覺得此事比較難辦，就是認為大將軍實力強大而我們實力弱小。如今大將軍王敦的兵力不過一萬多人，留下來守衛武昌的不會超過五千人，而將軍您現有的部眾已經超過王敦一倍了。以將軍的威名，率領自己管轄區域內的精銳，手持朝廷賜予的符節，擂動戰鼓，用我們的正義之兵去討伐叛逆之賊，哪裡是王含的留守部隊所能抵抗得了的！順長江而下的王敦部隊如果想要回師救援武昌，需要逆流而上，到那時恐怕就無能為力了，將軍攻克王敦的老巢武昌，就如同摧枯拉朽一樣，還有什麼可顧慮的？武昌一旦被攻下之後，王敦的全部軍用物資就歸我們所有，我們鎮守王敦統治之下的荊州、江州，安撫那裡的百姓，用恩德招徠撫慰士卒，使回來的人就像回到家中一樣，這就是三國時期，吳國將領呂蒙攻破蜀漢關羽所採用的戰術。如果放棄這個必勝的計策，安心地坐在這裡等待滅亡，不能說是明智之舉呀！」

王敦擔心甘卓在自己的後方採取不利於自己的軍事行動，就又派擔任參軍的丹楊人樂道融前往襄陽邀請甘卓，一定要甘卓與自己一同東下進攻建康。參軍樂道融雖然在王敦手下做事，但對於王敦的叛逆行為感到非常憤恨，於是勸說甘卓：「皇帝親自處理朝政、日理萬機，是他自己任用譙王司馬丞為湘州刺史，而不是把所有權力都交給劉隗、一切聽從劉隗。而王氏因為自己專擅國家權柄時間太久，一旦看見皇帝把權力分散給別人，就覺得自己被架空、被奪了權，於是就忘掉皇帝的恩義，肆無忌憚地發動叛亂，興兵殺向朝廷。國家對您恩德深厚，如果現在與王敦同心合作，豈不是違背了大義、辜負了皇恩。活著的時候成為一個叛逆之臣，死後成為一個愚蠢之鬼，永遠成為宗族的恥辱，不是太可惜了嗎！為您考慮，目前不如假裝答應王敦的邀請，然後突然奔襲武昌。大將軍王敦手下的將士聽到武昌被襲的消息，必然從內部崩潰，閣下偉大的勳業就可以成功了！」甘卓素來不願意聽從王敦，他聽了樂道融的一番話之後，遂下定決心說：「這才是我的本意！」於是就與巴東監軍柳純、南平太守夏侯承、宜都太守譚該等，張貼公告列數王敦叛逆的罪狀，率領自己屬下的軍隊東下討伐王敦。又派擔任參軍的司馬讚、孫雙，攜帶著表章前往建康，將情況稟告朝廷，派羅英到廣州，約請廣州刺史陶侃同時進軍。戴淵在江西地區最先看到甘卓的露檄，就轉呈給了晉元帝司馬睿，朝廷的文武百官全都歡呼萬歲。廣州刺史陶侃得到甘卓的書信，立即派遣擔任參軍的高寶率軍北上。王敦的大本營武昌城中聽說甘卓的討伐大軍即將到來，人心惶恐，四散奔逃。

王敦派自己的姨母弟、擔任南蠻校尉的魏乂、將軍李恆率領全副武裝的士兵二萬人攻打駐守長沙的譙王司馬丞。長沙城池修建得既不堅固也不完備，物資儲備又十分缺乏，因此人心惶恐不安。有人勸說譙王司馬丞，希望他向南投奔鎮守廣州的陶侃，或是撤退到零陵、桂陽進行堅守。譙王司馬丞說：「我在起兵之時，就抱定了為忠義而獻身的決心，怎麼能夠貪生怕死，為了逃得性命而做一個逃奔的敗軍之將呢！事情即使不能成功，也要讓百姓知道我對朝廷的一片忠心。」於是便圍著城池構築營壘，進行嚴密防守。時隔不久，譙王新任命的司馬虞望在沙場陣亡。梁州刺史甘卓想把譙王的使者鄧騫留在自己手下擔任參軍，鄧騫不同意，甘卓就派自己屬下擔任參軍的虞沖與鄧騫一同來到長沙晉見譙王司馬丞，他在寫給譙王的信中勸說譙王固守長沙城，並許諾將率軍從沔口出兵進入長江，截斷王敦的歸路，到那時長沙的包圍自然也就解除了。司馬丞在給甘卓的覆信中說：「晉國雖然在江東復興，但還處在草創階段，一切都剛剛開始，沒料到亂臣賊子竟然出在最受皇帝寵信的大臣之中。我以一個皇室成員的身分接受了皇帝的任命，志在一死，然而不幸的是我來到湘州任職的時間太短，對各種事務還沒有理出個頭緒。閣下如果能夠率領軍隊飛速趕來救援，還能來得及。如果還在猶豫不決，那就到店鋪中的死魚堆中去尋找我吧！」甘卓沒有聽從司馬丞的意見。

二月初十日甲午，晉元帝司馬睿封皇子司馬昱為琅邪王。○後趙王石勒冊立自己的兒子石弘為世子。他派遣中山公石虎率領四萬名精銳士卒攻擊自稱為兗州刺史的徐龕，徐龕堅守泰山拒不出戰，石虎就在城外圍繞城池修築起一道長牆，將泰山城長期圍困起來。

前趙主劉曜親自率軍征討氐王楊難敵。楊難敵迎戰劉曜不能取勝，就退入仇池山中堅守。仇池轄境之內的氐族、羌族以及已故晉王司馬保的舊將楊韜、隴西太守梁勛都投降了前趙主劉曜。劉曜將隴西的一萬多戶遷居到自己的都城長安，而後進攻堅守仇池山的氐王楊難敵。軍中忽然瘟疫流行，劉曜也感染了這種瘟疫，因此準備率軍班師。又擔心楊難敵緊隨其後攻打，就派擔任光國中郎將的王獷去說服楊難敵，為他分析形勢，指明前途，楊難敵於是派使者晉見前趙主劉曜，表示願意歸降前趙，做前趙的藩屬國。劉曜便將飾有黃金的大銅斧賜予楊難敵，以示榮寵，任命他為都督益州、寧州、南秦州、涼州、梁州、巴州六州及隴上、西域諸軍事，上大將軍，益州、寧州、南秦州三州牧，武都王。

秦州刺史陳安請求朝見前趙主劉曜，劉曜以自己有病為由拒絕了他的請求。陳安因此發怒，以為劉曜已經去世，於是在仇池大肆搶掠一番後返回秦州。劉曜病勢沉重，不能騎馬，就乘坐著用馬拉著的轎車返回前趙的都城長安，派屬下將領呼延寔押解著軍用物資斷後。陳安在中途攔截前趙軍的輜重，俘獲了呼延寔，他對呼延寔說：「趙主劉曜已經去世，你還輔佐誰呢？我當與你共同創造大業。」呼延寔斥責他說：「你接受了趙國的寵愛和爵祿，現在卻又背叛了趙國，你分析分析自己的智慧和能力比得上主上劉曜嗎？我看你過不了幾天就會在上邽的鬧市中被梟首示眾，還談得上什麼創建大業！你應該快點把我殺死！」陳安大怒，就真的把呼延寔殺死了，他任命呼延寔的長史魯憑為參軍。陳安派自己的弟弟陳集率領三萬名騎兵追殺前趙主劉曜，劉曜屬下的衛將軍呼延瑜迎頭痛擊，將陳集斬首。陳安這才返回上邽，他又派兵襲擊汧城，將汧城攻克。隴上的氐人、羌人都歸附了陳安，陳安此時已經擁有部眾十多萬人，於是便自稱大都督、假黃鉞、大將軍，雍州、涼州、秦州、梁州四州牧，涼王，任用趙募為相國。魯憑對陳安大哭著說：「我不忍心看到陳安死！」陳安一怒之下就命人將魯憑斬首。魯憑說：「死對我來說是應該的，你把我的首級懸掛在上邽的街市上，我要親眼看到趙國人如何將陳安斬首。」陳安遂殺死了魯憑。劉曜聽到魯憑被陳安殺死的消息，痛哭流涕地說：「賢能的人，是眾望所歸的人物。陳安在需要賢才的時候，卻殺掉了許多賢能之人，我於此就知道陳安成不了什麼大氣候。」

匈奴休屠王石武獻出桑城，投降了前趙，前趙任命石武為秦州刺史，封他為酒泉王。

晉元帝司馬睿徵召征西將軍、司州刺史戴淵和鎮北將軍、青州刺史劉隗率軍回來守衛京師建康。劉隗奉命回到建康，朝中的文武官員在道旁迎接。劉隗把頭巾往上推了推，露出額頭，大聲講著話，氣概談吐還像往常一樣。等他見到晉元帝司馬睿的時候，就與刁協一起勸說晉元帝把王氏家族的人全部誅滅。晉元帝沒有同意，劉隗這才感到事態的嚴重，流露出了畏懼的神色。

在朝中擔任司空的王導率領著自己的堂兄弟，即擔任中領軍的王邃、擔任左衛將軍的王廙、擔任侍中的王侃、王彬以及宗族中的二十多人，每天天一亮就到皇宮門外請罪聽候處置。擔任尚書僕射的周顗將要入朝，王導叫著他的字對他說：「伯仁，我將全族一百多口全部託付給你了！」周顗逕直進入皇宮，連看也沒看王導一眼。周顗見到晉元帝時，就替王導伸冤，反覆說明王導的冤枉並予以救助，情辭非常懇切。晉元帝決定採納周顗的意見。周顗喜歡飲酒，一直喝得酩酊大醉才辭別出宮。王導此時還在皇宮門口等候，看見周顗出來，就又呼叫他。周顗沒有與王導說話，他看著自己的左右侍從，說：「今年我要誅殺王敦等亂臣賊子，換取如斗大的金印，繫在胳膊肘後。」周顗回到家中，又上表給晉元帝司馬睿，申明司空王導沒有罪過，話說得非常懇切。周顗為王導所做的一切，王導毫不知情，還以為周顗對自己見死不救，因此對周顗非常痛恨。

晉元帝命人將朝服歸還給王導，然後召見他。王導見到晉元帝就磕頭至地說：「亂臣賊子，哪朝哪代沒有，沒料到現在竟然出在我的家族之中！」晉元帝顧不得穿鞋就趕緊離開座位，上前拉起他的手，叫著王導的字說：「茂弘，我正要把國家的政令託付與你，你說的這是什麼話呢！」

三月，晉元帝司馬睿任命王導為前鋒大都督，加封征西將軍、司州刺史戴淵為驃騎將軍。司馬睿下詔說：「王導大義滅親，把我當年任安東將軍時的符節授予王導使用。」任命周顗為尚書左僕射，任命王導的堂弟中領軍王邃為尚書右僕射。晉元帝派王廙前往王敦那裡，勸阻他不要造反，王敦不但沒有聽從晉元帝的勸阻，反而將王廙留下來，王廙反倒成了王敦的幫兇。擔任征虜將軍的周札，一向驕矜陰險、貪圖私利，晉元帝任用他為右將軍、都督石頭諸軍事。王敦的大軍即將逼近，晉元帝派劉隗駐兵於金城，周札駐兵於石頭城，晉元帝身披鎧甲親自到建康郊外巡視檢閱部隊。晉元帝任命梁州刺史甘卓為鎮南大將軍、侍中、都督荊・梁二州諸軍事，任命廣州刺史陶侃兼任江州刺史，令他們各自率領屬下部隊在王敦軍隊的兩側進行跟蹤。

王敦率軍抵達石頭城，準備先攻打防守金城的劉隗。杜弘向王敦建議說：「劉隗身邊聚集的敢死之士很多，因此金城不容易攻克，不如先攻取石頭城。防守石頭城的周札對屬下刻薄少恩，士卒不會為他去拼命作戰，只要攻打石頭城，周札必敗無疑，周札一敗，劉隗自己就逃走了。」王敦聽從了杜弘的意見。任命杜弘為前鋒，率軍攻打石頭城，周札果然打開城門，放杜弘進城。王敦順利地佔據了石頭城，他歎息著說：「我不可能再被後世稱讚為有美好品德的人了！」謝鯤在旁邊說：「怎麼可能是這個樣子呢？隨著時光的推移，今後大家會一點點將以往的事情忘卻的。」

晉元帝下令刁協、劉隗、戴淵率軍攻奪被王敦佔領的石頭城，王導、周顗、郭逸、虞潭等兵分三路同時出戰，刁協等全都被王敦打得大敗。皇太子司馬紹聽到戰敗的消息，就要親自率領將士與王敦決一死戰。他登上戰車準備出城的時候，擔任中庶子的溫嶠抓住了馬絡頭勸阻說：「殿下是國家未來的君位繼承人，怎麼能不顧國家利益，非要親自冒險出戰呢！」說完抽出寶劍就砍斷了馬韁繩，皇太子司馬紹這才不再堅持親自出戰。

王敦擁兵自重而拒絕晉見晉元帝司馬睿，他放任士卒在建康城中大肆搶掠，宮廷及朝廷的官員全都四處逃散，只有擔任安東將軍的劉超統領著手下士兵，照常值勤護衛皇宮，另外還有兩位擔任侍中的官員侍奉在晉元帝身邊。晉元帝司馬睿脫下身上的戎裝，換上朝服，他對四周的人說：「誰要是想得到我這個皇帝寶座，應當早點說出來，何至如此地殘害百姓！」晉元帝又派使者去對王敦說：「你如果還沒有忘記自己是本朝的官員，還承認我是皇帝，就請從此停止戰爭，我們還可相安共處。如果存心要推翻晉王朝，要我下臺，那我就回到我的封地去當琅邪王，給你們當中的賢才讓位。」

刁協、劉隗打了敗仗之後，一起進宮，他們在太極殿的東臺階見到了晉元帝司馬睿。晉元帝拉著刁協、劉隗的手，痛哭流涕，聲音哽咽，他勸說刁協、劉隗離開建康，找地方躲起來。刁協說：「我應當守候在這裡等死，而不敢有背離之心！」晉元帝說：「如今事情緊急，怎麼能不走呢！」就下令撥給刁協、劉隗二人一部分人馬，讓他們各奔前程。刁協年事已高，忍受不了騎馬、坐車的顛簸，再加上平時對部下既沒有恩德，又無法紀，所以應募而來的一些隨從都拋下刁協自己逃走了。刁協逃到江乘的時候，被人殺死，並將他的首級送給了王敦。劉隗投奔了後趙，官至太子太傅而卒。

晉元帝司馬睿讓公卿百官前往石頭城去見王敦。王敦對戴淵說：「前天的戰鬥，你是不是還有力量沒有使出來呀？」戴淵回答說：「我怎麼敢留有餘力，只是力量不足罷了！」王敦又問：「我現在的舉動，天下人是怎麼個看法？」戴淵說：「只看你行動的人會認為你是叛逆，體會你內心的人會認為你是忠臣。」王敦笑著說：「你可算得上會說話。」王敦又叫著周顗的字說：「伯仁，你對不起我！」周顗說：「你率領戰車進逼朝廷，我親自率領六軍進行阻止，卻沒能勝任此事，使帝王的軍隊遭到失敗，這才是我對不起你的地方！」

三月十八日辛未，晉實行大赦。任命王敦為丞相、都督中外諸軍、錄尚書事、江州牧，封為武昌郡公，王敦全部辭讓沒有接受。

當初，西都長安陷落、晉愍帝被俘之後，四面八方的官員都勸說司馬睿即皇帝位。王敦想要專擅國政，忌諱晉元帝年紀太大難以控制，就想選擇年幼些的立為國君，王導沒有聽從他的意見，而是擁戴司馬睿做了皇帝。等到王敦攻克建康之後，便對王導說：「你當初不聽我的話，現在差點被他滅族。」

王敦因為皇太子司馬紹勇敢而有謀略，深受在朝官員和鄉野百姓的敬仰，所以就想給他冠上一個不孝的罪名而把他廢掉。於是聚集文武百官，王敦問溫嶠說：「司馬紹有何德能符合太子的稱號！」說這話的時候聲色俱厲。溫嶠回答說：「皇太子才力廣大，物在深處能把它鉤取出來，物在遠方能把它招致來，這不是我等這種見識淺薄、氣度狹小的人所能妄加衡量的，僅從知禮這一點而論，皇太子可以稱得上是大孝子。」眾人都認為確實如此，王敦的陰謀才沒有得逞。

晉元帝司馬睿在廣室召見周顗，他對周顗說：「近幾天所發生的事情，幸好兩宮平安無事，大家也都平安，大將軍王敦是否滿足心願、達到目的，不再幹別的事情了？」周顗回答說：「兩宮確實像陛下所說的那樣，已經平安無事，但我等臣屬是否平安還是個未知數。」擔任護軍長史的郝嘏等都勸說周顗躲著點王敦，周顗說：「我身為朝廷大臣，朝廷遭遇如此挫折和失敗，我怎麼能逃避到草澤山間去求得活命，或是跑到北方去投奔胡人、逃往南方去投奔越人呢？」王敦屬下的參軍呂猗，曾經在朝廷擔任過臺郎，性情奸詐、擅長阿諛奉承。戴淵擔任尚書時，很討厭他。呂猗於是藉此機會對王敦說：「周顗、戴淵這兩個人，都有很高的名望，說話很有號召力。他們近來的言論，竟然沒有一點畏懼之意。您現在不把他們除掉，恐怕以後還得再一次起兵來解決他們的問題。」王敦一向忌憚二人的才能，心裡認為呂猗的話說得很對，於是便裝出一副漫不經心的樣子試探著問王導說：「周顗、戴淵，在南北兩地都有很高的聲望，讓他們出任三司的職務是毫無疑問的。」王導沒有回答王敦的提問。王敦又問：「如果不能擔任三司的職務，那就只能出任尚書令及左右僕射了？」王導還是沒有回答。王敦說：「如果都不是的話，那就應當把他們殺掉！」王導依然沒有回答。三月二十三日丙子，王敦派自己的部將陳郡人鄧岳帶人去逮捕周顗和戴淵。先前，王敦曾經對謝鯤說：「我想讓周顗擔任尚書令，讓戴淵擔任僕射。」這天，他又問謝鯤說：「近來人心如何？」謝鯤回答說：「您這次採取的軍事行動，雖然目的是為了保存國家社稷，然而從社會上一般人的議論來看，都沒有理解您的崇高目的。如果能夠舉用周顗、戴淵，眾人之心就會安定下來。」王敦一聽不禁勃然大怒，說：「你太粗心了！這兩個人的德識與他們的聲望是不相稱的，我已經派人把他們抓起來了！」謝鯤對王敦突然改變態度感到非常驚愕而自覺失言。擔任參軍的王嶠說：「『因為有了威儀濟濟的眾多賢士，周文王的國家才得以安寧』，為什麼非得要殺戮那些有名望的士人呢！」王敦更加惱怒，就要殺死王嶠，眾人當中沒有人敢出來勸阻。謝鯤說：「明公率軍東下建康以清君側，這麼大的舉動都沒有殺戮一個人。王嶠因為提意見不合您的心思，您就要把他斬首，是不是有點過分了？」王敦這才釋放了王嶠，但把他降職為領軍長史。王嶠，是王渾的族孫。

周顗被逮捕，在押送途中經過皇家太廟，周顗大聲地說：「亂臣賊子王敦，顛覆國家，枉殺忠臣，神明如果有靈，必定很快將他殺死！」負責逮捕、押送他的人用戟猛戳他的嘴，鮮血一直流到腳下，而周顗的神情舉止仍然和往常一樣，旁觀的人都為他痛惜地流下了眼淚。周顗與戴淵一起被殺死在石頭城的南門之外。

晉元帝司馬睿派擔任侍中的王彬前去慰勞王敦。王彬一向與周顗友善，所以他在臨行之前先去哭祭周顗，而後才去見王敦。王敦看王彬面容悲愴，感到很奇怪，就詢問他原因。王彬回答說：「剛哭完周顗，情不自禁。」王敦發怒說：「周顗是自己找死，再說他像對待普通人那樣對待你，你有什麼可悲哀的要去哭他！」王彬說：「周顗是一個待人寬厚的長者，也是兄長的親近好友。在朝中雖然不能堅持真理、仗義執言，但卻從來沒有放棄原則，一味順從、以討好於人。大赦令已經發布，現在卻用極刑將他處死，所以我深感悲傷和惋惜。」越說越氣，竟然抨擊王敦說：「兄長你興兵進犯朝廷冒犯君主，殺戮忠良，陰謀造反，將給我們王氏家族招致滅門之禍！」言辭慷慨激昂，聲淚俱下。王敦大怒，大聲說：「你竟敢如此狂妄無理，以為我不能殺你嗎！」當時王導也在座，很為王彬感到害怕，就勸說王彬起來向王敦道歉。王彬說：「我的腳痛不能下拜，再說，我有什麼可道歉的！」王敦說：「腳痛與脖子痛，哪一個更痛？」王彬沒有一點畏懼的神色，到頭來也沒有向王敦賠禮道歉。

王導後來在整理中書省所保存的檔案資料時，看到了周顗為營救自己而上奏的表章，他捧著周顗的表章淚流滿面地說：「我雖然沒有親手殺死周顗，但周顗卻因我而死，黃泉之下，辜負了這樣的好朋友！」

王敦的親信沈充從吳興出兵，滅掉了吳國，將吳國內史張茂殺死。

當初，王敦聽到梁州刺史甘卓在襄陽起兵的消息，心裡非常恐懼。甘卓兄長的兒子甘卬在王敦手下擔任參軍，王敦就派甘卬回去勸說甘卓：「你這樣做自然是盡一個臣子的責任，我也不責怪你。我因為整個家族面臨的形勢緊急，所以才不得不這樣做。你如果能夠把軍隊撤回襄陽，我們當再結盟好。」甘卓雖然也傾慕忠義，但性情多疑，遇事缺少決斷。他把軍隊駐紮在豬口，想要等到討伐王敦的各路人馬到齊後再共同進軍，因此在豬口逗留了幾十天都沒有向前進兵。王敦攻克建康、控制了朝廷政權之後，就派朝廷的使臣攜帶著騶虞幡，命甘卓停止進軍。甘卓聽到周顗、戴淵已經被王敦殺死的消息，痛哭流涕地對甘卬說：「我所擔憂的，正是今天的這種局勢。只要皇帝吉祥，皇太子安然無恙，我率領大軍駐紮在王敦的上游，王敦也不敢馬上對朝廷怎麼樣。如果我逕直攻佔了他的大本營武昌，王敦一看形勢緊迫，必然會劫持天子以斷絕天下人對晉王朝存在的希望，我們不如退回襄陽，以後再做打算。」於是下令班師。擔任都尉的秦康與樂道融都來勸說甘卓，他們說：「現在如果派出一部分兵力去攻佔彭澤，截斷王敦老巢武昌與他現在所佔據的建康之間的水路要衝，使王敦上下游之間無法互相救援，他的部眾必然潰散，到那時可以一戰將王敦擒獲。將軍起義軍勤王卻半途而廢，我們認為將軍是不應該這樣做的。而且將軍此次東下討伐王敦，事情成功之後，士卒都能有所獲益，現在要他們向西返回襄陽，恐怕是做不到的。」甘卓不接受他們的意見。樂道融日夜不停地哭泣著勸諫，甘卓都聽不進去，樂道融因為憂憤過度而死。甘卓原本待人寬厚和善，忽然變得固執己見、一意孤行起來，他率軍逕直回到襄陽，情緒更加煩躁不安，一舉一動都失去了常態，有識見的人都預感到甘卓的死期將至了。

王敦任用西陽王司馬羕為太宰，提升王導為尚書令，任用王廙為荊州刺史。調整朝廷的文武百官以及各軍鎮的官員，被調動、遷移、降職、罷免的有上百人，有時早晨剛剛決定的事情，到了晚上就又改變了主意，想幹什麼就幹什麼。王敦準備返回武昌，謝鯤向王敦建議說：「自從到達京師以來，你一直推說有病而不朝見皇帝，所以雖然建立了很大的功勳，而民心並不明白你到底想要幹什麼。現在如果朝見天子，使君臣之間消除疑慮，那麼人情就都心悅誠服了！」王敦說：「你能保證我朝見天子時不發生意外嗎？」謝鯤回答說：「我近日入見天子的時候，看見天子側身而坐，皇帝如果一旦見到你，整個宮廷必然呈現出一片祥和肅靜的景象，必定不會有什麼值得擔憂的。你如果入朝，我願意跟從侍奉在你的左右。」王敦勃然大怒說：「即使殺死幾百個像你們這樣的人，對現時能有什麼損失！」竟然沒有朝見晉元帝就離開了建康。夏季，四月，王敦返回武昌。

當初，宜都內史天門人周級聽說譙王司馬承起兵抵抗王敦的消息，就派自己的姪子周該悄悄地前往長沙，向譙王司馬承表明擁護支持的誠意。王敦姨母弟南蠻校尉魏乂奉王敦之命率領二萬甲卒攻打長沙，情況十分緊急，司馬承就派周該以及擔任從事的邵陵人周崎偷偷混出長沙城去求取救兵，但都被魏乂的巡邏兵抓獲。魏乂讓周崎向長沙城中喊話，告訴城中，大將軍王敦已經攻克都城建康，梁州刺史甘卓已經返回襄陽，等待外援來救的想法已經不可能實現。周崎假裝答應魏乂的要求。等來到長沙城下，周崎就衝著城裡大聲呼喊說：「救援的人馬不久就要到達，你們努力堅守城池！」魏乂立時將周崎殺死。魏乂用酷刑拷打周該，周該一直到死也沒有透露實情。周級因此得以保全。

魏乂等加緊攻打長沙，王敦又把自己所得到的司馬承與朝廷官員之間的通信送給魏乂，讓魏乂射入長沙城中給譙王司馬承看。城中人因此知道京師建康已經被王敦所控制，沒有人不為此感到悵恨和惋惜。譙王司馬承在長沙城中與魏乂相持將近一百天，衡陽太守淮陵人劉翼戰死，戰死士兵的屍體互相枕藉、堆積。四月初十日癸巳，魏乂攻克了長沙，司馬承等都被魏乂擒獲。魏乂準備殺死長沙長史虞悝，虞悝的子弟們對著他放聲大哭。虞悝說：「人生總有死亡的一天，今天我們全家人為了忠義而成為刀下之鬼，還有什麼遺憾呢！」

魏乂用囚車把譙王司馬承以及春陵令易雄押解武昌，司馬承的大小僚屬全都逃散了，只有擔任主簿的桓雄、擔任西曹書佐的韓階，以及擔任從事的武延，他們毀棄了官服，改扮成奴僕的模樣跟隨著司馬承，而且寸步不離左右。魏乂見桓雄姿態容貌舉止都不像一個普通人，因為心中懼怕而把桓雄殺死，韓階、武延堅持自己的思想節操更加堅定。荊州刺史王廙秉承王敦的旨意，把譙王司馬承殺死在往武昌的途中。韓階、武延把司馬承的靈柩送到都城建康，安葬之後才離去。春陵令易雄被送到武昌，他的意志堅定，氣概慷慨，竟然沒有絲毫畏懼的神情。王敦派人把易雄所寫的列舉王敦罪狀、號召天下起兵討伐王敦的檄文拿給易雄看，對他嚴加責問。易雄說：「這件事情確實是有的。可惜的是我易雄地位卑微、力量薄弱，不能拯救國家的災難。今日之死，本來就是心甘情願的。」王敦被易雄義正詞嚴的話所震懾，就當場釋放了他，遣送他回到客舍。眾人都來向他道賀，易雄笑著說：「我怎麼能夠活命呢？」事後不久，王敦就派人將易雄暗殺了。

魏乂緊急尋找司馬承的主簿鄧騫，鄉里人都為鄧騫擔心。鄧騫笑著說：「魏乂只不過是想利用我罷了。他剛剛攻下湘州，又殺了許多忠良，所以找我出來以順從民眾的願望。」於是就主動去見魏乂。魏乂高興地說：「先生簡直就是古代的解揚啊。」任命鄧騫為別駕。

晉元帝司馬睿下詔，任命廣州刺史陶侃兼任湘州刺史。王敦上奏讓陶侃仍回原地任廣州刺史，晉元帝只好同意，加授陶侃為散騎常侍。

四月十一日甲午，前趙主劉曜的皇后羊獻容去世，給她的謚號是獻文。

梁州刺史甘卓的家人都勸說甘卓，要他提防王敦的報復，甘卓沒有聽從家人的勸告，他把軍士全部遣散到農田去從事農業耕作，而且他聽到別人的勸諫就發怒。襄陽太守周慮暗中秉承王敦的旨意，謊稱湖中有許多魚蝦，勸說甘卓把自己身邊的侍從全部打發出去捕魚。五月二十三日乙亥，周慮率領軍士衝進甘卓的寢室，將甘卓殺死，並將他的首級送給王敦，甘卓的幾個兒子也同時被殺。王敦任命擔任從事中郎的周撫為都督沔北諸軍事，代替甘卓鎮守沔中。周撫，是周訪的兒子。

王敦專擅國政的願望已經實現，於是他兇暴、傲慢的本性便愈發的高漲，四方呈獻給朝廷的貢品大多流入他的大將軍府，將領、宰相、地方最高行政長官、軍事長官全都出自他的門下。任用沈充、錢鳳為心腹謀士，對沈充、錢鳳二人言聽計從，凡是遭到二人誣陷的，就沒有人能躲得過被殺死的命運；任用諸葛瑤、鄧岳、周撫、李恆、謝雍作為自己的爪牙。沈充等人全都是兇惡陰險、驕傲放縱的人，他們大肆興建府第，侵佔別人的田地家產，在街市上搶掠東西，在道路上劫人財物，有識之士都知道他們就要敗亡了。

秋，七月，後趙中山公虎拔泰山❶，執徐龕送襄國。後趙王勒盛之以囊，於百尺樓上撲殺❷之，命王伏都❸等妻子刳而食之❹，阬其降卒三千人。

兗州刺史郗鑒在鄒山三年❺，有眾數萬，戰爭不息，百姓饑饉❻，掘野鼠蟄燕❼而食之。為後趙所逼，退屯合肥❽。尚書右僕射紀瞻，以鑒雅望清德❾，宜從容臺閣❿，上疏請徵之，乃徵拜⓫尚書。徐、兗間諸塢多降於後趙，後趙置守宰⓬以撫⓭之。

王敦自領寧、益二州都督⓮。

冬，十月己丑⓯，荊州刺史武陵康侯王廙卒。

王敦以下邳內史王邃都督青、徐、幽、平四州諸軍事，鎮淮陰，衛將軍王含都督沔南諸軍事，領荊州刺史，武昌太守丹楊王諒[16]為交州[17]刺史。使諒收交州刺史脩湛[18]、新昌[19]太守梁碩，殺之。諒誘湛，斬之，碩舉兵圍諒於龍編。

祖逖既卒，後趙屢寇河南[20]，拔襄城、城父[21]，圍譙[22]，豫州刺史祖約[23]不能禦，退屯壽春。後趙遂取陳留[24]，梁、鄭之間[25]復騷然[26]矣。

十一月，以臨潁元公荀組[27]為太尉。辛酉[28]，薨。○罷司徒，并丞相府[29]。王敦以司徒官屬為留府[30]。

帝憂憤成疾，閏月己丑[31]，崩，司空王導受遺詔輔政。帝恭儉有餘而明斷不足，故大業未復[32]而禍亂內興。庚寅[33]，太子即皇帝位，大赦，尊所生母荀氏為建安君。

十二月，趙主曜葬其父母於粟邑[34]，大赦。陵下周二里[35]，上高百尺，計用六萬夫，作之百日乃成。役者夜作，繼以脂燭，民甚苦之。游子遠諫，不聽。

後趙濮陽景侯張賓卒，後趙王勒哭之慟，曰：「天不欲成吾事邪，何奪吾右侯[36]之早也！」程遐代為右長史。遐，世子弘之舅也。勒每與遐議，有所不合，輒歎曰：「右侯捨我去，乃令我與此輩共事，豈非酷乎[37]！」因流涕彌日[38]。

張茂使將軍韓璞帥眾取隴西、南安[39]之地，置秦州[40]。○慕容廆遣其世子皝襲殺末柸，入令支㊶，掠其居民千餘家而還。

【章　旨】以上為第二段，寫晉元帝永昌元年（西元三二二年）七月至十二月半年間的大事。主要寫了後趙石虎生擒了自稱兗州刺史的獨立軍閥徐龕，徐龕被石勒所殺；寫了晉兗州刺史郗鑒退據合肥，又被召入朝廷為官，於是晉王朝所轄的徐州、兗州遂有很多堡寨歸降後趙，大片國土丟失；寫了豫州刺史祖逖死後，繼任者祖約無能，被後趙佔領了襄城、城父、陳留，於是梁、鄭一帶驚恐不安；寫了前涼西平公張茂派韓璞攻取了已故晉王司馬保佔據的隴西、南安之地，設置為秦州；寫了王敦任命親信王邃都督青、徐、幽、平四州諸軍事，鎮守淮陰；任命親信王含都督沔南諸軍事，領荊州刺史；任命親信王諒為交州刺史，襲殺原任的交州刺史脩湛，結果被反對派官員新昌太守梁碩所包圍，以及晉元帝憂憤成疾病死等等。

【注　釋】❶泰山　晉郡名，郡治奉高，在今山東泰安東，時徐龕駐兵於此。❷撲殺　捽死。❸王伏都　後趙將領，西元三二〇年，徐龕被晉國蔡豹打敗，向後趙求救；後趙王石勒派王伏都等率軍往救。後來徐龕叛變後趙，王伏都被徐龕殺死，一同被殺的還有三百多人。❹刳而食之　割他的肉吃。刳，剖開，這裡即指割。❺在鄒山三年　鄒山又名「嶧山」、「鄒嶧山」、「邾嶧山」，在今山東鄒城東南。西元三一三年，時任中書侍郎的郗鑒率領高平居民一千多家，逃避戰亂，退保鄒山，琅邪王司馬睿任命郗鑒為兗州刺史，鎮守鄒山。從那時算起，迄今已經九年。胡三省注曰：「所謂三年有眾數萬者，言鑒既鎮鄒山之後，三年之間，民歸之者有此數也。」❻饑饉　饑荒。穀不熟為饑，蔬不熟為饉。❼蟄燕　藏伏避寒的燕。❽合肥　即今安徽合肥。❾雅望清德　美好的聲望，廉潔的品德。❿宜從容臺閣　應該讓他到朝廷裡來為官。從容，悠閒自得的樣子。臺閣，尚書臺的別稱，這裡即指朝廷。⓫徵拜　調到朝廷授任以職。⓬守宰　太守與縣令，指各級地方官。⓭撫　鎮守；安撫。⓮王敦自領寧益二州都督　胡三省注曰：「非君命，故史以『自領』書之。」寧州的州治在今昆明東南，益州的州治在今重慶市奉節。⓯十月己丑　十月初九。⓰王諒　字幼成，王敦的親信。傳見《晉書》卷八十九。⓱交州　晉州名，州治龍編，在今越南河內東北。⓲脩湛　前交州刺史脩則之子，被王敦的反對派新昌太守梁碩擁立為交州刺史。⓳新昌　晉郡名，吳孫晧建衡三年，分交趾立新興郡，武帝太康三年，更名新昌郡。⑳河南　指今河南古黃河以南地區。㉑襄城城父　皆晉縣名，襄城即今河南襄城，城父縣的縣治在今安徽亳州東城父集。㉒譙　晉郡名，郡治即今安徽亳州。㉓祖約　祖逖之弟，此時接其兄任為豫州刺史。傳見《晉書》卷一百。㉔陳留　晉代諸侯國名，都城小黃縣，在今河南開封東。㉕梁鄭之間　指今安徽碭山縣至河南新鄭一帶地區。梁、鄭都是古代國名，梁國的都城在今河南商丘城南，鄭國的都城即今河南新鄭。㉖騷然　驚恐不安的樣子。㉗荀組　荀藩之弟，忠於晉王朝的腐敗官僚，曾任豫州刺史，因無法抵抗石勒而逃過江東。傳見《晉書》卷三十九。㉘辛酉　十一月十二日。㉙罷司徒二句　將司徒所掌管的事務，併歸丞相府管理。荀組為太尉之前為司徒，荀組調任後，司徒暫時無人，王敦時任丞相，遂乘機將司徒的職權併為己有。㉚以司徒官屬為留府　把司徒府的一班官員改組為王敦丞相府的駐京辦事處，以加強對朝廷的控制。留府，駐京辦事機構。㉛閏月己丑　閏十一月初十。㉜大業未復　光復北方失地的事業沒有任何成就。㉝庚寅　閏十一月十一。㉞粟邑　晉縣名，縣治在今陝西白水縣西北。㉟陵下周二里　謂陵墓下沿周長二里，極言其奢侈。㊱右侯　石勒對其謀士張賓的尊稱。㊲豈非酷乎　豈不是太慘了點嗎。胡三省注曰：「酷，慘也，虐也，言天奪張賓之年，何其虐我之慘也。」㊳彌日　一整天。㊴南安　晉郡名，郡治豲道縣，在今甘肅隴西縣東南渭水東岸。㊵秦州　張茂所置的秦州，州治隴西郡，在今甘肅隴西縣東南。㊶令支　晉縣名，縣治在今河北遷安西，當時為段末柸的盤據之地。

【語　譯】秋季，七月，後趙中山公石虎攻陷了泰山，活捉了自稱為兗州刺史的徐龕，將他押送回後趙的都城襄國。後趙王石勒把徐龕裝在一個袋子裡，從高達百尺的樓上推下來摔死，命王伏都等人的妻子割徐龕的肉吃，投降的三千名士卒全部被活埋。

東晉兗州刺史郗鑒鎮守鄒山之後，在三年的時間裡，就聚集起民眾數萬人，因為連年戰爭，再加上災荒年景，當地的民眾因為飢餓，就到曠野中挖掘老鼠、攀上樹去尋找躲藏在窩中避寒的燕子充飢。遭受後趙的襲擊，郗鑒只得放棄鄒山率眾退到合肥堅守。擔任尚書右僕射的紀瞻認為郗鑒具有美好的聲望和廉潔的品德，應該讓他到朝廷裡來任職，於是就上疏給晉元帝司馬睿，請求徵召郗鑒。晉元帝批准了紀瞻的奏章，就將郗鑒調到朝廷，拜為尚書。徐州、兗州之間的大多堡塢都投降了後趙，後趙在那裡設置地方官吏以鎮守安撫百姓。

東晉大將軍王敦自行兼任寧州、益州二州都督。

冬季，十月初九日己丑，東晉荊州刺史王廙去世，死後被追諡為武陵康侯。

東晉王敦任命下邳內史的王邃都督青、徐、幽、平四州諸軍事，鎮守淮陰，衛將軍王含都督沔南諸軍事，兼任荊州刺史，武昌太守丹楊人王諒為交州刺史。王敦讓王諒逮捕交州刺史脩湛、新昌太守梁碩，把他們殺掉。王諒誘騙脩湛，將脩湛斬首。梁碩起兵將王諒包圍在龍編。

東晉豫州刺史祖逖去世後，後趙多次派軍隊進犯黃河以南地區，先後攻佔了襄城、城父，圍困了譙城，繼任豫州刺史的祖約沒有能力抵禦後趙的進攻，就率軍撤退到壽春屯紮。後趙遂奪去了陳留，從此梁、鄭之間的局勢又陷入動盪不安的狀態。

十一月，東晉任命臨潁元公荀組為太尉。十二日辛酉，荀組去世。○東晉將司徒所掌管的業務併入丞相府管理。大將軍王敦把司徒府改建為自己丞相府的駐京辦事處——留府，原任司徒府官員全部納入留府。

晉元帝司馬睿憂憤成疾，於閏十一月初十日己丑駕崩，司空王導在晉元帝臨終前接受遺詔輔佐朝政。晉元帝一生恭謹節儉有餘，而英明果斷不足，所以光復北方失地的事業還沒有取得任何成就而內亂就已經興起。十一日庚寅，皇太子司馬紹即皇帝位，在全國實行大赦，他尊奉自己的生母荀氏為建安君。

十二月，前趙主劉曜將自己的父母埋葬在粟邑，大赦天下。劉曜父母的陵墓下沿周長二里，地上部分高一百尺，總計徵調民夫六萬人，需要勞作一百天才能完工。由於工程日夜不停，夜間就用燭火照明，人民痛苦不堪。游子遠百般勸阻，劉曜就是不聽。

後趙濮陽景侯張賓去世，後趙王石勒哭得非常悲痛，他說：「上天不想讓我成就偉大的功業了吧，為什麼這麼早就將我的右侯奪走呀！」程遐接替張賓為右長史。程遐，是世子石弘的舅舅。石勒每次與程遐商議國是，遇到意見不能統一的時候，石勒就歎息著說：「右侯捨我而去，竟讓我與這種人共事，豈不是太慘了點嗎！」往往會傷心落淚一整天。

涼州西平公張茂派將軍韓璞率領部眾攻取了隴西、南安地區，張茂把它設置為秦州。〇慕容廆派遣世子慕容皝襲擊遼西公段末柸，進入段末柸的領地令支，擄掠了那裡的一千多戶居民而後返回。

肅宗明皇帝❶上

太寧元年（癸未　西元三二三年）

春，正月，成李驤、任回❷寇臺登❸。將軍司馬玖戰死，越巂❹太守李釗、漢嘉❺太守王載皆以郡降于成。

二月庚戌❻，葬元帝于建平陵❼。

三月戊寅朔❽，改元❾。〇饒安、東光、安陵❿三縣災⓫，燒七千餘家，死者萬五千人。〇後趙寇彭城、下邳⓬，徐州刺史卞敦與征北將軍王邃退保盱眙⓭。敦，壼之從父兄也⓮。

王敦謀篡位，諷朝廷徵己⓯。帝手詔⓰徵之。夏，四月，加敦黃鉞⓱班劍⓲，奏事不名⓳，入朝不趨⓴，劍履上殿㉑。敦移鎮姑孰㉒，屯于湖㉓。以司空導為司徒㉔，敦自領揚州牧。敦欲為逆，王彬諫之甚苦。敦變色，目左右㉕，將收之。彬正色曰：「君昔歲殺兄㉖，今又殺弟邪！」敦乃止，以彬為豫章太守。

後趙王勒遣使結好於慕容廆，廆執送建康。

成李驤等進攻寧州，刺史褒中壯公王遜㉗使將軍姚嶽等拒之，戰於螗蜋㉘，成兵大敗。嶽追至瀘水㉙，成兵爭濟，溺死者千餘人。嶽以道遠，不敢濟而還。遜以嶽不窮追，大怒，鞭之。怒甚，冠裂而卒。遜在州十四年，威行殊俗㉚。州人立其子堅行州府事㉛，詔除㉜堅寧州刺史。

廣州刺史陶侃遣兵救交州。未至，梁碩拔龍編，奪刺史王諒節。諒不與，碩斷其右臂。諒曰：「死且不避，斷臂何為㉝[1]！」踰旬而卒。

六月壬子㉞，立妃庾氏為皇后㉟，以后兄中領軍亮㊱為中書監㊲。

梁碩據交州，凶暴失眾心。陶侃遣參軍高寶攻碩，斬之。詔以侃領交州刺史，進號征南大將軍、開府儀同三司。未幾，吏部郎阮放求為交州刺史，許之。放行至寧浦㊳，遇高寶，為寶設饌，伏兵殺之。寶兵擊放，放走得免，至州少時病卒。放，咸㊴之族子也。

陳安圍趙征西將軍劉貢于南安，休屠王石武自桑城㊵引兵趣上邽㊶以救之，與貢合擊安，大破之。安收餘騎八千，走保隴城㊷。秋，七月，趙主曜自將圍隴城，別遣兵圍上邽。安頻出戰，輒敗。右軍將軍劉幹攻平襄㊸，克之，隴上㊹諸縣悉降。安留其將楊伯支、姜沖兒守隴城，自帥精騎突圍，出奔陝中[45]。曜遣將軍平先等追之。安左揮七尺大刀，右運丈八蛇矛，近則刀矛俱發，輒殪五六人[46]，遠則左右馳射而走。先亦勇捷如飛，與安搏戰，三交[47]，遂奪其蛇矛。會[48]日暮雨甚，安棄馬與左右匿於山中。趙兵索[49]之，不知所在。明日，安遣其將石容覘[50]趙兵，趙輔威將軍呼延青人[51]獲之，拷問安所在，容卒[52]不肯言，青人殺之。雨霽[53]，青人尋其迹，獲安於澗曲[54]，斬之。安善撫將士[55]，與同甘苦。及死，隴上人思之，為作壯士之歌[56]。楊伯支斬姜沖兒，以隴城降，別將[57]宋亭斬趙募，以上邽降。曜徙[58]秦州大姓楊、姜諸族二千餘戶于長安，氐、羌皆送任[59]請降。以赤亭羌酋[60]姚弋仲為平西將軍，封平襄公。

帝畏王敦之逼，欲以郗鑒為外援，拜鑒兗州刺史，都督揚州江西諸軍事，鎮合肥。王敦忌之，表鑒[61]為尚書令。八月，詔徵鑒還，道經姑孰，敦與之論西朝人士[62]，曰：「樂彥輔[63]，短才耳，考其實，豈勝滿武秋邪[64]！」鑒曰：「彥輔道韻平淡[65]，愍懷之廢，柔而能正[66]。武秋失節之士[67]，安得擬之！」敦曰：「當是時，危機交急[68]。」鑒曰：「丈夫當死生以之[69]。」敦惡其言，不復相見，久留不遣。敦黨皆勸敦殺之，敦不從。鑒還臺，遂與帝謀討敦。

後趙中山公虎帥步騎四萬擊安東將軍曹嶷，青州郡縣多降之，遂圍廣固[70]。嶷出降，送襄國，殺之，阬其眾三萬[2]。虎欲盡殺嶷眾，青州刺史劉徵曰：「今留徵，使牧民[71]也。無民焉牧？徵將歸耳。」虎乃留男女七百口配徵，使鎮廣固。

趙主曜自隴上西擊涼州，遣其將劉咸攻韓璞於冀城[72]，呼延晏攻寧羌護軍陰鑒於桑壁[73]，曜自將戎卒二十八萬軍于河上[74]，列營百餘里，金鼓之聲動地，河水為沸。張茂臨河諸戍，皆望風奔潰。曜揚聲欲百道俱濟[75]，直抵姑臧[76]，涼州大震。參軍馬岌勸茂親出拒戰，長史氾禕怒，請斬之。岌曰：「氾公糟粕書生，刺舉小才[77]，不思家國大計。明公父子[78]欲為朝廷誅劉曜有年矣，今曜自至，遠近之情[79]，共觀明公此舉。當立信勇之驗[80]，以副秦、隴之望[81]。力雖不敵，勢不可以不出[82]。」茂曰：「善！」乃出屯石頭[83]。茂謂參軍陳珍曰：「劉曜舉三秦之眾[84]，乘勝席卷而來，將若之何？」珍曰：「曜兵雖多，精卒至少，大抵皆氐、羌烏合之眾，恩信未洽[85]；且有山東之虞[86]，安能捨其腹心之疾，曠日持久，與我爭河西之地邪？若二旬不退，珍請得弊卒[87]數千，為明公擒之。」茂喜，使珍將兵救韓璞。趙諸將爭欲濟河，趙主曜曰：「吾軍勢雖盛，然畏威[88]而來者三分有二，中軍[89]疲困，其實難用。今但按甲[90]勿動，以吾威聲震之。若出中旬[91]張茂之表[92]不至者，吾為負卿[93]矣。」茂虔[94]遣使稱藩[95]，獻馬、牛、羊、珍寶不可勝紀[96]。曜拜茂虔侍中、都督涼・南北秦・梁・益・巴・漢・隴右・西域雜夷・匈奴諸軍事、太師、涼州牧，封涼王，加九錫[97]。

楊難敵聞陳安死，大懼，與弟堅頭南奔漢中[98]。趙鎮西將軍劉厚追擊之，大獲而還。趙主曜以大鴻臚田崧為鎮南大將軍、益州刺史，鎮仇池。難敵送任請降於成，成安北將軍李稚[99]受難敵賂，不送難敵於成都。趙兵退，即遣歸武都，難敵遂據險不服。稚自悔失計，亟[100]請討之。雄遣稚兄侍中、中領軍琀與稚出白水[101]，征東將軍李壽及琀弟玝出陰平[102]，以擊難敵。羣臣諫，不聽。難敵遣兵拒之，壽、玝不得進。而琀、稚長驅至下辨[103]，難敵遣兵斷其歸路，四面攻之。琀、稚深入無繼[104]，皆為難敵所殺，死者數千人。琀，蕩之長子[105]，有才望[106]，雄欲以為嗣，聞其死，不食者數日。

初，趙主曜長子儉，次子胤。胤年十歲，長七尺五寸。漢主聰奇之，謂曜曰：「此兒神氣，非義真[107]之比也，當以為嗣。」曜曰：「藩國[108]之嗣，能守祭祀足矣，不敢亂長幼之序。」聰曰：「卿之勳德，當世受專征之任[109]，非它臣之比也。吾當更以一國封義真[110]。」乃封儉為臨海王，立胤為世子[111]。既長，多力善射，驍捷如風。靳準之亂，沒於黑匿郁鞠部[112]。陳安既敗，胤自言於郁鞠。郁鞠大驚，禮而歸之。曜悲喜，謂羣臣曰：「義光[113]雖已為太子，然沖幼儒謹[114]，恐不堪[115]今之多難。義孫[116]，故世子也，材器過人，且涉歷艱難。吾欲法周文王、漢光武[117]，以固社稷而安義光[118]，何如？」太傅呼延晏等皆曰：「陛下為國家無窮之計，豈惟臣等賴之，實宗廟四海之慶！」左光祿大夫卜泰、太子太保韓廣進曰：「陛下以廢立為是，不應更問羣臣。若以為疑，固樂聞異同之言。臣竊以為廢太子，非也。昔文王定嗣於未立之前，則可也。光武以母失恩而廢其子[119]，豈足為聖朝之法[120]！鄉以東海為嗣[121]，未必不如明帝[122]也。胤文武才略，誠高絕於世，然太子孝友仁慈，亦足為承平賢主[123]。況東宮[124]者，民神所繫[125]，豈可輕動！陛下誠欲如是[126]，臣等有死而已，不敢奉詔[127]。」曜默然。胤進曰：「父之於子，當愛之如一。今黜熙而立臣，臣何敢自安！陛下苟以臣為頗堪驅策[128]，豈不能輔熙以承聖業[129]乎？必若以臣代熙，臣請效死於此，不敢聞命。」因歔欷[130]流涕。曜亦以熙羊后所生，不忍廢也，乃追謚前妃卜氏[131]為元悼皇后。泰，即胤之舅也，曜嘉其公忠，以為上光祿大夫[132]、儀同三司、領太子太傅。封胤為永安王，拜侍中、衛大將軍、都督二宮禁衛[133]諸軍事、開府儀同三司、錄尚書事。命熙於胤盡家人之禮[134]。

張茂大城姑臧[135]，修靈鈞臺[136]。別駕吳紹諫曰：「明公所以修城築臺者，蓋懲既往之患[137]耳。愚以為苟恩未洽於人心，雖處層臺[138]，亦無所益，適足以疑羣下忠信之志[139]，失士民繫託之望[140]，示怯弱之形，啟[141]鄰敵之謀，將何以佐天子、霸諸侯乎？願亟罷茲役[142]，以息勞費。」茂曰：「亡兄一旦失身於物[143]，豈無忠臣義士欲盡節者哉？顧禍生不意[144]，雖有智勇，無所施耳。王公設險[145]，勇夫重閉[146]，古之道也。今國家未靖[147]，不可以太平之理[148]，責人於屯邅之世[149]也。」卒為之。

王敦從子允之[150]，方總角[151]，敦愛其聰警[152]，常以自隨。敦嘗夜飲，允之辭醉[153]先臥。敦與錢鳳謀為逆，允之悉聞其言[154]，即於臥處大吐，衣面並污。鳳出，敦果照視[155]，見允之臥於吐中，不復疑之。會其父舒拜廷尉[156]，允之求歸省父[157]，悉以敦、鳳之謀白舒。舒與王導俱啟帝，陰為之備。

敦欲彊其宗族，陵弱帝室，冬，十一月，徙王含為征東將軍、都督揚州江西諸軍事，王舒為荊州刺史、監荊州沔南諸軍事，王彬為江州刺史。

後趙王勒以參軍樊坦為章武內史[158]。勒見其衣冠弊壞，問之。坦率然[159]對曰：「頃為羯賊所掠[160]，資財蕩盡。」勒笑曰：「羯賊乃爾[161]無道邪！今當相償。」

坦大懼[162]，叩頭泣謝。勒賜車馬、衣服、裝錢三百萬而遣之。

是歲，越嶲斯叟[163]攻成將任回，成主雄遣征南將軍費黑討之。

會稽內史周札[164]一門五侯[165]，宗族彊盛，吳士[166]莫與為比，王敦忌之。敦有疾，錢鳳勸敦早除周氏，敦然之。周嵩以兄顗之死，心常憤憤。敦無子，養王含子應[167]為嗣。嵩嘗於眾中言應不宜統兵，敦惡之。嵩與札兄子莚皆為敦從事中郎。會道士李脫以妖術惑眾，士民頗信事之[168]。

【章旨】以上為第三段，寫晉明帝太寧元年（西元三二三年）一年間的大事。主要寫了王敦返回朝廷，讓晉明帝為他加黃鉞、班劍，奏事不名，劍履上殿；寫了王敦為強化王氏家族的勢力，封王含、王舒、王彬等為大州刺史；寫了王敦嫉妒周札一門五侯，準備除掉周氏；寫了王敦與其心腹錢鳳密謀篡位，被王舒的兒子王允之聽到告發，司馬紹等預為之備；寫了秦州的軍閥陳安被劉曜消滅，隴城、上邽一帶併入前趙；寫了劉曜親征涼州張茂，張茂不敵而向劉曜稱臣；寫了劉曜在立太子上的種種曲折，以及劉胤備受榮寵；寫了成國將領李驤、任回進犯臺登，東晉的將領司馬玖戰死，越嶲、漢嘉太守相繼以郡投降成國，以及後趙石虎破殺曹嶷，青州併入後趙等。

【注釋】❶肅宗明皇帝　司馬紹，字道畿，元帝司馬睿的長子，西元三二三—三二五年在位。事詳《晉書》卷六〈明帝紀〉。《謚法》：思慮果遠曰明。❷李驤任回　成國李雄政權的將領。❸寇臺登　進犯臺登縣。臺登縣的縣治在今四川冕寧南瀘沽村。❹越嶲　晉郡名，郡治會元縣，在今四川會理西。❺漢嘉　晉郡名，郡治在今四川雅安北。❻二月庚戌　二月初二。❼建平陵　晉元帝陵墓。在今江蘇南京城北雞籠山。❽戊寅朔　三月初一。❾改元　改用晉明帝的年號，即稱「太寧元年」。❿饒

安東光安陵　皆晉縣名，饒安縣的縣治在今河北鹽山縣西南五十里舊縣鎮，東光縣的縣治在今河北東光東二十里，安陵縣又名東安陵縣，縣治在今河北吳橋西北二十五里。⑪災　失火。⑫彭城下邳　晉王朝的郡國名，彭城郡的郡治即今江蘇徐州，下邳國的都城在今江蘇睢寧西北古邳鎮東。⑬盱眙　晉縣名，縣治在今江蘇盱眙東北。⑭敦二句　卞敦是卞壺的堂兄弟。卞敦、卞壺的事跡見《晉書》卷七十。⑮諷朝廷徵己　給朝臣吹風，讓皇帝把他從武昌調回朝廷。諷，用含蓄的語言示意。徵，調。⑯手詔　親自寫詔書。⑰黃鉞　銅製的鍍金大斧，原為帝王統兵征伐所執，後用為賜予權臣的一種儀仗，意即給予他生殺之權。⑱班劍　手執木劍的儀仗隊。胡三省引劉良《文選注》曰：「班劍，謂執劍而從行者也。」又呂向曰：「班，列也，言使勇士行列持劍以為儀仗也。」李周翰曰：「班劍，木劍無刃，假作劍形，畫之以文，故曰班也。」《晉志》：「文武官公，給虎賁二十人，持班劍。」班，通「斑」。⑲奏事不名　向皇帝稟奏事項不用司儀唱名拜見。下文「入朝不趨」、「劍履上殿」也是帝王賜給親信大臣的特殊待遇。⑳入朝不趨　上朝時不用小步急行之禮。古人見帝王和尊長時，須小步急行，即所謂「趨」，以示恭敬。㉑劍履上殿　受賜者可以佩著劍、穿著靴進入殿堂見皇帝。㉒姑孰　晉縣名，即今安徽當塗。㉓屯于湖　駐兵在于湖城。于湖城在今安徽當塗南三十八里。㉔司徒　上年罷司徒官，併其職任於丞相，現在又予以恢復。㉕目左右　用眼睛向身邊的侍從示意。目，名詞動用，即使眼色。㉖昔歲殺兄　指王敦於懷帝永嘉六年之殺王澄。王澄、王彬皆王敦族人。㉗褒中壯公王遜　西晉以來的著名地方官，曾任南夷校尉、寧州刺史。以功封褒中縣公。壯字是謚。傳見《晉書》卷八十一。㉘螗蜋　又作「堂琅」或「堂狼」，晉縣名，縣治在今雲南巧家東。㉙瀘水　指今金沙江自四川攀枝花會合雅礱江以後的河段。㉚威行殊俗　意即威震生番化外。殊俗，指風俗不同的邊遠地區。㉛行州府事　代理寧州刺史與南夷校尉府的職權。㉜詔除　朝廷正式任命。除，任命；授以職務。㉝斷臂何為　胳膊斷了有何關係。㉞六月壬子　六月初六。㉟立妃庾氏為皇后　這句話的主語是晉明帝。㊱中領軍亮　領軍將軍庾亮。中領軍即領軍將軍的簡稱，統率皇帝的禁衛軍。庾亮，字元規，晉明帝的妻兄，後成為執政大臣。傳見《晉書》卷七十三。㊲中書監　中書令的副職，離丞相只差一步。㊳寧浦　晉郡名，郡治在今廣西橫縣西南。㊴咸　阮咸，字仲容，阮籍的姪子。狂放不拘禮法，為「竹林七賢」之一。傳附《晉書》卷四十九〈阮籍傳〉。㊵桑城　在今甘肅臨洮西南。㊶趣上邽　奔向上邽城。趣，同「趨」。急往。上邽城在今甘肅天水市西南，當時為陳安的駐兵之地。㊷隴城　在今甘肅張家川縣，是漢、魏隴縣的故城。㊸平襄　晉縣名，縣治在今甘肅通渭西南。㊹隴上　隴山綿亙於甘肅清水縣、張家川縣和陝西隴縣、寶雞之間，這一帶通稱隴上。隴上當時是陳安的勢力範圍。㊺陝中　古城名，在隴城南。㊻輒殪五六人　一出手就能殺死五六個。㊼三交　三次交手；三個回合。㊽會　適逢；正趕上。㊾索　搜索；尋找。㊿覘窺視；暗中偵察。(51)呼延青人　姓呼延，名青人。(52)卒　始終。(53)雨霽　雨過天晴。(54)澗曲　山澗拐角。(55)撫將士　對部下有恩。撫，體恤；愛護。(56)壯士之歌　歌詞是：「隴上壯士有陳安，軀幹雖小腹中寬，愛養將士同心肝，騙驄交馬鐵瑕鞍。七尺大刀奮如湍，丈八蛇矛左右盤，十盪十決無當前。戰始三交失蛇矛，棄我騙驄竄巖幽，為我外援而懸頭。西流之水東流河，一去不還奈子何？」(57)別將　與主力部隊配合作戰的別路將領。(58)徙　強制搬遷。(59)送任　派出人質。(60)赤亭羌酋　赤亭地區的羌族頭領。赤亭在今甘肅隴西縣西，漢時燒當羌的一支徙居於此，後人稱之為「赤亭羌」，姚弋仲即其後裔。(61)表鑒　上表請求改任郗鑒。(62)西朝人士　西晉王朝的重要人物。西朝，東晉人稱建都洛陽的西晉政權為西朝。(63)樂彥輔　名廣，字彥輔，西晉王朝的名士，善清談，累官至尚書令。長沙王司馬乂當政時，因他是成都王司馬穎的岳父而迫害之，憂憤而死。傳見《晉書》卷四十三。(64)豈勝滿武秋邪　能說是比滿武秋強嗎。豈勝，怎能超過。滿武秋，名奮，字武秋，西晉元康中官至尚書令、司隸校尉。(65)道韻平淡　風格樸實。(66)愍懷之廢二句　愍懷，西晉惠帝的太子司馬遹，死後謚為愍懷。惠帝元康九年（西元二九九年）冬，賈后、賈謐廢太子遹為庶人，惠帝永康元年（西元三〇〇年）春，幽禁遹於許昌宮，下令宮臣不得辭送。江統、潘滔等冒禁至伊水拜辭涕泣。司隸校尉滿奮收縛統等送獄。其繫河南獄者，被河南尹樂廣釋放。都官從事孫琰擔心壓制過甚會引發人們對太子的懷念，勸賈謐釋放所有在押人員，樂廣因此未被治罪。所以郗鑒說樂廣「柔而能正」。(67)武秋失節之士　指滿奮收捕江統、潘滔等送太子的東宮官員以及惠帝永寧元年（西元三〇一年）趙王司馬倫篡位時替趙王持節、奉璽綬等事。其實據《晉書》記載，樂廣也是向趙王倫進璽綬的官員之一。這裡王敦、郗鑒各懷心事，引古證今，各為己用，不必考究史實。(68)危機交急　指賈后、賈謐專權妄為，傾危朝政。王敦這裡似乎以趙王倫自況，篡位之心已溢於言表。(69)死生以之　為堅持真理而豁出生命。(70)廣固　古城名，在今山東青州西北八里堯山之南。(71)牧民　管理百姓，以放牧牲畜為喻。(72)冀城　晉縣名，縣治在今甘肅甘谷縣南。(73)桑壁　地名，在今甘肅隴西縣。(74)河上　黃河邊上。(75)百道俱濟　同時在一百個渡口強渡黃河。濟，渡河。(76)直抵姑臧　直取姑臧。姑臧即今甘肅武威，當時是張茂涼州政權的都城。(77)刺舉小才　只有刺探揭發別人隱私的小聰明。(78)明公父子　指張茂之父張軌，與其兄張寔及張茂本人。(79)遠近之情　全國各地區的人心動向。(80)當立信勇之驗　應當做出一種既勇敢又有信義的樣子。(81)以副秦隴之望　以順應秦川、隴上一帶人民的願望。副，相稱；符合。(82)勢不可以不出　無論如何我們不能不出兵抗敵。勢，勢必；無論如何。(83)石頭　城名，在今甘肅武威東。(84)舉三秦之眾　把他佔領區的三秦地區的軍民傾巢出動。三秦，指今陝西一帶，項羽破秦入關，三分秦之關中地，以咸陽以西為雍，咸陽以東至黃河為塞，上郡之地為翟，分別置王，合稱三秦。當時為前趙的佔領區。(85)恩信未洽　劉曜的恩惠與信義尚未深入人心。洽，遍；廣。(86)山東之虞　華山以東的軍事勢力對他的威脅，指晉王朝的兵力與石勒後趙的兵力。山東，華山或崤山以東，當時為石勒與晉王朝正在彼此爭奪的區域。虞，憂慮，這裡主要指石勒的威脅。(87)弊卒　老弱殘兵。(88)畏威　畏懼劉曜的聲威。(89)中軍　指主要的作戰部隊。(90)按甲　猶「按兵」。駐紮下來。(91)出中旬　過了這個月的中旬。(92)張茂之表指張茂的降表。(93)吾為負卿　那就算我輸給你。負，輸。(94)尋　不久。(95)遣使稱藩　派使臣來求和稱臣。藩，王朝的屬國。(96)不可勝紀　無法統計。紀，此處通「計」。(97)九錫　帝王賞賜給權臣的九種特殊待遇，即「劍履上殿」、「贊拜不名」、「納陛以登」等等，當年曹丕、司馬炎等都接受過前一個王朝的傀儡皇帝授予的這些待遇，王敦也接受了類似待遇。(98)漢中　晉郡名，郡治南鄭，即今陝西漢中。(99)李稚　成王李雄的部將，時任鎮北將軍。(100)亟　屢次。(101)白水　晉縣名，縣治在今四川青川縣東北。(102)陰平　縣名，縣治在今甘肅文縣西北。(103)下辨　當時武都郡的郡治所在地，在今甘肅成縣西北。(104)無繼　無後續部隊。(105)琀二句　李琀是李蕩的長子。李蕩是李雄之兄，李琀是李雄的姪子。(106)有才望　有才能、有名望。(107)義真　長子劉儉，字義真。(108)藩國　大國國內的諸侯國，當時劉曜對劉聰自稱藩國。(109)世受專征之任　世世代代地為一方諸侯，專主征伐。(110)更以一國封義真　另劃出一塊地盤，以封立你的大兒子義真。更，另外。(111)世子　義同太子，正式的接班人。(112)沒於黑匿郁鞠部　被裹挾淪陷到了一個首領名叫黑匿郁鞠的匈奴部落中。沒，淪陷；淪落而不得歸。(113)義光　劉曜後來所立的太子劉熙，字義光。(114)沖幼儒謹　年紀幼小，懦弱拘謹。沖，幼小。(115)不堪　擔負不了。(116)義孫　即劉胤，字義孫。(117)法周文王漢光武　效法周文王捨伯邑考而立武王，漢光武捨長子彊而立明帝。(118)固社稷而安義光　使國家能保持穩固強大，讓現在的太子義光也能安全無虞。(119)光武以母失恩而廢其子　劉秀是因為先廢了太子的母親，故而後來才又廢了太子。東漢光武帝建武十七年廢郭皇后，太子彊不自安，屢次表示願備藩國。十九年，遂廢為東海王。(120)豈足為聖朝之法　哪裡值得我們這個王朝學習。(121)曏以東海為嗣　當初劉秀如果讓東海王劉彊接班。曏，當初。(122)未必不如明帝　未必就比改立的漢明帝差。漢明帝名劉莊，西元五七—七五年在位。事詳《後漢書》的〈光武帝紀〉、〈明帝紀〉。(123)承平賢主　繼開國英主之後的和平時代的優秀君主。(124)東宮　太子所居之宮，這裡即指太子。(125)民神所繫　是全國上下與天地神靈所關心矚目的。繫，關心；矚目。(126)誠欲如是　指一定要更換太子。(127)不敢奉詔　不能按照你的意思做。(128)頗堪驅策　還能為國家做一些事情。頗，一點兒；不多。堪驅策，能接受指揮為國立功。(129)承聖業　繼承您的神聖事業。(130)歔欷　哽咽、抽泣的樣子。(131)卜氏　劉胤之母。(132)上光祿大夫　光祿大夫無固定職掌，相當於顧問。在前加「上」，有特別尊寵之意。(133)都督二宮禁衛　統領漢主劉曜與太子劉熙兩宮的禁衛軍。(134)盡家人之禮　像平民家庭那樣以兄弟之禮相論。劉熙是劉胤之弟，劉曜命劉熙不要因是儲嗣而廢兄弟之禮。

135大城姑臧　在其都城姑臧大興土木建築城牆。136靈鈞臺　晉元帝太興四年，張茂曾建築靈鈞臺，因閻曾諫阻而停止，現在又開始修建。137懲既往之患　是接受上次的教訓，指劉曜大兵來攻。懲，接受教訓。138層臺　高臺。139疑羣下忠信之志　讓部下的忠信之士對你生疑。疑，使……產生懷疑。140失士民繫託之望　讓部下臣民對您失去可依賴的感覺。繫託，依靠；仰仗。141啓　引發；使其產生。142亟罷茲役　趕緊停止這項工程。亟，急速；馬上。143亡兄一旦失身於物　指本書卷九十一太興三年張茂之兄長張寔因劉弘妖術惑眾，被部下所殺事。失身於物，指被人所殺。144顧禍生不意　關鍵在於事情突然發生在意料之外。顧，但是；總是在於。145王公設險　歷代的帝王都要築城建關，以守其國。《易・坎卦・彖辭》：「王公設險以守國，險之時用大矣哉。」146勇夫重閉　再勇敢的人也要注意緊閉門戶。《左傳》成公八年：「勇夫重閉，況國乎？」重閉，內外門戶，層層關閉。147未靖　尚未太平。148以太平之理　以和平時期的道理。149責人於屯邅之世　來批評動盪年代人們所採取的措施。責，要求；批評。屯邅，也作「迍邅」。艱險難行，以比喻動盪、險惡的時局。150從子允之　王敦的姪子王允之，其父王舒，是王敦的堂兄弟。傳見《晉書》卷七十六。151總角　古代男女未成年的一種髮式，束髮為兩髻，形狀如角，故稱總角。後用來代指童年。152聰警　聰明伶俐。153辭醉　推說酒醉離席。154悉聞其言　全部聽到了他們的說話。155照視　舉燈照看。156拜廷尉　授任廷尉之職。廷尉是國家的最高司法官，掌刑獄。157求歸省父　請求回家探看父親。158章武內史　章武縣的行政長官。胡三省注曰：「章武縣，漢屬勃海郡；武帝泰始元年，分置章武國；隋廢章武，併入河間郡；唐為瀛洲。」159率然　坦率地；極自然地。160頃為羯賊所掠　剛剛遭到幾個羯族匪盜的搶奪。頃，剛剛。羯，石勒所屬的少數民族。161乃爾　竟然如此。162坦大懼　因石勒是羯人，自知失言。163越巂斯叟　越巂郡的少數民族部落首領。胡三省注曰：「《前漢・西南夷傳》云：『自巂以東北，君長以十數，徙、筰都最大。』師古曰：『徙及筰都二國也。』」巂，音髓。徙，音斯。此斯，即漢之徙種也，蜀謂之叟。」164周札　周處的第三個兒子。165一門五侯　周札封東遷縣侯；兄靖之子懋，封清流亭侯；懋弟贊，封武康縣侯；贊弟縉，封都鄉侯；兄玘之子勰，封烏程縣侯。凡五侯。166吳士　謂吳郡一帶士大夫。吳，晉郡名，郡治即今江蘇蘇州。167王含子應　王含的兒子王應。王含是王敦的胞兄。168信事之　信奉而尊崇擁戴之。

【校　記】1何為　嚴衍《通鑑補》改作「何有」。從文義看，當作「何有」。2三萬　據章鈺校，乙十一行本作「二萬」。

【語　譯】肅宗明皇帝上

太寧元年（癸未　西元三二三年）

春季，正月，成國太傅李驤、鎮南大將軍任回率領軍隊進犯東晉管轄之下的臺登縣。東晉司馬玖將軍戰死，越巂太守李釗、漢嘉太守王載都獻出城池，投降了成國。

二月初二日庚戌，東晉將晉元帝司馬睿安葬於建平陵。

三月初一日戊寅，東晉改年號為「太寧」元年。○後趙的饒安、東光、安陵三縣發生火災，燒毀了七千多家，死亡一萬五千人。○後趙派軍隊進犯東晉的彭城郡、下邳國，擔任徐州刺史的卞敦與征北將軍王邃退入盱眙堅守。卞敦，是卞壼的堂兄。

東晉大將軍王敦陰謀篡奪皇位，他暗示朝廷將他從武昌調回建康朝廷。晉明帝司馬紹就親自寫下詔書徵調王敦入朝。夏季，四月，加授王敦象徵生殺大權的鍍金大銅斧、畫有花紋的班劍作為儀仗，向皇帝奏事時不用司儀唱名拜見，上朝的時候不用像其他朝臣那樣用小步急行之禮，可以佩著劍、穿著靴上殿見皇帝。王敦於是從武昌移駐姑孰，屯紮在于湖。王敦改任司空王導為司徒，王敦自己則兼任揚州牧。王敦準備謀劃政變，他的堂弟王彬苦苦進行勸諫。王敦馬上翻了臉，他給身邊的侍從使眼色，示意他們把王彬抓起來。王彬嚴肅地說：「你過去曾經殺死過兄長，現在又要殺死弟弟嗎！」王敦只得作罷，任用王彬為豫章太守。

後趙王石勒派遣使者訪問東晉慕容廆，想與慕容廆結好，慕容廆將使者抓起來送往建康。

成國太傅李驤等進攻臣屬於東晉的寧州，寧州刺史褒中壯公王遜派屬下將軍姚嶽等抵禦成國李驤等的進攻，雙方在螗蜋展開激戰，成國的軍隊被打得大敗。姚嶽率軍追趕敗軍，一直追到瀘水岸邊，成國的士兵爭相渡河，被擠入水中淹死的有一千多人。姚嶽因為路途遙遠，就沒敢渡過黃河繼續追趕，而是撤軍而回。寧州刺史王遜因為姚嶽沒有對戰敗的成國軍隊窮追猛打而勃然大怒，他用鞭子抽打姚嶽。由於怒火太盛，帽子都被漲裂了，王遜也因此而氣絕身亡。王遜在寧州任職十四年，他的聲威震懾了習俗不同的邊遠地區。寧州人擁戴他的兒子王堅擔任寧州刺史和南夷校尉府的職權。東晉朝廷下詔正式任命王堅為寧州刺史。

東晉擔任廣州刺史的陶侃派軍隊救援交州。軍隊還沒有趕到交州，新昌太守梁碩已經攻克了龍編，想奪取王敦所任命的交州刺史王諒手中的符節。王諒不給，梁碩就砍斷了王諒的右胳膊。王諒說：「我連死都不躲避，斷一條胳膊又算得了什麼！」十多天後，王諒去世。

六月初六日壬子，晉明帝司馬紹冊封庾氏為皇后，任命皇后的哥哥擔任中領軍的庾亮為中書監。

新昌太守梁碩佔據了交州，他兇惡殘暴不得民心。廣州刺史陶侃就派參軍高寶率軍去攻打梁碩，將梁碩斬首。晉明帝司馬紹下詔任命陶侃兼任交州刺史，加授陶侃為征南大將軍、開府儀同三司。不久，擔任吏部郎的阮放請求擔任交州刺史，晉明帝又答應了阮放的請求，任命阮放為交州刺史。阮放前往交州赴任，當他來到寧浦的時候，正巧遇上陶侃的部將高寶，阮放宴請高寶，他事先設好埋伏，在席間將高寶殺死。高寶的部眾反擊阮放，阮放逃走才保住性命，但他到交州不久就病死了。阮放，是阮咸的堂姪。

陳安將前趙的征西將軍劉貢包圍在南安城中，休屠王石武率軍從桑城趕往上邽救援劉貢，他與劉貢聯合攻打陳安，將陳安打得大敗。陳安集結起八千名殘餘騎兵，逃到隴城堅守。秋季，七月，前趙主劉曜御駕親征，包圍了隴城，派遣另一支部隊包圍了上邽。陳安屢次出戰，都是大敗而回。前趙右軍將軍劉幹率軍攻佔了平襄，隴上各縣全部向前趙投降。陳安留下部將楊伯支、姜沖兒鎮守隴城，自己則率領精銳騎兵突破包圍，逃往陝中。前趙主劉曜派遣將軍平先等率軍追趕陳安。陳安左手揮舞七尺大刀，右手抖動丈八蛇矛，對靠近他的人能刀矛同時出擊，一出手就能殺死五六人，距離遠的則一邊奔跑一邊從左右用強弩射擊。平先也是驍勇異常，而且行動快捷，就像飛的一樣，他與陳安進行搏鬥，只三個回合，就奪下了陳安的丈八蛇矛。恰巧黃昏時分又下起大雨，陳安拋棄戰馬與左右親信躲藏到山中。前趙兵進山搜索，卻不知陳安躲藏在什麼地方。第二天，陳安派部將石容去偵查前趙軍的動靜，被前趙輔威將軍呼延青人抓獲，呼延青人嚴刑拷問陳安的藏身之處，石容卻始終不肯告訴他，呼延青人便將石容殺死。雨過天晴，呼延青人追蹤陳安等逃走時留下的痕跡，在一個山澗的拐彎處將陳安抓獲，並將陳安斬首。陳安愛護、體恤將士，與將士同甘共苦。等到陳安一死，隴上的人都很懷念他，特別編了一首〈壯士之歌〉來紀念他。陳安留守隴城的部將楊伯支將另一名留守將領姜沖兒殺死，獻出隴城，投降了前趙，陳安的另一部將宋亭將鎮守上邽的趙募殺死，獻出上邽，也投降了前趙。前趙主劉曜強迫秦州大姓楊、姜諸豪族二千多戶遷往都城長安，氐族、羌族全都送人質到前趙，表示歸附。前趙主劉曜任命赤亭地區的羌人酋長姚弋仲為平西將軍，封他為平襄公。

晉明帝司馬紹懼怕大將軍王敦的逼迫，想讓郗鑒作為外援，於是任命郗鑒為兗州刺史，都督揚州、江西諸軍事，鎮守合肥。王敦對此很是忌恨，就上表奏請任命郗鑒為尚書令。八月，晉明帝下詔將郗鑒徵召回建康任尚書令，郗鑒回建康途中經過王敦所駐紮的姑孰，王敦就與郗鑒談論起西晉時期有哪些重要人物，王敦說：「樂彥輔這個人，沒有什麼才幹，考察他的實際，哪裡能勝過滿武秋呢！」郗鑒說：「樂彥輔風格樸實、平淡無奇，愍懷太子被廢時，他雖然柔弱，但行事卻很正直。武秋是一個失去操守的人，怎能拿他與樂彥輔做比較！」王敦又說：「那個時候，危機四伏，形勢緊急。」郗鑒說：「大丈夫應當為堅持真理而豁出性命。」王敦厭惡郗鑒的說話，就不再與他見面，但卻長時間留住郗鑒，不放他回建康。王敦的朋黨都勸說王敦殺掉郗鑒，但王敦沒有聽從他們。郗鑒回到朝廷之後，就與晉明帝司馬紹謀劃討伐王敦之事。

後趙中山公石虎率領四萬名步兵、騎兵攻打東晉青州刺史、安東將軍曹嶷，青州所屬郡縣大多都投降了石虎，石虎包圍了曹嶷的大本營廣固。曹嶷出城向後趙石虎投降後，被送往後趙的都城襄國，曹嶷被殺死在襄國，跟隨曹嶷投降後趙的三萬名部眾全部被石虎活埋。石虎還想把曹嶷的部眾全部殺光，後趙所任命的青州刺史劉徵說：「現在把我劉徵留在這裡擔任青州刺史，就是讓我來治理這裡的百姓。如果把人都殺光了，我還治理誰去？我準備回去了。」石虎這才留下男女老少總共七百口分配給劉徵，讓劉徵鎮守廣固。

前趙主劉曜率軍從隴上出發，向西攻打涼州，他派遣手下將領劉咸攻打涼州將領韓璞所鎮守的冀城，呼延晏攻打寧羌護軍陰鑒鎮守的桑壁，劉曜則親自率領著二十八萬裝備齊全的軍隊駐紮在黃河邊上，沿河結營一百多里，金鼓之聲驚天動地，黃河水都被震得沸騰起來。涼州張茂沿著黃河所設置的各處營壘，全都望風潰逃。劉曜揚言要在同一時間、在一百個渡口強渡黃河，直取涼州刺史張茂的政府所在地姑臧，涼州境內大為震動，人人驚恐不安。涼州參軍馬岌勸說張茂親自出戰，擔任長史的氾禕大怒，請求將馬岌斬首。馬岌說：「氾先生不過是一個沒用的書生，只有刺探揭發別人隱私的小聰明，遇事不考慮國家的前途。明公父子想要為朝廷剷除劉曜已經很多年了，如今劉曜親自送上門來，全國各地都在關注著明公此刻的舉動。應當拿出一種既勇敢又有信義的實際行動，以順應秦川、隴上一帶人民的願望。我們的軍事實力雖然敵不過劉曜，但無論如何我們不能不出兵抗敵。」涼州刺史張茂說：「說得對！」張茂於是離開姑臧，在石頭城集結軍隊。張茂向擔任參軍的陳珍詢問說：「前趙主劉曜把他佔領的三秦地區的軍民全部出動，又是乘勝而來，我們應該如何對付他呢？」陳珍為張茂分析說：「劉曜的兵眾數量雖然很多，但真正的精銳卻很少，大多是由氐人、羌人組合起來的沒有組織、沒有訓練的軍隊，劉曜的恩德與威信在他們當中還沒有建立起來；而且又有華山以東的軍事勢力對他的威脅，他怎麼能不顧心頭大患，在這裡曠日持久地與我們爭奪河西地區呢？如果兩旬時間之後，劉曜還不退兵，就請您撥給我幾千名老弱殘兵，我將為明公生擒劉曜。」張茂聽了很高興，就派陳珍率領軍隊去救援韓璞。前趙的將領都爭著要渡過黃河去攻打張茂，趙主劉曜對他們說：「我軍的聲勢雖然很盛大，但因為畏懼我們的聲威才跟隨前來的大概佔到三分之二，軍中的主力部隊現在已經十分疲憊困頓，其實很難再投入戰場作戰。如今只能按兵不動，用我們盛大的軍威震懾他們。如果過了本月中旬，張茂歸降的表章還沒有送來，就算我輸給了你。」不久，張茂果然派使者前來表示臣服，並獻上馬、牛、羊、珍寶等，數量多得無法統計。劉曜封張茂為侍中，都督涼、南北秦、梁、益、巴、漢、隴右、西域雜夷、匈奴諸軍事，太師，涼州牧，封涼王，加授九錫。

楊難敵聽到陳安已經被前趙所滅的消息後，非常恐懼，就與自己的弟弟楊堅頭向南逃入漢中。前趙鎮西將軍劉厚率軍追擊楊難敵，大獲全勝而回。前趙主劉曜任命擔任大鴻臚的田崧為鎮南大將軍、益州刺史，鎮守仇池。楊難敵將人質送到成國，請求歸降，擔任成國安北將軍的李稚因為接受了楊難敵的賄賂，就沒有將楊難敵送往成國的都城成都。等到前趙兵一退，李稚就立即送楊難敵返回武都，楊難敵遂據守險要不再臣服成國。安北將軍李稚後悔自己打錯了算盤，就屢次請求討伐楊難敵。成主李雄派李稚的哥哥、擔任侍中、中領軍的李琀與李稚一同從白水出兵征討楊難敵，征東將軍李壽及李琀的弟弟李玝率軍從陰平出兵攻打楊難敵。群臣紛紛勸阻，李雄都沒有聽從。楊難敵派兵抵抗成軍的進攻，李壽、李玝無法前進。而李琀、李稚則長驅直入，抵達下辨，楊難敵派兵截斷了李稚、李琀的退路，然後四面攻打。李琀、李稚由於深入敵境，沒有後續部隊接應，便都被楊難敵殺死，部眾也被殺死了數千人。李玲，是李蕩的長子，有才能、有聲望，李雄想立他為繼承人，現在聽說李玲戰死，痛苦得幾天吃不下飯。

當初，前趙主劉曜的長子叫劉儉，次子叫劉胤。劉胤十歲的時候，身高就有七尺五寸。漢主劉聰認為劉胤非同尋常，就對劉曜說：「這個孩子的神色氣度，他的哥哥義真可比不上他，應該立劉胤為合法繼承人。」劉曜說：「作為一個藩屬國的繼承人，能夠保有封國、守住封國的宗廟祭祀就足夠了，我不敢擾亂了長幼的秩序。」劉聰說：「憑你的功勞和德望，應當世世代代成為一方諸侯，執掌征伐的重任，其他臣屬是不能和你相比的。我要另外劃出一塊地盤封給你的長子義真。」遂封劉儉為臨海王，封劉胤為世子。等到長大之後，劉胤力大無比，善於騎馬射箭，驍勇敏捷，行走如風。靳準之亂時，劉胤被裹挾流落到一個首領叫做黑匿郁鞠的匈奴部落中。陳安敗亡之後，劉胤向黑匿郁鞠說明了自己的身分。黑匿郁鞠大吃一驚，就用最尊敬的禮儀將劉胤送回到前趙主劉曜的身邊。劉曜悲喜交加，他對群臣說：「我的幼子劉熙雖然已經被立為太子，然而年紀幼小、懦弱拘謹，恐怕在這多難之時擔負不了儲君的重任。在我還是親王時義孫就是世子，他的才能氣度超過常人，而且歷經艱難。我想要效法周文王捨棄長子伯邑考而立武王、漢光武捨棄長子劉彊而立明帝劉莊的做法，使國家保持穩定強大，又能保證現在的太子義光安全無恙，你們覺得怎麼樣？」擔任太傅的呼延晏等人都說：「陛下為國家長遠利益考慮，不僅是我們這些臣屬仰賴於陛下，就是皇家祖先以及四海的百姓也託福於陛下！」擔任左光祿大夫的卜泰、擔任太子太保的韓廣進前說：「陛下如果認為廢掉現任太子劉熙而立劉胤為太子是正確的，就不應該再向群臣徵求意見。如果是拿不定主意，那就是希望聽到各種不同的意見。我認為廢黜太子，這是錯誤的。古代周文王立武王姬發為繼承人之前並沒有指定其他人為繼承人，所以捨棄長子伯邑考而立武王姬發為繼承人是可以的。漢光武帝是因為太子的母親失寵，先廢掉了太子的母親，而後廢掉了太子，哪裡值得我們這個聖明的王朝效法！當初，如果漢光武帝立東海王劉彊為繼承人，未必就比改立的漢明帝差。劉胤的文才武略，確實高於世人，然而太子劉熙孝敬尊長，友愛兄弟，為人仁厚慈愛，也完全能夠成為繼開國英主之後的太平時期的優秀君主。何況東宮太子的人選，是全國人民和祖宗神靈所關心矚目的，怎麼能輕易地改變！陛下如果確實想廢立太子，那我等只有一死而已，不敢遵奉您的詔命。」劉曜沉默不語。劉胤進前說：「父親對於兒子，應當一樣的疼愛。如果廢掉太子劉熙而立我為太子，我心裡怎能安寧！陛下如果認為我還能為國家做一點事情，難道不能讓我輔佐劉熙以繼承您的神聖事業嗎？如果一定要讓我代替劉熙為太子，我請求現在就死在這裡，不敢聽從陛下廢立的詔命。」聲音哽咽，涕淚俱下。劉曜也因為劉熙是羊皇后所生，不忍心將他廢掉，遂追認亡妃、劉胤的母親卜氏為元悼皇后。卜泰，是劉胤的舅舅，劉曜很讚賞卜泰的公正和忠誠，就任命卜泰為上光祿大夫、儀同三司、兼任太子太傅。封劉胤為永安王，同時任命他為侍中、衛大將軍、負責統領皇帝和皇太子二宮的禁衛事、開府儀同三司、錄尚書事。令皇太子劉熙對待哥哥劉胤，不要因為自己是儲君而廢兄弟之禮，要像平民家庭那樣以兄弟之禮相待。

張茂在其都城姑臧大興土木修築城牆，再次起造靈鈞臺。擔任別駕的吳紹勸諫說：「明公現在修築城牆、興建高臺，是因為上次遭受劉曜進攻的教訓。我倒是認為如果恩惠沒有普遍施與民眾，沒有贏得民眾的真心擁戴，就是躲藏在高高的樓臺之上，也沒有什麼好處，反而適得其反，足以讓部下的忠信之士對你產生懷疑，使民眾對你失去可以依賴的希望，把自己怯懦的一面展現出來，使鄰近的敵人產生算計我們的陰謀，將何以輔佐晉天子、稱霸於諸侯呢？希望趕緊把這些工程停下來，節約費用，使民眾得到休息。」張茂答覆說：「我已故的哥哥張寔突然之間就被部下所殺，那時難道沒有忠臣義士想要竭盡忠心進行保護嗎？關鍵在於災禍發生得太出人意料，即使有智慧、有勇力也來不及施展啊。歷代君主都在險要的地方築城建關以守衛自己的國家，再勇敢的人也要注意緊閉好門戶以防止突發事件，古人都懂得嚴格遵守這種防患於未然的道理。如今，國家政局不穩，內憂外患，就不能用太平時期的道理，批評動盪年代裡人們所採取的措施。」最終還是堅持把工程完工了。

晉國大將軍王敦的姪子王允之，還是個孩子，因為他非常聰明伶俐，王敦非常喜歡他，經常把他帶在自己身邊。一天，王敦又在深夜飲酒，王允之推說自己醉酒就先到床上睡下了。王敦與錢鳳密謀叛亂之事，王允之全部聽到了他們的談話，立即在床上大聲嘔吐，衣服上、臉上全都弄得汙穢不堪。錢鳳告辭後，王敦果然拿著燈到允之床前照看，他看到允之躺在嘔吐物上，就沒有懷疑他。正巧允之的父親王舒升任廷尉之職，允之請求回家探望父親，回到家中，就把王敦與錢鳳密謀叛亂之事告訴了他的父親王舒。王舒與王導一同將此事稟報給晉明帝司馬紹，暗中做好應變的準備。

晉大將軍王敦為了加強自己家族的勢力，削弱皇室的力量，冬季，十一月，改任王含為征東將軍、都督揚州、江西諸軍事，王舒為荊州刺史，兼任荊州、沔南諸軍事，王彬為江州刺史。

後趙王石勒任命擔任參軍的樊坦為章武內史。石勒看見樊坦身上的衣服、頭上戴的帽子都很破舊，就詢問他怎麼會這樣。樊坦沒加考慮就坦率地回答說：「最近遭到了羯族強盜的搶掠，所有的家財都被搶光了。」石勒笑著說：「羯人強盜竟敢如此不講道理！現在我應當全部償還你。」樊坦馬上意識到自己的失言，心裡非常恐懼，趕緊向石勒磕頭請罪。石勒賞賜給他車馬、衣服，還給他的車上裝了三百萬錢，打發他去章武赴任。

這一年，越嶲郡的少數民族部落首領斯叟率眾攻打成國的將領任回，成主李雄派遣征南將軍費黑率軍征討斯叟。

東晉會稽內史周札，一門之中有五位侯爵，宗族勢力很強盛，吳郡一帶的士大夫沒有人能比得上，王敦因此很忌恨。王敦有病，錢鳳勸說王敦早點除掉周氏，王敦表示同意。周嵩因為自己的哥哥周顗被王敦所殺，心裡常憤憤不平。王敦沒有兒子，他的胞兄王含就把自己的兒子王應過繼給王敦當兒子。周嵩曾經在大庭廣眾之中說王應不應該統兵，王敦因此對周嵩很厭惡。周嵩與周札的姪子周莚都在王敦手下擔任從事中郎。正巧此時有一個名叫李脫的道士用妖術迷惑民眾，士民中不少人都信奉、尊崇他。

【研析】 本卷寫了晉元帝永昌元年（西元三二二年）至晉明帝太寧元年（西元三二三年）兩年間的大事，值得議論的事情有以下幾件：

一、關於司馬睿起用劉隗、刁協以分王氏之權，從而引發王敦造反的事實，王夫之《讀通鑑論》有詳細的分析，他說：「元帝之立也，王氏逼王室而與之亢尊，非但王敦之凶悍也，王導之志亦僭矣。帝乃樹刁協、劉隗於左右，以分其權而自固。然而卒以取禍者，非帝之不宜樹人以自輔，隗、協之不宜離黨以翼主也。其所以尊主以抑彊宗者，非其道也。……孟子曰：『不得罪於巨室』，非謂唯巨室之是聽也，不得罪於臣民，巨室弗能加之罪也。沈靜以收人心，而起衰救敝之人作，且從容以俟人心之定，則權臣自戢而外侮以消。況名法綜核為物情所駭者，其可迫求之以拂眾怒也乎？方正學未之逮也，隗與協又何足以及此？」其意思是說，劉隗、刁協忠於王室，其用心原本不錯，但頭腦簡單，操之過急，結果弄巧成拙，引發起一場大動亂。因此可以說東晉的劉隗、刁協，就如同是西漢的鼂錯。道理是發人深思的。

二、關於甘卓其人。梁州刺史甘卓是一個缺乏政治頭腦的人物，做事沒有原則，沒有堅定明確的目標，私心甚重，一切以個人利益為轉移。早在晉惠帝永興二年陳敏之亂時，在吳王手下擔任常侍的甘卓，就與陳敏結為兒女親家，按照陳敏的旨意，假稱皇太弟令，拜陳敏為揚州刺史，陳敏佔據江東，其中就有甘卓的一分「功勞」。永嘉元年，陳敏派甘卓討伐錢廣，把精銳部隊全部交付給了他。是顧榮與周玘詳細地為他分析利害之後，甘卓才反戈一擊，消滅了陳敏。這回王敦搞叛亂，甘卓又成了王敦爭取的對象。當王敦邀請他共同進兵建康，甘卓先是答應了，但王敦帶兵東下時，甘卓又改變主意，派孫雙前去勸阻。當王敦許諾成功之後封甘卓為公爵時，甘卓又變得猶豫不決。當甘卓秉承王敦的旨意，派人請順陽太守魏該支持王敦時，遭到了魏該義正詞嚴的拒絕，這時甘卓遂又準備與王敦決裂，但仍然拿不定主意。當譙王司馬承派鄧騫來勸說甘卓起兵討伐王敦，就連王敦派來說服甘卓共同謀反的樂道融也都勸說甘卓討伐王敦時，甘卓這才豎起了勤王的義旗。但他駐兵豬口又累旬不前，眼睜睜地看著王敦攻克了都城建康。之後，王敦又以一介手持騶虞幡的使者把甘卓趕回了襄陽，這時甘卓的家人都意識到了形勢的危險，他們勸甘卓要防備王敦，而甘卓卻將手下兵眾遣散去耕種農田，最後在毫無防範的情況下被殺死在家裡。甘卓的死即使不說他「死有餘辜」，至少也讓人覺得活該。

三、關於周顗之死。丁南湖說：「王敦殺周顗，由於敦問導而導不答，人謂導之罪矣，余謂敦之反也，導固不能無罪；而顗之殺也亦有三失而自取焉。夫導因敦反而待罪，顗將見帝，而導呼之以求救，顗有救之之心，則雖難言而以垂領可矣，身長諾可矣，而直入不顧以致導疑，一失也。顗救導甚切，帝納其言，反出，導猶在門呼之，顗宜亟述帝意以慰導，乃不與言以滋導疑，二失也。既不與導言，乃顧左右曰『殺諸賊奴，取金印如斗大繫肘後』，夫曰『諸賊奴』，則顯然連及於導，以發其恨，三失也。卒使猜忿致仇，假殺於賊敦之手。導之惡不足言矣，而顗之自取禍，至拙也哉！」袁了凡說：「當是時導為反者族，天子方蓄疑於鬼車，顗無意於救導則已，救之則不得不晦其跡。不然且以為求而應之，是徒益天子之疑而無救於導也。要之顗救人於危疑之中，故其術益深；導望人於迫切之際，故其怨特切。此導所以生，而顗所以殺，然負則在導矣。」丁南湖沒有充分考慮當時的具體政治環境，袁了凡對周顗當時的苦心理解得比較深刻。

四、關於王允之的傳奇故事。柏楊有過評論，他說：王允之這樁傳奇的遭遇，在歷史上留下佳話，然而，我們懷疑它的真實性。一個十歲左右的娃兒，不過小學四年級程度，即令他再聰明伶俐，也不可能瞭解兩個大人的謀反談話。因為任何謀反言辭，都不會出現赤裸裸的謀反詞彙，王允之如何判斷分辨？即令可以判斷分辨，而他又怎麼會想到危險？王敦如果當了皇帝，王允之就是親王，他如果想不到他的前途如錦，也就想不到他敬愛的叔父會殺他滅口。這不是一個十歲乳臭未乾的孩子所能有的思維。即令王允之聰明早熟，他又怎麼能夠嘔吐？而且又嘔吐得衣服、臉上一團骯髒。而且王敦和錢鳳祕密磋商的聲音，娃兒都聽得清楚；而嘔吐的聲音，王、錢二位竟沒有發覺。最可疑的是皇帝司馬紹在聽到王導等的報告後才暗中戒備，好像是如果沒有娃兒通風報信，就沒有戒備似的。難道司馬紹不知道王敦的危險性？事實上就在不久之前他還任命郗鑒當兗州刺史，目的就是對付王敦。我們覺得從頭到尾是一場騙局。是王導和王舒在娃兒回京後教導小傢伙的一番說辭，用來向皇家表示忠心。王敦如果成功，他們有享不盡的榮華富貴，這件事就不會再提，反正奏報是祕密性質，了無痕跡可尋；而王敦萬一失敗，先布一個棋子在要害之處，不但可以免禍，還可以嚷嚷得天下皆知，忠肝義膽，照耀千秋。說來說去，這是官場上混世政客的一個小動作而已。

卷第九十三

晉紀十五

起閼逢涒灘（甲申 西元三二四年），盡強圉大淵獻（丁亥 西元三二七年），凡四年。

【題解】本卷寫晉明帝太寧二年（西元三二四年）至晉成帝咸和二年（西元三二七年）共四年間的東晉及各國大事。主要寫了王敦病篤，決心臨死前篡位為帝，派王含率錢鳳、鄧岳、周撫等進攻建康，晉明帝決心討伐王敦，以王導、溫嶠、卞敦、應詹、郗鑒、庾亮、卞壼等分別為將，又召江北的蘇峻、劉遐、王邃、祖約、陶瞻等入援京師；寫了王敦病死，叛軍分別被朝廷軍剿滅，王敦被戮屍示眾，王含、王應、沈充等相繼被殺；寫了東晉的司州刺史李矩、潁川太守郭默等先後失敗身死，東晉的司州、豫州、徐州、兗州全都被後趙佔領；後趙與東晉從此遂以淮河為界；寫了東晉名臣陶侃重為荊州刺史的種種政績，與陶侃兢兢業業，勤於職守，黜斥清談、嚴教部下的種種動人故事；寫了晉明帝司馬紹病死，五歲的皇太子司馬衍即位，朝政大權被外戚庾亮所掌控；寫了歷陽內史蘇峻與豫州刺史祖約都自以為功大而不滿庾亮、輕視朝廷，庾亮解除蘇峻兵權，調其入朝任職，蘇峻遂聯絡豫州刺史祖約一道起兵反抗朝廷，宣城內史桓彝起兵勤王，被蘇峻打敗，朝廷又形勢危急；寫了後趙將領石虎大破前趙，擒王岳、殺呼延謨，劉曜親征，也被石虎打敗；寫了石勒為其太子石弘在鄴城建造宮殿，而對駐兵鄴城多年的大將石虎削減兵權、迫令搬遷，引起石虎強烈不滿，為日後石虎的政變奪權埋下伏筆；寫了涼州刺史張茂去世，世子張駿繼位為涼州牧，張駿攻掠前趙的秦州，結果被前趙擊敗，涼州丟失了河南之地；寫了段末柸的繼承人段牙被段疾陸眷的孫子段遼所殺，段遼的勢力日益強大，西接漁陽，東界遼水，有騎兵軍隊數萬等等。

肅宗明皇帝下

太寧二年（甲申　西元三二四年）

春，正月，王敦誣周嵩、周莚❶與李脫❷謀為不軌，收嵩、莚於軍中殺之。遣參軍賀鸞就沈充於吳❸，盡殺周札諸兄子❹，進兵襲會稽❺。札拒戰而死。

後趙將兵都尉石瞻寇下邳、彭城❻，取東莞、東海❼。劉遐退保泗口❽。

司州刺史石生❾擊趙河南太守尹平於新安❿，斬之，掠五千餘戶而歸。自是二趙構隙⓫，日相攻掠，河東、弘農⓬之間，民不聊生矣。

石生寇許、潁⓭，俘獲萬計。攻郭誦于陽翟⓮。誦與戰，大破之，生退守康城⓯。後趙汲郡⓰內史石聰聞生敗，馳救之，進攻司州刺史李矩⓱、潁川太守郭默，皆破之。

成主雄后任氏無子，有妾子十餘人，雄立其兄蕩之子班為太子，使任后母之⓲。群臣請立諸子⓳，雄曰：「吾兄，先帝之嫡統⓴，有奇材大功，事垂克㉑而早世，朕常悼之。且班仁孝好學，必能負荷先烈㉒。」太傅驤㉓、司徒王達諫曰：「先王立嗣必子者，所以明定分㉔，而防篡奪也。宋宣公㉕、吳餘祭㉖，足以觀矣！」雄不聽。驤退而流涕曰：「亂自此始矣！」班為人謙恭下士，動遵禮法㉗，雄每有大議㉘，輒令豫㉙之。

夏，五月甲申㉚，張茂疾病，執世子駿㉛手泣曰：「吾家世以孝友忠順著稱，今雖天下大亂，汝奉承之，不可失也。」且下令曰：「吾官非王命㉜，苟以集事㉝，豈敢榮之㉞！死之日，當以白帢㉟入棺，勿以朝服斂。」是日薨。愍帝使者史淑在姑臧㊱，左長史汜禕、右長史馬謨等使淑拜駿大將軍、涼州牧、西平公，赦其境內。前趙主曜遣使贈茂太宰，謚曰成烈王，拜駿上大將軍、涼州牧、涼王。

王敦疾甚，矯詔拜王應㊲為武衛將軍以自副㊳，以王含為驃騎大將軍、開府儀同三司。錢鳳謂敦曰：「脫有不諱㊴，便當以後事付應㊵邪？」敦曰：「非常之事㊶，非常人所能為㊷。且應年少，豈堪大事！我死之後，莫若釋兵散眾，歸身朝廷㊸，保全門戶，上計也。退還武昌，收兵自守，貢獻不廢㊹，中計也。及吾尚存㊺，悉眾而下，萬一僥倖㊻，下計也。」鳳謂其黨曰：「公之下計，乃上策也。」遂與沈充定謀，俟㊼敦死，即作亂。又以宿衛尚多，奏令三番休二㊽。

初，帝親任中書令溫嶠[49]。敦惡之，請嶠為左司馬[50]。嶠乃繆為勤敬[51]，綜其府事[52]，時[53]進密謀以附其欲[54]。深結錢鳳，為之聲譽[55]，每曰[56]：「錢世儀精神滿腹[57]。」嶠素有藻鑑[58]之名，鳳甚悅，深與嶠結好。會丹楊尹[59]缺，嶠言於敦曰：「京尹咽喉之地，公宜自選其才，恐朝廷用人，或不盡理[60]。」敦然之，問嶠「誰可者？」嶠曰：「愚謂無如錢鳳。」鳳亦推嶠。嶠偽辭之，敦不聽。六月，表嶠為丹楊尹，且使覘伺朝廷[61]。嶠恐既去而錢鳳於後間止[62]之，因[63]敦餞別，嶠起行酒[64]，至鳳，鳳未及飲，嶠偽醉，以手版擊鳳幘墜[65]，作色[66]曰：「錢鳳何人，溫太真行酒而敢不飲！」敦以為醉，兩釋之[67]。嶠臨去，與敦別，涕泗橫流，出閤復入者再三[68]。行後，鳳謂敦曰：「嶠於朝廷甚密，而與庾亮深交，未可信也。」敦曰：「太真昨醉，小加聲色[69]，何得便爾相讒[70]！」嶠至建康，盡以敦逆謀告帝，請先為之備，又與庾亮共畫討敦之謀。敦聞之，大怒曰：「吾乃為小物[71]所欺！」與司徒導書曰：「太真別來幾日，作如此事。當募人生致之[72]，自拔其舌。」

帝將討敦，以問光祿勳應詹，詹勸成[73]之，帝意遂決。丁卯[74]，加司徒導大都督、領揚州刺史，以溫嶠都督東安北部[75]諸軍事，與右將軍卞敦守石頭，應詹為護軍將軍、都督前鋒及朱雀橋南[76]諸軍事，郗鑒行衛將軍[77]、都督從駕諸軍事，庾亮領左衛將軍，以吏部尚書卞壼行中軍將軍。郗鑒以為軍號無益事實，固辭不受，請召臨淮太守蘇峻、兗州刺史劉遐同討敦[78]。詔徵峻、遐及徐州刺史王邃、豫州刺史祖約、廣陵太守陶瞻等入衛京師。帝屯于中堂[79]。

司徒導聞敦疾篤[80]，帥子弟為敦發哀[81]。眾以為敦信死，咸有奮志[82]。於是尚書騰詔下敦府[83]，列敦罪惡曰：「敦輒立兄息[84]以自承代，未有宰相繼體[85]而不由王命者也。頑凶相獎[86]，無所顧忌，志騁凶醜，以窺神器[87]。天不長姦[88]，敦以隕斃[89]，鳳承凶宄[90]，彌復煽逆[91]。今遣司徒導等虎旅三萬，十道並進，平西將軍邃[92]等精銳三萬，水陸齊勢[93]，朕親統諸軍，討鳳之罪。有能殺鳳送首[94]，封五千戶侯。諸文武為敦所授用[95]者，一無所問[96]，無或猜嫌[97]，以取誅滅。敦之將士，從敦彌年[98]，違離[99]家室，朕甚愍[100]之。其單丁[101]在軍，皆遣歸家，終身不調[102]。其餘皆與假三年，休訖還臺[103]，當與宿衛[104]同例三番[105]。」

敦見詔甚怒，而病轉篤，不能自將。將舉兵伐京師，使記室郭璞筮[106]之。璞曰：「無成。」敦素疑璞助溫嶠、庾亮，及聞卦凶，乃問璞曰：「卿更筮吾壽幾何？」璞曰：「思向卦[107]，明公起事，必禍不久。若住武昌，壽不可測[108]。」敦大怒曰：「卿壽幾何？」曰：「命盡今日日中[109]。」敦乃收璞斬之。

敦使錢鳳及冠軍將軍鄧岳、前將軍周撫等帥眾向京師。王含謂敦曰：「此乃家事[110]，吾當自行。」於是以含為元帥。鳳等問曰：「事克之日[111]，天子云何[112]？」敦曰：「尚未南郊，何得稱天子[113]！便盡卿兵勢，保護東海王及裴妃[114]而已。」乃上疏以誅姦臣溫嶠等為名。秋，七月壬申朔[115]，王含等水陸五萬奄至[116]江寧南岸[117]，人情恟懼[118]。溫嶠移屯水北[119]，燒朱雀桁[120]，以挫其鋒[121]。含等不得渡。帝欲親將兵擊之，聞嶠已絕，大怒。嶠曰：「今宿衛寡弱，徵兵未至，若賊豕突[122]，危及社稷，宗廟[123]且恐不保，何愛一橋乎！」

司徒導遺含書曰：「近承[124]大將軍困篤，或云已有不諱。尋[125]知錢鳳大嚴[126]，欲肆姦逆。謂兄當抑制不逞[127]，還藩武昌[128]，今乃與犬羊俱下[129]。兄之此舉，謂可得如大將軍昔年之事[130]乎？昔者佞臣[131]亂朝，人懷不寧[132]，如導之徒，心思外濟[133]。今則不然，大將軍來屯于湖[134]，漸失人心，君子危怖[135]，百姓勞弊[136]。臨終之日，委重安期[137]，安期斷乳幾日[138]？又於時望[139]，便可襲宰相之迹邪[140]？自開闢[141]以來，頗有[142]宰相以孺子為之者乎？諸有耳者，皆知將為禪代[143]，非人臣之事也。先帝中興[144]，遺愛在民，聖主[145]聰明，德洽[146]朝野。兄乃欲妄萌逆節[147]，凡在人臣，誰不憤歎！導門[1]小大[148]受國厚恩，今日之事，明目張膽[149]為六軍之首[150]，寧為忠臣而死，不為無賴[151]而生矣！」含不答。

或以為「王含、錢鳳眾力百倍，苑城[152]小而不固，宜及軍勢未成[153]，大駕[154]自出拒戰。」郗鑒曰：「羣逆縱逸[155]，勢不可當，可以謀屈[156]，難以力競[157]。且含等號令不一，抄盜相尋[158]，吏民懲[159]往年暴掠，皆人自為守。乘[160]逆順之勢[161]，何憂不克！且賊無經略遠圖[162]，惟恃豕突一戰，曠日持久，必啓[163]義士之心，令智力得展。今以此弱力敵彼彊寇，決勝負於一朝[164]，定成敗於呼吸[165]，萬一蹉跌[166]，雖有申胥之徒[167]，義存投袂[168]，何補於既往哉！」帝乃止。

帝帥諸軍出屯南皇堂[169]。癸酉[170]夜，募壯士，遣將軍段秀、中軍司馬曹渾等帥甲卒千人渡水，掩[171]其未備。平旦[172]，戰於越城[173]，大破之，斬其前鋒將何康。秀，匹磾之弟也。

敦聞含敗，大怒曰：「我兄，老婢[174]耳！門戶衰，世事去矣！」顧謂參軍呂寶曰：「我當力行[175]。」因作勢而起，困乏[176]，復臥，乃謂其舅[177]少府羊鑒及王應曰：「我死，應便即位，先立朝廷百官，然後營葬事[178]。」敦尋卒，應祕不發喪，裹尸以席，蠟塗其外[179]，埋於廳事[180]中，與諸葛瑤等日夜縱酒淫樂。

帝使吳興沈楨說沈充，許以為司空。充曰：「三司[181]具瞻之重[182]，豈吾所任！

幣厚言甘[183]，古人所畏[184]也。且丈夫共事，終始當同，豈可中道改易，人誰容我乎！」遂舉兵趣建康[185]。宗正卿虞潭[186]以疾歸會稽，聞之，起兵餘姚[187]以討充。帝以潭領會稽內史。前安東將軍劉超、宣城內史鍾雅皆起兵以討充，義興[188]人周蹇殺王敦所署太守劉芳，平西將軍祖約逐敦所署淮南太守任台。

沈充帥眾萬餘人與王含軍合。司馬顧颺說充曰：「今舉大事，而天子已扼其咽喉，鋒摧氣沮，相持日久，必致禍敗。今若決破柵塘[189]，因湖水以灌京邑[190]，乘水勢，縱舟師以攻之，此上策也。藉[191]初至之銳，并東西軍[192]之力，十道俱進，眾寡過倍[193]，理必摧陷，中策也。轉禍為福，召錢鳳計事，因斬之以降，下策也。」充皆不能用。颺逃歸于吳。

丁亥[194]，劉遐、蘇峻等帥精卒萬人至，帝夜見，勞之，賜將士各有差[195]。沈充、錢鳳欲因北軍[196]初到疲困，擊之。乙未[197]夜，充、鳳從竹格渚[198]渡淮[199]，護軍將軍應詹、建威將軍趙胤等拒戰不利。充、鳳至宣陽門[200]，拔柵[201]，將戰，劉遐、蘇峻自南塘[202]橫擊[203]，大破之，赴水死者三千人。遐又破沈充于青溪[204]。尋陽太守周光[205]聞敦舉兵，帥千餘人來赴[206]。既至，求見敦，王應辭以疾。光退曰：「今我遠來而不得見，公其死乎？」遽見其兄撫曰：「王公已死，兄何為與錢鳳作賊！」眾皆愕然。

丙申[207]，王含等燒營夜遁[208]。丁酉[209]，帝還宮。大赦，惟敦黨不原[210]。命庾亮督蘇峻等追沈充於吳興，溫嶠督劉遐等追王含、錢鳳於江寧，分命諸將追其黨與。劉遐軍人頗縱虜掠，嶠責之曰：「天道助順，故王含勦絕[211]，豈可因亂[212]為亂也！」遐惶恐拜謝。

王含欲奔荊州[213]，王應曰：「不如江州[214]。」含曰：「大將軍平素與江州云何，而欲歸之？」應曰：「此乃所以宜歸也。江州當人[215]彊盛時，能立同異[216]，此非常人所及。今覩困厄，必有愍惻[217]之心。荊州守文[218]，豈能意外行事[219]邪！」含不從，遂奔荊州。王舒遣軍迎之，沈[220]含父子於江。王彬聞應當來，密具舟以待之，不至，深以為恨[221]。錢鳳走至闔廬洲[222]，周光斬之，詣闕自贖[223]。沈充走失道，誤入故將吳儒家。儒誘充內重壁中[224]，因笑謂充曰：「三千戶侯矣[225]！」充曰：「爾以義存我，我家必厚報汝。若以利殺我[226]，我死，汝族滅矣！」儒遂殺之，傳首建康，敦黨悉平。充子勁當坐誅[227]，鄉人錢舉匿[228]之，得免。其後，勁竟滅吳氏[229]。

有司發王敦瘞[230]，出尸，焚其衣冠，跽而斬之[231]，與沈充首同懸於南桁[232]。郗鑒言於帝曰：「前朝[233]誅楊駿[234]等，皆先極官刑[235]，後聽私殯[236]。臣以為王誅[237]加於上，私義[238]行於下，宜聽敦家收葬，於義為弘[239]。」帝許之。司徒導等皆以討敦功受封賞。

周撫與鄧岳俱亡，周光欲資給[240]其兄而取岳。撫怒曰：「我與伯山[241]同亡，何不先斬我！」會岳至，撫出門遙謂之曰：「何不速去！今骨肉尚欲相危，況他人乎！」岳迴舟而走，與撫共入西陽蠻[242]中。明年，詔原敦黨[243]，撫、岳出首[244]，得免死禁錮[245]。

故吳內史張茂妻陸氏傾家產[246]帥茂部曲[247]為先登以討沈充，報其夫仇[248]。充敗，陸氏詣闕上書，為茂謝不克之責[249]。詔贈[250]茂太僕[251]。

有司[252]奏：「王彬等敦之親族，皆當除名[253]。」詔曰：「司徒導以大義滅親，猶將百世宥之[254]，況彬等皆公之近親[255]乎！」悉無所問。

有詔：「王敦綱紀[256]除名，參佐[257]禁錮。」溫嶠上疏曰：「王敦剛愎不仁，忍[258]行殺戮，朝廷所不能制，骨肉所不能諫。處其朝[259]者，恆懼危亡[260]。故人士結舌[261]，道路以目[262]，誠[263]賢人君子道窮數盡[264]，遵養時晦[265]之辰也。原其私心[266]，豈遑晏處[267]？如陸玩、劉胤、郭璞之徒常與臣言，備知之[268]矣。必其贊導凶悖[269]，自當正以典刑[270]。如其枉陷姦黨[271]，謂宜施之寬貸[272]。臣以玩等之誠，聞於聖聽[273]，當受同賊之責[274]。苟默而不言，實負其心[275]，惟陛下仁聖裁之[276]。」郗鑒以為先王立君臣之教[277]，貴於伏節死義[278]。王敦佐吏，雖多逼迫，然進[279]不能止其逆謀，退[280]不能脫身遠遁，準之前訓[281]，宜加義責[282]。帝卒從嶠議。

冬，十月，以司徒導為太保、領司徒[283]，加殊禮[284]。西陽王羕領太尉，應詹為江州刺史[285]，劉遐為徐州刺史，代王邃鎮淮陰，蘇峻為歷陽內史，加庾亮護軍將軍，溫嶠前將軍。導固辭不受。應詹至江州，吏民未安，詹撫而懷之[286]，莫不悅服。

十二月，涼州將辛晏據枹罕[287]，不服，張駿將討之。從事劉慶諫曰：「霸王之師，必須天時人事相得[288]，然後乃起。辛晏凶狂安忍[289]，其亡可必[290]，柰何以饑年大舉[291]，盛寒[292]攻城乎？」駿乃止。

駿遣參軍王騭聘於趙[293]，趙主曜謂之曰：「貴州款誠和好[294]，卿能保之乎[295]？」騭曰：「不能。」侍中徐邈曰：「君來結好，而云不能保，何也？」騭曰：「齊桓貫澤之盟[296]，憂心兢兢[297]，諸侯不召自至。葵丘之會[298]，振而矜之[299]，叛者九國[300]。趙國之化[301]，常如今日，可也。若政教陵遲[302]，尚未能察邇者之變[303]，況鄙州乎！」

曜曰：「此涼州之君子也，擇使可謂得人矣！」厚禮而遣之。

是歲，代王賀傉[304]始親國政，以諸部多未服，乃築城於東木根山[305]，徙居之。

【章　旨】以上為第一段，寫晉明帝太寧二年（西元三二四年）一年間的大事。主要寫了王敦因為忌恨周氏家族強盛，先殺了周嵩、周莚，又發兵攻打會稽，把向他們獻出建康城門的周札也殺死在戰場，以見其內部矛盾之激烈；寫了王敦病篤，決心臨死前篡位為帝，派王含為元帥，率錢鳳、鄧岳、周撫等進攻建康；寫了司徒王導詐稱王敦已死，率族人為王敦發喪，以鼓舞朝廷士氣；寫了晉明帝決心討伐王敦，以王導、溫嶠、卞敦、應詹、郗鑒、庾亮、卞壺等分別為將，又召江北的蘇峻、劉遐、王邃、祖約、陶瞻等入援京師，討伐王敦的陣容空前強大；寫了王敦病死，叛軍分別被朝廷軍剿滅，王敦被戮屍示眾，王含、王應被王舒所殺，沈充被吳儒所殺；寫了王敦叛亂平息後，朝廷對王氏家族的處理，稱王導為大義滅親，加官進爵，對王彬、王舒等一律不問，對王敦的僚佐，除罪大惡極者外，也都予以寬貸；寫了後趙司州刺史石生攻殺前趙河南太守尹平，二趙自此構隙，日相攻掠；寫了後趙將領石生、石聰進犯東晉的許昌、潁川，大敗東晉的司州刺史李矩、潁川太守郭默；寫了成主李雄因為沒有嫡子，就立自己兄長李蕩的兒子李班為太子，為後來李雄的庶子謀殺李班埋下伏筆。寫了涼州刺史張茂去世，世子張駿繼位為涼州牧、西平公等等。

【注　釋】❶周嵩周莚　周嵩是晉初名將周浚之子，周顗之弟，狷直果俠，恃才傲物，不屈於王敦。傳見《晉書》卷六十一。周莚是周處之孫，周靖之子，周札之姪，王敦造反，周札開門迎敵，周莚則矢志效忠於朝廷。傳見《晉書》卷五十八。❷李脫　當時以妖術惑眾的匪類。❸就沈充於吳　到吳興沈充處借用其勢力以殺人。吳郡、吳興、會稽三郡本一吳郡而分為三，稱「三吳」。時沈充駐兵於吳興（今浙江湖州）。❹周札諸兄子　周札之兄有周玘、周靖二人。周玘有子周勰，周靖有子周懋、周莚、周贊、周縉。❺襲會稽　會稽是晉郡名，郡治山陰縣，即今浙江紹興。周札當時任會稽內史，駐兵會稽。周札獻都城於王敦，王敦今又襲取之，是由於周氏家族的勢力太大，一門五人為侯，故欲滅之。事見《晉書》卷五十八。❻下邳彭城　都是晉代諸侯國名，下邳的都城在今江蘇邳州南，彭城的都城即今江蘇徐州。❼東莞東海　晉之二郡名，東莞的郡治即今山東莒縣，東海的郡治郯縣在今山東郯城北。❽劉遐退保泗口　泗口在今江蘇淮陰西南，因在古泗水注入淮水之口而得名，是古代淮北通往江南的要衝。劉遐當時為晉將，任兗州刺史。傳見《晉書》卷八十一。❾石生　石勒的部將，當時任後趙的司州刺史。❿新安　晉縣名，縣治在今河南澠池縣東二十五里，當時被前趙佔有。⓫構隙　結怨；發生矛盾。⓬河東弘農　二郡名，河東郡的郡治安邑，即今山西夏縣西北之禹王城，弘農郡的郡治即今河南靈寶東北之故函谷關。兩郡地處前趙與後趙的交界處。⓭許潁　許昌、潁陰，晉之二縣名，許昌縣的縣治在今河南許昌東，潁陰即今許昌。⓮陽翟　晉縣名，縣治在今河南禹州。時晉將郭誦駐兵於此。⓯康城　古城名，在今禹州西北三十里，夏少康的故邑。⓰汲郡　晉郡名，郡治在今河南衛輝西。⓱李矩　在中原地區堅持抗戰的晉朝名將，當時任司州刺史。⓲母之　做李班的母親。⓳請立諸子　意即請封立李雄的諸子為王。⓴先帝之嫡統　意謂其兄李蕩是他們的父親李特正妻所生的長子。㉑垂克　垂成；將要成功。垂，將近；將及。㉒負荷先烈　繼承先人的業績。㉓太傅驤　即李驤，李特的弟弟，李雄的叔叔。㉔明定分　明確各自的身分，使長幼尊卑各有所安，不生非分之心。㉕宋宣公　名力，春秋時宋國國君。宣公病，把君位讓給弟弟和，而廢太子與夷。弟和立，為穆公。穆公病，不忘宣公讓位之恩，復立宣公子與夷，為殤公。穆公子馮與左師勃出居鄭國。後來宋大夫華督殺死殤公，又迎立公子馮，為莊公。事見《左傳》隱公三年、桓公二年及《史記·宋微子世家》。㉖吳餘祭　吳王壽夢的次子，春秋時吳國國君。壽夢有四個兒子，為諸樊、餘祭、夷昧、季札。壽夢想立季札，季札最小，辭讓不受。便令諸樊攝位，並約定兄死弟及，最終傳位於季札。等夷昧死，季札出走，國人立夷昧子僚為吳王。諸樊之子闔閭認為自己是嫡長，當立，遂派專諸刺殺王僚自立。事見《史記·吳太伯世家》。㉗動遵禮法　一切舉動都嚴格遵守禮法。動，動不動地，即一切舉動。㉘大議　商量重大問題；有重大決策。㉙豫　通「與」。參加。㉚五月甲申　五月十四。㉛世子駿　張駿，張茂兄張寔之子。㉜官非王命　官職非晉朝皇帝所封，是張氏自稱的。㉝苟以集事　只不過是為了成就事業。集，完成。㉞豈敢榮之　豈敢以這種爵位、職務為榮。㉟白帢　古代未仕者戴的白帽。張茂認為自己的官非王命，所以用白帢為裝裹。㊱姑臧　張茂的都城，即今甘肅武威。長安淪陷時，史淑正奉愍帝之命出使涼州，無所歸，故留在姑臧。由於張氏過去的官職是出於自立，所以下文氾禕、馬謨讓史淑代表晉王室封張駿官職，以正其名。㊲王應　王敦兄王含之子，王敦無子，養以為繼承人。㊳自副　充當自己的助手。副，佐；輔助。武衛將軍是親兵的統領，為其作警衛。㊴脫有不諱　如果突然有不可諱言的事情發生，婉指王敦病死。

脫，突然；倘若。不諱，婉指對方的死。㊵付應　託付給王應。㊶非常之事　指謀反篡位之事。㊷非常人所能為　不是平常人所幹得了的。㊸歸身朝廷　指自動地去向朝廷請罪。㊹貢獻不廢　向朝廷進貢不絕，意即向朝廷稱臣。㊺及吾尚存　趁我還活著。㊻萬一僥倖　爭取萬分之一的篡位成功。僥倖，隱指篡位稱帝。㊼俟　等候。㊽三番休二　把皇帝身邊的警衛人員分成三班，一班值勤，兩班休假。番，輪流；更替。㊾溫嶠　字太真，東晉的名臣，原為劉琨的部下，因為劉琨捧表到建康勸進，遂受司馬睿寵用，明帝繼位後，溫嶠為侍中，為皇帝所倚任。傳見《晉書》卷六十七。㊿為左司馬　為王敦軍府的左司馬，目的是消除皇帝身邊的得力人才。51繆為勤敬　假裝對王敦殷勤恭敬。繆，通「謬」。假裝。52綜其府事　把王敦軍府的事情管了起來。綜，管理。53時　不時地。54附其欲　順從他的願望。55為之聲譽　為錢鳳抬高聲譽。56每曰　常常說；總是說。57錢世儀精神滿腹　世儀是錢鳳的字。精神滿腹，意即才學滿腹，光彩照人。58藻鑑　品藻鑑察，即品評鑑定的意思。評價人的品德叫「藻」，評價人的美醜、風度叫「鑑」。魏晉南朝，品評人物成為當時文人的時尚。59丹楊尹　東晉朝廷所在郡的行政長官，猶如後代的首都市長。丹楊，晉郡名，郡治建康，即今江蘇南京。60不盡理　不符合我們的願望。61覘伺朝廷　窺視朝廷的一舉一動。62間止　乘機勸阻。間，乘間隙。63因　乘機；藉著。64行酒　敬酒。65以手版擊鳳幘墜　用手版打掉了錢鳳的帽子。手版，即「笏」，古代官吏上朝時所執，備記事用。幘，頭巾。66作色　變臉色，指生氣。67兩釋之　對雙方都勸解作罷。68出閤復入者再三　故作難捨之狀。閤，內室的門。69小加聲色　說話稍稍有些無禮。70何得便爾相讒　怎麼能這樣地說人家壞話。按，溫嶠此舉乃學西漢袁盎之所為。見《史記・袁盎鼂錯列傳》。71小物　小人。72生致之　活捉他。73勸成　鼓勵他一定要這樣做。勸，贊成；鼓勵。74丁卯　六月二十七。75東安北部　指秦淮河以北。秦淮河水流經建康城中，西北入長江。76朱雀橋南　指秦淮河以南。朱雀橋，即朱雀桁，朱雀門外秦淮河上橋名。明代在其故址建「鎮淮橋」，民俗稱「南門里橋」，在今南京中華門內。77行衛將軍　代理衛將軍之職。官階高而所代理的職務低稱行。衛將軍，統領皇帝衛隊的長官。78請召臨淮太守蘇峻兗州刺史劉遐同討敦　胡三省注曰：「夫理順者難恃，勢弱則不支。以敦、鳳同惡相濟，率大眾以犯闕，雖眾公忠赤，若只以臺中見兵拒之，是復周、戴石頭之事，微郗鑒建請而召劉遐、蘇峻，殆矣！」79中堂　地名，在建康宣陽門外。80疾篤　病勢沉重。81為敦發哀　發布王敦已死的消息，為王敦辦喪事。王導為王敦發哀，目的是使晉軍將士誤認為王敦已死，從而鼓舞士氣。82咸有奮志　都有了戰鬥勇氣。83騰詔下敦府　把皇帝的詔書下達到王敦的軍府。騰，飛快地傳送。84兄息　兄子。指王敦兄王含之子王應。息，兒子。85宰相繼體　宰相的繼承人。86頑凶相獎　惡人相互扶助。頑凶，指惡人。獎，援助。87窺神器　偷看國家政權，意即圖謀篡位。88天不長姦　老天爺不助長惡人的兇焰。長，助長；幫助。(89)敦以隕斃　王敦已經死亡。以，同「已」。(90)鳳承凶宄　錢鳳繼續為非作歹。自內為亂叫姦，自外為亂叫宄。(91)彌復煽逆　更加嚴重地煽動叛亂。(92)平西將軍邃　王邃，王敦族人。討伐王敦的將領很多，帝詔單舉王氏而言，欲以刺激王敦，使其速死，與前面說的「敦以隕斃」云云用意相同。(93)水陸齊勢　水陸並進。(94)有能殺鳳送首　胡三省注曰：「《考異》曰：《晉春秋》此詔在王導為敦發喪前，故云『有能斬送敦首，封萬戶侯，賞布萬匹。』按此詔云『敦以殞斃』，是稱敦已死也，不應復購敦首。」今從〈敦傳〉作「有能殺鳳送首」。(95)為敦所授用　接受過王敦的任職，曾經為王敦所用。(96)一無所問　一概不加追究。(97)猜嫌　懷疑，因懷疑朝廷算舊帳而不脫離王敦陣營。(98)從敦彌年　跟隨王敦長年在外。彌，滿。(99)違離　背離。(100)愍　同情；憐憫。(101)單丁　沒有兄弟的男孩。(102)不調　不再徵調服兵役。(103)休訖還臺　假滿後回到朝廷為國所用。(104)宿衛　在京城警衛皇宮的部隊。(105)同例三番　享受三班輪流值勤的待遇。(106)筮　用著草占吉凶。(107)思向卦　根據剛才那一卦的情形推斷。(108)壽不可測　意即長得很。(109)日中　中午。(110)此乃家事　這是我們家庭中的大事，意即要出皇帝。(111)事克之日　意即攻下京城，推翻了晉王朝。(112)天子云何　對司馬氏的皇帝如何處置。(113)尚未南郊二句　南郊，指帝王在都城的南郊祭天，這是漢代以來歷代皇帝每年都要做的「大事」之一。王敦認為晉明帝尚未舉行南郊之禮，所以不能稱「天子」。(114)東海王及裴妃　東海王指晉元帝第三子司馬沖。元帝以司馬沖奉東海王司馬越之後。司馬越是當年「八王之亂」的八王之一，是司馬懿弟司馬馗之孫，晉惠帝時封東海王。永嘉初年，司馬越任王敦為揚州刺史，加以信任，對王敦有恩，故王敦此時欲有所報。舊事見《晉書》卷五十九。裴妃，即司馬越的遺孀。(115)七月壬申朔　此處敘事有誤，七月朔辛未，壬申應為七月初二。(116)奄至　忽然到達。奄，忽然。(117)江寧南岸　江寧縣的秦淮河南岸。江寧縣治在今江蘇江寧西南的江寧鎮。胡三省注曰：「武帝太康二年，分秣陵立臨江縣，二年，更名江寧。南岸，即秦淮南岸也。《考異》曰：〈敦傳〉及《晉春秋》皆云『三萬』，今從〈明帝紀〉。」(118)恟懼　恐懼。恟，憂恐。(119)移屯水北　溫嶠本都督秦淮河以北諸軍，此時又將秦淮河以南之軍移屯河北。(120)朱雀桁　即朱雀橋。桁，通「航」。浮橋。(121)挫其鋒　挫傷其進攻的鋒芒。(122)豕突　對進攻者的蔑稱，以言其猶如受到攻擊的豬不顧一切地橫衝直撞。(123)宗廟　帝王的祖廟，這裡代指國家。(124)承　侍候；參問。參問起居叫參承。這裡意即聽說。(125)尋　接著；不久。(126)大嚴　大規模地調兵遣將。嚴，戒嚴；軍事動員。(127)謂兄當抑制不逞　原來我估計你會抑制錢鳳，使他不能胡來。謂，原以為。不逞，心懷不滿的行為。(128)還藩武昌　把軍隊帶回到武昌駐紮。藩，屏障，這裡是戍衛的意思。(129)與犬羊俱下　跟著惡人們一道進犯京師。犬羊，對錢鳳等叛軍的蔑稱。(130)可得如大將軍昔年之事　指元帝永昌元年，王敦攻克石頭城，又退回了武昌之事。(131)佞臣　奸巧諂諛之臣，指刁協、劉隗等。(132)人懷不寧　人心不安。(133)心

思外濟　心裡盼著能有外頭的人來加以解救。濟，搭救。134于湖　古地名，在今安徽當塗南三十八里。從上年起王敦自武昌移兵屯駐於此。135危怖　恐懼不安。危，畏懼。136勞弊　勞苦疲困。137委重安期　把一切權力都託付給了王應。王應字安期。138斷乳幾日　極言王應年紀之小，不能管事。139於時望　從其現有的名望上說。140便可襲宰相之迹邪　就能夠承襲宰相之職嗎。襲，承繼。迹，職務；事業。141開闢　開天闢地。142頗有　可曾有過。頗，些許。143將為禪代　將要有人用強制禪讓的方式篡取皇帝之位，如曹丕篡漢、司馬炎篡魏之舉。曹丕稱帝時三十四歲，司馬炎三十歲，均是王導所稱的孺子。144先帝中興　指晉元帝司馬睿建立東晉政權。145聖主　指晉明帝司馬紹。146德洽　恩德遍及。147妄萌逆節　妄想篡奪皇位。萌，產生。148小大　猶言大大小小。149明目張膽　意即亮明態度，表明決心。150為六軍之首　意即衝鋒在前。151無賴　無所信賴，即無立場、無信仰，隨風飄擺的人。152苑城　即「臺城」，當時的朝廷所在地，在今江蘇南京玄武湖邊。153軍勢未成　陣勢尚未擺開，尚未列好。154大駕　指皇帝司馬紹。155縱逸　驕縱瘋狂。156以謀屈　猶言以智取。屈，挫敗。157力競　用武力與之爭逐。158抄盜相尋　搶劫、偷盜接連不斷。相尋，相繼；接連。159懲　吃過……苦頭；接受過……教訓。160乘　利用。161逆順之勢　指正義與非正義的客觀形勢。162經略遠圖　猶深謀遠慮。經略，指政治上、軍事上的經營規劃。163啓　誘發；使……興起。164一朝　一個早晨所進行的一場戰鬥。165呼吸　猶一呼一吸，極言時間之短。166蹉跌　失足，此言失敗。167申胥之徒　像申胥一樣的報國志士。申胥即申包胥，是春秋時楚國大夫。楚昭王十年（西元前五〇六年），吳國大將伍子胥攻破楚國，申胥至秦國求救，在秦庭痛哭七天七夜，終於使秦哀公出兵救楚，打敗吳軍。事詳《左傳》定公四年。168義存投袂　能見義興起，英勇救國。投袂，甩袖，形容由於憤怒而迅速做出反應。《左傳》宣公十四年記載楚國人申舟被宋人殺死，楚莊王聽說，「投袂而起」。袂，袖子。169南皇堂　地名。170癸酉　九月初四。171掩　突然襲擊。172平旦　天剛亮；黎明。173越城　在秦淮河南。174老婢　老廢物，軟弱無能的老年婢女。175力行　勉強出征。力，勉強。176困乏　渾身無力。胡三省注曰：「氣不能充體為困，力不能舉身為乏。」177舅　此指妻子的兄弟。178營葬事　籌辦喪事。179蠟塗其外　防止屍體臭味洩漏。180廳事　意即廳堂。181三司　即「三公」，指大司馬、司徒、司空。182具瞻之重　是全國上下共同瞻仰、尊敬的人物。具瞻，全國矚目。《詩・節南山》：「赫赫師尹，民具爾瞻。」183幣厚言甘　禮送得多，話說得甜。幣，禮品。184古人所畏　古人都知道這裡邊有陰謀。《左傳》僖公十年：「幣重而言甘，誘我也。」185趣建康　殺向建康。趣，同「趨」。奔向；殺向。186宗正卿虞潭　東晉王朝的忠臣，先曾為宗正卿，此時任吳興太守。傳見《晉書》卷七十六。宗正卿，官名，掌管皇室親族的事務。187餘姚　晉縣名，縣治即今浙江餘姚，上屬會稽郡。188義興　晉郡名，晉惠帝永興元年，分吳興之陽羨、丹楊之永世立義興郡。189柵

塘　有柵欄圍護的水塘，此指玄武湖。在建康城北，今南京城東北玄武門外。(190)京邑　指建康城。(191)藉　憑藉；靠著。(192)東西軍　沈充自吳興（今浙江湖州）起兵，為東軍；王含、錢鳳自于湖起兵，為西軍。(193)眾寡過倍　王含、沈充之軍眾超過朝廷軍的一倍。(194)丁亥　九月十八。(195)各有差　按等級賞賜的多少各有不同。差，等級。(196)北軍　指劉遐、蘇峻的北來之軍。(197)乙未　九月二十六。(198)竹格渚　地名，在今南京城南。(199)渡淮　渡過秦淮河。胡三省注曰：「秦淮在今建康上元縣南三里。秦始皇時，望氣者言金陵有天子氣，使鑿山為瀆以斷地脈，故曰秦淮。或云：『淮水發源屈曲，不類人工。』」(200)宣陽門　建康外城的南門。建康外城皆用籬笆環繞，各城門均以西晉都城洛陽城門命名。(201)拔柵　拆除籬笆。(202)南塘　秦淮河南側的堤岸。東晉在建康建都後，自秦淮河入江口起沿淮築堤。塘，即堤。(203)橫擊　攔腰截擊。(204)青溪　水名，在今南京東。起源於鍾山西南，為三國吳主孫權為洩玄武湖水而鑿。青溪水屈曲穿過南京市區入秦淮河，今湮。(205)尋陽太守周光　尋陽是晉郡名，郡治在今湖北黃梅西南。胡三省注曰：「沈約曰：『尋陽，本縣名，因水名縣，水南注江，漢屬廬江郡；惠帝永興元年，分廬江、武昌立尋陽郡，治柴桑縣。』」周光是周訪之子，周撫之弟。十一歲時王敦即讓他做寧遠將軍、尋陽太守。傳附《晉書》卷五十八〈周訪傳〉。(206)來赴　來投，來為王敦助陣。(207)丙申　九月二十七。(208)遁　逃走。(209)丁酉　九月二十八。(210)不原　不赦免。(211)勦絕　被消滅。(212)因亂　趁著戰亂。因，乘機。(213)荊州　當時王舒任荊州刺史。(214)江州　當時王彬任江州刺史。(215)人　指王敦。(216)能立同異　能站在不同立場，發表不同意見。指元帝永昌元年王彬哭周顗、數王敦罪狀和諫止王敦為逆等事。(217)愍惻　可憐、同情。(218)守文　遵守法度，這裡是指維護晉室而言。文，法度。(219)意外行事　做破格的事情，指放過王含。(220)沈　同「沉」。(221)恨　憾，遺憾。(222)闔廬洲　江心的小島名，在今江蘇南京北長江中。(223)詣闕自贖　到朝廷請罪。闕，皇宮門前的雙闕，代指皇帝所居之處。(224)內重壁中　把他藏在了厚厚的夾牆裡。內，「納」的本字。重壁，夾牆。(225)三千戶侯矣　三千戶侯的封賞到我手啦。當時朝廷懸賞：斬錢鳳的人封五千戶侯，斬沈充的人封三千戶侯。(226)以利殺我　指為封三千戶侯而殺沈充。(227)當坐誅　當受牽連被殺。坐，連坐；因……而獲罪。(228)匿　隱藏；掩護。(229)勁竟滅吳氏　此處表現了作者對沈充的同情，和對吳儒的譏諷，與《史記》之譏諷酈寄「賣友」相同，後人多有議論。(230)發王敦瘞　把王敦的屍體刨出來。發，刨；挖掘。瘞，埋藏，這裡即指埋藏的屍體。(231)跽而斬之　把他的屍體戳成一種跪著的姿勢，而後將其斬首。跽，長跪。雙膝著地，上身挺直。(232)南桁　即朱雀橋。(233)前朝　指西晉惠帝朝。(234)楊駿　西晉時期的權臣，其女為晉武帝的皇后，武帝死，惠帝初立時掌握朝政，權傾一時，後來被惠帝皇后賈氏及楚王司馬瑋所殺。傳見《晉書》卷四十。(235)先極官刑　先受國法的懲治。(236)後聽私殯　其後允許家屬收葬。聽，聽任。私殯，私人收殮。楊駿被誅後，無人敢收屍，只有太傅舍人閻纂殯殞了他。237王誅　國法的懲罰。238私義　私情，私人之間的情義。239於義為弘　從道理上說更為合適。240資給　提供錢財。按，這裡指周光想逮捕鄧岳交給朝廷，以贖其兄周撫之罪。241伯山　鄧岳的字。242西陽蠻　西陽郡裡的少數民族名，西陽郡的郡治在今湖北黃岡東。243詔原敦黨　對王敦的黨羽宣告寬赦。原，寬恕。244出首　出來自首。245禁錮　指不准其為官，猶今言永不錄用。246傾家產　拿出全部家產。247帥茂部曲　率領著張茂的部下。248大仇　謂元帝永昌元年（西元三二二年），沈充攻下吳國，殺內史張茂。249謝不克之責　對張茂沒能遏止寇虐，為國家守住郡邑而表示歉意。不克，未能完成任務。250贈追任。251太僕　朝官名，中央的部長一級，主管為皇帝趕車。252有司　有關部門，這裡指主管司法、負責彈劾的官員。253除名　除去名籍，取消其原有的官職、待遇。254百世宥之　為褒獎某個功臣，使其身後一百代的犯罪子孫都能得以赦免。說書唱戲有所謂「誓書鐵券」、「免死金牌」等等就是這個意思。百世，百代。宥，寬赦；赦免。255公之近親　王彬、王舒皆王敦之弟、王導的堂兄弟，故稱「近親」。256王敦綱紀　王敦手下的主要僚佐，如主簿、別駕、長史等職。綱紀，猶今所謂骨幹。257參佐　僚屬；部下。受寵信的程度與綱紀略同。258忍　殘忍。《新書・道術》：「惻隱憐人謂之慈，反慈為忍。」259處其朝　工作在王敦的部下。朝，府；軍部。260恆懼危亡　經常處於生死的邊緣。261結舌　不敢說話。262道路以目　路途相遇只以目示意，不敢說話。263誠　確實；實在是。264道窮數盡　窮途末路，無法生活。數，氣數；命運。265遵養時晦　指辭官退隱以待時。《詩・酌》：「於鑠王師，遵養時晦。」時晦，指黑暗殘暴的政治環境。266原其私心　推究一下王敦僚屬們的本心。原，推求其最初的想法。267豈遑晏處　哪一個能消消停停地待著。遑，有時間；來得及。晏處，安閒地待著。268備知之　深刻地瞭解他們和王敦不是一路人。備，詳細；深入。269必其贊導凶悖　如果是真心贊成幫助王敦的人。贊導，幫助引導。270正以典刑　猶言繩之以法。正，執行。271枉陷姦黨　不明實情地陷入叛逆集團。枉，違背心意。272寬貸　寬恕；赦免。273聞於聖聽　已經向皇帝奏明過。聞，讓人知道，特指讓上面的人知道。274當受同賊之責　理應被人說我是站在逆賊的立場。同賊，指為陸玩等辯護。275苟默而不言二句　如果讓我閉上嘴不說話，那是違背我的良心的。276惟陛下仁聖裁之　請您秉持仁聖之心對此做出判斷。277君臣之教　君臣之間的關係準則。教，道理。278貴於伏節死義　重點在倡導做臣子的要為堅守節義而死。279進　指在位為王敦做僚屬。280退　指辭官離開王敦集團。281準之前訓　用上面所說的準則來衡量這些人。282宜加義責　理應受到嚴厲的譴責。義，君臣大義，實即嚴厲的意思。283領司徒　兼任司徒之職。領，兼任。284殊禮　特殊的禮遇。如「劍履上殿」、「入朝不趨」、「贊拜不名」等。285應詹為江州刺史　以取代王彬。286撫而懷之　安撫並關心施惠。287枹罕　晉縣名，縣治在今甘肅臨夏西南。288必須天時人事相得　意謂即使自己的兵力很強大，但還一定要等天時、人心等各種條件的齊備。

(289)安忍　安於殘忍而不以為異，也就是現在所說的殘忍。胡三省注曰：「殺人而心不矜惻，顏不顰蹙者為忍，忍而安之，則其必亡矣。」(290)其亡可必　其很快滅亡是肯定的。必，肯定；必然。(291)饑年大舉　在這災荒年頭發動戰爭。(292)盛寒　嚴寒。(293)聘於趙　到劉聰政權進行友好訪問。聘，國與國間的友好出使。(294)款誠和好　誠摯、友好。(295)卿能保之乎　您能夠保證長久如此嗎。(296)齊桓貫澤之盟　齊桓公在貫澤與諸侯盟會的時候。(297)憂心兢兢　謙虛謹慎的樣子。齊桓公謙虛謹慎會諸侯於貫澤事，見《左傳》僖公二年。(298)葵丘之會　齊桓公在葵丘（今河南民權東北）與諸侯會盟。(299)振而矜之　傲慢、矜誇。(300)叛者九國　具體所指不詳。《公羊傳》僖公九年有所謂：「九年，九月戊辰，諸侯盟于葵丘。桓之盟不日，此何以日？危之也。何危爾？貫澤之會，桓公有憂中國之心，不召而至者，江人、黃人也；葵丘之會，桓公震而矜之，叛者九國。震之者何？猶曰振振然。矜之者何？猶曰莫若我也。」(301)化　政治狀況、社會風氣。(302)陵遲　衰敗。(303)邇者之變　指趙國內部的危機。邇，近。(304)代王賀傉　鮮卑拓跋部的首領，拓跋猗㐌之子，國內由其母惟氏掌權。(305)東木根山　在今內蒙古自治區興和西北。

【校　記】①導門　據章鈺校，此二字下，甲十一行本、乙十一行本皆有「戶」字，張瑛《通鑑校勘記》同。

【語　譯】肅宗明皇帝下

太寧二年（甲申　西元三二四年）

春季，正月，晉王敦誣陷周嵩、周莚與道士李脫陰謀叛亂，而將周嵩、周莚逮捕起來，在軍隊當中將他們殺死。王敦派擔任參軍的賀鸞前往沈充的鎮所吳興，令沈充把周札的姪子全部殺死，然後發兵襲擊鎮守會稽的周札。周札率眾抵抗，不勝而死。

後趙將兵都尉石瞻率眾進犯東晉的下邳、彭城，佔領了東莞、東海。晉兗州刺史劉遐撤退到泗口。

後趙司州刺史石生襲擊前趙河南太守尹平所在的新安，將尹平斬首，劫掠了五千多戶居民而後撤回。從此以後，前趙與後趙結怨，每天互相攻打，戰火不息，河東、弘農一帶，老百姓痛苦不堪，已經沒法維持生活。

後趙將兵都尉石生入侵東晉的許昌、潁川，俘虜了將近一萬人。繼而攻打鎮守陽翟的揚武將軍郭誦。郭誦與石生交戰，將石生打得大敗，石生退入康城堅守。後趙擔任汲郡內史的石聰聽到石生被郭誦打敗的消息，立即火速趕來救援，他率軍攻打東晉司州刺史李矩、潁川太守郭默，李矩、郭默都被石聰打敗。

成主李雄的皇后任氏沒有為李雄生兒子，而妾所生的兒子倒有十多個，李雄立自己哥哥李蕩的兒子李班為太子，讓任皇后以母親的身分進行撫養。群臣都請求李雄從自己的兒子中選擇一個立為太子，李雄說：「我的哥哥李蕩，是先帝李特的嫡子，有奇才，而且立有大功，眼看大業就要成功的時候，卻過早地離開了人世，我常常悼念他。再說，李班仁厚孝敬，又很好學，一定能繼承先人的功業。」擔任太傅的李驤、司徒王達都勸諫說：「古代的君主，繼承人一定從自己的兒子中挑選，就是為了使他們明確各自的身分，防止篡位奪權的事情發生。從宋宣公、吳餘祭的例子，就完全可以引為教訓了！」李雄沒有聽從他們的意見。太傅李驤退朝之後痛哭流涕地說：「成國的內亂恐怕就要因此開始了！」李班為人謙和恭敬，禮賢下士，一舉一動都遵循禮法，李雄每次商議重大事情都讓李班參與。

夏季，五月十四日甲申，涼州牧、西平公張茂病重，他拉著世子張駿的手流著淚說：「我家世世代代都以孝敬尊長、友愛兄弟、忠於皇室而著稱，現在雖然是天下大亂，你也要堅守這個準則，不要丟失。」張茂下令說：「我的職位不是晉朝皇帝任命，而是自封的，只不過是為了成就事業才不得不如此，豈敢以這種爵位、職務為榮！我死之後，給我換上平民戴的白帽，不要穿著現在的官服入殮。」當天，張茂去世。晉愍帝的使者史淑還在姑臧，擔任左長史的氾禕、右長史的馬謨等請史淑代表朝廷拜張駿為大將軍、涼州牧、西平公，在涼州境內實行大赦。前趙主劉曜派使者追贈張茂為太宰，諡號為成烈王，任命張駿為上大將軍、涼州牧、涼王。

東晉大將軍王敦病勢沉重，他假傳聖旨封王應為武衛將軍，充當自己的助手，任命王含為驃騎大將軍、開府儀同三司。錢鳳對王敦說：「假如突然有不可諱言的事情發生，是否就將後事託付給武衛將軍王應啊？」王敦說：「要幹非同尋常的大事情，不是平常的人所能幹得了的。再說武衛將軍王應年紀還小，豈能擔當起得起幹如此大事的重任！我死之後，不如把兵眾全部解散，讓他主動地去向朝廷認罪，以保全家門，這是上策。退回武昌，將軍隊集結起來實行武裝割據，按時向朝廷貢獻方物，不要間斷，這是中策。趁我現在還活著，率領所有部眾東下建康，以爭取萬分之一的成功，這是下策。」錢鳳對他的黨羽說：「大將軍王敦所說的下策，在我看來乃是上策。」於是與沈充謀劃好，等到王敦一死，立即起兵謀反。又認為為皇帝擔任宿衛的人員太多，遂奏請將宿衛人員分作三班輪流值勤，一班值勤，兩班休息。

當初，晉明帝司馬紹親自任命溫嶠為中書令。王敦大為厭惡，就聘請溫嶠到自己的大將軍府擔任左司馬。溫嶠到任後，就裝成很勤勉於政事、對王敦畢恭畢敬的樣子，把大將軍府的事務管了起來，還不時地向王敦進獻一些密謀以順從他的願望。還特別用心思地去結交錢鳳，為錢鳳抬高聲譽，他常常說：「錢世儀可是才學滿腹，光彩照人。」溫嶠一向在明於知人、善於品評人物方面享有很高的聲望，錢鳳見溫嶠給自己的評價很高，心裡非常高興，也就實心實意地與溫嶠交好。恰巧遇上丹楊尹出缺，溫嶠就向王敦建議說：「京兆尹所管轄的地面可是咽喉要地，您應該親自選拔有才能的人擔此重任，恐怕朝廷選用的人不符合我們的願望。」王敦認為溫嶠說得有道理，就詢問他「你認為誰適合擔當此任？」溫嶠回答：「我認為沒有人比錢鳳更合適的了。」錢鳳也反過來向王敦推薦溫嶠。溫嶠假裝推辭，王敦沒有聽從。六月，王敦上表請求任命溫嶠為丹楊尹，並派溫嶠為自己窺視朝廷的一切行動。溫嶠擔心自己一旦起身，錢鳳便會在王敦面前進讒言進行阻止，遂藉著王敦為自己餞行的機會，起身為眾人敬酒，當他來到錢鳳面前敬酒時，錢鳳沒有來得及喝，溫嶠假裝醉酒的樣子，用手中所持的手版把錢鳳戴的頭巾敲落到地上，顯出十分生氣的神情說：「錢鳳算什麼東西，我溫太真給你敬酒，你竟敢不喝！」王敦以為溫嶠是喝醉了酒，就將雙方勸開了。溫嶠臨去上任，與王敦告別的時候，淚流滿面，幾次走出內室的門又走了回來，依依難捨之情難以描述。溫嶠走後，錢鳳果然對王敦說：「溫嶠與朝廷的關係非常密切，與庾亮又有很深的交情，此人不可信賴。」王敦說：「溫嶠昨天是喝醉了，言語之間稍微有些失禮，怎麼能如此說他的壞話！」溫嶠到達建康，把王敦企圖謀反的陰謀全都告訴了晉明帝司馬紹，請求晉元帝做好防範的準備。又與庾亮共同商議如何討伐王敦事宜。王敦得知消息，不禁大怒說：「我竟然被這樣一個小人物欺騙！」他寫信給司徒王導說：「溫嶠與我分別才幾天，就做出這樣的事情。我要懸賞活捉此人，親自拔掉他的舌頭。」

晉明帝準備討伐王敦，他徵求光祿勳應詹的意見，應詹極力贊成，晉明帝決心遂定。六月二十七日丁卯，晉明帝司馬紹加授司徒王導為大都督、兼任揚州刺史，任命溫嶠統領秦淮河北諸軍事，與擔任右將軍的卞敦一起守衛石頭城，任命應詹為護軍將軍，統領前鋒軍隊以及朱雀橋南諸軍事，任命郗鑒代理衛將軍之職，統領為皇帝擔任護駕任務的軍隊，任命庾亮為左衛將軍，任命擔任吏部尚書的卞壼為代理中軍將軍。郗鑒認為皇帝任命自己為代理衛將軍這樣的將軍頭銜並沒有什麼實際意義，所以堅決辭讓，沒有接受，請求皇帝將擔任臨淮太守的蘇峻和擔任兗州刺史的劉遐召回，讓他們共同參與討伐王敦。晉明帝司馬紹於是下詔徵調擔任臨淮太守的蘇峻、擔任兗州刺史的劉遐、擔任徐州刺史的王邃、擔任豫州刺史的祖約、擔任廣陵太守的陶瞻等入衛京師。晉明帝司馬紹離開皇宮，駐紮於設在宣陽門外的中堂。

擔任司徒、大都督、兼任揚州刺史的王導聽到王敦已經病勢沉重的消息，便發布了王敦已死的消息，率領王氏子弟為王敦辦理喪事。眾人認為王敦真的已死，於是全都精神振奮、有了戰鬥的勇氣。此時尚書府把晉明帝司馬紹的詔書飛快地下達到王敦的大將軍府，一條一條地列舉王敦的罪惡說：「王敦竟敢擅自任命自己過繼的兒子王應接替自己的職務，從來就沒有繼任宰相不是由皇帝任命的先例。一群頑劣兇惡之徒互相扶助，無所顧忌，妄想著自己兇惡醜陋的狼子野心能夠得逞，陰謀篡奪皇位。上天不會助長奸佞，王敦已經死亡，錢鳳繼承為非作歹，更加變本加厲地煽動叛亂。現在派遣司徒王導等率領雄虎之師三萬，分兵十路，同時進發，平西將軍王邃等率領精銳三萬人，水路、陸路齊頭並進，朕親自統帥眾軍，討伐錢鳳的罪行。有人殺死錢鳳，並將他的首級送來，就封他為五千戶侯爵。凡是接受過王敦的任命，曾經為王敦所用的文武官員，一律不予追究，不要對朝廷心存猜忌，懷疑朝廷秋後算帳而不肯脫離王敦陣營，以招致誅殺滅族的災禍。王敦屬下的將士，跟從王敦長年在外，離鄉背井、拋下了自己的妻子兒女，朕非常同情他們。凡是家中只有一個男丁的，如果是在軍隊當中，都要遣送回家，終其一生不再徵調其服兵役。其他人全都給假三年，休假期滿再回來為朝廷效力，與在京城擔任警衛皇宮任務的部隊一樣，享受三班輪流執勤的待遇。」

王敦看到晉明帝的詔書，怒不可遏，而病情更加沉重，已經不能親自起來指揮軍隊。但他還是準備起兵攻打京師，他讓擔任記室的郭璞用蓍草為他的起兵之事能否成功進行占卜。郭璞占卜之後說：「事情不會成功。」王敦一向懷疑郭璞暗中幫助溫嶠、庾亮，所以當他得到「不能成功」的凶卦之後，就問郭璞說：「你再占卜一下我的壽命還有多少？」郭璞說：「根據剛才的卦象推斷，如果您起兵東下，國家的災難也不一定會很久。如果住在武昌按兵不動，您的壽命長得很。」王敦大怒說：「那你算算自己的壽命還有多少？」郭璞說：「今天日中就是我壽命終結的時候。」王敦將郭璞關押起來，而後斬首。

王敦讓錢鳳和冠軍將軍鄧岳、前將軍周撫等率領軍隊直指京師建康。王含對王敦說：「這是我們王家自己的事情，我應當親自前往。」王敦於是任命王含為元帥。錢鳳等請示王敦說：「事情成功之後，怎麼處置司馬氏的皇帝？」王敦答覆說：「司馬紹還沒有到南郊舉行過祭祀天地的典禮，怎麼能稱他為天子呢！你就盡你的最大力量，保護好東海王司馬沖和裴妃就可以了。」於是王敦便上疏給朝廷，名義是請求誅殺溫嶠等奸臣。秋季，七月壬申朔，王含等人率領水路陸路五萬大軍突然到達秦淮河南岸，人心惶恐不安。溫嶠把秦淮河南岸的部隊調到秦淮河北岸駐紮，然後燒毀了朱雀橋，以挫傷王含軍隊進攻的鋒芒。王含等無法渡過秦淮河。晉明帝司馬紹想親自率領軍隊攻打叛軍，聽說溫嶠已經燒毀了朱雀橋，不禁大怒。溫嶠解釋說：「現在朝廷的宿衛部隊數量少，力量弱，所徵調前來增援的部隊還沒有趕到，如果此時叛軍像受到攻擊的豬一樣不顧一切地橫衝直撞地殺進皇城，將顛覆國家社稷，皇家的宗廟恐怕都保不住，陛下怎麼還吝惜一座朱雀橋呢！」

擔任司徒的王導寫信給王含說：「近來，我聽說大將軍病情沉重，甚至有人說大將軍已經去世。不久又得知錢鳳大規模地調兵遣將，想使自己的奸謀叛逆得逞。我估計兄長會對其加以抑制，不使他的陰謀得逞，讓他把軍隊帶回武昌駐紮，想不到你竟然與這幫狗羊一樣的畜生一起東下。兄長如此舉動，認為可能像永昌元年大將軍王敦攻打石頭城時的情形一樣嗎？當年是因為刁協、劉隗那樣的奸巧讒佞之臣擾亂朝綱，人心不安，即使像我這樣的人，心裡都盼望著能有外力來加以解救。現在的情形則完全不一樣了，大將軍從武昌來到于湖駐防，已經逐漸地失去民心，正人君子都感到驚恐不安，百姓勞苦疲困。而大將軍在臨終之時，竟然把一切權力都交付給了王應，王應斷奶才幾天？再說，就其現有的聲望而言，就能夠承繼宰相的職務嗎？自從開天闢地以來，可曾有過任用小孩子為宰相的嗎？凡是有耳朵的人，都知道將要有人用強制禪讓的方式篡取皇帝之位，這不是人臣應該做的事情。先帝司馬睿在江東建立政權，使國家獲得中興，他的仁愛仍然遺留在人民的心中，現在的聖明君主司馬紹，聰明智慧，他的恩澤遍及朝野。兄長狂妄地產生了篡奪皇位、改變臣節的念頭，凡是為人臣者，誰不為此憤恨歎息！我王導一門不論男女老幼，全都深受國家厚恩，面對你今天的所作所為，我大張旗鼓、態度鮮明地要保衛皇帝，並充當討伐叛逆的六軍先鋒，我寧願做一個忠臣而死，而絕不做那種無信仰、無立場、隨風搖擺的人而苟活在人世上！」王含沒有答覆。

有人認為「王含、錢鳳的軍事實力超過朝廷軍隊的一百倍，而作為建康屏障的苑城既小又不堅固，最好趁叛軍陣勢還沒有擺開之際，皇帝御駕親征進行抵抗。」郗鑒說：「這幫逆賊驕縱瘋狂，勢頭正盛，不可阻擋，只能以智謀取勝，而不能憑藉武力對抗取勝。再說，王含等人號令並不統一，劫掠、盜竊的事情不斷發生，不論官吏還是百姓，他們往年全都吃過那場兇暴、掠奪的苦頭，現在人人願意加強防守，以求保護自己。利用我們是正義的，而他們卻是非正義的這種客觀形勢，何必發愁不能取得勝利！再說，這群逆賊無論是在政治上，還是在軍事上都沒有深謀遠慮，他們像一群發瘋的豬一樣，只想通過快速一戰獲取勝利，時日久了，那些正義之士的忠君愛國之心必將被激發出來，而後展示出他們的智慧和力量。如果用現在這樣弱小的力量抵抗勢力強大的逆賊，還想在一個早晨、通過一場戰鬥決出勝負，在一呼一吸這樣極短的時間之內定出輸贏，萬一失敗，即使有像申包胥那樣的報國之士，為了正義拂袖而起，英勇救國，恐怕也難以挽回以往的敗局！」晉明帝這才作罷。

晉明帝司馬紹率軍離開中堂進駐南皇堂。九月初四日癸酉夜間，募集勇敢強壯的士卒，派將軍段秀、中軍司馬曹渾等率領著一千名全副武裝的精壯士卒向南渡過秦淮河，在叛軍毫無戒備的情況下突然發動襲擊。黎明時分，在越城與叛軍展開激戰，將叛軍打得大敗，其前鋒將領何康被斬首。段秀，是段匹磾的弟弟。

王敦聽到王含戰敗的消息，大怒說：「我哥哥王含簡直就是一個老廢物！王氏家門衰敗，大勢已去！」

他回頭對擔任參軍的呂寶說：「我就是支撐著身體也要出征。」他勉強掙扎著坐起來，卻因體力不支，重又躺下，就對他的舅子、擔任少府的羊鑒和他的繼子王應說：「我死了之後，就宣布王應登基稱帝，先設立朝廷，備齊文武百官，然後再為我辦理喪事。」不久王敦去世，王應將王敦去世的消息隱瞞起來，沒有對外發布消息，他派人用席子把王敦的屍體包裹起來，外面塗上蠟，埋在廳堂中，然後與諸葛瑤等日夜飲酒尋歡作樂。

晉明帝司馬紹派吳興人沈楨去勸說沈充，答應任命沈充為司空。沈充說：「大司馬、司空、司徒，這三公是全國上下共同瞻仰、尊敬的人物，豈是我有資格擔當的！封賞豐厚，言辭動聽，古人都知道這裡面一定有陰謀而感到畏懼。再說，大丈夫與人共事，應該始終如一，怎麼能中途變卦，那樣的話，還有誰敢容納我呢！」沈充仍舊起兵殺向建康。擔任宗正卿的虞潭因為有病請假回到會稽，他聽到沈充起兵謀反的消息，就在餘姚聚眾起兵討伐沈充。晉明帝司馬紹任命虞潭為代理會稽內史。以前曾任安東將軍的劉超、宣城內史的鍾雅也都起兵討伐沈充，義興人周蹇殺死王敦所任命的義興太守劉芳，平西將軍祖約驅逐了王敦所任命的淮南太守任台。

沈充率領手下的一萬多人與王含的軍隊會合。擔任司馬的顧颺向沈充建議說：「現在起兵舉事，而天子的軍隊已經佔領了咽喉要地，我們的銳氣受挫，如果相持的時間一長，必然會招來災禍和失敗。現在如果掘開玄武湖的堤防，把湖水灌入建康城，我們憑藉水勢，用艦船水軍攻打建康，這是上策。憑藉大軍剛剛抵達的銳氣，將東部沈充的軍隊與西部王含、錢鳳的軍隊合在一起，然後兵分十路，同時進兵，憑藉我們兵力多過朝廷軍隊數量一倍的優勢，按照常理，必定能夠摧垮朝廷軍，這是中策。為了轉禍為福，將錢鳳召來商議軍情，趁其無備將他斬首向朝廷投降，這是下策。」而沈充全都不予採納。顧颺知道沈充必敗無疑，遂逃回吳郡。

九月十八日丁亥，兗州刺史劉遐、臨淮太守蘇峻等率領著一萬名精銳到達建康，晉明帝司馬紹連夜接見，親自慰勞他們，按照不同級別分別進行了賞賜。沈充、錢鳳想趁劉遐、蘇峻這兩支北方軍隊剛剛趕來，正是人因馬乏的時候攻打他們，便在二十六日乙未夜間，沈充、錢鳳率軍從竹格渚渡過秦淮河，擔任護軍將軍的應詹、擔任建威將軍的趙胤等率軍進行抵抗，然而沒能有效地阻止住叛軍的進攻。沈充、錢鳳衝到了宣陽門，他們拆除了朝廷軍用作防禦的寨柵，準備再次發動進攻，被從南塘衝殺過來的劉遐、蘇峻軍攔腰截擊，打得大敗，叛軍中被迫跳入秦淮河中被水淹死的有三千人。劉遐在青溪再次打敗沈充。尋陽太守周光聽到王敦起兵謀亂的消息，立即率領一千多人趕來為王敦助陣。他到達王敦的大本營，求見王敦，王敦的繼子王應以王敦有病為由拒絕了周光。周光退出以後說：「如今我遠道而來卻不能見王敦一面，王敦大概死了吧？」他立即找到自己的兄長周撫說：「王敦已經死了，哥哥你為什麼還要與錢鳳一起做逆賊！」眾人一聽都大吃一驚。

九月二十七日丙申，王含等放火燒毀大營連夜逃走。二十八日丁酉，晉明帝司馬紹回到皇宮。發布大赦令，只有王敦的黨羽不在赦免的範圍之內。晉明帝命令左衛將軍庾亮統領臨淮太守蘇峻等人前往吳興追殺沈充，命令溫嶠統領兗州刺史劉遐等前往江寧追殺王含、錢鳳，又分別下令給其他將領分頭剿殺他們的黨羽。兗州刺史劉遐統領的軍士軍紀鬆懈，有人趁機劫掠，溫嶠責備劉遐說：「上天幫助忠順，所以逆賊王含等才被剿滅，你怎麼放縱你的部下趁著戰亂而作亂呢！」劉遐受到責備，心中惶恐，趕緊向溫嶠承認自己的錯誤。

王含想要投奔荊州刺史王舒，他兒子王應說：「不如前往江州投奔江州刺史王彬。」王含說：「大將軍王敦一向與江州刺史王彬關係緊張，你怎麼還要去投奔他？」王應說：「這就是投奔他的理由。江州刺史王彬在大將軍勢力極強極盛的時候，能夠站在不同立場，發表不同意見，這不是一般人能夠比得上的。如今看到我們遭遇到如此的困難危險，一定會產生憐憫同情之心而對我們加以保全。而荊州刺史王舒是一個謹慎守法之人，怎麼可能做出破格的事情而放過我們呢！」王含沒有採納王應的意見，遂前往荊州投奔荊州刺史王舒。王舒派軍隊將王含、王應捉住，沉入江中淹死。江州刺史王彬聽說王應有可能前來投奔，就祕密準備好船隻在江邊等候，卻一直沒有等到，王彬為此深感遺憾。錢鳳逃到闔廬洲，被尋陽太守周光斬首，周光帶著錢鳳的首級前往皇宮門口向皇帝請求將功贖罪。沈充逃走途中迷失了道路，誤入舊部下吳儒的家中。吳儒將沈充騙入夾壁牆中，便笑著對沈充說：「三千戶侯到手了！」沈充說：「如果你看在過去曾經是我部下的情分上救我一命，我家人一定會用厚禮報答你。如果你為了得到三千戶侯的封賞而殺死我，我死了，你的家族將會遭遇滅族之災！」吳儒把沈充殺死，將他的首級遞送到建康，王敦的黨羽全部被剷平。沈充的兒子沈勁受到牽連被判死刑，同鄉的錢舉將他隱藏起來，才逃得性命。後來，沈勁為了報殺父之仇，竟將吳儒的族人全部屠殺。

有關部門將王敦的墳墓挖開，把王敦的屍體刨出來，把他身上的衣服、帽子扒下來燒毀，把他的屍體戳成一種跪著的姿勢，而後將其斬首，把他的首級連同沈充的首級一同懸掛在朱雀橋上示眾。郗鑒向晉明帝司馬紹建議說：「前朝晉惠帝時期誅滅權臣楊駿等，都是先執行國法的懲治，然後允許其家屬收葬。我認為現在朝廷已經按照國法制裁了王敦等，下面也應該顧及私人之間的情義，准許他們的親友將其收葬，從道理上來講更為合適。」晉明帝批准了郗鑒的奏請。司徒王導等人都因為討伐王敦有功而受到封賞。

周撫與鄧岳一同逃亡，尋陽太守周光想逮捕鄧岳送交朝廷，為自己的哥哥周撫贖罪。周撫大怒說：「我與鄧岳一起逃亡，你何不先殺掉我！」此時正巧鄧岳到來，周撫走出門外，老遠的就招呼鄧岳說：「還不快逃！現在我們骨肉之間還要謀害，何況是外人呢！」鄧岳急忙調轉船頭，與周撫一起逃入西陽郡的少數民族中。第二年，晉明帝下詔赦免王敦的黨羽，周撫、鄧岳出來自首，得以免除死罪，但卻終身被剝奪了做官的資格。

已故吳國內史張茂的妻子陸氏，拿出全部家產，率領著張茂的舊部下，充當先鋒討伐沈充，為自己的丈夫報仇。沈充敗亡之後，陸氏親自前往皇宮門口上疏，為已故的丈夫張茂沒能遏制住賊寇肆虐，為國家守住郡邑盡到責任向皇帝請罪。晉明帝下詔追贈張茂為太僕。

有關部門奏請晉明帝說：「江州刺史王彬等人是王敦的近族，請除去他們的名籍，取消他們的官職和待遇。」晉明帝司馬紹下詔說：「司徒王導能夠大義滅親，即使其身後一百代的子孫犯了罪還要寬宥，何況王彬等都是王導的近親呢！」所以一無所問。

晉明帝司馬紹下詔說：「王敦手下的主要僚佐如主簿、別駕、長史等一律免官，王敦的僚屬終身不准做官。」溫嶠上疏說：「王敦剛愎自用，性情兇暴不仁，他隨意殺人，毫不憐憫，朝廷控制不了他，骨肉親人也勸阻不了他。在他手下任職的官員，經常處在危險和死亡的恐懼之中。所以人們都不敢說話，即使是朋友在路上相遇，也只能用目光打一下招呼而不敢交談，那時確實是賢人君子的窮途末路，不得不韜光養晦以待時機之時也。探究他們的本意，哪裡是甘心如此？像陸玩、劉胤、郭璞之輩就經常跟我訴說他們內心的痛苦，所以我深刻地瞭解他們和王敦不是一路人。如果是真心贊成、幫助，甚至誘導王敦謀逆的人，自然應當繩之以法。對於那些不明真相而陷入叛逆集團的人，我認為應該寬大處理，予以赦免。我把陸玩等人對朝廷的忠誠，已經向皇帝奏明，恐怕要因此而被人指責是站在逆賊的立場。但是，如果讓我保持沉默，不把他們的真實想法說出來，實在是違背了我做人的良心，請陛下秉持仁慈聖明之心對此作出判斷。」郗鑒認為古代聖王創立了君臣之間的關係準則，重點在於倡導臣子要為保持臣節、為維護正義而死。王敦的左右僚屬，雖然大多數是出於被迫，然而他們在為王敦擔任僚屬時卻不能制止王敦的陰謀叛亂，又不能辭官不做擺脫王敦集團而遠走高飛，按照上面所說的準則來衡量這些人，理應受到嚴厲的譴責。晉明帝司馬紹最終還是採納了溫嶠的建議。

冬季，十月，晉明帝司馬紹任命司徒王導為太保、兼任司徒，並加授特殊的禮遇。任命西陽王司馬羕兼任主管全國軍事的太尉，任命應詹為江州刺史，以取代王彬，調任劉遐為徐州刺史，接替王邃坐鎮淮陰，任命蘇峻為歷陽內史，加授庾亮為護軍將軍，溫嶠為前將軍。王導堅決推辭，沒有接受皇帝新的任命。江州刺史應詹到達江州任所，由於大亂之後，無論官吏、百姓都還沒有安定下來，應詹就安撫他們、關心他們、施恩惠予他們，因此沒有人不對他心悅誠服。

十二月，涼州將領辛晏據守枹罕，不服從王命，涼州牧、西平公張駿準備前去討伐辛晏。擔任從事的劉慶勸諫說：「即使自己的兵力很強大，但要採取霸主那樣的征伐行動，也必須要等待天時和人心等各種條件具備，然後才能起兵。辛晏為人兇惡狂暴，殺人不眨眼，他的滅亡是一定的，為什麼偏偏選擇現在的這種饑荒年景發動戰爭、在這嚴寒的冬季攻打堅固的城池呢？」張駿接受了劉慶的意見沒有出兵。

涼州牧、西平公張駿派遣參軍王騭為使者前往前趙進行友好訪問，前趙主劉曜對王騭說：「你們涼州與我們趙國的這種誠摯友好關係，你能保證長久如此嗎？」王騭回答說：「我保證不了。」前趙擔任侍中的徐邈說：「先生代表涼州前來與我們趙國結好，卻說不能保證長久和好，這是為什麼呢？」王騭回答說：「齊桓公在貫澤與諸侯結盟的時候，謙虛謹慎、憂心忡忡，所以那些諸侯不用邀請就主動前來會盟。到了葵丘會盟的時候，齊桓公擺出一副高高在上、誰也比不上我的傲慢樣子，立即就有九個國家叛離。趙國的政治狀況、社會風氣如果能夠一直保持現在的樣子，永遠和好是可以的。如果趙國的政治敗壞、風氣墮落，那就連趙國內部的危急都察覺不到，更何況我們涼州了！」趙主劉曜說：「這是涼州的正人君子，涼州選擇他充當使者算是選對人了！」於是贈送給王騭豐厚的禮物，然後打發王騭返回涼州。

這一年，鮮卑拓跋部落首領代王賀傉開始親自處理政務，因為當時還有很多部落沒有臣服，所以就在東木根山修築城池，城池修好之後，便遷到新城。

三年（乙酉　西元三二五年）

春，二月，張駿承❶元帝凶問❷，大臨❸三日。會黃龍見嘉泉❹，氾禕等請改年❺，以章休祥❻，駿不許。辛晏以枹罕降❼，駿復收河南之地❽。

贈❾故譙王承[1]、甘卓、戴淵、周顗、虞望、郭璞、王澄等官。周札故吏為札訟冤❿，尚書卞壼議以為：「札守石頭，開門延寇⓫，不當贈謚。」司徒導以為：「往年之事，敦姦逆未彰⓬，自臣等有識以上，皆所未悟，與札無異。既悟其姦，札便以身許國⓭，尋取梟夷⓮，臣謂宜與周、戴同例⓯。」郗鑒以為：「周、戴死節，周札延寇，事異賞均⑯，何以勸沮⑰？如司徒議，謂往年有識以上皆與札無異，則譙王、周、戴皆應受責⑱，何贈謚之有？今三臣既褒，則札宜受貶明矣！」導曰：「札與譙王、周、戴，雖所見有異同，皆人臣之節也。」鑒曰：「敦之逆謀，履霜日久⑲，緣札開門⑳，令王師不振㉑。若敦前者之舉㉒，義同桓、文㉓，則先帝㉔可為幽、厲邪㉕？」然卒用導議，贈札衛尉。

後趙王勒加宇文乞得歸㉖官爵，使之擊慕容廆㉗。廆遣世子皝、索頭、段國共擊之，以遼東相裴嶷為右翼，慕容仁為左翼。乞得歸據澆水㉘以拒皝，遣兄子悉拔雄拒仁。仁擊悉拔雄，斬之，乘勝與皝攻乞得歸，大破之，乞得歸棄軍走。皝、仁進入其國城㉙，使輕兵追乞得歸，過其國三百餘里而還，盡獲其國重器㉚，畜產以百萬計，民之降附者數萬。

三月，段末杯卒，弟牙立。○戊辰㉛，立皇子衍㉜為太子，大赦。○趙主曜立皇后劉氏。

北羌王盆句除附於趙，後趙將石佗自鴈門出上郡㉝襲之，俘三千餘落㉞，獲牛、馬、羊百餘萬而歸。趙主曜遣中山王岳追之，曜屯于富平㉟為岳聲援。岳與石佗戰於河濱㊱，斬之，後趙兵死者六千餘人，岳悉收所虜而歸。

楊難敵襲仇池[37]，克之，執田崧，立之於前[38]。左右令崧拜，崧瞋目叱之[39]曰：「氐狗[40]，安有天子牧伯[41]而向賊拜乎！」難敵字謂之[42]曰：「子岱[43]，吾當與子共定大業。子忠於劉氏，豈不能忠於我乎[44]？」崧厲色大言[45]曰：「賊氐，汝本奴才，何謂大業！我寧為趙鬼，不為汝臣！」顧排一人[46]，奪其劍，前刺難敵，不中。難敵殺之。

都尉魯潛[47]以許昌叛，降于後趙。

夏，四月，後趙將石瞻攻兗州刺史檀斌于鄒山[48]，殺之。○後趙西夷中郎將王騰殺并州[49]刺史崔琨[50]、上黨[51]內史王昚[52]，據并州降趙。

五月，以陶侃為征西大將軍、都督荊・湘・雍・梁四州諸軍事、荊州刺史，荊州士女相慶[53]。侃性聰敏恭勤[54]，終日斂膝危坐[55]，軍府眾事，檢攝無遺[56]，未嘗少閒[57]。常語人曰：「大禹[58]聖人，乃惜寸陰[59]，至於眾人，當惜分陰[60]，豈可但逸遊荒醉[61]，生無益於時，死無聞於後，是自棄[62]也！」諸參佐或以談戲廢事[63]者，命取其酒器、蒱博之具[64]，悉投之於江，將吏則加鞭扑[65]，曰：「樗蒱者，牧猪奴戲耳！老、莊[66]浮華，非先王之法言[67]，不益實用[68]。君子當正其威儀[69]，何有蓬頭跣足[70]自謂宏達[71]邪！」有奉饋[72]者，必問其所由[73]。若力作所致[74]，雖微必喜，慰賜參倍[75]。若非理得之[76]，則切厲訶辱[77]，還其所饋[78]。嘗出遊，見人持一把未熟稻，侃問：「用此何為？」人云：「行道所見，聊取之耳[79]。」侃大怒曰：「汝既不佃[80]，而戲賊人稻[81]！」執而鞭之。是以百姓勤於農作，家給人足。嘗造船，其木屑竹頭[82]，侃皆令籍而掌之[83]，人咸[84]不解所以[85]。後正會[86]，積雪始晴，聽事[87]前餘雪猶濕，乃以木屑布地[88]。及桓溫伐蜀[89]，又以侃所貯竹頭作丁裝船[90]。其綜理微密[91]，皆此類也。

後趙將石生屯洛陽，寇掠河南[92]，司州[93]刺史李矩、潁川[94]太守郭默軍數敗，又乏食，乃遣使附於趙[95]。趙主曜使中山王岳將兵萬五千人趣孟津[96]，鎮東將軍呼延謨帥荊、司[97]之眾自崤、澠[98]而東，欲會矩、默共攻石生。岳克孟津、石梁二戍[99]，斬獲五千餘級，進圍石生於金墉[100]。後趙中山公虎帥步騎四萬入自成皋關[101]，與岳戰于洛西[102]，岳兵敗，中流矢[103]，退保石梁。虎作塹柵環之[104]，遏絕內外[105]。岳眾飢甚，殺馬食之。虎又擊呼延謨，斬之。曜自將兵救岳，虎帥騎三萬逆戰[106]。趙前軍將軍劉黑擊虎將石聰於八特阪[107]，大破之。曜屯于金谷[108]，夜，軍中無故大驚，士卒奔潰，乃退屯澠池。夜，又驚潰，遂歸長安。

六月，虎拔石梁，禽岳及其將佐八十餘人，氐、羌三千餘人，皆送襄國，阬[109]

其士卒九千人。遂攻王騰於并州，執騰，殺之，阬其士卒七千餘人。曜還長安，素服[110]郊次[111]，哭七日乃入城，因憤恚[112]成疾。郭默復為石聰所敗，棄妻子[113]，南奔建康。李矩將士陰謀叛降後趙，矩不能討，亦帥眾南歸。眾皆道亡，惟郭誦等百餘人隨之。卒於魯陽[114]。矩長史崔宣帥其餘眾二千降于後趙。於是司、豫、徐、兗之地，率皆入於後趙，以淮為境[115]矣。

趙主曜以永安王胤為大司馬、大單于，徙封南陽王，置單于臺于渭城[116]，其左、右賢王以下，皆以胡、羯、鮮卑、氐、羌豪桀[117]為之。

秋，七月辛未[118]，以尚書令郗鑒為車騎將軍、都督徐・兗・青三州諸軍事、兗州刺史，鎮廣陵[119]。

閏月[120]，以尚書左僕射荀崧[2]為光祿大夫[121]、錄尚書事，尚書鄧攸為左僕射。

右衛將軍虞胤，元敬皇后[122]之弟也，與左衛將軍南頓王宗[123]俱為帝所親任，典禁兵[124]，直殿內[125]，多聚勇士以為羽翼。王導、庾亮皆忌[126]之，頗以為言[127]。帝待之愈厚，宮門管鑰[128]，皆以委[129]之。帝寢疾[130]，亮夜有所表[131]，從宗求鑰[132]，宗不與，叱亮使曰：「此汝家門戶邪！」亮益忿之。及帝疾篤，不欲見人，羣臣無得進者。亮疑宗、胤及宗兄西陽王羕有異謀[133]，排闥[134]入升御床[135]，見帝流涕，言羕與宗等謀廢大臣，自求輔政，請黜[136]之。帝不納[137]。壬午[138]，帝引太宰羕[139]、司徒導、尚書令卞壼、車騎將軍郗鑒、護軍將軍庾亮、領軍將軍陸曄[140]、丹楊尹溫嶠，並受遺詔輔太子，更[141]入殿將兵直宿[142]。復拜壼右將軍，亮中書令，曄錄尚書事。丁亥[143]，降遺詔。戊子[144]，帝崩[145]。帝明敏有機斷[146]，故能以弱制彊[147]，誅翦逆臣[148]，克復大業。

己丑[149]，太子即皇帝位，生五年矣。羣臣進璽[150]，司徒導以疾不至，卞壼正色於朝曰：「王公豈社稷之臣邪！大行在殯[151]，嗣皇未立[152]，寧是人臣辭疾之時也[153]！」導聞之，輿疾[154]而至。大赦，增文武位二等[155]，尊庾后[156]為皇太后。

羣臣以帝幼沖[157]，奏請太后依漢和熹皇后故事[158]。太后辭讓數四[159]，乃從之。

秋，九月癸卯[160]，太后臨朝稱制[161]。以司徒導錄尚書事，與中書令庾亮、尚書令卞壼參輔朝政，然事之大要[162]，皆決於亮。加郗鑒車騎大將軍，陸曄左光祿大夫，皆開府儀同三司。以南頓王宗為驃騎將軍，虞胤為大宗正。

尚書[163]召樂廣之子謨[164]為郡中正[165]，庾珉族人怡為廷尉評[166]，謨、怡各稱父命不就[167]。卞壼奏曰：「人非無父而生，職非無事而立；有父必有命，居職[168]必有悔[169]。有家各私其子[170]，則為王者無民[171]，君臣之道廢矣。樂廣、庾珉，受寵聖世[172]，身非己有[173]，況及後嗣[174]而可專哉[175]！所居之職，若順夫羣心[176]，則戰戍者之父母，皆當命子以不處也[177]。」謨、怡不得已，各就職。○辛丑[178]，葬明帝于武平陵。

冬，十一月癸巳朔[179]，日有食之。

慕容廆與段氏方睦，為段牙謀，使之徙都。牙從之，即去令支[180]，國人不樂。段疾陸眷之孫遼欲奪其位，以徙都為牙罪。十二月，帥國人攻牙，殺之，自立。段氏自務勿塵以來，日益彊盛，其地西接漁陽[181]，東界遼水[182]，所統胡、晉三萬餘戶，控弦[183]四五萬騎。

荊州刺史陶侃以寧州刺史王堅不能禦寇，是歲，表零陵太守南陽尹奉為寧州刺史以代之。先是，王遜在寧州，蠻酋梁水太守爨量[184]、益州太守李逷皆叛附於成，遜討之不能克。奉至州，重募[185]徼外夷[186]刺爨量，殺之，諭降李逷[187]，州境遂安。

代王賀傉卒，弟紇那立。

【章旨】以上為第二段，寫晉明帝太寧三年（西元三二五年）一年間的大事。主要寫了東晉王朝追贈褒獎王敦之亂中被害的死難者譙王司馬承以及甘卓、戴淵、周顗等人，而王導竟提出把開城門揖盜入石頭城的周札也列入應褒獎之列，王導是別有用心的，而晉明帝居然採納了王導的意見，可見東晉皇帝的軟弱性；寫了東晉的司州刺史李矩、潁川太守郭默等先後失敗身死，於是東晉的司州、豫州、徐州、兗州全都被後趙佔領；後趙與東晉從此遂以淮河為界，東晉的疆域日蹙；寫了東晉名臣陶侃重為荊州刺史的種種政績，與陶侃兢兢業業，勤於職守，黜斥清談、嚴教部下的種種動人故事；與陶侃表舉尹奉為寧州刺史，尹奉到任後平息叛亂，使寧州重得安寧；寫了晉明帝司馬紹病死，五歲的皇太子司馬衍即位，皇太后庾氏臨朝稱制，朝政大權被外戚庾亮所掌控；寫了後趙將領石虎大破前趙，擒王岳、殺呼延謨，劉曜親征，也被石虎打敗，又破殺後趙的叛將王騰，重又奪回并州、上黨等地；此外還寫了繼承段末柸的段牙因為遷都之事遭到國人的反對，被段疾陸眷的孫子段遼所殺，段遼自立，勢力日益強大，西接漁陽，東界遼水，有騎兵軍隊四五萬人等等。

【注釋】❶承　接到。❷凶問　死訊。晉元帝司馬睿逝世，距今已經二年三個月，但關山難越，中間又隔著許多割據政權，故而此時才知消息。孤懸數千里之外，涼州張氏幾代人對晉王朝忠心不改。❸臨　哭弔。❹黃龍見嘉泉　嘉泉在今甘肅古浪北。見，同「現」。所謂「黃龍」云云自然是張氏所耍的小手段。❺改年　即改元，改換年號。古代新帝王登基，或遇重大國事，或獲符瑞，往往改元以資紀念。涼州自晉愍帝建興二年，張寔開始有自己的年號；現在是張駿太元二年。❻以章休祥　以顯示這個帝王受到了上天的表彰。休祥，吉祥，上天所降的祥瑞。❼辛晏以枹罕降　辛晏於上年據枹罕自立，現又歸降於張氏。❽河南之地　指今甘肅黃河以南地區。枹罕縣在今甘肅臨夏西南，在黃河南。❾贈　追贈。以下諸人皆在王敦之亂中被殺害者。❿為札訟冤　王敦忌周氏宗強，殺周札及其兄子四人，故周氏故吏為其訟冤。訟，替人辨冤。⓫開門延寇　指晉元帝永昌元年，王敦進攻建康，來到石頭城，派杜弘為先鋒，攻打石頭，周札沒有抵抗，就開門接納杜弘進了城。延，引；迎。⓬未彰　尚未明顯暴露。⓭許國　為國效死。許，給予。⓮尋取梟夷　很快地就被殺害了。梟，被砍頭並將首級懸掛示眾。夷，滅，滅門。⓯同例　同等對待。按，王導並非伏節死義之士，周札又是矜險好利的小人，開門延寇，有目共睹，是非自明。王導言此，名為周札伸張，實為自己開脫罪責。⓰賞均　受同樣的獎賞。均，等；一樣。⓱勸沮　鼓勵為善者與黜斥為惡者。《荀子・君子》：「是以為善者勸，為不善者沮。」勸，鼓勵。沮，黜止。⓲皆應受責　因為他們舉義討伐王敦。⓳履霜日久　形跡早有表現。《易・坤・初六》：「履霜堅冰至。」意思是秋天行於霜上而知嚴冬即將到來。此處用來比喻王敦反叛，蓄謀已久，形跡早有表現。⑳緣札開門　正是由於周札的開門揖盜。㉑不振　指失敗。振，振奮。㉒敦前者之舉　指永昌元年王敦進佔石頭城之事。㉓義同桓文　其行動之正義性如同齊桓公和晉文公。二人皆打著尊王攘夷、屏藩周室的旗號征伐作亂的諸侯。㉔先帝　謂晉元帝。㉕可為幽厲邪　難道可以說是周幽王和周厲王嗎。周厲王與周幽王是西周末年的兩個昏暴之君。㉖宇文乞得歸　鮮卑宇文部首領，名乞得歸。㉗使之擊慕容廆　後趙攻打慕容廆，起因於明帝太寧元年，後趙遣使結好於慕容廆，慕容廆將後趙使者捕送建康，因此與後趙結怨。㉘澆水　一名「澆落水」，即今內蒙古之錫拉木倫河。㉙國城　宇文乞得歸的都城，即今遼寧朝陽。㉚重器　寶器；國寶。㉛戊辰　三月初二。㉜皇子衍　司馬衍，明帝之子，即日後的晉成帝。㉝自鴈門出上郡　雁門郡的郡治廣武，在今山西代縣西南古城。上郡的郡治膚施，在今陝西榆林東南，當時為北羌王盆句除部落的聚居地。㉞落　少數民族的聚居點，如同今之自然村。㉟富平　晉縣名，縣治在今陝西富平西南。㊱河濱　黃河之濱。㊲仇池　晉郡名，郡治洛谷城，即今甘肅成縣西北的洛谷鎮。㊳立之於前　讓田崧站在楊難敵面前。立，使之站立。㊴瞋目叱之　瞪著眼睛大罵楊難敵。㊵氐狗　楊難敵是氐族人，故田崧如此罵。㊶天子牧伯　天子的封疆大吏。天子，指前趙的首領劉曜。牧伯，漢代以後對州刺史的尊稱，有如古代的諸侯方伯（霸主）。時田崧為前趙所封的鎮南大將軍、益州刺史。㊷字謂之　對田崧稱其字，表示敬重。㊸子岱　田崧，字子岱。㊹豈不能忠於我乎　難道就不能改忠於我嗎。㊺厲色大言　面色嚴厲地大聲說。㊻顧排一人　轉身打倒了一個楊氏的士兵。㊼都尉魯潛　晉朝的都尉魯潛。都尉的級別相當於校尉。㊽鄒山　也稱嶧山，在今山東鄒城東南。㊾并州　晉代的并州轄境在今山西汾水中游地區，石勒佔據并州，置刺史，州治上黨。㊿崔琨　後趙的并州刺史。(51)上黨　晉郡名，郡治潞縣，在今山西黎城南古城，當時屬於後趙。(52)王眘　後趙上黨內史。胡三省注曰：「王眘，章武人，初起兵，擾勒渤海、河間諸郡，後歸於勒，使守上黨。」(53)荊州士女相慶　因陶侃前曾任荊州刺史，有惠政於民，故人喜其來。(54)恭勤　恭敬勤勉。(55)斂膝危坐　意即嚴肅恭敬的端坐。斂膝，盤腿。危坐，挺直身子。(56)檢攝無遺　認真檢查得滴水不漏。檢攝，檢查管理。(57)未嘗少閒　絲毫不敢有所怠慢。少閒，一點休息、空閒。(58)大禹　夏朝的開國帝王，以治平洪水有功，受舜禪讓為帝。事跡詳見《史記・夏本紀》。(59)乃惜寸陰　相傳大禹特別珍惜時間，《淮南子》有所謂「禹不貴尺璧而貴寸陰」。陰，指日影、光陰。寸陰，極言短暫的一點時間。俗語有所謂「一寸光陰一寸金」，即由此而來。(60)至於眾人二句　眾人，一般人；平常人。分陰，比「寸陰」更少的時間。一分是一寸的十分之一。(61)但逸遊荒醉　只顧吃喝玩樂。逸遊，指玩賞打獵。荒醉，指迷亂於酒色。(62)自棄　自殺，自己把自己棄市。(63)以談戲廢事　因清談、遊戲而耽誤工作。清談即侈談老莊、佛教、楚辭等等，是晉代官僚、士人的一種時尚。(64)蒱博之具　賭博的用具。蒱博，古代博戲的一種，也叫「樗蒱」，相當於後世的擲骰子。胡三省注曰：「晉人多好樗蒱，以五木擲之，其采有黑犢，有雉，有盧；得盧者勝。」(65)鞭扑　以鞭子、棍棒抽打。(66)老莊　指老子和莊子的思想學說。(67)法言　指儒家所講的合乎禮法的言論。(68)不益實用　對實際工作沒有用處。(69)正其威儀　端正自己的行為舉止。威儀，神態儀表。(70)蓬頭跣足　頭髮散亂、鞋帽不整。按，蓬頭、光腳，甚至裸衣露體，是當時認為的一種放達，如劉伶、阮咸、胡毋輔之等就是這類人的代表，見《世說新語·任誕》。(71)宏達　放達；不拘小節。(72)奉饋　贈送禮物。饋，進獻；贈送。(73)所由　是從哪裡來的。(74)力作所致　憑勞動所得。(75)慰賜參倍　給他三倍的獎勵。(76)非理得之　非正當途徑所得。(77)切厲訶辱　嚴厲地訓斥、責罵。(78)還其所饋　把他送來的東西退回去。(79)聊取之耳　隨便地揪了一把。聊，姑且；隨便。(80)不佃　不種田。(81)戲賊人稻　拿損害人家的稻子當兒戲。賊，害；損壞。(82)木屑竹頭　剩餘的邊角廢料，如鋸末、刨花之類。(83)籍而掌之　登記後保存起來。籍，登記。掌，收藏。(84)咸　都。(85)不解所以　不明白為何這麼做。(86)正會　正月初一長官會見群僚的聚會。(87)聽事　即廳堂，官府的升堂理事之處。(88)布地　鋪在溼地上。布，鋪。(89)桓溫伐蜀　事在後文的晉穆帝永和二年。桓溫，桓彝之子，晉明帝的女婿。傳見《晉書》卷九十八。(90)作丁裝船　用作造船用的釘子。丁，同「釘」。(91)綜理微密　工作做得細緻精密。(92)河南　郡名，郡治即今洛陽。(93)司州　司州的州治洛陽，在今河南洛陽城東三十里。河南郡上屬司州管轄。(94)潁川　郡名，郡治許昌，在今河南許昌東。潁川郡當時也屬司州管轄。(95)附於趙　歸附於劉曜。(96)趣孟津　趣，奔赴。孟津，也寫作「盟津」，在今河南孟州南。(97)荊司　晉之二州名，當時荊州仍屬晉，司州之地多入後趙。荊、司之眾指從司州和荊州流落到關中的軍民。胡三省注：「或曰：劉聰以洛陽為荊州，此所謂荊、司，皆晉司州之眾也。」(98)崤澠　崤山、澠池。崤山在今河南洛寧西北，西接陝縣界，東接澠池縣界。為關中通往中原的必經之地。澠池縣的縣治即今河南洛寧西之西蠡城。(99)孟津石梁二戍　戍，軍事防守據點。孟津的據點在今河南孟津舊孟津城東黃河南岸。石梁的據點在今河南洛陽東北魏晉洛陽故城東的洛水北岸。(100)金墉　小城名，在今河南洛陽東北魏晉洛陽故城的西北角。(101)入自成皋關　從成皋關殺過來。成皋關又名「虎牢關」，在今河南滎陽西北的大邳山上。(102)洛西　洛水之西。(103)中流矢　被無端飛來的亂箭射中。(104)作塹柵環之　挖壕溝、修籬笆牆把他圍困起來。(105)遏絕內外　斷絕了他與外面的聯繫。遏，斷絕。(106)逆戰　迎戰。(107)八特阪　地名，在今河南新安東。(108)金谷　山谷名，在今河南洛陽西北。金谷水源出太白原，自新安東南流經金谷澗注瀍河。(109)阬　活埋。(110)素服　穿白色的喪服，表示對陣亡者的哀悼。(111)郊次　駐紮在郊外，表示無顏回京。次，住宿。(112)憤恚　憤怒、怨恨。(113)妻子　妻與子。(114)魯陽　晉縣名，縣治即今河南魯山縣。(115)以淮為境　指晉王與後趙石勒政權以淮河為分界線。(116)渭城　城名，即秦孝公所都之咸陽。漢高祖於此置新城縣，武帝改稱渭城，東漢併入長安縣。故城在今陝西咸陽東北二十二里。(117)豪桀　有本事、有威望的人物。(118)辛未　七月初七。(119)廣陵　晉廣陵郡的郡治所在地，在今江蘇揚州西北的蜀岡上。(120)閏月　這裡應為閏八月。地球繞太陽公轉一周的時間是三百六十五天五時四十八分四十六秒。農曆把一年定為三百五十四天或三百五十五天，所餘的時間約每三年積累一個月，加在一年裡。農曆三年一閏，五年兩閏，十九年七閏，每逢閏年所加的這一個月叫閏月。閏月加在某月之後就稱閏某月。(121)光祿大夫　秦郎中令的屬官有中大夫，漢武帝改為光祿大夫，掌顧問應對，屬光祿勳。魏晉以後無定員，皆為加官及褒贈之官。(122)元敬皇后　即晉元帝為琅邪王時的虞妃，早死。元帝登基後，追諡為敬皇后。元帝死後，從元帝諡為元敬。(123)南頓王宗　司馬宗，汝南王司馬亮之子。(124)典禁兵　統領皇帝的親兵，負責宮廷的警衛。(125)直殿內　在宮殿內值勤。直，通「值」。值勤。(126)忌　嫉恨。(127)頗以為言　經常拿這件事對皇帝說。(128)管鑰　鑰匙。(129)委　交給；託付。(130)寢疾　病臥在床。(131)有所表　有事要奏明皇上。(132)從宗求鑰　向司馬宗要鑰匙。(133)有異謀　有叛逆的圖謀。(134)排闥　硬是推門而入。闥，這裡即指宮門。(135)入升御床　一直走到皇帝的臥榻旁邊。(136)黜　廢免。(137)不納　不接受。(138)壬午　閏八月十九。(139)太宰羕　即西陽王司馬羕，此時官拜太宰。(140)領軍將軍陸曄　按晉制，領軍將軍位在護軍將軍之上，庾亮為明帝皇后兄，以外戚的身分受遺詔輔政，故先書庾亮，後書陸曄。(141)更　輪流。(142)直宿　在宮中夜間值勤。(143)丁亥　閏八月二十四。(144)戊子　閏八月二十五。(145)帝崩　司馬紹死時年二十七歲。(146)有機斷　機警有決斷。(147)以弱制彊　是指平定王敦謀叛之事。由於王氏家族勢力強大，把持朝政大權，將相岳牧皆出其門，王敦又蓄謀已久，故司馬氏皇室明顯處於弱勢，但最後仍然取得平定叛亂的勝利。(148)誅翦逆臣　消滅了王敦、王含、沈充、錢鳳等。(149)己丑　閏八月二十六。(150)進璽　進獻皇帝玉璽。(151)大行在殯　已故的皇帝尚未下葬。殯，停靈待葬。(152)嗣皇未立　該接班的小皇帝尚未登基。(153)寧是人臣辭疾之時也　這難道是當臣子的請病假的時候嗎。寧，豈；難道。(154)輿疾　抱病登車。(155)增文武位二等　文武官員各提高爵位二級。(156)庾后　明帝的皇后，庾亮之妹。(157)幼沖　幼小。(158)依漢和熹皇后故事　指母后臨朝稱制，代小皇帝行使政權。漢和熹皇后，是漢和帝劉肇的皇后，劉秀功臣鄧禹的孫女。和帝死後，其子殤帝劉隆生僅百日，鄧后便以皇太后的身分臨朝稱制。劉隆立九個月死，鄧太后又立安帝劉祜，稱制終身。死後諡和熹。事詳《後漢書・皇后紀》與本書〈漢紀〉四十。(159)數四　再三；多次。(160)九月癸卯　疑與後面的「辛丑」錯置。辛丑，九月初九。(161)臨朝稱制　登殿行使皇帝權力。自秦始皇以來皇帝的命令稱作「制」。(162)大要　主要；關鍵性的問題。(163)尚書　指尚書省，其主官即尚書令卞壼。(164)樂廣之子謨　樂謨。樂廣是西晉時期善清談而又有操守的名士，八王之亂中以憂死。傳見《晉書》卷四十三。(165)郡中正　樂廣是南陽郡人，此郡當指南陽郡。三國魏晉南北朝時，各州、郡均置中正官，負責考察本州、本郡人才的品德，排出等級，供朝廷任用。(166)廷尉評　廷尉的屬官，掌管平決詔獄，也可簡稱「廷平」、「廷評」。(167)稱父命不就　以不合父親的遺願為藉口，不肯就職。稱，聲言。(168)居職　任職。(169)必有悔　有憂慮；擔心招來災難。(170)各私其子　都把兒子作為私家財產而不承擔臣民的義務。(171)王者無民　作為天子而沒有供自己差遣的人。(172)受寵聖世　指在西晉為官。(173)身非己有　意即把自己獻身給了國家。樂廣在八王之亂中，堅持正義，做了一些很有危險的事，最後竟以憂死。(174)後嗣　指樂謨、虞怡。(175)而可專哉　能說不幹就不幹嗎。專，自以為是；想怎麼幹就怎麼幹。(176)順夫羣心　順應那種只為自己子孫考慮的私心。(177)則戰戍者之父母二句　那些當兵打仗的差事，沒有哪個父母願意讓他們的孩子去幹。胡三省注曰：「言人莫不惡死，若各順其心，則有戰戍之事，為父母者皆不欲使其子就死地也。」不處，不居；不去。(178)辛丑　疑當為「癸卯」。癸卯即九月十一。(179)十一月癸巳朔　十一月初一是癸巳日。(180)去令支　放棄都城令支。去，離開。令支，即現在的河北遷安。段牙將都城遷往何處，史書沒有說明。(181)漁陽　晉郡名，郡治在今北京市密雲西南。(182)遼水　即今遼河，自內蒙古流入吉林，南折入遼寧，至營口入渤海。(183)控弦　拉弓，引申以稱騎兵。(184)梁水太守爨量　梁水郡的太守，姓爨名量。(185)重募　用重金招募。(186)徼外夷　邊境線外的少數民族。徼，邊境上所立的柵欄、界牆之類。(187)諭降李遏　勸說李遏又投降回來。

【校　記】[1]丞　原誤作「承」。上文作「丞」，今據校正。[2]崧　原誤作「松」。據章鈺校，甲十一行本、乙十一行本、孔天胤本皆作「崧」，與《晉書》卷七十五〈荀崧傳〉合，今據校正。

【語　譯】三年（乙酉　西元三二五年）

春季，二月，涼州牧、西平公張駿才接到晉元帝司馬睿去世的消息，他立即為晉元帝設立靈堂進行哀悼，親自守靈，哀哭三天。恰巧嘉泉縣出現黃龍，擔任長史的氾禕等便請求張駿更改年號，以顯示這個帝王受到了上天的表彰，張駿不同意。據守枹罕的辛晏獻出枹罕，向涼州張駿投降，張駿重又收復了黃河以南故地。

東晉追贈譙王司馬丞、甘卓、戴淵、周顗、虞望、郭璞以及王澄等人的官爵。會稽內史周札的舊部下出面為周札申訴冤屈，擔任尚書的卞壼發表意見說：「周札負責為朝廷鎮守石頭城，卻打開城門接納叛賊入城，所以不應當給他追贈諡號。」擔任司徒的王導卻認為：「當年發生那樣的事情，是因為王敦的叛逆行跡還沒有明顯地暴露出來，包括我在內的有識之士，都沒有意識到王敦的陰謀，與周札沒有什麼區別。後來一旦發現王敦陰謀叛亂，周札便以身報國，不久就被殺害了，我認為周札應該與周顗、戴淵等同等對待。」郗鑒認為：「周顗、戴淵是為皇家效忠而死，而周札打開城門接納叛逆的賊寇，事情的性質是不一樣的，如果享受的獎賞相同，那麼將來還如何鼓勵那些為國盡忠之士，怎麼罷黜斥逐邪惡叛逆？如果像司徒王導所說，認為往年有識之士對王敦的認識都與周札無異，那麼譙王司馬丞、周顗、戴淵都舉義討伐王敦，是否應該受到責罰，還有什麼理由給他們追贈謚號呢？現在譙王司馬丞、周顗、戴淵三人已經受到褒獎，那麼周札就應該受到貶謫，這是再明顯不過的了！」王導說：「周札與譙王、周顗、戴淵雖然對問題的看法有所不同，但都保持了作為人臣的品節。」郗鑒說：「王敦企圖謀反蓄謀已久，其行跡早已顯現，就是因為周札打開石頭城門，將叛軍放進城來，才使朝廷的軍隊遭到失敗。如果說王敦前次進攻建康的正義性像齊桓公、晉文公兩個春秋霸主一樣，那麼先帝司馬睿豈不就是周幽王、周厲王那樣的昏君了？」然而，晉明帝司馬紹最終還是採納了王導的意見，追贈周札為衛尉。

後趙主石勒加封鮮卑宇文部落首領乞得歸官爵，讓他攻打慕容廆。慕容廆派自己的世子慕容皝以及索頭、段國共同抗擊宇文乞得歸，他任用遼東相裴嶷充當右翼，任用慕容仁充當左翼。宇文乞得歸據守澆水抵抗慕容皝，他派自己的姪子悉拔雄抵抗慕容仁。慕容仁攻打悉拔雄，將悉拔雄斬首，乘勝與世子慕容皝一起攻打乞得歸，將乞得歸打得大敗，乞得歸拋下軍隊逃走。慕容皝、慕容仁進入宇文乞得歸的都城，又派輕騎兵追趕乞得歸，追出乞得歸轄境三百多里才回來，繳獲了宇文部落所有的貴重物品、寶器，繳獲的牲畜就有百萬頭左右，歸降的百姓有數萬人。

三月，東晉所封的遼西公段末柸去世，他的弟弟段牙繼承了他的爵位。〇初二日戊辰，晉明帝司馬紹立皇子司馬衍為皇太子，在境內實行大赦。〇前趙主劉曜冊封劉氏為皇后。

北羌王盆句除歸附於前趙，後趙將領石佗率軍從雁門出兵，穿過上郡去攻打北羌王盆句除，俘獲了三千多落羌民，繳獲的牛、馬、羊有百餘萬頭，凱旋而歸。前趙主劉曜派遣中山王劉岳隨後追殺，劉曜親自率軍駐紮於富平，作為聲援。劉岳與後趙將石佗在黃河之濱展開激戰，劉岳斬殺了石佗，後趙的士兵被殺死了六千多人，劉岳奪回了被石佗掠走的全部人口、馬、牛、羊等凱旋而歸。

氐王楊難敵率軍襲擊被前趙佔領的仇池，很快便攻克了仇池，活捉了前趙鎮南大將軍、益州刺史田崧，他強迫田崧站在自己的面前。左右的侍從逼迫田崧向楊難敵跪拜，田崧怒目而視，大罵楊難敵說：「老氐狗，哪有天子的封疆大吏向賊人跪拜的道理！」楊難敵叫著田崧的字說：「子岱，我要與你共同創立大業。你效忠於劉氏，難道就不能效忠於我楊難敵嗎？」田崧面色嚴厲，大聲地說：「賊氐，你不過是個奴才，說什麼創立大業！我寧願做趙國的鬼，也不會做你的臣！」說完，轉身打倒了楊難敵的一個侍從，奪下他手中的劍，就向楊難敵刺去，可惜沒有刺中。楊難敵遂將田崧殺死。

東晉擔任都尉的魯潛在許昌叛變，投降了後趙。

夏季，四月，後趙將領石瞻率軍攻打東晉兗州刺史檀斌的刺史府所在地鄒山，將檀斌殺死。○後趙擔任西夷中郎將的王騰殺死了并州刺史崔琨、上黨內史王眘，獻出并州，投降了前趙。

五月，東晉任命陶侃為征西大將軍、都督荊・湘・雍・梁四州諸軍事、荊州刺史，荊州百姓得知陶侃來任荊州刺史，無論男女老弱，全都互相奔走慶賀。陶侃生性聰明敏捷，謙恭勤勉，一天到晚地盤腿端坐在府衙裡，對軍事行政的各項事務，都親自批閱整理，認真檢查得滴水不漏，絲毫不敢有所懈怠，從沒聽說過他有閒暇的時候。陶侃經常對人說：「大禹是一個聖人，還那麼珍惜一寸長的光陰，至於一般人，就應該珍惜分陰，怎麼能把時間浪費在遊賞打獵、飲酒作樂上，活著的時候對社會沒有貢獻，死後與草木同朽，沒有人會知道他的名字，豈不是自己扼殺了自己！」他的部下中如果是文職官吏因為清談遊戲而耽誤了公事，陶侃就命人將他們飲酒的酒器、賭博的工具取來，全部扔到長江裡去，如果是武職官員，就用鞭子、棍棒進行抽打，對他們說：「賭博，那是放豬奴們玩的遊戲！老子、莊子的思想學說崇尚浮華，不是古代聖明君主所制定的符合禮法的言論，對實際工作沒有好處。正人君子都應該端正自己的儀容舉止，怎麼能蓬頭垢面、赤著兩足，卻還自認為是瀟灑脫俗呢！」有人向他進獻禮物，他一定要問清來源。如果是通過自己的勞動所得，即使禮物很微薄，他也十分喜歡，慰勞賞賜的東西都會超過原價的三倍。如果是通過不正當途徑所得，就會嚴厲地進行呵斥、責罵，把送來的東西給它退回去。有一次出遊，他看見一個人手裡拿著一把未成熟的稻子，陶侃問他：「你拿這個做什麼用？」那人回答說：「走路的時候看見了，就隨手揪了一把。」陶侃大怒，說：「你自己不到農田裡耕作，卻當做兒戲一樣損害人家的稻子！」遂把那人綁起來用鞭子狠抽了一通。所以在他管轄區域內的百姓都非常勤奮地耕種，家家溫飽，人人富足。陶侃曾經建造船隻，剩餘的邊角廢料，陶侃都讓人登記下來好好保存，人們都不理解他為什麼這樣做。後來正月初一，陶侃接見群僚，正趕上雪後放晴，積雪融化，廳堂前的殘雪融化後地上一片泥濘，他就令人把收存的鋸末鋪在地上。等到安西將軍桓溫討伐蜀地的成國，又用陶侃所儲存的竹頭當做造船的釘子使用。陶侃處理事情精微細密，諸如此類。

後趙將領石生屯駐在洛陽，他不時地率軍進犯晉國的河南地區，晉司州刺史李矩、潁川太守郭默與石生交戰，屢次失敗，加上軍中缺乏足夠的糧食，於是派使者歸附於前趙劉曜。前趙主劉曜派中山王劉岳率領一萬五千名士卒趕赴孟津，鎮東將軍呼延謨率領著荊州、司州的部眾穿過崤山、澠池向東進發，準備與晉司州刺史李矩、潁川太守郭默會合後共同攻打後趙的石生。前趙中山王劉岳攻克了孟津、石梁兩個軍事據點，斬殺了五千多人，進而將石生圍困在金墉城中。後趙中山公石虎率領四萬名步兵騎兵，從成皋關殺進來，與前趙劉岳在洛水之西展開激戰，劉岳兵敗，身上還被無端飛來的亂箭射中，只得退入石梁戍堅守。後趙中山公石虎把石梁戍團團圍住，在四周挖掘壕溝、構築柵欄，斷絕了劉岳與外界的聯繫。劉岳的兵眾飢餓難耐，將戰馬全都宰殺吃掉了。石虎又攻打呼延謨，將呼延謨斬首。前趙主劉曜親自率軍前來救援劉岳，後趙石虎率領三萬名騎兵迎戰劉曜。前趙前軍將軍劉黑在八特阪攻打石虎的部將、汲郡內史石聰，大敗石聰。前趙主劉曜屯駐金谷，夜間，軍隊突然無緣無故地驚亂起來，士卒四處奔逃，劉曜無奈只得退回澠池屯紮。當天夜裡，軍中再次驚亂潰散，劉曜遂返回都城長安。

六月，後趙中山公石虎攻下石梁戍，擒獲了前趙中山王劉岳及其將佐八十多人，氐人、羌人三千多人，全都送回後趙的都城襄國，將劉岳的九千名士卒全部活埋。然後乘勝攻打佔據并州叛變的將領王騰，將王騰擒獲，殺掉，又將王騰屬下的士卒七千多人全部坑殺。前趙主劉曜返回都城長安，他身穿白色喪服駐紮在長安郊外，哭弔陣亡的將士，七天後才進入長安城，竟然因為過度憤怒與恚恨而病倒。晉潁川太守郭默再次被後趙的石聰打敗，遂拋棄妻小，向南投奔建康。晉司州刺史李矩手下的將士陰謀叛變投降後趙，李矩無力阻止，也率領自己的親信部眾南歸。途中不少人逃亡，只有郭誦等一百多人跟隨。李矩走到魯陽逝世。在李矩手下擔任長史的崔宣率領殘部二千人投降了後趙。於是晉國的司州、豫州、徐州、兗州，全部歸入後趙的版圖，後趙與東晉以淮河作為分界線。

前趙主劉曜任命永安王劉胤為大司馬、大單于，改封南陽王，在渭城設置單于臺，左賢王、右賢王以下職位，都由胡人、羯人、鮮卑人、氐人、羌人中的豪族酋長擔任。

秋季，七月初七日辛未，東晉任命尚書令郗鑒為車騎將軍、都督徐州．兗州．青州諸軍事、兗州刺史，鎮所設在廣陵。

閏八月，東晉任命擔任尚書左僕射的荀崧為光祿大夫、錄尚書事，提升擔任尚書的鄧攸為左僕射。

擔任右衛將軍的虞胤，是元敬皇后的弟弟，他與擔任左衛將軍的南頓王司馬宗都深受晉明帝司馬紹的寵愛與信任，負責統領擔負皇宮警戒任務的皇帝親兵，在宮殿內值勤，他們招募了許多勇士作為自己的黨羽。王導、庾亮對虞胤和司馬宗都很忌恨，經常拿此事對皇帝說。晉明帝對待虞胤、司馬宗卻愈加厚愛，就連皇宮大門的鑰匙都交給他們掌管。晉明帝司馬紹臥病在床，夜間，庾亮有緊要事情需要奏明晉明帝，就派人向司馬宗索要皇宮大門的鑰匙，司馬宗不僅不給，還叱責庾亮的使者說：「你以為這是你們自己的家門，想進就進！」庾亮越加憤怒。等到晉明帝司馬紹病勢沉重，不想見人，群臣沒有人能夠進入皇宮。庾亮懷疑司馬宗、虞胤以及司馬宗的哥哥西陽王司馬羕有叛逆的圖謀，就不等批准，硬將宮中的小門推開，強行進入晉明帝的寢室，逕直走到晉明帝的臥榻旁邊，對著晉明帝痛哭流涕，並指控西陽王司馬羕與左衛將軍、南頓王司馬宗等人陰謀驅逐朝中大臣，由他們自己輔佐朝政，請求晉明帝廢黜司馬羕、司馬宗等。晉明帝不予採納。

閏八月十九日壬午，晉明帝司馬紹躺在病床上召見了太宰司馬羕、司徒王導、尚書令卞壼、車騎將軍郗鑒、護軍將軍庾亮、領軍將軍陸曄、丹楊尹溫嶠，他們數人同時接受皇帝遺詔輔佐皇太子，夜間輪流入宮值勤。又任命卞壼為右將軍，庾亮為中書令，陸曄為錄尚書事。二十四日丁亥，頒布皇帝遺詔。二十五日戊子，晉明帝司馬紹駕崩。晉明帝司馬紹聰明慧敏，機警而有決斷，所以雖然在與王氏家族的力量對比上處於弱勢，仍能克強制勝，取得平定王敦叛逆的勝利，復興大業。

閏八月二十六日己丑，皇太子司馬衍即皇帝位，皇太子當時只有五歲。群臣向小皇帝進獻皇帝璽印的時候，司徒王導因為有病沒有參加這個盛大的典禮，擔任尚書令、右將軍的卞壼在朝會上神情嚴肅地抨擊王導說：「王導哪裡算得上國家的忠臣！已故的皇帝還沒有安葬，該接班的小皇帝還沒有登基即位，這難道是大臣請病假的時候嗎！」王導聽到消息，立即帶病登車，趕來參加朝會。司馬衍即位之後，大赦天下，文武官員每人各增爵位二級，尊奉庾皇后為皇太后。

群臣因為皇帝年紀太小，就請皇太后庾氏依照東漢和熹皇后的先例，以母后的身分臨朝稱制，代替小皇帝行使政權。庾太后再三推辭，最後還是依從了群臣的意見。秋季，九月十一日癸卯，庾太后開始登上金鑾寶殿行使皇帝職權。任命司徒王導為錄尚書事，與擔任中書令的庾亮、擔任尚書令的卞壼共同參與輔佐朝政，然而重大事情的決策都取決於中書令庾亮。加授郗鑒為車騎大將軍，加授陸曄為左光祿大夫，都開府儀同三司。任命南頓王司馬宗為驃騎將軍，虞胤為管理皇族事務的大宗正。

尚書省徵召樂廣的兒子樂謨擔任郡中正，徵召庾珉的族人庾怡為掌管平決詔獄的廷尉評。樂謨和庾怡都以不符合父親的遺願為藉口而不肯前去赴任。尚書令卞壼向朝廷奏報說：「每個人都是有父親才能出生，每個官職都是有事而設立；有父親就會有命令，擔任職務，都會有招災惹禍的擔憂。假如每個家庭都把自己的兒子當做私家的財產而不承擔臣民的義務，那麼作為國君就沒有可以供自己差遣的人，臣民必須服從君主的關係就沒有辦法確立。樂廣、庾珉都曾經在朝廷為官，受到先皇的寵愛，他們都把自己獻給了國家，何況是他們的後代，怎麼能說不幹就不幹呢！如果順應眾人那種只為自己子孫考慮的私心，恐怕那些當兵打仗的差事，沒有哪個父母願意讓自己的孩子去幹。」樂謨、庾怡迫不得已，只得各自前去赴任。〇辛丑日，將晉明帝司馬紹安葬在武平陵。

冬季，十一月初一日癸巳，發生日蝕。

慕容廆此時與遼西公段牙關係十分友好，他為段牙出謀，讓段牙遷都。段牙聽從了慕容廆的建議，遂放棄了都城令支，而國人都不願意遷都。段疾陸眷的孫子段遼想奪取段牙的爵位，就把遷都作為段牙的罪狀。十二月，率領國人攻擊段牙，將段牙殺死，接管了政權。段氏自段務勿塵以來，勢力一天比一天強大起來，轄區西部到漁陽，東部以遼水為界，管轄下的胡人、漢人有三萬多戶，能夠拉弓射箭的騎兵有四五萬人。

東晉荊州刺史陶侃因為寧州刺史王堅沒有抵禦敵寇入侵的能力，這一年，他上表給朝廷，推薦擔任零陵太守的南陽人尹奉接替王堅擔任寧州刺史。先前，王堅的父親王遜在寧州擔任刺史的時候，擔任梁水太守的爨人酋長爨量、益州太守李遏都背叛了東晉而歸降了成國，王遜對他們進行討伐，但都沒有取勝。尹奉到寧州刺史任上以後，就用重金招募境外的夷人殺手刺殺爨量，成功地將爨量除掉，又勸說李遏回歸東晉，寧州境內遂安定下來。

代王拓跋賀傉逝世，他的弟弟拓跋紇那即位為代王。

顯宗成皇帝❶上之上

咸和元年（丙戌　西元三二六年）

春，二月，大赦，改元。

趙以汝南王咸為太尉、錄尚書事，光祿大夫劉綏為大司徒，卜泰為大司空。

劉后疾病，趙主曜問所欲言。劉氏泣曰：「妾幼鞠於叔父昶❷，願陛下貴之。叔父皚之女芳有德色，願以備後宮③。」言終而卒。曜以昶為侍中、大司徒、錄尚書事，立芳為皇后，尋又以昶為太保。

三月，後趙主勒夜微行④，檢察諸營衛⑤，齎金帛⑥以賂門者，求出⑦。永昌門候⑧王假欲收捕之。從者至，乃止。旦，召假，以為振忠都尉⑨，爵關內侯⑩。勒召記室參軍⑪徐光，光醉，不至，黜為牙門⑫。光侍直⑬，有慍色⑭。勒怒，并其妻子囚之。

夏，四月，後趙將石生寇汝南⑮，執內史祖濟。

六月癸亥⑯，泉陵公劉遐卒。癸酉⑰，以車騎大將軍郗鑒領徐州刺史，征虜將軍郭默為北中郎將、監淮北諸軍事，領遐部曲。遐子肇尚幼，遐妹夫田防及故將史迭等不樂他屬，共以肇襲遐故位而叛。臨淮太守劉矯掩襲遐營⑱，斬防等。遐妻，邵續女也，驍果⑲有父風。遐嘗為後趙所圍，妻單將數騎，拔遐⑳出於萬眾之中。及田防等欲作亂，遐妻止之，不從，乃密起火，燒甲仗都盡，故防等卒敗。詔以肇襲遐爵。

司徒導稱疾不朝，而私送郗鑒。卞壺奏導虧法從私，無大臣之節，請免官。雖事寢㉑不行，舉朝憚之。壺儉素廉絜，裁斷切直㉒，當官幹實㉓，性不弘裕㉔，不肯苟同時好[25]，故為諸名士所少[26]。阮孚謂之曰：「卿常無閒泰[27]，如含瓦石，不亦勞乎？」壼曰：「諸君子以道德恢弘[28]，風流相尚[29]，執鄙吝[30]者，非壼而誰！」時貴游子弟[31]多慕王澄、謝鯤[32]為放達，壼厲色於朝曰：「悖禮[33]傷教[34]，罪莫大焉。中朝傾覆[35]，實由於此。」欲奏推之[36]。王導、庾亮不聽，乃止。

成人[37]討越嶲斯叟[38]，破之。

秋，七月癸丑[39]，觀陽烈侯應詹[40]卒。

初，王導輔政，以寬和得眾。及庾亮用事，任法裁物[41]，頗失人心。豫州刺史祖約自以名輩[42]不後郗、卞[43]，而不豫顧命[44]，又望開府[45]復不得，及諸表請[46]多不見許[47]，遂懷怨望[48]。及遺詔褒進[49]大臣，又不及約與陶侃二人，皆疑庾亮刪之[50]。歷陽內史蘇峻有功於國[51]，威望漸著[52]，有銳卒萬人，器械甚精，朝廷以江外寄之[53]。而峻頗懷驕溢[54]，有輕朝廷之志，招納亡命[55]，眾力日多，皆仰食縣官[56]，運漕相屬[57]，稍不如意，輒肆忿言。亮既疑峻、約[58]，又畏侃之得眾[59]，八月，以丹楊尹溫嶠為都督江州諸軍事、江州刺史，鎮武昌，尚書僕射王舒為會稽內史，以廣聲援[60]。又修石頭[61]以備之。

丹楊尹阮孚以太后臨朝，政出舅族[62]，謂所親曰：「今江東創業尚淺[63]，主幼時艱，庾亮年少(64)，德信未孚(65)。以吾觀之，亂將作矣。」遂求出為廣州刺史。孚，咸(66)之子也。

冬，十月，立帝母弟岳為吳王。

南頓王宗自以失職怨望(67)，又素與蘇峻善，庾亮欲誅之，宗亦欲廢執政(68)。御史中丞鍾雅劾宗謀反(69)，亮使右衛將軍趙胤收之。宗以兵拒戰，為胤所殺，貶其族為馬氏(70)，三子綽、超、演，皆廢為庶人(71)。免太宰西陽王羕(72)，降封弋陽縣王(73)，大宗正虞胤左遷(74)桂陽太守。宗，宗室近屬(75)，羕，先帝保傅(76)，亮一旦翦黜(77)，由是愈失遠近之心(78)。宗黨卞闡亡奔蘇峻，亮符峻送闡(79)，峻保匿(80)不與。宗之死也，帝不之知。久之，帝問亮曰：「常日白頭公(81)何在？」亮對以謀反伏誅。帝泣曰：「舅言人作賊便殺之，人言舅作賊當如何？」亮懼，變色。

趙將黃秀等寇酇(82)，順陽太守魏該帥眾奔襄陽。

後趙王勒用程遐之謀營鄴宮(83)，使世子弘鎮鄴，配禁兵萬人，車騎(84)所統五十四營悉配之，以驍騎將軍領門臣祭酒王陽(85)專統六夷(86)以輔之。中山公虎自以功多，無去鄴之意(87)。及修三臺(88)，遷其家室，虎由是怨程遐(89)。

十一月，後趙石聰攻壽春(90)。祖約屢表(91)請救，朝廷不為出兵。聰遂進[1]寇逡遒(92)、阜陵(93)，殺掠五千餘人。建康大震，詔加司徒導大司馬、假黃鉞、都督中外諸軍事以禦之，軍于江寧(94)。蘇峻遣其將韓晃擊石聰，走之(95)；導解大司馬(96)。朝議又欲作涂塘(97)以遏胡寇，祖約曰：「是棄我也(98)！」益懷憤恚(99)。

十二月，濟岷(100)太守劉闓等殺下邳內史夏侯嘉，以下邳叛降于後趙。石瞻(101)攻河南太守王瞻[2]于邾(102)，拔之。彭城內史劉續復據蘭陵(103)石城(104)，石瞻攻拔之。

後趙王勒以牙門將(105)王波為記室參軍，典定九流(106)，始立秀、孝試經(107)之制。

張駿畏趙人之逼，是歲，徙隴西、南安民二千餘家于姑臧；又遣使脩好於成(108)，以書勸成主雄去尊號(109)，稱藩於晉(110)。雄復書曰：「吾過為士大夫所推(111)，然本無心於帝王，思(112)為晉室元功(113)之臣，掃除氛埃(114)。而晉室陵遲(115)，德聲不振，引領(116)東望，有年月矣。會獲來貺(117)，情在闇至(118)，有何已已(119)。」自是聘使相繼(120)。

【章 旨】以上為第三段，寫晉成帝咸和元年（西元三二六年）一年間的大事。主要寫了東晉王朝的庾亮以太后之兄專權，因南頓王司馬宗怨望失職，與蘇峻勾結欲廢庾亮，遂被誣以謀反，派兵逮捕，司馬宗舉兵抵抗而被庾亮所殺，其兄司馬羕也因牽連被降為弋陽縣王；寫了陶侃因在荊州得人心、受擁護而被庾亮畏忌；寫了豫州刺史祖約自以功大位高因不得朝廷重用而怨恨庾亮，因朝廷欲修作涂塘而對晉王朝更加失望；寫了歷陽內史蘇峻因平定錢鳳、沈充的叛變有功，而驕傲自滿，輕視朝廷，庾亮為防備祖約、蘇峻謀反，而調兵遣將並增修石頭城；寫了卞壼的為官清正，敢於直言，而對司徒王導稱病不朝卻去私下送友，以及對浮華「名士」阮孚的言行進行痛斥；寫了後趙石勒為其太子石弘在鄴城建造宮殿，而對駐兵鄴城多年的大將石虎削減兵權、迫令搬遷，引起石虎強烈不滿，為石虎日後的政變奪權埋下伏筆；寫了後趙也實行九品中正制，用儒家經典考試秀才、孝廉，以及涼州張駿結好成主李雄，以忠於東晉相互勉勵等等。

【注　釋】❶顯宗成皇帝　名衍，字世根，晉明帝司馬紹的長子，西元三二五—三四二年在位。事詳《晉書》卷七〈成帝紀〉。《諡法》曰：「安民立政曰成。」❷鞠於叔父袒　受到叔父劉袒的養育。鞠，撫養。❸以備後宮　以補充后妃位子的空缺。備，補充。❹微行　便裝出行。❺諸營衛　各處的軍事與保衛部門。營衛，營房、衛所。❻齎金帛　把錢財送給人，意即打點、行賄。金帛，金錢與絲織物，這裡即指錢財。❼求出　請求通過。❽永昌門候　守衛永昌門的軍官。候，軍候，校尉屬下的軍官。❾振忠都尉　級別同於校尉，振忠是該職務的名號。❿爵關內侯　關內侯比列侯低一等，只有侯爵而沒有封地。⓫記室參軍　將軍手下的書記兼參謀。⓬黜為牙門　降職為守衛牙門的小吏。牙門，軍帳前立大旗為標誌的營門。牙，一種旗幟的名稱。⓭侍直　站在門口值班。⓮愠色　怒容。⓯汝南　晉郡名，郡治原在今河南平輿北，東晉移治懸瓠城，即今河南汝南縣。⓰癸亥　六月初五。⓱癸酉　六月十五。⓲劉矯掩襲遐營　劉遐原來屯駐泗口，在臨淮、下邳之間，故臨淮太守劉矯得以掩襲其營。掩襲，突然襲擊。⓳驍果　驍勇果敢。⓴拔遐　救出劉遐。㉑事寢　事情被朝廷壓下不提。㉒裁斷切直　處理事務直截了當。㉓當官幹實　做什麼官就認真地幹什麼事，也就是名副其實。㉔不弘裕　不寬宏、不隨和，即今所謂不好說話。㉕不肯苟同時好　不隨波逐流；不同流合汙。㉖所少　所詬病；所誹謗。胡三省注曰：「重之日多，輕之日少。」㉗閒泰　閒暇安適。㉘道德恢弘　這裡實指當時「名士」們的夸夸其談，大而無當。㉙風流相尚　以為官不幹事而相互攀比。㉚執鄙吝　堅持幹那些被你們視為「庸俗」的工作。鄙吝，庸俗。㉛貴游子弟　沒有官職的貴族子弟。㉜王澄謝鯤　當時兩個所謂「名士」的代表。王澄是王衍之弟，以吃喝玩樂，居高官而不管事聞名，最後被王敦所殺。事見《晉書》卷四十三。謝鯤本為王敦的僚屬，能給王敦提些意見，有所規諫，但不被採納，平時以縱酒高談為務，優哉游哉。傳見《晉書》卷四十九。㉝悖禮　違反儒家所倡導的綱常禮法。㉞傷教　有損於儒家的名教。㉟中朝傾覆　西晉王朝之所以滅亡。㊱欲奏推之　準備奏明皇帝，追問其罪責。推，追究。㊲成人　成都的李雄政權。㊳討越巂斯叟　討斯叟事始於上卷明帝太寧元年：「是歲，越巂斯叟攻成將任回，成主雄遣征南將軍費黑討之。」㊴七月癸丑　七月二十五。㊵觀陽烈侯應詹　應詹是晉王朝的忠臣，在平定王敦的叛亂中有功，觀陽侯是其封爵，烈字是諡。傳見《晉書》卷七十。(41)任法裁物　以法治人。裁，處理。物，人。(42)名輩　名望和資歷。輩，輩分。這裡指年齡、資歷。胡三省注曰：「名為一時所稱，輩以年齒為等。」(43)不後郗卞　不在郗鑒、卞壼之下。(44)不豫顧命　沒被先帝臨終任命為託孤大臣。豫，參與；加入。顧命，臨終任命。(45)開府　即開府儀同三司，當時朝廷賜予大臣的一種特殊寵遇。按晉制，四征（征南、征北、征西、征東將軍）、四鎮（鎮南、鎮北、鎮東、鎮西將軍）大將軍方可開府，祖約當時為平西將軍，所以不能開府。開府，指建立辦事機構，自己聘任僚屬。(46)諸表請　指向皇帝上表提出各種請求。(47)多不見許　很多不被照准。(48)怨望　怨恨。(49)褒進　嘉獎提拔，此指明帝死前降遺詔加封卞壼、庾亮、陸曄一事。(50)疑庾亮刪之　懷疑是庾亮從皇帝的遺詔上把祖約、陶侃的名字刪掉了。(51)有功於國　指平息沈充、錢鳳之亂。(52)漸著　漸漸顯露出頭角。(53)以江外寄之　把長江以北的事務託付給蘇峻管。當時蘇峻駐兵歷陽，即今安徽和縣，地處長江的西北方。(54)驕溢　驕傲自滿。(55)亡命　亡命之徒；因犯罪而逃亡在外的人。(56)仰食縣官　一切都由朝廷供養。縣官，指天子，也用以稱朝廷、國家。(57)運漕相屬　運送糧食的船隻接連不斷。漕，以船運送物資。屬，連接不斷。(58)疑峻約　懷疑蘇峻、祖約很快造反。(59)得眾　得人心；受百姓擁護。(60)廣聲援　廣樹地方勢力以為自己的援兵。(61)修石頭　加寬加厚地修築石頭城，以加強首都的防衛能力。(62)政出舅族　政權掌握在皇帝司馬衍的舅父庾亮的手中。舅族，庾氏家族。(63)今江東創業尚淺　指東晉在江東建立朝廷的時間不長。從晉元帝建武元年到晉成帝咸和元年還不滿十年。(64)庾亮年少　當時庾亮三十八歲。(65)德信未孚　道德與威信都還不被臣民所信服。(66)咸　阮咸，魏末的「竹林七賢」之一，也是晉朝的名士。傳附《晉書》卷四十九〈阮籍傳〉。(67)失職怨望　因未得到想要的職務而心懷不滿。晉明帝在世的時候，寵信右衛將軍虞胤和左衛將軍司馬宗，讓他們典禁兵、直殿內，就連宮門管鑰都委託他們掌管。晉明帝去世以後，庾亮掌權，改命司馬宗為驃騎將軍，所以司馬宗認為自己失職而心懷怨望。(68)廢執政　即廢庾亮。(69)劾宗謀反　彈劾司馬宗陰謀反叛朝廷。劾，指控。(70)貶其族為馬氏　剝奪其姓「司馬」的資格，由皇族降為普通姓氏。族，指司馬宗這一支派。(71)皆廢為庶人　都降為平民百姓。(72)西陽王羕　司馬宗之兄。(73)降封弋陽縣王　由原來的西陽郡王降為弋陽縣王。弋陽縣在今河南潢川縣西。(74)左遷　降職。古制，左遷為降，右遷為升。(75)宗二句　司馬宗是皇帝司馬衍的近親，都是司馬懿的後代。(76)羕二句　司馬羕在元帝時曾任太保。(77)一旦翦黜　一下子就殺的殺，廢的廢。(78)失遠近之心　庾亮的行為對宗室和官員均有觸動，故失遠近人心。(79)符峻送闡　命令蘇峻把卞闡送回朝廷。符，朝廷用來傳達命令和調動軍隊的憑證，這裡用如動詞，即下命令。(80)保匿　隱藏。(81)白頭公　白頭髮的老頭。(82)酇　晉縣名，縣治在今湖北老河口市西北，晉時為順陽郡郡治。(83)營酇宮　在酇縣建築宮殿。酇縣在今河北臨漳西南的鄴鎮。84車騎　指石虎，當時任車騎將軍，駐兵鄴城。85驍騎將軍領門臣祭酒王陽　王陽任驍騎將軍，同時兼任門臣祭酒。86六夷　指除漢人以外的其他北方少數民族，這裡指六夷之兵。87無去鄴之意　不打算離開鄴城。石虎自為魏郡太守以來，一直鎮鄴三臺。現在後趙以鄴為都，造鄴宮，石虎作為諸侯，必須離開。88及修三臺　曹操曾在鄴城西北立銅雀、金虎、冰井三臺，其址在今河北臨漳西南三臺村。此處原亦為石虎所居，現石勒派人整修三臺，故而令石虎的家屬搬遷。89怨程遐　怨程遐幫石勒出此計以削減石虎之權。90壽春　晉縣名，當時為淮南郡的郡治所在地，即今安徽壽縣。當時祖約鎮壽春。91屢表　屢次上表。92逡遒　晉縣名，縣治在今安徽肥東縣東。93阜陵　晉縣名，縣治在今安徽全椒東十五里。二縣均屬淮南郡。其地距建康近在咫尺。94江寧　晉縣名，縣治即今江蘇江寧西南六十里之江寧鎮。95走之　將石聰趕跑。96導解大司馬　王導辭掉了臨時授予的大司馬職務。97作涂塘　即截斷涂河水，使上游氾濫，形成大面積的淹沒區，用以阻止後趙軍隊南下入侵。涂河即滁河，涂塘在江蘇六合，三國吳赤烏十三年（西元二五〇年），曾作堂邑（城在今六合北）涂塘以淹北道，阻止魏兵入侵。98是棄我也　作涂塘，則壽春被隔於涂塘之外，故鎮守壽春的祖約說是「棄我也」。99憤恚　憤怒、怨恨。100濟岷　胡三省注曰：「《晉志》曰：或云：魏平蜀，徙其豪將家於濟河北，為濟岷郡。《太康地志》無此郡，未詳。」101石瞻　後趙將領。102郯　古城名，在今山東郯城東南二十六里。103蘭陵　晉縣名，縣治即今山東蒼山縣西南的蘭陵鎮。104石城　山名，在蒼山縣境。105牙門將　為主帥守衛軍門，負責警衛的將軍。106典定九流　劃分全國士人的等級。魏晉實行九品中正制，將全國士人分為九個等級，稱九品，現在後趙也學這一套。107秀孝試經　讓各州郡選送到朝廷來的「秀才」、「孝廉」們考試儒家的經典，以定優劣。108脩好於成　與成都的李雄政權建立友好同盟。109去尊號　取消自己稱帝稱王的名號。110稱藩於晉　向晉王朝稱臣。藩，屬國。111過為士大夫所推　不合適地接受了群臣的推戴。過，曲；不合適。112思　想要。113元功　大功。114掃除氛埃　意即平定戰亂。氛埃，以喻北方眾多的少數民族政權。115陵遲　衰微。116引領　伸長脖子。117會獲來貺　正好在這時接到了你的來信。獲，接到。貺，賜予，指來信。118情在闇至　我為晉室立功的願望正同你的來書暗合。119有何已已　我對你的感謝之情將永無止息。已已，停止；終結。120聘使相繼　友好的使者往來不絕。

【校　記】1進　原無此字。據章鈺校，甲十一行本、乙十一行本皆有此字，今據補。2瞻　嚴衍《通鑑補》改作「羨」，當是。

【語　譯】顯宗成皇帝上之上

咸和元年（丙戌　西元三二六年）

春季，二月，東晉實行大赦，改年號為咸和元年。

前趙任命汝南王劉咸為太尉、錄尚書事，任命光祿大夫劉綏為大司徒，任命卜泰為大司空。前趙主劉曜的皇后劉氏病危，趙主劉曜詢問她有什麼話要說。劉皇后哭泣著說：「我從小就受到叔父劉昶的養育之恩，希望陛下能賜給他富貴。叔父劉皚的女兒劉芳不僅有美麗的容貌，而且有才有德，希望把她接入後宮以補充后妃位子的空缺。」說完就溘然而逝。前趙主劉曜遵照劉皇后的遺言，任命劉昶為侍中、大司徒、錄尚書事，冊封劉芳為皇后，不久又任命劉昶為太保。

三月，後趙主石勒在夜間便裝出行，檢查各營門的守衛情況，他還拿出金帛賄賂守門的人，請求放自己出行。在永昌門擔任守衛官的王假不僅拒絕接受他的賄賂，還想把他抓起來。恰好此時石勒的隨從趕到，才沒有動手。天亮之後，石勒召見王假，任命王假為振忠都尉，並封他為關內侯爵位。石勒又召見擔任記室參軍的徐光，徐光喝醉了酒，沒有來，石勒就把他降職為守衛牙門的小官。徐光在值班的時候，臉上露出憤憤不平的神色。石勒非常生氣，就把徐光連同他的妻小全都囚禁起來。

夏季，四月，後趙將領石生率軍進犯東晉的汝南郡，俘虜了汝南內史祖濟。

六月初五日癸亥，泉陵公劉遐去世。十五日癸酉，朝廷任命車騎大將軍郗鑒兼任徐州刺史，征虜將軍郭默為北中郎將、監淮北諸軍事，接管劉遐的部眾。劉遐的兒子劉肇年紀還很小，劉遐的妹夫田防以及劉遐的舊將史迭等人不樂意歸屬別人，他們共同推舉劉肇接替劉遐的職位而起兵叛亂。擔任臨淮太守的劉矯突然襲擊了劉遐的大營，將田防等斬首。劉遐的妻子，是邵續的女兒，英勇果敢，有其老父的遺風。劉遐曾經被後趙的軍隊包圍，劉遐的妻子便單槍匹馬率領著幾名騎兵，從萬眾之中救出劉遐。等到劉遐的妹夫田防等人準備作亂時，劉遐的妻子阻止，他們不聽，劉遐的妻子就偷偷地放了一把火，把武器鎧甲焚燒淨盡，所以田防等人終於失敗。朝廷下詔讓劉遐的兒子劉肇繼承劉遐的爵位。

東晉司徒王導稱說有病沒有參加早朝，卻私下裡為郗鑒送行。卞壼上奏司徒王導虧損法令而培植私人恩德，沒有大臣的節操，請免除他的官職。卞壼奏請的事情雖然被朝廷擱置起來，沒有獲得批准，但滿朝文武大臣都因此對卞壼心存敬畏。卞壼一向生活簡樸，廉潔奉公，處理事務直截了當，當什麼官就認真地幹好什麼事，然而性情不夠寬宏、和順，不肯苟且地隨波逐流，所以經常遭到當時諸名士的詬病和誹謗。阮孚曾經對他說：「你整天忙忙碌碌沒有一點閒暇安泰的時候，嘴裡就像含著瓦片石頭，你不覺得太辛苦了嗎？」卞壼回答說：「你們這些君子全都以道德寬宏大量、舉止瀟灑風流互相推崇、攀比，那些被你們認為是俗事鄙事的，除去我卞壼還會有誰去做呢！」當時那些還沒有走上仕途的貴族子弟大多羨慕王澄、謝鯤，認為他們才算得上擺脫世俗、豁達大度，卞壼在朝堂上嚴厲地批評說：「違背儒家所提倡的綱常禮法，損害儒家的名教，沒有比這罪惡再大的了。西晉政權所以滅亡，就是因為這個原因造成的。」卞壼準備就這個問題奏明皇帝，追究其罪責。司徒王導、中書令庾亮都不同意，卞壼只好作罷。

成國人討伐越巂斯叟，大破斯叟軍。

秋季，七月二十五日癸丑，東晉觀陽烈侯應詹去世。

當初，司徒王導輔佐朝政的時候，以為政寬大和順而得到眾人的擁護。等到護軍將軍、中書令庾亮執政的時候，一律嚴格按照法律條文裁決事務，很失人心。擔任豫州刺史的祖約，自以為名望和資歷都不在郗鑒、卞壼之下，卻沒有被先皇臨終任命為託孤輔政的大臣，又希望得到開府儀同三司的待遇，卻得不到，加上多次上表奏請的事情有很多不被批准，遂心懷怨望。等到晉明帝在遺詔中嘉獎和提拔大臣的時候，又沒有提及祖約與陶侃，所以祖約與陶侃都懷疑是庾亮從皇帝的遺詔中把兩人的名字刪去了。擔任歷陽內史的蘇峻因為在平定錢鳳、沈充的叛亂中有功，威望越來越顯著，他擁有一萬名精兵，武器裝備也很精良，朝廷把長江下游以北地區的事務託付給蘇峻掌管。而蘇峻卻逐漸驕傲自滿起來，在他的心目中根本不把朝廷放在眼裡，他招納那些因犯罪而逃亡在外的人，人數和力量一天比一天增多增強，所有的開支卻又一切都仰仗朝廷，為他運送糧食的船隻接連不斷，而稍微有些不順他的心意，怨憤的話就隨口而出。中書令庾亮既疑心歷陽內史蘇峻、豫州刺史祖約不忠於朝廷，又懼怕荊州刺史陶侃得到人民的擁護，於是，八月，任命丹楊尹溫嶠為都督江州諸軍事、江州刺史，坐鎮武昌，尚書僕射王舒為會稽內史，以此擴大聲援。又對石頭城進行加寬加厚，以增強對蘇峻等的防範作用。

丹楊尹阮孚因為庾太后臨朝稱制，政權都掌握在皇帝司馬衍的舅舅庾亮的手中，遂對自己最親近的人說：「現在晉國在江東建立政權的時間還不長，主上又很年幼，時局艱難，而庾亮年紀尚輕，他的道德、威望還沒有建立起來，因此不能被臣民所信服。憑藉我的觀察，內亂又要爆發了。」遂請求出任廣州刺史。阮孚，是阮咸的兒子。

冬季，十月，東晉封晉成帝司馬衍的同母弟司馬岳為吳王。

東晉南頓王司馬宗因為失去了左衛將軍的職位而心懷怨望，又一向與歷陽內史蘇峻關係友善，中書令庾亮就想將南頓王司馬宗除掉，司馬宗也想廢掉執掌權柄的中書令庾亮。擔任御史中丞的鍾雅遂彈劾南頓王司馬宗謀反，庾亮藉機派右衛將軍趙胤逮捕司馬宗。司馬宗率軍抵抗，被趙胤殺死。庾亮將司馬宗這一支派從皇族的譜系中除去，剝奪了他們姓司馬的資格，而強迫其改姓馬，司馬宗的三個兒子司馬綽、司馬超、司馬演全都被貶為平民。西陽王司馬羕也受到牽連，不僅被免去太宰職務，還被從西陽郡王降級為弋陽縣王，將擔任大宗正的虞胤貶職為桂陽太守。司馬宗是皇帝司馬衍的近支，司馬羕是先帝司馬睿的師傅，庾亮一下子就把司馬宗殺掉、把司馬羕貶逐，因此越加失掉遠近民心。司馬宗的黨羽卞闡逃奔了歷陽內史蘇峻，庾亮下達公文給蘇峻，要蘇峻將卞闡送回建康，蘇峻將卞闡祕密保護起來就是不送。關於南頓王司馬宗之死，晉成帝司馬衍一點也不知曉。過了很久，有一次，晉成帝問庾亮說：「當日那個白頭髮的老公在哪裡？」庾亮就把司馬宗準備謀反而被殺的情狀告訴了晉成帝司馬衍。晉成帝哭著說：「舅舅說別人做賊，就把人殺死了，要是有人說舅舅做賊，應當怎麼處理呢？」庾亮聽了晉成帝這番話，心中非常恐懼，嚇得臉色都改變了。

前趙將領黃秀等率軍進犯東晉的酇縣，順陽太守魏該率領部眾逃往襄陽。

後趙王石勒採納右長史程遐的建議在鄴城營造宮殿，派世子石弘在鄴城鎮守，並為世子配備了一萬名禁兵，就連車騎將軍所統領的五十四營兵力也全部調撥給世子，又任命擔任驍騎將軍兼任門臣祭酒的王陽專門統領由各少數民族組成的軍隊輔佐世子石弘。中山公石虎認為自己為國家建立了很多功勳，因此不打算離開鄴城。等到石勒派人整修三臺的時候，便令石虎將家眷遷出，石虎因此深恨程遐。

十一月，後趙汲郡內史石聰率軍攻打東晉的壽春。鎮守壽春的豫州刺史祖約屢次上表給朝廷請求派兵增援，而朝廷卻不肯出兵相救。石聰遂進而東下攻掠逡遒、阜陵，屠殺及劫掠了五千多人。都城建康大為震動，於是下詔加授司徒王導為大司馬，並授予他代表皇權的銅斧，令他都督中外諸軍事，以抵禦後趙石聰的侵略，王導將大營設在江寧。歷陽內史蘇峻派遣部將韓晃攻打石聰，將石聰趕走；司徒王導遂辭掉了臨時大司馬職務。朝廷經過議論，準備截斷涂河水，使上游氾濫，形成大面積的淹沒區，用以阻遏胡人的南下入侵，豫州刺史祖約說：「這是拋棄我不管了！」心中遂更加憤恨。

十二月，東晉濟岷太守劉闓等殺死了下邳內史夏侯嘉，在下邳叛變，投降了後趙。後趙將兵都尉石瞻攻打東晉河南太守王瞻所據守的邾城，將邾城攻克。東晉彭城內史劉續又據守蘭陵石城，石瞻將蘭陵石城攻破。

後趙王石勒任命擔任牙門將的王波為記室參軍，負責制定劃分全國士人為九等的等級標準，開始執行讓各州郡選送到朝廷來的秀才、孝廉考試儒家經典的取士制度。

涼州牧、西平公張駿畏懼前趙的逼迫，這一年，便將隴西、南安的二千多戶居民遷徙到都城姑臧；又派使者前往成都與李雄建立的成國政權建立友好同盟，他寫信勸說成主李雄取消自己稱帝稱王的名號，向東晉皇帝稱臣，做東晉的藩屬國。成主李雄在寫給張駿的回信中說：「我錯誤地接受了士大夫的推戴而稱帝，但我本身並沒有要稱帝的心思，我只想成為為東晉立有大功的功臣，為皇室掃除割據北方的少數民族政權，平定叛亂。然而晉室勢力衰微，恩德聲望也振作不起來，我伸長脖子向東方遠望，已經有一段日子了。正好此時接到你的來信，我為晉室立功的願望正與你的來信暗合，我對你的感激之情將永無止息。」從此，雙方派遣的友好使節往來不斷。

二年（丁亥　西元三二七年）

春，正月，朱提❶太守楊術與成將羅恆戰于臺登❷，兵敗，術死。

夏，五月甲申朔❸，日有食之。

趙武衛將軍劉朗帥騎三萬襲楊難敵於仇池❹，弗克，掠三千餘戶而歸。

張駿聞趙兵為後趙所敗，乃去趙官爵，復稱晉大將軍、涼州牧，遣武威太守竇濤、金城太守張閬、武興太守辛巖、揚烈將軍宋輯等帥眾數萬，東[1]會韓璞攻掠趙秦州諸郡。趙南陽王胤將兵擊之，屯狄道❺。枹罕❻護軍辛晏告急，秋，駿使韓璞、辛巖救之。璞進度沃干嶺❼。巖欲速戰，璞曰：「夏末以來，日星數有變，不可輕動。且曜與石勒相攻，胤必不能久與我相守❽也。」與胤夾洮❾相持七十餘日。冬，十月，璞遣辛巖督運❿於金城⓫，胤聞之，曰：「韓璞之眾，十倍於吾，吾糧不多，難以持久。今虜分兵運糧，天授我也。若敗辛巖，璞等自潰。」乃帥騎三千襲巖于沃干嶺，敗之，遂前逼璞營，璞眾大潰。胤乘勝追奔，濟河⓬，攻拔令居⓭，斬首二萬級，進據振武⓮，河西大駭。張閬、辛晏帥其眾數萬降趙，駿遂失河南之地⓯。

庚亮以蘇峻在歷陽，終為禍亂，欲下詔徵之⓰。訪於司徒導，導曰：「峻猜險⑰，必不奉詔，不若且苞容⑱之。」亮言於朝曰：「峻狼子野心⑲，終必為亂。今日徵之，縱不順命，為禍猶淺。若復經年，不可復制，猶七國之於漢⑳也。」朝臣無敢難㉑者，獨光祿大夫卞壼爭之曰：「峻擁彊兵，逼近京邑，路不終朝㉒，一旦有變，易為蹉跌㉓，宜深思之。」亮不從。壼知必敗，與溫嶠書曰：「元規召峻意定，此國之大事。峻已出狂意㉔而召之，是更速其禍㉕也，必縱毒蠚以向朝廷㉖。朝廷威力雖盛，不知果可擒不？王公亦同此情㉗。吾與之爭甚懇切，不能如之何㉘。本出足下㉙以為外援，而今更恨足下在外，不得相與共諫止之，或當相從㉚耳。」嶠亦累書㉛止亮，舉朝以為不可，亮皆不聽。

峻聞之，遣司馬何仍詣亮㉜曰：「討賊外任㉝，遠近惟命㉞。至於內輔㉟，實非所堪㊱。」亮不許。召北中郎將郭默為後將軍、領屯騎校尉，司徒右長史庾冰為吳國內史，皆將兵以備峻。冰，亮之弟也。於是下優詔㊲徵峻為大司農，加散騎常侍，位特進㊳，以弟逸代領部曲㊴。峻上表曰：「昔明皇帝親執臣手，使臣北討胡寇。今中原未靖㊵，臣何敢即安㊶！乞補㊷青州㊸界一荒郡，以展鷹犬之用㊹。」復不許。峻嚴裝㊺將赴召，猶豫未決。參軍任讓謂峻曰：「將軍求處荒郡而不見許，事勢如此，恐無生路，不如勒兵自守㊻。」阜陵令匡術亦勸峻反，峻遂不應命。

溫嶠聞之，即欲帥眾下衛建康[47]，三吳[48]亦欲起義兵。亮並不聽，而報嶠書曰：「吾憂西陲[49]，過於歷陽，足下無過雷池一步[50]也。」朝廷遣使諭峻[51]，峻曰：「臺下[52]云我欲反，豈得活邪！我寧山頭望廷尉，不能廷尉望山頭[53]。往者國家危如累卵[54]，非我不濟[55]。狡兔既死，獵犬宜烹[56]，但當死報造謀者耳[57]！」

峻知祖約怨朝廷，乃遣參軍徐會推崇[58]約，請共討庾亮。約大喜，其從子智、衍並勸成之[59]。譙國內史桓宣謂智曰：「本以彊胡未滅，將戮力[60]討之。使君[61]若欲為雄霸，何不助國討峻，則威名自舉。今乃與峻俱反，此安得久乎！」智不從。宣詣約請見。約知其欲諫，拒而不內[62]。宣遂絕約，不與之同[63]。十一月，約遣兄子沛內史渙[64]、女壻淮南太守許柳以兵會峻。逖妻[65]，柳之姊也，固諫不從。詔復以卞壼為尚書令、領右衛將軍，以會稽[66] [2] 內史王舒行揚州刺史事，吳興太守虞潭督三吳等諸郡軍事。

尚書左丞孔坦、司徒司馬丹楊陶回[67]言於王導，請「及峻未至，急斷阜陵[68]，守江西當利諸口[69]，彼少我眾，一戰決矣。若峻未來，可往逼其城[70]。今不先往，峻必先至，峻至則人心危駭[71]，難與戰矣。此時不可失也。」導然之。庾亮不從。

十二月辛亥(72)，蘇峻使其將韓晃、張健等襲陷姑孰(73)，取鹽米，亮方悔之。

壬子(74)，彭城王雄(75)、章武王休(76)叛奔峻。雄，釋之子也。○庚申(77)，京師戒嚴，假庾亮節(78)，都督征討諸軍事。以左衛將軍趙胤為歷陽太守，使左將軍司馬流將兵據慈湖(79)以拒峻。以前射聲校尉劉超為左衛將軍，侍中褚翜(80)典征討軍事。亮使弟翼以白衣(81)領數百人備(82)石頭。○丙寅(83)，徙琅邪王昱(84)為會稽王，吳王岳(85)為琅邪王。

宣城內史桓彝(86)欲起兵以赴朝廷，其長史裨惠以郡兵寡弱，山民易擾(87)，謂宜且按甲以待之。彝厲色曰：「『見無禮於其君者，若鷹鸇之逐鳥雀(88)。』今社稷危逼，義無宴安(89)！」辛未(90)，彝進屯蕪湖。韓晃擊破之，因進攻宣城，彝退保廣德(91)，晃大掠諸縣而還。徐州刺史郗鑒欲帥所領赴難(92)，詔以北寇(93)不許。

是歲，後趙中山公虎擊代王紇那(94)，戰于句注陘北(95)。紇那兵敗，徙都大甯(96)以避之。

代王鬱律之子翳槐居於其舅賀蘭部，紇那遣使求(97)之，賀蘭大人藹頭擁護(98)不遣。紇那與宇文部共擊藹頭，不克。

【章　旨】以上為第四段，寫晉成帝咸和二年（西元三二七年）一年間的大事。寫了東晉權臣庾亮擔心歷陽內史蘇峻為亂，堅持將其解除兵權，調入朝廷，蘇峻拒不應命，聯絡豫州刺史祖約一道起兵與朝廷對抗，並攻克姑孰，奪取了晉王朝積存在姑孰的鹽、米，彭城王司馬雄、章武王司馬休叛變投靠蘇峻，宣城內史桓彝起兵勤王，進攻蕪湖，被蘇峻打敗，朝廷形勢危急；寫了涼州張駿去掉前趙所封官職，並派遣將領攻掠前趙的秦州，結果被前趙擊敗，涼州丟失了河南之地；寫了後趙石虎攻擊代王拓跋紇那，紇那戰敗，遷都於大甯；拓跋紇那聯合宇文部落攻打賀蘭部落，被賀蘭部落打敗等等。

【注　釋】❶朱提　晉郡名，郡治即今雲南昭通。❷臺登　晉縣名，縣治在今四川西昌北。❸五月甲申朔　五月初一是甲申日。❹仇池　晉縣名，在今甘肅成縣西。❺狄道　晉縣名，縣治即今甘肅臨洮。❻枹罕　晉縣名，在今甘肅臨夏西北。❼沃干嶺　山名，一名「沃干阪」，在今甘肅蘭州西南。❽相守　相持不戰。❾洮　洮河，流經今甘肅東南部，北流入黃河。❿督運　督運糧草。⓫金城　即今蘭州。⓬濟河　渡過黃河。⓭令居　晉縣名，縣治在今甘肅永登西北。⓮振武　古城名，在今甘肅永登西北。⓯河南之地　今甘肅之黃河以南地區。⓰徵之　調他到朝廷任職。徵，調。⓱猜險　猜忌陰險。⓲苞容　同「包容」。包含、容忍。⓳狼子野心　謂豺狼之子不可馴服。《左傳》宣公四年，楚令尹子文曰：「諺曰：『狼子野心』，是乃狼也，其可畜乎？」⓴七國之於漢　漢景帝時，吳楚等七國反形已現，鼂錯力主削弱諸侯勢力，認為今削之亦反，不削亦反，削之，反速而危害小；不削，反雖遲，而危害大。庾亮引此事以比當前局勢。㉑難　反對，提不同意見。㉒路不終朝　歷陽（今安徽和縣）與建康只一江之隔，用不了一個早上即可到達。終朝，一個早晨。㉓易為蹉跌　容易造成失敗。蹉跌，摔跤，比喻失敗。㉔已出狂意　其瘋狂造反的心思已經顯露。㉕速其禍　加速災難的到來。㉖縱毒蠚以向朝廷　將一群螞蜂放向朝廷。㉗王公亦同此情　王導也和我的看法一樣。㉘不能如之何　對他沒辦法。如之何，如何；奈何。㉙本出足下　當初把你派到外頭。出，派出。㉚或當相從　意思是（如果有溫嶠共同諫止）庾亮或許能聽從。㉛累書　連續發信。㉜詣亮　到庾亮處。㉝討賊外任　如果朝廷派我出去討伐叛逆，實指任命為地方上的州刺史。㉞遠近惟命　派我去哪裡都可以。惟命，唯命是聽。㉟內輔　在朝內為輔佐之臣。㊱實非所堪　實在是非我所能擔任。堪，能。㊲優詔　充滿好言慰勉的詔書。㊳位特進　朝廷對某個權臣特加榮寵的待遇，朝會時的位置僅在三公之下。位，班次。特進，官名，凡諸侯功德優盛，朝廷所敬畏者，賜位特進，位在三公下。但一般多為加官。㊴以弟逸代領部曲　讓蘇峻的弟弟蘇逸接替他統領蘇峻的部下。部曲，古代軍隊的編制名，一個將軍統領若干部，部的長官稱校尉；一部之下有若干曲，曲的長官稱軍候。部曲，通常即稱部下、部屬。㊵未靖　未平；未安定。㊶即安　到安逸的地方來享福。㊷乞補　懇請讓我去擔當。補，補那裡的空缺。㊸青州　晉州名，州治臨淄，在今山東淄博東北的臨淄鎮北。轄齊國、濟南、樂安、城陽、東萊、長廣六郡、國。此時皆為後趙佔有。㊹鷹犬之用　謙稱自己的能力。畋獵中用鷹和犬追逐獵物。㊺嚴裝　整裝，收拾行裝。㊻勒兵自守　利用軍隊以保衛自己。㊼下衛建康　順江而下以保衛京城。溫嶠當時為江州刺史，鎮武昌（今湖北鄂州），從武昌東至建康是順江而下。㊽三吳　指吳國、吳興、會稽三郡。時庾冰為吳國內史，王舒為會稽內史，虞潭為吳興太守。㊾西陲　西部邊境，此處指陶侃所在的荊州。當時陶侃任荊州刺史，鎮江陵。㊿無過雷池一步　意即不要向東移動一步。雷池，即古之大雷水，今名楊溪河。源出湖北黃梅界，經安徽宿松，至望江縣西南積而為池，稱「雷池」。再東流經望江縣南，至華陽鎮注入長江。(51)諭峻　向蘇峻解釋，這裡有「警告」的意思。(52)臺下　指朝廷官員。(53)我寧山頭望廷尉二句　意思是我寧可先發制人，而不能為人所制。山頭，蘇峻自喻。廷尉，國家的最高司法官，掌刑獄。(54)往者國家危如累卵　指王敦作亂之時。(55)非我不濟　沒有我叛亂不能平息。濟，成功。(56)狡兔既死二句　比喻敵人消滅了，功臣也就要受到誅戮。(57)但當死報造謀者耳　現在我就是要豁出死以懲治那個陰謀害人的人。死報，以死報復。造謀者，指庾亮。(58)推崇　推重，這裡即吹捧，給人戴高帽。(59)勸成之　慫恿他就這麼做。(60)勠力　合力；并力。(61)使君　對州郡長官的尊稱，此稱祖約。(62)不內　不讓他進屋。內，同「納」。(63)不與之同　不跟他合作。胡三省注曰：「約於是赴歷陽，宣將其眾營於馬頭山。」(64)沛內史渙　祖渙，時為沛國內史。(65)逖妻　祖逖的妻子，祖約之嫂。(66)鄮稽　國名，即「會稽」。《晉書・王舒傳》曰：「時徵蘇峻，王導欲出舒為外援，授會稽內史。舒以父名會，辭。朝議以字同音異，於禮無嫌。舒復陳音雖異而字同，求改他郡，於是改『會』字為『鄮』。」(67)司徒司馬丹楊陶回　丹楊人陶回，當時任司徒王導的司馬官。(68)急斷阜陵　趕緊扼守阜陵縣。阜陵縣的縣治在今安徽全椒東。其縣有麻湖，派兵把守阜陵，可以阻止蘇峻兵渡江。(69)江西當利諸口　長江西側的當利等各個渡口。當利，即「當利浦」，在今安徽和縣東南。口，渡口。胡三省注曰：「阜陵有麻湖之阻，守當利諸口，則峻兵不得渡江。」(70)往逼其城　前往攻打歷陽縣城。逼，靠近。(71)危駭　恐懼。(72)十二月辛亥　十二月初一。(73)姑孰　即今安徽當塗，東晉時置城戍守，屯積鹽米。(74)壬子　十二月初二。(75)彭城王雄　司馬雄，是司馬釋的兒子。司馬釋是司馬懿之弟司馬權的兒子。(76)章武王休　司馬休，是義陽王司馬望的孫子。(77)庚申　十二月初十。(78)假庾亮節　授予庾亮旌節，使其有至高無上的權力。(79)慈湖　在今安徽馬鞍山市東北長江南岸。(80)褚翜　字謀遠，太傅褚裒的從兄。王敦謀逆，裘遣將領三百人從戴若思出軍赴難。成帝初為左衛將軍、侍中。傳見《晉書》卷七十七。81白衣　古代未仕者穿白衣，庾翼沒有官職，以平民的身分領兵防守石頭城。82備　警備；防守。83丙寅　十二月十六。84琅邪王昱　司馬昱，晉元帝司馬睿的小兒子。85吳王岳　晉成帝司馬衍之弟，明帝司馬紹之子。86宣城內史桓彝　桓彝是東晉名臣，此時任宣城內史。傳見《晉書》卷七十四。宣城是晉郡名，郡治宛陵，在今安徽南陵東。87山民易擾　山越之民容易作亂。山民，即山越之民，當時南方的少數民族，魏晉時一支居住在宣城郡西南。胡三省注曰：「宣城之西南，山越居之，自吳以來屢為寇亂。」88見無禮於其君者二句　語出《左傳》文公十八年，魯大夫臧文仲曰：「見有禮於其君者，事之，如孝子之養父母也；見無禮於其君者，誅之，如鷹鸇之逐鳥雀也。」鸇，一種食肉猛禽。桓彝引此，表明自己嫉惡如仇。89義無宴安　絕沒有再追求安逸的道理。90辛未　十二月二十一。91廣德　晉縣名，縣治在今安徽廣德西南。92赴難　奔赴國難。93以北寇　因為有北方的敵人需要防備。北寇，主要指後趙。94代王紇那　即拓跋紇那，代王拓跋賀傉之弟。95句注陘北　句注山的山口之北。句注山即雁門山，又名「陘嶺」、「西陘山」，在今山西代縣西北二十五里。陘，山脈的中斷處。96大甯　古城名，故址在今河北宣化西北。西晉於上谷郡析置廣甯郡，治所下洛縣，即今河北涿鹿。廣甯縣併入下洛縣，廣甯縣故城亦稱大甯城，紇那曾都此。97求　索要。元帝太興四年，拓跋猗㐌妻惟氏殺猗㐌兄子代王拓跋鬱律，而立其子賀傉。鬱律子翳槐及槐弟什翼犍流亡。所以紇那欲誅殺翳槐。98擁護　保護。

【校　記】1東　原無此字。據章鈺校，甲十一行本有此字，今據補。2鄮稽　據章鈺校，乙十一行本作「會稽」。

【語　譯】二年（丁亥　西元三二七年）

春季，正月，東晉朱提郡太守楊術與成國將領羅恆在臺登縣交戰，晉兵失敗，楊術戰死。

夏季，五月初一日甲申，發生日蝕。

前趙武衛將軍劉朗率領三萬名騎兵襲擊氐王楊難敵所佔據的仇池，雖然沒有攻克，但卻掠走了三千多戶居民。

涼州牧、西平公張駿聽到前趙的軍隊被後趙打敗的消息，就把前趙所加封的官職和爵號全部去掉，還稱自己為東晉大將軍、涼州牧，他派遣武威太守竇濤、金城太守張閬、武興太守辛巖、揚烈將軍宋輯等率領數萬軍隊，向東去會合韓璞將軍攻掠前趙所管轄的秦州諸郡。前趙南陽王劉胤率軍反擊，將軍隊屯紮在狄道。涼州枹罕護軍辛晏向大將軍、涼州牧張駿請求支援，秋季，張駿派遣韓璞、辛巖率軍救援枹罕護軍辛晏。韓璞率軍度過沃干嶺。辛巖想與趙軍速戰速決，韓璞說：「自從夏季末期以來，天上的太陽星辰多次發生變化，我們不能輕率地採取行動。再說劉曜的軍隊與石勒的軍隊互相攻打，劉胤一定不會在此地與我們打持久戰。」韓璞的軍隊與劉胤的軍隊隔著洮水相持了七十多天。冬季，十月，韓璞派辛巖前往金城督運糧草，劉胤得知消息說：「韓璞的軍隊數量是我們的十倍，我方的糧食不多，難以堅持長久。如今韓璞分出部隊去運糧食，這真是上天賜給我們的大好機會。如果我們打敗運送糧食的辛巖，韓璞等就會不戰自潰。」劉胤於是親自率領三千名騎兵在沃干嶺襲擊辛巖，將辛巖打敗，於是乘勝向前逼近韓璞的營寨，韓璞手下的兵眾立即潰不成軍。劉胤乘勝追擊逃亡的軍隊，渡過黃河，一鼓作氣攻下了令居，斬首兩萬級，緊接著又佔領了振武，涼州境內人人震恐。金城太守張閬、枹罕護軍辛晏率領屬下的數萬人投降了前趙，張駿遂丟失了黃河以南的領土。

東晉中書令庾亮認為歷陽內史蘇峻駐守歷陽，終將引發禍亂，就準備以皇帝的名義下詔將蘇峻徵調到朝廷任職。庾亮就此事徵詢司徒王導的意見，王導回答說：「蘇峻性情猜忌，為人陰險，肯定不會奉詔回建康，不如暫且包容他。」庾亮在朝廷中公開宣稱說：「蘇峻像豺狼之子一樣不可馴服，終究會犯上作亂。現在徵調他回朝廷，縱使他違抗詔令，所造成的災難還小。如果再這樣容忍下去，過幾年之後，朝廷將無法控制他，將會像西漢景帝時期的七國之亂一樣。」朝臣之中沒有人敢提反對意見，只有擔任光祿大夫的卞壼對他勸諫說：「蘇峻擁有強大的軍事實力，歷陽的地理位置又逼近京師，從歷陽到建康用不了一個早上就可以到達，一旦他叛變，朝廷很可能因為措手不及而失敗，對此應該深思熟慮。」庾亮沒有聽從卞壼的意見。卞壼知道庾亮必然失敗，就寫信給江州刺史溫嶠，卞壼在信中說：「中書令庾亮徵調蘇峻回朝廷的決心非常堅定，這是關係國家興衰的大事。蘇峻瘋狂謀反的心態已經顯露出來，而現在徵召他回朝廷，是在加速這場災難的到來，蘇峻必然會將他的毒刺指向朝廷。朝廷的威力雖然比較強盛，但不知最終能否將蘇峻擒獲？司徒王導也是這種看法。我向庾亮勸諫得非常懇切，卻無論如何也無法使他改變主意。當初讓閣下出任地方官是為了作外援，現在卻反而怨恨閣下在外，不能與我一同勸阻庾亮，如果閣下在朝廷的話，庾亮或許能聽從我們的意見也未可知。」溫嶠也連續發信勸阻庾亮，滿朝的官員都認為不可以這樣做，而庾亮全都不聽。

歷陽內史蘇峻聽到朝廷要徵調他的消息，就派遣手下擔任司馬的何仍到庾亮那裡去轉達自己的意見，蘇峻說：「如果朝廷派我出去討伐叛逆，不論是遠是近，只要你下令我都服從。至於調往朝廷擔任輔佐之臣，實在不是我所能勝任的。」庾亮沒有批准蘇峻的要求。他任命擔任北中郎將的郭默為後將軍、兼任屯騎校尉，任命擔任司徒右長史的庾冰為吳國內史，全都率軍防範蘇峻。庾冰，是庾亮的弟弟。布置妥當之後，又下達充滿好言慰勉的詔書給蘇峻，徵調蘇峻回朝擔任大司農，加授散騎常侍，並授予他朝會時位次僅在三公之下的「位特進」，讓蘇峻的弟弟蘇逸接替蘇峻統領他的部下。蘇峻上疏給朝廷說：「過去，明皇帝曾經親自拉著我的手，命我向北討伐胡寇。如今中原的賊寇還沒有肅清，我怎麼敢到安逸的地方來享福！懇請朝廷把我調到青州地界的一個荒僻郡中，讓我能夠施展我的才能，像鷹犬那樣供朝廷驅使。」庾亮仍然不同意。蘇峻遂整備行裝準備接受朝廷的詔命，然而又於心不甘，拿不定主意。在他手下擔任參軍的任讓對蘇峻說：「將軍您向朝廷請求調到一個荒僻偏遠的郡都不被批准，事情到了現在這種地步，恐怕已經沒有了您的生路，不如集結部隊堅守歷陽以保護自己。」擔任阜陵令的匡術也勸說蘇峻謀反，蘇峻遂拒絕接受庾亮徵調的命令。

江州刺史溫嶠聽到蘇峻不肯奉詔的消息，就準備率領部眾順江而下保衛京師建康，吳興太守虞潭、吳國內史庾冰、會稽內史王舒也都準備起兵勤王。庾亮一律謝絕，他在回覆給溫嶠的信中說：「我擔憂西部邊界的荊州刺史陶侃，超過了擔憂歷陽內史蘇峻，閣下千萬不要越過雷池一步。」朝廷派使者去向蘇峻解釋，蘇峻對使者說：「朝廷硬說我要謀反，我難道還有活路嗎！我寧願在山頭觀看廷尉審理犯人，也不願變成被廷尉審理的犯人而後再仰望山頭。過去在王敦作亂之時，國家危如累卵，如果沒有我叛亂就不會平息。現在狡兔已經死光了，抓捕狡兔的獵犬就只有被烹殺的分，現在我就是豁出性命以懲治那個陰謀陷害我的人！」

蘇峻知道豫州刺史祖約也怨恨朝廷，於是就派遣擔任參軍的徐會去晉見祖約，對祖約大加吹捧，請求祖約共同起兵討伐庾亮。祖約非常高興，祖約的姪子祖智、祖衍也都慫恿他這麼做。擔任譙國內史的桓宣對祖智說：「本來以為佔據中原的強大胡人還沒有被消滅，我們將會同心協力討伐胡人。豫州刺史如果想要稱霸天下，何不幫助朝廷討伐蘇峻，那時威望名聲自然就建立起來了。現在反而要與蘇峻一同謀反，這怎能長久得了呢！」祖智沒有聽從桓宣的勸告。桓宣就直接去求見豫州刺史祖約。祖約知道桓宣是來勸阻自己，因此拒而不見。桓宣遂與祖約斷絕關係，不與祖約採取一致行動。十一月，祖約派遣自己的姪子沛國內史祖渙、女婿淮南太守許柳率領軍隊與蘇峻會合。已故豫州刺史祖逖的妻子，是許柳的姐姐，她極力勸阻許柳，但許柳不聽。朝廷又下詔，任命卞壼為尚書令、兼任右衛將軍，任命鄶稽內史王舒為代理揚州刺史，任命吳興太守虞潭督三吳等郡諸軍事。

擔任尚書左丞的孔坦、擔任司徒司馬的丹楊人陶回都來向司徒王導建議，請「趁蘇峻叛軍沒有到達之前，趕緊扼守住阜陵縣，派兵把守住當利等各個渡口，蘇峻的軍隊就過不了長江，他們的人少，我們的人多，一次會戰就可以決定勝負。如果蘇峻還沒有出兵，可以派兵前往攻打歷陽城。現在如果不搶先採取行動，蘇峻必定趕在朝廷之前，率先抵達建康，一旦蘇峻的軍隊兵臨城下，人心恐懼，就難以抵抗了。這個時機不可以錯過。」王導認為他們說得很對。庾亮不同意。十二月初一日辛亥，蘇峻派他手下的將領韓晃、張健等率軍攻陷了姑孰，奪取了積存在那裡的食鹽、稻米，庾亮這才感到後悔。

十二月初二日壬子，彭城王司馬雄、章武王司馬休叛變投奔了蘇峻。司馬雄，是司馬釋的兒子。〇初十日庚申，京師建康施行戒嚴，朝廷授予庾亮代表至高無上權力的旌節，任命他為都督征討諸軍事。任命左衛將軍趙胤為歷陽太守，派擔任左將軍的司馬流率領軍隊據守慈湖以抵禦蘇峻軍隊的進攻。任命擔任前射聲校尉的劉超為左衛將軍，任命擔任侍中的褚翜主管有關征討方面的各種軍事。庾亮又派他的弟弟庾翼以平民的身分率領幾百人守衛石頭城。〇十六日丙寅，東晉改封琅邪王司馬昱為會稽王，改封吳王司馬岳為琅邪王。

擔任宣城內史的桓彝想要起兵趕赴朝廷守衛京師，他手下的長史裨惠認為宣城郡的兵員少力量弱，宣城郡西南的山越之民很容易作亂，因此建議桓彝暫且按兵不動，看看局勢變化再說。桓彝神情嚴肅地說：『看見有人對自己的君主無禮，就要像鷹鸇追逐鳥雀一樣立即撲上去。』現在國家危急、形勢緊迫，我絕對沒有在此追求安閒逸樂的道理！」十二月二十一日辛未，桓彝率軍進駐蕪湖。蘇峻的部將韓晃率軍攻打桓彝，將桓彝打敗，並趁勢進攻宣城，桓彝撤退到廣德，韓晃縱兵在宣城郡各縣大肆搶掠，然後撤走。擔任徐州刺史的郗鑒準備率領自己的部眾奔赴國難，朝廷下詔，命他防範北方的賊寇，不允許他回衛京師。

這一年，後趙中山公石虎率軍攻打代王拓跋紇那，雙方戰於句注山的山口之北。拓跋紇那戰敗，遂將都城遷徙到大甯，以躲避後趙的侵擾。

代王拓跋鬱律的兒子拓跋翳槐居住在他舅舅所屬的賀蘭部落，拓跋紇那派使者到賀蘭部落索要拓跋翳槐，賀蘭部落首領藹頭將拓跋翳槐保護起來，沒有把他交給拓跋紇那。拓跋紇那便聯合宇文部落共同攻打藹頭，但沒有取勝。

【研 析】本卷寫晉明帝太寧二年（西元三二四年）至晉成帝咸和二年（西元三二七年）共四年間的各國大事。值得注意的大約有以下幾點：

其一，王敦亂黨兵敗，王含、王應往投荊州刺史王舒，被王舒趁勢捉住，沉之於江。但凡有善善惡惡之心者皆對此會心稱快；而劉孝標、魏徵等人稱王舒之罪甚於酈況（酈寄字況），意謂酈況賣友，猶見譏於司馬遷；更何況王含乃王舒之胞兄，王應乃王舒之從子耶？周勃與呂祿之間本無是非之分，後人因周勃成事，遂稱諸呂為「作亂」，事實原不如此。酈況以朋友之交誘騙呂祿交出將印，招致呂氏家族被滅，單從道德而言，的確令人感到有「缺憾」，故司馬遷寫《史記》引入了當時的「酈況賣友」之說。但王含不然，公開夥同王敦起兵造反，圖謀篡位，罪惡昭彰；王舒身為晉朝臣子，享受晉朝的富貴尊榮，理有為國除賊之義。袁了凡對此評論說：「天下之惡一也，惡於宋而保於衛猶且不可，況天下一晉，江州荊州豈無君之國？含、應失敗，不南走越北走胡，翻身見投，將共再舉王敦事耶？酈寄大計賣友，何云見譏？周公大義滅親，當相取正；劉魏謬評，為亂賊樹黨，違於《春秋》之義也。」這種態度是正確的，可惜當今的輿論是光講「親情」，不講是非，於是惡人受到包庇，好人反而難當。一群壞人追打一個仗義勇為者，圍觀者如堵，竟無人加以援救，世風頹敗如此，豈不可哀也哉！

其二，當東晉王朝消滅王敦之亂，對被王敦亂黨所害的譙王司馬承以及甘卓、戴淵、周顗等人進行追贈的時候，王導竟提出把開城門迎接王敦入石頭城的周札也列入應褒獎之列，而晉明帝居然採納了王導的意見，這簡直是天大的滑稽。王夫之《讀通鑑論》對此評論說：「王敦稱兵犯闕，王導荏苒而無所匡正；周顗、戴淵之死，導實與聞，其獲疚於名教也，無可飾也。故自言曰：『如導之徒，心思外濟』，蓋劉隗、刁協不擇順逆，逞其私志，欲族誅王氏，而導勢迫於家門之隕穫，不容已於詭隨，此亦情之可原而弗容隱飾以欺天下者也。及敦死而其黨伏誅，譙王承、戴淵、周顗以死事褒贈，豈非導悔過自反以謝周、戴於地下之日乎？而導猶且狎開門延寇之周札，違卞壼、郗鑒之讜議，而曰『札與譙王、周、戴見有異同，皆人臣之節。』導若曰札可盡人臣之節，則吾之於節亦未失也。假札以文己之過，而導乃終絕於君子之塗矣。」這話說得相當嚴厲，深合千載下讀史者之心，千載以來王導被稱作「江左夷吾」，徒聞其功，而無人舉摘其罪，於世道人心豈有益哉！

其三，關於卞壼其人。卞壼在晉明帝時任尚書令，見王導稱病不朝，卻去給朋友送別，遂上表予以彈奏；見當時朝野士大夫崇尚清談，為官而不幹實事，頹放縱酒，以浮華相尚，卞壼嚴厲批判他們的「悖理傷教」，說他們都是一群國家、社會的罪人，要上表請求皇帝好好地懲治他們。像卞壼這樣的人在當時的朝廷裡是鶴立雞群，百裡無一，而且是處處碰壁，別說「用武之地」，連個「立足之地」也難得找到。王夫之對於卞壼的為人行事分析說：「卞令忠貞之士，朝廷之望也，以收人心、易風俗而安社稷，則未之敢許。晉之敗，敗於上下縱弛，名黃老而實惟貪冒淫逸之是崇，王衍、謝鯤固無辭其責矣。乃江左初立，胡寇外偪，叛臣內訌，人士之心，習於放佚而憚於拘維，未易一旦革也。王敦之反，刁協、劉隗之操切激之；蘇峻之反，庾亮之任法激之；障狂瀾而陻之，緜績之所以弗成也。故卞令厲色立朝以警群臣之蕩佚，不可無也；而任之以統馭六寓，厝社稷之安，定百官司之志，則固未可也。」改革是難事，操之過急就要翻車；但苟且因循，就會讓這個政權一天天地爛下去，直到最後垮臺。卞壼一類的政治家始終未能在晉朝一展身手，晉王朝的腐朽政治與腐敗的社會風氣，遂一直伴隨著宋、齊、梁、陳一個個小王朝的篡奪取代，一直地腐爛，直到被北方的少數民族所消滅。

其四，本卷寫了晉明帝司馬紹的死，卒年二十七歲。《晉書》本紀稱他：「明后岐嶷，軍書接要。莽首晨懸，董臍昏燎。厥德不回，餘風可劭。」王夫之說他：「折大疑者，處之以信；奠大危者，予之以安。天假明帝以年，以之收北方離合不定之人心，而乘冉敏之亂，摧枯折朽，以復衣冠禮樂之中原，知其無難也。帝早沒而不可為矣，悲夫！」都給予了極高的讚許，大概是由於東晉王朝的皇帝除了司馬紹再也沒有第二個可以稍加讚賞了吧！

卷第九十四

晉紀十六

起著雍困敦（戊子　西元三二八年），盡重光單閼（辛卯　西元三三一年），凡四年。

【題解】本卷寫了晉成帝咸和三年（西元三二八年）至咸和六年共四年間的東晉及各國大事。主要寫了蘇峻、祖約起兵進攻建康，庾亮無能，卞壼戰死，京城失陷，蘇峻遷晉成帝於石頭城，控制朝廷；寫了庾亮逃依江州刺史溫嶠，與溫嶠起兵於江州，請陶侃為盟主，號召天下討賊，郗鑒在東方組織勤王軍，進援朝廷；寫了陶侃、溫嶠等與蘇峻軍初戰不利，後來引兵轉攻石頭，蘇峻酒醉輕出，被勤王軍所殺；勤王軍又破祖約於歷陽，祖約率眾數百人逃奔石勒；接著勤王軍攻破石頭城，蘇峻之子蘇逸被殺，部將張健率眾東逃，被郗鑒擊斬，叛亂平定；寫了朝廷論平亂之功，重賞陶侃、郗鑒、溫嶠諸人，處置了一批亂黨與變節降叛的人。庾亮被貶任豫州都督、豫州刺史；寫了江州刺史溫嶠病逝，以劉胤繼任，劉胤「矜豪日甚，專務商賈」，激起郭默作亂，劉胤被殺。陶侃、庾亮等起兵討郭默，郭默的部將擒郭默出降，郭默亂平，朝廷又讓陶侃兼任江州刺史；寫了前趙主劉曜大破後趙石虎於河東，進而圍攻洛陽，被後趙主石勒大破於洛陽城西，劉曜兵敗被俘，劉曜的太子劉熙率眾西保上邽；前趙的劉胤又率眾東攻長安，後趙將石虎大破於長安城西，並乘勝西破上邽，俘劉熙、劉胤等殺之，前趙宣告滅亡；寫了石勒即皇帝位，大封諸子與群僚，石勒之姪石虎因自己未得大單于之位而恨石勒之子石宏，為石虎日後作亂埋下伏筆；此外還寫了慕容廆向東晉請求為燕王，涼州張駿對石勒時而對立、時而稱臣，以及西部吐谷渾的建國，與蒲洪、姚弋仲的出世等等。

顯宗成皇帝上之下

咸和三年（戊子　西元三二八年）

春，正月，溫嶠入救建康，軍于尋陽❶。○韓晃❷襲司馬流於慈湖。流素懦怯，將戰，食炙❸不知口處❹，兵敗而死。

丁未❺，蘇峻帥祖渙、許柳等眾二萬人，濟自橫江❻，登牛渚❼，軍于陵口❽。臺兵❾禦之，屢敗。二月庚戌❿，峻至蔣陵⓫覆舟山⓬。陶回謂庾亮曰：「峻知石頭有重戍⓭，不敢直下，必向小丹楊⓮南道步來。宜伏兵邀⓯之，可一戰擒也。」亮不從。峻果自小丹楊來，迷失道，夜行，無復部分⓰。亮聞，乃悔之。朝士以京邑危逼，多遣家人入東⓱避難，左衛將軍劉超獨遷妻孥⓲入居宮內。詔以卞壼都督大桁東⓳諸軍事，與侍中鍾雅帥郭默、趙胤等軍及峻戰于西陵⓴。壼等大敗，死傷以千數。丙辰㉑，峻攻青溪柵㉒。卞壼率諸軍拒擊，不能禁。峻因㉓風縱火燒臺省㉔及諸營寺署㉕，一時蕩盡㉖。壼背癰㉗新愈，創㉘猶未合，力疾㉙帥左右苦戰而死。二子昣、盱隨父後，亦赴敵㉚而死。其母撫尸哭曰：「父為忠臣，子為孝子，夫何恨乎㉛！」

丹楊尹羊曼勒兵㉜守雲龍門㉝，與黃門侍郎周導、廬江太守陶瞻㉞皆戰死。庾亮帥眾將陳于宣陽門㉟內，未及成列，士眾皆棄甲走㊱，亮與弟懌、條、翼及郭默、趙胤俱奔尋陽㊲。將行，顧謂鍾雅曰：「後事㊳深以相委㊴。」雅曰：「棟折榱崩㊵，誰之咎㊶也！」亮曰：「今日之事，不容復言。」亮乘小船，亂兵相剝掠㊷。亮左右射賊，誤中柁工，應弦而倒，船上咸㊸失色欲散。亮不動，徐㊹曰：「此手何可使著賊㊺！」眾乃安。

峻兵入臺城㊻，司徒導謂侍中褚翜㊼曰：「至尊㊽當御正殿㊾，君可啟㊿令速出。」翜即入上閤[51]，躬[52]自抱帝登太極前殿[53]，導及光祿大夫陸曄、荀崧、尚書張闓共登御床擁衛[54]帝。以劉超為右衛將軍[55]，使與鍾雅、褚翜侍立左右，太常孔愉朝服守宗廟[56]。時百官奔散，殿省蕭然[57]。峻兵既入，叱褚翜令下。翜正立不動，呵之曰：「蘇冠軍[58]來覲[59]至尊，軍人[60]豈得侵逼[61]！」由是峻兵不敢上殿，突入後宮[62]，宮人[63]及太后左右侍人皆見掠奪[64]。峻兵驅役[65]百官，光祿勳王彬等皆被捶撻[66]，令負擔[67]登蔣山。裸剝士女[68]，皆以壞席苫草[69]自鄣[70]，無草者坐地以土自覆[71]。哀號之聲，震動內外。

初，姑孰[72]既陷，尚書左丞孔坦[73]謂人曰：「觀峻之勢，必破臺城。自非[74]戰士，不須戎服[75]。」及臺城陷，戎服者多死，白衣者無他[76]。

時官[77]有布二十萬匹，金銀五千斤，錢億萬，絹數萬匹，佗物稱是[78]。峻盡費[79]之，太官[80]惟有燒餘米數石以供御膳[81]。

或[82]謂鍾雅曰：「君性亮直[83]，必不容於[84]寇讎，盍早為之計[85]？」雅曰：「國亂不能匡[86]，君危不能濟[87]，各遁逃以求免[88]，何以為臣[89]？」

丁巳[90]，峻稱詔[91]大赦，惟庾亮兄弟不在原例[92]。以王導有德望[93]，猶使以本官[94]居己之右[95]。祖約為侍中、太尉、尚書令，峻自為驃騎將軍、錄尚書事，許柳為丹楊尹，馬雄為左衛將軍，祖渙為驍騎將軍。弋陽王羕詣峻，稱述峻功，峻復以羕為西陽王、太宰、錄尚書事。

峻遣兵攻吳國內史庾冰[96]，冰不能禦[97]，棄郡奔會稽，至浙江[98]，峻購[99]之甚急。吳鈴下卒[100]引冰入船，以蘧篨[101]覆之，吟嘯[102]鼓棹[103]，泝流[104]而去。每逢邏所[105]，輒以杖叩船，曰：「何處覓庾冰？庾冰正在此！」人以為醉，不疑之，冰僅免[106]。

○峻以侍中蔡謨為吳國內史。

溫嶠聞建康不守，號慟[107]，人有候之者[108]，悲哭相對。庾亮至尋陽宣太后詔，以嶠為驃騎將軍、開府儀同三司，又加徐州刺史郗鑒司空。嶠曰：「今日當以滅賊為急，未有功而先拜官，將何以示天下？」遂不受。嶠素重亮[109]，亮雖奔敗，嶠愈推奉之[110]，分兵給亮。

後趙大赦，改元太和。

三月丙子[111]，庾太后以憂崩。○蘇峻南屯于湖[112]。

夏，四月，後趙將石堪攻宛[113]，南陽太守王國降之，遂進攻祖約軍于淮上。約將陳光起兵攻約，約左右閻禿貌類約，光謂為約而擒之，約踰垣[114]獲免。光奔後趙。

壬申[115]，葬明穆皇后[116]于武平陵。

庾亮、溫嶠將起兵討蘇峻，而道路斷絕，不知建康聲聞[117]。會南陽范汪至尋陽，言「峻政令不壹[118]，貪暴縱橫[119]，滅亡已兆[120]，雖彊易弱。朝廷有倒懸[121]之急，宜時進討[122]。」嶠深納[123]之。亮辟[124]汪參護軍事[125]。

亮、嶠互相推為盟主，嶠從弟充[126]曰：「陶征西[127]位重兵彊，宜共推之[128]。」嶠乃遣督護王愆期詣荊州，邀陶侃與之同赴國難。侃猶以不豫顧命[129]為恨，答曰：

「吾疆場[1]外將(130)，不敢越局(131)。」嶠屢說，不能回(132)，乃順侃意，遣使謂之曰：「仁公且守(133)，僕(134)當先下(135)。」使者去已二日(136)，平南參軍(137)滎陽毛寶別使還(138)，聞之，說嶠曰：「凡舉大事，當與天下共之。師克在和(139)，不宜異同(140)。假令可疑(141)，猶當外示不覺(142)，況自為攜貳邪(143)！宜急追信改書(144)，言必應俱進(145)。若不及前信(146)，當更遣使(147)。」嶠意悟，即追使者改書。侃果許之，遣督護龔登帥兵詣嶠。嶠有眾七千，於是列上尚書(148)，陳祖約、蘇峻罪狀，移告征鎮(149)，灑泣登舟(150)。

陶侃復追龔登還。嶠遺侃書曰：「夫軍有進而無退，可增而不可減。近已移檄遠近(151)，言於盟府(152)，刻後月半(153)大舉(154)，諸郡軍並在路次(155)，惟須(156)仁公軍至，便齊進耳。仁公今召軍還，疑惑遠近，成敗之由(157)，將在於此。僕才輕任重，實憑仁公篤愛(158)，遠稟成規(159)。至於首啟戎行(160)，不敢有辭(161)，僕與仁公，如首尾相衛，脣齒相依也。恐或者(162)不達高旨(163)，將謂仁公緩於討賊(164)，此聲難追(165)。僕與仁公並受方嶽之任(166)，安危休戚，理既同之(167)。且自頃之顧(168)，綢繆往來(169)，情深義重，一旦有急(170)，亦望仁公悉眾見救(171)，況社稷之難(172)乎！今日之憂，豈惟僕一州(173)，文武莫不翹企(174)。假令此州不守(175)，約、峻樹置官長(176)於此，荊楚(177)西逼彊胡[178]，東接逆賊[179]，因之以饑饉[180]，將來之危，乃當甚於此州之今日[181]也。仁公進[182]當為大晉之忠臣，參桓、文之功[183]，退[184]當以慈父之情，雪愛子之痛[185]。今約、峻凶逆無道，痛感天地，人心齊壹[186]，咸皆切齒。今之進討，若以石投卵耳。苟復召兵還，是為敗於幾成[187]也。願深察所陳[188]。」王愆期謂侃曰：「蘇峻，豺狼也，如得遂志[189]，四海雖廣，公寧有[190]容足之地[191]乎！」侃深感悟，即戎服登舟。瞻喪[192]至不臨[193]，晝夜兼道而進。

郗鑒在廣陵[194]，城孤糧少，逼近胡寇[195]，人無固志[196]。得詔書[197]即流涕誓眾[198]，入赴國難，將士爭奮[199]。遣將軍夏侯長等間行[200]謂溫嶠曰：「或聞賊欲挾天子[201]東入會稽，當先立營壘，屯據要害[202]，既防其越逸[203]，又斷賊糧運，然後清野堅壁[204]以待賊。賊攻城不拔，野無所掠，東道[205]既斷，糧運自絕，必自潰矣。」嶠深以為然。

五月，陶侃率眾至尋陽。議者咸謂侃欲誅庾亮以謝天下[206]。亮甚懼，用溫嶠計，詣侃拜謝[207]。侃驚，止之曰：「庾元規乃[208]拜陶士行邪？」亮引咎自責[209]，風止[210]可觀。侃不覺釋然[211]，曰：「君侯脩石頭以擬老子[212]，今日反見求邪[213]！」即與之談宴終日，遂與亮、嶠同趣[214]建康。戎卒四萬，旌旗七百餘里，鉦鼓[215]之聲，震於遠近。○蘇峻聞西方兵起，用參軍賈寧計，自姑孰還據石頭，分兵以拒侃等。

乙未[216]，峻逼遷帝於石頭，司徒導固爭，不從。帝哀泣升車，宮中慟哭。時天大雨，道路泥濘，劉超、鍾雅步侍左右。峻給馬，不肯乘，而悲哀慷慨。峻聞而惡[217]之，然未敢殺也。以其親信許方等補司馬督[218]、殿中監[219]，外託宿衛[220]，內實防禦超等。峻以倉屋[221]為帝宮，日[222]來帝前肆醜言[223]。劉超、鍾雅與右光祿大夫荀崧、金紫光祿大夫華恆、尚書荀邃、侍中丁潭侍從不離帝側。時饑饉米貴，峻問遺[224]，超一無所受。繾綣朝夕[225]，臣節[226]愈恭。雖居幽厄[227]之中，超猶啟帝[228]，授[229]孝經、論語。

峻使左光祿大夫陸曄守留臺[230]，逼迫居民，盡聚之後苑，使匡術守苑城[231]。

○尚書左丞孔坦奔陶侃，侃以為長史。

初，蘇峻遣尚書張闓權督東軍[232]，司徒導密令以太后詔諭[233]三吳吏士，使起義兵救天子。會稽內史王舒以庾冰行奮武將軍，使將兵一萬，西渡浙江。於是吳興太守虞潭、吳國內史蔡謨、前義興太守顧眾等皆舉兵應之。潭母孫氏謂潭曰：「汝當捨生取義，勿以吾老為累[234]。」盡遣其家僮從軍，鬻其環珮[235]，以為軍資。謨以庾冰當還舊任[236]，即去郡[237]以讓冰。

蘇峻聞東方兵起，遣其將管商、張健、弘徽等拒之。虞潭等與戰，互有勝負，未能得前。

陶侃、溫嶠軍于茄子浦[238]。嶠以南兵[239]習水[240]，蘇峻兵便步[241]，令將士有上岸者死。會峻送米萬斛[242]饋祖約[243]，約遣司馬[244]桓撫等迎之。毛寶帥千人為嶠前鋒，告其眾曰：「兵法『軍令有所不從[245]』，豈可視賊可擊，不上岸擊之邪！」乃擅[246]往襲撫，悉[247]獲其米，斬獲萬計。約由是飢乏。嶠表[248]寶為廬江[249]太守。

陶侃表王舒監[250]浙東[251]軍事，虞潭監浙西[252]軍事，郗鑒都督揚州八郡諸軍事，令舒、潭皆受鑒節度[253]。鑒帥眾渡江，與侃等會于茄子浦，雍州[254]刺史魏該亦以兵會之。

丙辰[255]，侃等舟師直指石頭，至于蔡洲[256]。侃屯查浦[257]，嶠屯沙門浦[258]。峻登烽火樓，望見士眾之盛，有懼色，謂左右曰：「吾本知溫嶠能得眾[259]也。」

庾亮遣督護王彰擊峻黨張曜，反為所敗，亮送節傳[260]以謝侃[261]。侃答曰：「古人三敗[262]，君侯始二[263]。當今事急，不宜數爾[264]。」亮司馬陳郡殷融詣侃謝曰：「將軍為此[265]，非融等所裁[266]。」王彰至曰：「彰自為之[267]，將軍不知也。」侃曰：「昔殷融為君子，王彰為小人[268]。今王彰為君子，殷融為小人。」

宣城內史桓彝聞京城不守，慷慨流涕，進屯涇縣[269]。時州郡多遣使降蘇峻，裨惠復勸彝宜且與通使[270]，以紓[271]交至之禍[272]。彝曰：「吾受國厚恩，義在致死[273]，焉能忍恥與逆臣通問[274]！如其不濟[275]，此則命也。」彝遣將軍俞縱守蘭石[276]，峻遣其將韓晃攻之。縱將敗，左右勸縱退軍。縱曰：「吾受桓侯厚恩，當以死報。吾之不可負[277]桓侯，猶桓侯之不負國也。」遂力戰[278]而死。晃進軍攻彝，六月，城陷，執彝殺之。

諸軍初至石頭，即欲決戰。陶侃曰：「賊眾方盛[279]，難與爭鋒，當以歲月、智計破之[280]。」既而[281]屢戰無功，監軍部將[282]李根請築白石壘[283]，侃從之。夜築壘，至曉而成。聞峻軍嚴聲[284]，諸將咸懼其來攻。孔坦曰：「不然。若峻攻壘，必須東北風急，令我水軍不得往救。今天清靜[285]，賊必不來。所以嚴者，必遣軍出江乘[286]，掠京口[287]以東矣。」已而果然。侃使庾亮以二千人守白石[288]。峻帥步騎萬餘四面攻之，不克。

王舒、虞潭等數與峻兵戰，不利。孔坦曰：「本不須召郗公，遂使東門[289]無限[290]。今宜遣還，雖晚，猶勝不也[291]。」侃乃令鑒與後將軍郭默還據京口，立大業[292]、曲阿[293]、庱亭[294]三壘以分峻之兵勢，使郭默守大業。○壬辰[295]，魏該卒。

祖約遣祖渙、桓撫襲湓口[296]。陶侃聞之，將自擊之。毛寶曰：「義軍恃公[297]，公不可動，寶請討之。」侃從之。渙、撫過皖[298]，因攻譙國內史桓宣。寶往救之，為渙、撫所敗。箭貫寶髀徹鞍[299]，寶使人蹋鞍拔箭[300]，血流滿鞾。還擊渙、撫，破走之，宣乃得出，歸于溫嶠。寶進攻祖約軍于東關[301]，拔合肥戍[302]。會嶠召之，復歸石頭。

祖約諸將陰[303]與後趙通謀，許為內應。後趙將石聰、石堪引兵濟淮[304]，攻壽春[305]。秋，七月，約眾潰，奔歷陽[306]，聰等虜壽春二萬餘戶而歸。

後趙中山公虎帥眾四萬自軹關[307]西入[308]，擊趙河東[309]，應之者五十餘縣，遂進攻蒲阪[310]。趙主曜遣河間王述[311]發氐、羌之眾屯秦州，以備張駿、楊難敵，自將中外精銳水陸諸軍以救蒲阪，自衛關[312]北濟。虎懼，引退。曜追之，八月，及於高候[313]，與虎戰，大破之，斬石瞻，枕尸[314]二百餘里，收其資仗[315]億計。虎奔朝歌[316]。曜濟自大陽[317]，攻石生于金墉[318]，決千金堨[319]以灌之。分遣諸將攻汲郡[320]、河內[321]，後趙滎陽太守尹矩、野王太守張進等皆降之。襄國大震。

張駿治兵，欲乘虛襲長安，理曹郎中[322]索詢諫曰：「劉曜雖東征，其子胤守長安，未易輕[323]也。借使小有所獲，彼若釋[324]東方之圖[325]，還與我校[326]，禍難之期[327]，未可量[328]也。」駿乃止。

蘇峻腹心路永、匡術、賈寧聞祖約敗，恐事不濟，勸峻盡誅司徒導等諸大臣，更樹腹心[329]。峻雅敬導[330]，不許，永等更貳於峻[331]。導使參軍袁耽潛誘[332]永使歸順[333]，九月戊申[334]，導攜二子與永皆奔白石[335]。耽，渙之曾孫也。

陶侃、溫嶠等與蘇峻久相持不決，峻分遣諸將東西攻掠，所嚮多捷，人情恟懼[336]，朝士[337]之奔西軍[338]者皆曰：「峻狡黠[339]，有膽決[340]，其徒驍勇，所向無敵。若天討有罪，則峻終滅亡。止以人事[341]言之，未易除也。」溫嶠怒曰：「諸君怯懦，乃更譽賊[342]！」及累戰[343]不勝，嶠亦憚[344]之。

嶠軍食盡，貸[345]於陶侃。侃怒曰：「使君前云不憂[346]無良將及兵食，惟欲得老僕為主[347]耳。今數戰皆北[348]，良將安在！荊州接胡、蜀二虜[349]，當備不虞[350]。若復無食，僕便欲西歸[351]，更思良算，徐來殄賊[352]，不為晚也。」嶠曰：「凡師克在和，古之善教也。光武之濟昆陽[353]，曹公之拔官渡[354]，以寡敵眾，杖義[355]故也。峻、約小豎[356]，凶逆滔天，何憂不滅！峻驟勝[357]而驕，自謂無前[358]，今挑之戰，可一鼓而擒[359]也。柰何捨垂立之功[360]，設進退之計[361]乎！且天子幽逼[362]，社稷危殆[363]，乃四海臣子肝腦塗地[364]之日。嶠等與公並受國恩，事若克濟[365]，則臣主同祚[366]；如其不捷，當灰身(367)以謝先帝(368)耳。今之事勢，義無旋踵(369)，譬如騎虎，安可中下哉(370)！公若違眾獨返，人心必沮(371)。沮眾敗事，義旗將迴指於公(372)矣！」毛寶言於嶠曰：「下官能留陶公。」乃往說侃曰：「公本應鎮蕪湖，為南北勢援(373)。前既已下(374)，勢不可還。且軍政(375)『有進無退』，非直(376)整齊三軍，示眾必死(377)而已，亦謂退無所據(378)，終至滅亡。往者杜弢(379)非不彊盛，公竟滅之，何至於峻獨不可破邪？賊亦畏死，非皆勇健，公可試與寶兵，使上岸斷賊資糧。若寶不立效(380)，然後公去(381)，人心不恨(382)矣！」侃然之，加寶督護而遣之。竟陵太守李陽說侃曰：「今大事若不濟(383)，公雖有粟，安得而食諸(384)？」侃乃分米五萬石以餉(385)嶠軍。毛寶燒峻句容、湖孰(386)積聚(387)，峻軍乏食，侃遂留不去。

張健、韓晃等急攻大業，壘中乏水，人飲糞汁。郭默懼，潛(388)突圍出外，留兵守之。郗鑒在京口，軍士聞之皆失色。參軍曹納曰：「大業，京口之扞蔽(389)也。一旦不守，則賊兵徑至(390)，不可當也。請還廣陵，以俟後舉(391)。」鑒大會僚佐(392)，責納曰：「吾受先帝顧託(393)之重，正復(394)捐軀九泉，不足報塞(395)。今彊寇在近，眾心危逼(396)。君腹心之佐，而生長異端(397)，當何以帥先義眾(398)，鎮壹三軍(399)邪！」將斬之，久乃得釋。

陶侃將救大業，長史殷羡曰：「吾兵不習步戰[400]，救大業而不捷，則大事去矣。不如急攻石頭[401]，則大業自解。」侃從之。羡，融之兄也。庚午[402]，侃督水軍向石頭。庾亮、溫嶠、趙胤帥步兵萬人從白石南上[403]，欲挑戰。峻將八千人逆戰[404]，遣其子碩及其將匡孝分兵先薄[405]趙胤軍，敗之。峻方勞其將士，乘醉望見胤走[406]，曰：「孝能破賊，我更不如邪？」因舍其眾，與數騎北下[407]突陳[408]，不得入。將回趨白木陂[409]，馬躓[410]。侃部將彭世、李千等投之以矛，峻墜馬，斬首，臠割[411]之，焚其骨，三軍皆稱萬歲，餘眾大潰。峻司馬任讓等共立峻弟逸為主，閉城自守。溫嶠乃立行臺[412]，布告遠近，凡故吏二千石以下皆令赴臺[413]，於是至者雲集。韓晃聞峻死，引兵趣石頭。管商、弘徽攻庱亭壘，督護李閎、輕車長史滕含擊破之。含，脩之孫也。商走詣庾亮降，餘眾皆歸張健。

冬，十一月，後趙王勒欲自將救洛陽，僚佐程遐等固諫曰：「劉曜懸軍[414]千里，勢不支久。大王不宜親動，動無萬全[415]。」勒大怒，按劍叱遐等出，乃赦徐光[416]，召而謂之曰：「劉曜乘一戰之勝，圍守洛陽，庸人之情[417]皆謂其鋒不可當。曜帶甲十萬，攻一城[418]而百日不克，師老卒怠[419]。以我初銳[420]擊之，可一戰而擒也。若洛陽不守，曜必送死冀州[421]，自河已北[422]，席卷而來，吾事去矣。程遐等不欲吾行，卿以為何如？」對曰：「劉曜乘高候之勢[423]，不能進臨襄國[424]，更守金墉[425]，此其無能為[426]可知也。以大王威略臨之，彼必望旗奔敗。平定天下，在今一舉，不可失也。」勒笑曰：「光言是也。」乃使內外戒嚴[427]，有諫者斬。命石堪、石聰及豫州刺史桃豹等各統見眾[428]會滎陽[429]，中山公虎進據石門[430]，勒自統步騎四萬趣金墉，濟自大堨[431]。

勒謂徐光曰：「曜盛兵[432]成皋關[433]，上策也；阻洛水[434]，其次也；坐守洛陽，此成擒[435]耳。」十二月乙亥[436]，後趙諸軍集于成皋，步卒六萬，騎二萬七千。勒見趙無守兵，大喜，舉手指天復加額[437]曰：「天也！」卷甲[438]銜枚[439]，詭道[440]兼行[441]，出于鞏、訾之間[442]。

趙主曜專與嬖臣[443]飲博[444]，不撫[445]士卒，左右或諫[446]，曜怒，以為妖言，斬之。聞勒已濟河，始議增滎陽戍，杜黃馬關[447]。俄而[448]洛水候者[449]與後趙前鋒交戰，擒羯[450]送之。曜問：「大胡[451]自來邪[452]？其眾幾何[453]？」羯曰：「王自來，軍勢甚盛。」曜色變，使攝[454]金墉之圍，陳于洛西[455]，眾十餘萬，南北十餘里。勒望見，益喜。謂左右曰：「可以賀我矣！」勒帥步騎四萬入洛陽城。

己卯[456]，中山公虎引步卒三萬自城北而西，攻趙中軍，石堪、石聰等各以精騎八千自城西而北，擊趙前鋒，大戰于西陽門[457]。勒躬貫甲冑[458]，出自閶闔門[459]，夾擊之。曜少而嗜酒，末年尤甚。將戰，飲酒數斗。常乘赤馬[460]無故跼頓[461]，乃乘小馬。比出[462]，復飲酒斗餘。至西陽門，揮陳就平[463]。石堪因而乘之[464]，趙兵大潰。曜昏醉退走，馬陷石渠[465]，墜于冰上，被瘡[466]十餘，通中者三[467]，為堪所執。勒遂大破趙兵，斬首五萬餘級。下令曰：「所欲擒者一人耳，今已獲之，其敕將士[468]抑鋒止銳[469]，縱[470]其歸命[471]之路。」

曜見勒曰：「石王，頗憶[472]重門之盟[473]否？」勒使徐光謂之曰：「今日之事，天使其然，復云何邪！」乙酉[474]，勒班師，使征東將軍石邃將兵衛送曜。邃，虎之子也。曜瘡甚，載以馬輿[475]，使醫李永與同載。己亥[476]，至襄國，舍[477]曜於永豐小城[478]，給其妓妾[479]，嚴兵圍守。遣劉岳、劉震等[480]從男女[481]盛服以見之[482]，曜曰：「吾謂卿等久為灰土[483]，石王仁厚，乃全宥至今[484]邪！我殺石佗[485]，愧之多矣！今日之禍，自其分[486]耳。」留宴終日而去。勒使曜與其太子熙書，諭令速降，曜但敕熙與諸大臣「匡維社稷[487]，勿以吾易意[488]也。」勒見而惡之。久之，乃殺曜。

是歲，成漢獻王驤[489]卒，其子征東將軍壽以喪[490]還成都。成主雄以李玝為征北將軍、梁州刺史，代壽屯晉壽[491]。

【章　旨】以上為第一段，寫晉成帝咸和三年（西元三二八年）一年間的大事。主要寫了蘇峻、祖約叛亂，起兵進攻建康，庾亮無能，京城失陷，卞壼戰死，庾亮逃依溫嶠；寫了蘇峻遷晉成帝於石頭城，控制朝廷，縱兵掠奪宮省；寫了溫嶠起兵於江州，力請陶侃為盟主，號召天下討賊，陶侃幾經動搖後，乃出兵東下；寫了郗鑒等人在東方組織勤王軍，進援朝廷，溫嶠部將毛寶大破祖約，拔取合肥，祖約勾結後趙入侵抄掠；寫了勤王軍與蘇峻會戰，勤王軍屢敗，陶侃又動搖欲退，多虧溫嶠曉之以大義，毛寶出兵燒叛軍積聚，勤王軍的軍心始定；寫了陶侃、溫嶠、庾亮等引兵轉攻石頭，蘇峻酒醉輕出，被勤王軍所殺，勤王軍兵威大振，進而收復建康，蘇峻餘黨固守石頭城；寫了前趙主劉曜大破後趙石虎於河東，進而圍攻洛陽；後趙主石勒親率軍大破劉曜於洛陽城西，劉曜醉酒應戰，馬倒被俘，最後被石勒所殺，從此前趙瀕臨滅亡等等。

【注　釋】❶尋陽　晉郡名，郡治在今湖北黃梅西南。❷韓晃　蘇峻的部將。❸食炙　吃肉。炙，燒烤的肉。❹不知口處　不知嘴在哪裡。❺丁未　正月二十八。❻濟自橫江　從橫江浦渡過長江。橫江浦在今安徽和縣東南，為長江北岸的渡口。與江南的采石隔江相對。❼牛渚　山名，山北為采石磯，在今安徽馬鞍山市西南，為長江南岸的重要渡口。❽陵口　即陵石戍，在今安徽當塗東北長江南岸牛渚山東北，為江濱戍守處。❾臺兵　朝廷軍。東晉時稱朝廷禁省為臺。❿庚戌　二月初一。⓫蔣陵　蔣山的丘陵。蔣山在今江蘇南京中山門外，古名「金陵山」，又名「鍾山」，亦名「北山」。三國吳孫權避祖諱，改「鍾山」為「蔣山」。晉元帝渡江時，望山上有紫氣，又改名「紫金山」。⓬覆舟山　在南京太平門內，北臨玄武湖，與鍾山形斷而脈連，以山形如覆舟，故名「覆舟山」。又名「玄武山」、「龍舟山」、「小九華山」。⓭重戍　重兵把守。⓮小丹楊　城名，當時的丹陽縣治。為區別於丹陽郡（治所在建康臺城西，即今南京城內鼓樓一帶），故名「小丹楊」。即今安徽當塗東北的小丹陽，與江蘇江寧接界。⓯邀　阻擊。⓰無復部分　軍隊亂套，無法指揮。部分，指揮。⓱入東　退到京城以東，指建康以東的吳郡、會稽郡等地。⓲妻孥　妻子、兒女。⓳大桁東　意即秦淮河以東。大桁，亦作「大航」，即朱雀橋。在秦淮河的眾多浮橋中，以此浮橋最大，故稱「大航」。⓴西陵　在今南京城南。㉑丙辰　二月初七。㉒青溪柵　青溪上的柵欄。青溪，水名，三國吳赤烏四年（西元二四一年），在建業城東南鑿東渠，稱青溪。其源出今南京鍾山西南麓，屈曲穿入城內，注入秦淮河。

六朝時為首都漕運要道，溪上置柵，為防守要地。五代以後漸湮廢。㉓因　趁勢。㉔臺省　即「三臺五省」的簡稱。漢代尚書為中臺，御史為憲臺，謁者為外臺，合稱「三臺」。晉以尚書、中書、門下、祕書、集書為「五省」。這裡「臺省」泛指朝廷各行政官署。㉕寺署　猶「官署」。寺，自秦以宦者任外廷之職，其官舍通稱為「寺」。如大理寺、太常寺等。自漢以後，三公所居謂之府，九卿所居謂之寺。㉖一時蕩盡　頃刻間全部燒光。㉗背癰　背上所生的癰。癰是一種惡性膿瘡，也稱疽。㉘創　傷口。㉙力疾　勉強支撐病體。㉚赴敵　奔擊敵人。㉛夫何恨乎　這樣還有什麼遺憾呢。夫，發語詞。恨，遺憾；不滿足。㉜勒兵　統兵。㉝雲龍門　建康臺城第二重宮牆的東門。下文說羊曼戰死雲龍門，說明蘇峻兵已從東面攻入建康城內。㉞陶瞻　陶侃之子。㉟宣陽門　建康城南面正南門。按，蘇峻兵已從城東面濟青溪，攻建康東門入城，又從城內殺至城南面的宣陽門，使庾亮腹背受敵，故亮軍未及成列便棄甲而逃。㊱棄甲走　丟下兵器鎧甲逃跑。㊲奔尋陽　往依溫嶠。㊳後事指庾亮離開建康以後的朝廷軍政大事。㊴深以相委　全部委託。㊵棟折榱崩　比喻朝廷軍隊土崩瓦解。棟，房屋的正樑。榱，房椽。㊶誰之咎　誰的責任。㊷剝掠　剝取其衣，搶奪其物。㊸咸　皆；都。㊹徐　緩慢；從容。㊺此手何可使著賊　這隻手怎麼讓它能射中敵人。故意做出一種漫不經心、自我解嘲的樣子。著，圍棋稱下子為著，這裡指射箭。㊻臺城　一名「苑城」，東晉時謂朝廷禁省為臺，故改稱「臺城」，實為建康城內城。故址在今南京玄武湖南側。㊼褚翜　褚裒之姪，先為左將軍，此時任侍中。傳見《晉書》卷七十七。㊽至尊　指晉成帝。㊾當御正殿　應當坐在朝廷的正殿上。御，用，這裡指端坐。㊿啓　奏明。(51)上閤　指太極殿的東、西房。據《輿地紀勝》卷十七〈建築・歷代宮苑殿閣制度〉引《文昌雜錄》說：「東晉太極殿有東、西閣，天子開以聽政，其名始於此。」(52)躬　親自。(53)太極前殿　建康皇宮的正殿。(54)擁衛　圍護。(55)右衛將軍　漢文帝初置衛將軍一職，總領京城兵馬。以後與驃騎將軍、車騎將軍皆開府，不獨掌禁兵，且與聞政務。晉武帝改為中衛，又分左右衛，雖也掌兵，已遠不如漢時重要。(56)朝服守宗廟　宗廟、社稷為立國之本，在此危難之時，孔愉身穿朝服守衛宗廟，即表示其嚴肅與衛國的決心。(57)殿省蕭然　宮廷裡一片淒清寂靜。殿省，指設在皇宮內的官署。蕭然，蕭條冷落的樣子。(58)蘇冠軍　以敬稱蘇峻，蘇峻由於討沈充有功，晉升為冠軍將軍。(59)覲　朝見；拜見。(60)軍人　一般士兵。(61)豈得侵逼　焉能逼近聖駕。(62)突入後宮　闖入宮中的妃嬪所居之處。(63)宮人　宮女的通稱。(64)皆見掠奪　都遭到了蘇峻士兵的搶奪。見，被。(65)驅役　驅使從事各種勞役。(66)捶撻　用棍子、鞭子痛打。捶，棒打。撻，鞭打。(67)負擔　背馱肩挑重物。(68)裸剝士女　扒光成年男女的衣服。(69)苫草　編苫用的茅草。苫，用茅草編成的覆蓋物。(70)自鄣　以遮蔽自己。鄣，通「障」。這裡是遮擋的意思。(71)自覆　把自己蓋起來。(72)姑孰　晉縣名，即今安徽當塗。(73)孔坦　孔愉之子，東晉的直正之臣。傳見《晉書》卷七十七。(74)自非　若非；如果不是。(75)戎服　軍服，這裡指穿軍服。(76)白衣者無他　平民服裝者無害。白衣，當時以指平民之服。(77)官　官府，此指朝廷國庫。(78)佗物稱是　其他物品的數量也與上述財物成比例。佗，同「它」。稱是，比例相當。(79)費　糜費；揮霍。(80)太官　掌管皇帝飲食宴會的部門，其長官有令、有丞。(81)以供御膳　以供皇帝飲食。(82)或　有人。(83)亮直　忠誠、耿直。(84)不容於　不被……所容。(85)盍早為之計　何不早做打算。盍，何不。(86)匡　匡正；扶正。(87)濟　救助。(88)求免　求得自己免於災難。(89)何以為臣　憑什麼做大臣。以，用；憑。(90)丁巳　二月初八。(91)稱詔　藉皇帝的名義頒布命令。稱，聲言。(92)不在原例　不在赦免範圍。原，原諒；赦免。(93)有德望　有德行、有名望。(94)本官　原任的官職，王導原任司徒。(95)居己之右　指使位次排在自己之上。右，古人以右為尊。(96)庾冰　庾亮之弟，時為吳國內史，吳國的都城即今江蘇蘇州。(97)禦　抵擋。(98)浙江　即今浙江的錢塘江，古代亦名「之江」，由於水流多曲折，故名「浙江」。水自富春縣（今浙江富陽）以下稱「富春江」，自錢塘縣（今杭州）以下稱「錢塘江」。(99)購　懸賞緝捕。(100)吳鈴下卒　指庾冰的侍從、門卒。由於在鈴閣之下，有情況便掣鈴呼叫，故名。(101)蘧蒢　又作「籧篨」，用葦或竹編的粗席。(102)吟嘯　唱歌、吹口哨，形容閒暇無事的樣子。(103)鼓枻　划動船槳。枻，楫；短槳。(104)泝流　逆流而上。(105)邏所　津渡處的巡邏哨所。(106)僅免　才免於難。僅，才，極言其驚險、僥倖。(107)號慟　哀聲痛哭。因朝廷淪陷，皇帝落入賊手。(108)人有候之者　有來探訪溫嶠的人。候，探訪。(109)重亮　敬重庾亮。(110)愈推奉之　更加表現出對庾亮的擁戴。(111)三月丙子　三月朔己卯，無丙子日。丙子，二月二十七。當是。(112)南屯于湖　移兵向南駐紮在于湖。于湖，在今安徽當塗南三十八里，王敦叛亂時也駐兵於此。(113)宛　晉縣名，縣治即今河南南陽。(114)踰垣　跳牆。(115)壬申　四月二十四。(116)明穆皇后　即庾太后，庾亮之妹，謚明穆。(117)聲聞　音訊；消息。(118)不壹　不統一；不一致。(119)縱橫　肆意橫行，無所忌憚。(120)滅亡已兆　滅亡的跡象已經顯示。(121)倒懸　頭向下腳向上地倒掛，比喻處境極端困苦危急。(122)宜時進討　應即時進兵討伐叛逆。時，立即。(123)深納　認真採納；全部採納。(124)辟　聘任。(125)參護軍事　參與商討軍中大計，即任參謀之職。(126)從弟充　溫充，溫嶠的堂弟。(127)陶征西　指陶侃，當時為征西大將軍，都督荊、湘、雍、梁四州軍事，控制長江上游地區。(128)宜共推之　應該推任他為義軍盟主。(129)不豫顧命　當年明帝死時沒被任為顧命大臣。豫，參與；參加。(130)疆埸外將　鎮守邊疆的朝外之臣。(131)不敢越局　不敢超越權限。局，棋盤，這裡指權限。陶侃為外將，干預內政便是越局。(132)不能回　不能改變陶侃的心思。(133)仁公且守　你暫且鎮守荊湘。漢、魏、晉時稱呼宰輔、岳牧為明公。今溫嶠稱陶侃為仁公，是取天下歸仁之意，表示晉各征鎮都推崇陶侃。(134)僕　自謙之辭。(135)先下　先引軍東下建康。(136)使者去已二日　溫嶠派去陶侃處的使者已經走了兩天。去，離開，指離開溫嶠。(137)平南參軍　即溫嶠的參謀，當時溫嶠為平南將軍。[138]別使還　到別處出使回來。[139]師克在和　軍隊之所以能打敗敵人，關鍵在於內部和睦。和，和睦；團結。[140]不宜異同　同一個陣營裡的人應該戮力同心、不分彼此。[141]假令可疑　即使彼此之間有懷疑。[142]外示不覺　表面上仍須對人裝作並未察覺。[143]自為攜貳邪　自己做出一種互不信任的樣子呢。攜貳，猶言離心、互不信任。[144]追信改書　追回使者，修改文書。追信，追回使者。信，使者。[145]言必應俱進　說我們一定要共同出兵。[146]不及前信　追不上已經派出的使者。[147]更遣使　重新另派一個使者。[148]列上尚書　意思是以陶侃為盟主，庾亮、溫嶠都一同列名上報朝廷。尚書，即尚書省，在西漢為少府屬官，掌管章奏文書；東漢政務皆歸尚書。魏晉以後，尚書省的主管官尚書令事實上即為宰相。在這裡「尚書」即指朝廷。[149]移告征鎮　發表檄文，通告於各征各鎮將軍。魏晉以來，有四征、四鎮八將軍，位在雜號將軍之上。這裡以「征鎮」代稱各地區的軍政長官。[150]灑泣登舟　流著眼淚登上戰船。[151]移檄遠近　猶言通告全國。[152]言於盟府　已經寫信告訴了你。盟府，指盟軍首腦陶侃的軍府。溫嶠、庾亮推陶侃為盟主，故稱其府為盟府。[153]刻後月半　約定好下月十五。[154]大舉　舉行大規模的行動，指大軍東下討賊。[155]並在路次　都在進軍的路上。次，行軍住宿的處所。[156]惟須　就在專門等著。須，等候。[157]成敗之由　猶言成敗的關鍵。由，原因。[158]篤愛　厚愛，指陶侃答應出兵。[159]遠稟成規　按著我們定好的計畫。稟，接受；奉行。[160]首啓戎行　率先出兵，在前方開路。啓，開路。戎行，前進的大軍。[161]不敢有辭　猶今言「沒有二話」。[162]或者　不明真相的人。或，通「惑」。[163]不達高旨　不瞭解你的心思。[164]緩於討賊　對討賊義舉不積極。[165]此聲難追　這種名聲一旦傳出去，就很難再洗白清楚。難追，難以挽回。[166]方嶽之任　指同為大州刺史，相當於古代一方諸侯。方嶽，又作「方岳」。一方的諸侯之長。[167]安危休戚二句　成敗苦樂，理當共同承受。[168]自頃之顧　自不久前承蒙您的下顧，指答應共同討賊。[169]綢繆往來　關係緊密地相互往來。[170]一旦有急　言江州一旦遇到麻煩。[171]悉眾見救　調出動全部軍隊，給予救援。[172]社稷之難　指蘇峻顛覆朝廷。[173]豈惟僕一州　豈只是我一個江州的威脅。[174]文武莫不翹企　滿朝文武沒有一個不盼著您給予解決。翹企，翹首舉踵，形容盼望之急切。企，踮起腳跟。[175]此州不守　指溫嶠鎮守的江州被蘇峻所滅。[176]樹置官長　改派他的黨羽來任刺史。[177]荊楚　那時你陶侃的荊州。由於荊州是楚國最早的疆域，故稱荊州為「荊楚」。[178]西逼彊胡　西邊受劉曜、石勒的威脅。[179]東接逆賊　東與祖約、蘇峻相鄰近。[180]因之以饑饉　接著再要鬧上點災荒。饑饉，《爾雅・釋天》：「穀不熟為饑，蔬不熟為饉。」這裡代指荒年。[181]此州之今日　今天我們江州的處境。[182]進　往大處說。[183]參桓文之功　與齊桓公、晉文公鼎足而三。參，同「三」。[184]退　往小處說。[185]雪愛子之痛　為自己的兒子報仇。陶侃的兒子陶瞻已經被蘇峻所殺。[186]人心齊壹　人心相同。[187]幾成　眼看就要成功。[188]深察所陳　仔細考慮我說的話。[189]遂志　得志；按著他的意思辦。[190]寧有　豈有；

難道還會有。(191)容足之地　立足之地。(192)瞻喪　兒子陶瞻的遺體。(193)不臨　顧不上去哭弔。(194)廣陵　晉郡名，郡治射陽，在今江蘇寶應東北的射陽鎮。郗鑒時為徐州刺史，鎮廣陵。(195)胡寇　指後趙。(196)固志　久留之心。(197)詔書　庾亮、溫嶠等以皇帝名義發出的號召討伐蘇峻的文書。(198)誓眾　帶眾宣誓討賊。(199)爭奮　爭先赴敵。奮，發揚；振作。(200)間行　潛行；抄小路隱祕而行。(201)挾天子　脅持著晉成帝。(202)屯據要害　屯紮據守住軍事要衝。(203)越逸　越境逃跑。越，逾越。逸，逃亡。(204)清野堅壁　轉移人口、物資，使敵人無所獲取；加固壁壘，使敵人不易攻擊。(205)東道　建康與吳郡、會稽一帶的通道。(206)以謝天下　以告慰天下人對庾亮的怨恨。謝，告慰；致歉。(207)拜謝　請罪。(208)乃　竟；居然。(209)引咎自責　承認有罪，承擔責任。(210)風止　風度舉止。(211)釋然　怨氣消除的樣子。(212)以擬老子　以對付我。擬，對付；對準。老子，自稱之詞，意同「老夫」，與罵人自尊者不同。(213)反見求邪　反而來求到我了。(214)趣　同「趨」。奔赴。(215)鉦鼓　古代行軍、作戰時用的兩種樂器。擊鉦則退，擊鼓則進。可以節制行止，又可以助威、壯聲勢。(216)乙未　五月十八。(217)惡　討厭；怨恨。(218)司馬督　官名，掌宮廷宿衛。(219)殿中監　官名，掌宮廷張設及親近供御之事。(220)外託宿衛　對外說為了保衛皇帝。(221)倉屋　倉庫。(222)日　每天。(223)肆醜言　任意地說惡毒的話。肆，無所忌憚。(224)問遺　饋贈。(225)繾綣朝夕　從早到晚地整天侍候在皇帝身邊。繾綣，恭謹而盡心盡意的樣子。(226)臣節　做臣子的規矩與禮數。(227)幽厄　拘禁；囚禁。(228)啓帝　開導皇帝。(229)授　教；傳授。(230)守留臺　看守舊時的朝廷辦公之處。蘇峻逼迫成帝及朝廷官員從臺城遷往石頭城，故稱朝廷留在臺城的守堆人員為「留臺」。(231)苑城　即臺城。(232)權督東軍　暫時監管東部地區的軍隊。(233)諭　告；通告。(234)為累　為累贅；為妨礙。(235)鬻其環珮　賣掉了自己的釵環首飾與各種佩戴之物。(236)舊任　庾冰本為吳國內史。二月，蘇峻遣兵攻吳國，冰棄郡奔會稽。峻遂任侍中蔡謨為吳國內史。(237)去郡　離開吳國內史的職位。(238)茄子浦　地名，在今江蘇南京西南。(239)南兵　指陶侃、溫嶠之兵。(240)習水　水性好，這裡指善於水上作戰。(241)便步　善於在陸地上徒步作戰。便，利於；以……為利。(242)斛　古代的容量單位，十斗為一斛。(243)餽祖約　給祖約運送糧食。餽，送；供應。(244)司馬　軍中的司法官。(245)軍令有所不從　語見《史記·孫子吳起列傳》，原文作「將在中外，君命有所不受」。《孫子兵法》也有類似的意思。(246)擅　擅自；自作主張。(247)悉　全；全部。(248)表　上表向皇帝推薦，請皇帝照准。古代大臣寫給皇帝的文書分章、奏、表、駁議四種。表多用於陳述衷情、提出建議等。(249)廬江　晉郡名，郡治在今安徽舒城。(250)監　監察、督促，實際就指統領。(251)浙東　指今浙江錢塘江以東地區。(252)浙西　指今浙江錢塘江以西地區。(253)節度　節制、調度，亦即受其指揮。(254)雍州　晉州名，東晉時的雍州僑治襄陽，即今湖北襄樊。(255)丙辰　閏五月初九。(256)蔡洲　地名，在今江蘇南京西南。原為長江中的沙洲，今已與陸地連接。(257)查浦　在今江蘇南京西長江南岸的秦淮河入江口。

258沙門浦　在今江蘇南京西查浦之西。259得眾　得眾心；受國人擁護。260節傳　旌節、符傳，皇帝賜予出征大臣用來行使權力的信物。庾亮把自己手中的節傳送給陶侃，是表示自己承認無能，願意讓賢。261謝侃　向陶侃承認敗軍之罪，請求處治。262古人三敗　《史記・刺客列傳》載魯人曹沫為魯將，同齊國人作戰，三敗北，後來齊桓公與魯莊公在柯盟約，曹沫執匕首劫齊桓公，迫使他交還了魯國三戰所失去的土地。263君侯始二　指庾亮兵敗臺城及派王彰擊張曜失敗二事。264數爾　屢屢做出這種請罪的樣子。數，屢屢。爾，如此。265將軍為此　這些錯誤都是庾亮個人造成的。將軍，指庾亮。266非融等所裁　不是我們僚屬的意見。裁，斷；決定。這裡是殷融在陶侃面前推卸責任。267彰自為之　自己承擔責任，為庾亮開脫。268昔殷融為君子二句　過去「殷融為君子，王彰為小人」事實不詳。269涇縣　晉縣名，縣治在今安徽涇縣西。270且與通使　姑且和蘇峻互通信使，以表現降服之意。271紓　緩解。272交至之禍　一個接一個的災難。交至，並至；齊來。此時州郡多降蘇峻，已對桓彝形成合圍之勢。273致死　猶效死、捐軀，儒家有所謂「君子臨危致命」，即此之謂。274通問　通消息，表問候之意。問，聞；消息。275不濟　不成功，指舉義反蘇峻失敗。276蘭石　古城名，在前面所說的涇縣東北。277負　辜負；對不起。278力戰　拼死戰鬥。力，盡一切能力。279方盛　士氣正旺盛。方，正當。280當以歲月智計破之　應當等待時機，用智謀打敗他。歲月，時間，這裡指恰當時機。281既而　後來。282監軍部將　郗鑒軍中的部將。胡三省認為當時同盟諸將無監軍事者，李根當是郗鑒軍部將，前史已逸「郗」字，後人遂改「鑒」為「監」。283白石壘　本名「白石陂」，又名「白下城」，因在其地築壘，故名「白石壘」。在今南京北。284嚴聲　軍隊緊急集合的聲音。嚴，集合；整隊。285清靜　風清水靜。286江乘　晉縣名，縣治在今江蘇句容北六十里，是長江下游重要渡口、江防要地。287京口　古城名，即今江蘇鎮江市，是長江下游的軍事重鎮，建康的東大門。288白石　即上文所說的白石壘。289東門　以喻建康以東的軍事要衝。290無限　失去了守門的軍隊。限，門檻，以喻守門的軍隊。郗鑒率王舒、虞潭等東路軍向西到茄子浦與陶侃、庾亮、溫嶠的西路軍會合，使得京口等地空虛，等於為蘇峻向東逃竄打開了門戶。291猶勝不也　也比不讓他們回去強。不，同「否」。292大業　地名，在今江蘇丹陽北。293曲阿　晉縣名，縣治即今江蘇丹陽。294庱亭　地名，在今江蘇丹陽東南。295壬辰　六月十五。296湓口　也叫「湓浦口」，湓水（今名龍開河）入長江之口，在今江西九江西北。297恃公　都靠著您。恃，倚仗。298皖　晉縣名，縣治即今安徽潛山縣。當時譙國內史桓宣駐紮在皖縣的馬頭山。299貫寶髀徹鞍　穿透了毛寶的大腿，又穿透了毛寶的馬鞍。徹，穿；透過。300躡鞍拔箭　用腳蹬著馬鞍，用手拔毛寶腿上的箭。301東關　關隘名，在今安徽巢湖市東南。302拔合肥戍　攻克了蘇峻在合肥的據點。合肥縣治在今安徽合肥北，當時蘇峻在這裡駐兵把守。戍，這裡指防守的據點。303陰　暗中。304濟淮　渡過淮水。305壽春　晉縣名，即今安徽壽縣。(306)歷陽 即今安徽和縣。(307)軹關 關隘名，是太行八陘的第一陘，軍事要衝，在今河南濟源西北。(308)西入 向西進入今山西的西南部地區。(309)趙河東 劉曜政權管轄的河東郡，郡治安邑，在今山西夏縣西北的禹王城。(310)蒲阪 晉縣名，縣治即今山西永濟西南的蒲州鎮。(311)河間王述 河間王劉述，劉曜的部將。(312)衛關 黃河渡口名，亦稱「銅關」，在今河南衛輝南。(313)高候 即「高候原」，在今山西聞喜北。(314)枕尸 殺得敵人屍體縱橫相枕而臥。(315)資仗 財物和兵器。(316)朝歌 晉縣名，縣治在今河南淇縣東北。(317)濟自大陽 從大陽向南渡過黃河。大陽，渡口名，在大陽縣境，即今山西平陸南的「茅津渡」。(318)金墉 洛陽城的小城名，在今河南洛陽東北。(319)千金堨 堤堰名，一名「千金堰」，在今河南洛陽東北。(320)汲郡 晉郡名，郡治在今河南衛輝西南。(321)河內 晉郡名，郡治野王縣，即今河南沁陽。(322)理曹郎中 官名，張氏所置，掌刑獄。(323)未易輕 不能對他太輕視。(324)釋 放棄。(325)東方之圖 指向後趙進攻的打算。(326)還與我校 回來和我們較量。(327)禍難之期 將給我們造成的災難之大。(328)未可量 不堪設想。量，估計。(329)更樹腹心 重新組織一群死黨。(330)雅敬導 平素一向敬重王導。(331)更貳於峻 又背叛了蘇峻。貳，懷有二心。(332)潛誘 暗中勸導。(333)歸順 歸順擁護朝廷的軍隊。(334)九月戊申 九月初三。(335)奔白石 當時庾亮率軍駐於白石壘。(336)恟懼 震動恐懼。恟，憂恐。(337)朝士 朝中官員。(338)西軍 指陶侃、溫嶠等沿江西來的軍隊。(339)狡黠 狡猾詭詐。(340)有膽決 勇敢而果斷。(341)人事 人為；人的力量。(342)乃更譽賊 竟然誇讚叛逆者。(343)累戰 屢戰；連戰。(344)憚 害怕。(345)貸 借。(346)不憂 不擔心。(347)惟欲得老僕為主 只差讓我來當主帥。僕，陶侃謙稱自己。(348)皆北 全都失敗。(349)接胡蜀二虜 指北接前趙、後趙，西接成國。(350)備不虞 防備意外的情況，這裡是託辭。不虞，意想不到。(351)西歸 撤兵返回荊州去。(352)徐來殄賊 慢慢地等機會再來消滅逆賊。殄，消滅。(353)光武之濟昆陽 劉秀之所以能在昆陽打敗王莽。昆陽是漢縣名，縣治即今河南葉縣。漢淮陽王更始元年（西元二三年），光武帝劉秀曾在此以三千士兵大破王莽數十萬大軍，是我國歷史上著名的以寡勝眾的戰役。(354)曹公之拔官渡 曹操之所以能在官渡大破袁紹。官渡是渡口名，在今河南中牟東北。漢獻帝建安五年（西元二〇〇年）春，曹操大破袁紹軍於此，這也是我國歷史上以弱勝強的著名戰役。(355)杖義 主持正義；站在正義的一方。杖，同「仗」。(356)小豎 小丑；小奴才。對人的鄙稱。(357)驟勝 連續取得了一些勝利。驟，屢。(358)無前 即「無敵」。(359)一鼓而擒 古代作戰，擊鼓進軍。這裡指擂第一通鼓時，便可活捉敵方主將，取得勝利。(360)垂立之功 馬上就要到手的功勞。(361)設進退之計 打退兵的主意。設，立；採取。進退，這裡實際就指撤兵。(362)幽逼 被蘇峻所拘禁、逼迫。(363)危殆 危險。(364)肝腦塗地 為……而盡忠效死。(365)克濟 能夠成功。(366)臣主同祚 臣子與君主一同享福。祚，福。(367)灰身 殞身；捐軀。(368)以謝先帝 以此向先帝交差、請罪。(369)義無旋踵 絕對沒有轉身退回的道理。

旋踵，回身。370安可中下哉　還能夠中途跳下來嗎。371沮　喪氣；瓦解。372義旗將迴指於公　一切正義的軍隊都將轉而討伐你。迴，掉轉。指，指向。373為南北勢援　為江南、江北兩方面的義軍做聲援。蕪湖在歷陽和建康上游，且相距不遠，隨時可以增援。意思是說如果當初你不親自參戰也是可以的。這是退一步地說話。374前既已下　可是您既然已經下來參戰了。375軍政　軍法；軍法上說得清楚。376非直　不僅僅是為了。377示眾必死　告訴士兵只有勇往直前，不做生還的打算。378退無所據　只要向後一退，就再也收不住，難以再組織抵抗了。據，停腳點；防守點。379往者杜弢　當年被您消滅的流民頭領杜弢。杜弢強盛橫行一時，最後被陶侃消滅事，見《晉書》卷六十六。380立效　立刻見效，指戰勝蘇峻。381然後公去　那時您再撤兵而去。382不恨　不再留有遺憾。383大事若不濟　指被蘇峻打敗。384安得而食諸　你還怎麼吃得上呢。意思是你的糧食不也是保不住嗎，怎麼就不能借給溫嶠呢。385餉　供應糧食。386句容湖孰　二縣名，句容即今江蘇句容，湖孰縣治即今江蘇江寧東南的湖熟鎮。387積聚　指作戰與生活所需要的各種物資。388潛　祕密。389扞蔽　猶屏藩、屏障。390徑至　一直來到我們跟前。徑，直往。391以俟後舉　等以後有機會再來。392僚佐　部下；僚屬。393顧託　臨終託付輔佐幼主。394正復　即使。395不足報塞　也報答不了。報塞，報答；回報。396危逼　畏懼不安。397生長異端　產生與眾不同的想法。398帥先義眾　為義軍大眾起帶頭作用。帥先，領先。399鎮壹三軍　安慰、統一全軍的思想意志。400不習步戰　大業壘在今江蘇丹陽北，鎮江市南，不在江邊，故需步戰，此陶侃水軍之所短。401石頭　即石頭城，在今江蘇南京西清涼山，靠近長江，當時蘇峻屯兵於此。402庚午　七月二十四。403從白石南上　自白石壘以南朝北向石頭城進軍。404逆戰　迎戰。405先薄　率先進逼。薄，逼近。406亂走　趙亂逃跑。407北下　從北向南。408突陳　攻擊庾亮、溫嶠的軍陣。陳，同「陣」。409白木陂　地名，在今江蘇南京西北。410馬躓　馬被絆倒。411臠割　分割；碎割。臠，切成小塊的肉。412行臺　朝廷的派出機構，以行使朝廷之權。東漢以後，朝廷政務由三公改歸臺閣（尚書），所以習稱朝廷為「臺」。晉以後，朝官稱「臺官」，軍稱「臺軍」，在地方代表朝廷行尚書省事的機構則稱「行臺」。413赴臺　實即投到溫嶠部下。414懸軍　遠離根據地而深入敵境的軍隊。415動無萬全　一動就難免出問題。416赦徐光　徐光原是石勒的參軍，因醉酒誤事又不肯認錯，前被石勒下獄。417庸人之情　平常人的看法。情，看法；見識。418攻一城　指攻洛陽。419師老卒怠　軍隊疲憊，士兵鬆懈。老，疲憊。怠，懶散。420初銳　剛剛投入戰鬥的士氣旺盛的部隊。421送死冀州　意即必然乘勝進攻我們的冀州。當時後趙都襄國（今河北邢臺），在冀州境內。422自河已北　劉曜帶著黃河以北的所有軍隊。已，通「以」。423乘高候之勢　趁著在高候打敗石虎的勢頭。424不能進臨襄國　不能趁勢進攻我們的都城襄國。臨，至；到達。425更守金墉　還在那裡圍攻洛陽。守，圍困。金墉，洛陽大城中的小城，這裡即指洛陽。426無能為　不能幹什麼大事情。
427 內外戒嚴　國都與各地方的軍隊一律緊急動員。
428 見眾　現有人馬。見，同「現」。
429 會滎陽　在滎陽與石勒的大軍會師。滎陽是自古以來的軍事重地，即今河南滎陽東北的古滎鎮。
430 石門　古地名，在當時的滎陽以北。
431 大堨　堤堰名，在今河南滑縣西南的古黃河畔，距延津不遠。
432 盛兵　重兵，這裡的意思是把重兵駐紮在……。
433 成皋關　即成皋城，在今河南滎陽西北的汜水鎮西北，自古為戍守要地。
434 阻洛水　依靠洛水構築防線。阻，恃；憑藉。洛水源出今陝西洛南縣西北的華山南麓，東流入河南，經盧氏、洛陽，至鞏縣的洛口注入黃河。
435 成擒　現成的俘虜。
436 十二月乙亥　十二月初一。
437 指天復加額　先指天又把手放在額頭，意思是老天爺真是保佑我。
438 卷甲　脫下鎧甲背負以行，以圖輕快。
439 銜枚　口銜小橫棍兒。枚，形如筷子，行軍時令士兵銜在口中，以防喧譁。
440 詭道　別道；隱祕的小道。
441 兼行　加倍趕路。
442 出于鞏訾之間　經由鞏縣與訾城之間的小路直撲洛陽。當時鞏縣的縣治在今河南鞏縣西南，訾城在今鞏縣西南。
443 嬖臣　寵幸之臣，通常指男寵。
444 飲博　飲酒博弈。博弈是古代的一種棋戲，也可以用於賭博。
445 不撫　不關心；不管理。
446 或諫　有人提出勸諫。
447 杜黃馬關　堵住黃馬關。杜，堵住；守好。黃馬關在今河南滎陽汜水鎮西的黃河南岸。
448 俄而　過了一會兒。
449 洛水候者　在洛水邊放哨的偵察騎兵。
450 擒羯　捉到了一個石勒部隊的羯族士兵。
451 大胡　以稱石勒。「胡」是對北方少數民族的統稱，石勒是羯族頭領，故劉曜稱之為大胡。
452 自來邪　是他親自來了嗎。
453 其眾幾何　共有多少人馬。
454 攝　收攏，這裡指撤除。
455 洛西　洛水以西。
456 己卯　十二月初五。
457 西陽門　即宣陽門，洛陽城西面南頭第一門。
458 躬貫甲冑　親自披甲戴盔。貫，穿戴。
459 閶闔門　洛陽城西面北頭的城門。
460 常乘赤馬　平常所騎的那匹紅馬。
461 無故跼頓　無緣無故地抬不起頭來，類似痙攣。跼，彎曲。
462 比出　臨到要出戰的時候。比，及；臨到。
463 揮陳就平　指揮軍陣退到平川上。就，趨向。
464 乘之　乘機發起進攻。
465 石渠　以石為岸的河溝。
466 被瘡　受傷。瘡，通「創」。創傷。
467 通中者三　有三處傷及內臟。中，內臟。
468 敕將士　命令全軍官兵。
469 抑鋒止銳　收起武器停止追殺。
470 縱　放；放開。
471 歸命　逃生。
472 頗憶　還記得……嗎。頗，有點，表示不多的意思。
473 重門之盟　此盟當指懷帝永嘉四年（西元三一〇年），劉曜與石勒同圍河內之事。重門，城名，在今河南輝縣西北。
474 乙酉　十二月十一。
475 馬輿　兩馬相併做成的擔架。輿，此處指擔架。
476 己亥　十二月二十五。
477 舍　使……住在。
478 永豐小城　在當時襄國大城的區域內。
479 妓妾　泛指侍候其生活的女子。妓，歌舞女。妾，婢女。
480 劉岳劉震等　原為劉曜的部將，後來改投石勒。
481 從男女　帶著一群僚屬與警衛人員。
482 盛服以見之　目的是向劉曜炫耀他們目前的生活之優越。盛服，盛裝；衣冠楚楚。
483 久為灰土　已死多時。
484 全宥至今　寬饒你們，讓你們活到今天。宥，饒恕。
485 石佗　石勒的部將，被劉曜所俘殺害。
486 自其分　都是自己應得的。分，本分，這裡是「應該」的意思。

❹❽❼匡維社稷　治理好國家。匡，扶持。維，維繫；保全。❹❽❽勿以吾易意　不要因為我被俘而改變主意。❹❽❾獻王驤　李驤，李特之弟，李雄之叔。獻字是謚。❹❾⓪以喪　護持著喪車。❹❾①晉壽　晉縣名，縣治在今四川廣元西南。當時在李成政權境內。

【校　記】①場　原誤作「塲」。據章鈺校，甲十一行本作「場」，尚不誤，今據校正。

【語　譯】顯宗成皇帝上之下

咸和三年（戊子　西元三二八年）

春季，正月，東晉都督江州諸軍事的溫嶠率軍從武昌東下救援京師建康，在尋陽紮下營寨。〇蘇峻的部將韓晃率軍攻打駐守在慈湖的左將軍司馬流。司馬流一向膽小怯懦，將要與韓晃交戰之時，由於過度緊張恐懼，吃烤肉竟然找不到嘴的位置，與韓晃戰，兵敗身亡。

正月二十八日丁未，蘇峻率領祖渙、許柳等部眾二萬人，從橫江浦渡過長江，翻過牛渚山，將軍隊駐紮在陵口。朝廷軍隊進行抵抗，卻屢戰屢敗。二月初一日庚戌，蘇峻的軍隊抵達蔣山的丘陵覆舟山。陶回對庾亮說：「蘇峻知道石頭城有重兵把守，因此不敢直接攻打，他必然繞道小丹楊，從南面來攻。我們應該在途中布下埋伏進行阻擊，可以一戰將蘇峻擒獲。」庾亮沒有採納陶回的建議。蘇峻果然從小丹楊方向殺來，卻因為迷失道路，又是在夜間行軍，隊形散亂，失去控制。庾亮得知這個消息，才為沒有聽取陶回的建議而深感後悔。

朝中官員因為京師建康受到蘇峻叛軍的逼迫，情勢危急，就有許多人將家眷送到建康以東的郡縣避難，只有擔任左衛將軍的劉超把自己的妻子兒女移入皇宮居住。

朝廷下詔任命卞壺都督大桁東諸軍事，卞壺與擔任侍中的鍾雅率領著郭默、趙胤等部與蘇峻叛軍在西陵展開大戰。卞壺等被蘇峻軍打得大敗，死傷了一千多人。二月初七日丙辰，蘇峻率軍攻打青溪柵寨。卞壺率領諸軍進行抵抗，仍然不能取勝。蘇峻借助風勢在上方縱火，將朝廷各行政官署頃刻間全部燒成了灰燼。卞壺當時背上的癰瘡剛要痊癒，傷口還沒有癒合，勉強支撐著病體率領左右與叛軍苦戰，力盡被殺而死。他的兩個兒子卞眕、卞盱緊隨在自己父親的身後，也都奮勇殺敵，戰死沙場。母親撫摸著兩個兒子的屍體痛哭說：「父親是忠臣，兒子是孝子，我還有什麼遺憾！」

丹楊尹羊曼率軍守護著皇宮的雲龍門，他與擔任黃門侍郎的周導、擔任廬江太守的陶瞻全都戰死。庾亮率領眾將在宣陽門內布置戰陣，還沒等站好隊列，士兵就都扔下武器鎧甲一哄而散，庾亮與自己的弟弟庾懌、庾條、庾翼以及郭默、趙胤等全都逃離建康，去投奔鎮守尋陽的溫嶠。庾亮臨行前，回顧鍾雅說：「我們走後，這裡的事情就全都委託給你了。」鍾雅說：「把事情弄到現在這種土崩瓦解的地步，是誰的責任！」庾亮回答說：「今天的情勢，已經容不得細說了。」庾亮登上一條小船，亂兵湧上來互相搶劫。庾亮用箭左右射賊，慌亂中卻誤射中舵手，舵手應弦而倒，船上的人全都大驚失色，想各自逃命。庾亮穩坐不動，慢條斯理地說：「這樣的手如何才能夠去射殺賊人！」眾人這才安靜下來。

蘇峻的叛軍已經攻入建康城的內城，擔任司徒的王導對擔任侍中的褚翜說：「皇上應該坐在朝廷的正殿上，先生可以奏明皇上迅速出來。」褚翜立即進宮，親自抱著小皇帝司馬衍登上太極前殿，王導以及擔任光祿大夫的陸曄、荀崧、擔任尚書的張闓共同坐在御床上圍護著小皇帝。任命劉超為右衛將軍，讓他與鍾雅、褚翜侍立在皇帝左右，擔任太常的孔愉身穿朝服守衛著宗廟。當時滿朝的文武百官已經逃散，宮廷裡一片淒清寂靜。蘇峻的叛軍進入皇宮，呵斥侍中褚翜，讓他從太極殿上下來。褚翜端端正正地站在那裡一動也不動，大聲呵斥說：「蘇冠軍前來朝見皇上，一般的士兵焉得逼近聖駕！」因為褚翜的呵斥，蘇峻的軍隊才沒敢衝上太極殿，但卻立即衝入後宮，宮女以及皇太后身邊的侍女都遭到亂軍的搶奪劫掠。蘇峻的叛軍把文武官員當做奴僕一樣，驅使他們從事各種勞役，擔任光祿勳的王彬等人都遭到木棍、皮鞭的捶打，被人逼迫著背著重物、挑著重擔攀登蔣山。叛軍還將成年男女的衣服全部扒光，被剝光了衣服的男男女女全都用破席子、編苫用的茅草等來遮擋自己赤裸的身體，實在找不到東西的就坐在地上，用泥土把自己蓋起來。哀哭號叫之聲震動了建康城內城外。

當初，姑孰被蘇峻叛軍攻陷之後，擔任尚書左丞的孔坦對人說：「看蘇峻的架勢，必定要攻破臺城。如果不是武裝人員，就不要穿軍服。」等到臺城陷落之時，穿軍服的大都被殺死，而穿平民衣服的都沒有受到傷害。

當時國庫中還儲存有二十萬匹布，五千斤金銀，數以億萬計的錢幣，數萬匹綢緞，其他物品的數量與此大體相當。蘇峻一下子就全部揮霍光了，御膳房裡只有燒剩下的數石米供應皇帝的膳食。

有人對鍾雅說：「先生的性情忠誠耿直，必定不被賊寇所容，何不早做打算？」鍾雅說：「國家混亂不能匡正，國君有了危難不能救助，各自逃遁以求自己免死，憑什麼做大臣？」

二月初八日丁巳，蘇峻宣稱奉小皇帝司馬衍的詔令，在全國實行大赦，只有庾亮兄弟不在赦免的範圍之內。因為王導素來德高望重，蘇峻仍然讓他擔任原來的職務，位次排在自己之上。祖約擔任侍中、太尉、尚書令，蘇峻自己擔任驃騎將軍、錄尚書事，任命許柳為丹楊尹，任命馬雄為左衛將軍，祖渙為驍騎將軍。弋陽縣王司馬羕前往晉見蘇峻，大肆稱讚蘇峻的功德，蘇峻於是又恢復司馬羕西陽郡王的爵位，任命他為太宰、錄尚書事。

蘇峻派遣軍隊攻打吳國內史庾冰，庾冰抵抗不住，就丟棄了郡城逃往會稽，在他抵達浙江時，蘇峻懸賞緝拿庾冰，情勢很是緊急。庾冰的侍從就把庾冰帶到一條小船上，用蘆葦編織的席子將庾冰蓋住，然後一面唱歌著歌、吹著口哨，一面划動船槳，逆流而上。每逢遇到津渡處的巡邏哨所，侍從就用棍子敲打著船幫，說：「你們到哪裡去找尋庾冰？庾冰在我這裡！」人們都以為他喝醉了，並不懷疑他，庾冰因此才逃出一命。

○蘇峻任命擔任侍中的蔡謨為吳國內史。

溫嶠聽到京師建康已經陷入蘇峻之手的消息，哀聲痛哭，有來探訪溫嶠的人也忍不住與他相對哭泣。庾亮到達尋陽後宣稱皇太后詔命，任命江州刺史溫嶠為驃騎將軍、開府儀同三司，又加授徐州刺史郗鑒為司空。溫嶠說：「現在應以消滅叛軍為首要任務，還沒有立功就先升官，將如何向天下人交代？」遂不肯接受庾亮的任命。溫嶠一向敬重庾亮，庾亮雖然是失敗之後前來投奔，溫嶠更加表現出對庾亮的擁戴，並將自己的軍隊分一部分給庾亮率領。

後趙實行大赦，改年號為太和。

三月丙子日，皇太后庾氏因為憂愁過度而死。○蘇峻將軍隊駐紮在于湖。

夏季，四月，後趙將領石堪攻打東晉的宛城，東晉南陽太守王國投降了後趙，石堪遂乘勝進攻駐紮在淮河上游的祖約軍。祖約的部將陳光起兵攻打祖約，祖約的侍從閻禿相貌很像祖約，陳光錯把閻禿當做祖約擒獲，祖約跳牆逃跑，得免於難。陳光投奔了後趙。

四月二十四日壬申，東晉將明穆皇后庾氏安葬在武平陵。

庾亮、溫嶠準備起兵討伐蘇峻，由於交通斷絕，不知道建康方面的消息。正巧南陽人范汪來到尋陽，說「蘇峻政治紊亂，號令不統一，而且貪婪兇暴、肆意橫行、無所忌憚，滅亡的徵兆已經顯露出來，表面上雖然還很強大，但很容易削弱。朝廷方面處境極端困苦危急，就像一個人被頭朝下倒掛在那裡一樣，隨時都有生命危險，應該即時進兵討伐蘇峻。」溫嶠全部採納了范汪的建議。庾亮聘用范汪為參護軍事。

庾亮、溫嶠互相推舉對方為盟主，溫嶠的堂弟溫充建議說：「征西將軍陶侃地位顯要、兵力強盛，應該共同推舉他為盟主。」溫嶠遂派遣擔任督護的王愆期前往荊州，邀請陶侃與溫嶠、庾亮等共赴國難。陶侃此時還在為晉明帝臨終前沒有把自己列入顧命大臣之事而耿耿於懷，便答覆說：「我只是一個鎮守邊境的朝外之臣，不敢超越權限去管其他的事情。」溫嶠屢次派人勸說，也不能使陶侃回心轉意，於是只好順著陶侃的意思，派使者對陶侃說：「仁公暫且鎮守荊州，我等應當先率軍東下建康討伐蘇峻。」派出的使者已經走了二天，擔任平南參軍的滎陽人毛寶從別處出使回來，聽到溫嶠派使者的消息，就立即勸說溫嶠：「凡是要完成一件大事，就應當讓天下人共同參與。軍隊作戰能夠獲取勝利，主要靠的是內部的互相團結，同一個陣營裡的人應該戮力同心、不分彼此。即使彼此之間有所懷疑，表面上還應當裝出毫無察覺的樣子，何況現在是我們自己先做出一種互不信任的樣子呢！應該趕緊追回使者，改變書信的內容，就說我們一定要共同出兵東進。如果追不回前一個使者，就應該重新派遣一位使者。」溫嶠頓時醒悟，立即派人追趕使者修改了書信的內容。陶侃果然應許共同出兵討伐蘇峻，派遣擔任督護的龔登率軍前往溫嶠處聽候調遣。溫嶠此時兵眾只有七千人，於是以陶侃為盟主，庾亮、溫嶠都一同列名上報朝廷，列數祖約、蘇峻的條條罪狀，發布檄文，通告各鎮各征將軍，然後流著眼淚登上艦船。

義軍盟主陶侃又派人將督護龔登追回。溫嶠寫信給陶侃說：「軍事行動只能前進不能後退，軍隊數量只能增加不能減少。近來已經通告全國，詳細情況已經報告給盟主的軍府，約定好下月十五日大軍東下討賊，各郡的勤王部隊都已經踏上征途，只等您的軍隊一到，便一齊出發。您現在將軍隊召回，將使遠近各郡心生疑惑，這關係到征討蘇峻叛軍的成敗。我本人能力薄弱，責任重大，實際上完全仰仗您的厚愛，遵從我們既定的行動計畫。至於充作先鋒率先出兵，在前方開闢道路，我沒有二話，我與您之間，就如同首尾，需要互相守衛，如同嘴脣與牙齒，脣亡則齒寒。深怕不明真相的人不理解您的用心，將會抨擊您懈怠於討賊，這樣的壞名聲一旦傳播出去就很難挽回。我與您既然都被朝廷委任為大州刺史，理應共同擔負起國家安危休戚的責任。況且自不久前承蒙您答應共同討賊以來，我們之間交往密切，情深意重，江州一旦發生危難，還盼望盟主率領全部軍隊給與援救，何況現在是國家遭遇危難呢！今天的憂患，豈止是我管轄下的一個江州而已，滿朝的文武官員無不伸長脖子、踮起腳跟期盼著您前去解救。假如江州被蘇峻的叛軍攻破，祖約、蘇峻改派他們的黨羽來任江州刺史，到那時，則您管轄下的荊州，西部受到前趙劉曜、後趙石勒的威脅，東部與叛逆之賊祖約、蘇峻為鄰，如果再遇到荒年，荊州將來的危險程度，應當比我們江州今天的處境更為艱危。您進兵征討叛賊自然是大晉的忠臣，其功勞將與齊桓公、晉文公鼎足而三。如果退一步說，應當以慈父的愛心，念及愛子被殺的沉痛，為自己的兒子報仇雪恨。現在祖約、蘇峻兇暴無道，犯上作亂，天地同感悲痛，民心同一，無不咬牙切齒。今天進軍討伐逆賊，就像用石頭去投擲雞蛋一樣輕易。如果現在將軍隊召回，是在即將成功之時，自己製造失敗。請您仔細考慮我說的話。」王愆期對陶侃說：「蘇峻，是豺狼一樣的人物，如果讓他得志，四海雖然廣大，難道還會有您的立足之地嗎！」陶侃深受感動而覺悟，立即穿上軍裝登舟啟程。兒子陶瞻的靈柩此時運抵荊州，陶侃也顧不上哭弔，便晝夜兼程東進。

東晉車騎將軍、徐州刺史郗鑒鎮守廣陵，城垣孤懸，糧秣短缺，北面逼近強大的後趙，人心浮動，沒有久留之心。接到溫嶠等起兵勤王的通告，立即痛哭流涕地集結部隊，誓師南下討賊，奔赴國難，眾將士個個奮勇爭先。郗鑒派將軍夏侯長等從小路隱祕而行來見溫嶠，對溫嶠說：「聽說亂臣賊子蘇峻準備挾持天子向東逃往會稽，應當搶在蘇峻採取行動之前，在建康通往會稽的險要之處屯紮軍隊嚴密防守，既能防範蘇峻等越境逃逸，又能截斷逆賊的運糧通道，然後轉移人口、物資，使敵人無所獲取，然後嚴陣以待。賊人攻打城池不能取勝，在野外又沒有什麼東西可以搶掠，東部的通道被截斷之後，糧食運不過來，叛軍沒有糧食必然不攻自敗。」溫嶠認為夏侯長說得很有道理。

五月，陶侃率軍到達尋陽。當時議論紛紛，都認為陶侃要誅殺庾亮，以告慰天下人對庾亮的怨恨。庾亮非常恐懼，他採用溫嶠的計策，親自前往陶侃軍中請罪。陶侃看到庾亮前來謝罪，非常吃驚，趕緊阻止他說：「庾元規怎麼居然拜起我陶士行來了？」庾亮承認蘇峻等謀反是自己的過失所造成，並痛切地自我責備，風度舉止都很合宜。陶侃對庾亮的怨恨，不知不覺間便消除了，他對庾亮說：「你修築石頭城用來防範我，沒想到今天反倒來求助於我！」他與庾亮縱情談論，宴飲了一整天，遂與庾亮、溫嶠聯軍東下，直赴京師建康。全副武裝的軍隊四萬，旌旗連綿七百多里，鉦鼓之聲震動遠近。○蘇峻聽到西方陶侃、溫嶠、庾亮等起兵勤王的消息，遂採用參軍賈寧的計策，從姑孰回到石頭城據守，並分出兵力抵抗陶侃等軍隊的進攻。

五月十八日乙未，蘇峻強行將皇帝司馬衍遷往石頭城，擔任司徒的王導極力勸阻，蘇峻就是不聽。皇帝司馬衍哭泣著登上車子，皇宮之中一片哭聲。當時正下著大雨，道路泥濘，右衛將軍劉超、侍中鍾雅步行隨侍在皇帝左右，蘇峻撥給他們馬匹，他們拒絕騎乘，心中悲哀沉痛，慷慨激昂地譴責起蘇峻來。蘇峻聽到後非常怨恨，然而也沒敢殺死他們。蘇峻任命自己的親信許方等人充當司馬督、殿中監，對外宣稱是為了加強宮廷宿衛保護皇帝，實際上是為了防範劉超等。蘇峻把倉庫作為皇帝的宮室，每天都到皇帝面前肆無忌憚地口出惡言。右衛將軍劉超、侍中鍾雅、右光祿大夫荀崧、金紫光祿大夫華恆、尚書荀邃、侍中丁潭都一直侍奉在皇帝司馬衍身邊，寸步不離皇帝左右。因為當時正鬧饑荒，糧米很貴，蘇峻饋贈糧米給劉超，劉超一無所受。從早到晚殷勤陪伴在皇帝左右，臣屬的規矩與禮數越加恭敬。雖然是在幽禁困厄之中，劉超仍然開導皇帝，堅持為皇帝講授《孝經》、《論語》。

蘇峻讓擔任左光祿大夫的陸曄負責看守建康朝廷，逼迫居民全部聚集到宮城的後苑，令部將匡術據守苑城。〇擔任尚書左丞的孔坦投奔了陶侃，陶侃任命孔坦為長史。

當初，蘇峻派遣擔任尚書的張闓暫時負責統領京師建康以東的軍隊，擔任司徒的王導祕密下令給吳興、吳郡、會稽三地的軍民，宣稱奉皇太后遺詔，號召他們起兵勤王，營救災難中的天子司馬衍。擔任會稽郡內史的王舒任命庾冰為代理奮武將軍，派他率領一萬人，向西渡過浙江。於是在吳興擔任太守的虞潭、在吳國擔任內史的蔡謨、以前曾經擔任過義興太守的顧眾等全都起兵響應王導的號召。虞潭的母親孫氏對虞潭說：「你應當為維護正義而敢於捨棄生命，不要因為我年事已高而拖累了你。」她把家裡所有的男僕全都送去參軍，又把自己的釵環首飾賣掉充作軍費。蔡謨以為應當讓庾冰官復舊職，遂離開吳國內史的職位，把吳國內史的職位歸還給庾冰。

蘇峻聽到東部三吳地區的義軍群起討伐的消息，就派遣手下的將領管商、張健、弘徽等率軍抵抗勤王的義軍。吳興太守虞潭等率軍與蘇峻的叛軍交戰，雙方互有勝負，無法順利向前推進。

陶侃與溫嶠等將軍隊駐紮在茄子浦。溫嶠認為南方的士兵熟習水戰，蘇峻所率領的江北士卒習慣於在陸地上徒步作戰，便下令將士上岸者處死。恰好此時蘇峻運送一萬斛米給駐守壽春的祖約，祖約派手下擔任司馬的桓撫等率軍前來接收。溫嶠的部將毛寶率領一千人擔任先鋒，毛寶對自己的下屬說：「兵法說『軍令有時可以不服從』，看到有打敗賊寇的機會，怎麼能只為遵守軍令就不上岸攻打呢！」遂自作主張率領屬下登陸襲擊桓撫，把蘇峻送與祖約的一萬斛米全部繳獲，殺死、俘獲了上萬人。祖約軍中因此缺糧，部眾忍飢挨餓。溫嶠上表奏請朝廷任命毛寶為廬江太守。

陶侃上表舉薦會稽內史王舒任監浙東軍事，舉薦吳興太守虞潭為監浙西軍事，舉薦車騎將軍、徐州刺史郗鑒為都督揚州八郡諸軍事，令王舒、虞潭接受郗鑒的指揮調遣。郗鑒率軍渡過長江，與陶侃、溫嶠等會師於茄子浦，擔任雍州刺史的魏該也率軍抵達茄子浦與眾人相會。

閏五月初九日丙辰，陶侃等勤王水軍逕直向石頭城進發，抵達蔡洲。陶侃屯紮在查浦，溫嶠屯紮在沙門浦。蘇峻登上烽火樓，看見勤王義軍軍威盛大，臉上露出了恐懼的神色，他對身邊的人說：「我本來就知道溫嶠能夠得到國人的擁護。」

庾亮派遣擔任督護的王彰率軍攻打蘇峻的黨羽張曜，王彰反而被張曜擊敗，庾亮把皇帝賜予自己的符節傳送給陶侃，向陶侃承認敗軍之罪。陶侃答覆說：「古代魯國的曹沫曾經三次打了敗仗，你不過才二次。如今軍事形勢緊急，你不要屢屢做出這種請罪的樣子。」在庾亮屬下擔任司馬的陳郡人殷融前往晉見陶侃，就王彰戰敗一事推卸責任說：「這些錯誤都是庾亮個人造成的，不是我們僚屬的意見。」打了敗仗的王彰到陶侃面前為庾亮開脫說：「是我自己擅自出戰而導致的失敗，庾亮將軍並不知情。」陶侃評價說：「過去殷融是君子，王彰是小人。現在王彰是君子，殷融是小人。」

擔任宣城內史的桓彝聽到京師建康已經落入蘇峻的掌控之中的消息後，萬分感慨，禁不住痛哭流涕，遂從廣德進軍到涇縣。當時許多州郡都派使者歸降了蘇峻，桓彝屬下的長史裨惠再次勸說桓彝應該暫且與蘇峻互通信使，以求緩解被投靠蘇峻的州郡從四面八方圍攻的災禍。桓彝說：「我深受國家厚恩，大義所在，應該為國效忠而死，怎能忍受與逆賊通使的恥辱！如果我討伐逆賊失敗，那只能歸結為命該如此。」桓彝派將軍俞縱守衛蘭石，蘇峻派屬下將領韓晃率軍攻打俞縱。俞縱眼看就要戰敗，左右都勸他趕緊撤軍。俞縱說：「我受桓侯厚恩，應當以死相報。我之不辜負桓侯，就如同桓侯不辜負國家一樣。」遂拼死而戰直到戰死。韓晃乘勝攻打桓彝，六月，桓彝所據守的涇縣被韓晃攻破，韓晃擒獲了宣城內史桓彝，並將桓彝殺害。

諸路勤王義軍剛挺進到石頭城，將領們就想與蘇峻叛軍決戰。義軍盟主陶侃說：「賊寇的士氣正旺盛，很難在戰場上與他爭個勝負，應當等待有利時機，用計謀戰勝他。」接下來的一系列會戰都無功而返，郗鑒的部將李根請求興築白石壘，陶侃批准了他的請求。李根遂在夜間率眾修築白石壘，到天亮時已經修建完畢。聽到蘇峻軍中緊急集合的聲音，諸將都以為蘇峻即將率軍前來攻打，心中都很害怕。孔坦說：「不會的。蘇峻如果率軍來攻打白石壘，必然選在東北風颳得很緊的時候，使我們的水軍無法逆風赴援。今天風清浪靜，賊人肯定不會前來攻打。他們所以擊鼓整隊，必定是派遣軍隊從江乘出擊，到京口以東地區進行劫掠。」後來證明，事情果然像孔坦所說的那樣。陶侃派庾亮率領二千人守衛白石壘。蘇峻率領步兵、騎兵總計一萬多人從四面攻打白石壘，沒有攻克。

會稽內史王舒、吳興太守虞潭等多次率軍與蘇峻的叛軍交戰，形勢都很不利。孔坦說：「原本不該把車騎將軍、徐州刺史郗鑒召來，遂使建康以東地區防守空虛。現在應該趕緊派郗鑒返回原地，雖然已經晚了一步，但總比不回的好。」陶侃遂令郗鑒與後將軍郭默率軍返回京口據守，他們在大業、曲阿、庱亭三地修築起軍事營壘以分散蘇峻的兵力，令郭默防守大業壘。〇六月十五日壬辰，雍州刺史魏該去世。

祖約派部將祖渙、桓撫襲擊湓口。陶侃聽到消息，就準備親自率軍前去阻擊。已經是廬江太守的毛寶勸阻說：「起兵勤王的義軍全仰仗您的領導指揮，您不能動，我請求擔當此次討伐祖渙、桓撫的任務。」陶侃批准了毛寶的請求。祖渙、桓撫經過皖縣的時候，順勢攻擊屯駐在皖縣馬頭山的譙國內史桓宣。毛寶率軍趕往皖縣救援桓宣，被祖渙、桓撫打敗。流矢穿透毛寶的大腿又射進了馬鞍，毛寶讓人用腳踏住馬鞍將射入大腿的箭拔出，鮮血流滿了長靴。毛寶帶傷反擊，將祖渙、桓撫打敗，祖渙、桓撫逃走，桓宣才得以解圍而出，投奔溫嶠。毛寶繼續率軍攻打由祖約軍把守的東關，進而又攻克了蘇峻在合肥防守的營壘。適逢溫嶠召他回軍，毛寶又返回石頭城。

祖約的部將背叛了祖約，他們暗中與後趙聯絡，答應為後趙做內應。後趙將領石聰、石堪率軍渡過淮水，攻打祖約所據守的壽春。秋季，七月，祖約的部眾被打得潰不成軍，祖約逃往歷陽，石聰等擄掠了壽春的兩萬多戶而後返回後趙。

後趙中山公石虎率領四萬人馬從軹關向西進入前趙境內，攻打前趙的河東郡，起兵響應後趙石虎的有五十多個縣，石虎遂乘勝進攻蒲阪。前趙主劉曜派河間王劉述徵調氐族、羌族的兵眾屯駐在秦州防範涼州刺史張駿以及氐王楊難敵，自己則親自率領朝廷及地方的水陸精兵救援蒲阪，從衛關向北渡過黃河。後趙中山公石虎心裡很恐懼，就撤軍而回。劉曜率軍追趕石虎，八月，追趕到高候時將石虎追上。前趙軍與石虎所率領的後趙軍展開激戰，前趙軍大敗後趙石虎軍，斬殺了石瞻，殺死的敵軍屍體橫七豎八互相枕臥，連綿二百多里，繳獲的物資、器械數以億計。後趙石虎逃往朝歌。前趙主劉曜從大陽向南渡過黃河，攻打守衛金墉城的石生，他掘開千金堨，把洛水灌入金墉城中。同時派遣將領分別攻打後趙管轄之下的汲郡、河內郡，後趙滎陽太守尹矩、野王太守張進全都投降了前趙。後趙的都城襄國大為震動。

涼州刺史、西平公張駿集結軍隊，想趁前趙主劉曜出兵在外、國內防守空虛的機會攻打前趙的都城長安，擔任理曹郎中的索詢勸阻說：「前趙主劉曜雖然御駕東征，他的兒子劉胤留守長安，長安不是輕易就能攻取的。即使我們小有所獲，劉曜如果放棄了東方攻打後趙的軍事行動，率軍返回與我軍較量，給我們造成的災難之大，是無法估量的。」張駿於是放棄了攻打前趙的念頭。

蘇峻的心腹路永、匡術、賈寧聽到祖約失敗的消息，擔心謀反之事不能成功，就勸說蘇峻把朝中以司徒王導為首的諸多大臣全部誅殺，另行安置自己的心腹在朝廷各部門任職。蘇峻一向敬重王導，因此沒有採納他們的意見，路永等遂與蘇峻懷有二心。王導藉機派擔任參軍的袁耽暗中勸導路永歸順擁護朝廷的軍隊，九月初三日戊申，司徒王導攜帶著自己的二個兒子與路永一同逃往白石壘投奔庾亮。袁耽，是袁渙的曾孫。

陶侃、溫嶠等勤王義軍與蘇峻的叛軍相持已久，卻不能取得決定性的勝利，而蘇峻派遣的將領向東西方攻擊劫掠，卻攻無不勝，因此人心惶恐，那些投奔沿江西來義軍的朝廷官員都說：「蘇峻狡猾詭詐，有膽略有決斷，他的部眾驍勇善戰，所向無敵。如果上天討伐有罪的蘇峻，那麼蘇峻遲早會滅亡。如果只依人的力量來說，恐怕不容易將他除掉。」溫嶠發怒說：「你們這些人膽小如鼠，竟敢在這裡誇讚叛逆之人！」等經過多次交戰，義軍都不能取勝之後，溫嶠對蘇峻也有些懼怕。

溫嶠軍中的糧食已經吃完，便向陶侃借貸糧食。陶侃很生氣地說：「你以前曾經說過，不愁沒有良將，也不愁軍隊沒有糧草，只需要我老夫答應做義軍的盟主就行了。如今與蘇峻叛軍交戰多次，全都敗北，良將在哪裡！荊州北接前趙、後趙，西接李成，我的糧食儲備是用來防備突發事件。如果軍隊再沒有糧食，我就要撤軍返回西部的荊州，再想別的辦法，慢慢地等待時機再來消滅叛賊，也為時不晚。」溫嶠說：「凡是能夠打勝仗的軍隊，其內部一定要和睦，這是古人給我們的最好教訓。漢光武帝劉秀在昆陽打敗王莽，曹操之攻佔官渡大破袁紹，都是以少勝多，這是因為他們都是為了正義而戰的緣故。蘇峻、祖約不過是小丑而已，他們罪惡滔天，何必擔憂滅不了他們！蘇峻屢次獲勝之後，便開始驕傲起來，自認為天下無敵，現在設法激他出來與我們交戰，可以一鼓作氣將他擒獲。為什麼要捨棄即將到手的功勞，而作出退兵的決定呢！況且，天子被蘇峻拘禁、逼迫，國家面臨滅亡的危險，正是四海之內做臣子的竭忠盡力、以死報效國家的時候。我等與閣下全都深受國家厚恩，勤王討賊之事如果能夠成功，則臣子與皇上一同享福；如果失敗，就應當為國捐軀以向先帝請罪。事態發展到今天，我們已經沒有退路，就如同騎在老虎背上，還能中途跳下來嗎！閣下如果違背眾人的期望單獨返回，軍心一定會瓦解。軍心瓦解就要敗壞大事，勤王義軍的大旗恐怕都將掉轉方向而討伐閣下了！」廬江太守毛寶對溫嶠說：「我能留住陶侃。」於是就前往陶侃大營勸說陶侃，毛寶說：「您作為盟主本來應該坐鎮蕪湖，為江南、江北兩方面的義軍做聲援。而先前您既然已經率軍東下，形勢上也不允許您再返回去。而且軍法上說得很清楚，『軍隊一旦採取行動，就只能前進不能後退』，不僅僅是為了告訴眾人只能勇往直前、不能做生還的打算，也是因為一旦後退，就再也收不住、難以再組織抵抗了，最終必然導致滅亡。以前杜弢的勢力並不是不強大，而閣下竟然將他消滅，為何到了蘇峻，就獨獨認為他強不可破呢？賊寇也怕死，並不都是強悍勇健之人，閣下不妨撥給我一部分軍隊，讓我上岸去斷絕叛賊的物資糧秣供應。如果我不能立刻見效，打敗蘇峻，那時您再撤軍而去，人們心裡也就不再留有遺憾了！」陶侃同意毛寶的意見，便加授毛寶為督護，打發他回去。擔任竟陵太守的李陽勸諫陶侃說：「現在討伐蘇峻叛軍的事情如果不能成功，您就是有再多的糧食，怎麼能吃得上？」陶侃這才分出五萬石米送給溫嶠的軍隊。毛寶率軍焚燒了蘇峻積存在句容、湖孰的各種軍用生活物資，蘇峻軍中開始缺糧，陶侃遂留下來不再堅持返回西部。

蘇峻的部將張健、韓晃等率軍向大業壘發起猛攻，大業壘中飲水斷絕，壘中的守軍渴得連尿水都喝了。守軍將領郭默害怕了，便偷偷地突出包圍，只留下士卒守衛大業壘。車騎將軍、徐州刺史郗鑒率軍屯駐在京口，軍士聽到大業壘守將郭默潛逃的消息後都大驚失色。擔任參軍的曹納對郗鑒說：「大業壘是捍衛京口的屏障。大業壘一旦失守，賊兵就會逕直衝到我們面前，其勢不可阻擋。請率軍撤回廣陵，等到時機有利的時候再來。」郗鑒將所有僚屬都招集起來，當眾責備曹納說：「我接受先帝臨終託付輔佐幼主的重任，即使為國捐軀、死在九泉之下，也不足以報答先帝的厚恩。如今強大的賊寇近在咫尺，眾人之心惶恐不安。你是我的心腹僚佐，竟然會有這種與眾不同的想法，還怎麼為諸路義軍做出表率，穩定、統一三軍的思想呢！」就要將曹納斬首，過了很久才將曹納釋放。

陶侃準備親自率軍救援大業壘，擔任長史的殷羨說：「我們南方士卒不熟習步戰，萬一救援大業不能成功，則大事去矣。不如加緊攻打駐守石頭城的蘇峻，張健、韓晃必然撤軍來救，大業壘的圍困自然解除。」陶侃採納了殷羨的建議。殷羨，是殷融的哥哥。七月二十四日庚午，陶侃親自指揮水軍攻打石頭城。庾亮、溫嶠、趙胤率領一萬名步兵從白石壘以南向石頭城進軍，準備迎戰蘇峻。蘇峻親自率領八千人迎戰，同時派自己的兒子蘇碩以及部將匡孝率領一支部隊率先進逼趙胤軍，將趙胤打敗。蘇峻正在慰勞他的將士，醉眼朦朧望見趙胤率軍逃走，遂說：「匡孝能打敗賊寇，我反倒不如他嗎？」於是丟下眾人，只帶幾名騎兵從北向南衝擊庾亮、溫嶠的軍陣，但無法衝入。他便準備折回白木陂，座下的戰馬突然被絆倒。陶侃的部將彭世、李千等立即將手中的鐵矛投向蘇峻，蘇峻跌落馬下，義軍蜂擁而上將蘇峻的人頭砍下來，將他的肉剁成碎塊，並焚燒了他的屍骨，三軍上下齊聲歡呼「萬歲」，蘇峻餘部大潰。蘇峻的司馬任讓等共同擁戴蘇峻的弟弟蘇逸為盟主，他們關閉了石頭城門，嚴密防守。溫嶠遂組建起一個行使朝廷之權的政府機構——行臺，向遠近發布文告，令舊有的俸祿在二千石以下的官員，都要到行臺報到，於是前來報到的人風雲而至。蘇峻的部將韓晃聽到蘇峻已死的消息，立即解除對大業壘的包圍，率軍趕赴石頭城。蘇峻的另外兩名部將管商、弘徽攻打庱亭壘，被義軍中擔任督護的李閎、擔任輕車長史的滕含擊敗。滕含，是滕脩的孫子。管商跑到庾亮那裡投降，他的餘部則都歸附了張健。

冬季，十一月，後趙王石勒準備親自統兵救援洛陽，他的僚佐程遐等人堅決勸阻說：「劉曜親統大軍遠離自己的本土千里之外，勢必不能堅持很久。大王您不應該親自出動，如果親自出動，恐怕難保萬無一失。」

石勒聽了非常生氣，他手按寶劍將程遐等喝斥出去，遂將徐光釋放出來，隨後召見對他說：「劉曜憑藉著一次戰役的勝利，就圍困了洛陽，一般人都認為無法阻擋劉曜的進攻鋒芒。劉曜率領著十萬軍隊，攻打一座孤立無援的洛陽城，一百天都沒有攻克，他的軍隊已經疲憊不堪，士氣懈怠，用我們剛剛投入戰鬥的士氣旺盛的軍隊去攻打，可以一戰而將其擒獲。如果洛陽失守，劉曜必定親率大軍攻入我們的冀州，帶著黃河以北的所有軍隊，像捲草席一樣席捲而來，我們的大業就全部喪失了。程遐等人都不願意讓我統兵前去，你以為如何？」徐光回答說：「劉曜憑藉著高候大敗石虎的有利勢頭，不能一鼓作氣進逼我們的都城襄國，反而在那裡攻打金墉城，僅憑這一點，就知道他不可能有什麼大的作為。以大王的威望和謀略率軍與他對抗，對方看見大王的旗幟就會逃跑。平定天下在此一舉，這個機會不能錯過。」石勒笑著說：「徐光說得對。」於是將朝廷以及地方的軍隊一律緊急動員起來，有人膽敢勸阻，一律斬首。下令石堪、石聰以及擔任豫州刺史的桃豹等人各自率領手下現有人馬前往滎陽會師，中山公石虎進駐石門防守，石勒則親統四萬名步兵騎兵奔赴金墉城，從大堨渡過黃河。

石勒對徐光說：「劉曜如果設重兵把守成皋關，這是上策；如果是沿著洛水構築防線，這是中策；如果是坐守洛陽，就是等著被我們擒獲了。」十二月初一日乙亥，後趙各路軍馬全部彙集於成皋，總計步兵六萬人，騎兵二萬七千人。石勒看見前趙主劉曜並沒有在成皋關設重兵防守，心中大喜，他舉起手來指了指上天，然後把手放在額頭上說：「真乃是天意也！」石勒下令軍士捲起鎧甲揹在背上，為了防止喧譁，士兵口中都橫銜著小棍，沿著隱祕的小路加速行進，從鞏縣、訾城之間穿越而過直赴洛陽。

前趙主劉曜每天只管與自己寵幸的臣子飲酒博弈，不關心、體恤士卒，身邊一旦有人勸諫，劉曜就發怒，認為是妖言惑眾，立即將其斬首。他聽說石勒已經渡過黃河，才開始商議增加滎陽守軍和堵住黃馬關。不久，洛水邊擔任瞭望、偵察任務的巡邏兵與後趙的前鋒部隊交戰，將擒獲的石勒部隊中的一個羯族士兵押送到劉曜面前。劉曜審問那個羯人俘虜說：「是你們的大頭領親自率軍前來的嗎？總共有多少人馬？」那個羯人俘虜回答說：「我們大王親自統兵前來，軍勢十分盛大。」劉曜一聽，立馬改變了神色，趕緊下令撤回包圍金墉城的部隊，在洛水以西布陣防守，部眾十多萬人，南北連營十餘里。石勒看見劉曜如此布陣，心中更加歡喜。他對自己身邊的人說：「你們可以向我表示祝賀了！」石勒率領四萬名步兵、騎兵進入洛陽城。

十二月初五日己卯，後趙中山公石虎率領三萬名步兵從洛陽城北向西挺進，攻打前趙的中軍，石堪、石聰等各自率領精銳騎兵八千人從洛陽城西向北挺進，攻打前趙的前鋒部隊，雙方大戰於洛陽城西最南端的西陽門。石勒身穿鎧甲、戴著頭盔，率軍從洛陽城西最北端的閶闔門殺出，與石堪、石聰等對前趙軍進行南北夾擊。前趙主劉曜自幼喜歡飲酒，到了晚年，嗜酒更加厲害。準備作戰時，先要喝幾斗酒。他平常所騎的那匹紅馬突然無緣無故地抬不起頭，劉曜只得改乘一匹小馬。等到即將出戰的時候，又喝了一斗多酒。劉曜來到洛陽城的西陽門，指揮部眾退到平川布陣。後趙將領石堪趁前趙軍布陣之機對前趙軍發起攻擊，前趙軍一下子便潰不成軍。劉曜此時還處在昏昏沉沉的醉酒狀態，便聽任小馬向後退走，馬腿突然陷入了以石為岸的河溝當中，劉曜一下子摔落在堅冰之上，身上十多處受傷，傷及內臟的就有三處，遂被後趙將領石堪擒獲。後趙王石勒大敗前趙主劉曜的軍隊，斬殺了五萬多人。石勒下令說：「所要擒獲的只是劉曜一人而已，現在已經將劉曜擒獲，傳令各將士收起武器停止追殺，給他們放開一條逃生之路。」

前趙主劉曜看見後趙王石勒，劉曜說：「石王，你還記不記得我們在重門的盟誓？」石勒派徐光對劉曜說：「今天這種局面，是上天安排的，還有什麼可說的呢！」十二月十一日乙酉，石勒班師回到襄國，派征東將軍石邃率兵一路押送劉曜。石邃，是中山公石虎的兒子。劉曜的傷勢很嚴重，石邃就讓劉曜躺在兩馬之間的擔架上，讓醫生李永與他同乘一輛車。二十五日己亥，到達後趙的都城襄國，石勒將劉曜安置在永豐小城內，撥給他一些歌舞女和使女，派兵嚴加守衛。又令從前被俘虜的劉岳、劉震等帶著一群僚屬與警衛，衣冠楚楚地前來叩見劉曜，劉曜說：「我以為你們都早已死去多時了，石王為人仁慈寬厚，竟然寬宥你們，讓你們活到現在！我卻殺死了石佗，相比之下真是使我太慚愧了！今天落到這種地步，都是自己應得的報應。」劉曜留他們宴飲了一整天，才讓他們離去。石勒讓劉曜寫信給他的太子劉熙，要劉熙趕緊向後趙投降，劉曜在信中只是告諭劉熙與諸位大臣要「治理好國家，不要因為我被俘的緣故而改變主意。」石勒看了劉曜寫給太子劉熙的書信，心裡非常厭惡。過了很久，還是把劉曜殺死了。

這一年，成國漢獻王李驤去世，他的兒子征東將軍李壽因為護持李驤的喪車而回到成都。成主李雄任命李玝為征北將軍、梁州刺史，代替李壽鎮守晉壽。

四年（己丑　西元三二九年）

春，正月，光祿[1]大夫陸曄❶及弟尚書左僕射玩說匡術❷，以苑城❸附于西軍❹。百官皆赴之❺，推曄督宮城軍事。陶侃命毛寶守南城❻，鄧岳守西城❼。

右衛將軍劉超、侍中鍾雅與建康令管旆等謀奉帝出赴西軍❽。事泄，蘇逸使其將平原任讓❾將兵入宮收❿超、雅。帝抱持⓫悲泣曰：「還我侍中、右衛！」讓奪而殺之。初，讓少無行，太常華恆為本州大中正⓬，黜其品⓭。及讓為蘇峻將，乘勢多所誅殺，見恆輒恭敬⓮，不敢縱暴。及鍾、劉之死，蘇逸欲并殺恆，讓盡心救衛，恆乃得免。

冠軍將軍趙胤遣部將甘苗擊祖約于歷陽。戊辰⓯，約夜帥左右數百人奔後趙，其將牽騰率眾出降。

蘇逸、蘇碩、韓晃并力攻臺城，焚太極東堂⓰及祕閣⓱。毛寶登城，射殺數十人。晃謂寶曰：「君名勇果⓲，何不出鬬？」寶曰：「君名健將，何不入鬬？」

晃笑而退。

趙太子熙聞趙主曜被擒，大懼，與南陽王胤謀西保秦州。尚書胡勳曰：「今雖喪君，境土尚完，將士不叛，且當并力拒之，力不能拒，走未晚也。」胤怒，以為沮眾⑲，斬之，遂帥百官奔上邽⑳。諸征、鎮㉑亦皆棄所守從之，關中大亂。將軍蔣英、辛恕擁眾數十萬據長安，遣使降于後趙。後趙遣石生帥洛陽之眾赴之。

二月丙戌㉒，諸軍攻石頭。建威長史滕含擊蘇逸，大破之。蘇碩帥驍勇㉓數百渡淮㉔而戰，溫嶠擊斬之。韓晃等懼，以其眾就張健於曲阿，門隘㉕不得出，更相蹈藉㉖，死者萬數。西軍獲蘇逸，斬之。滕含部將曹據抱帝奔溫嶠船，羣臣見帝，頓首號泣請罪。殺西陽王羕，并其二子播、充、孫崧及彭城王雄。陶侃與任讓有舊，為請其死㉗。帝曰：「是殺吾侍中、右衛者，不可赦也！」乃殺之。司徒導入石頭，令取故節㉘。陶侃笑曰：「蘇武節似不如是㉙。」導有慚色。丁亥㉚，大赦。

張健疑弘徽等貳於己㉛，皆殺之，帥舟師自延陵㉜將入吳興㉝。乙未㉞，揚烈將軍王允之㉟與戰，大破之，獲男女萬餘口。健復與韓晃、馬雄等輕軍[2]西趨故鄣㊱。郗鑒遣參軍李閎追之，及於平陵山㊲，皆斬之。

是時宮闕灰燼，以建平園為宮。溫嶠欲遷都豫章[38]，三吳之豪請都會稽[39]，二論紛紜未決。司徒導曰：「孫仲謀、劉玄德[40]俱言『建康王者之宅』。古之帝王，不必以豐儉移都[41]。苟[42]務本節用[43]，何憂彫弊[44]！若農事不修[45]，則樂土為墟[46]矣。且北寇游魂[47]，伺我之隙[48]，一旦示弱，竄[49]於蠻越[50]，求之望實[51]，懼非良計。今特宜[52]鎮之以靜，羣情自安。」由是不復徙都。以褚翜[53]為丹楊尹。時兵火之後，民物彫殘，翜收集散亡，京邑遂安。○壬寅[54]，以湘州并荊州[55]。

三月壬子[56]，論平蘇峻功，以陶侃為侍中、太尉，封長沙郡公，加都督交、廣、寧州諸軍事，郗鑒為侍中、司空、南昌縣公，溫嶠為驃騎將軍、開府儀同三司，加散騎常侍，始安郡公，陸曄進爵江陵公，自餘賜爵侯、伯、子、男者甚眾。卞壼及二子眕、盱、桓彝、劉超、鍾雅、羊曼、陶瞻皆加贈謚。路永、匡術、賈寧皆蘇峻之黨也，峻未敗，永等去峻歸朝廷，王導欲賞以官爵。溫嶠曰：「永等皆峻之腹心，首為亂階[57]，罪莫大焉。晚雖改悟，未足以贖前罪，得全首領[58]，為幸多矣，豈可復褒寵之哉！」導乃止。○陶侃以江陵偏遠，移鎮巴陵[59]。

朝議欲留溫嶠輔政。嶠以王導先帝所任[60]，固辭還藩[61]。又以京邑荒殘，資用不給[62]，乃留資蓄[63]，具器用[64]，而後旋于武昌[65]。

帝之出石頭也，庾亮見帝，稽顙[66]哽咽。詔亮與大臣俱升御座[67]。明日，亮復泥首[68]謝罪，乞骸骨[69]，欲闔門[70]投竄山海[71]。帝遣尚書、侍中手詔[72]慰喻[73]，曰：「此社稷之難，非舅之責也。」亮上疏自陳：「祖約、蘇峻縱肆凶逆，罪由臣發，寸斬[74]屠戮，不足以謝七廟之靈[75]，塞四海之責[76]。朝廷復何理[77]齒臣於人次[78]，臣亦何顏[79]自次於人理[80]！願陛下雖垂寬宥[81]，全其首領，猶宜棄之，任其自存自沒[82]，則天下粗知勸戒之綱[83]矣！」優詔[84]不許。亮又欲遁逃山海，自暨陽[85]東出，詔有司錄奪[86]舟船。亮乃求外鎮[87]自效[88]，出為都督豫州・揚州之江西・宣城諸軍事、豫州刺史，領宣城內史，鎮蕪湖。

陶侃、溫嶠之討蘇峻也，移檄征、鎮，使各引兵入援。湘州刺史益陽侯卞敦擁兵不赴[89]，又不給[90]軍糧，遣督護將數百人隨大軍而已，朝野[91]莫不怪歎[92]。及峻平，陶侃奏敦沮軍[93]顧望[94]，不赴國難，請檻車[95]收付廷尉[96]。王導以喪亂之後[97]，宜加寬宥，轉[98]敦安南將軍、廣州刺史。病不赴[99]，徵為光祿大夫、領少府[100]。敦憂愧而卒，追贈本官[101]，加散騎常侍，諡曰敬。

臣光曰[102]：「庾亮以外戚輔政[103]，首發禍機[104]，國破君危，竄身苟免[105]。卞敦位列方鎮，兵糧俱足，朝廷顛覆，坐觀勝負。人臣之罪，孰大於此？既不能明正典刑[106]，又以寵祿報之[107]，晉室無政[108]，亦可知矣！任是責者[109]，豈非王導乎！」

徙高密王紘[110]為彭城王。紘，雄之弟也。

夏，四月乙未[111]，始安忠武公溫嶠卒，葬於豫章。朝廷欲為之造大墓於元、明二帝陵之北，太尉侃上表曰：「嶠忠誠著於聖世[112]，勳義感於人神，使[113]亡而有知[114]，豈樂今日勞費之事！願陛下慈恩，停其移葬。」詔從之。

以平南軍司劉胤[115]為江州刺史。陶侃、郗鑒皆言胤非方伯[116]才，司徒導不從。或謂導子悅曰：「今大難之後，紀綱[117]弛頓[118]，自江陵[119]至于建康，三千餘里，流民萬計，布在江州[120]。江州，國之南藩[121]，要害之地，而胤以汰侈[122]之性，臥而對之[123]，不有外變，必有內患矣。」悅曰：「此溫平南之意[124]也。」

秋，八月，趙南陽王胤帥眾數萬自上邽趣長安，隴東、武都、安定、新平、北地、扶風、始平諸郡戎、夏[125]，皆起兵應之。胤軍于仲橋[126]，石生嬰城自守[127]，後趙中山公虎帥騎二萬救之。九月，虎大破趙兵於義渠[128]，胤奔還上邽。虎乘勝追擊，枕尸千里。上邽潰，虎執趙太子熙、南陽王胤及其將王公卿校以下三千餘人，皆殺之。徙其臺省文武[129]、關東流民、秦雍大族[130]九千餘人于襄國，又阬五郡屠各[131]五千餘人于洛陽。進攻集木且羌[132]于河西，克之，俘獲數萬，秦、隴悉平。氐王蒲洪[133]、羌酋姚弋仲[134]俱降于虎，虎表洪監六夷軍事，弋仲為六夷左都督。徙氐、羌十五萬落于司、冀州。

初，隴西鮮卑乞伏述延[135]居于苑川[136]，侵并鄰部，士馬彊盛。及趙亡，述延懼，遷于麥田[137]。述延卒，子傉大寒立。傉大寒卒，子司繁立。

江州刺史劉胤矜豪[138]日甚，專務商販[139]，殖財[140]百萬，縱酒耽樂[141]，不恤政事。

冬，十二月，詔徵後將軍郭默為右軍將軍[142]。默樂為邊將，不願宿衛，以情愬於胤[143]。胤曰：「此非小人之所及[144]也。」默將赴召，求資於胤[145]，胤不與，默由是怨胤。胤長史張滿等素輕默，或倮露[146]見之，默常切齒[147]。臘日[148]，胤餉默豚酒[149]，默對信[150]投之水中。會有司奏：「今朝廷空竭[151]，百官無祿[152]，惟資江州運漕[153]。而胤商旅繼路[154]，以私廢公，請免胤官。」書下，胤不即歸罪[155]，方自申理[156]。僑人蓋肫[157]掠人女為妻，張滿使還其家[158]。肫不從，而謂郭默曰：「劉江州[159]不受免[160]，密有異圖[161]，與張滿等日夜計議，惟忌郭侯一人[162]，欲先除之[163]。」默以為然，帥其徒候旦門開[164]襲胤。胤將吏欲拒默，默呵之曰：「我被詔[165]有所討，動者誅三族！」遂入至內寢[166]，牽胤下，斬之。出，取胤僚佐張滿等，誣以大逆[167]，悉斬之。傳[168]胤首于京師，詐作詔書[169]，宣示內外[170]。掠胤女及諸妾并金寶還船[171]，初云下都[172]，既而停胤故府[173]。招引譙國內史桓宣[174]，宣固守不從。

是歲，賀蘭部及諸大人共立拓拔翳槐[175]為代王，代王紇那奔宇文部。翳槐遣其弟什翼犍[176]質於趙[177]以請和。

河南王吐延雄勇多猜忌，羌酋姜聰刺之。吐延不抽劍[178]，召其將紇拔泥，使輔其子葉延，保于白蘭[179]，抽劍而死。葉延孝而好學，以為禮公孫之子得以王父字為氏[180]，乃自號其國曰吐谷渾[181]。

【章　旨】以上為第二段，寫晉成帝咸和四年（西元三二九年）一年間的大事。主要寫了陶侃、溫嶠的勤王軍與蘇峻餘黨繼續作戰，勤王軍破祖約於歷陽，祖約率眾數百人北逃往投後趙；寫了蘇逸等率軍攻臺城，毛寶英勇戰鬥，情景感人；寫了勤王軍攻破石頭城，蘇逸被殺，張健率眾東逃，被郗鑒擊斬，叛亂平定；寫了朝廷論平蘇峻功，重賞陶侃、郗鑒、溫嶠諸人，處置了一批亂黨與變節降叛的人；寫了庾亮請求處置，朝廷讓之再三，始任其為豫州刺史、豫州都督等職；寫了溫嶠回任江州刺史，不久病逝；劉胤繼任江州刺史，「矜豪日甚，專務商販」，以致激起郭默作亂，劉胤被殺；寫了劉曜的太子劉熙等人率眾西保上邽，其部將以長安投降後趙；寫了前趙的劉胤率眾東攻長安，石生嬰城固守，後趙將石虎大破劉胤於長安城西，並乘勝西破上邽，俘劉熙、劉胤等殺之，前趙遂被徹底消滅；此外還寫了西部吐谷渾的建國，與蒲洪、姚弋仲的出世等等。

【注　釋】❶陸曄　晉明帝的顧命大臣。傳見《晉書》卷七十七。❷匡術　蘇峻的部將。蘇峻逼迫成帝及百官遷往石頭城，命匡術鎮守苑城。❸苑城　即建康城，因是宮苑所在，故稱苑城。❹附于西軍　歸附陶侃、溫嶠的西來勤王大軍。❺皆赴之都來投奔陸曄等人。⑥南城　指苑城的南城，即大司馬門、閶闔門一側的苑城南部。⑦西城　指苑城的西城，即西掖門一側的苑城西部。⑧出赴西軍　出石頭城往投陶侃、溫嶠的大軍。當時苑城已為西軍所有，而成帝所居的石頭城仍在蘇逸的控制之中。⑨平原任讓　平原國人姓任名讓。平原國在今山東平原縣西南。⑩收　逮捕。⑪抱持　抱住劉超、鍾雅。⑫大中正　官名，魏晉時州郡均設中正官，掌品評人物，選拔人才。⑬黜其品　由於其品行不好而貶退之。黜，貶斥；廢免。⑭輒恭敬　卻總是恭恭敬敬。⑮戊辰　正月二十五。⑯太極東堂　太極殿的東屋。⑰祕閣　宮禁中的藏書之處，也稱「祕館」、「祕府」。⑱君名勇果　您素有勇果之名。⑲沮眾　渙散軍心。沮，分散；瓦解。⑳上邽　晉縣名，即今甘肅天水市。㉑諸征鎮　四征與四鎮。四征是征東、征西、征南、征北四將軍；四鎮是鎮東、鎮西、鎮南、鎮北四將軍。㉒二月丙戌　二月十三。㉓驍勇　勇敢敏捷。這裡指勇捷之士。㉔渡淮　渡過秦淮河。㉕門隘　城門的門口太狹窄。㉖更相蹈藉　相互踐踏。㉗請其死　請求免其死罪。㉘令取故節　讓人幫他把前時丟失的旌節找來。王導討伐王敦時曾假節，成帝咸和三年九月初三，王導從石頭城逃往白石時將節遺棄。㉙蘇武節似不如是　人家蘇武對待自己的旌節似乎不是這樣的。蘇武是西漢時人，以中郎將的身分持節出使匈奴被扣留。匈奴為逼他投降，將他流放到北海（今俄羅斯貝加爾湖）邊牧羊。他牧羊時始終手執漢節，年深日久，以致節毛盡落，十九年後終於回到漢王朝。傳附《漢書》卷五十四。㉚丁亥　二月十四。㉛貳於己　對自己有二心，即離心離德。㉜延陵　晉縣名，縣治即今江蘇丹陽西南三十五里的延陵鎮。㉝吳興　晉郡名，郡治烏程，即今浙江湖州南的下箍城。㉞乙未　二月二十二。㉟王允之　王舒之子。㊱故鄣　晉縣名，縣治在今浙江安吉北的安城鎮西北。㊲平陵山　山名，在今江蘇溧陽西北三十五里。㊳豫章　晉郡名，郡治即今南昌。㊴會稽　晉郡名，郡治即今浙江紹興。㊵孫仲謀劉玄德　孫仲謀即孫權，三國時吳國的皇帝；劉玄德即劉備，三國時蜀國的皇帝。㊶不必以豐儉移都　不因為城市的繁華與衰落而改換都城。㊷苟　只要。㊸務本節用　發展農業，節省開支。本，指農業。㊹彫弊　衰敗；蕭條。㊺不修　不整治；不發展。㊻樂土為墟　樂土也會變成廢墟。㊼北寇游魂　對前趙、後趙的遊騎和哨兵的蔑稱。游魂，遊蕩的鬼魂。㊽伺我之隙　窺測我們的可乘之機。㊾竄　逃；逃到。㊿蠻越　南方邊遠地區少數民族的泛稱，這裡即指豫章、會稽等地。(51)求之望實　從其名望與實際兩方面考慮。(52)特宜　只要；只需。(53)褚翜　晉成帝身邊的忠義之士。事見《晉書》卷七十七。(54)壬寅　二月二十九。(55)以湘州并荊州　目的是擴大陶侃的軍事勢力範圍。(56)三月壬子　三月初十。(57)首為亂階　帶頭搞起禍亂。(58)得全首領　能夠保其活命。(59)移鎮巴陵　將其指揮部向東遷到巴陵，目的是離著建康近一些。巴陵縣治即今湖南岳陽。(60)先帝所任　是晉明帝當年確定的顧命大臣。(61)固辭還藩　堅決請求回江州刺史任。藩，地方方面長官的駐地。溫嶠本為江州刺史，其駐地在今江西九江西南。62不給　不充足；供應不上。63留資蓄　把自己軍中的一些生活物資都留下來。64具器用　給朝廷提供各方面的用場。具，安排；提供。65旋于武昌　撤兵回歸武昌。武昌是晉郡名，郡治即今湖北鄂城，當時屬於江州。66稽顙　磕頭至地，表示有罪。顙，額。67俱升御座　都坐到皇帝身邊。68泥首　猶言囚首，以泥塗首自辱，表示服罪。69乞骸骨　請求辭官回家為民的謙虛說法。70闔門　全家。71投竄山海　意即住到偏僻荒遠的地方去。山海，山溝海邊。72手詔　持皇帝親自寫的詔書。73慰喻　用好話慰解。74寸斬　把犯人一寸一寸地斬斷。75不足以謝七廟之靈　也沒法向列祖列宗請罪。古代皇帝的宗廟都供奉七代神主，此時晉朝的七廟指司馬昭、司馬炎、司馬衷、司馬熾、司馬鄴、司馬睿、司馬紹七帝的靈牌。76塞四海之責　填平天下人對我的恨怒。責，同「債」。這裡指怨怒。77復何理　還有什麼理由。78齒臣於人次　意即把我當做人。齒，列。次，次序；行列。79何顏　有何面目。80自次於人理　意即把自己當做人。自次，自己排列。人理，人倫；人類。81垂寬宥　對我加以寬饒。垂，這裡是謙詞，下賜。宥，寬赦。82任其自存自沒　隨他自生自滅，意即不再施恩關照。83粗知勸戒之綱　意即通過對我的懲治以讓人們知道應該做什麼和不該做什麼。粗知，大致瞭解。勸戒，應該做與不能做。勸，鼓勵。戒，禁止。綱，準則。84優詔　好言慰解的詔書。85暨陽　晉縣名，縣治在今江蘇江陰東南。86錄奪　沒收。87求外鎮　請求到外頭任地方官。88自效　以為朝廷效力。89擁兵不赴　按兵不動。不赴，不參加。90不給　不提供。91朝野　朝廷與民間。92怪歎　驚奇歎息。93沮軍　擁兵不赴國難。沮，此處意思同「阻」。把持；憑藉。94顧望　左右觀望，坐觀成敗。95檻車　押解犯人用的有柵欄的車。96收付廷尉　押解到廷尉受審。收，拘捕交付。廷尉是官名，掌全國刑獄。陶侃是勤王大軍的盟主，湘州又已併入荊州，卞敦此時已成了陶侃的部下，故有權解決他的問題。97喪亂之後　意即人心尚未安定。98轉　改任。99病不赴　推說有病，不去上任。100領少府　兼任少府之職。少府是九卿一級的大官名，掌管皇宮中的生活日用，為皇帝的私家理財。101追贈本官　仍以湘州刺史相稱。102臣光曰　司馬光寫《資治通鑑》，每遇到他所關心的問題，便以「臣光曰」的形式發表議論。103以外戚輔政　以成帝之舅的身分操縱朝廷大權。104首發禍機　由於他堅持調蘇峻進京，引發了蘇峻的造反。105竄身苟免　而他卻一個人貪圖苟活，逃出京城。106明正典刑　依法公開處置。典刑，常刑。司馬光認為對庾亮、卞敦都該處死。107又以寵祿報之　指任庾亮為豫州刺史，任卞敦為廣州刺史、少府等等。寵祿，優厚的俸祿。這裡指官位和諡號。108無政　沒有公正嚴格的政治制度。109任是責者　對此應該負責任的人。110高密王紘　司馬紘，司馬懿之弟司馬馗的後代。傳見《晉書》卷三十七。111四月乙未　四月二十三。112著於聖世　聞名於當代。聖世，指晉成帝當政之時。113使　假如。114亡而有知　猶今所謂「地下有靈」。115劉胤　溫嶠的部將。傳見《晉書》卷八十一。116方伯　一方諸侯之長，在晉代指具有軍政大權的州刺史。117紀綱　朝廷法度。118弛頓　鬆懈廢止，不能貫徹實行。119江陵　晉縣名，即今湖北江陵，當時為荊州的州治所在地。120布在江州　散布在江州境內。121南藩　南側的屏障。122忲侈　奢侈；浮華。123臥而對之　不幹正事地面對這種局面。臥，不問政事。124此溫平南之意　這是溫嶠生前的安排。溫嶠生前任平南將軍，稱官號而不稱名，這是古代對人的一種尊敬。125戎夏　少數民族人與漢族人。126仲橋　鄭國渠上的橋名，因在仲山，故稱「仲橋」，在今陝西涇陽西北。127嬰城自守　在長安城內堅守城池。嬰城，環城。128義渠　秦、漢時代的縣名，在今甘肅慶陽西南。129臺省文武　其朝廷的文武官員。臺、省，都是當時朝廷官署的名稱。130秦雍大族　秦州、雍州一帶的名門望族。131五郡屠各　五個郡裡的屠各人。屠各是匈奴族的一個部落名，是漢代以來南匈奴中最顯貴的一支，前趙的劉淵、劉聰就是出身於這個部落。132集木且羌　當時的羌族部落之一，居住在今甘肅、青海的黃河以西地區。133蒲洪　當時的氐族頭領，日後前秦政權的奠基者。傳見《晉書》卷一百十二。134姚弋仲　當時的羌族頭領，日後後秦政權的奠基者。傳見《晉書》卷一百十六。135乞伏述延　鮮卑族乞伏部落的首領，名叫述延。136苑川　古城名，在今甘肅榆中東北。有東西二城，相距七里，西城即西秦乞伏乾歸所都。137麥田　古城名，在今甘肅靖遠東北。其地有無孤山，述延自苑川城遷此。138矜豪　驕傲狂放。139專務商販　一腦門子的心思都放在做買賣上。140殖財　賺錢。殖，生。141耽樂　沉溺於聲色。142右軍將軍　朝官名，掌管京城的守衛。魏明帝時有左軍；晉武帝時，又先後置前軍、右軍及後軍，此四軍均為禁衛軍。郭默自從平定蘇峻之亂後，已回到尋陽，這時又被徵返京。143以情愬於胤　把自己的心思告訴劉胤。144此非小人之所及　這不是我所能辦到的。當時的文武之士都自稱「小人」。145求資於胤　向劉胤求借盤纏。資，這裡指路費。146倮露　赤身露體。倮，同「裸」。據《晉書》卷六十三〈郭默傳〉，此事發生在郭默被徵平蘇峻，路宿尋陽時。147切齒　緊咬牙齒，形容極端痛恨劉胤、張滿等人。148臘日　即今之臘八節，古代年終祭祀百神之日。夏曆稱十二月為臘月，即由此而來。南朝梁宗懍《荊楚歲時記》云：「十二月八日為臘日。」149餉默豚酒　送酒肉給郭默。餉，招待，這裡即指送。豚，小豬。150對信　當著送豚酒來人的面。信，使者；來人。151空竭　窮得一無所有。152無祿　發不出薪俸。祿，相當於現在的工資。153惟資江州運漕　就靠著江州運送物資支援朝廷。資，憑藉；依賴。漕，水道運送物資。154胤商旅繼路　劉胤的私人商船絡繹不斷。155不即歸罪　沒有及時地到朝廷認罪自首。156方自申理　正在為自己進行申辯。157僑人蓋肫　一個名叫蓋肫的寄居在江州的北方人。東晉南北朝時稱流亡江南的北方人為僑人。158使還其家　讓蓋肫把搶來的女子還給人家。159劉江州　指劉胤。160不受免　不接受免官的命令，指不離開江州。161密有異圖　大概是圖謀造反。162惟忌郭侯一人　就是防著郭侯爺您一個人。忌，畏懼；防備。163欲先除之　想在起事前除掉你。164候旦門開　等候天亮劉胤的府門打開。⑯被詔　奉詔；奉皇帝旨意。⑯內寢　臥室。⑯大逆　指謀反。⑯傳　驛車，這裡是指用驛車遞送。⑯詐作詔書　偽造了一份皇帝的命令。⑰宣示內外　讓府裡府外的人看。⑰還船　回到自己的船上。⑰下都　去都城建康。⑰停胤故府　在劉胤的衙門裡住了下來。⑰桓宣　此時桓宣屯兵於武昌。⑰拓拔翳槐　拓跋鬱律的長子，廟號烈皇帝。傳見《魏書》卷一。拓拔，也作「拓跋」。⑰什翼犍　拓跋鬱律的次子，拓跋翳槐之弟，廟號昭成皇帝。⑰質於趙　到後趙去做人質。趙，應指後趙的石勒政權，此時前趙已被石勒所滅。⑰不抽劍　中劍後不立抽，人可暫時不死，以交辦後事。⑰保于白蘭　退卻並堅守白蘭山。白蘭山即今青海黃河源西北的布爾汗布達山，是羌人所居地。東晉後屬於吐谷渾。⑱公孫之子得以王父字為氏　諸侯孫子的兒子，可以用他爺爺的「字」當做自己的「氏」。《左傳》隱公八年載，魯眾仲曰：「天子建德，因生以賜姓，胙之土而命之氏。諸侯以字為謚，因以為族。……公命以字為展氏。」杜預注云：「諸侯之子稱公子，公子之子稱公孫，公孫之子以王父字為氏。」古代姓、氏有別，氏是姓的分支，用以區別子孫所自出。秦漢以後姓、氏始混而不分。⑱吐谷渾　吐延之父，是慕容廆的庶長兄。由於同慕容廆不和，率部西遷陰山。永嘉亂後，又度過隴山西遷，定居白蘭山。傳見《晉書》卷九十七。

【校　記】①祿　原作「陸」，當是刻工致誤。據章鈺校，甲十一行本、乙十一行本、孔天胤本作「祿」，皆不誤，今據改。②輕軍　原無此二字。據章鈺校，乙十一行本有此二字，張敦仁《通鑑刊本識誤》同，今據補。

【語　譯】四年（己丑　西元三二九年）

春季，正月，東晉擔任光祿大夫的陸曄與他的弟弟擔任尚書左僕射的陸玩說服了守衛苑城的蘇峻部將匡術，匡術獻出苑城，向西來的勤王義軍陶侃、溫嶠等投降。文武百官全都前來投奔陸曄等人，推舉陸曄統領皇宮中各種軍事。陶侃命廬江太守毛寶守衛苑城的南城，命鄧岳守衛苑城的西城。

右衛將軍劉超、侍中鍾雅與擔任建康令的管旆等謀劃帶著晉成帝司馬衍離開石頭城，投奔已經佔領苑城的西來勤王義軍。機密洩露，蘇逸派手下將領平原人任讓率兵入宮收捕鍾雅、劉超。晉成帝司馬衍抱住劉超、鍾雅二人悲傷地哭泣著說：「把侍中鍾雅還給我、把右衛將軍劉超還給我！」任讓強行把劉超、鍾雅從晉成帝的手中拖走，隨後將二人殺死。當初，任讓年輕的時候就品行惡劣，擔任太常的華恆當時在自己的家鄉平原郡擔任大中正，他因為任讓品行不好而將任讓貶退。等到任讓成了蘇峻的部將，他憑藉著蘇峻的勢力誅殺了很多人，唯獨見到華恆卻總是恭恭敬敬，不敢對他放縱施暴。等到鍾雅、劉超一死，蘇逸就要殺掉華恆，任讓對華恆盡心營救保護，華恆才免於一死。

東晉擔任冠軍將軍的趙胤派遣自己的部將甘苗率軍攻打祖約所據守的歷陽。正月二十五日戊辰，祖約趁黑夜率領自己身邊的數百名親信逃出歷陽城投奔了後趙，祖約的部將牽騰率眾出城投降。

蘇逸、蘇碩、韓晃合力猛攻進入建康的內城，他們焚燒了太極殿的東堂以及皇家的藏書樓。廬州太守毛寶登上皇城，射死了數十人。韓晃對毛寶說：「你有勇敢果斷之名，為何不出城來與我決鬥？」毛寶說：「你有勇敢善戰之名，為何不進城來與我決鬥？」韓晃大笑著撤軍而退。

前趙皇太子劉熙聽到自己的父親劉曜被後趙擒獲的消息，非常恐懼，便與南陽王劉胤商議準備向西撤退到秦州。擔任尚書的胡勳說：「現在我們雖然失去了國君，但國土仍然完整無缺，全軍將士沒有背叛，目前應當齊心合力抵抗後趙，抵抗不住，再走也不晚。」劉胤大怒，認為胡勳在擾亂軍心，便將胡勳斬首，然後率領文武百官逃往上邽。各征、鎮的守將也都扔下自己所管轄、守衛的城池跟隨劉胤逃往上邽，關中地區陷入一片混亂。將軍蔣英、辛恕擁有數十萬兵眾佔據著都城長安，他們派遣使者投降了後趙。後趙立即派石生率領洛陽的守軍趕赴長安。

二月十三日丙戌，東晉各路勤王義軍併力攻打蘇逸佔據的石頭城。擔任建威長史的滕含攻打蘇逸，大敗蘇逸軍。蘇碩率領數百名勇敢敏捷的士卒，渡過秦淮河前來迎戰，溫嶠率軍將其打敗，將蘇碩斬首。韓晃等心生恐懼，便率領自己的部眾前往曲阿投奔張健，部眾都爭先恐後急於逃命，由於城門狹窄，因擁擠、踐踏而死的數以萬計。西部勤王義軍擒獲了蘇逸，將蘇逸斬首。滕含的部將曹據抱著晉成帝司馬衍逃到了溫嶠的船上，群臣看見晉成帝，全都跪下給他磕頭，哭著向他請罪。將西陽王司馬羕殺死，連同殺掉他的兩個兒子司馬播、司馬充，孫子司馬崧以及彭城王司馬雄。陶侃與任讓有故交，所以請求赦免他的死罪。晉成帝司馬衍說：「是他殺死了我的侍中鍾雅和右衛將軍劉超，此人不能赦免！」遂將任讓殺死。司徒王導進入石頭城，讓人幫他把前此丟失的旌節找來。陶侃笑著說：「人家蘇武對待自己的符節似乎不是這個樣子的。」王導滿臉慚愧。十四日丁亥，實行大赦。

蘇峻的部將張健懷疑弘徽等對自己懷有二心，便把他們全都殺死，然後率領艦船水師從延陵出發準備進入吳興。二月二十二日乙未，揚烈將軍王允之與張健交戰，大敗張健，擒獲了男女一萬多口。張健又與韓晃、馬雄等讓軍隊輕裝西赴故鄣縣。徐州刺史郗鑒派手下參軍李閎率軍追殺他們，追到平陵山，將張健、韓晃、馬雄全部斬殺。

此時的建康皇宮已經化作了一片灰燼，暫且將建平園作為皇宮。溫嶠建議將都城遷往豫章，而三吳的豪族都請求遷往會稽，兩種意見論說紛紜，都有人贊同也都有人反對，意見無法統一。司徒王導說：「吳國大帝孫權、蜀漢昭烈帝劉備都曾經說過『建康是帝王之家』。古代的帝王，不會因為物質條件的好壞而遷移都城。如果能夠以農為本，勤儉節用，何必擔憂目前的衰敗、蕭條狀況不能改變呢！如果荒廢了農業，即使是樂土也會變成廢墟。況且北方的賊寇像遊蕩的鬼魂一樣窺測著我們的可乘之機，一旦表現出我們的膽怯與懦弱，將都城遷往豫章或是會稽，從其名望與實際兩方面考慮，恐怕遷都不是什麼好主意。現在只要採取穩定不變的政策，人心自然安定下來。」由於王導的這番話，所以遷都的話題便不再提起。任命褚翜為丹楊尹。當時由於遭受戰亂之後，民生凋敝，物質極度缺乏，褚翜招集逃亡在外的難民返回建康，京師逐漸安定下來。〇二月二十九日壬寅，將湘州併入荊州。

三月初十日壬子，朝廷評議擊敗蘇峻叛亂的功勞，論功行賞，任命陶侃為侍中、太尉，封長沙郡公，加授都督交、廣、寧州諸軍事，郗鑒為侍中、司空、南昌縣公，溫嶠為驃騎將軍、開府儀同三司，加授散騎常侍、始安郡公，陸曄進爵為江陵公，其他有功之臣接受賞賜被封為侯、伯、子、男爵位的還有很多。陣亡的卞壼與他的兩個兒子卞眕、卞盱，以及桓彝、劉超、鍾雅、羊曼、陶瞻，全都追授封贈和諡號。而路永、匡術、賈寧，都曾經是蘇峻的黨羽，蘇峻沒有敗亡之時，路永等離開蘇峻歸附了朝廷，王導想封官爵給他們。溫嶠說：「路永等人都是蘇峻的心腹之人，首先挑起禍亂，屬於罪大惡極。後來雖然醒悟改過，卻不足以贖回他們以前的罪過，能夠保住項上的人頭，就已經很幸運了，怎能再褒獎他們呢！」王導才不再言語。○陶侃因為江陵地理位置比較偏僻，距離京師建康比較遙遠，便將鎮所向東遷到了巴陵。

朝廷官員都主張讓溫嶠留在京師輔佐朝政。溫嶠因為司徒王導是先帝當年確定的顧命大臣，所以堅決推辭留在京師，請求仍回江州刺史任所。溫嶠看到京師荒廢殘破，資用匱乏，便將自己軍中的一些生活物資都留給朝廷，並給朝廷提供了各種器物、用具，然後返回武昌。

晉成帝司馬衍離開石頭城的時候，庾亮朝見晉成帝，他磕頭至地，聲音哽咽。晉成帝司馬衍下詔讓庾亮與諸大臣一同坐在皇帝身邊。第二天，庾亮又把泥塗抹在自己的頭上，向皇帝請罪，並請求辭官為民，自己準備帶著全家躲到遙遠荒僻的山溝海邊以贖罪。晉成帝派尚書、侍中拿著自己親手書寫的詔書去安慰勸解庾亮說：「這是國家的災難，罪責不在舅舅身上。」庾亮上疏給晉成帝司馬衍陳述自己的罪責說：「祖約、蘇峻肆意行兇，一切罪過都是由於我處置不當造成的，就是把我一寸一寸地斬斷，也不足以向皇家的列祖列宗請罪，填平天下人對我的怨恨。朝廷還有什麼理由把我當做人看待，我又還有什麼臉面跟其他人站在一起！希望陛下即使對我寬大，赦免了我的罪責，保全了我的性命，還是應該拋棄我，任憑我自生自滅，通過對我的懲罰而使天下人大致瞭解什麼事情應該做、什麼事情是不應該做的了！」晉成帝下了一道好言慰藉的詔書，沒有批准庾亮的請求。庾亮又準備自行逃入深山或是海邊，他從暨陽向東出發，晉成帝下詔給有關部門，讓他們沒收庾亮的船隻。庾亮便請求將自己外放到地方任職，以為國家效力，於是任命庾亮為都督豫州・揚州之江西・宣城諸軍事、豫州刺史，兼任宣城內史，鎮所設在蕪湖。

陶侃、溫嶠等起兵討伐蘇峻時，發布文告給各征、鎮的軍政長官，號召他們起兵勤王，平定蘇峻叛亂，入援京師。擔任湘州刺史的益陽侯卞敦手下擁有重兵卻不肯赴援，也不為勤王義軍提供軍糧，只派一個督護率領著幾百人跟隨著勤王大軍，不論朝廷還是民間對卞敦如此行為無不感到驚奇和歎惋。等到蘇峻叛亂被平息後，陶侃上奏朝廷，指控卞敦擁兵不赴國難，面對叛軍橫行肆虐採取左右觀望的態度坐觀成敗，請求朝廷抓捕卞敦用檻車把他送往廷尉府接受審理。司徒王導認為，目前正值國家大亂之後，對有罪之人政策應該放寬，能饒恕的且饒恕，於是改任卞敦為安南將軍、廣州刺史。卞敦推說有病沒有去赴任，於是朝廷又徵召其為光祿大夫，兼任少府。卞敦終因憂慮羞愧而死，朝廷仍以原任職務湘州刺史稱呼他，加授他為散騎常侍，諡號為敬。

司馬光說：「庾亮以外戚的身分輔佐朝政，由於他堅持要把蘇峻調進京師而引發了蘇峻叛亂，致使國家破敗，君主陷入危險的境地，而庾亮卻貪圖苟活，自己拔腿逃出京城。卞敦位居封疆大吏，兵精糧足，朝廷遭遇覆亡的危險，卻無動於衷、坐觀成敗。人臣的罪責，還有比這更大的嗎？已經沒有按照國法對他們公開進行處置，反要賞賜給他們優厚的俸祿作為對他們的回報，東晉朝廷沒有公正嚴格的政治制度，由此可想而知了！負此責任的，難道不應該是王導嗎！」

改封高密王司馬紘為彭城王。司馬紘，是司馬雄的弟弟。

夏季，四月二十三日乙未，始安忠武公溫嶠去世，安葬在豫章。朝廷想在晉元帝、晉明帝二人陵墓的北邊為溫嶠建造一座大墓，擔任太尉的陶侃上疏給朝廷說：「溫嶠對國家社稷的忠誠，聞名於當世，他的功勳和節義，使人神為之感動，假使溫嶠死後有知，難道他會樂意看到今天朝廷為他而勞民傷財嗎！希望仁慈的陛下開恩，停止將溫嶠的屍骨從豫章遷葬到皇陵之北的計畫。」晉成帝下詔表示聽從陶侃的建議。

東晉任命平南將軍劉胤為江州刺史。太尉陶侃、司空郗鑒都說劉胤沒有擔任州刺史的能力，司徒王導沒有採納陶侃、郗鑒的意見，堅持任命劉胤為江州刺史。有人對王導的兒子王悅說：「如今正是國家大亂之後，國家法度鬆弛、綱紀不振，從江陵到建康三千多里，流離失所的難民數以萬計，全都散布在江州一帶。江州，是國家的南部屏障，是要害之地，而劉胤以他奢侈、浮華的個性，面對這種局面，只會躺在那裡享清福，即使災難不從外部產生，也必定會從內部產生。」王悅解釋說：「這都是平南將軍溫嶠的主意。」

秋季，八月，前趙南陽王劉胤率領數萬人眾從上邽出發攻打已經被後趙佔領的都城長安，隴東郡、武都郡、安定郡、新平郡、北地郡、扶風郡、始平郡的胡人和漢人全都起兵響應劉胤。劉胤將軍隊駐紮在仲橋，後趙衛將軍石生率兵固守長安城，後趙中山公石虎率領二萬名騎兵趕來救援。九月，石虎在義渠大敗前趙軍，前趙南陽王劉胤逃回上邽。石虎乘勝追擊，前趙軍的屍體橫七豎八躺滿了道路，連綿一千里。上邽完全崩潰，石虎擒獲了前趙太子劉熙、南陽王劉胤以及前趙的將軍、親王、公爵等以下三千多人，石虎將他們全部殺死。把前趙朝廷的文武官員、關東流民、秦州、雍州一帶的名門望族總計九千多人強行遷移到後趙的都城襄國，又在洛陽坑殺了分布在五個郡裡的匈奴屠各部落的五千多人。接著又攻打居住在河西地區的羌族集木且部落，將其完全征服，俘虜了數萬人，秦、隴一帶全部平定。氐族首領蒲洪、羌族首領姚弋仲全都投降了石虎，石虎上表給朝廷舉薦氐族首領蒲洪為監六夷軍事，舉薦羌族首領姚弋仲為六夷左都督。將氐人、羌人中的十五萬落遷移到後趙轄境之內的司州、冀州。

當初，隴西鮮卑人乞伏部落首領乞伏述延居住在苑川，他不斷地侵略吞併鄰近的其他部落，力量逐漸強大起來。看到前趙被後趙消滅，乞伏述延感到了恐懼，遂率領自己的部眾遷居於麥田。乞伏述延去世，他的兒子傉大寒繼位。傉大寒去世，傉大寒的兒子司繁繼位。

東晉江州刺史劉胤驕傲狂放一天比一天嚴重，他把全部心思都用在了經商販運上，賺取了上百萬的錢財，每天沉溺於飲酒聲樂之中，不顧及政務。冬季，十二月，朝廷下詔徵調後將軍郭默為右軍將軍。郭默願意擔任邊疆防衛任務的後將軍，不願意回到朝廷擔任掌管京城宿衛的右軍將軍，他把自己的真實想法告訴了江州刺史劉胤。劉胤對郭默說：「這不是我這等小人物能辦到的事情。」郭默遂準備奉詔回京赴右軍將軍任，他向劉胤求借盤纏，劉胤不給，郭默因此怨恨劉胤。劉胤的長史張滿等人一向看不起郭默，有時竟然赤身露體地會見郭默，郭默常常恨得咬牙切齒。臘月八日，劉胤將豬肉、酒等饋贈給郭默，郭默當著送酒肉的使者的面就把豬肉和酒扔到水裡去。恰巧此時有關部門奏請朝廷說：「如今國家的國庫中空無所有，百官發不出薪俸，一切全都仰仗江州漕運。而劉胤私人的商船絡繹不絕，因個人私利而妨礙了公務，請朝廷免去劉胤江州刺史之職。」朝廷的詔書已經下達，劉胤沒有立即奉詔返回朝廷認罪自首，正在為自己進行申辯。旅居江州的蓋肫強搶別人的女兒為妻，劉胤的長史張滿讓蓋肫把搶來的女子放回家。蓋肫不聽從，反而跑到郭默那裡挑撥說：「劉胤不接受朝廷免官的命令，大概是圖謀造反，他與張滿等日夜商議，就懼怕郭將軍你一個人，所以準備先把你除掉。」郭默也認為蓋肫說得有道理，於是便率領自己的部眾等候天亮時州府的大門一開便衝進江州刺史府攻擊劉胤。劉胤屬下的將吏還想抗拒郭默，郭默大聲呵斥他們說：「我奉詔討伐劉胤，誰敢妄動，誅滅三族！」於是進入劉胤的寢室，把劉胤從床上拉下來。砍下腦袋。從刺史府出來以後又逮捕了劉胤的僚屬張滿等，給他們戴上謀逆的罪名，將他們全部斬首。郭默派人用驛車將劉胤的首級傳送到京師，同時還偽造了一封皇帝的詔書，讓府內府外的人看。郭默搶劫了劉胤的女兒、諸小妾以及劉胤府中的所有金銀財寶，然後回到自己的船上，最初說是要去京師建康，後來就在劉胤的府衙中住了下來。他招引譙國內史桓宣，桓宣堅決不聽命於他。

這一年，賀蘭部落以及各頭領共同擁戴拓跋翳槐為代王，代王拓跋紇那逃奔到宇文部落。代王拓跋翳槐將自己的弟弟拓跋什翼犍送到後趙為人質，請求與後趙和解。

河南王慕容吐延長得身材魁梧、有勇力，但性好猜忌，羌族的部落首領姜聰向他行刺。吐延被刺中之後，沒有立即拔出刺入體內的劍，他把部將紇扢渥召來，讓他輔佐自己的兒子葉延，撤退到白蘭山據守，囑託完畢之後抽劍而死。慕容葉延性情孝順又喜好讀書，他認為諸侯孫子的兒子，可以用祖父的字作為自己家族的姓氏，於是把自己的國家定名為吐谷渾。

五年（庚寅　西元三三〇年）

春，正月，劉胤首至建康。司徒導以郭默驍勇難制，己亥❶，大赦，梟胤首❷於大航❸，以默為江州刺史。太尉侃聞之，投袂❹起曰：「此必詐❺也！」即將兵討之。默遣使送妓妾及絹❻，并寫中詔❼呈侃。參佐多諫曰：「默不被詔❽，豈敢為此！若欲進軍，宜待詔報⑨。」侃厲色⑩曰：「國家⑪年幼，詔令不出胸懷⑫。劉胤為朝廷所禮⑬，雖方任非才⑭，何緣⑮猥加極刑⑯！郭默恃勇，所在⑰貪暴，以大難新除，禁網寬簡⑱，欲因際會⑲騁其從橫⑳耳！」發使上表言狀㉑，且與導書曰：「郭默殺方州即用為方州㉒，害宰相便為宰相乎！」導乃收胤首㉓，答侃書曰：「默據上流之勢㉔，加有船艦成資㉕，故苞含隱忍㉖，使有其地㉗，朝廷得以潛嚴㉘。俟足下軍到㉙，風發相赴㉚，豈非遵養時晦㉛以定大事者邪！」侃笑曰：「是乃遵養時賊也㉜！」○豫州刺史庾亮亦請討默。詔加亮征討都督，帥步騎二萬往與侃會㉝。

西陽太守鄧岳、武昌太守劉詡皆疑桓宣與默同㉞，豫州西曹㉟王隨曰：「宣尚不附祖約㊱，豈肯同郭默邪！」岳、詡遣隨詣宣觀之，隨說宣曰：「明府㊲心雖不爾㊳，無以自明，惟有以賢子付隨㊴耳！」宣乃遣其子戎與隨俱迎陶侃。侃辟戎為掾㊵，上宣㊶為武昌太守。

二月，後趙羣臣請後趙王勒即皇帝位，勒乃稱大趙天王，行皇帝事㊷。立妃劉氏為王后，世子弘為太子。以其子宏為驃騎大將軍、都督中外諸軍事、大單于，封秦王，斌為左衛將軍，封太原王，恢為輔國將軍，封南陽王。以中山公虎為太尉、尚書令，進爵為王，虎子邃為冀州刺史，封齊王，宣為左將軍，挺為侍中，封梁王。又封石生為河東王，石堪為彭城王。以左長史郭敖為尚書左僕射，右長史程遐為右僕射、領吏部尚書，左司馬夔安、右司馬郭殷、從事中郎李鳳、前郎中令裴憲皆為尚書，參軍事徐光為中書令、領祕書監，自餘文武，封拜各有差[43]。

中山王虎怒，私謂齊王邃曰：「主上自都襄國以來，端拱[44]仰成[45]，以吾身當矢石[46]二十餘年，南擒劉岳[47]，北走索頭[48]，東平齊、魯[49]，西定秦、雍[50]，克[51]十有三州。成大趙之業者，我也，大單于當以授我[52]。今乃以與黃吻婢兒[53]，念之令人氣塞[54]，不能寢食！待主上晏駕[55]之後，不足復留種[56]也。」

程遐言於勒曰：「天下粗定[57]，當顯明逆順[58]，故漢高祖赦季布[59]，斬丁公[60]。大王自起兵以來，見忠於其君者輒褒之[61]，背叛不臣者輒誅之，此天下所以歸盛德[62]也。今祖約猶存，臣竊惑之[63]。」安西將軍姚弋仲亦以為言。勒乃收約，并其親屬中外[64]百餘人悉誅之，妻妾兒女分賜諸胡[65]。

初，祖逖有胡奴曰王安，逖甚愛之。在雍丘[66]，謂安曰：「石勒是汝種類[67]，吾亦無在爾一人[68]。」厚資送[69]而遣之。安以勇幹[70]，仕趙為左衛將軍。及約之誅，安歎曰：「豈可使祖士稚[71]無後乎！」乃往就市觀刑。逖庶子道重[72]，始十歲，安竊取以歸，匿[73]之，變服為沙門[74]。及石氏亡，道重復歸江南。

郭默欲南據豫章，會太尉侃兵至，默出戰不利，入城固守，聚米為壘[75]，以示有餘[76]。侃築土山臨之[77]。三月，庾亮兵至湓口[78]，諸軍大集。夏，五月乙卯[79]，默將宋侯縛默父子出降。侃斬默于軍門，傳首建康，同黨死者四十人。詔以侃都督江州[80]，領刺史[81]，以鄧岳督交、廣諸軍事，領廣州刺史。侃還巴陵，因移鎮武昌[82]。庾亮還蕪湖，辭爵賞不受。

趙將劉徵帥眾數千，浮海抄[83]東南諸縣，殺南沙都尉許儒。

張駿因前趙之亡，復收河南地，至于狄道[84]，置五屯護軍[85]，與趙分境[86]。六月，趙遣鴻臚[87]孟毅拜駿征西大將軍、涼州牧，加九錫[88]。駿恥為之臣，不受，留毅不遣[89]。

初，丁零[90]翟斌[91]世居康居[92]，後徙中國，至是入朝於趙，趙以斌為句町王。

趙羣臣固請正尊號[93]。秋，九月，趙王勒即皇帝位，大赦，改元建平。文武封進各有差。立其妻劉氏為皇后，太子弘為皇太子。

弘好屬文[94]，親敬儒素[95]，勒謂徐光曰：「大雅[96]愔愔[97]，殊不似[98]將家子。」光曰：「漢祖[99]以馬上取天下，孝文[100]以玄默守之[101]，聖人之後，必有勝殘去殺[102]

者，天之道也[103]。」勒甚悅。光因說曰：「皇太子仁孝溫恭，中山王雄暴多詐，陛下一旦不諱[104]，臣恐社稷非太子所有也。宜漸奪中山王權，使太子早參朝政。」勒心然[105]之，而未能從。

趙荊州監軍郭敬寇襄陽[106]，南中郎將周撫監沔北[107]軍事，屯襄陽。趙主勒以驛書[108]敕敬[109]退屯樊城[110]，使之偃藏[111]旗幟，寂若無人。曰：「彼若使人觀察，則告之曰：『汝宜自愛堅守，後七八日，大騎[112]將至，相策[113]，不復得走[114]矣。』」敬使人浴馬于津[115]，周而復始[116]，晝夜不絕。偵者還以告周撫。撫以為趙兵大至[117]，懼，奔武昌。敬入襄陽，中州[118]流民悉降于趙。魏該弟遐帥其部眾自石城[119]降敬。敬毀襄陽城，遷其民于沔北，城樊城[120]以戍之。趙以敬為荊州刺史。周撫坐免官[121]。

休屠王羌[122]叛趙，趙河東王生[123]擊破之，羌奔涼州。西平公駿懼，遣孟毅還，使其長史馬詵稱臣入貢於趙。

更造新宮[124]。○甲辰[125]，徙樂成王欽為河間王，封彭城王紘子俊為高密王。

冬，十月，成大將軍壽[126]督征南將軍費黑等攻巴東、建平[127]，拔之，巴東太守楊謙、監軍毋丘奧[128]退保宜都[129]。

六年（辛卯　西元三三一年）

春，正月，趙劉徵復寇婁縣[130]，掠武進[131]，郗鑒擊卻之。

三月壬戌朔[132]，日有食之。

夏，趙主勒如鄴[133]，將營新宮。廷尉上黨續咸苦諫，勒怒，欲斬之。中書令徐光曰：「咸言不可用，亦當容之，柰何一旦以直言斬列卿乎！」勒嘆曰：「為人君，不得自專如是乎[134]！匹夫家貲滿百匹[135]，猶欲市宅[136]，況富有四海乎！此宮終當營之，且敕停作[137]，以成吾直臣之氣[138]。」因賜咸絹百匹，稻百斛[139]。又詔公卿以下歲舉賢良方正[140]，仍令舉人[141]得更相薦引[142]，以廣求賢之路。起明堂[143]、辟雍[144]、靈臺[145]于襄國城西。

秋，七月，成大將軍壽攻陰平、武都[146]，楊難敵降之。

九月，趙主勒復營鄴宮。以洛陽為南都，置行臺[147]。

冬，蒸祭[148]太廟[149]，詔歸胙[150]於司徒導，且命無下拜[151]，導辭疾[152]不敢當。初，帝即位沖幼[153]，每見導必拜，與導手詔則云「惶恐言」，中書作詔則曰「敬問」。有司議：「元會日[154]，帝應敬導不[155]？」博士郭熙、杜援議，以為：「禮無拜臣之文，謂宜除敬[156]。」侍中馮懷議，以為：「天子臨辟雍[157]，拜三老[158]，況先帝師傅[159]，謂宜盡敬[160]。」侍中荀奕議，以為：「三朝之首[161]，宜明君臣之體[162]，則不應敬。若他日小會，自可盡禮[163]。」詔從之。奕，組之子也。

慕容廆遣使與太尉陶侃牋[164]，勸以興兵北伐，共清中原。僚屬[165]宋該等共議，以「廆立功一隅[166]，位卑任重，等差無別[167]，不足以鎮華夷[168]，宜表請進廆官爵。」參軍韓恆駁曰：「夫立功者患信義不著[169]，不患名位不高。桓、文[170]有匡復之功[171]，不先求禮命[172]以令諸侯[173]。宜繕甲兵[174]，除羣凶[175]，功成之後，九錫自至。比於邀君[176]以求寵，不亦榮乎！」廆不悅，出恆為新昌令[177]。於是東夷校尉封抽[178]等疏上侃府，請封廆為燕王，行大將軍事。侃復書曰：「夫功成進爵，古之成制[179]也。車騎[180]雖未能為官摧勒[181]，然忠義竭誠[182]，今騰牋上聽[183]，可不遲速[184]，當在天臺[185]也。」

【章旨】以上為第三段，寫晉成帝五年（西元三三〇年）、六年共兩年間的大事。主要寫了王導屈服於郭默，將劉胤梟首示眾，並欲任郭默為江州刺史，而被陶侃所駁斥；寫了陶侃、庾亮等起兵討郭默，郭默的部將擒郭默出降，郭默被陶侃所斬，郭默亂平，朝廷讓陶侃兼任江州刺史；寫了晉成帝祭祀後致胙於王導，朝廷討論晉成帝應對王導盡何等禮數，以見王導地位之特殊；寫了石勒即皇帝位，大封諸子與群僚，石勒之姪石虎因自己未得大單于之位而恨石勒之子石宏，陰圖日後作亂；寫了石勒的太子石弘喜文好儒，徐光建議石勒削石虎之權以防日後生亂，石勒未從；寫了石勒修建鄴宮，下令公卿舉薦賢良方正，以廣進賢之路；寫了石勒的部將寇荊州，晉之守將周撫怯懦南逃被削職；此外還有慕容廆向東晉王朝請求為燕王，涼州張駿對石勒時而對立、時而稱臣等等。

【注釋】❶己亥　正月初一。❷梟胤首　把劉胤的人頭掛在高竿示眾。❸大航　即「朱雀航」，也稱「朱雀橋」。❹投袂　用袖形容吃驚、生氣的樣子。❺必詐　一定是欺騙。陶侃不相信朝廷會以郭默為江州刺史，認為這是郭默假傳聖旨，欺騙世人。❻絹　一種薄而堅韌的絲織品，當時可以當做金錢購買東西。❼寫中詔　抄了一份朝廷下達的詔書。寫，模仿；照抄。中詔，朝廷下的詔書。❽不被詔　如果沒有接到詔書。被，接到。❾待詔報　等待朝廷詔書的答覆。❿厲色　面色嚴厲。⓫國家　這裡指皇帝。⓬不出胸懷　不是出自他的內心。⓭所禮　所禮遇；所看重。⓮雖方任非才　雖然沒有獨當一面的才幹，這裡指任刺史一職。⓯何緣　怎麼能夠。⓰猥加極刑　胡亂地將其殺死。猥，曲，胡亂地。⓱所在　所到之處；處處。⓲禁網寬簡　國家的法令鬆弛。⓳欲因際會　想趁著這個時機。⓴騁其從橫　恣意地胡作非為。㉑上表言狀　給朝廷上書說明情況。㉒殺方州即用為方州　殺了州刺史就用他做州刺史。方州，擔當一方之任的州刺史。㉓收胤首　把示眾的劉胤的人頭收起來。㉔據上流之勢　佔據著建康上游的有利地勢。上流，上游。江州治武昌（湖北鄂城），對建康說是處於長江上游。㉕成資　現成的軍用物資。㉖苞含隱忍　忍氣吞聲。苞，通「包」。㉗使有其地　讓他先在那個地方待著。有，佔有。其地，指江州。㉘潛嚴　祕密地調集軍隊、集蓄力量。㉙俟足下軍到　以等待您的大軍的到來。㉚風發相赴　那時再雷厲風行地殺過去。風發，如風之起，形容迅猛。㉛遵養時晦　在條件不利時暫且隱忍，以圖日後之大有作為。《詩・酌》：「於鑠王師，遵養時晦。」鄭玄《箋》云：「於美乎文王之用師，率殷之叛國以事紂，養是闇昧之君，以老其惡。」遵，循；順著。時，通「是」。此。晦，黑暗。㉜是乃遵養時賊也　你這是在供養逆賊。㉝往與侃會　前往與陶侃會師。㉞與默同　與郭默同心，指互相勾結。㉟西曹　官名，公府及州郡的佐吏。㊱不附祖約　當年祖約叛亂時，邀桓宣前去，桓宣不應。附，依附；投靠。㊲明府　也稱「府君」，漢魏以來對太守、刺史的敬稱。桓宣為譙國內史，相當於太守，故稱之為「明府」。㊳心雖不爾　您的內心雖然不是這樣，指不依附郭默。㊴以賢子付隨　讓你的兒子跟我走。㊵辟戎為掾　聘用桓戎做自己的僚屬。掾，部下屬吏的通稱。㊶上宣　建議朝廷任命桓宣為……。㊷行皇帝事　代行皇帝的職權。行，代理，表示謙讓。㊸各有差　都輕重不同地受到了封賞。㊹端拱　端坐拱手，形容清閒無事的樣子，古代用以稱帝王的無為而治。㊺仰成　仰首等待成功，意即坐享其成。㊻當矢石　冒著箭與石塊奮勇向前。古代作戰，發矢拋石以打擊敵人。㊼劉岳　原是前趙劉曜的部將，被石虎所擒，遂降石勒。㊽北走索頭　向北打跑了索頭。走，打跑。索頭，鮮卑政權慕容廆的兒子。㊾東平齊魯　指打敗曹嶷、徐龕等晉將，奪得今山東大片地區。(50)西定秦雍　指打敗劉胤、劉熙，平定今陝西、甘肅等大片地區。(51)克　攻克；佔有。(52)大單于當以授我　即當以大單于之任授我。大單于，原是匈奴族的最高君長，至前趙、後趙政權時，其最高君長改稱皇帝，總統胡漢，這時的「大單于」即變為只是北方少數民族的君長。(53)黃吻婢兒　黃吻以喻其幼小，雛鳥始生時嘴黃，常用來比喻幼童。婢兒，婢女所生之子，猶今言「丫頭養的」，用來罵人。這裡「黃吻婢兒」指石宏。(54)氣塞　氣悶；憋氣。(55)晏駕　宮車晚出，隱指帝王的死亡。(56)不足復留種　意即要把他們殺得一個不留。不足，不值得；沒必要。(57)粗定　大略平定。(58)顯明逆順　明確什麼樣的人該賞，什麼樣的人該罰。逆，背叛；不忠。順，順從；忠誠。(59)高祖赦季布　季布原是項羽的部將，多次圍困劉邦。劉邦滅項羽後，用千金重賞追捕季布。游俠朱家託劉邦的部將夏侯嬰，以「臣各為主」的理由為季布說情，劉邦赦免了季布，後來官至中郎將、河東太守。(60)斬丁公　丁公也是項羽的部將，奉命追擊劉邦，在追得劉邦沒法逃時，劉邦向丁公求情，丁公放走了他。到劉邦滅項羽後，丁公去向劉邦求賞時，劉邦以丁公「為項王臣不忠」的罪名，殺了丁公。以上二事皆見《史記・季布欒布列傳》。(61)輒褒之　總是表揚他。(62)歸盛德　歸附你這位有盛德的君主。(63)臣竊惑之　我不明白為什麼要留著他。竊，私下，謙詞。(64)親屬中外　男主人系統的親屬稱中，女主人系統的親屬稱外。(65)諸胡　這裡即指羯族人。古代對北方少數民族稱胡。(66)雍丘　即今河南杞縣。(67)是汝種類　和你是同一個民族。(68)無在爾一人　猶今言「不在乎有沒有你這一個人」。(69)厚資送　贈送他許多財物。(70)勇幹　勇敢幹練。(71)祖士稚　祖逖，字士稚，祖逖是祖約之兄，故其家屬亦在祖約身邊。(72)逖庶子道重　祖逖姬妾所生的兒子，名叫道重。(73)匿　藏。(74)變服為沙門　改變服飾，打扮成一個和尚的樣子。沙門，梵語室羅摩拏的音譯。是勤息，勤修善法、止息惡行的意思。這裡用來指僧徒、和尚。(75)聚米為壘　用米袋壘成防禦工事。(76)以示有餘　以顯示他的糧食多。(77)築土山臨之　築成高高的土山，居高臨下。(78)湓口　又名「湓浦口」，是湓水入長江之口，在今江西九江西北。(79)乙卯　五月十九。(80)都督江州　即都督江州諸軍事。(81)領刺史　兼任江州刺史。(82)移鎮武昌　把他的軍府移到武昌，即今湖北鄂城。(83)抄　掠奪；搶劫。(84)狄道　晉縣名，縣治在今甘肅臨洮西南。(85)五屯護軍　軍官名，五屯指武街、石門、侯和、漒川、甘松五個屯兵據點。(86)與趙分境　與趙國的分界線。(87)鴻臚　朝官名，掌朝賀慶弔中的贊導相禮。鴻，聲。臚，傳。傳聲贊導賓客行禮，故稱鴻臚。(88)九錫　朝廷授予大臣的九種特殊禮遇，包括劍履上殿、贊拜不名、納陛以登等等。(89)留毅不遣　扣留下劉毅，不讓他返回趙國。(90)丁零　古代北方少數民族名，亦作「丁令」、「丁靈」。漢時為匈奴屬國，游牧於我國北部和西北部廣大地區。西元四、五世紀，又稱鐵勒、高車、回紇、回鶻。(91)翟斌　丁零部族首領。(92)康居　古西域城國名，約在今哈薩克共和國巴爾喀什湖和鹹海之間地區。(93)正尊號　正式地使用皇帝稱號。正，正式。石勒此前稱「行皇帝事」。(94)屬文　寫文章。屬，聯綴。(95)儒素　儒者的品德操行，這裡代指儒者。(96)大雅　太子劉弘字大雅。(97)愔愔　安閒和悅的樣子。(98)殊不似　特別不像。(99)漢祖　指漢高祖劉邦。(100)孝文　指漢孝文帝劉恆，劉邦之子。(101)以玄默守之　以清靜無為守天下。玄默，沉默少言的樣子。(102)勝殘去殺　《論語・子路》載孔子曰：「善人為邦百年，亦可以勝殘去殺矣。」勝殘，能使殘暴之人不為惡。去殺，廢除殺人的刑法。(103)天之道也　真正聖明天子的行為。(104)不諱　對「死」的委婉說法。(105)心然　內心裡贊同，認為對。(106)寇襄陽　進犯襄陽郡。襄陽郡在今湖北東北部，郡治即今襄樊。(107)沔北　漢水以北，現在漢水古稱沔水。(108)驛書　通過驛站傳遞的文書。(109)敕敬　命令郭敬。(110)樊城　即今襄樊的漢水以北地區，南臨漢水，與襄陽隔水相望，自古為兵家必爭之地。西元一九五〇年樊城與襄陽合為襄樊。(111)偃藏　收藏。(112)大騎　大隊人馬。(113)相策　相互策應；接應。(114)不復得走　那時你們就逃不掉啦。(115)浴馬于津　在漢水渡口給馬洗澡。津，渡口。這裡指漢水邊上。(116)周而復始　指輪番洗馬，不間斷，以此表示石勒大兵已到，人馬極多。(117)大至　大舉前來。(118)中州　古豫州地處九州中間，稱為中州，這裡泛指東晉梁州東部，豫州西部及荊州北部一帶，即黃河中游以南地區。(119)石城　晉縣名，即今湖北鍾祥。(120)城樊城　修築樊城的城牆。(121)坐免官　因其怯懦棄地南逃而被罷官。坐，因……而獲罪。(122)休屠王羌　匈奴休屠部落的頭領名「羌」，在此之前歸附於石勒。(123)河東王生　石生，石勒的部將，被封為河東王。(124)更造新宮　主語是東晉王朝。(125)甲辰　九月初十。(126)大將軍壽　李壽，李驤之子，成王李雄的堂兄弟，任大將軍之職。(127)巴東建平　晉之二郡名，巴東郡的郡治魚復縣，即今重慶市奉節東的白帝城，建平郡的郡治巫縣，在今重慶市巫山縣東。(128)毌丘奧　姓毌丘，名奧。(129)宜都　晉縣名，縣治夷道，在今湖北宜都西北。(130)婁縣　晉縣名，縣治在今江蘇崑山市東北。(131)武進　晉縣名，縣治在今江蘇武進西北七十里。(132)三月壬戌朔　三月初一是壬戌日。(133)如鄴　到達鄴城。鄴城在今河北臨漳西南。(134)不得自專如是乎　竟連這麼一點主也做不了麼。(135)匹夫家貲滿百匹　平民人家有一百匹帛的家當。貲，通「資」。錢財。(136)猶欲市宅　尚且想買一棟大房子。市，買。(137)且敕停作　但現在還是下令停下來。(138)以成吾直臣之氣　目的是要給直言敢諫的大臣撐腰打氣。(139)百斛　意即一百石。斛是古代容量單位，十斗為一斛。一斛也叫一石。(140)歲舉賢良方正　每年向朝廷推薦一個有德行、正直敢言的人。賢良方正，是地方官向朝廷推薦人才的科目名，自漢代始立，歷代因之。(141)舉人　被推薦的人，即「賢良方正」。(142)得更相薦引　可以互相介紹、推薦。(143)明堂　古代帝王宣明政教的場所，凡朝會、祭祀、慶賞、選士、教學、養老等大典，均在明堂舉行。(144)辟雍　帝王為貴族子弟設立的大學，取四周有水，形如璧環為名。(145)靈臺　帝王觀測天象的場所，始立於西周。(146)陰平武都　晉之二郡名，陰平郡的郡治即今甘肅文縣，武都郡的郡治在今甘肅成縣西北。當時歸楊難敵的勢力管轄。

147行臺　朝廷的派出機構。148蒸祭　祭祀的一種。蒸，通「烝」。冬祭。149太廟　皇帝的祖廟。150歸胙　把上供用的祭肉送給某某人，以表示對他的特別尊崇。歸，通「饋」。贈送。胙，祭祀用的肉。151且命無下拜　而且還讓他不要為此向皇帝答謝叩拜。這是效仿春秋時期周天子賞賜齊桓公所採用的做法。事見《左傳》與《史記・齊太公世家》。152辭疾　推說有病不能接受這種大禮。153沖幼　年齡幼小。沖，幼弱。154元會日　皇帝在正月初一會見群臣。155帝應敬導不　皇帝應該向王導行禮嗎。不，同「否」。156宜除敬　應該廢除這種皇帝對臣子的行禮。157臨辟雍　到辟雍舉行典禮的時候。158拜三老　有對三老行禮的規矩。三老，「三老五更」的省稱。相傳古代天子敬老，設三老、五更各一人，養於辟雍，尊事三老，兄事五更，示天下以孝悌。159先帝師傅　指王導。晉元帝死前曾遺詔王導輔佐明帝司馬紹。160宜盡敬　應該充分表示禮敬。161三朝之首　元會的首要任務。三朝，即指「元會」。正月是一年的開頭，初一是一月的開頭，早晨是一天的開頭。所以正月初一的早晨稱作「三朝」。162宜明君臣之體　首先要明確君臣之間的大禮，即君為臣綱。163盡禮　充分表達對王導的尊敬。164牋　古代的一種文體名稱，即寫給上級官僚或尊長者的書信。165僚屬　指慕容廆的僚屬。166立功一隅　在東北地區一方土地上立了大功。隅，一方；一角。167等差無別　與其他一般的地方長官沒有差別。等差，等級次序。168不足以鎮華夷　難以鎮撫東北一方的漢族與少數民族的人。169患信義不著　擔心的是信義不能令人心服。患，擔心；憂慮。不著，不顯。170桓文　齊桓公、晉文公。171匡復之功　扶助周天子，恢復國家的正常秩序。匡，糾正；輔助。172不先求禮命　不首先伸手向朝廷要官要權。禮命，尊崇與任命。173以令諸侯　以對諸侯發號施令，作威作福。174繕甲兵　修整好我們軍隊的鎧甲和兵器。175除羣凶　消滅那些背叛朝廷、肆意橫行的邪惡勢力。176邀君　向朝廷要這要那。177新昌令　新昌縣的縣令。新昌縣的縣治在今遼寧海城東北的向陽寨。178封抽　姓封名抽，慕容廆的僚屬。179成制　已有的制度。180車騎　敬稱慕容廆，慕容廆當時被晉王朝任為車騎將軍。181為官摧勒　為朝廷消滅石勒。官，指國家、朝廷。182忠義竭誠　忠義為國，盡心盡力。183騰牋上聽　已把你們的上書呈報皇帝。騰，快速轉達。上聽，讓皇帝知道。184可不遲速　猶言成與不成、辦得快還是慢。可不，同「可否」。185當在天臺　都由朝廷說了算。

【語　譯】五年（庚寅　西元三三〇年）

春季，正月，江州刺史劉胤的首級被送到京師建康。擔任司徒的王導認為右軍將軍郭默驍勇善戰，很難控制，便於初一日己亥，實行大赦，將劉胤的首級懸掛在朱雀航示眾，同時任命郭默為江州刺史。擔任太尉的陶侃聽到這個消息氣得甩袖而起，說：「這其中必定有詐！」就要立即率軍討伐郭默。郭默趕緊派使者把妓妾、絹並將朝廷任命他為江州刺史的詔書抄寫了一份呈送給陶侃。陶侃的僚佐都勸諫陶侃說：「郭默如果沒有朝廷的詔書，他敢這樣做嗎！如果一定要進軍討伐，也應該先奏請朝廷，等待朝廷詔書的批准。」陶侃嚴厲地說：「國君年幼，詔令也不是出自皇帝的本意。劉胤一向被朝廷所敬重，雖然不是封疆大吏的材料，怎麼能夠胡亂地對他濫用極刑，將其殺死！郭默仗著自己的勇猛善戰，所到之處貪婪殘暴，因為國家大亂剛剛平定之後，國家法律鬆弛，就想藉著這個機會肆意橫行不法嗎！」遂派使者前往朝廷，上表說明情況，並且寫信給司徒王導說：「郭默殺死了江州刺史，朝廷就任命他為江州刺史，如果他殺死了宰相，難道就任命他為宰相嗎！」王導趕緊把劉胤的首級收殮起來，然後回信給陶侃說：「郭默佔據著長江上游的有利形勢，再加上擁有強大的船艦和現成的軍用物資，所以朝廷不得不忍氣吞聲，讓他暫時在那塊地方待著，使朝廷得以有時間祕密地調集部隊、積蓄力量。等到閣下的大軍一到，朝廷大軍將會風馳電掣般地殺過去，這難道不算是遵養時晦以成就大事嗎！」陶侃看了王導的回信，笑著說：「你這是在姑息養奸！」〇擔任豫州刺史的庾亮也請求討伐郭默。朝廷下詔加授庾亮為征討都督，率領步兵、騎兵二萬人前往與陶侃會合。

擔任西陽太守的鄧岳、擔任武昌太守的劉詡都懷疑譙國內史桓宣與郭默互相勾結，在豫州刺史庾亮手下擔任西曹的王隨說：「桓宣連祖約都不肯依附，怎麼肯與郭默同謀呢！」鄧岳、劉詡於是派王隨到桓宣那裡觀察桓宣的動靜，王隨勸說桓宣說：「你的內心雖然不是如此，但沒有什麼可以證明自己，只有一個辦法，就是讓你的兒子跟我走！」桓宣遂派自己的兒子桓戎跟王隨一起去迎接陶侃。陶侃聘用桓戎為自己的僚屬，上表舉薦桓宣為武昌太守。

二月，後趙群臣請求後趙王石勒即皇帝位，石勒於是自稱為大趙天王，代行皇帝職權。立妃子劉氏為王后，世子石弘為太子。任命兒子石宏為驃騎大將軍、都督中外諸軍事、大單于，封為秦王，石斌為左衛將軍，封為太原王，石恢為輔國將軍，封為南陽王。任命中山公石虎為太尉、尚書令，進爵為王，石虎的兒子石邃為冀州刺史，封為齊王，石虎的另一個兒子石宣為左將軍，石挺為侍中，封為梁王。又封石生為河東王，封石堪為彭城王。任命擔任左長史的郭敖為尚書左僕射，擔任右長史的程遐為右僕射、兼任吏部尚書，擔任左司馬的夔安、擔任右司馬的郭殷、擔任從事中郎的李鳳、前郎中令裴憲，全都為尚書，任命擔任參軍事的徐光為中書令、兼任祕書監，其餘文武官員，按照原來任職的不同等級都有不同程度的提升。

後趙中山王石虎非常生氣，他私下裡對齊王石邃說：「主上自從建都襄國以來，便端坐在國主的寶座上拱著手，仰著頭，等待成功，而我則用自己的身體冒著敵人射來的利箭和投來的石塊奮勇向前，共有二十多年，向南擒獲了前趙的中山王劉岳，向北打跑了索頭，向東打敗了東晉的徐龕、曹嶷，奪取了齊魯的大片土地，向西平定了秦州的劉胤、雍州的蒲洪、姚弋仲，攻佔了十三個州。成就大趙功業的是我，大單于的職位應該授予我。今天竟然將大單于授予了奴婢生養的黃口小兒石宏，每當想到這些，我就心裡堵得慌，睡不好覺、吃不下飯！等到主上死去，我連個種也不值得給他留下。」

後趙擔任右僕射的程遐對大趙天王石勒說：「現在天下已經大體平定，應該明確什麼樣的人該獎賞、什麼樣的人該懲罰，當年漢高祖劉邦赦免了忠於項羽的季布，殺死了放走項羽死敵劉邦的項羽部將丁公。大王您自起兵以來，見到忠於自己君主的就總是褒獎他，對背叛自己主人的不忠之臣就一定殺死他，這就是天下人願意歸附您這位有盛德的君主的原因。現在您卻還讓晉國的叛臣祖約好端端地活著，我對此深感疑惑不解。」擔任安西將軍的姚弋仲也表示了同樣的看法。石勒於是逮捕了祖約，連同他的內外親屬總計一百多人全部殺死，他的妻妾、兒女則分別賞賜給了羯族的有功人員。

當初，祖逖有一個胡人奴僕名叫王安，祖逖很寵愛他。在雍丘的時候，祖逖對王安說：「石勒與你是同一個民族，我也不在乎缺少不缺少你這樣一個人。」遂送給他好多財物而後讓他投奔石勒。王安因為作戰勇敢、有才幹，在後趙做官做到了左衛將軍。等到祖約被殺，王安慨歎地說：「怎能讓祖逖斷絕了後代子孫呢！」於是就親自到刑場觀看行刑。祖逖的庶子祖道重，剛剛十歲，王安便偷偷地把他救出來，帶回家中藏匿起來，讓他改換服飾，打扮成一個和尚的樣子。等到石氏滅亡之後，祖道重返回了江南。

東晉江州刺史郭默準備從尋陽向南攻佔豫章，正遇太尉陶侃率領大軍趕到，郭默出兵與陶侃交戰，沒有取勝，遂進入尋陽城中堅守，他用米袋子堆積成防禦工事，向陶侃顯示城中糧食充足，用來固守綽綽有餘。陶侃就令軍士在城外築起土山，居高臨下俯看城中。三月，庾亮率軍抵達湓口，討伐郭默的諸路大軍雲集。夏季，五月十九日乙卯，郭默的部將宋侯捆綁了郭默父子出城投降。陶侃在軍門將郭默斬首，將郭默的首級送往京師建康，郭默的同黨被殺死了四十人。朝廷下詔，任命陶侃都督江州，兼任江州刺史，任命鄧岳督交、廣諸軍事，兼任廣州刺史。陶侃返回巴陵，不久又將荊、江兩州治所遷移到武昌。庾亮返回自己的治所蕪湖，他對朝廷授予的官爵和獎賞全部推掉，一點也沒有接受。

後趙將領劉徵率領數千名部眾乘坐戰船渡過大海，劫掠了東晉東南沿海的各郡縣，殺死了南沙縣都尉許儒。

涼州刺史張駿趁前趙被滅亡的機會，又收復了河南地區，將邊界拓展到狄道，並設立了武街、石門、侯和、漒川、甘松五處屯兵據點進行戍守，每處設一名護軍統領，與後趙接壤。六月，後趙派遣擔任鴻臚的孟毅前往涼州拜張駿為征西大將軍、涼州牧，加九錫。張駿把做後趙的臣屬看作是一種恥辱，因此拒不接受，並且扣留了孟毅，不放他返回襄國。

當初，丁零部落酋長翟斌世代居住在康居國，後來遷徙到中原地區，現在到後趙的都城襄國來朝覲後趙王石勒，石勒封翟斌為句町王。

後趙群臣堅決請求石勒正式使用皇帝稱號。秋季，九月，後趙石勒即位為皇帝，大赦天下，改年號為「建平」。文武百官按照不同級別全都封官進爵。石勒封自己的妻子劉氏為皇后，立太子石弘為皇太子。

後趙皇太子劉弘喜愛讀書寫文章，對儒家學者既親近又敬重，石勒對擔任中書令祕書監的徐光說：「劉弘安閒和悅的樣子，特別不像將門的孩子。」徐光說：「漢高祖劉邦在戰馬上奪得天下，漢文帝劉恆用清靜無為來保有天下，聖人的後代中，必定會有使殘暴之人不再為惡，使刑罰廢置無用的子孫出現，這是天道運行的規律。」石勒聽了徐光的話很高興。徐光趁機對石勒說：「皇太子仁慈孝順、溫和謙恭，中山王石虎兇暴詭詐，陛下一旦升天，我擔心國家社稷恐怕將不屬於太子所有。應該逐漸地削奪中山王的權力，讓皇太子早些參與朝政。」石勒心裡認為徐光說得很對，但卻沒有付諸實行。

後趙擔任荊州監軍的郭敬率軍進犯東晉的襄陽郡，東晉南中郎將周撫負責統領沔北軍事，駐紮在襄陽。後趙皇帝石勒通過驛站傳遞書信給郭敬，命令郭敬率軍退到樊城屯紮，讓他把所有旗幟都收藏起來，顯示出一片寂靜、似乎無人的樣子。石勒指示說：「對方如果派人來偵察，就告訴他們說：『你們要愛惜自己，努力堅守你們的城池，再過七八天，我們的大隊人馬就要到達，與我們互相策應，到那時你們就是想跑也跑不了了。』」郭敬讓士卒在漢水渡口輪番清洗戰馬，洗完一批走一批，這批走了，剛才走的又回來繼續清洗，就這樣循環往復，白天黑夜從不間斷。偵察人員回去告訴了周撫。周撫以為後趙的大隊人馬已經到來，大為恐懼，遂放棄了襄陽逃往武昌。郭敬兵不血刃就順利地佔領了襄陽，中州的流民全都投降了後趙。東晉雍州刺史魏該的弟弟魏遐率領自己的部眾從石城投降了郭敬。郭敬毀壞了襄陽城，將襄陽的百姓遷移到沔水以北，加修樊城城牆，派軍隊駐守。後趙任命郭敬為荊州刺史。中郎將周撫因為遇敵怯懦、棄地南逃而犯罪，被免官。

匈奴休屠部落頭領名叫羌的背叛了後趙，後趙河東王石生率軍將他打敗，羌逃奔涼州。涼州刺史、西平公張駿很害怕，就打發孟毅返回後趙，同時派遣屬下擔任長史的馬詵為使者向後趙稱臣、貢獻物產。

東晉朝廷在建康重新建造宮殿。〇九月初十日甲辰，東晉改封樂成王司馬欽為河間王，封彭城王司馬紘的兒子司馬俊為高密王。

冬季，十月，成國大將軍李壽統領征南將軍費黑等攻克了東晉管轄之下的巴東郡、建平郡，巴東郡太守楊謙、監軍毋丘奧退往宜都堅守。

六年（辛卯　西元三三一年）

春季，正月，後趙將領劉徵再次進犯東晉的婁縣，劫掠了武進縣，東晉郗鑒率軍打退了後趙劉徵的入侵。

三月初一日壬戌，發生日蝕。

夏季，後趙皇帝石勒前往鄴城，準備在鄴城營造新宮室。擔任廷尉的上黨人續咸苦苦勸阻，石勒發了怒，就要將續咸斬首。擔任中書令的徐光說：「即使續咸的意見不值得採納，也應當寬容他，怎能因為一句直言不中聽，就把位列公卿的大臣殺死呢！」石勒歎息著說：「作為一個國君，難道就連這麼一點主也作不了嗎！平常的老百姓如果家裡有一百匹綢緞的資產，尚且想買一座大宅院，何況是富有四海的皇帝呢！這個皇宮終將營造，但現在還得下令將工程停下來，以給我那敢於直言勸諫的臣屬撐腰打氣。」於是賞賜給續咸一百匹絹，一百斛稻穀。石勒又下詔讓公卿以下的官員每年向朝廷舉薦一個賢良、方正的人才，仍然允許被舉薦的人可以互相介紹、推薦，以開拓求賢之路。在襄國城西修建供帝王宣明聖教的明堂、國家為貴族子弟設立的大學——辟雍，以及觀測天象的靈臺。

秋季，七月，成國大將軍李壽攻取了楊難敵管轄之下的陰平、武都二郡，楊難敵向李壽投降。

九月，後趙皇帝石勒又在鄴城營造宮室。把洛陽作為南都，在南都設立朝廷的派出機構。

冬季，東晉在皇家太廟舉行一年一度的冬季祭祀大典，晉成帝下詔將祭祀後撤下來的胙肉賞賜給司徒王導，並且命他不要為此向皇帝下跪答謝，司徒王導推說有病沒有接受這種大禮。當初，晉成帝司馬衍即位時年紀尚幼，每次看見王導一定跪拜，寫給王導的親筆詔書，開頭總是寫著「惶恐言」，由中書代為撰寫的下達給王導的詔書也總是寫上「敬問」二字。有關部門商議：「皇帝在正月初一會見群臣那天，要不要給王導行禮？」擔任博士的郭熙、杜援都認為：「在禮儀上沒有君拜臣的文字規定，皇帝對王導的特出禮敬應該廢除。」擔任侍中的馮懷認為：「天子駕臨學府舉行典禮的時候，還要遵照規定向三老行禮，何況王導是先帝的師傅，所以皇帝應該以跪拜的方式表示對王導的特殊禮敬。」擔任侍中的荀奕認為：「元旦是三朝之首，時間特殊，在這一天，首先要明確君臣之間的大禮，皇帝不應該給王導下拜。如果是其他日子的朝會，皇帝自然可以用跪拜禮表達對王導的特殊禮敬。」皇帝下詔表示採用荀奕的意見。荀奕，是荀組的兒子。

慕容廆派使者送信給東晉太尉陶侃，勸說陶侃起兵北伐，共同肅清中原。慕容廆的僚屬宋該等共同議論此事，認為「慕容廆在東北的一個角落建立了大功，地位卑微任務重大，在等級上與朝廷的其他臣僚沒有什麼差別，不足以鎮撫東北地區的漢人和其他少數民族，應該上表給朝廷，請求晉升慕容廆的官職和爵位。」

擔任參軍的韓恆反駁說：「建立功勳的人所擔憂的應該是信義不能使人信服，而不擔心名聲小、官位不高。齊桓公、晉文公有匡扶周天子、恢復國家正常秩序之功，並沒有先向周天子要官、要權，而後再向諸侯發號施令，讓諸侯聽從自己。現在應該做的是修繕好我們軍隊的鎧甲和兵器，消滅那些背叛朝廷、肆意橫行的邪惡勢力，等到大功告成之後，加授『九錫』的恩寵就會自然而至。比起請求皇帝以求得恩寵，不是更光榮嗎！」慕容廆得到這樣的結果很不高興，便將韓恆外放去做新昌縣令。於是擔任東夷校尉的封抽等上疏給太尉府，請求封慕容廆為燕王，行使大將軍職權。太尉陶侃回信答覆說：「大功告成之日加官進爵，這是自古以來就有的制度。車騎將軍慕容廆雖然還沒有為皇帝摧毀後趙石勒，然而對朝廷的忠義之心出於至誠，現在我已經將你們的意思轉奏給皇帝，成與不成、是遲是速，都由朝廷說了算。」

【研　析】本卷寫了晉成帝咸和三年（西元三二八年）至咸和六年共四年間的各國大事。其中值得議論的有以下幾點：

一、蘇峻造反是起於庾亮的專權和庾亮堅持解除蘇峻的兵權並調蘇峻到朝廷任職，而蘇峻起兵後，庾亮又隻身逃出京城往依溫嶠，置朝廷與皇帝於不顧，因此很多人都認為庾亮大逆不道，司馬光以之與湘州刺史卞敦相提並論，說他們「人臣之罪，孰大於此？既不能明正典刑，又以寵祿報之，晉室無政，亦可知矣」。卞敦身為朝廷的方面大員，擁兵觀望，不赴朝廷之難，自然應該受到嚴懲，但庾亮之罪有點像是漢代的鼂錯，應該進行全面分析。清代王夫之《讀通鑑論》說：「庾亮徵蘇峻而激之反，天下怨之，固不能辭其咎矣，雖然，其志有可原者也。亮受輔政之命而不自擅也，尊王導於己上，而引郗鑒、卞壼、溫嶠以共濟艱難，賓武之所不逮，非直異於梁冀、楊峻而已也。……亮以衛國無術而任罪，司馬溫公乃欲明正典刑以窮其罪，則何以處夫延王敦、殺周戴以偪天子之王導乎？溫嶠，人傑也，亮敗竄而嶠敬之不衰，必有以矣；峻雖反，主雖危，而終平大難者，郗鑒、溫嶠也；以死殉國者，卞壼也，皆亮所引與同衛社稷者也。抑權臣、扶幼主，亮與諸君子有同心，特謀大而智小、志正而術疏耳。」當陶侃引兵東下，庾亮親往拜見，眾人皆以為陶侃必當誅庾亮以謝天下，而庾亮捨身歸罪不辭；日後郭默作亂於江州，王導又欲向之妥協，而庾亮能率師會合陶侃，共誅大逆，此亦深有可人之意者，非苟且而已也。

二、在平定蘇峻之亂中，起關鍵作用的人是溫嶠、郗鑒，陶侃是被溫嶠千方百計拉進來的。溫嶠、庾亮決定起兵後，力請陶侃為盟主，陶侃猶豫再三始派督護龔登率軍而至；當勤王大軍即將開拔東下時，陶侃又派人追龔登率兵回去；當溫嶠剴切深至的曉之以理後，陶侃始戎服登舟；當勤王軍與蘇峻作戰屢屢失利時，溫嶠向陶侃借糧，陶侃不借，而且又說「荊州接胡、蜀二虜，當備不虞。若復無食，僕便欲西歸，更思良算，徐來殄賊，不為晚也」。簡直如同《西遊記》中的豬八戒，遇到一點困難就想散夥回高老莊。陶侃這些表現有其深遠的客觀原因，陶侃對當時的朝廷，對王導、庾亮、溫嶠等人心懷疑慮、離心離德是可以理解的。早在元帝時，陶侃在荊、湘一帶破杜弢、杜曾有大功，接續劉弘為荊州刺史，而朝廷則視陶侃為異己，改任陶侃到廣州，另派他們的嫡系王廙為荊州刺史。直到王敦造反被討平後，陶侃才又回到荊州任職。晉明帝臨死前任命顧命大臣，王導、郗鑒、庾亮、溫嶠、卞壼、陸曄都在其內，獨獨沒有陶侃。甚至庾亮擅權，派兵屯駐四方時，庾亮派溫嶠為江州刺史，目的就是防著陶侃。當蘇峻的叛亂已經箭在弦上，溫嶠請求入衛京城時，庾亮說：「吾憂西陲，過於歷陽，足下無過雷池一步也。」他們把陶侃看得比蘇峻、祖約還要可怕。對於這群人，你說陶侃怎麼可能輕易與他們推心置腹地通力合作呢？直到對付郭默的叛亂時，陶侃才首舉義旗，痛斥王導，把問題解決得乾淨利落，令人心快神怡。

三、王導在王敦造反時的個人表現以及王導建議給向王敦獻出石頭城的朝廷叛逆周札以褒獎的咄咄怪事，在上卷已經提及。而在這一卷裡王導又為蘇峻造反時，在湘州擁兵觀望，不隨勤王軍東下，又不向勤王軍供應糧草的卞敦進行辯護，當有人提出給予嚴懲時，王導將其調任廣州刺史，又改為光祿大夫領少府；當郭默叛亂，殺江州刺史劉胤時，王導又將劉胤的人頭示眾，並欲任郭默為江州刺史，以致被陶侃所質問曰：「郭默殺方州即用為方州，害宰相便為宰相乎！」並斥責王導的這種所謂「遵養時晦」實際是「遵養時賊」。司馬光說王導：「卞敦位列方鎮，兵糧俱足，朝廷顛覆，坐觀勝負。人臣之罪，孰大於此？既不能明正典刑，又以寵祿報之，晉室無政，亦可知矣！任是責者，豈非王導乎！」而就是這麼一個人，居然名並日月，連皇帝見了他都要起來行禮，這不是怪事嗎？

四、本卷寫了前趙主劉曜被石勒所擒，前趙也旋即被石勒所滅，歷史寫劉曜以往的活動是比較詳細的，劉曜的人格也有不少精彩的令人讚賞之處；但寫到其兵敗國滅，卻只匆匆幾行字就結束了，簡單得令人無法尋繹其失敗的根本原因，只看到了一些偶然的現象，這是令人遺憾的。

卷第九十五

晉紀十七

起玄黓執徐（壬辰 西元三三二年），盡彊圉作噩（丁酉 西元三三七年），凡六年。

【題解】本卷寫晉成帝咸和七年（西元三三二年）至咸康三年（西元三三七年）共六年間的東晉及各國大事。主要寫了趙主石勒的僚屬程遐、徐光勸石勒提防石虎，石勒不聽；寫了石勒病死，石虎先殺程遐、徐光，又殺石堪與石勒的皇后劉氏，控制太子石弘；石勒的部將石生、石朗起兵討石虎，石生的部將郭權先破石虎軍，終因石生無能被石虎打敗，石虎廢石弘之帝位，不久又將他及石宏、皇后程氏等殺掉，自稱居攝趙天王；寫了石虎遷都鄴城，大治宮室，又在襄國大造太武殿，窮奢極侈；石虎又極度尊禮「大和尚」佛屠澄，引致國內「爭造寺廟，削髮出家」；石虎又自立為大趙天王，荒耽酒色，喜怒無常，與其太子石邃的矛盾加深，終致石虎殺石邃而改立石宣；寫了棘城的慕容廆卒，其子慕容皝嗣位，慕容皝之弟慕容仁佔領遼東地區自立，慕容皝用高詡之謀，踏冰渡海討平慕容仁，又大破段遼與宇文氏之眾，慕容皝備置百官，自稱燕王；寫了涼州張駿政權的境內漸平，勤修諸政，民富兵強，被稱為賢君，西域的焉耆、于寘等國都到姑臧朝賀稱臣，張駿正有兼併秦、雍二州之志；寫了成將李壽進攻寧州，寧州刺史降成，李雄遂盡有南中之地，李壽又一度奪得梁州；其後成主李雄病死，養子李班繼位，雄子李越襲殺李班，擁立雄子李期，李期的政局混亂，成國開始衰敗；寫了陶侃晚年以滿盈自懼，辭官還居封地，死於歸途之中；寫了晉成帝已加元服，仍委政於王導，禮拜王導，侍中孔坦勸諫晉成帝，遂被王導黜逐；王導、庾亮分別聘用愛好清談的王濛、王述以及殷浩等人，彼此以清談煽動，社會成風，朝廷雖立太學、招生員，而士大夫習尚《老》、《莊》，儒學始終不振；而石虎因南遊而臨江，幾十名騎兵哨探至歷陽，歷陽太守袁耽虛報軍情，竟引起東晉的緊急動員、調兵遣將，一片腐敗盲目不堪。

顯宗成皇帝中之上

咸和七年（壬辰　西元三三二年）

春，正月辛未❶，大赦。

趙主勒大饗❷羣臣，謂徐光曰：「朕可方❸自古何等主❹？」對曰：「陛下神武謀略過於漢高❺，後世無可比者。」勒笑曰：「人豈不自知！卿言太過。朕若遇漢高祖，當北面事之❻，與韓、彭比肩❼。若遇光武❽，當並驅中原❾，未知鹿死誰手❿。大丈夫行事，宜礌礌落落⓫，如日月皎然⓬，終不效⓭曹孟德⓮、司馬仲達⓯，欺人孤兒寡婦，狐媚⓰以取天下也。」羣臣皆頓首稱萬歲。

勒雖不學⓱，好使諸生⓲讀書而聽之，時以其意⓳論古今得失，聞者莫不悅服⓴。嘗㉑使人讀漢書㉒，聞酈食其㉓勸立六國後，驚曰：「此法當失㉔，何以遂得天下[25]？」及聞留侯諫[26]，乃曰：「賴有此耳[27]！」

郭敬之退戍[28]樊城也，晉人復取襄陽。夏，四月，敬復攻拔之，留戍[29]而歸。

趙右僕射程遐言於趙主勒曰：「中山王[30]勇悍權略，羣臣莫及，觀其志，自陛下之外，視之蔑如[31]。加以殘賊[32]安忍[33]，久為將帥，威振內外。其諸子年長，皆典兵權[34]。陛下在，自當無它[35]，恐非少主之臣[36]也。宜早除之，以便大計[37]。」勒曰：「今天下未安，大雅[38]沖幼[39]，宜得彊輔[40]。中山王骨肉至親[41]，有佐命之功[42]，方當委以伊、霍之任[43]，何至如卿所言！卿正恐不得擅[44]帝舅之權[45]耳。吾亦當參卿顧命[46]，勿過憂也。」遐泣曰：「臣所慮者公家[47]，陛下乃以私計拒之[48]，忠言何自而入[49]乎！中山王雖為皇太后[50]所養[51]，非陛下天屬[52]，雖有微功，陛下酬[53]其父子恩榮亦足矣。而其志願無極[54]，豈將來有益者乎[55]！若不除之，臣見宗廟不血食[56]矣。」勒不聽。

遐退，告徐光，光曰：「中山王常切齒於吾二人，恐非但危國，亦將為家禍也。」它日，光承間[57]言於勒曰：「今國家無事，而陛下神色若有不怡[58]，何也？」勒曰：「吳、蜀[59]未平，吾恐後世不以吾為受命之王[60]也。」光曰：「魏承漢運[61]，劉備雖興於蜀[62]，漢豈得為不亡乎[63]？孫權在吳，猶今之李氏[64]也。陛下苞括二都[65]，平蕩八州[66]，帝王之統不在陛下，當復[67]在誰？且陛下不憂腹心之疾，而更憂四支[68]乎！中山王藉[69]陛下威略[70]，所向輒克[71]，而天下皆言其英武亞於陛下[72]。且其資性[73]不仁，見利忘義，父子並據權位，勢傾王室[74]，而耿耿[75]常有不滿之心。近於東宮侍宴[76]，有輕皇太子之色。臣恐陛下萬年之後[77]，不可復制[78]也。」勒默然，始命太子省可[79]尚書奏事，且以中常侍嚴震參綜可否[80]，惟征伐斷斬大事[81]乃呈之[82]。於是嚴震之權過於主相[83]，中山王虎之門可設雀羅[84]矣。虎愈怏怏[85]不悅。

秋，趙郭敬南掠江西[86]，太尉侃遣其子平西參軍斌及南中郎將桓宣乘虛攻樊城，悉俘其眾。敬旋救樊[87]，宣與戰于涅水[88]，破之，皆得其所掠。侃兄子臻及竟陵太守李陽攻新野，拔之。敬懼，遁去，宣、陽[1]遂拔襄陽。◯侃使宣鎮襄陽。宣招懷[89]初附[90]，簡刑罰，略威儀[91]，勸課農桑[92]，或載鉏耒於軺軒[93]，親帥民芸穫[94]。在襄陽十餘年，趙人再攻之[95]。宣以寡弱拒守，趙人不能勝。時人以為亞[96]於祖逖、周訪。

成大將軍壽[97]寇寧州[98]，以其征東將軍費黑為前鋒，出廣漢[99]，鎮南將軍任回出越巂[100]，以分寧州之兵。

冬，十月，壽、黑至朱提[101]，朱提太守董炳城守[102]，寧州刺史尹奉遣建寧[103]太守霍彪引兵助之。壽欲逆拒彪，黑曰：「城中食少，宜縱彪入城[104]，共消其穀[105]，何為拒之？」壽從之。城久不下，壽欲急攻之。黑曰：「南中[106]險阻難服，當以日月制之[107]。待其智勇俱困，然後取之。溷牢之物[108]，何足汲汲[109]也！」壽不從。攻果不利，乃悉以軍事任黑[110]。

十一月壬子朔[111]，進太尉侃為大將軍，劍履上殿，入朝不趨，贊拜不名[112]，侃固辭不受。

十二月庚戌[113]，帝遷于新宮。

是歲，涼州僚屬勸張駿稱涼王，領秦、涼二州牧，置公卿百官如魏武、晉文故事[114]。駿曰：「此非人臣所宜言也。敢言此者，罪不赦！」然境內皆稱之為王。駿立次子重華為世子[115]。

八年（癸巳　西元三三三年）

春，正月，成大將軍李壽拔朱提，董炳、霍彪皆降，壽威震南中。○丙子[116]，趙主勒遣使來修好[117]，詔[118]焚其幣[119]。

三月，寧州刺史尹奉降于成，成盡有南中之地。大赦。以大將軍壽領寧州[120]。

夏，五月甲寅[121]，遼東武宣公慕容廆卒。六月，世子皝以平北將軍行平州刺史[122]，督攝部內[123]，赦繫囚[124]。以長史裴開為軍諮祭酒，郎中令高詡為玄菟[125]太守。皝以帶方[126]太守王誕為左長史，誕以遼東[127]太守陽鶩為才[128]而讓之，皝從之，以誕為右長史。

趙主勒寢疾[129]，中山王虎入侍禁中，矯詔[130]羣臣親戚皆不得入，疾之增損，外無知者。又矯詔召[131]秦王宏[132]、彭城王堪[133]還襄國。勒疾小瘳[134]，見宏，驚曰：「吾使王處藩鎮[135]，正備今日[136]，有召王者邪？將自來邪[137]？有召者，當按誅[138]之！」虎懼曰：「秦王思慕[139]，暫還耳，今遣之[140]。」仍留不遣。數日，復問之，虎曰：「受詔即遣，今已半道矣。」廣阿[141]有蝗，虎密使其子冀州刺史邃帥騎三千遊於蝗所[142]。

秋，七月，勒疾篤[143]，遺命曰：「大雅兄弟[144]，宜善相保[145]。司馬氏[146]，汝曹之前車[147]也。中山王宜深思周、霍[148]，勿為將來口實[149]。」戊辰[150]，勒卒。中山王虎劫太子弘使臨軒[151]，收右光祿大夫程遐、中書令徐光，下廷尉[152]，召邃使將兵入宿衛[153]，文武皆奔散。弘大懼，自陳劣弱，讓位於虎。虎曰：「君終，太子立，禮之常也。」弘涕泣固讓。虎怒曰：「若不堪重任[154]，天下自有大義，何足豫論[155]！」弘乃即位，大赦。殺程遐、徐光。夜，以勒喪[156]潛瘞山谷[157]，莫知其處。己卯[158]，備儀衛[159]，虛葬于高平陵，諡曰明帝，廟號高祖。

趙將石聰及譙郡太守彭彪各遣使來降。聰本晉人，冒姓石氏。朝廷遣督護喬球將兵救之，未至[160]，聰等為虎所誅。◯慕容皝遣長史勃海王濟[161]等來告喪。

八月，趙主弘以中山王虎為丞相、魏王、大單于，加九錫，以魏郡等十三郡為國[162]，總攝百揆[163]。虎赦其境內，立妻鄭氏為魏王后，子邃為魏太子，加使持節[164]、侍中、都督中外諸軍事、大將軍、錄尚書事，次子宣為使持節、車騎大將軍、冀州刺史，封河間王，韜[165]為前鋒將軍、司隸校尉，封樂安王，遵[166]封齊王，鑒[167]封代王，苞[168]封樂平王。徙太原王[2]斌[169]為章武王。勒文武舊臣，皆補散任[170]。虎之府寮[171]親黨[3]，悉署[172]臺省要職。以鎮軍將軍夔安[173]領左僕射，尚書郭殷為右僕射。更命太子宮曰崇訓宮，太后劉氏以下皆徙居之。選勒宮人[174]及車馬、服玩之美者皆入丞相府。

宇文乞得歸[175]為其東部大人[176]逸豆歸所逐，走死于外。慕容皝引兵討之，軍于廣安[177]。逸豆歸懼而請和，遂築榆陰[178]、安晉[179]二城而還。

成建寧、牂柯[180]二郡來降，李壽復擊取之。

趙劉太后謂彭城王堪曰：「先帝甫晏駕[181]，丞相遽相陵藉[182]如此。帝祚[183]之亡，殆不復久[184]，王將若之何[185]？」堪曰：「先帝舊臣，皆被疏斥，軍旅不復由人[186]，宮省之內[187]，無可為者[188]。臣請奔兗州[189]，挾[190]南陽王恢[191]為盟主，據廩丘[192]，宣太后詔於牧、守、征、鎮[193]，使各舉兵以誅暴逆，庶幾[194]猶有濟[195]也。」劉氏曰：「事急矣，當速為之！」九月，堪微服[196]輕騎襲兗州，不克[197]，南奔譙城[198]。丞相虎遣其將郭太追之，獲堪于城父[199]，送襄國，炙[200]而殺之。徵[201]南陽王恢還襄國。劉氏謀泄，虎廢[202]而殺之，尊弘母程氏為皇太后。堪本田氏子[203]，數有功，趙主勒養以為子。劉氏有膽略，勒每與之參決軍事，佐勒建功業，有呂后[204]之風，而不妬忌更過之。

趙河東王生鎮關中，石朗鎮洛陽，冬，十月，生、朗皆舉兵以討丞相虎。生自稱秦州刺史，遣使來降。氐帥蒲洪自稱雍州刺史，西附張駿[205]。

虎留太子邃守襄國，將步騎七萬攻朗于金墉[206]。金墉潰，獲朗，刖而斬之[207]。進向長安，以梁王挺[208]為前鋒大都督。生遣將軍郭權帥鮮卑涉璝[209]眾二萬為前鋒以拒之，生將大軍繼發，軍于蒲阪[210]。權與挺戰於潼關[211]，大破之，挺及丞相左長史劉隗皆死，虎還奔澠池，枕尸[212]三百餘里。鮮卑潛與虎通謀，反擊生。生不知挺已死，懼，單騎奔長安，權收餘眾退屯渭汭[213]。生遂棄長安，匿於雞頭山[214]。

將軍蔣英據長安拒守，虎進兵擊英，斬之。生麾下[215]斬生以降，權奔隴右[216]。

虎分命諸將屯汧、隴[217]，遣將軍麻秋討蒲洪。洪帥戶二萬降於虎，虎迎拜洪光烈將軍、護氐校尉。洪至長安，說虎徙關中豪傑及氐、羌以實東方[218]，曰：「諸氐皆洪家部曲[219]，洪帥以從[220]，誰敢違者！」虎從之，徙秦、雍[221]民及氐、羌十餘萬戶于關東[222]。以洪為龍驤將軍、流民都督，使居枋頭[223]。以羌帥姚弋仲為奮武將軍、西羌大都督，使帥其眾數萬徙居清河[224]之灄頭[225]。○虎還襄國，大赦。趙主弘命虎建魏臺[226]，一如魏武王輔漢[227]故事。

慕容皝初嗣位，用法嚴峻，國人多不自安。主簿皇甫真切諫[228]，不聽。○皝庶兄建威將軍翰、母弟征虜將軍仁有勇略，屢立戰功，得士心，季弟[229]昭有才藝，皆有寵於廆，皝忌之。翰歎曰：「吾受事[230]於先公，不敢不盡力。幸賴先公之靈，所向有功。此乃天贊[231]吾國，非人力也。而人謂吾之所辦[232]，以為雄才難制[233]，吾豈可坐而待禍邪！」乃與其子出奔段氏[234]。段遼素聞其才，冀收其用[235]，甚愛重之。

仁自平郭[236]來奔喪，謂昭曰：「吾等素驕[237]，多無禮於嗣君[238]。嗣君剛嚴[239]，無罪猶可畏，況有罪乎！」昭曰：「吾輩皆體正嫡[240]，於國有分[241]。兄素得士心，我在內未為所疑，伺[242]其間隙[243]，除之不難。兄趣[244]舉兵以來，我為內應。事成之日，與我遼東[245]。男子舉事，不克則死[246]，不能效建威偷生異域[247]也。」仁曰：「善！」遂還平郭。閏月[248]，仁舉兵而西。

或以仁、昭之謀告皝，皝未之信，遣使按驗[249]。仁兵已至黃水[250]，知事露，殺使者，還據平郭。皝賜昭死。遣軍祭酒封奕慰撫遼東，以高詡為廣武將軍，將兵五千，與庶弟建武將軍幼、稚、廣威將軍軍、寧遠將軍汗、司馬遼東佟壽[251]共討仁，與仁戰於汶城[252]北，皝兵大敗，幼、稚、軍皆為仁所獲。壽嘗為仁司馬，遂降於仁。前大農[253]孫機等舉遼東城[254]以應仁。封奕不得入[255]，與汗俱還。東夷校尉[256]封抽、護軍平原乙逸[257]、遼東相太原韓矯皆棄城走，於是仁盡有遼東之地。段遼及鮮卑諸部皆與仁遙相應援[258]。皝追思皇甫真之言，以真為平州別駕[259]。

十二月，郭權據上邽，遣使來降[260]，京兆、新平、扶風、馮翊、北地皆應之。

初，張駿欲假道於成[261]，以通表建康，成主雄不許。駿乃遣治中從事張淳稱藩於成[262]以假道，雄偽許之，將使盜覆諸東峽[263]，蜀人橋贊密以告淳。淳謂雄曰：「寡君[264]使小臣行無迹之地[265]，萬里通誠[266]於建康者，以陛下[267]嘉尚忠義[268]，能成人之美[269]故也。若欲殺臣者，當斬之都市，宣示眾目[270]曰：『涼州不忘舊德[271]，通使琅邪(272)，主聖臣明(273)，發覺殺之(274)。』如此則義聲(275)遠播，天下畏威(276)。今使盜殺之江中，威刑不顯(277)，何足以示天下(278)乎！」雄大驚曰：「安有此邪(279)！」

司隸校尉景騫言於雄曰：「張淳，壯士，請留之(280)。」雄曰：「壯士安肯留？且試以卿意觀之(281)。」騫謂淳曰：「卿體豐大(282)，天熱，可且遣下吏(283)，小住須涼(284)。」淳曰：「寡君以皇輿播越(285)，梓宮未返(286)，生民塗炭(287)，莫之振救(288)，故遣淳通誠上都(289)。所論事重，非下吏所能傳。使下吏可了(290)，則淳亦不來矣。雖火山湯海(291)，猶將赴之，豈寒暑之足憚(292)哉！」雄謂淳曰：「貴主英名蓋世，土險兵彊，何不亦稱帝自娛(293)一方？」淳曰：「寡君祖考(294)以來，世篤忠貞(295)，以讎恥未雪，枕戈待旦(296)，何自娛之有(297)！」雄甚慙，曰：「我之祖考本亦晉臣，遭天下大亂，與六郡之民(298)避難此州，為眾所推，遂有今日。琅邪(299)若能中興大晉於中國者，亦當帥眾輔之。」厚為淳禮而遣之。淳卒(300)致命於建康(301)。

長安之失守(302)也，敦煌計吏耿訪(303)自漢中入江東，屢上書請遣大使(304)慰撫涼州。朝廷以訪守(305)治書御史(306) [4]，拜張駿鎮西大將軍，選隴西賈陵等十二人配之(307)。訪至梁州(308)，道不通，以詔書付賈陵，詐為賈客(309)以達之(310)。是歲(311)，陵始至涼州，駿遣部曲督(312)王豐等報謝(313)。

【章　旨】以上為第一段，寫晉成帝咸和七年（西元三三二年）至咸和八年共兩年間的大事。主要寫了趙主石勒評價自己與聽人為之讀書的一些故事；寫了程遐、徐光勸石勒提防石虎，石勒令太子省可尚書奏事；寫了趙主石勒病死，石虎控制太子石弘，殺程遐、徐光，與石勒的皇后劉氏，掌管起中外一切權力；寫了石勒的部將石生、石朗起兵討石虎，石生的部將郭權大破石虎軍，但因石生無能終被石虎打敗，郭權引兵逾隴，遣使歸命於晉，秦州諸郡多應之；寫了遼東地區的慕容廆卒，其子慕容皝嗣位，用法嚴峻，國人多不自安，其庶兄慕容翰出逃以附段氏，胞弟慕容仁起兵討伐慕容皝，各地紛起響應，迅即佔領遼東地區；寫了成將李壽進攻寧州，攻取朱提郡，寧州刺史降成，李雄遂盡有南中之地；寫了涼州張駿派部下張淳請通過成國地區以通使建康，李雄不許，張淳說服李雄，終得完成任務等等。

【注　釋】❶正月辛未　正月十五。❷大饗　舉行盛大宴會以招待……。❸方　比擬；與……相比。❹何等主　什麼樣的帝王。主，人主；帝王。❺過於漢高　比漢高祖劉邦強。❻北面事之　意即給他做臣子。舊時帝王臨朝，都是面朝南而坐，群臣面向北而朝。❼與韓彭比肩　與韓信、彭越站在一個行列中。韓信、彭越都是劉邦部下的名將，在破項羽的過程中功勳巨大，韓信先後被封為齊王、楚王，彭越被封為梁王。事見《史記》的〈淮陰侯列傳〉、〈魏豹彭越列傳〉。比肩，並肩，以喻才能、地位相等。❽光武　指光武帝劉秀，東漢的開國皇帝。事跡見《後漢書・光武紀》。❾並驅中原　在田野上奔馳較量。❿未知鹿死誰手　不知誰能獲得帝位。鹿，「祿」的諧音，以比喻皇帝之位。蒯通說話有所謂「秦失其鹿，天下共逐之，於是高材疾足者先得焉」。見《史記・淮陰侯列傳》。⓫礌礌落落　做事光明正大。礌，同「磊」。⓬皎然　光明的樣子。⓭終不效　無論如何不能像……那樣。效，仿照；學習。⓮曹孟德　曹操，字孟德，西漢末年的大軍閥，挾持漢獻帝為傀儡，以號令天下，最後由其子曹丕篡奪了漢朝的政權，改國號曰「魏」。⓯司馬仲達　司馬懿，字仲達，曹魏政權的大權臣，以種種手段殺光了忠於曹氏的勢力，最後由其孫司馬炎篡奪了曹魏的政權，改國號曰「晉」。⓰狐媚　用狐狸一般的狡猾手段，善以媚態惑人。⓱不學　沒有上過學，沒有文化。⓲諸生　眾儒生。⓳時以其意　時常能按照他的理解。⓴悅服　心悅誠服。㉑嘗　曾經。㉒漢書　「前四史」中的第二部，作者班固，共寫了自劉邦建國，到王莽篡位的二百多年的西漢王朝的歷史。是歷代正史中被評價很高的一部歷史書。㉓酈食其　劉邦部下的謀士與外事活動家。西元前二〇四年，劉邦被項羽圍困於滎陽（今河南滎陽東北）時，酈食其曾勸說劉邦分封六國後代，使其回去各自為戰，以削弱項羽。後未及實行，即被張良勸止。事見《史記・留侯世家》。㉔此法當失　如此法得行，必遭失敗。㉕何以遂得天下　劉邦後來又是如何取得天下的。㉖及聞留侯諫　後來聽到張良勸劉邦不要這麼做的「八不可」。張良字子房，劉邦部下的首席謀士。當酈食其勸說劉邦分封六國子弟後，劉邦正欲實行，張良為劉邦分析了酈食其所出主意的荒謬，劉邦立即收回成命。傳見《史記・留侯世家》。㉗賴有此耳　幸虧有張良這套言論。㉘戍　駐守；防守。㉙留戍　留下一支防守部隊。㉚中山王　指石虎，被石勒封為中山王。㉛視之蔑如　視之若無；把誰也不看在眼裡。蔑如，蔑然；小到沒有的樣子。㉜殘賊　兇狠暴戾。《孟子・梁惠王下》：「賊仁者謂之賊，賊義者謂之殘，殘賊之人，謂之一夫。」㉝安忍　殘忍；視殘忍以為常。㉞典兵權　掌管軍隊。㉟自當無它　自然不會有其他變故。㊱恐非少主之臣　恐怕不是能為你兒子盡忠效力的臣子。少主，未來的小皇帝，指太子劉弘。㊲以便大計　以對國家社稷有利。㊳大雅　指太子石弘，字大雅。㊴沖幼　年紀幼小。沖，幼弱。㊵彊輔　強有力的輔佐大臣。㊶骨肉至親　石虎是石勒之姪，與石弘是堂兄弟。㊷佐命之功　輔佐石勒成為皇帝的功勳。古代帝王建立王朝，自謂承天受命，故稱輔佐大臣的功勞為「佐命」。㊸伊霍之任　像伊尹、霍光那樣的重任。伊尹名摯，是商湯的大臣。湯死後，諸子皆幼，伊尹曾連續輔佐商湯的三個小兒子外丙、中壬、太甲稱王。事詳《史記・殷本紀》。霍光字子孟，西漢武帝時的託命大臣，先輔佐昭帝即位；昭帝死，迎立昌邑王劉賀為帝；劉賀淫亂無度，被霍光所廢，又迎立了漢宣帝。傳見《漢書・霍光傳》。伊尹與霍光被古代視為忠心耿耿以輔佐幼主的代表。㊹擅　專；獨攬。㊺帝舅之權　身為國舅的大權。太子石弘是程遐之妹程皇后所生。㊻參卿顧命　讓你參與到顧命大臣的行列之中。參，使……參與。顧命，天子的臨終之命，這裡指受遺詔輔佐幼主。㊼公家　國家、社稷的大事。㊽乃以私計拒之　竟然從個人利益的角度來猜疑我、拒絕我。以私計，認為程遐是為個人打算。㊾忠言何自而入　忠心耿耿的話還怎麼能讓你聽到呢。何自，自何；從哪裡。㊿皇太后　指石勒的母親。(51)所養　所撫養。(52)非陛下天屬　不是你的親生骨肉。有血緣關係的直系親屬，如父母、子女、兄弟姐妹。石虎是石勒之姪，非直系親屬。(53)酬　報；答謝。指加官進爵等等。(54)志願無極　欲望無邊，指石虎有覬覦君位之心。極，盡頭。(55)豈將來有益者乎　這是對我們日後有好處的人嗎。(56)宗廟不血食　無人祭祀宗廟，即指國家滅亡。血食，古時殺牲取血，用來祭祀。(57)承間　趁機會。間，空隙；機會。(58)不怡　不愉快。(59)吳蜀　石勒以三國曹魏自況，吳、蜀指東晉與蜀地的成國而言。(60)受命之王　接受天命、統一天下的帝王。古代帝王往往託神權以鞏固統治，稱自己為帝王是受命於天。(61)魏承漢運　曹魏是繼承著漢王朝的氣數、命運。(62)劉備雖興於蜀　劉備即使還在西蜀割據一方。(63)漢豈得為不亡乎　漢王朝還能說是沒有亡國嗎。(64)李氏　成都的李雄政權。(65)苞

括二都　佔據著西都長安和東都洛陽。苞，通「包」。(66)平蕩八州　已經蕩平了八個州。石勒當時統治的八個州是冀州、幽州、并州、青州、兗州、豫州、司州、雍州。(67)當復　還能。(68)更憂四支　反而去擔憂四肢上的小病嗎。更，反而。四支，同「四肢」。以喻不關緊要。(69)藉　憑藉。(70)威略　威名和謀略。(71)所向輒克　意即攻無不克。向，指向，這裡指攻打、進軍。克，戰勝。(72)亞於陛下　僅次於您，指除了您再沒有人能和他比了。(73)資性　生性；生來的本性。(74)勢傾王室　比石勒家庭的權勢還要大，指石勒二子皆不及石虎而言。傾，壓倒。(75)耿耿　心懷不滿的樣子。(76)於東宮侍宴　在東宮陪著太子石弘飲酒。東宮，太子所居之宮。(77)萬年之後　對石勒去世的婉稱。(78)不可復制　沒人再管得了他。(79)省可　審閱和批示。省，觀看；檢查。可，允許；許可。(80)參綜可否　參加決定國家大事。(81)征伐斷斬大事　出兵打仗與斬殺大臣。(82)乃呈之　才呈報石勒決定。(83)過於主相　比丞相的權力還大。主相，人主之相，即輔佐大臣。(84)可設雀羅　可以架設網子逮鳥，極言石虎被剝奪權力之後的門庭冷落。雀羅，捕鳥的網。(85)怏怏　不滿意、不服氣的樣子。(86)江西　長江以西，這裡指從邾城（邾縣故城在今湖北黃岡西北）以東至歷陽（今安徽和縣）的一帶地區。(87)旋救樊　回師救援樊城。(88)涅水　今名「趙河」，亦名「照河」，俗名「西十二里河」，源出今河南鎮平北，南流至新野匯入白河，更南流至襄樊注入漢江。(89)招懷　招集安撫。(90)初附　剛剛歸附過來原屬後趙的人。(91)略威儀　不擺做官的架子。略，省簡。威儀，官員的儀仗和隨從。(92)勸課農桑　鼓勵督促發展農業生產。課，督促完成指定的工作。(93)或載鉏耒於軺軒　有時在自己乘坐的車子上帶著農具。或，有時。鉏、耒，兩種農具名。鉏，同「鋤」。耒，古代一種像犁的農具，其木把叫「耒」，犁頭叫「耜」。軺軒，古代官吏乘坐的一種輕便馬車。(94)芸穫　除草或收割莊稼。芸，通「耘」。除草。(95)再攻之　多次對襄陽發動攻擊。(96)亞　僅次於；僅次一等。(97)成大將軍壽　李壽，李驤之子，李雄的堂兄弟，時為成國的大將軍。(98)寧州　晉州名，州治晉寧，在今雲南昆明東南。(99)廣漢　晉郡名，郡治在今四川射洪南。(100)越巂　晉郡名，郡治會無縣，在今四川會理西。(101)朱提　晉郡名，郡治即今雲南昭通。(102)城守　據城守衛。(103)建寧　晉郡名，郡治即今雲南曲靖。(104)縱虎入城　放霍彪入朱提城。(105)共消其穀　去共同消費那城裡本來就不多的糧食。(106)南中　泛指今四川南部、雲南東北部以及貴州西北部地區。(107)以日月制之　指拖長時間來消磨他。(108)溷牢之物　養在圈裡的豬羊。溷，豬圈。牢，飼養牲畜的圈欄。(109)何足汲汲　何必著急呢。汲汲，著急的樣子。(110)任黑　聽憑費黑指揮。(111)十一月壬子朔　十一月初一是壬子日。(112)贊拜不名　大臣拜見皇帝時，司儀的禮官通常都要高唱該官員的名字；而對於權位太高，皇帝特別禮敬的大臣，則不唱名字以示優寵。以上「劍履上殿，入朝不趨，贊拜不名」是「九錫」中的三項。(113)十二月庚戌　十二月二十九。(114)魏武晉文故事　指魏武帝曹操和晉文帝司馬昭都是被封過「魏王」或「晉王」，以此證明張駿這麼做也不為過。(115)世子　意同「太子」。(116)丙子　正月二十六。(117)修好　結好；繼續維持雙方的友好關係。(118)詔　皇帝下令。(119)幣　禮品。古代常用玉璧、馬匹、絲帛等作為國家之間友好訪問的禮品。(120)領寧州　兼任寧州刺史。寧州刺史的駐地晉寧縣，在今昆明的東南。(121)五月甲寅　五月初六。(122)行平州刺史　兼任平州刺史。行，兼任；兼理。平州的州治即今遼寧遼陽。(123)督攝部內　監督統領其管轄區域的一切事務。部內，管轄區內。(124)赦繫囚　釋放監獄所關押的囚犯。這是新君主上臺所常用以收買人心的做法。(125)玄菟　晉時郡名，郡治高句驪，在今瀋陽東。(126)帶方　晉時郡名，郡治在今朝鮮平壤以南的沙里院南。(127)遼東　晉郡名，郡治即今遼寧遼陽。(128)為才　有才幹。(129)寢疾　臥病。(130)矯詔　假稱石勒的命令。(131)召　命令；讓。(132)秦王宏　石宏，石勒寵愛的兒子，被封為秦王。(133)彭城王堪　石堪，石勒的得力部將，被封為彭城王。(134)小瘳　病情稍有好轉。瘳，病癒。(135)處藩鎮　佔據著總領一方的軍府。時石宏都督中外諸軍事，鎮鄴城。(136)正備今日　就是為了防備像今天這樣的非常時刻發生突然事件。(137)將自來邪　還是你自己主動來的呢。將，還是，轉折語詞。(138)按誅　審判、處死。按，審問，通常即指處死。(139)思慕　想念父親。(140)今遣之　我馬上讓他回去。今，將；立即。(141)廣阿　晉縣名，縣治在今河北隆堯東，當時屬石勒轄區。(142)遊於蝗所　石虎恐石勒死發生變故，使石邃率騎兵巡行蝗區，裝作捕蝗，實為外應。(143)疾篤　病情沉重。(144)大雅兄弟　以稱石弘與石宏。(145)宜善相保　彼此應好好地友愛互助。(146)司馬氏　此指司馬氏家族內部的彼此內訌仇殺，即「八王之亂」。(147)汝曹之前車　是你們的前車之鑑。汝曹，汝輩；你們。多用於長輩稱呼晚輩，上級呼喚下級。前車，即通常所說的前車之鑑。前面的車子翻了，後面的車子還不應該吸取教訓嗎？(148)深思周霍　意即好好學習周公和霍光輔佐幼主的做法。周公輔佐周成王、霍光輔佐漢昭帝，都是被後人稱頌的輔佐幼主的典範。(149)勿為將來口實　不要成為被後世嘲笑、唾罵的談資。(150)戊辰　七月二十一。(151)臨軒　意即臨朝。古時皇帝不坐正殿，坐在殿外的平臺上，稱「臨軒」。(152)下廷尉　交司法長官審判。廷尉是國家最高的司法長官，為列卿之一。(153)入宿衛　到宮廷擔任警衛，實將小皇帝石弘控制起來。(154)不堪重任　沒有當皇帝的能力。(155)何足豫論　何必過早地說這些話。豫，通「預」。(156)勒喪　石勒的屍首。(157)潛瘞山谷　祕密地埋葬在一條山溝裡。(158)己卯　八月初二。(159)備儀衛　意即按照石勒所應該享受的規格舉行葬禮。儀衛，儀仗隊與護衛軍。(160)未至　指晉王朝的軍隊尚未到達石聰、彭彪的駐地時。(161)勃海王濟　勃海人姓王名濟。勃海是晉郡名，郡治南皮，在今河北南皮南。(162)為國　為石虎的魏國，都城鄴縣。(163)總攝百揆　總攬百事，總攬後趙的一切大權。(164)使持節　皇帝授大臣旌節，使之專征一面時，分使持節、持節、假節三種，使持節的權力最大，對屬下官員有生殺之權。(165)韜　石韜，石虎之子。(166)遵　石遵，石虎之子。(167)鑒　石鑒，石虎之子。(168)苞　石苞，石虎之子。(169)太原王斌　石斌，石勒之子。(170)散任　閒散無實權的官職。

171 府寮　魏王府的僚屬。寮，通「僚」。172 悉署　全部任命為……。署，代理，這裡即指任命。173 夔安　姓夔名安。174 宮人　宮女。175 宇文乞得歸　鮮卑族一個部落的頭領，曾在石勒部下為將。176 東部大人　鮮卑族宇文部落東部地區的一個貴族頭領。177 廣安　晉地名，約在今遼寧凌源境。178 榆陰　古城名，在今內蒙古翁牛特旗。179 安晉　古城名，在今遼寧朝陽西。180 建寧牂柯　晉之二郡名，建寧郡的郡治即今雲南曲靖，牂柯郡的郡治萬壽，即今貴州甕安。181 甫晏駕　意即剛剛去世。甫，剛剛。晏駕，宮車晚出，婉指帝王的死。182 遽相陵藉　立刻就這樣地欺壓我們。遽，急速。陵藉，踐踏。183 帝祚　國家政權，皇帝之位。祚，福。184 殆不復久　看來時間是不會長了。殆，大概；恐怕。185 王將若之何　你看該怎麼辦。王，以稱彭城王石堪。186 不復由人　不再聽我們指揮。187 宮省之內　指朝廷裡的官員。宮省，設於皇宮內的官署。188 無可為者　沒有可與共謀大事的人。189 兗州　晉州名，州治廩丘，在今山東鄆城西北，當時屬於後趙。190 挾　扶持；輔助。191 南陽王恢　石恢，石勒的少子。192 據廩丘　以廩丘為根據地，當時石恢率軍駐紮於此。193 牧守征鎮　指鎮守各地的軍政長官。牧，指州刺史。守，指郡太守。征，指征東、征西、征南、征北四將軍。鎮，指鎮東、鎮西、鎮南、鎮北四將軍。194 庶幾　或許。195 猶有濟　還有成功的希望。濟，成；成功。196 微服　為隱蔽身分而改穿平民服裝，使人不識。197 不克　沒能去成。198 譙城　即今安徽亳州。199 城父　晉縣名，縣治在今亳州東南。200 炙　用火烤。201 徵　調；召之使來。202 廢　廢除其皇太后的稱號。203 田氏子　姓田人家的兒子。204 呂后　名雉，漢高祖劉邦的皇后，曾助劉邦殺韓信、彭越等功臣。其子惠帝即位後，呂后把持朝政，因妒忌而殘殺了劉邦的寵姬戚夫人及其子趙王如意。事情詳見《史記・呂太后本紀》。205 西附張駿　在此之前氐帥蒲洪依附於石勒，今則改依涼州張氏。206 金墉　洛陽城內的一座小城。207 刖而斬之　先剁了他的雙腳，而後將其殺死。208 梁王挺　梁王石挺，石虎之子。209 鮮卑涉璝　鮮卑族的涉璝部落。210 蒲阪　古城名，在今山西永濟西的黃河邊上。211 潼關　關塞名，在今陝西潼關縣東北。212 枕尸　屍橫遍野，相互枕藉，極言其傷亡之慘重。213 渭汭　渭水入黃河之口處。214 雞頭山　在今陝西戶縣東南三十一里，俗稱「小武當山」。215 麾下　部下。216 隴右　隴山以西。217 汧隴　汧水、隴山，大約指今陝西與甘肅、寧夏交界的一帶地區。汧水即今陝西千水，自寧夏涇陽流來，在陝西寶雞西入渭水；隴山也稱隴阪，在今陝西隴縣西。218 以實東方　以充實函谷關以東地區的人口。實，充實。當時中原長期戰亂，人口逃亡，所剩無幾。219 部曲　原是軍隊編制名，這裡指豪門貴族的私人軍隊。220 洪帥以從　我帶領他們投歸於您。221 秦雍　晉之二州名，秦州的州治上邽，即今甘肅天水市，雍州的州治長安，即今西安的北部。222 關東　函谷關以東。223 枋頭　地名，即今河南衛輝西南的淇門渡。東漢建安九年（西元二〇四年），曹操曾在此用大枋木築堰，截淇水使東北流入白溝，以通漕運。時人稱為「枋頭」，亦稱「枋堰」，歷東晉、南北朝為軍事要地。
224 清河　河水名，上游稱白溝，自今河北威縣以下始稱清河。東北流經清河、棗強等縣，至東光西，此下略循今衛河、梅河入海。
225 灄頭　地名，在今河北棗強東北。
226 魏臺　魏國的朝廷各官署。
227 魏武王輔漢　曹操以「魏王」的身分控制漢獻帝朝政。
228 切諫　懇切地勸諫。
229 季弟　最小的弟弟。
230 受事　接受職權。
231 贊　輔助；輔佐。
232 人謂吾之所辦　有人認為這都是我幹出來的。
233 以為雄才難制　以為我的雄才大略難以控制。
234 段氏　當時佔據今遼寧西部一帶地區的段氏政權，此時的頭領是段遼。鮮卑人，疾陸眷之孫。
235 冀收其用　希望日後得到他的報效。
236 平郭　晉縣名，縣治在今遼寧蓋州南，當時慕容仁駐兵於此。
237 素驕　一向驕縱傲慢。
238 嗣君　繼位的國君，指慕容皝。
239 剛嚴　剛毅嚴厲。
240 皆體正嫡　都是先王正妻所生的兒子。
241 於國有分　對這個國家也有我們該得的一份。
242 伺　偵察；探測。
243 間隙　空隙；機會。
244 趣　通「促」。火速；趕快。
245 與我遼東　把遼東郡分給我。當時遼東郡的郡治即今遼寧遼陽。
246 不克則死　不成功則寧可戰死。
247 建威偷生異域　指慕容翰出逃投奔段氏。
248 閏月　閏十月。
249 按驗　調查；查訊。
250 黃水　即「潢水」，今內蒙古西拉木倫河及其下游西遼河。
251 司馬遼東佟壽　慕容皝部下的司馬官遼東郡人姓佟名壽。司馬是軍中主管司法的長官。
252 汶城　汶縣故城，在今遼寧營口東南。
253 大農　大司農，朝官名，主管農業的部長。「前大農」孫機當為晉朝的大農，當時正避亂於遼東。
254 遼東城　遼東國的都城襄平縣，即今遼寧遼陽。
255 不得入　沒能進入遼東郡境。
256 東夷校尉　管理東部少數民族的軍政長官，當時的駐地也在遼陽城。
257 護軍平原乙逸　遼東地區的護軍都尉平原人姓乙名逸。
258 應援　呼應救援。
259 別駕　州刺史的高級僚屬，隨刺史出行時，單乘一車，故稱「別駕」。當時慕容皝自稱平州刺史。
260 來降　來向晉王朝歸降。
261 假道於成　向成都的李氏政權借路。
262 稱藩於成　意即先向成都的李氏政權稱臣。藩，皇帝屬下的諸侯之國。
263 將使盜覆諸東峽　準備派匪盜製造翻船事故把涼州的使者淹死在三峽的長江裡。覆，翻船。東峽，即長江三峽。
264 寡君　向他國謙稱自己國家的君主。
265 無迹之地　荒無人煙的地方。
266 通誠　把自己的誠心向人稟告。
267 陛下　尊稱李雄，以討其喜歡。
268 嘉尚忠義　讚美尊重有忠心、講義氣的人。
269 能成人之美　能讓我們通過蜀地以達到建康，向東晉皇帝表忠心。
270 宣示眾目　當眾發布。
271 舊德　指西晉對涼州君主的好處。張駿的祖父張軌當時任西晉的涼州刺史。
272 通使琅邪　意即向東晉通使。東晉王朝的締造者司馬睿以世襲琅邪王起家，故這裡以「琅邪」代指東晉。
273 主聖臣明　指涼州張氏政權有這樣的明君賢臣。
274 發覺殺之　被我們發現了，我們要處死他們。
275 義聲　好名聲。這裡是用反語譴責李雄。
276 畏威　害怕你的威風勢力。
277 威刑不顯　你的威力不能顯示於天下。
278 何足以示天下　你又能怎麼向天下人炫耀呢。
279 安有此邪　怎麼會有這樣的事呢。
280 留之　把他留在我們這裡，讓他為我們工作。
281 試以卿意觀之　先以你的名義試探一下。
282 豐大　身高體胖。
283 且遣下吏　先打發你手

下的小吏前去。(284)小住須涼　暫時留住一段時間等候天氣涼爽。須，等候。(285)皇輿播越　天子流亡。皇輿，皇帝所乘之車，這裡代指晉朝皇帝和朝廷。播越，顛沛流離。(286)梓宮未返　懷、愍二帝的靈柩尚未迎回安葬。(287)生民塗炭　淪陷區的百姓正生活在水深火熱之中。塗炭，爛泥與炭火，比喻黎民遭受的災難困苦。(288)振救　拯救。(289)通誠上都　把自己的想法向皇帝報告。上都，敬指建康。(290)可了　可以辦好。(291)湯海　開水造成的大海。(292)足憚　足以嚇住人。(293)自娛　自樂；自己享福。(294)祖考　祖父、父親。考，古時稱死去的父親。張駿的祖父是張軌，父親是張寔。事跡皆見《晉書》卷八十六。(295)世篤忠貞　世世代代都忠貞不變。篤，深沉；盡心。(296)枕戈待旦　頭枕兵器，等待天明，形容殺敵心切。(297)何自娛之有　哪裡有什麼偷閒自樂。(298)六郡之民　指晉惠帝元康年間雍、秦二州因戰亂與災荒而流入今成都一帶地區的飢民，李雄先人李特的起家就以這些流民為基礎。(299)琅邪　琅邪王的子孫，指東晉皇帝。(300)卒　終於。(301)致命於建康　把張駿的意旨向東晉王朝做了表白。(302)長安之失守　指晉愍帝建興四年（西元三一六年）長安被圍，晉愍帝投降劉聰。(303)敦煌計吏耿訪　敦煌郡派出到朝廷上計的官員姓耿名訪。敦煌是晉郡名，郡治在今甘肅敦煌西。計吏，是指州、郡掌管計簿的官吏。每年年終，郡守派計吏攜帶計簿至京師，將全年人口、錢、糧、盜賊、獄訟各方面情況向朝廷彙報，叫做「上計」。晉愍帝建興四年，敦煌所遣上計吏耿訪至長安上計，未及還而長安陷落，歸路斷絕，因而取道漢中，東至建康。(304)大使　朝廷為某事特別派出的使節。(305)守　署理；代理。官階低而代理高官階的職務叫「守」。(306)治書御史　又稱「治書侍御史」。御史中丞的屬官，位次略高於一般侍御史。(307)配之　給耿訪做隨行人員。(308)梁州　晉州名，州治原在今陝西漢中，後被前趙、後趙所佔，晉朝的梁州州治遂遷到襄陽，今湖北襄樊。(309)賈客　商人。(310)以達之　將朝廷的詔書送到涼州。(311)是歲　這一年，指晉成帝咸和八年。(312)部曲督　亦稱「督將」，為州刺史的主要將領。(313)報謝　向朝廷答謝。

【校　記】[1]陽　原無此字。據章鈺校，十二行本、乙十一行本皆有此字，張瑛《通鑑校勘記》同，今據補。[2]太原王　原作「平原王」，嚴衍《通鑑補》改作「太原王」，當是，今據改。[3]親黨　原作「親屬」。據章鈺校，十二行本、乙十一行本、孔天胤本皆作「親黨」，今從改。[4]治書御史　原作「侍書御史」。據章鈺校，十二行本、乙十一行本皆作「持書御史」，嚴衍《通鑑補》改作「治書御史」。按，當作「治書御史」，今據嚴校改。

【語　譯】顯宗成皇帝中之上

咸和七年（壬辰　西元三三二年）

春季，正月十五日辛未，東晉實行大赦。

後趙皇帝石勒設盛宴款待文武百官，石勒對擔任中書令的徐光說：「我可以和古代哪一位帝王相比？」徐光回答說：「陛下的英明睿智、勇武韜略超過了漢高祖劉邦，劉邦以後的帝王沒有人能比得上陛下。」石勒笑著說：「我豈能沒有自知之明！你的評價有點太過分了。如果遇到漢高祖，我甘願面朝北方，尊奉他為君主，我只能與韓信、彭越之流站在同一個行列中。如果遇到東漢光武帝劉秀，我將會與他在中原爭個高下，最後還不知道會鹿死誰手，誰能爭得帝位。男子漢大丈夫做事情，就應當光明正大、磊磊落落，就像太陽和月亮一樣光明皎潔，無論如何不能像曹操、司馬懿那樣欺陵人家的孤兒寡婦，像狐狸一樣用奸詐狡猾的手段去蠱惑人心、奪取天下。」文武群臣全都俯伏在地上一邊磕頭一邊呼喊萬歲。

後趙皇帝石勒雖然沒有上過學讀過書，但卻喜歡讓那些儒生讀書給自己聽，還不時地根據自己的理解來評論古今政治上的成功與失敗，聽聞的人無不感到心悅誠服。他曾經讓人給他讀《漢書》，當聽到酈食其勸說漢高祖劉邦封六國後裔為王的時候，便吃驚地說：「這種做法應當是錯誤的，如果執行必然會失敗，可後來劉邦怎麼竟然奪取天下了呢？」等聽到後面留侯張良勸阻漢高祖不要這樣做的時候，石勒恍然大悟地說：「幸虧有了張良的勸阻！」

後趙荊州刺史郭敬在撤退到樊城堅守之後，東晉又攻取了襄陽。夏季，四月，郭敬再次攻克襄陽，留下一支防守軍隊，然後回到樊城。

後趙右僕射程遐提醒後趙皇帝石勒說：「中山王石虎勇敢強悍，有權術有謀略，滿朝大臣中沒有人能趕得上他，我觀察他的志向，除陛下以外，他不把任何人放在眼裡。加上他兇狠殘忍，長期執掌兵權，威名震動國內外。他的幾個兒子也都長大成人，並且都手握兵權。陛下在世的時候，自然不會有其他變故，但恐怕不是為幼主盡忠效力的臣子。應該早點將他除掉，以穩定國家社稷。」石勒說：「如今天下還沒有完全安定下來，太子大雅年紀幼小，應該有強有力的大臣來輔佐他。中山王石虎是我的骨肉至親，有輔佐我創立大業的功勞，我正要把伊尹、霍光那樣的重任託付給他，他何至於做出像你所說的那樣的事情來！你大概是擔心你這個皇帝舅舅不能獨攬朝政罷了。我會讓你參與到顧命大臣的行列之中，你不用過分擔憂。」程遐流著淚說：「我所擔憂的是國家、社稷的大事，陛下竟然從我是為了自己的私利的角度來猜疑我、拒絕我的忠諫，忠心耿耿的話還怎麼能讓陛下聽得到呢！中山王石虎雖然是皇太后所收養，然而並非是陛下有血緣關係的直系親屬，雖然建立了微小的功勞，而陛下用恩寵榮耀酬答他們父子的也足夠了。然而他的欲望是沒有限度的，豈是將來對國家有益的人呢！如果不及早把他除掉，我將要看到皇家宗廟再也沒有人祭祀了。」石勒仍然聽不進去。

程遐辭別皇帝石勒，便將自己的想法告訴了中書令徐光，徐光說：「中山王石虎經常對我們二人恨得咬牙切齒，恐怕他不但會危害國家，也將給我們的家族帶來滅族之禍。」有一天，徐光抓住一個機會又對後趙皇帝石勒說：「現在國家太平無事，而陛下的神色看起來好像有些不高興，是什麼原因呢？」石勒回答說：「吳地的晉國、蜀地的成國都沒有平定，我擔心後世之人會不承認我是受命於天、統一天下的正統君主。」徐光說：「曹魏承接了漢代的國運，昭烈皇帝劉備雖然在蜀地建立起蜀漢政權，怎能因此就說漢朝沒有滅亡呢？孫權在吳地建立政權，就如同現在的李氏在蜀地建立成國。陛下已經佔領了長安、洛陽兩個都城，平定了冀州、幽州、并州、兗州、青州、豫州、司州、雍州八個州，帝王正統不屬於陛下，還能夠屬於誰？陛下不憂慮自己的心腹之患，反倒憂慮起四肢上的小患來了！中山王石虎憑藉著陛下的威名和謀略，大軍所向，攻無不克，而天下人都說中山王的英明勇武僅次於陛下，除了陛下再也沒有人能和他相比了。而且他與生俱來的天資稟性就不仁慈，是個見利忘義的人，他們父子全都手握權柄、佔據高位，勢力比皇家還要大，而又心懷不滿。近來在東宮陪同皇太子飲宴，就流露出輕視皇太子的神色。我擔心陛下一旦百年之後，不再有人能夠控制得了他。」石勒沉默不語，此後，石勒開始令皇太子石弘審閱批示尚書省的奏章，並且讓擔任中常侍的嚴震參與決定國家大事，唯有出兵打仗以及斬殺大臣等事才呈報給皇帝石勒決定。於是中常侍嚴震的權力超過了朝廷的輔佐大臣，中山王石虎的門前清靜得可以架網捕鳥了。石虎因此更加不滿，總是滿臉一副很不高興的樣子。

秋季，後趙的荊州刺史郭敬率軍向南劫掠東晉長江以西地區，東晉太尉陶侃派遣自己的兒子擔任平西參軍的陶斌以及擔任南中郎將的桓宣率軍乘虛而入，攻打郭敬的老窩樊城，將其部眾全部擒獲。郭敬立即回軍援救樊城，南中郎將桓宣率軍與郭敬在涅水展開激戰，打敗郭敬，將郭敬從江西劫掠的東西全部奪回。陶侃哥哥的兒子陶臻以及擔任竟陵太守的李陽率軍攻克了新野。郭敬心生畏懼，撤軍逃走，桓宣、李陽趁機攻佔了襄陽。○陶侃派桓宣鎮守襄陽。桓宣招集安撫那些剛剛從後趙前來歸附的人，他減輕刑罰，省簡官員的儀仗和隨從，鼓勵和督促發展農業生產，有時他就在自己乘坐的車子上帶上鋤、耒等農具，親自率領農民在田間除草收割。他在襄陽任職十多年，後趙曾經多次派軍隊攻打襄陽。桓宣率領孤弱的兵力進行防守，後趙的軍隊竟然無法取勝。當時的人都認為，桓宣僅次於祖逖和周訪。

成國大將軍李壽率領軍隊進犯東晉的寧州，他任命屬下的征東將軍費黑擔任前部先鋒，率軍從廣漢出發，鎮南將軍任回從越巂出發，用以分散寧州的兵力。

冬季，十月，李壽、費黑率軍抵達晉國的朱提郡，朱提郡太守董炳據城堅守，寧州刺史尹奉派建寧太守霍彪率軍前往助戰。李壽想率軍迎戰霍彪，費黑說：「朱提城中儲備的糧食很少，應該放霍彪進入朱提城，讓他們共同消耗城中原本就不很多的糧食，何必迎戰他將他攔截在城外呢？」李壽採納了費黑的意見。李壽等長時間攻不下朱提城，李壽就想對朱提城發動更猛烈的攻擊。費黑說：「南中地區地勢險要，難以征服，應當打持久戰來制服他們。等到他們的智慧和勇氣全部陷入困境的時候再攻取。養在豬圈裡的豬、圍欄裡的牲畜是跑不了的，哪裡值得急成這個樣子！」李壽沒有聽從。攻打朱提城，果然沒有取勝，於是，李壽便將全部軍事指揮權委託給了費黑。

十一月初一日壬子，東晉晉升太尉陶侃為大將軍，晉見皇帝時可以身帶佩劍、穿著靴子上殿，入朝時不必行小碎步之禮，參見皇帝，司儀不用通報名字，陶侃堅決辭讓，沒有接受這一特殊的獎賞。

十二月二十九日庚戌，晉成帝司馬衍遷入新宮。

這一年，涼州刺史、西平公張駿的僚屬全都勸說張駿稱涼王，兼任秦州、涼州二州州牧，設置文武百官，像當年魏武帝曹操、晉文帝司馬昭先稱王後稱帝的故事。張駿說：「這不是作為人臣所應該說的話。誰敢再提起此事，罪在不赦！」然而在涼州境內全都稱張駿為王。張駿立次子張重華為世子。

八年（癸巳　西元三三三年）

春季，正月，成國大將軍李壽攻克了東晉的朱提郡，朱提郡太守董炳、建寧太守霍彪全都投降了成國，李壽的威名震動了整個南中地區。○二十六日丙子，後趙皇帝石勒派遣使者前往晉國，希望繼續維持雙方的友好關係，晉成帝下詔將後趙使者所帶來的禮品全部焚毀。

三月，寧州刺史尹奉投降了成國，成國佔有了整個南中之地。成國實行大赦。任命大將軍李壽兼任寧州刺史。

夏季，五月初六日甲寅，遼東武宣公慕容廆去世。六月，世子慕容皝以平北將軍的身分兼任平州刺史，監督統領轄區內的一切事務，慕容皝赦免了監獄內所關押的囚犯。任命擔任長史的裴開為軍諮祭酒，任命郎中令高詡為玄菟郡太守。慕容皝任命擔任帶方太守的王誕為左長史，王誕認為擔任遼東太守的陽鶩更有才幹，因此將左長史的職位辭讓給陽鶩，慕容皝採納了王誕的意見，任命陽鶩為左長史，另行任命王誕為右長史。

後趙皇帝石勒病重，中山王石虎到石勒的寢殿侍奉，他假傳皇帝的詔令，所有朝廷大臣以及皇親國戚都不准入宮，石勒的病情是加重還是減輕，外界沒有一個人知道。又以皇帝的名義下詔將秦王石宏、彭城王石堪召回都城襄國。石勒的病情稍有好轉，睜眼看見了秦王石宏，他非常吃驚地說：「我讓你待在藩鎮，就是為了防備像今天這樣的非常時刻發生突然事件，是有人將你召回來的嗎？還是你自己主動回來的呢？如果有人召你回來，就要將他查出來處死！」石虎恐懼地說：「秦王石宏思念陛下，暫時回來看看，現在我馬上就讓他回去。」但仍將石宏扣留在襄國，不放他回藩鎮。過了幾天，石勒又問起秦王石宏是否已經返回藩鎮，石虎騙石勒說：「接受陛下詔命的當天就讓秦王回去了，現在已經是在途中了。」廣阿縣發生蝗災，石虎祕密派自己的兒子冀州刺史石邃率領三千名騎兵在災區巡查。

秋季，七月，後趙皇帝石勒病情加重，他在遺詔中說：「太子大雅兄弟，彼此之間應該好好地友愛互助。

司馬氏家族內部的互相爭鬥、仇殺，就是你們的前車之鑑。中山王石虎應該好好學習周公、霍光輔佐幼主的做法，不要成為被後人嘲笑、唾罵的談資。」二十一日戊辰，後趙皇帝石勒駕崩。中山王石虎劫持著皇太子石弘登上金殿坐在殿前的平臺上，強迫其下令逮捕了擔任右光祿大夫的程遐、擔任中書令的徐光，然後交給廷尉處置，石虎又將自己的兒子冀州刺史石邃召來，讓他率兵入宮擔任警衛，滿朝的文武官員全都四散逃命。皇太子石弘非常恐懼，便對石虎述說自己才能低劣，希望將皇位讓給石虎。石虎說：「皇帝駕崩，皇太子即位，這是禮法的規定。」石弘痛哭流涕，堅持要讓位給石虎。石虎憤怒地說：「你有沒有擔當皇帝的能力，天下自然有公論，何必過早地說這些話！」石弘這才即位，大赦天下。處決了右光祿大夫程遐、中書令徐光。夜間，石虎將石勒的屍首祕密地埋葬在一條山溝裡，沒有人知道具體的位置。八月初二日己卯，在盛大的儀仗和護衛下，把一口空棺材埋葬在高平陵，給石勒的謚號是明帝，廟號高祖。

後趙將領石聰以及譙郡太守彭彪，分別派遣使者前往建康請求投降。石聰原本是晉朝人，假冒姓石。東晉朝廷派遣擔任督護的喬球率兵前往救援石聰，救兵還沒有趕到，石聰等已經被石虎殺害。○慕容皝派遣屬下長史勃海人王濟等來到京師建康報告慕容廆逝世的消息。

八月，後趙皇帝石弘任命中山王石虎為丞相、魏王、大單于，加九錫，將魏郡等十三個郡劃分出來為石虎建立魏國，都城鄴縣，石虎總攬後趙的一切軍國大權。石虎在自己的魏國境內實行大赦，立自己的妻子鄭氏為魏王后，兒子石邃為魏太子，加授使持節、侍中、都督中外諸軍事、大將軍、錄尚書事，二兒子石宣為使持節、車騎大將軍、冀州刺史，封為河間王，三兒子石韜為前鋒將軍、司隸校尉，封為樂安王，四兒子石遵為齊王，五兒子石鑒為代王，六兒子石苞為樂平王。改封太原王石斌為章武王。石勒所任命的文武舊臣，全都改任為沒有實權的閒散官職。石虎的僚屬和親黨，全部被任命為朝廷的要職。任命鎮軍將軍夔安兼任左僕射，尚書郭殷為右僕射。將太子宮改名為崇訓宮，自太后劉氏以下全都遷居崇訓宮。石虎從石勒的宮女、車馬、服飾、珍玩中挑選出最好的全都搬入自己的丞相府。

鮮卑族宇文部落酋長宇文乞得歸被自己轄區內東部地區的一個貴族首領名叫逸豆歸的所驅逐，流亡在外而死。慕容皝率兵討伐逸豆歸，將軍隊駐紮在廣安。逸豆歸因為懼怕而請求講和，慕容皝遂修築了榆陰、安晉二城而後返回。

成國建寧、牂柯二郡來向東晉投降，被成國大將軍李壽擊敗，將二郡奪回。

後趙劉太后對彭城王石堪說：「先帝才剛剛去世，丞相石虎遂欺陵、蹂躪我們到如此地步。距離國家滅亡、皇位丟失，恐怕沒有多少時間了，大王有什麼辦法可以解救？」石堪說：「先帝的舊臣，全都被疏遠、排斥，軍隊已經完全不再聽我們指揮，無論是皇宮之內還是朝廷之中，也沒有可與共謀大事的人。我想逃奔兗州，挾持南陽王石恢為盟主，以廩丘為根據地，宣布皇太后的詔命，號召鎮守各地的州刺史、郡太守，以及四征、四鎮的軍政長官起兵討伐兇暴叛逆，恐怕只有這樣才或許有成功的可能。」劉太后說：「情勢已經很緊急了，應當趕緊行動！」九月，彭城王石堪換上平民的服裝率領著少量的輕騎兵襲取兗州，沒有去成，便向南逃奔譙城。丞相石虎派遣自己的部將郭太率兵追趕，追到城父時將石堪抓獲，送往襄國，被燒烤而死。將南陽王石恢召回襄國。劉太后的密謀已經洩露，石虎遂廢掉劉太后，並將其殺死，然後尊奉石弘的生母程氏為皇太后。彭城王石堪原本是田姓人家的兒子，因為多次立功，後趙皇帝石勒便收養他做自己的兒子。劉太后有膽識、有謀略，石勒經常讓她參與軍事決策，她輔佐石勒建立功業，有呂后的風範，而在不妒忌方面，更超過呂后之上。

後趙河東王石生鎮守關中，石朗鎮守洛陽，冬季，十月，石生、石朗全都起兵討伐丞相石虎。石生自稱秦州刺史，派遣使者前來建康請求投降。氐人首領蒲洪自稱雍州刺史，向西歸附了涼州刺史、西平公張駿。

後趙丞相、魏王石虎留下太子石邃守衛襄國，親自率領七萬名步兵、騎兵前往金墉城攻打石朗。金墉城陷落，石虎擒獲了石朗，他先砍下石朗的雙腳，然後將石朗斬首。石虎乘勝挺進長安，任命梁王石挺為前鋒大都督。河東王石生派遣將軍郭權率領鮮卑酋長涉璝的部眾二萬人擔任前鋒抵禦石虎的進攻，石生親率大軍隨後進發，將軍隊駐紮在蒲阪。郭權與石挺在潼關交戰，大敗石挺軍，石挺以及擔任丞相左長史的劉隗全都戰死，石虎撤軍逃奔澠池，戰死者的屍體互相枕藉，綿延三百多里。不料鮮卑人卻暗中與石虎勾結，反過來攻打河東王石生。石生不知道郭權已經在前方打了勝仗，將石挺殺死，看到鮮卑倒戈，心中恐懼，便丟下大隊人馬，單人獨騎逃入長安城，郭權聚集殘餘部眾退守渭水入黃河之處。石生忽然莫名其妙地又放棄長安，藏匿到了雞頭山中。只剩下石生的部將蔣英據守長安城抵禦石虎的進攻，石虎下令進兵攻打長安，長安陷落，蔣英被斬首。石生的部下將石生斬首向石虎投降，郭權逃往隴右。

後趙丞相石虎命令諸將屯守汧水、隴山，派遣將軍麻秋討伐蒲洪。蒲洪率領二萬戶向石虎投降，石虎迎接蒲洪投降的時候便任命蒲洪為光烈將軍、護氐校尉。蒲洪來到長安後，就勸說石虎，讓他把關中的豪傑以及氐人、羌人遷徙到東方，以充實函谷關以東地區的人口，蒲洪說：「那些氐人都是我家的部屬，我率領他們投歸於趙，誰敢違抗！」石虎聽從了蒲洪的建議，將秦州、雍州的漢人以及氐人、羌人十多萬戶強迫遷移到函谷關以東。任命蒲洪為龍驤將軍、流民都督，讓他居住在枋頭。任命羌人首領姚弋仲為奮武將軍、西羌大都督，讓他率領自己的數萬名部眾遷居到清河的灄頭。○後趙丞相、魏王石虎返回襄國，實行大赦。後趙皇帝石弘令石虎設立魏國朝廷，一切都仿照當年魏武王曹操輔佐東漢末年漢獻帝時期的前例。

慕容皝即位之初，執法嚴厲苛刻，轄區內的不少官民都感到不安。擔任主簿的皇甫真懇切地進行勸諫，慕容皝都不肯接受。○慕容皝的庶兄擔任建威將軍的慕容翰、慕容皝的同母弟擔任征虜將軍的慕容仁都是有勇有謀的人，他們屢立戰功，很得人心，最小的弟弟慕容昭有才智有能力，這些人都很受慕容廆的寵愛，慕容皝因此而忌恨他們。慕容翰歎息說：「我接受了先公授予的職權，不敢不盡心竭力。幸虧靠了先公神靈的保佑，大軍所到之處都能獲取成功。這乃是上天在幫助我們的部落，而不是靠了我們自己的努力。有人認為這都是我能辦事，認為我有雄才大略而難以控制，我豈能坐在這裡等待大禍臨頭呢！」於是便與自己的兒子一起投奔了段氏部落。段氏部落酋長段遼早就聽說過慕容翰的才能，希望日後能得到他的報效，因此很愛護他、敬重他。

征虜將軍慕容仁從遼東郡的治所平郭趕回棘城奔父親慕容廆之喪，他對慕容昭說：「我們一向驕縱傲慢，曾經多次冒犯嗣君慕容皝。嗣君剛毅嚴厲，沒有罪過尚且懼怕他，何況是有罪呢！」慕容昭說：「我們全都是父親的嫡子，在這個國家也有我們該得的一份。哥哥你一向深得民心，我在內部還沒有受到他的懷疑，抓住機會除掉他並不是難事。你趕快起兵來攻棘城，我給你做內應。事情成功之後，你把遼東給我。男人起事，不成功則寧可戰死，絕不能像建威將軍慕容翰那樣逃到異國他鄉苟且偷生。」慕容仁說：「行！」慕容仁返回自己遼東郡的治所平郭。閏十月，征虜將軍慕容仁起兵西進準備攻擊棘城。

有人把慕容仁、慕容昭的陰謀告訴了慕容皝，慕容皝還不相信，他派使者前去調查。慕容仁已經率軍到達黃水，當他得知事情已經洩露，便殺死了慕容皝的使者，然後返回平郭據守。慕容皝賜慕容昭自殺而死。慕容皝派遣擔任祭酒的封奕前往遼東進行安慰宣撫，任命高詡為廣武將軍，率領五千人馬，與庶弟建武將軍慕容幼、慕容稚、廣威將軍慕容軍、寧遠將軍慕容汗、以及擔任司馬的遼東人佟壽共同前往遼東討伐慕容仁，與慕容仁在汶城以北開戰，慕容皝的軍隊大敗，慕容幼、慕容稚都被慕容仁擒獲。佟壽曾經在慕容仁手下擔任過司馬，遂投降了慕容仁。前任大司農孫機等獻出遼東城響應慕容仁。封奕沒能進入遼東郡，只得與慕容汗等一齊返回。擔任東夷校尉的封抽、擔任遼東護軍都尉的平原人乙逸、擔任遼東相的太原人韓矯全都棄城逃走，於是慕容仁佔領了遼東郡全境。段氏部落酋長段遼以及鮮卑諸部落全都與慕容仁互相呼應救援。慕容皝想起皇甫真曾經說過的話，便任命皇甫真為平州別駕。

十二月，部將郭權佔據了上邽，他派遣使者來向東晉投降，京兆、新平、扶風、馮翊、北地等全都起兵響應。

當初，涼州刺史、西平公張駿想借道於成國前往東晉的都城建康呈遞表章，成主李雄不借。張駿便派遣擔任治中從事的張淳前往成國，請求做成國的屬國，歸屬的條件就是成國允許涼州的使者通過成國前往建康，成主李雄表面上答應了張淳提出的條件，暗中卻準備指使強盜在東峽製造翻船事故把涼州的使者淹死在三峽的長江中，蜀地人橋贇偷偷地將這個陰謀告訴了張淳。張淳於是對李雄說：「我的君主派我這個地位卑微的小官員，經過荒無人煙的地方，不遠萬里，把自己的一片忠誠之心向建康朝廷稟告，是因為陛下是一個讚美、尊重有忠心、講義氣的人，能夠成人之美，允許我們通過蜀地到達建康，向皇帝表明忠心。如果陛下想要將我殺死，就應當將我綁縛到鬧市中斬首示眾，當眾發布說：『涼州君主不忘朝廷舊日的恩德，派遣使者前往江東晉見皇帝，涼州稱得上有聖明的君主和賢能的臣僚，但這事被我們發現了，決定將他們的使者殺死。』這樣的話，陛下的好名聲將遠播四方，天下之人都會懼怕陛下的威勢；現在卻派強盜將我等殺死在長江之中，陛下的威力不能顯示於天下，陛下又怎麼向天下人炫耀呢！」李雄非常吃驚地說：「怎麼會有這種事！」

成國的司隸校尉景騫對成主李雄說：「張淳是一個壯士，請將他留在我們這裡，讓他為我們效力。」李雄說：「既然是壯士，又怎麼可能留得下來？你不妨先以你的名義前去試探一下，看看他的反應。」景騫於是對張淳說：「你身高體胖，目前天氣炎熱，你可暫且派隨行的小吏先走，你在這裡小住幾日等天氣涼爽了再走。」張淳回答說：「我們君主念及朝廷與皇帝顛沛流離，懷帝、愍帝兩位先皇的靈柩還沒有迎回安葬，淪陷區的百姓生活在水深火熱之中，沒有人出來進行拯救，所以才派遣我將一番誠意向建康的皇帝報告。所要陳述的都是重要之事，不是下級官吏所能勝任的。如果下級官吏能夠勝任此重任，那我也就不用來了。即使面前是著火的高山、滾燙得如同開水般的大海，我也要前往，難道天氣的冷熱還能令我畏懼不前嗎！」李雄對張淳說：「你的主人張駿英名蓋世，境內地形險要、兵強馬壯，何不自己稱帝於一方以享受清福？」張淳回答說：「我的君主自從祖父張軌以來，世世代代都對朝廷忠貞不二，因為國仇未報恥辱未雪，每天都是頭枕兵器等待天明，哪裡有時間自娛自樂呢！」李雄聽了張淳的一番話，感到非常慚愧，李雄說：「我的祖先本來也是晉朝的臣屬，因為遭遇天下大亂，才與秦州六郡的民眾逃避戰亂來到益州，被眾人推舉，遂有了今天的局面。琅邪王的子孫如果能夠在中原使晉朝中興，我也要率領我的部眾去輔佐他。」就為張淳準備了一份厚禮，送張淳上路。張淳不辱使命，終於把張駿對朝廷的一分誠心向東晉王朝做了表白。

長安失守的時候，敦煌郡派出的上計吏耿訪取道漢中來到江東，他屢次上疏給建康朝廷，請求派遣大使前往慰問涼州。朝廷便任命耿訪為代理治書御史，前往涼州提升張駿為鎮西大將軍，挑選了隴西人賈陵等十二人作為耿訪的隨行人員，隨同耿訪前往涼州。耿訪等人到達梁州，因為道路不通，便將詔書交付給賈陵，讓賈陵扮成商人，將皇帝的詔書送往涼州。直到咸和八年，賈陵才到達涼州，張駿派擔任部曲督的王豐等前往建康答謝朝廷。

九年（甲午　西元三三四年）

春，正月，趙改元延熙。

詔以郭權為鎮西將軍、雍州刺史。

仇池王楊難敵卒，子毅立，自稱龍驤將軍、左賢王、下辨公❶，以叔父堅頭之子盤為冠軍將軍、右賢王、河池公，遣使來稱藩❷。

二月丁卯❸，詔遣耿訪、王豐齎印綬❹授張駿大將軍、都督陝西・雍・秦・涼州諸軍事，自是每歲使者不絕❺。

慕容仁以司馬翟楷領東夷校尉，前平州別駕龐鑒領遼東相❻。

段遼遣兵襲徒河❼，不克。復遣其弟蘭與慕容翰共攻柳城❽，柳城都尉石琮、城大❾慕輿泥并力拒守，蘭等不克而退。遼怒，切責❿蘭等，必令拔之。休息二旬，復益兵⓫來攻。士皆重袍蒙楯⓬，作飛梯⓭，四面俱進，晝夜不息。琮、泥拒守彌固，殺傷千餘人，卒不能拔。慕容皝遣慕容汗及司馬封奕等共救之。皝戒汗曰：「賊氣銳⓮，勿與爭鋒⓯。」汗性驍果⓰，以千餘騎為前鋒，直進。封奕止之，汗不從，與蘭遇於牛尾谷⑰，汗兵大敗，死者太半⑱。奕整陳⑲力戰，故得不沒⑳。

蘭欲乘勝窮追，慕容翰恐遂滅其國㉑，止之曰：「夫為將當務慎重㉒，審己量敵㉓，非萬全不可動。今雖挫其偏師㉔，未能屈其大勢㉕。皝多權詐㉖，好為潛伏㉗，若悉㉘國中之眾，自將㉙以拒我，我縣軍深入㉚，眾寡不敵㉛，此危道也。且受命之日，正求此捷，若違命貪進，萬一取敗，功名俱喪，何以返命㉜[1]？」蘭曰：「此已成擒㉝，無有餘理㉞，卿正慮遂滅卿國耳㉟！今千年在東㊱，若進而得志㊲，吾將迎之以為國嗣㊳，終不負卿㊴，使宗廟不祀㊵也。」千年者，慕容仁小字㊶也。翰曰：「吾投身相依，無復還理㊷。國之存亡，於我何有㊸！但欲為大國之計㊹，且相為惜功名㊺耳。」乃命所部欲獨還，蘭不得已而從之。

三月，成主雄分寧州置交州㊻，以霍彪為寧州刺史，爨深為交州刺史。

趙丞相虎遣其將郭敖及章武王斌㊼帥步騎四萬西擊郭權，軍于華陰㊽。夏，四月，上邽豪族殺權以降。虎徙秦州三萬餘戶于青、并二州㊾。

長安人陳良夫奔黑羌㊿，與北羌王薄句大(51)等侵擾北地、馮翊(52)。章武王斌、樂安王韜(53)合擊，破之，句大奔馬蘭山(54)。郭敖乘勝逐北(55)，為羌所敗，死者什七八(56)。斌等收軍還三城(57)。虎遣使誅郭敖。秦王宏(58)有怨言，虎幽之。

慕容仁自稱平州刺史、遼東公。

長沙桓公[59]陶侃晚年深以滿盈自懼[60]，不預[61]朝權，屢欲告老歸國[62]，佐吏等苦留之。六月，侃疾篤[63]，上表遜位[64]，遣左長史殷羨奉送所假[65]節、麾、幢、曲蓋[66]、侍中貂蟬[67]、太尉章[68]、荊・江・雍・梁・交・廣・益・寧八州刺史印傳[69]、棨戟[70]，軍資、器仗、牛馬、舟船，皆有定簿[71]，封印倉庫，侃自加管鑰[72]。以後事付[73]右司馬王愆期，加督護[74]統領文武。甲寅[75]，輿車出[76]，臨津就船[77]，將歸長沙。顧謂愆期曰：「老子婆娑[78]，正坐諸君[79]！」乙卯[80]，薨於樊谿[81]。

侃在軍四十一年，明毅善斷，識察纖密[82]，人不能欺。自南陵迄于白帝[83]，數千里中，路不拾遺。及薨，尚書梅陶與親人[84]曹識書曰：「陶公機神明鑒[85]似魏武[86]，忠順勤勞似孔明[87]，陸抗[88]諸人不能及也。」謝安[89]每言：「陶公雖用法[90]，而恆得法外意[91]。」安，鯤之從子也。

成主雄生瘍[92]於頭，身素多金創[93]，及病，舊痕[94]皆膿潰。諸子皆惡而遠之，獨太子班晝夜侍側，不脫衣冠，親為吮膿[95]。雄召大將軍建寧王壽受遺詔輔政。丁卯[96]，雄卒，太子班即位。以建寧王壽錄尚書事，政事皆委於壽及司徒何點、尚書令[2]王瓌。班居中[97]行喪禮，一無所預[98]。

辛未[99]，加平西將軍庾亮征西將軍、假節、都督江・荊・豫・益・梁・雍六州諸軍事、領江・豫・荊三州刺史，鎮武昌。亮辟殷浩[100]為記室參軍[101]。浩，羨之子也，與豫章太守褚裒[102]、丹陽丞杜乂[103]皆以識度清遠[104]，善談老、易[105]，擅名[106]江東，而浩尤為風流所宗[107]。裒，碧之孫。乂，錫之子也。桓彝[108]嘗謂裒曰：「季野有皮裏春秋[109]。」言其外無臧否[110]，而內有褒貶也。謝安曰：「裒雖不言，而四時之氣[111]亦備矣。」

秋，八月，王濟[112]還遼東，詔遣侍御史王齊祭遼東公廆，又遣謁者[113]徐孟策拜慕容皝鎮軍大將軍、平州刺史、大單于、遼東公，持節、都督[3]，承制封拜[114]，一如廆故事[115]。船下馬石津[116]，皆為慕容仁所留。

九月戊寅[117]，衛將軍江陵穆公陸曄[118]卒。

成主雄之子車騎將軍越屯江陽[119]，奔喪至成都。以太子班非雄所生，意不服，與其弟安東將軍期謀作亂。班弟玝勸班遣越還江陽[120]，以期為梁州刺史，鎮葭萌[121]。班以未葬，不忍遣，推心待之[122]，無所疑間[123]，遣玝出屯於涪[124]。冬，十月癸亥朔[125]，越因班夜哭[126]，弒之於殯宮[127]，并殺班兄領軍將軍都。矯[128]太后任氏令，罪狀班[129]而廢之。

初，期母冉氏賤[130]，任氏母養之[131]。期多才藝，有令名[132]。及班死，眾欲立越，越奉期[133]而立之。甲子[134]，期即皇帝位，諡班曰戾太子[135]，以越為相國，封建寧王，加大將軍壽[136]大都督，徙封漢王，皆錄尚書事。以兄霸為中領軍、鎮南大將軍，弟保為鎮西大將軍、汶山[137]太守，從兄始[138]為征東大將軍，代越鎮江陽。○丙寅[139]，葬雄於安都陵，諡曰武皇帝，廟號太宗。

始欲與壽共攻期，壽不敢發。始怒，反譖壽於期[140]，請殺之。期欲藉壽[141]以討李玝，故不許，遣壽將兵向涪。壽先遣使告玝以去就利害[142]，開其去路[143]，玝遂來奔[144]。詔以玝為巴郡[145]太守。期以壽為梁州刺史，屯涪。

趙主弘自齎璽綬詣魏宮[146]，請禪位[147]於丞相虎。虎曰：「帝王大業，天下自當有議，何為自論此邪！」弘流涕還宮，謂太后程氏曰：「先帝種[148]真無復遺[149]矣！」於是[150]尚書奏：「魏臺[151]請依唐、虞禪讓故事[152]。」虎曰：「弘愚暗，居喪無禮[153]，不可以君萬國[4]，便當廢之，何禪讓也！」十一月，虎遣郭殷持節[5]入宮，廢弘為海陽王。弘安步就車[154]，容色自若，謂羣臣曰：「庸昧[155]不堪纂承大統[156]，夫復何言！」羣臣莫不流涕，宮人慟哭。羣臣詣魏臺勸進[157]，虎曰：「皇帝者，盛德之號[158]，非所敢當，且可稱居攝趙天王[159]。」幽弘及太后程氏、秦王宏、南陽王恢于崇訓宮，尋[160]皆殺之。

西羌大都督姚弋仲稱疾不賀[161]，虎累召之[162]，乃至。正色[163]謂虎曰：「弋仲常謂大王命世英雄[164]，柰何[165]把臂受託[166]，而返奪之[167]邪！」虎曰：「吾豈樂此哉[168]！顧海陽年少[169]，恐不能了家事[170]，故代之耳。」心雖不平[171]，然察其誠實，亦不之罪[172]。

虎以夔安為侍中、太尉、守尚書令[173]，郭殷為司空，韓晞為尚書左僕射，魏郡申鍾為侍中，郎闓為光祿大夫，王波為中書令，文武封拜各有差[174]。虎行如信都，復還襄國[175]。

慕容皝討遼東，甲申[176]，至襄平[177]。遼東人王岌密信請降。師進，入城，翟楷、龐鑒單騎走。居就[178]、新昌[179]等縣皆降。皝欲悉阬遼東民，高詡諫曰：「遼東之叛，實非本圖[180]，直[181]畏仁凶威，不得不從。今元惡[182]猶存，始克此城，遽加夷滅[183]，則未下之城，無歸善之路[184]矣。」皝乃止。分徙遼東大姓於棘城[185]。以杜羣為遼東相，安輯[186]遺民。

十二月，趙徐州從事蘭陵朱縱[187]斬刺史郭祥，以彭城來降。趙將王朗攻之，縱奔淮南。

慕容仁遣兵襲新昌，督護新興王寓擊走之，遂徙新昌188入襄平。

【章　旨】以上為第二段，寫晉成帝咸和九年（西元三三四年）一年中的大事。主要寫了段遼派其弟段蘭與降將慕容翰攻慕容皝之柳城，大破慕容皝軍，由於慕容翰心念故國，勸說段蘭退兵，得使慕容皝政權未滅；寫了慕容仁佔據遼東與慕容皝對立，慕容皝攻得遼東郡治襄平；寫了成主李雄病死，養子李班繼位，雄子李越襲殺李班，擁立雄子李期，成將李壽取晉漢中，壽為梁州刺史；寫了後趙石虎殺石弘、石宏與石勒的皇后程氏，自稱居攝趙天王；寫了陶侃晚年以滿盈自懼，請求辭官還居封地，死於歸途之中；庾亮繼任荊州刺史，重用殷浩等一夥喜尚空談之人等等。

【注　釋】❶下辨公　公是爵號，下辨是晉縣名，縣治在今甘肅成縣西北，當時為武都郡的郡治所在地。❷稱藩　意即稱臣。以自己的封疆為中央天子的藩籬。❸二月丁卯　二月二十三。❹齎印綬　攜帶著朝廷封贈張駿的印綬。綬，繫印的絲帶。❺使者不絕　楊毅稱藩，梁、涼二州間的道路打通，故可使者不絕。❻遼東相　相當於遼東郡的太守。遼東郡因西晉時為遼東國，故其行政長官稱「相」。❼徒河　晉縣名，縣治在今遼寧錦州西北，當時在慕容氏政權的管轄下。❽柳城　晉縣名，縣治在今遼寧朝陽西南。❾城大　城主；一城之長。❿切責　嚴厲責備。⓫益兵　增兵。⓬重袍蒙楯　穿兩層戰袍，頂著盾牌。蒙，頂著。楯，同「盾」。⓭飛梯　雲梯，有如今之吊車。⓮氣銳　士氣旺盛。⓯爭鋒　猶爭勝。⓰驍果　勇捷果敢。⓱牛尾谷　地名，在柳城北，今遼寧朝陽西南。⓲太半　一大半，達到三分之二。⓳整陳　壓住自己的陣腳。陳，通「陣」。⓴不沒　沒有全軍覆沒。㉑滅其國　滅掉自己慕容氏的故國。㉒當務慎重　應該注意慎重。㉓審己量敵　意即知己知彼。㉔偏師　指其軍隊的一個部分，以別於主力。㉕未能屈其大勢　還沒有從整體形勢上予以挫敗。㉖權詐　權謀詭詐。㉗潛伏　埋伏。㉘悉　盡；全部。㉙自將　自己親自統率。㉚縣軍深入　遠離自己根據地而深入敵境。縣，同「懸」。㉛眾寡不敵　雙方的兵力多少不成比例。敵，相當；相等。㉜何以返命　怎麼回去交差。㉝此已成擒　意即敵兵已到山窮水盡之時，沒有再戰與逃跑的可能。成擒，現成的俘虜。㉞無有餘理　再沒有其他的可能。㉟卿正慮遂滅卿國耳　你就是怕一舉滅了你的國家。卿，對對方的敬稱。慮，擔心。遂滅，一舉滅掉。㊱千年在東　你的兄弟慕容仁正在遼東。㊲進而得志　指一舉消滅了慕容皝。㊳迎

之以為國嗣　迎慕容仁來做你們國家的繼承人。㊴終不負卿　無論如何不會對不起你。負，虧；讓你吃虧。㊵使宗廟不祀　讓你們的國家滅亡。宗廟，國君的祖廟，是古代國家的象徵。不祀，不再有人祭祀。㊶小字　猶言「小名」。㊷無復還理　沒有再回去的可能。㊸於我何有　和我有什麼相干。㊹但欲為大國之計　都是為你們的國家考慮。大國，敬稱段遼之國。㊺相為惜功名　是因為怕你遭到失敗而丟了前程。㊻分寧州置交州　分寧州的興古、永昌、牂柯、越嶲、夜郎等郡置交州。寧州的州治滇池，在今昆明東南，交州的州治龍編，在今越南河內東北。㊼章武王斌　石斌，石勒之子。㊽華陰　晉縣名，縣治在今陝西華陰東南。㊾青并二州　青州的州治在今山東淄博臨淄，并州的州治晉陽，在今山西太原西南。㊿黑羌　羌族人的一支。(51)薄句大　北羌王名。(52)北地馮翊　二郡名，北地郡的郡治在今陝西耀州東，馮翊郡的郡治臨晉，即今陝西大荔。(53)樂安王韜　石韜，石虎之子。(54)馬蘭山　在今陝西白水縣西北六十里，為馬蘭羌所居之地。(55)逐北　追擊敗逃的敵兵。北，意思同「背」。敗。(56)什七八　十分之七、八。什，通「十」。(57)三城　古城名，在廣武縣。晉廣武縣故城，即今山西代縣西南的古城。(58)秦王宏　石宏，石勒之子。(59)長沙桓公　長沙公是陶侃的爵號，桓字是謚。(60)以滿盈自懼　以功大位高而感到害怕。(61)不預　不參與；不過問。(62)歸國　回到自己的封地長沙郡一帶去。(63)疾篤　病情沉重。(64)遜位　退位；讓出官爵、封地。(65)奉送所假　把朝廷此前所封贈給自己的……一概送回。(66)節麾幢曲蓋　節，指旌節，以竹為之，以旄牛尾為飾，朝廷發給大臣的信物，以表示其地位、權勢。麾，大將的指揮旗。幢，古時的一種儀仗。曲蓋，儀仗用的曲柄傘。按晉制，凡鎮守一方的軍政長官，皇帝均賜給節、麾、幢、曲蓋。(67)侍中貂蟬　朝官侍中所戴冠上的飾物。《後漢書·輿服志下》：「侍中、中常侍加黃金璫，附蟬為文，貂尾為飾，謂之『趙惠文』冠。」(68)太尉章　太尉的印章。陶侃被封為太尉，掌管全國的兵權。(69)印傳　用印章緘封的符信。晉崔豹《古今注》下〈問答釋義〉：「凡傳皆以木為之，長五寸，書符信於上，又以一板封之，皆封以御史印章，所以為信也。」(70)棨戟　有繒衣或油漆的木戟，為官吏出行時用做前導的儀仗。以上八物均朝廷所授。(71)定簿　固定的計簿，登記著各種器物。(72)自加管鑰　親自把倉庫門鎖起來，以備朝廷來人清點。管鑰，鎖鑰。(73)付　託付。(74)加督護　提升為都護之職。(75)甲寅　六月十二。(76)輿車出　乘車出了軍府。(77)臨津就船　到江邊登上船。津，渡口。(78)老子婆娑　我之所以直到這種樣子才辭職退休。老子，意同「老夫」，陶侃自稱。婆娑，肢體運動緩慢不靈活的樣子。(79)正坐諸君　都是讓你們鬧的。因為陶侃自己早就說退，而其參佐苦留。(80)乙卯　六月十三。(81)薨於樊谿　路途中死在樊谿，在今湖北鄂州西北。陶侃身為長沙公，是一方諸侯，故對其死稱「薨」。(82)纖密　細密。(83)自南陵迄于白帝　東自南陵，西至白帝城，這裡是指陶侃所管轄過的地方。南陵，南陵戍，晉代的駐兵據點，即今安徽蕪湖市南的南陵，當時屬江州。白帝城，在今重慶市奉節，當時屬荊州。(84)親人　親近的人，即「好友」。(85)機神明鑒　機智、明察。(86)魏武　魏武帝曹操。(87)孔明　諸葛亮，字孔明。(88)陸抗　陸遜之子，三國時吳國的名將。吳孫皓時，任鎮軍大將軍，擊退晉將羊祜的進攻，攻殺叛將西陵督步闡。後任大司馬、荊州牧。傳附《三國志・陸遜傳》。(89)謝安　字安石，東晉的名臣，先曾隱居於會稽東山，年四十復出任。太元八年，安派其姪謝玄等在肥水大敗前秦苻堅軍。傳見《晉書》卷七十九。(90)雖用法　意即雖然用法較嚴。(91)恆得法外意　意即用法的目的不在於懲辦人，而是為了達到一種更高的目的。恆，經常；常常。(92)瘍　癰瘡。(93)素多金創　平素在戰場上受過很多次傷。金創，指兵器對人體所造成的創傷。(94)舊痕　舊傷疤。(95)吮膿　用嘴向外吸膿。(96)丁卯　六月二十五。(97)居中在宮廷之中。(98)一無所預　指對國家政事一概不過問。預，干涉。(99)辛未　六月二十九。(100)辟殷浩　聘任殷浩。殷浩，字淵源，是一個善談玄、徒有虛名的人。傳見《晉書》卷七十七。(101)記室參軍　大將手下的文祕、參謀官員。(102)褚裒　字季野，晉康帝獻皇后之父。傳見《晉書》卷九十三。(103)杜乂　字弘理，杜預之孫，晉成帝恭皇后之父。傳見《晉書》卷九十三。(104)清遠　清高淡遠，意即不願以眾事累心。(105)老易　《老子》和《周易》。(106)擅名　有盛名。擅，專擅；獨有。(107)為風流所宗　為一批風流散蕩的名士所推崇，奉之為領袖。(108)桓彝　東晉的義烈名臣，先是參與平王敦有功，蘇峻叛亂，桓彝起兵討蘇峻，兵敗被殺。傳見《晉書》卷七十四。(109)皮裏春秋　意即表面雖然不說，但內心是有褒貶的。皮裏，指內心。《春秋》，儒家經典之一，相傳是孔子依據魯國史官所編的《春秋》加以整理而成。《春秋》對所記事件和人物都有褒有貶，後世稱為「《春秋》筆法」。這裡即指褒貶。(110)外無臧否　表面上對人對事不加褒貶評論。臧，稱讚。否，否定。(111)四時之氣　春夏秋冬四季的氣候不同。舊說春主萌生，夏主生長，秋主收穫，冬主肅殺。(112)王濟　慕容皝的長史，前來朝廷報喪。(113)謁者　皇帝的侍從官員，主管收發傳達與贊禮等。(114)承制封拜　以皇帝的名義任命自己管區的官員。(115)一如廆故事　就和當年慕容廆的權力一樣。(116)船下馬石津　乘船到達馬石津的時候。馬石津，渡口名，在今遼寧大連旅順港西南，當時為慕容仁所佔據。(117)九月戊寅　九月初八。(118)陸曄　晉明帝的顧命大臣，蘇峻之亂中盡心護持晉成帝。傳見《晉書》卷七十七。(119)江陽　晉郡名，郡治即今四川瀘州。(120)還江陽　即指回江陽，因江陽在成都的東南方。(121)葭萌　縣名，縣治在今四川廣元西南。(122)推心待之　推心置腹地相對待，指以至誠待人。(123)無所疑間　沒有任何猜疑。間，隔閡。(124)涪　晉縣名，縣治在今四川綿陽東。(125)十月癸亥朔　此句有誤，十月朔辛丑，癸亥為十月二十三。「朔」字衍文，當削。(126)因班夜哭　趁李班夜間哭靈的時候。(127)殯宮　停柩受祭之所。殯，停柩待葬。(128)矯　詐稱；假傳。(129)罪狀班　列舉李班的罪狀。(130)賤　身分低賤。(131)母養之　以母親的身分撫養了他。(132)令名　美名。(133)奉期　尊奉、擁戴李期。(134)甲子　十月二十四。(135)戾太子　行為悖謬的太子。戾，背謬。按，諡班曰

「戾」顯為誣衊。(136)大將軍壽　李壽，李特之弟李驤之子。(137)汶山　晉郡名，郡治即今四川茂縣。(138)從兄始　據《晉書》卷一百二十，李始為李特長子，當是李期的伯父，李壽的從兄。(139)丙寅　十月二十六。(140)譖壽於期　在李期面前說李壽的壞話。譖，說人壞話；誣陷人。(141)藉壽　藉著李壽的力量。(142)去就利害　何去何從的利害關係。(143)開其去路　給他讓開一條逃跑的道路。開，讓開。(144)來奔　來投奔晉王朝。(145)巴郡　晉郡名，郡治江安，在今重慶市北。(146)魏宮　魏王石虎所居之宮。(147)請禪位　請求讓皇帝位於……。(148)先帝種　先帝的後裔。(149)真無復遺　真的是要絕後了，意即石虎一定將殺死我。(150)於是　這時候。(151)魏臺　魏王官署，這裡即以稱呼石虎。(152)請依唐虞禪讓故事　請按照唐堯虞舜禪讓的章程進行禪讓。傳說堯晚年把帝位讓於舜，舜晚年又把帝位讓於禹。事見《尚書・堯典》、《史記・五帝本紀》。(153)居喪無禮　給其父守喪時不遵守禮節。(154)安步就車　緩步登車。(155)庸昧　同前所謂「愚暗」，這裡是石弘自指。(156)不堪纂承大統　不能繼續充當皇帝之職。堪，能夠；可以。纂承，繼承。(157)勸進　勸石虎登帝位。(158)盛德之號　是有盛德之人才能接受的稱號。(159)居攝趙天王　暫時代理趙國的天王之職。居攝，居皇帝之位代為處理諸事。(160)尋　不久。(161)不賀　不向石虎朝賀，也就是不承認石虎為君主的合法性。(162)累召之　多次地召他到都城襄國。(163)正色　表情嚴正。(164)命世英雄　聞名於當世的英雄。命世，名世；聞名於當世。(165)柰何　怎麼能。(166)把臂受託　拉著胳膊接受老皇帝的委託。把臂，極言其誠懇的樣子。(167)而返奪之　結果竟將人家的政權奪了過來。(168)吾豈樂此哉　我難道是喜歡這麼幹嗎。(169)顧海陽年少　問題是在於石弘的年歲太小。(170)不能了家事　管理不了我們家的事情。了，完成；管好。(171)心雖不平　內心雖對姚弋仲不滿。(172)不之罪　即「不罪之」，未將姚弋仲治罪。(173)守尚書令　代理尚書令。級別低的人代理高級別的職務稱「守」。(174)各有差　等級各有不同。(175)行如信都二句　先到了信都，又從信都回到襄國。信都是冀州的州治所在地，在今河北冀州東北。據《晉書・石季龍載記》，石虎因以讖文有「天子當從東北來」之語，於是「備法駕行至信都而還以應之」。(176)甲申　十一月十五。(177)襄平　晉縣名，即今遼寧遼陽。當時也是遼東郡的郡治。(178)居就　晉縣名，縣治在今遼陽東南的亮甲山上。(179)新昌　晉縣名，縣治在今遼寧海城東北。(180)本圖　本心；本意。(181)直　僅；只不過是。(182)元惡　元凶；罪魁禍首。謂慕容仁。(183)遽加夷滅　就突然地把這些人殺光。遽，突然；馬上。夷滅，殺光。(184)無歸善之路　指再不會有人投降。歸善，敬稱向你投降。(185)棘城　即今遼寧義縣，當時為昌黎郡的郡治所在地，慕容氏政權的都城。(186)安輯　安撫。(187)趙徐州從事蘭陵朱縱　任徐州刺史僚屬的蘭陵人朱縱。從事，從事史，州郡長官的僚屬。蘭陵，晉縣名，在今山東蒼山縣西南。(188)徙新昌　指遷徙新昌縣的吏民。

【校記】①命　原作「面」。據章鈺校，孔天胤本作「命」，張敦仁《通鑑刊本識誤》同，今據改。②尚書令　原脫「令」字。據章鈺校，十二行本、乙十一行本、孔天胤本皆有「令」字，張敦仁《通鑑刊本識誤》同，今據補。③都督　原無此二字。據章鈺校，十二行本、乙十一行本、孔天胤本皆有此二字，張敦仁《通鑑刊本識誤》同，今據補。④不可以君萬國　此句原無。據章鈺校，十二行本、乙十一行本、孔天胤本皆有此句，張瑛《通鑑校勘記》同，今據補。⑤持節　原無此二字。據章鈺校，十二行本、乙十一行本、孔天胤本皆有此二字，張瑛《通鑑校勘記》同，今據補。

【語譯】九年（甲午　西元三三四年）

春季，正月，後趙改年號為延熙元年。

晉成帝司馬衍下詔任命郭權為鎮西將軍、雍州刺史。

仇池王楊難敵去世，他的兒子楊毅即位，自稱為龍驤將軍、左賢王、下辨公，任命叔父楊堅頭的兒子楊盤為冠軍將軍、右賢王、河池公，派遣使者來到東晉的都城建康，向皇帝稱臣，成了東晉的藩屬國。

二月二十三日丁卯，晉成帝司馬衍下詔，指派代理侍書御史的耿訪以及張駿的部曲督王豐攜帶著印信前往涼州授予張駿為大將軍、都督陝西・雍・秦・涼州諸軍事，從此以後，每年往來於建康與涼州之間的使者再也沒有斷絕。

佔據遼東郡的慕容仁任命擔任司馬職務的翟楷兼任東夷校尉，任命前任平州別駕龐鑒兼任遼東相。

段氏部落酋長段遼派軍隊襲擊徒河，沒有成功。他又派自己的弟弟段蘭與慕容翰共同攻打柳城，擔任柳城都尉的石琮與柳城主慕輿埿合力據守，段蘭等無法攻克，只得撤走。段遼非常惱怒，便很嚴厲地責備段蘭等人，要求他們必須攻克柳城。段蘭等修整了二十天之後，又增加了一些兵力，便再次前來攻打柳城。士卒全都身穿兩重鎧甲，用盾牌護著頭部，在柳城的四周架起雲梯，四面攻打，日夜不停。而石琮、慕輿埿防守得更加嚴密，段蘭等殺傷了一千多人，仍然攻打不下。慕容皝派遣慕容汗以及擔任司馬的封奕等共同率軍救援柳城。慕容皝告誡慕容汗說：「敵人的氣勢正盛，不要與他們爭奪勝負。」慕容汗驍勇果敢，他率領一千多名騎兵做前鋒，長驅直入。封奕制止他不要如此，慕容汗根本不聽從，與段蘭在柳城北面的牛尾谷展開遭遇戰，慕容汗的軍隊被打得大敗，死了一大半。封奕壓住自己的陣腳，拼死力戰，才沒有造成全軍覆沒的局面。

段蘭想要乘勝窮追猛打，慕容翰擔心自己的國家會被段氏滅掉，就阻止他說：「作為將領務必要謹慎小心，要審視自己、衡量對方，如果沒有萬無一失的把握就不要輕舉妄動。現在雖然挫敗了他們的一部分軍隊，卻未能從整體形勢上挫敗他們。慕容皝善於運用權謀詐術，喜歡打埋伏戰，如果他把全部軍隊都發動起來，親自率領著來抗拒我們，我們遠離自己的國土深入敵境，雙方的兵力對比是敵眾我寡，這是很危險的。而且我們在接受命令的那一天，目的就是為了取得柳城大捷，如果違抗命令，貪功急進，萬一失敗，功勞和名聲可就全都丟失了，我們還怎麼回去面對君主，向他交差？」段蘭說：「慕容汗他們已經註定要被我們擒獲，沒有別的可能，你所擔憂的是怕我們一舉滅掉了你們的國家罷了！現在你的兄弟慕容千年就在遼東，如果現在進兵，使我能夠一舉滅掉慕容皝，我將迎接慕容千年回來，讓他來當你們遼東的嗣君，無論如何不會對不起你，讓你們的國家滅亡、宗廟斷絕了祭祀。」千年，是慕容仁的小名。慕容翰說：「我已經投靠段氏部落，絕對沒有再回去的道理。國家存亡與否，與我有什麼相干！我只是為了你們國家的利益著想，也是怕你遭到失敗而丟掉了前程而已。」遂下令自己的部屬獨自返回，段蘭迫不得已只得隨他返回。

三月，成主李雄將寧州劃出，設置為交州，任命霍彪為寧州刺史，任命爨深為交州刺史。

後趙丞相石虎派遣自己的部將郭敖以及章武王石斌率領四萬名步兵、騎兵向西攻打郭權，郭敖等將軍隊駐紮在華陰。夏季，四月，上邽的豪門大族殺死了郭權向後趙投降。石虎遂將秦州的三萬多戶強行遷移到青州、并州。

長安人陳良夫投奔了黑羌部落，與北羌王薄句大等率眾侵入後趙轄區內的北地、馮翊。後趙的章武王石斌、樂安王石韜合力反擊，大破黑羌、北羌軍，北羌王薄句大逃往馬蘭山。郭敖乘勝追擊敗逃的羌軍，反被羌軍打敗，死亡的佔了總人數的十分之七、八。章武王石斌等收兵退回三城。石虎派使者到三城誅殺郭敖。秦王石宏口出怨言，石虎便將石宏囚禁起來。

佔據遼東的慕容仁自稱為平州刺史、遼東公。

長沙桓公陶侃到了晚年對自己的功大位高而深感不安，他不再參與過問朝廷政務，屢次請求辭官回到自己的封地長沙去，他手下的僚屬等卻苦苦地挽留他。六月，陶侃病重，上表給朝廷請求退位，讓出官爵和封地，派遣左長史殷羨將朝廷過去封贈給自己的符節、大將的指揮旗、作為儀仗的幢、曲蓋、侍中頭上所戴的飾物貂蟬、太尉的印章、荊州・江州・雍州・梁州・交州・廣州・益州・寧州八州刺史印章緘封的符信、棨戟奉還給朝廷，軍用物資、武器、耕牛戰馬、船艦，都一一列入帳冊，存入倉庫，陶侃親自把倉庫門鎖起來加上封條。他將後事託付給擔任右司馬的王愆期，提升王愆期為督護，負責統領轄區內的文武僚佐。十二日甲寅，陶侃病臥在車上離開了軍府，到就近的碼頭上了船，準備回歸長沙。他回頭對王愆期說：「你看老夫現在步履蹣跚，肢體活動都不靈活了才辭職退休，都怪你們將我苦留到現在！」十三日乙卯，陶侃在返回長沙的途中死在了樊谿。

陶侃在軍中四十一年，精明有毅力，善於判斷，觀察事務細密入微，沒有人能欺騙他。他的轄區東自南陵，西到白帝，數千里之內，治安良好，路不拾遺。等到陶侃死後，擔任尚書的梅陶在寫給好友曹識的信中說：「陶侃的機智、明察可與魏武帝曹操相比，而他對國家的忠誠、對政務的勤勉好似諸葛亮，陸抗等人都趕不上他。」謝安經常說：「陶侃雖然也是用法較嚴，然而他用法的目的卻不在於懲辦人，而是為了達到一種更高的目的。」謝安，是謝鯤的姪子。

成主李雄的頭上生了癰瘡，身體上素來刀傷累累，等到臥病在床的時候，身上的舊傷疤全都潰爛化膿。他的兒子們都嫌棄他而躲得遠遠的，只有太子李班不分白天黑夜地在旁邊侍奉他，連衣冠鞋帽都不脫，並用嘴為他往外吸吮膿血。李雄召擔任大將軍的建寧王李壽到自己的病榻前接受遺詔，輔佐朝政。六月二十五日丁卯，成主李雄去世，太子李班即位。李班任命建寧王李壽為錄尚書事，軍國大事全都交付給建寧王李壽以及擔任司徒的何點、擔任尚書令的王瓌。李班只在宮中服喪哀哭，對朝政一點也不過問。

六月二十九日辛未，東晉加授平西將軍庾亮為征西將軍、假節、都督江・荊・豫・益・梁・雍六州諸軍事、兼任江・豫・荊三州刺史，治所設在武昌。庾亮徵聘殷浩為記室參軍。殷浩，是殷羨的兒子，他與擔任豫章太守的褚裒、擔任丹陽丞的杜乂，都以清高淡遠、善於談論《老子》、《周易》而在江東享有盛名，而殷浩更是為一批風流散蕩的名士所推崇。褚裒，是褚䂮的孫子。杜乂，是杜錫的兒子。桓彝曾經對褚裒說：「你表面雖然不說，但內心是有褒貶的。」意思是說，他表面上雖然對人對事從不加以褒貶性的評論，而內心並不糊塗，是有褒也有貶的。謝安說：「褚裒雖然不說話，但一年四季的氣象變化已經全備於心了。」

秋季，八月，王濟返回遼東，晉成帝下詔派遣擔任侍御史的王齊專程到遼東祭祀已故遼東公慕容廆，又派遣擔任謁者的徐孟到遼東任命慕容皝為鎮軍大將軍、平州刺史，封大單于、遼東公，持節、都督，有權以皇帝的名義在自己的轄區之內封官拜爵，就和慕容廆在世時候的權力一樣。東晉朝廷派往遼東的欽差所乘坐的船隻一到馬石津，就被慕容仁扣留。

九月初八日戊寅，東晉擔任衛將軍的江陵穆公陸曄去世。

成主李雄的兒子車騎將軍李越屯兵於江陽，到成國的都城成都來奔喪。因為太子李班不是李雄所生，心裡很不服氣，就與自己的弟弟安東將軍李期陰謀作亂。李班的弟弟李玝向李班建議，立即下令讓李越返回江陽，任命李期為梁州刺史，鎮守葭萌。李班因為李雄還沒有安葬，不僅不忍心把李雄的兒子打發走，還對他們推心置腹，一點懷疑猜忌之心也沒有，派弟弟李玝出去駐紮涪城。冬季，十月癸亥朔，李越趁李班夜間在李雄靈前守護哭靈的時候，將李班殺死在停放李雄靈柩的地方，同時殺死了李班的哥哥、擔任領軍將軍的李都。假傳太后任氏的詔令，宣布李班的罪狀，將李班廢掉。

當初，李雄的第四個兒子李期的母親冉氏地位微賤，太后任氏便將李期抱過來自己撫養。李期多才多藝，有很好的聲望。等到太子李班被殺死，眾人都準備擁戴李越，李越卻擁戴李期。十月二十四日甲子，李期即位為成國皇帝，給已故太子李班定諡號為「戾太子」，任命李越為相國，封其為建寧王，加封大將軍李壽為大都督，改封為漢王，共同擔任錄尚書事。李期又任命自己的哥哥李霸為中領軍、鎮南大將軍，弟弟李保為鎮西大將軍、汶山太守，堂兄李始為征東大將軍，代替李越鎮守江陽。〇二十六日丙寅，將成主李雄安葬於安都陵，諡號武皇帝，廟號太宗。

成國征東大將軍李始想要與大都督、漢王李壽共同攻擊新即位的李期，李壽不敢發兵。李始惱羞成怒，便在李期面前說李壽的壞話，請求李期將李壽殺死。李期想借助李壽討伐李玝，所以沒有答應李始的請求，而是派李壽率軍向涪城進兵討伐李玝。李壽先派人為李玝分析了逃亡與固守的成敗得失，並為他留一條逃生之路，李玝遂投奔了東晉。晉成帝下詔任命李玝為巴郡太守。成國皇帝李期任命李壽為梁州刺史，駐防涪城。

後趙皇帝石弘親自攜帶著皇帝璽印前往石虎的魏王宮，請求將皇位禪讓給丞相石虎。石虎說：「誰能承繼帝王的大業，天下自會有人議論，你何必要自行將皇位讓給我呢！」石弘流著眼淚返回皇宮，他對皇太后程氏說：「先帝真的要斷子絕孫了！」此時，後趙尚書奏請石虎說：「請魏王官署依照唐堯、虞舜禪讓的程序讓石弘將皇位禪讓給魏王。」石虎說：「石弘愚昧昏庸，居喪期間，行為違背禮法，不可君臨天下，就應當把他廢掉，還搞什麼禪讓！」十一月，石虎派部將郭殷持節入宮，廢掉石弘，將石弘貶為海陽王。石弘緩步登上車子，神色自若，他對群臣說：「我知道自己愚昧昏聵，承擔不了繼承皇家大統的重任，還有什麼話好說！」群臣無不感傷流涕，宮人也都不禁失聲痛哭。群臣來到魏王石虎的王宮，勸石虎登基稱帝，石虎說：「皇帝，是有盛德之人才能接受的稱號，我不敢當，我只能暫居皇帝之位代為處理政務，可稱為『居攝趙天王』。」石虎將太子石弘、太后程氏、秦王石宏、南陽王石恢囚禁於崇訓宮，不久，又將他們全部殺害。

後趙擔任西羌大都督的姚弋仲聲稱有病而沒有對石虎登基表示祝賀，石虎多次召他到都城襄國，姚弋仲才來到都城襄國。他神情嚴肅地對石虎說：「我姚弋仲曾經認為大王是一個聞名於當世的英雄，怎麼能拉著先帝的手臂，接受了先帝輔佐朝政的遺囑，而反過來奪取皇位啊！」石虎說：「我難道願意這樣做嗎！我是顧慮到海陽王石弘年紀太輕，恐怕他管理不了我們家的事情，所以才取代他罷了。」石虎雖然心裡對姚弋仲憤憤不平，然而察覺到他確實是實心實意，所以也就沒有治他的罪。

後趙王石虎任命夔安為侍中、太尉、兼任尚書令，任命郭殷為司空，任命韓晞為尚書左僕射，任命魏郡的申鍾為侍中，任命郎闓為光祿大夫、王波為中書令，文武官員按照不同級別，都有不同程度的升官進爵。

石虎先到了信都，然後備法駕，從信都返回襄國。

慕容皝率軍討伐遼東的慕容仁，十一月十五日甲申，慕容皝率大軍抵達襄平。遼東人王岌寫密信給慕容皝請求投降。慕容皝進軍，進入襄平城，守將東夷校尉翟楷、龐鑒丟下部眾，單人匹馬逃走。居就、新昌等縣全都向慕容皝投降。慕容皝準備把遼東的民眾全部坑殺，廣武將軍高詡勸阻說：「遼東叛變，實際上並不是遼東人的本意，他們只是因為懼怕慕容仁的兇暴威勢，才不得不聽命於慕容仁。如今首惡慕容仁還沒有被除掉，剛克復了襄平一個城池，就下令將這個城的民眾全部屠殺，那麼其他沒有被攻克的城池，恐怕就再也沒有人來投降了。」慕容皝這才停止。把遼東的大族遷移到棘城。任命杜羣為遼東相，安撫殘存下來的居民。

十二月，後趙擔任徐州刺史僚屬的蘭陵人朱縱殺死了徐州刺史郭祥，獻出彭城，向東晉投降。後趙將領王朗率眾攻打朱縱，朱縱逃往淮南。

慕容仁派兵襲擊新昌，被慕容皝屬下擔任督護的新興人王寓率軍趕走，慕容皝遂將新昌吏民全部遷入襄平。

咸康元年（乙未　西元三三五年）

春，正月庚午朔❶，帝加元服❷，大赦，改元。○成、趙皆大赦，成改元玉恆，趙改元建武。

成主期立皇后閻氏，以衛將軍尹奉為右丞相，驃騎將軍、尚書令王瓌為司徒。

趙王虎命太子邃省可尚書奏事❸，惟祀郊廟❹、選牧守❺、征伐、刑殺乃親之❻。

虎好治❼宮室，鸛雀臺❽崩，殺典匠少府❾任汪，復使脩之，倍於其舊❿。邃保母⓫

劉芝封宜城君[12]，關預[13]朝權，受納賄賂，求仕進[14]者多出其門。

慕容皝置左、右司馬，以司馬韓矯、軍祭酒封奕為之。

司徒導以羸疾[15]，不堪[16]朝會。三月乙酉[17]，帝幸其府[18]，與羣臣宴于內室，拜導，并拜其妻曹氏。侍中孔坦密表切諫[19]，以為帝初加元服，動宜顧禮[20]，帝從之。坦又以帝委政於導[21]，從容[22]言曰：「陛下春秋已長[23]，聖敬日躋[24]，宜博納朝臣[25]，諮諏善道[26]。」導聞而惡之，出坦為廷尉[27]。坦不得意，以疾去職。

丹陽尹桓景為人諂巧[28]，導親愛之。會[29]熒惑守南斗[30]經旬[31]，導謂領軍將軍[32]陶回曰：「斗，揚州之分[33]，吾當遜位[34]以厭天譴[35]。」回曰：「公以明德作輔[36]，而與桓景造膝[37]，使熒惑何以退舍[38]！」導深愧之。

導辟[39]太原王濛[40]為掾[41]，王述[42]為中兵屬[43]。述，昶[44]之曾孫也。濛不脩小廉[45]，而以清約見稱[46]，與沛國劉惔[47]齊名友善。惔常稱濛性至通[48]而自然有節[49]。濛曰：「劉君知我，勝我自知。」當時稱風流[50]者，以惔、濛為首。述性沈靜[51]，每坐客辯論蠭起[52]，而述處之恬如[53]也。年三十，尚未知名，人謂之癡。導以門地辟之[54]。既見，唯問在東米價[55]，述張目不答[56]。導曰：「王掾不癡[57]，人何言癡也！」嘗見導每發言，一坐莫不贊美，述正色曰：「人非堯、舜，何得每事盡善！」導改容謝[58]之。

趙王虎南遊[59]，臨江而還。有遊騎[60]十餘至歷陽[61]，歷陽太守袁耽表上之[62]，不言騎多少。朝廷震懼，司徒導請出討之。夏四月，加導大司馬、假黃鉞、都督征討諸軍事。癸丑[63]，帝觀兵廣莫門[64]，分命諸將救歷陽及戍慈湖、牛渚[65]、蕪湖，司空郗鑒使廣陵相陳光將兵入衛京師。俄[66]聞趙騎至少[67]，又已去，戊午[68]，解嚴，王導解大司馬。袁耽坐輕妄[69]免官。◯趙征虜將軍石遇攻桓宣於襄陽，不克。◯

大旱，會稽餘姚[70]米斗五百。

秋，七月，慕容皝立子儁為世子。

九月，趙王虎遷都于鄴，大赦。

初，趙主勒以天竺僧[71]佛圖澄[72]豫言成敗數有驗，敬事之。及虎即位，奉之尤謹[73]，衣以綾錦[74]，乘以彫輦[75]。朝會之日，太子、諸公[76]扶翼[77]上殿，主者唱「大和尚」[78]，眾坐皆起。使司空李農旦夕問起居[79]，太子、諸公五日一朝。國人化之[80]，率多[81]事佛。澄之所在，無敢向其方面涕唾者。爭造寺廟，削髮出家。虎以其真偽雜糅，或避賦役[82]為姦宄[83][1]，乃下詔問中書曰：「佛，國家所奉，里閭小人[84]無爵秩者，應事佛不？」著作郎[85]王度等議曰：「王者祭祀，典禮[86]具存。

佛，外國之神，非天子諸華[87]所應祠奉。漢氏初傳其道[88]，唯聽[89]西域人[90]立寺都邑[91]以奉之，漢人皆不得出家，魏世亦然。今宜禁公卿以下，毋得詣寺燒香禮拜，其趙人為沙門[92]者，皆返初服[93]。」虎詔曰：「朕生自邊鄙[94]，忝君諸夏[95]。至於饗祀[96]，應從本俗[97]。其夷、趙百姓[98]樂事佛者，特聽之[99]。」

趙章武王斌帥精騎二萬并秦、雍二州兵以討薄句大，平之。

成太子班之舅羅演與漢王相[100]天水上官澹謀殺成主期，立班子。事覺，期殺演、澹及班母羅氏。○期自以得志，輕諸舊臣，信任尚書令景騫、尚書姚華、田褒、中常侍許涪等，刑賞大政，皆決於數人，希復關公卿[101]。褒無他才，嘗勸成主雄立期為太子，故有寵。由是紀綱隳紊[102]，雄業始衰。

冬，十月乙未朔[103]，日有食之。

慕容仁遣王齊等南還[104]，齊等自海道趣棘城[105]。齊遇風不至，十二月，徐孟等至棘城，慕容皝始受朝命[106]。

段氏、宇文氏各遣使詣慕容仁，館[107]于平郭城外。皝帳下督張英將百餘騎間道潛行[108]掩擊[109]之，斬宇文氏使十餘人，生擒段氏使以歸。

是歲，明帝母建安君荀氏[110]卒。荀氏在禁中[111]尊重[112]同於太后，詔贈豫章郡君。

代王翳槐以賀蘭藹頭[113]不恭，將召而戮之，諸部皆叛。代王紇那自宇文部入，諸部復奉之。翳槐奔鄴，趙人厚遇之。

初，張軌及二子寔、茂雖保據河右，而軍旅之事無歲無之。及張駿嗣位，境內漸平[114]。駿勤脩庶政[115]，總御文武[116]，咸得其用[117]，民富兵彊，遠近稱之，以為賢君。駿遣將楊宣伐龜茲[118]、鄯善[119]，於是西域諸國焉耆[120]、于窴[121]之屬皆詣姑臧朝貢。駿於姑臧南作五殿[122]，官屬皆稱臣。

駿有兼[123]秦、雍之志，遣參軍麴護上疏，以為：「勒、雄既死，虎、期繼逆，兆庶離主[124]，漸冉經世[125]。先老消落[126]，後生不識[127]，慕戀之心[128]，日遠日忘[129]。乞敕[130]司空鑒[131]、征西亮[132]等汎舟江、沔[133]，首尾齊舉[134]。」

二年[2]（丙申　西元三三六年）

春，正月辛巳[135]，彗星見于奎、婁[136]。

慕容皝將討慕容仁，司馬高詡曰：「仁叛棄君親，民神共怒。前此[137]海未嘗凍，自仁反以來，連年凍者三矣。且仁專備陸道，天其或者[138]欲使吾乘海冰以襲之也。」皝從之。羣僚皆言涉冰危事，不若從陸道。皝曰：「吾計已決，敢沮[139]者斬！」

壬午[140]，皝帥其弟軍師將軍評[141]等自昌黎東[142]，踐冰[143]而進，凡三百餘里。至歷林口[144]，捨輜重[145]，輕兵趣平郭。去城[146]七里，候騎[147]以告仁，仁狼狽出戰。張英之俘二使[148]也，仁恨不窮追[149]。及皝至，仁以為皝復遣偏師[150]輕出寇抄[151]，不知皝自來，謂左右曰：「今茲[152]當不使其匹馬得返矣！」乙未[153]，仁悉眾陳[154]於城之西北。慕容軍[155]帥所部降於皝，仁眾沮動[156]。皝從而縱擊[157]，大破之。仁走，其帳下皆叛，遂擒之。皝先為[158]斬其帳下之叛者，然後賜仁死。丁衡、游毅、孫機等皆仁所信用也，皝執而斬之，王冰自殺。慕容幼、慕容稚、佟壽、郭充、翟楷、龐鑒皆東走，幼中道而還，皝兵追及楷、鑒，斬之，壽、充奔高麗[159]。自餘[160]吏民為仁所詿誤[161]者，皝皆赦之。封高詡為汝陽侯。

二月，尚書僕射王彬卒。○辛亥[162]，帝臨軒，遣使備六禮[163]逆[164]故當陽侯杜乂女陵陽[165]為皇后，大赦，羣臣畢賀。

夏，六月，段遼遣中軍將軍李詠襲慕容皝。詠趣武興[166]，都尉張萌擊擒之。遼別遣段蘭將步騎數萬屯柳城[167]西回水[168]，宇文逸豆歸攻安晉[169]，以為蘭聲援。皝帥步騎五萬向柳城，蘭不戰而遁。皝引兵北趣安晉，逸豆歸棄輜重走。皝遣司馬封奕帥輕騎追擊，大破之。皝謂諸將曰：「二虜恥無功，必將復至，宜於柳城左右設伏以待之。」乃遣封奕帥騎數千伏於馬兜山[170]。三月[3]，段遼果將數千騎來寇抄，奕縱擊，大破之，斬其將榮伯保。

前廷尉孔坦卒。坦疾篤[171]，庾冰[172]省[173]之，流涕。坦慨然曰：「大丈夫將終，不問以濟國[174]安民之術，乃為兒女子相泣邪！」冰深謝之。

九月，慕容皝遣長史劉斌、兼郎中令遼東陽景送徐孟等還建康。

冬，十月，廣州刺史鄧岳遣督護王隨等擊夜郎[175]、興古[176]，皆克之。加岳督寧州。

成主期以從子[177]尚書僕射武陵公載有雋才[178]，忌之。誣以謀反，殺之。

十一月，詔建威將軍司馬勳將兵安集漢中[179]，成漢王壽擊敗之。壽遂置漢中守宰[180]，戍南鄭[181]而還。

索頭郁鞠[182]帥眾三萬降於趙，趙拜郁鞠等十三人為親趙王，散其部眾於冀、青等六州。

趙王虎作太武殿於襄國，作東、西宮[183]於鄴，十二月，皆成。太武殿基高二丈八尺，縱六十五步，廣七十五步，甃以文石[184]。下穿伏室[185]，置衛士五百人。以漆灌瓦[186]，金瑠銀楹[187]，珠簾玉壁，窮極工巧[188]。殿上施[189]白玉牀、流蘇帳[190]，為金蓮華[191]以冠帳頂[192]。又作九殿于顯陽殿後，選士民之女[193]以實之[194]，服珠玉被綺縠[195]者萬餘人。教宮人[196]占星氣[197]、馬步射[198]。置女太史[199]，及[4]雜伎[200]工巧，皆與外同[201]。以女騎[202]千人為鹵簿[203]，皆著紫綸巾[204]，熟錦袴[205]，金銀鏤帶[206]，五文織成鞾[207]，執羽儀[208]，鳴鼓吹[209]，遊宴以自隨[210]。於是[211]趙大旱，金一斤直粟二斗[212]，百姓嗷然[213]。而虎用兵不息，百役[214]並興。使牙門張彌徙洛陽鍾虡[215]、九龍、翁仲[216]、銅駝[217]、飛廉[218]於鄴，載以四輪纏輞車[219]，轍廣四尺[220]，深二尺[221]。一鍾沒於河[222]，募浮沒[223]三百人入河，繫以竹絙[224]，用牛百頭，鹿櫨引之[225]，乃出，造萬斛之舟[226]以濟之[227]。既至鄴，虎大悅，為之赦二歲刑[228]。賚百官穀帛[229]，賜民爵一級[230]。又用尚方令[231]解飛之言，於鄴南投石於河，以作飛橋，功費數千萬億，橋竟不成。役夫飢甚，乃止。使令長[232]帥民入山澤采橡[233]及魚以佐食，復為權豪所奪，民無所得。

初，日南[234]夷帥范稚有奴曰范文，常隨商賈往來中國。後至林邑[235]，教林邑王范逸作城郭[236]、宮室、器械，逸愛信之，使為將。文遂譖逸諸子[237]，或徙或逃。是歲，逸卒，文詐迎逸子於它國，置毒於椰酒而殺之，文自立為王。於是出兵攻大岐界、小岐界、式僕、徐狼、屈都、乾魯、扶單等國，皆滅之，有眾四五萬，遣使奉表入貢。

趙左校令(238)成公段(239)作庭燎(240)於杠末(241)，高十餘丈，上盤置燎，下盤置人(242)。

趙王虎試而悅之。

三年（丁酉　西元三三七年）

春，正月庚辰(243)，趙太保夔安等文武五百餘人入上尊號(244)，庭燎油灌下盤，死者二十餘人。趙王虎惡之，腰斬成公段。辛巳(245)，虎依殷、周之制(246)，稱大趙天王，即位於南郊(247)，大赦。立其后鄭氏為天王皇后，太子邃為天王皇太子，諸子為王者皆降為郡公，宗室(248)為王者降為縣侯(249)，百官封署(250)各有差。

國子祭酒袁瓌、太常馮懷以江左寖安(251)，請興學校。帝從之。辛卯(252)，立太學，徵集生徒。而士大夫習尚老、莊(253)，儒術終不振。瓌，渙(254)之曾孫也。

三月，慕容皝於乙連城(255)東築好城(256)，以逼乙連(257)，留折衝將軍蘭勃守之。夏，四月，段遼以車數千兩(258)輸乙連粟(259)，蘭勃擊而取之。六月，遼又遣其從弟揚威將軍屈雲將精騎夜襲皝子遵於興國城(260)，遵擊破之。

初，北平陽裕(261)事段疾陸眷及遼五世(262)，皆見尊禮(263)。遼數與皝相攻，裕諫曰：『親仁善鄰，國之寶也(264)。』況慕容氏與我世婚，迭為甥舅(265)，皝有才德，而我與之搆怨[266]，戰無虛月[267]，百姓彫弊[268]，利不補害[269]，臣恐社稷之憂，將由此始。願兩追前失[270]，通好如初，以安國息民。」遼不從，出裕[271]為北平相[272]。

趙太子邃素驍勇[273]，趙王虎愛之。常謂羣臣曰：「司馬氏父子兄弟自相殘滅，故使朕得至此，如朕有殺阿鐵理否[274]？」既而邃驕淫殘忍，好妝飾美姬，斬其首，洗血置盤上，與賓客傳觀之，又烹其肉共食之。河間公宣、樂安公韜[275]皆有寵於虎，邃疾[276]之如讎。虎荒耽酒色[277]，喜怒無常，使邃省可尚書事，每有所關白[278]，虎恚[279]曰：「此小事，何足白也！」時或不聞[280]，又恚曰：「何以不白！」誚責笞棰[281]，月至再三[282]。邃私謂中庶子[283]李顏等曰：「官家難稱[284]，吾欲行冒頓之事[285]，卿從我乎？」顏等伏不敢對。秋，七月，邃稱疾不視事[286]，潛帥宮臣文武五百餘騎飲於李顏別舍[287]，因謂顏等曰：「我欲至冀州殺河間公[288]，有不從者斬！」行數里，騎皆逃散。顏叩頭固諫[289]，邃亦昏醉而歸。其母鄭氏聞之，私遣中人[290]誚讓邃，邃怒，殺之。佛圖澄謂虎曰：「陛下不宜數往東宮[291]。」虎將視邃疾，思澄言而還，既而[292]瞋目大言[293]曰：「我為天下主，父子不相信乎[294]！」乃命所親信女尚書往察之。邃呼前與語，因抽劍擊之。虎怒，收李顏等詰問[295]，顏具言其狀，殺顏等三十餘人，幽[296]邃于東宮。既而赦之，引見太武東堂。邃朝而不謝[297]，俄頊即出[298]。虎使謂之曰：「太子應朝中宮[299]，豈可遽去[300]？」邃徑出不顧[301]。虎大怒，廢邃為庶人。其夜，殺邃及其妃張氏，并男女二十六人同埋於一棺。誅其宮臣支黨二百餘人，廢鄭后為東海太妃。立其子宣為天王皇太子，宣母杜昭儀為天王皇后。

安定侯子光[302]自稱佛太子，云從大秦國[303]來，當王小秦國，聚眾數千人於杜南山[304]，自稱大黃帝，改元龍興。石廣[305]討斬之。

九月，鎮軍左長史封奕等勸慕容皝稱燕王，皝從之。於是備置羣司[306]，以封奕為國相，韓壽為司馬，裴開為奉常[307]，陽騖為司隸[308]，王寓為太僕[309]，李洪為大理[310]，杜羣為納言令[311]，宋該、劉睦、石琮為常伯[312]，皇甫真、陽協為冗騎常侍[313]，宋晃、平熙、張泓為將軍，封裕為記室監[314]。洪，臻之孫。晃，奭之子也。○冬，十月丁卯[315]，皝即燕王位，大赦。十一月甲寅[316]，追尊武宣公[317]為[5]武宣王，夫人段氏[318]曰武宣后，立夫人段氏[319]為王后，世子儁為王太子，如魏武、晉文輔政故事[320]。

段遼數侵趙邊，燕王皝遣揚烈將軍宋回稱藩於趙[321]，乞師[322]以討遼，自請盡帥國中之眾以會之，并以其弟寧遠將軍汗為質[323]。趙王虎大悅，厚加慰答，辭其質[324]，遣還，密期以明年[325]。

是歲，趙將李穆納拓跋翳槐於大甯[326]，其故部落多歸之。代王紇那奔燕，國人復奉翳槐為代王，翳槐[6]城盛樂[327]而居之。

仇池氏王楊毅[328]族兄初襲殺毅，并有其眾，自立為仇池公，稱臣於趙。

【章旨】以上為第三段，寫晉成帝咸康元年（西元三三五年）至三年共三年間的大事。主要寫了趙主石虎遷都於鄴，大治宮室，加倍地重修銅雀臺；又在襄國大造太武殿，窮奢極侈，為將洛陽前代王朝的鐘鼎器物遷往襄國而勞民傷財；石虎又極度尊禮「大和尚」佛屠澄，引致管區內「爭造寺廟，削髮出家」的迷信情景；寫了石虎自立為趙天王，在後宮集中大批女子，建立諸多女官，組成女子儀仗隊，荒耽酒色，喜怒無常，與其太子石邃矛盾加深，石邃想弒其父，被石虎所殺，石虎改立石宣為太子；寫了晉成帝已加元服，仍委政王導，仍拜王導與其妻，侍中孔坦提出勸諫，被王導所黜逐，孔坦稱疾去職；寫了王導因親近佞巧的丹陽尹桓景，被領軍將軍陶回所譏；寫了王導聘用王濛、王述為僚屬，王濛與劉惔等愛好清談，彼此煽動，社會成風，朝廷雖立太學、招生員，而士大夫習尚《老》、《莊》，儒學始終不振；寫了石虎南遊臨江，幾十名騎兵哨探竄到歷陽，歷陽太守袁耽虛報軍情，遂致東晉一片緊急動員、調兵遣將的腐朽盲目景象；寫了涼州張駿政權的境內漸平，勤修諸政，民富兵強，被稱為賢君，西域的焉耆、于窴等國都到姑臧朝賀稱臣，張駿正有兼併秦、雍二州之志；寫了成主李班的餘黨謀殺成主李期，事覺被討平；寫了李期的政局混亂，李雄的事業開始衰敗；寫了慕容皝聽高詡之謀，踏冰渡海討平慕容仁於遼東，又大破段遼與宇文氏之眾，慕容皝備置百官，自立為燕王；以及越奴范文在日南地區建立國家，有眾數萬人，入貢於晉等等。

【注釋】❶正月庚午朔　正月初一是庚午日。❷帝加元服　晉成帝十五歲，行加冠禮。元服，即帽子。元，頭顱。古代男子二十歲行冠禮，表示成年，但國君可以提前加冠。目的是早立皇后，早生子，以確立君位繼承人。王先謙《漢書補注・昭帝紀》引譙周云：「周成王十五而冠，魯襄公十二而冠。晉侯曰：『國君十五而生子，冠而生子，禮也。』」又引《淮南子》高誘注云：「國君十二歲而冠，冠而娶，十五而生子，重國嗣也。」又云：「（漢）昭帝十八而冠，東京諸帝，和帝十三，安帝十六，順帝十五並加元服，後立皇后。昭帝先立后，五年而後加元服，此大臣不學，而廷臣未諍，其失可怪也。」❸省可尚書奏事　意即代石虎批閱尚書省的請示報告。省，閱。可，批准；批覆。❹祀郊廟　祭祀天地、宗廟。「郊」指在京城的南北郊祭祀天地；「廟」指在太廟祭祀列祖列宗。❺選牧守　選任州與郡的地方官。州的長官稱刺史，也稱牧；郡的長官稱太守。❻親之　親自主持、過問。❼治　修建。❽鸛雀臺　即銅雀臺，曹操所建，在今河北臨漳西三臺村。❾典匠少府　官名，前趙始置，掌管宮殿建築，相當於漢代的將作大匠。❿倍於其舊　比舊臺規模大一倍。⓫保母　乳母，到宮廷中為帝王哺育孩子的婦女。⓬宜城君　封號名，比侯爵低一級。⓭關預　參與。⓮求仕進　謀求進入官場。⓯羸疾　一種類似風痺的病。⓰不堪　不能。⓱三月乙酉　三月十七。⓲幸其府　到達王導家。幸，指帝王的駕臨，令人感到幸運。⓳密表切諫　祕密上表，勸皇帝不要這樣做。⓴動宜顧禮　一切行為舉動都要考慮到禮法的規定。顧，考慮。㉑委政於導　把一切政事都託付給了王導。委，託付。㉒從容　自然的，像是不大經心的樣子。㉓春秋已長　年齡已經長大。㉔聖敬日躋　皇帝的威望越來越高。躋，登；升。㉕博納朝臣　廣泛接納朝臣，意即不要總是依靠某一個人。㉖諮諏善道　徵求詢問美好的主張、言論。㉗出坦為廷尉　將孔坦逐出宮廷，任其為主管刑獄的廷尉。㉘諂巧　巧舌善媚。㉙會　正值；恰巧。㉚熒惑守南斗　火星運行到南斗的附近。熒惑，火星的別名，因隱現不定，令人迷惑，故名。古人認為熒惑是執法之星，司無道，出入無常，禮失則罰出。參見《史記・天官書》及三家注文。守，近；靠近。南斗，即斗宿，是南斗六星的總稱，二十八宿之一。斗宿六星聯繫起來正是古代舀酒的斗形，故名。古人認為南斗是丞相、大宰之位，主管褒賢進士，稟授爵祿。參見《晉書》卷十一〈天文志上〉。㉛經旬　歷時十天。㉜領軍將軍　統領皇帝的羽林軍，以守衛宮廷。㉝斗二句　斗宿是揚州的分野。古人根據地上的區域來劃分天上的星宿，把星宿分別指配於地上的州國，使之互相對應，即《史記・天官書》所說的「天則有列宿，地則有州域」。執法之星逼近揚州地域，逼近宰相之位，所以王導感到緊張。㉞遜位　辭退宰相之位。㉟以厭天譴　以滿足上天對人間的懲罰。厭，滿足；消解。㊱以明德作輔　憑藉高尚的道德為皇帝做輔導。㊲而與桓景造膝　卻與桓景那種小人走得十分親近。造膝，促膝，以喻親近。㊳使熒惑何以退舍　像你這種行為怎麼能讓火星離開南斗。退舍，離開現在所處的位置。

❸⓽辟　聘任。⓴王濛　字仲祖，一個善於談玄的所謂名士。傳見《晉書》卷九十三。㊶為掾　做僚屬。掾，屬官的通稱。㊷王述　字懷祖，西晉司徒王渾弟王湛之孫，後來成為方面大員。傳附《晉書》卷七十五〈王湛傳〉。㊸中兵屬　屬官名。晉代公府諸曹吏有參軍、掾、屬。㊹袒　王袒，曹魏時官至司空。㊺不脩小廉　不講究廉潔，視清廉為小節。㊻以清約見稱　以不拘小節、不做實際工作而被人稱道。㊼劉惔　字真長，晉明帝之婿，為政清靜，好老、莊，善清談。傳見《晉書》卷七十五。㊽至通　最為通達，指能看透世俗的一切。㊾自然有節　能做得既自然又不過分。有節，有節制；有限度。㊿風流　指名士風度，大體包括儀表、談吐、興趣愛好等等。51沈靜　穩重、寡言。沈，通「沉」。52辯論鋒起　為爭論某個問題，在座者紛起發言各不相讓的樣子。53恬如　恬然；不與眾人相爭的樣子。54以門地辟之　看著他的出身門第高而聘用了他。門地，出身、地位。當時有所謂「上馬不落為著作，體中何如做祕書」，只要門第高就能做大官。55在東米價　東吳一帶地區的米價。東，指王述所在的東吳。56張目不答　睜大眼睛，說不出話，一派茫然無知的樣子。57王掾不癡　當時的名士講究蔑視俗物，衣食住行都是俗事。如果一旦知道米價，那就不是名士，而是俗人了。王述不知，所以王導說他不俗。58謝　感謝。指感謝王述的直言勸諫。59南遊　到南方巡遊、巡視。60遊騎　小股的巡邏騎兵。61歷陽　晉郡名，郡治即今安徽和縣。62表上之　向朝廷上表說了這件事。63癸丑　四月十六。64觀兵廣莫門　在廣莫門檢閱軍隊以壯軍威。廣莫門，當時的建康城北門。65戍慈湖牛渚　戍，防守。慈湖在今安徽馬鞍山市東北的長江南岸，牛渚即今安徽的采石磯，在當塗西北的長江邊。66俄　不久；很快地。67至少　極少。68戊午　四月二十一。69輕妄　輕舉妄動。70會稽餘姚　會稽郡的餘姚縣，即今浙江餘姚。71天竺僧　天竺國的和尚。天竺是印度的古稱，也寫作「身毒」或「賢豆」。72佛圖澄　西晉末高僧，天竺屠賓小王的長子。懷帝永嘉四年（西元三一〇年）東來洛陽，與諸士論辯疑滯，無所屈。時值劉曜攻陷洛陽，因潛居草野以觀變。後澄用方術受到後趙石勒、石虎的敬奉，稱為「大和尚」。由於石氏的倡導，佛教在北方大為盛行，建佛寺達八百九十三所。澄卒於後趙的鄴宮寺，年一百一十七歲。傳見《晉書》卷九十五及釋慧皎《高僧傳》。73尤謹　尤其恭敬。74衣以綾錦　讓他穿著很華貴的絲織衣服。綾、錦，都是名貴的絲織品。75乘以彫輦　讓他坐著裝飾華貴的車子。彫輦，一種以雕鏤圖案為飾的用人力拉挽的車，自漢以來為帝王專用。76諸公　指石虎的各個兒子。石虎自稱「天王」，諸子封王者皆降爵為公。77扶翼　攙扶。78主者唱大和尚　當司儀高聲唱到「大和尚」的時候。79旦夕問起居　每天早晚都要到這個和尚那裡請安問候。80國人化之　整個國家的人都跟著敬奉和尚，迷信佛教。化，因受影響而變化。81率多　大都。82或避賦役　有的是為了逃避賦稅徭役。83為姦宄　為非作歹。古稱外盜為姦，內盜為宄。84里閭小人　住在平常街巷裡的平民百姓。85著作郎　官名，掌編纂國史，其下

屬有著作佐郎、校書郎等。(86)典禮　指帝王祭祀天地、祖宗的禮儀制度。(87)諸華　指東晉、前涼等漢族政權及受漢文化影響的少數民族政權。(88)漢氏初傳其道　東晉袁宏《後漢紀》有「明帝夢見金人長大」，「於是遣使天竺，問其道術而圖其形像」的記載，故知東漢明帝時是佛教傳入中國之始。(89)唯聽　只允許。(90)西域人　指漢明帝派往天竺的使者郎中蔡愔所帶回的僧人攝摩騰和竺法蘭。(91)立寺都邑　在都城洛陽建立佛寺，即白馬寺。古代中央機構或官署本稱「寺」，如「鴻臚寺」、「太常寺」。東漢初，明帝派往天竺的使者蔡愔用白馬馱經回洛陽，最初舍於鴻臚寺。永平十一年（西元六八年），在洛陽西門外三里立廟宇，遂取「寺」名，為「白馬寺」。(92)沙門　僧徒。(93)返初服　都回家穿原來的衣裳，即還俗。(94)邊鄙　邊遠地區。鄙，小城鎮。石虎為上黨武鄉的羯族人。(95)忝君諸夏　不好意思地當了華夏諸國的君長。忝，謙詞，猶如今之所謂「慚愧」、「不好意思」。君，君臨；為……之君。(96)饗祀　即指祭祀。饗，合祭，祭祀的一種。(97)本俗　本族的風俗。(98)夷趙百姓　夷指其他地區的少數民族歸附於趙者，如羌人、氐人、賀蘭、宇文等部的鮮卑人。趙指石虎統治區的羯人與漢人。(99)特聽之　也允許他們隨自己的意思。(100)漢王相　漢王李壽之相。(101)希復關公卿　很少再與公卿大臣商量。希，通「稀」。少。關，溝通；詢問。(102)隳紊　敗壞混亂。隳，毀壞。(103)十月乙未朔　十月初一是乙未日。(104)南還　指還建康。王齊是晉王朝派其出使慕容皝政權的使者，被慕容仁所阻留。(105)趣棘城　奔向慕容皝的都城。當時的棘城在今遼寧義縣西北。趣，同「趨」。趨向；奔赴。(106)受朝命　接受朝廷的封拜。(107)館　住客館，這裡即指住宿。(108)間道潛行　抄小路祕密而行。(109)掩擊　突然襲擊。(110)建安君荀氏　本元帝宮人，生明帝。由於地位卑賤，心懷怨望，被元帝送出宮。明帝即位，封建安君，別立宅第。太寧元年，明帝將她迎回宮中，供奉隆厚。成帝立，尊重與太后相同。(111)禁中　皇宮之中。因門戶有禁，非侍衛及通籍之臣不得入內，故稱「禁中」。(112)尊重　地位的尊貴與隆重。(113)賀蘭藹頭　拓跋翳槐之舅，鮮卑賀蘭部的首領。元帝太興四年，拓跋猗㐌妻惟氏殺猗㐌姪代王鬱律，立己子賀傉。賀傉卒，弟紇那立。鬱律子翳槐奔其舅藹頭。成帝咸和四年，藹頭逐紇那，立翳槐。由於有擁立之功，所以不恭。(114)漸平　漸趨安定。(115)勤脩庶政　勤勤懇懇地修明各種政策法令。(116)總御文武　嚴格地管好文武百官。御，駕御；管理好。(117)咸得其用　意即各得其位，各盡其才。(118)龜茲　古西域城國，又名「丘茲」、「屈茲」、「屈支」、「鳩茲」、「歸茲」、「屈茨」，亦名「拘夷」、「俱支囊」。位於天山南麓，當漢通西域北道的交通線上。魏、晉以後兼有姑墨、溫宿、尉頭三國地。國都延城，在今新疆沙雅北六十里羊達克沁廢城。(119)鄯善　古西域國名，原名「樓蘭」，漢昭帝時始稱「鄯善」。國都伊循城，即今新疆若羌東北的米蘭。(120)焉耆　古西域國名，又名「烏耆」、「烏纏」、「倡夷」、「阿耆尼」。國都員渠城，在今新疆焉耆回族自治縣西南四十里。(121)于窴　古西域國名，又作「于闐」。國都新城，即今新疆和田。(122)五殿　中間為謙光殿；

謙光東為宜陽青殿，春天居住；南為朱陽赤殿，夏天居住；西為政刑白殿，秋天居住；北為玄武黑殿，冬天居住。殿中章服器物均隨方色。(123)兼　併吞。(124)兆庶離主　西晉地區的萬民離開了東晉王朝的皇帝。(125)漸冉經世　已經漸漸地過去了漫長的時光。(126)先老消落　淪於北方的西晉舊臣都已逐漸去世。(127)後生不識　北方陷落後出生的西晉人的後代，都已不知亡國之恥。(128)慕戀之心　人們對當年晉王朝的仰慕眷戀之情。(129)日遠日忘　正隨時間的推移，一天天地淡忘。(130)乞敕　乞求皇帝下命令給……。(131)司空鑒　司空郗鑒。(132)征西亮　征西將軍庾亮。(133)泝舟江沔　乘船由長江、漢水逆流而上。沔，沔水，即今漢水。(134)首尾齊舉　前後夾擊。晉軍從東方、張駿從西方同時出兵。(135)正月辛巳　正月十八。(136)彗星見于奎婁　彗星出現在奎、婁二宿附近。奎即奎宿，二十八宿之一，為西方白虎七宿的首宿，有星十六顆，以形似胯而得名。古人認為是天之武庫，主禁暴，又主溝瀆。婁即婁宿，二十八宿之一，白虎七宿的第二宿，有星三顆。古人認為是天獄，主苑牧犧牲，供給郊祀。奎、婁二宿是徐州的分野，史家書此，預示徐州將有戰亂。(137)前此　在此以前。(138)天其或者　老天爺也許是。其，將。(139)敢沮　誰敢再攔。沮，阻止；破壞。(140)壬午　正月十九。(141)軍師將軍評　慕容評。軍師將軍是東漢初設置的雜號將軍。三國蜀復置，地位極高。慕容皝亦置此官。(142)昌黎東　當時昌黎郡的郡治在今遼寧義縣以東。(143)踐冰　踩著冰面。(144)歷林口　地名，有說在今遼寧遼河下游西岸的一帶地區。(145)捨輜重　放下一切沉重而又暫時無用的東西，如備用的器械、糧草、營帳、服裝等等。(146)去城　距離平郭城。(147)候騎　慕容仁部下的偵察巡邏的騎兵。(148)俘二使　俘去段遼派來慕容仁處的兩個使者。(149)恨不窮追　後悔當時沒有窮追張英。(150)偏師　非主力的小股部隊。(151)輕出寇抄　隨便地出來搶東西。輕，輕易；隨便。寇抄，搶劫；掠奪。(152)今玆　此次；這一回。(153)乙未　二月初三。(154)陳　通「陣」。列陣；布陣。(155)慕容軍　曾為慕容皝廣威將軍，成帝咸和八年被慕容仁俘虜，因降慕容仁。(156)沮動　瓦解、動搖。(157)縱擊　縱兵出擊。(158)先為　先替慕容仁。(159)高麗　古國名，京城丸都，即今吉林集安。(160)自餘　其餘；其他。(161)詿誤　誘騙；裹挾。(162)辛亥　二月十九。(163)六禮　古人成婚的六種禮儀，即納采、問名、納吉、納徵、請期、親迎等。(164)逆　迎；迎娶。(165)杜乂女陵陽　杜乂之女名叫陵陽。杜乂是西晉名將杜預之孫。事見《晉書》卷九十三。(166)武興　古城名，在當時的令支縣東，即今河北盧龍。(167)柳城　晉縣名，縣治在今遼寧朝陽西南。(168)回水　《晉書‧慕容皝載記》作「曲水」。曲水在今遼寧朝陽西南。(169)安晉　古城名，在今遼寧朝陽西。(170)馬兜山　在今遼寧朝陽西南。(171)疾篤　病重。(172)庾冰　庾亮之弟。(173)省　探視；看望。(174)濟國　治國安邦。(175)夜郎　晉郡名，郡治在今貴州關嶺縣南。當時被成國佔有。(176)興古　晉郡名，郡治宛溫，在今雲南硯山縣北。當時被成國佔有。(177)從子　即姪子。(178)雋才　出眾的才智。(179)安集漢中　安定招集漢中地區的離散之民。漢中是晉郡名，郡治原在南鄭，即今陝西漢中，當時是晉與後趙、成三方爭奪的地區。(180)漢中守宰　漢中地區的太守與其下屬的各縣縣令。宰，縣長；縣令。(181)戍南鄭　在南鄭屯兵把守。(182)索頭郁鞠　鮮卑族部落首領。由於部落男人有梳髮辮的習俗，故謂之「索頭」。(183)東西宮　太子邃居東宮，石虎居西宮。(184)甃以文石　整個臺子是用有文采的石頭壘砌而成。甃，壘砌。(185)下穿伏室　有通道從臺上進入地下室。伏室，地下室。(186)以漆灌瓦　用漆灌注屋瓦，既牢固，又好看。(187)金璫銀楹　屋簷的椽頭用金裝飾，廳堂的前柱用銀裝飾。璫，椽頭的裝飾。楹，廳堂上的前排柱子。(188)窮極工巧　工藝之巧達到登峰造極。(189)施　擺；設置。(190)流蘇帳　用五彩羽毛或絲線製成的穗子裝飾帷帳。(191)為金蓮華　把製作好的金蓮花。華，同「花」。(192)以冠帳頂　裝飾在帷帳的頂上。(193)士民之女　士大夫和庶民家的女子。(194)以實之　以充滿宮廷。(195)被綺縠　身披華貴的絲織物。綺，紅色的絲織品。縠，有縐紋的紗。(196)宮人　宮女。(197)占星氣　一種憑觀星象、雲氣以測知吉凶的迷信行業。(198)馬步射　騎馬射箭與在平地射箭。(199)女太史　女史官，掌管圖書文籍，兼司天文、曆法等事。(200)雜伎　指各種遊戲技藝。(201)皆與外同　都與社會上男人所從事的職業相同。(202)女騎　女騎手。(203)鹵簿　帝王車駕外出時扈從的儀仗隊。(204)紫綸巾　古時用青絲帶編的頭巾，又名「諸葛巾」，相傳為三國時諸葛亮所創。(205)熟錦袴　精細的絲織套褲。袴，本作「絝」，套褲。(206)金銀鏤帶　用雕鏤金銀做裝飾的腰帶。(207)五文織成鞾　五種色彩的絲線編織成的靴子。(208)羽儀　儀仗中用羽毛裝飾的旌旗之類。(209)鳴鼓吹　即擊鼓吹笙之類。(210)遊宴以自隨　石虎每逢出遊、赴宴都帶著她們。(211)於是　這時候。(212)直粟二斗　只能買二斗糧食。(213)嗷然　猶「嗷嗷」，因飢寒勞苦而發出的哀號聲。(214)百役　指各種工程、勞役。(215)徙洛陽鍾虡　把洛陽前代王朝的鐘鼎器物搬遷到……。虡，懸掛鐘的架子。(216)翁仲　本是傳說中的秦時巨人名。據說秦始皇剛統一六國，有長人出現在臨洮，高五丈，足跡六尺。始皇令人摹寫長人形狀，鑄成金人。後來「翁仲」多指銅像或墓道石像。這裡指三國魏明帝景初元年，用銅所鑄的兩尊巨人像。(217)銅駝　本來立於洛陽中陽門外。(218)飛廉　傳說中的神禽名。爵頭，有角，鹿身，蛇尾，豹文，能致風氣。以上鍾虡、九龍、翁仲、銅駝、飛廉五物均魏明帝所鑄。(219)四輪纏輞車　四個車輪，每個輪子又都用繩子纏起來，使其既能載重物，又能不太顛簸的大車。與漢代所說的「安車蒲輪」意思相同。輞，車輪的外周。按，胡三省以為「考之字書，無『輞』字，當作『輞』，音罔，車輮也。」待考。(220)轍廣四尺　車子過後留下的車轍寬度為四尺。轍，車輪壓出的痕跡。廣，橫長。(221)深二尺　車轍被軋下去了二尺深，極言車上所裝器物的分量之重。(222)沒於河　掉在了黃河裡。(223)募浮沒　招募善於潛泳、能在水中打撈東西的人。浮沒，指游泳。(224)繫以竹絙　用竹編的粗索把沉在河裡的器物拴住。(225)鹿櫨引之　用起重的轆轤向外拖。(226)萬斛之舟　能載重萬斛的大船。斛，古量器名，也是容量單位，十斗為一斛。(227)以濟之　以運送它渡過黃河。(228)赦二歲刑　二年徒刑以下的犯人通通赦免。

(229)賚百官穀帛　賞賜文武百官以不同數量的穀物與絹帛。(230)賜民爵一級　給每個成年男子賞賜爵位一級。秦漢時期平民也有爵級，爵級可以抵罪，可以沖抵徭役，也可以賣錢。(231)尚方令　官名，屬少府，掌管為宮廷製造各種器物。(232)令長　縣令、縣長。大縣的長官稱縣令，小縣的長官稱縣長。(233)橡　即「橡實」，又名「櫟實」。櫟樹的果實，似栗而小，可食。(234)日南　晉郡名，郡治西卷，在今越南廣治甘露河與廣治河匯流處。(235)林邑　小國名，本漢象林縣。國都在今越南廣南省維川縣南之茶橋。(236)城郭　內城叫城，外城叫郭。(237)譖逸諸子　說范逸諸子的壞話。譖，挑撥；誣陷。(238)左校令　官名，屬少府，掌工徒修繕事。(239)成公段　複姓成公，名段。(240)庭燎　宮苑中的照明燈。設於宮門外的叫大燭，設於宮門內的叫庭燎。(241)杠末　高竿的頂端。(242)下盤置人　讓許多人站在高高的盤裡。(243)正月庚辰　此話有誤。正月朔戊子，無庚辰。庚辰是二月二十四。(244)入上尊號　進宮請求石虎使用「皇帝」的名號。(245)辛巳　二月二十五。(246)殷周之制　殷、周時天子稱王的制度。(247)即位於南郊　在南郊祭天時即天王位。(248)宗室　皇族，石虎的族人。(249)縣侯　封地為一個縣的侯爵。(250)封署　封任。署，任命。(251)寖安　逐漸安定。寖，漸。(252)辛卯　三月初五。(253)習尚老莊　習慣於崇尚《老子》、《莊子》。當時的士大夫崇尚清談，而清談的重要內容之一即《老子》、《莊子》。(254)渙　袁渙，曾在三國時的魏國任郎中令。(255)乙連城　在段國的東境，曲水以西。或說在今遼寧建昌或河北青龍一帶。(256)好城　城名，或說在今遼寧建昌或河北青龍一帶。(257)以逼乙連　以威脅乙連城。(258)兩　通「輛」。(259)輸乙連粟　向乙連城運送糧食。(260)興國城　有說在今遼寧大淩河上游一帶。(261)陽裕　字士倫，右北平無終（今天津市薊縣）人，幽州刺史和演辟為主簿。王浚領州，轉治中從事，忌而不能委以重任。石勒克薊城，裕微服潛逃，往依鮮卑段疾陸眷，拜郎中令、中軍將軍，處上卿位。歷事段氏五主。傳附《晉書》卷一百九〈慕容皝載記〉。(262)段疾陸眷及遼五世　指疾陸眷、涉復辰、末柸、牙、遼，凡五世。(263)皆見尊禮　受到五代君主的尊敬。(264)親仁善鄰二句　是《左傳》隱公六年陳五父的話。親仁，親近仁義。善鄰，與鄰國和睦相處。(265)迭為甥舅　猶言交互通婚。(266)搆怨　結仇。搆，通「構」。結。(267)戰無虛月　沒有一個月不打仗。(268)彫弊　衰敗。(269)利不補害　取得的好處補償不了損失。(270)兩追前失　雙方都改變過去的失誤。追，悔；改變。(271)出裕　把陽裕趕出朝廷，到地方上任職。(272)北平相　相當於北平郡的行政長官。段氏政權的北平郡在今河北遵化東。(273)驍勇　矯捷勇猛。(274)有殺阿鐵理否　有殺石邃的道理嗎。阿鐵，石邃的小名。(275)河間公宣樂安公韜　石宣、石韜，皆石虎之子。(276)疾　痛恨。(277)荒耽酒色　荒淫沉溺於酒色。(278)關白　稟報；請示。(279)恚　惱怒。(280)時或不聞　有時石邃沒有向他請示。(281)誚責笞棰　就又加以責備，甚至用板子棍子打。誚，責備；訓斥。笞棰，竹板、棍子，這裡都用如動詞。(282)月至再三　每個月都發生兩三回。(283)中庶子　太子的侍從官員。(284)官家難稱　我們的辦事難以讓天王滿意。官家，指石虎。稱，稱心；

滿意。(285)行冒頓之事　意即殺父自立。冒頓是秦漢之交時的匈奴單于，在其為太子時，殺其父頭曼單于而自立。事見《史記·匈奴列傳》。(286)不視事　不管事；不處理政務。(287)別舍　正宅以外的其他住所。(288)至冀州殺河間公　河間公指石宣，石虎之子，當時任冀州刺史，治信都，即今河北冀州。(289)固諫　懇切地勸阻。(290)私遣中人　暗地裡派她身邊的太監。(291)數往東宮　屢屢到東宮看望太子。(292)既而　過了一會兒。(293)瞋目大言　瞪著眼睛大聲說。(294)父子不相信乎　難道父子之間也這麼互不信任嗎。(295)詰問　責問；追問。(296)幽　囚禁。(297)朝而不謝　拜見石虎，但是自己不認錯，不請罪。(298)俄頃即出　只在石虎跟前待了一會兒就出來了。俄頃，一會兒；片刻。(299)應朝中宮　應去拜見皇后。(300)豈可遽去　怎能這麼快就離開。(301)徑出不顧　頭也不回地揚長而去。(302)安定侯子光　安定郡人姓侯名子光。安定郡的郡治臨涇，在今甘肅涇川縣北，當時屬後趙管轄。(303)大秦國　我國古代對羅馬帝國的稱呼，又稱「黎鞬」。因在大海西，亦稱「海西國」。(304)杜南山　山名，在今陝西西安東南。(305)石廣　後趙的將領。(306)備置羣司　設置齊全的屬下的各種官僚機構。(307)奉常　舊稱太常，掌管朝廷與宗廟的禮儀，為九卿之一。(308)司隸　司隸校尉的省稱，掌糾察朝廷百官及京郊諸郡。(309)太僕　為皇帝掌管車馬及牧畜之事，為九卿之一。(310)大理　秦漢稱廷尉，是國家最高的司法長官，為九卿之一。(311)納言令　掌傳達王命。(312)常伯　秦漢時稱侍中，侍從皇帝左右，出入宮廷，應對顧問。至魏、晉時地位已相當於宰相。(313)宂騎常侍　即散騎常侍。侍從皇帝左右，掌規諫，不典事。至晉代，皆以散騎常侍共平章尚書奏事，後亦掌章表詔命。(314)記室監　或稱「記室督」、「記室參軍」等，諸王、三公及大將軍均設此官，掌章表書記文檄。(315)丁卯　十月十四。(316)甲寅　十一月朔癸未，無甲寅，疑為十二月之誤。甲寅，十二月初二。(317)武宣公　即慕容廆，謚號曰武宣。(318)夫人段氏　慕容廆的夫人。(319)夫人段氏　指慕容皝夫人段氏。(320)魏武晉文輔政故事　指魏武帝曹操和晉文帝司馬昭先稱王輔政，死後由王太子繼位，再追尊稱帝之事。(321)稱藩於趙　意即向後趙稱臣。(322)乞師　請求派兵。(323)為質　到趙國做人質。(324)辭其質　讓慕容皝政權不必派人質，以表示尊重、信任。(325)密期以明年　祕密約好時間明年共同討伐段氏。(326)納拓跋翳槐於大甯　用武力把拓跋翳槐送到大甯，讓拓跋部落接受他為君主。納，武力送入。大甯，在今河北宣化西北。當時為鮮卑拓跋部落的大本營所在。(327)城盛樂　在盛樂修築城池。盛樂，本漢成樂縣，縣治即今內蒙古和林格爾北二十里的土城子。三國魏甘露三年，拓跋力微始遷於此。晉愍帝建興元年力微孫代王猗盧城盛樂以為北都。(328)楊毅　楊難敵之子。

【校記】[1]宂　原誤作「究」。據章鈺校，十二行本、乙十一行本皆作「宂」，當是，今據校正。[2]二年　原誤作「三年」。

據章鈺校，十二行本、乙十一行本皆作「二年」，張瑛《通鑑校勘記》同。按，此當是刻工之誤，今校正。③三月 張敦仁《通鑑刊本識誤》作「七月」。④及 原無此字。據章鈺校，十二行本、乙十一行本皆有此字，今據補。⑤為 據章鈺校，十二行本、乙十一行本皆作「日」。⑥為代王翳槐 原無此五字。據章鈺校，十二行本、乙十一行本、孔天胤本皆有此五字，張敦仁《通鑑刊本識誤》、張瑛《通鑑校勘記》同，今據補。

【語　譯】咸康元年（乙未　西元三三五年）

春季，正月初一日庚午，東晉為皇帝司馬衍舉行加冠典禮，大赦，改年號為咸康元年。〇成國、後趙全都實行大赦，成國改年號為玉恆，後趙改年號為建武。

成主李期立閻氏為皇后，任命擔任衛將軍的尹奉為右丞相，任命驃騎將軍、尚書令王瓌為司徒。

後趙居攝趙天王石虎令太子石邃審閱批示尚書省的奏章，只有到南北郊祭祀天地、在太廟中祭祀祖先，以及遴選州郡官員、決定征伐、處決犯罪等事，才由石虎親自主持、批示。石虎喜好修建宮室，魏武帝曹操時修建的鸛雀臺崩塌，石虎便殺死了掌管宮殿建築的典匠少府任汪，然後派人重新修建，規模超過舊建築一倍。太子石邃的保姆劉芝被封為宜城君，她干涉朝廷政務，收受賄賂，謀求進入官場的大多都來走她的門路。

慕容皝設置左右司馬，他任命擔任司馬的韓矯、擔任軍祭酒的封奕分別擔任左右司馬。

東晉司徒王導因為身患一種類似風痺的疾病，不能承受朝會的辛勞，所以不能參加朝會。三月十七日乙酉，晉成帝司馬衍親自到王導的府第，與文武官員在王導的內宅飲酒歡宴，晉成帝司馬衍叩拜了王導，同時叩拜了王導的妻子曹氏。擔任侍中的孔坦祕密上表給晉成帝，勸諫晉成帝不要這樣做，孔坦認為皇帝剛剛行過加冠禮，已經是成年人，一切行動都要考慮到禮法的規定，晉成帝聽從了孔坦的意見。孔坦又因為晉成帝把一切政務全都託付給王導，他像是漫不經心似的對晉成帝司馬衍說：「陛下已經長大，皇帝的威望越來越高，應該廣泛地接納群臣，多向朝臣諮詢治國安邦的好主張。」孔坦的話傳到了司徒王導的耳中，王導遂對孔坦深感憎惡，便把孔坦從晉成帝司馬衍的身邊趕開，讓他去擔任主管刑獄的廷尉。孔坦感到很失意，便以有病為由辭職了。

東晉擔任丹陽尹的桓景為人奸猾讒佞，司徒王導卻很親近他、寵愛他。正巧天象發生變化，熒惑星守候在南斗星座的旁邊歷時十天之久，司徒王導對領軍將軍陶回說：「南斗星的分野是揚州，我理應辭去司徒的職位，以滿足上天對人間的懲罰。」陶回說：「閣下您憑藉著高尚的品行輔佐朝政，卻與桓景那樣的小人走得很近，怎能使熒惑星離開南斗呢！」王導深感慚愧。

東晉司徒王導徵聘太原人王濛為司徒掾，徵聘王述為中兵屬。王述，是王昶的曾孫。擔任了司徒府屬官的王濛視廉潔為小節，但卻以不拘小節、不做實際工作而受到世人的稱頌，與沛國人劉惔齊名，而且相互友善。劉惔經常稱讚王濛為人最為通達，能看透世俗的一切，雖然不拘小節，卻能做得既自然又不過分。王濛說：「劉先生對我的瞭解，超過了我自己。」當時號稱風流瀟灑的人，都把劉惔、王濛看作是自己的領袖。王述性格沉穩、安靜，每當座上的客人為某個問題爭論不休、吵鬧不止的時候，王述總是很恬然地坐在那裡，不與眾人相爭。年近三十的時候，還沒有什麼知名度，人們都認為他有點缺心眼。司徒王導因為王述出身於名門士族而聘用了他。王導第一次召見他時，只問了問他家鄉東吳的米價，王述卻睜大了眼睛，顯出一副茫然的樣子，竟然說不出一句話。王導說：「王掾屬不是俗人，人們怎麼竟然說他是俗人呢！」王述曾經看現，王導每次一說話，在座的人就無不嘖嘖讚美，王述神情嚴肅地說：「我們都不是唐堯、虞舜，怎麼可能每件事情都做得盡善盡美呢！」王導為此改變了神色，對王述的直言規諫表示感謝。

後趙居攝趙天王石虎離開京師襄國，到南方巡遊，一直到達長江北岸才返回。有十多個擔任偵察、巡邏任務的後趙騎兵闖入了東晉所屬的歷陽境內，歷陽太守袁耽立即上表奏聞朝廷，但表章中沒有說明是多少騎兵。朝廷為此大為震動，人人驚恐，擔任司徒的王導請求出兵討伐後趙。夏季，四月，東晉加授王導為大司馬、假黃鉞、都督征討諸軍事。十六日癸丑，晉成帝司馬衍親自到廣莫門檢閱部隊，分別下令給諸將，令他們一方面救援歷陽，一方面戍守慈湖、牛渚、蕪湖，擔任司空的郗鑒立即派遣廣陵相陳光率兵入衛京師。不久，聽說後趙的騎兵很少，而且已經離去，二十一日戊午，解除戰備，王導也解除了大司馬的職務。歷陽太守袁耽因為輕舉妄動而被免職。〇後趙征虜將軍石遇攻打東晉南中郎將桓宣所鎮守的襄陽，沒有攻克。〇東晉發生了嚴重的旱災，會稽餘姚每斗米賣到了五百錢。

秋季，七月，慕容皝立自己的兒子慕容儁為世子。

九月，後趙居攝趙天王石虎將都城遷到鄴城，在國內實行大赦。

當初，後趙主石勒因為天竺僧人佛圖澄對很多事情的成敗做出預言，而且都能應驗，因此對佛圖澄很是敬重。等到石虎登基之後，他對佛圖澄的敬奉比起石勒更是有過之而無不及，他給佛圖澄穿繡有各種花紋圖案的絲綢衣服，讓他乘坐雕刻華美的車子。舉行朝會的日子，太子以及石虎的幾個兒子都在兩邊攙扶著他走上金殿，司儀大聲通報「大和尚到」，眾人全都站起身來。石虎還派擔任司空的李農每天早晚兩次到這個和尚那裡探問起居，太子、諸位王公大臣每隔五日朝見佛圖澄一次。後趙人受此影響，全都跟著敬奉和尚，信奉佛教。佛圖澄所在的地方，沒有人敢向那個方向吐一口唾沫。而且各地爭相建造寺廟，人們紛紛削髮出家當和尚。石虎因為這些人中真心出家的與假意出家的混雜在一起，有的純粹是為了逃避賦稅徭役，有的是打著出家的幌子為非作歹，遂下詔詢問中書說：「佛教，是國家所尊奉的宗教，住在平常街巷裡的小百姓沒有爵位、沒有俸祿，他們應不應該敬奉佛教？」擔任著作郎的王度等經過商議回答說：「關於古代帝王祭祀天地、祭祀祖先的禮儀制度，現在都完好地保存了下來。至於佛教，它是外國人所供奉的神靈，中國的天子和中國人不應該祭祀供奉。佛教從東漢時開始傳入中國，那時只允許西域人在都城建立寺廟進行供奉，漢人一律不允許出家當和尚，曹魏時期也是如此。現在應該明令禁止三公以及卿相以下的官員前往寺廟燒香、拜佛，凡是趙國人出家當和尚的，都要讓他們還俗，穿出家前所穿的衣服。」石虎下詔說：「我出生於荒僻偏遠的地區，很慚愧現在成了華夏各族人民的君主。至於祭祀的形式，則應該聽從各族人按照自己民族的風俗進行。無論是漢人，還是胡人，凡是趙國境內的百姓願意尊奉佛教的，朝廷不予干涉。」

後趙章武王石斌率領精銳騎兵二萬人，再加上秦州、雍州二州的兵馬討伐北羌王薄句大，全部討平。

成國太子李班的舅舅羅演，與漢王李壽之相、天水人上官澹一起謀劃殺掉成主李期，立已故太子李班的兒子為君主。事情洩露，成主李期殺死了羅演、上官澹以及李班的母親羅氏。○成主李期自從當上了成國的皇帝之後，志得意滿，便開始看輕諸位老臣，而寵信擔任尚書令的景騫、擔任尚書的姚華、田褒、中常侍許涪等，不論是刑罰還是獎賞等國家大政，全都取決於這幾個人，很少再與公卿等諸大臣商議。田褒沒有其他才幹，只是曾經勸說成主李雄立李期為太子，所以有寵於李期。從此以後，成國的綱紀敗壞混亂，李雄所創立的宏圖偉業開始走向衰落。

冬季，十月初一日乙未，發生日蝕。

慕容仁將王齊等人釋放，允許他們向南返回建康，王齊等人便從海路趕赴慕容皝的都城棘城。王齊所乘坐的船隻遇到逆風而不能抵達，十二月，謁者徐孟等人到達棘城，慕容皝才接受東晉朝廷的封拜。

段氏部落、宇文氏部落各派使者訪問慕容仁，住在平郭城外的客館裡。慕容皝的帳下督張英率領一百多名騎兵從偏僻小路偷偷地對他們突然發動襲擊，將宇文氏使者團的十多人全部殺死，活捉了段氏的使者，而後返回。

這一年，東晉明帝司馬紹的母親建安君荀氏去世。荀氏在皇宮之內，其地位的尊貴與隆重與皇太后相同，所以她去世後，晉成帝下詔追贈她為豫章郡君。

代王拓跋翳槐認為自己的舅舅、賀蘭部落首領藹頭對自己不夠尊重，就準備將藹頭召來殺掉，諸部落因此全都背叛了翳槐。逃亡到宇文部落的前任代王拓跋紇那從宇文部落返回，各部落酋長又擁戴他為代王。拓跋翳槐逃往鄴城投靠了後趙居攝趙天王石虎，趙國人給拓跋翳槐的待遇很優厚。

當初，涼州刺史張軌和他的兩個兒子張寔、張茂，雖然控制著河右地區，然而每年都有戰事發生。等到張駿即位之後，所管轄的境域漸趨安定。張駿勤勤懇懇地修明各種政策法令，嚴格地管理好文武百官，使其各得其位，各展其才，因此民富兵強，不論遠近全都稱讚張駿，認為他是一個賢能的君主。張駿派遣部將楊宣率兵討伐龜茲、鄯善，於是西域各國諸如焉耆、于窴之類，全都到涼州的首府姑臧朝覲張駿，給張駿進貢。張駿在姑臧城南建造起謙光殿、宜陽青殿、朱陽赤殿、政刑白殿、玄武黑殿五座宮殿，屬下的文武官員全都向他稱臣。

張駿有兼併秦州、雍州的志向，於是派遣擔任參軍的麴護上疏給東晉朝廷說：「石勒、李雄已經死去，而石虎、李期繼續叛逆，西晉地區的萬民遠離東晉皇帝，已經一代又一代。淪陷於北方的西晉舊臣都已經逐漸去世，淪陷後出生的西晉人的後代都已不知亡國的恥辱，對朝廷仰慕眷戀之情，一天比一天淡薄。祈求皇帝下令給司空郗鑒、征西將軍庾亮等人，令他們率領艦船由長江、沔水逆流而上，首尾同時發起攻擊。」

二年（丙申　西元三三六年）

春季，正月十八日辛巳，彗星在奎星、婁星二星附近出現。

慕容皝準備討伐慕容仁，慕容皝的司馬高詡說：「慕容仁背叛了自己的君主和親人，人神共怒。在此之前，渤海從來沒有封凍過，自從慕容仁叛變以來，渤海已經連續三年封凍了。而且慕容仁專門在陸路設防，上天也許是想讓我們從渤海的冰上前往襲擊慕容仁吧。」慕容皝聽從了高詡的建議。群臣都認為從冰上千里行軍是非常危險的事情，不如從陸路進攻。慕容皝說：「我的決心已下，有誰敢再阻攔，一律斬首！」

正月十九日壬午，慕容皝率領擔任軍師將軍的慕容評等從昌黎出發向東挺進，他們在渤海的冰層上行進了三百多里。到達歷林口，然後捨棄了一切沉重而又暫且無用的輜重，輕裝前進趕赴平郭城。在距離平郭城七里遠近的時候，慕容仁的偵查騎兵才將慕容皝率大軍來攻的消息報告給慕容仁，慕容仁狼狽地出城迎戰。在慕容皝的帳下督張英率領騎兵偷襲段氏、宇文氏所派使者的時候，慕容仁就很悔恨自己沒有對張英窮追猛打。等到慕容皝親率大軍到來時，慕容仁還以為是慕容皝派出的小股部隊隨便地出來搶東西，而不知道慕容皝親自前來，遂對自己身邊的人說：「這一回我不讓他們一人一騎得以返回！」二月初三日乙未，慕容仁把所有的部眾都拉出來在平郭城西北布好陣勢。慕容軍率領自己的部下臨陣投降了慕容皝，慕容仁的軍心開始動搖。慕容皝抓住這個機會下令全線出擊，大敗慕容仁。慕容仁倉皇逃走，他的部下全部背叛，將慕容仁擒獲。慕容皝先替慕容仁斬殺了其部下那些背叛他的人，然後賜慕容仁自殺。丁衡、游毅、孫機等，都是慕容仁所信任重用的人，慕容皝便把他們抓起來斬首，慕容仁的智囊人物王冰自殺。慕容幼、慕容稚、佟壽、郭充、翟楷、龐鑒全都向東逃走，慕容幼在逃亡途中返回向慕容皝投降，慕容皝的士兵追上了翟楷、龐鑒，將二人殺死，佟壽、郭充逃奔高麗。其他所有官吏和民眾凡是受慕容仁誘騙、裹挾的，慕容皝全部予以赦免。封司馬高詡為汝陽侯。

二月，東晉擔任尚書僕射的王彬去世。○十九日辛亥，晉成帝司馬衍登上金殿的前臺，他派遣使者，六禮齊備，然後迎娶已故當陽侯杜乂的女兒杜陵陽為皇后，在境內實行大赦，群臣全都來向晉成帝司馬衍道喜祝賀。

夏季，六月，段氏部落酋長段遼派遣屬下擔任中軍將軍的李詠率兵襲擊慕容皝。李詠在趕赴武興途中，遭到慕容皝屬下擔任都尉的張萌的襲擊，李詠被張萌擒獲。段遼又派自己的弟弟段蘭率領數萬名步兵、騎兵屯紮在柳城西邊的回水，宇文部落首領逸豆歸率眾攻打安晉以聲援段蘭。慕容皝率領五萬名步兵、騎兵向段蘭所駐紮的柳城進軍，段蘭沒有交戰就率軍逃遁了。慕容皝率軍轉而向北奔赴安晉，宇文氏部落首領逸豆歸丟棄輜重逃走。慕容皝派遣擔任司馬的封奕率領騎兵追擊逸豆歸，將逸豆歸打得大敗。慕容皝對屬下的諸將說：「段氏與宇文氏必然因為此次出兵無功而返感到羞恥，他們肯定還會再來，應該在柳城附近設下埋伏等待他們。」遂派遣封奕率領數千名騎兵埋伏在馬兜山。三月，段遼果然親自率領數千名騎兵前來搶劫抄掠，封奕下令出擊，大敗段遼，斬殺了段遼手下的將領榮伯保。

東晉被任命為廷尉的孔坦去世。在孔坦病重期間，庾冰曾經前往探視，庾冰看到孔坦病勢沉重，忍不住流下淚來。孔坦感慨地說：「大丈夫即將離開人世，你不向他詢問治國安邦的辦法，竟然像小孩子一樣對著他哭泣嗎！」庾冰趕緊懇切地向他道歉。

九月，慕容皝派遣擔任長史的劉斌、兼任郎中令的遼東人陽景護送東晉朝廷的使者徐孟等返回建康。

冬季，十月，東晉廣州刺史鄧岳派遣擔任督護的王隨等率軍襲擊夜郎、興古，全都取得了勝利。朝廷加封鄧岳兼領寧州。

成主李期因為自己的姪子、擔任尚書僕射的武陵公李載才智出眾，心懷忌恨。他誣陷李載謀反，將李載殺死。

十一月，東晉朝廷下詔令建威將軍司馬勳去安定、招集漢中地區的離散之民，被成國的漢王李壽打敗。李壽遂在漢中地區設置太守及其下屬的各縣縣令，留下一部分部隊在南鄭屯兵把守，而後返回。

鮮卑族部落首領索頭郁鞠率領三萬名部眾投降了後趙，後趙封索頭郁鞠等十三人為親趙王，將他的部眾分散到冀、青等六個州中安置。

後趙居攝趙天王石虎在舊都襄國建造太武殿，在新都鄴城建造東宮、西宮，十二月，兩處的工程全部完工。太武殿的臺基高二丈八尺，寬六十五步，長七十五步，全部是用帶有花紋的石頭砌成。有通道從臺基上進入地下室，地下室可以容納五百名衛士。將油漆灌入瓦縫之間，屋簷的椽頭全都用黃金做裝飾，廳堂的前柱全都用白銀做裝飾，珍珠織成的門簾，玉石砌成的牆壁，工藝之巧達到登峰造極。殿上擺放著白玉床，床上掛著流蘇帳，帳頂上裝飾著黃金做的蓮花。又在顯陽殿後建造了九座宮殿，挑選士大夫和庶民家的女子充實其間，僅頭上佩戴著珠玉、身上披著華貴的綾羅綢緞的就有一萬多人。石虎讓這些宮女學習占卜算卦，騎馬射箭，還在宮內設置了掌管圖書文籍、兼管天文、曆法等事的女太史，又訓練宮女從事各種遊戲技藝，極盡工巧，都與社會上男人所從事的職業相同。又組建了一支由一千名女騎手組成的騎兵儀仗隊，這些女騎手頭上都戴著紫色的綸巾，下身穿著精美的絲織套褲，腰上繫著用金銀做裝飾的雕有花紋的腰帶，腳上登著用五種色彩的絲線編織的靴子，手中執掌著用羽毛做裝飾的旌旗，擊鼓吹笙演奏各種樂曲，石虎每逢出遊或是宴飲，總是讓她們跟隨在自己身邊。此時後趙遭遇大旱災，一斤黃金只能買到二斗糧食，百姓餓得嗷嗷叫。而石虎仍然不斷對外用兵，各項工程不斷開工興建，賦稅勞役不斷徵收徵調。石虎又派擔任牙門的張彌率人將洛陽城中由前代人鑄造的鐘虡、九龍、翁仲、銅駝、飛廉等物搬移到後趙的都城鄴城，為了搬運這些東西，專門製造了特大型的車子，大車的四個輪子上都用繩子纏裹起來，車輪碾過的車轍寬達四尺，深二尺。在搬運途中，一座巨鐘掉到了黃河裡，於是便招募了三百名善於潛泳、能在水裡打撈東西的人潛入水底，用竹編的粗索把沉在水底的巨鐘拴住，一頭拴在起重的轆轤上，用一百頭牛拉動轆轤，才把巨鐘從黃河中打撈出來，又製造了一艘可以裝載一萬斛重量的大船將其載運過黃河。這些東西都被運到鄴城之後，石虎非常高興，竟然為此而赦免了二年以下有期徒刑的罪犯，文武百官每人都受到不同數量的穀物、布帛的獎賞，給每個成年男子賞賜爵位一級。又採用擔任尚方令的解飛的意見，在鄴城之南，把石頭投入黃河，準備建造一座飛橋，花費的人力物力何止數千萬億，而飛橋最終卻沒有建成。因為被徵調造橋的民工飢餓難忍，已經無力幹活，工程被迫停止。石虎令縣長、縣令率領飢民到山中採摘櫟樹的果實、到河湖沼澤捕撈魚蝦以充飢，然而飢民採摘和捕撈到手的橡實與魚蝦等又都被有權有勢的豪強搶走，飢民白辛苦了一場，卻一點收穫都沒有。

當初，日南郡的夷人首領范稚，有一個奴僕名叫范文，他常常跟隨商賈到中國做生意。後來到達林邑國，便教林邑國的國王范逸建造城郭、宮室、器械，范逸非常喜歡他、信任他，任命他為將領。范文憑藉著范逸對自己的信任，便開始在范逸面前說范逸兒子們的壞話，於是，范逸的兒子有的被放逐，有的自行逃亡。這一年，范逸去世，范文派人到別的國家假裝為迎接范逸的兒子回國，趁機在椰酒中放毒將范逸的兒子殺死，范文便自己當上了林邑國的國王。他出兵攻打大岐界、小岐界、式僕、徐狼、屈都、乾魯、扶單等國，將其全部滅掉，手下擁有部眾四五萬人，派使節前來東晉上表進貢。

後趙擔任左校令的成公段將庭院中的照明燈進行了改造，他把燭火放置在高大的木桿頂上，木桿高達十餘丈，上面安上雙層鐵盤，上層的盤中放置大燭，下層的盤中容納衛士。居攝趙天王石虎試用後非常高興。

三年（丁酉　西元三三七年）

春季，正月庚辰日，後趙以太保夔安為首的文武百官總計五百多人進入宮中請求居攝趙天王石虎改用皇帝尊號，上層盤中的庭燎油流灌到下層的盤中，燙死了二十多人。趙王石虎對此事非常厭惡，便將成公段腰斬成了兩段。二月二十五日辛巳，石虎依照殷、周時期天子稱王的制度，稱自己為「大趙天王」，在鄴城南郊祭天時即天王位，實行大赦。立自己的王后鄭氏為天王皇后，立太子石邃為天王皇太子，諸王子以前被封為王的都降級為郡公，宗室中以前被封為王的降級為縣侯，文武百官按照等級，都有封賞。

東晉擔任國子祭酒的袁瓌、擔任太常的馮懷，認為江左已經逐漸安定下來，所以請求朝廷興建學校。晉成帝司馬衍批准了他們的請求。三月初五日辛卯，設立國家級的學校——太學，延聘教師，招收學員。然而士大夫們所熟習和崇尚的是《老子》、《莊子》的學說，儒家學派的經典，始終不能振興。袁瓌，是袁渙的曾孫。

三月，慕容皝在段氏部落乙連城的東部修築好城以威脅乙連城，好城竣工之後，留下擔任折衝將軍的蘭勃負責守衛。夏季，四月，段氏部落首領段遼派人用數千輛車給乙連城運送糧食，蘭勃率人襲擊了運輸車隊，將糧食全部搶走。六月，段遼派自己的堂弟、揚威將軍段屈雲率領精銳騎兵趁黑夜去襲擊由慕容皝的兒子慕容遵防守的興國城，被慕容遵擊敗。

當初，北平人陽裕自從跟隨段疾陸眷，一直到侍奉段遼，整整經歷了五代，也受到五代君主的尊重禮敬。段遼多次與慕容皝互相攻打，陽裕便勸諫段遼說：「『親近仁義，與鄰國和睦相處，這是治國的法寶。』何況慕容氏世代與我們通婚，雙方不是舅舅，就是外甥，慕容皝又是有才能、有德望的人，而我們卻與他結怨，每月都有戰事發生，百姓凋零疲困，得到的利益卻不足以抵償所受到的損失，我擔心將因此而給國家帶來憂患。但願雙方都能檢討自己的過失，恢復以前的友好關係，以安定國家休息百姓。」段遼不僅沒有聽從陽裕的意見。把陽裕外放到北平去當北平相。

後趙皇太子石邃驍勇善戰，大趙天王石虎很疼愛他。石虎經常對群臣說：「司馬氏父子、兄弟之間互相殘殺，所以才使我能有今天，像我這樣的人有殺死皇太子石邃的道理嗎？」後來，太子石邃變得異常驕橫、殘忍、暴虐，他喜歡把美女裝扮得漂漂亮亮的，然後斬下她的腦袋，將上面的鮮血洗淨，放置在盤子上，讓賓客互相傳遞觀看，又把美女身上的肉烹製成菜餚，與賓客一起進食。河間公石宣、樂安公石韜都很受石虎的寵愛，石邃痛恨此二人就像仇敵一樣。石虎沉溺於飲酒和玩弄女色，又喜怒無常，他讓石邃批閱尚書省的奏章，每當有事向他請示，石虎便發怒說：「這麼一點小事，哪值得向我報告！」有時石邃沒有向他奏報請示，他又憤怒地問：「怎麼不向我報告！」就加以責罵，甚至用板子、棍子責打，每月都得發生兩三次。石邃遂私下裡對擔任中庶子的李顏等人說：「我們辦事很難讓天王滿意，我準備像冒頓單于那樣殺掉自己的父親，你們會聽從我嗎？」李顏等人俯伏在地上不敢答覆。秋季，七月，石邃稱說自己有病而不再去處理朝廷政務，他暗中率領太子宮中的文武臣屬以及五百多名騎兵在李顏的別墅中擺酒宴飲，趁機對李顏等說：「我準備前往冀州殺死河間公石宣，有敢不聽從的立即斬首！」出發後走沒有幾里路遠，跟隨的騎兵便都逃散了。李顏向石邃磕頭，極力苦諫，石邃也因酒喝得昏昏醉醉，才轉頭而歸。石邃的母親、天王皇后鄭氏得知了這件事，便暗中派遣身邊的太監前往太子宮責備石邃，石邃憤怒之下，竟將皇后派來的太監殺死。佛圖澄提醒大趙天王石虎說：「陛下不要總是前往東宮看望太子。」石虎正準備前往東宮探視太子，突然想起佛圖澄說過的話，便中途折返，過了一會兒瞪著眼睛大聲地說：「我作為天下的君主，難道連父子之間也要這麼互不信任嗎！」於是令自己最親近最寵信的女尚書前往太子宮察看。石邃將女尚書叫到跟前說話，趁勢抽出佩劍將其刺死。石虎大怒，將李顏等逮捕起來進行追問，李顏這才把實情詳細地告訴了石虎，石虎殺死了李顏等三十多人，把石邃囚禁在東宮。不久又將其赦免，並在太武東堂召見石邃。石邃拜見父王石虎的時候竟然連句謝罪的話都沒有，而且只待了一會兒工夫便掉頭而去。石虎派人對石邃說：「太子應該到中宮去拜見皇后，怎麼能這麼快就離開呢？」石邃頭也不回地揚長而去，對石虎的話連理也不理。石虎於是大怒，將石邃廢為庶民。當天夜裡，將石邃、太子妃張氏殺死，同時被殺的還有男女二十六人，並將這些人全部裝入一口大棺材裡埋掉。還誅殺了太子宮中的臣屬及其黨羽總計二百多人，將皇后鄭氏廢為東海太妃。石虎改立河間公石宣為天王皇太子，立石宣的母親杜昭儀為天王皇后。

安定人侯子光，稱自己是佛太子，說是從大秦國來，應當在小秦國稱王，他在杜南山聚集起數千人，自稱大黃帝，改年號為龍興元年。後趙將領石廣率兵前往討伐，將侯子光斬首。

九月，鎮軍將軍慕容皝的左長史封奕等人勸說慕容皝稱燕王，慕容皝聽取了封奕等人的意見。於是，設置齊全了屬下的各種機構，任命封奕為國相，任命韓壽為司馬，任命裴開為奉常，任命陽騖為司隸，任命王寓為太僕，任命李洪為大理，任命杜羣為納言令，宋該、劉睦、石琮為常伯，皇甫真、陽協為冗騎常侍，任命宋晃、平熙、張泓為將軍，任命封裕為記室監。李洪，是李臻的孫子。宋晃，是宋奭的兒子。○冬季，十月十四日丁卯，慕容皝即位為燕王，在境內實行大赦。十一月甲寅日，追尊武宣公慕容廆為武宣王，追尊慕容廆的夫人段氏為武宣后，立自己的夫人段氏為王后，世子慕容儁為王太子，一切仿照魏武帝曹操輔佐漢獻帝、晉文帝司馬昭輔佐曹魏時先稱王輔政，死後由王太子繼位，再追尊稱帝的先例。

段遼屢次侵入後趙的邊界，燕王慕容皝派遣揚烈將軍宋回為使者前往後趙，遞表稱臣，條件是請求後趙出兵討伐段遼，燕國將率領國中的所有兵眾前往與後趙的軍隊會合，並送其弟擔任寧遠將軍的慕容汗到後趙為人質。後趙天王石虎非常高興，用厚禮回報慰問，並且不接受人質，將慕容汗送回，祕密約定明年燕、趙聯合攻打段遼。

這一年，後趙的將領李穆用武力將拓跋翳槐送到大甯，讓拓跋部落接受他為君主，拓跋翳槐的舊部大多前來歸附。代王拓跋紇那逃往燕國，代國人重又尊奉拓跋翳槐為代王，翳槐在盛樂修築城池作為代國的都城。

佔據著仇池的氐王楊毅的族兄楊初，率領自己的部下襲殺了氐王楊毅，兼併了楊毅的部眾，自立為仇池公，向後趙稱臣。

【研　析】本卷寫了晉成帝咸和七年（西元三三二年）至咸康三年（西元三三七年）共六年間的各國大事。其中值得議論的有以下幾方面：

其一，寫了後趙主石勒的死。石勒以一個羯族人投靠在匈奴劉淵的部下，劉淵死，又事劉聰。在此期間石勒的功勳卓著，曾給予晉王朝與其散落在北方的軍鎮多次沉重與毀滅性的打擊，從而在劉氏政權內地位崇高。迨劉聰死，劉曜平靳準之亂後，石勒遂趨於自立，建立後趙。其後劉曜與石勒屢屢相攻，最後竟被石勒所滅，石勒政權遂成了統治黃河流域的巨大強國，其勢力儼然與當年三國時代的曹操不相上下。石勒性格豪邁，生動的故事很多，是歷史上一個討人喜愛的草莽英雄。張大齡《玄羽外編》評價石勒說：「其人恢廓倜儻，外屈身於祖生（祖逖），內降心於右侯（張賓），而至于責王衍、數王浚，其言侃侃，有烈丈夫之風，五胡中俱無此規模。」鄭賢《人物論》引管一德說：「勒雖目不知書，而時以其意論古今得失，可謂聰明之主；祖約率眾來奔而伏劍誅之，有高祖斬丁公之風，可謂神武之主矣；即位之初，起明堂、起靈臺辟雍，舉賢良方正，彬彬禮讓」，更是同時代其他少數民族領袖所從來沒有過的舉措。《晉書》的作者稱道他：「對敵臨危，運籌賈勇，奇謀間發，猛氣橫飛。遠嗤魏武，則風情慷慨；近答劉琨，則音詞倜儻。焚元超於苦縣，陳其亂政之愆；戮彭祖於襄國，數以無君之罪。於是跨躡燕趙，併吞韓魏，杖奇材而竊徽號，擁舊都而抗王室，褫氈裘，襲冠帶，釋甲胄，開庠序，鄰敵懼威而獻款，絕域承風而納貢，則古之為國，曷以加諸？雖曰凶殘，亦一時傑也。」可惜這樣一個政權，竟在石勒一死就輕而易舉地被石虎所篡取了。前人歸結石勒的失敗教訓是「託授非所，貽厥無謀」，也就是在安排接班人的問題上出了大婁子。這樣的事情真是防不勝防，在此以前的秦始皇，在此以後的楊堅、柴榮、朱元璋，乃至近世的斯大林，不也都是「英明」一世，人一死就立刻出了亂子麼？「後人哀之而不鑑之，是使後人而復哀後人也。」但要「鑑之」，又談何容易！

其二，本卷還寫了陶侃的死。東晉王朝立國百餘年，令人敬慕的人物實在不多。在其前期，真正為國家做了一些實際事情的是陶侃。《晉書》本傳說他「侃在軍四十一載，雄毅有權，明悟善決斷。自南陵迄於白帝，數千里中，路不拾遺。」「侃性纖密好問，頗類趙廣漢。嘗課諸營種柳，都尉夏施盜官柳植之於己門，侃後見，駐車問曰：『此是武昌西門前柳，何因盜來此種？』施惶怖謝罪。」「侃疾篤，上表遜位。遣左長史殷羨奉送所假節、麾、幢、曲蓋、侍中貂蟬、太尉章、荊、江、雍、梁、交、廣、益、寧八州刺史印傳、棨戟；軍資、器仗、牛馬、舟船，皆有定簿，封印倉庫，侃自加管鑰。以後事付右司馬王愆期。及薨，尚書梅陶與親人曹識書曰：『陶公機神明鑒似魏武，忠順勤勞似孔明，陸抗諸人不能及也。』謝安每言：『陶公雖用法，而恆得法外意。』」這應該是一位能夠身體力行的親民的好官。至於《晉書》還說他「妾媵數十，家僮千餘，珍奇寶貨富於天府」，這種生活作風是當時官僚社會所共同的，試看《世說新語》的〈汰侈〉可以明白。令人不明白的是《晉書》上還說他「夢生八翼，飛而上天，見天門九重，已登其八，唯一門不得入。閽者杖擊之，因墜地，折其左翼」，於是《晉書》就說他「潛有包藏之志」，也就是圖謀帝位之心。這些東西是從哪裡來的？即使陶侃真有此夢，並且述之於史官，這做夢也能算成是罪行？明代王士貞曾以王敦為逆，陶侃在廣州置身事外；蘇峻為逆時，陶侃又曾一再動搖不肯出兵，從而說陶侃不守臣節，對於這種批評，我們在上卷已做過一些解釋。

其三，本卷寫了涼州張氏政權的一些情況。說「初，張軌及二子寔、茂雖保據河右，而軍旅之事無歲無之。及張駿嗣位，境內漸平。駿勤脩庶政，總御文武，咸得其用，民富兵彊，遠近稱之，以為賢君。駿遣將楊宣伐龜茲、鄯善，於是西域諸國焉耆、于寘之屬皆詣姑臧朝貢。」儼然成了一方樂土。張大齡《玄羽外編》稱讚張氏說：「昔晉室多難，張軌欲保據河西，而張氏九主俱能翼戴本朝，若茂、若駿、若重華，忠孝相傳，賢能為之用，故四海鼎沸而河西小康，其永世而九也，宜哉！」涼主張駿又給朝廷上書，請求朝廷出兵，與涼州共同收復秦、雍二州。其言曰：「勒、雄既死，虎、期繼逆，兆庶離主，漸冉經世。先老消落，後生不識，慕戀之心，日遠日忘。乞敕司空鑒、征西亮等汎舟江、沔，首尾齊舉。」王夫之《讀通鑑論》對此說：「張駿能撫其眾，威服西域，有兼秦、雍之志，疏請北伐，莫必其無自利之心也，而其言曰，『先老消落，後生不識，慕戀之心，日遠日忘』，則悲哉其言之也。」最能理解這種心情的我想是辛棄疾與陸游吧！「遺民淚灑胡塵裡，南望王師又一年。」

卷第九十六

晉紀十八

起著雍閹茂（戊戌　西元三三八年），盡重光赤奮若（辛丑　西元三四一年），凡四年。

【題解】本卷寫了晉成帝咸康四年（西元三三八年）至咸康七年共四年間的東晉及各國大事。主要寫了慕容皝與石虎聯合夾擊段遼，慕容皝佔領了遼西一帶的大片地區；石虎佔領了今北京市一帶的四十餘城，幽州全部落入石虎之手，段氏政權遂告消滅；寫了石虎率軍北攻慕容皝，遼西地區紛紛投降，慕容皝堅守棘城，石虎攻之不下，退兵時被燕軍所追擊大破之，慕容氏所失之遼西地區又皆收復。燕軍又東破高句麗，西破宇文部，地盤益廣；石虎在青州沿海聚兵屯糧，做渡海破燕之計；寫了燕使劉翔至建康為慕容皝請封，劉翔據理力爭，並對各方面分別說服，最後終於使慕容皝被冊封為燕王；劉翔還痛斥了晉朝的腐朽，指出了其不及時消滅成漢政權的嚴重危險；寫了荊州刺史庾亮部署諸將，請求北伐中原，太常蔡謨上書以為斷不可行；左衛將軍陳光又請求北伐，朝廷令其攻取壽陽，蔡謨又分析攻取壽陽的利害，以為不可；寫了庾亮改變當年陶侃的守邊方略，而派毛寶駐兵於江北之邾城，至趙兵南侵，庾亮又不及時援救，致使邾城失守，毛寶等犧牲，晉地多處失守，庾亮自請降職；寫了太尉郗鑒病死，推薦蔡謨為己之後任；寫了王導病死，喪事視霍光、司馬孚，而庾冰繼王導為丞相；寫了成主李期殘暴多殺，其族兄李壽襲取成都，殺李期自立為皇帝，改國號曰漢。寫了漢主李壽的輕狂不自量力，先是想要東出伐晉，被群臣勸止；又對石虎政權狂傲無禮，把石虎向他轉贈的挹婁進獻的楛矢石砮，說成是石虎向他臣服。李壽還學石虎的奢侈嚴刑，鬧得「民疲於賦役，吁嗟滿道，思亂者眾」；此外還寫了石虎令石宣與石韜對掌朝政，「專決賞刑，不復啓白」，大臣勸諫，石虎不聽；石宣、石韜又都嗜酒怠事，實權遂落入中書令申扁之手，為石虎政權的失敗做鋪墊等等。

顯宗成皇帝中之下

咸康四年（戊戌　西元三三八年）

春，正月，燕王皝遣都尉趙槃如趙❶聽師期❷。趙王虎將擊段遼，募驍勇者三萬人，悉拜龍騰中郎❸。會❹遼遣段屈雲襲趙幽州❺，幽州刺史李孟退保易京❻。虎乃以桃豹為橫海將軍❼，王華為渡遼將軍，帥舟師十萬出漂渝津❽，支雄為龍驤大將軍，姚弋仲為冠軍將軍，帥步騎七萬為前鋒以伐遼。

三月，趙槃還至棘城❾。燕王皝引兵攻掠令支❿以北諸城。段遼將追之，慕容翰曰：「今趙兵在南，當并力⓫禦之。而更⓬與燕鬬，燕王自將而來，其士卒精銳，若萬一失利，將何以禦南敵⓭乎？」段蘭怒曰：「吾前為卿所誤⓮，以成今日之患⓯，吾不復墮卿計中⓰矣！」乃悉將見眾⓱追之。皝設伏以待之，大破蘭兵，斬首數千級，掠五千戶及畜產萬計以歸。

趙王虎進屯金臺⑱。支雄長驅入薊⑲，段遼所署漁陽、上谷、代郡⑳守相㉑皆降，取四十餘城。北平相㉒陽裕帥其民數千家登燕山㉓以自固㉔，諸將恐其為後患，欲攻之。虎曰：「裕儒生，矜惜名節㉕，恥於迎降耳，無能為也。」遂過之㉖，至徐無㉗。段遼以其弟蘭既敗，不敢復戰，帥妻子、宗族、豪大㉘千餘家，棄令支，奔密雲山㉙。將行，執慕容翰手泣曰：「不用卿言，自取敗亡，我固甘心㉚，令卿失所㉛，深以為愧。」翰北奔宇文氏㉜。

遼左右長史劉羣、盧諶、崔悅等封府庫請降。虎遣將軍郭太、麻秋帥輕騎二萬追遼至密雲山，獲其母妻，斬首三千級。遼單騎走險㉝，遣其子乞特真奉表㉞及獻名馬於趙，虎受之。

虎入令支宮㉟，論功封賞各有差。徙段國民二萬餘戶於司、雍、兗、豫四州，士大夫之有才行者[1]皆擢敘㊱之。陽裕詣軍門㊲降，虎讓㊳之曰：「卿昔為奴虜走㊴，今為士人來㊵，豈識知天命㊶，將逃匿無地邪㊷？」對曰：「臣昔事王公㊸，不能匡濟㊹，逃于段氏，復不能全㊺。今陛下天網高張，籠絡四海㊻，幽、冀豪傑莫不風從㊼，如臣比肩㊽，無所獨愧。生死之命，惟陛下制㊾之！」虎悅，即拜北平太守。

夏，四月癸丑[50]，以慕容皝為征北大將軍、幽州牧，領平州刺史。

成主期驕虐日甚，多所誅殺，而籍沒[51]其資財、婦女，由是大臣多不自安。漢王壽素貴重[52]，有威名，期及建寧王越[53]等皆忌之。壽懼不免[54]，每當入朝，常詐為邊書[55]，辭以警急[56]。

初，巴西處士龔壯[57]，父、叔皆為李特所殺，壯欲報仇，積年[58]不除喪[59]。壽數以禮辟[60]之，壯不應。而往見壽，壽密問壯以自安[61]之策。壯曰：「巴、蜀之民，本皆晉臣，節下[62]若能發兵西取成都，稱藩於晉，誰不爭為節下奮臂[63]前驅者！如此則福流子孫，名垂不朽，豈徒[64]脫今日之禍而已！」壽然之。陰與長史略陽羅恆、巴西解思明謀攻成都。

期頗聞[65]之，數遣許涪至壽所，伺其動靜，又鴆[66]殺壽養弟安北將軍攸。壽乃詐為[67]妹夫任調書，云期當取[68]壽，其眾[69]信之，遂帥步騎萬餘人自涪[70]襲成都，許[71]賞以城中財物，以其將李奕為前鋒。期不意其至，初不設備[72]。壽世子勢為翊軍校尉，開門納[73]之，遂克成都，屯兵宮門。期遣侍中勞壽。壽奏建寧王越、景騫、田褒、姚華、許涪及征西將軍李遐、將軍李西等懷姦亂政，皆收殺之，縱兵大掠，數日乃定。壽矯以太后任氏令廢期為邛都縣公[74]，幽之別宮。追諡戾太子(75)曰哀皇帝。

羅恆、解思明、李奕等勸壽稱鎮西將軍、益州牧、成都王，稱藩于晉，送邛都公於建康，任調及司馬蔡興、侍中李豔等勸壽自稱帝。壽命筮(76)之，占者曰：「可數年天子。」調喜曰：「一日尚足(77)，況數年乎！」思明曰：「數年天子，孰與百世諸侯？」壽曰：「朝聞道，夕死可矣(78)。」遂即皇帝位。改國號曰漢，大赦，改元漢興(79)。以安車(80)束帛(81)徵龔壯為太師，壯誓不仕，壽所贈遺，一無所受。

壽改立宗廟(82)，追尊父驤曰獻皇帝，母昝氏為[2]皇太后，立妃閻氏為皇后，世子勢為皇太子。更以舊廟(83)為大成廟。凡諸制度，多所更易[3]。以董皎為相國，羅恆為尚書令，解思明為廣漢太守，任調為鎮北將軍、梁州刺史，李奕為西夷校尉，從子權為寧州刺史。公、卿、州、郡，悉用其僚佐代之，成氏舊臣近親及六郡士人(84)皆見疏斥(85)。○邛都公期歎曰：「天下主乃為小縣公，不如死！」五月，縊而卒(86)。壽諡曰幽公，葬以王禮。

趙王虎以燕王皝不會趙兵攻段遼，而自專其利(87)，欲伐之。太史令趙攬諫曰：「歲星(88)守燕分(89)，師必無功。」虎怒，鞭之。○皝聞之，嚴兵(90)設備，罷(91)六卿、納言、常伯、宂騎常侍[92]官。趙戎卒數十萬，燕人震恐。皝謂內史高詡曰：「將若之何？」對曰：「趙兵雖彊，然不足憂。但堅守以拒之，無能為也。」

虎遣使四出招誘民夷，燕成周內史[93]崔燾、居就令游泓[94]、武原令常霸、東夷校尉封抽、護軍宋晃等皆應之，凡得三十六城。泓，邃之兄子也。冀陽流寓之士[95]共殺太守宋燭以降於趙。燭，晃之從兄也。營丘內史鮮于屈[96]亦遣使降趙，武寧令廣平孫興[97]曉諭吏民共收屈[98]，數其罪而殺之，閉城拒守。朝鮮令[99]昌黎孫泳帥眾拒趙，大姓王清等密謀應趙，泳收斬之，同謀數百人惶怖請罪，泳皆釋之，與同拒守。樂浪[100]太守鞠彭以境內皆叛，選鄉里壯士二百餘人共還棘城[101]。

戊子[102]，趙兵進逼棘城，燕王皝欲出亡[103]，帳下將慕輿根諫曰：「趙彊我弱，大王一舉足[104]，則趙之氣勢遂成。使趙人收略國民[105]，兵彊穀足，不可復敵。竊意[106]趙人正欲大王如此耳，柰何入其計中乎？今固守堅城，其勢百倍[107]，縱[108]其急攻，猶足枝持[109]，觀形察變，間出[110]求利。如事之不濟[111]，不失於走[112]，柰何望風委去[113]，為必亡之理[114]乎！」皝乃止，然猶懼形於色。玄菟[115]太守河間劉佩曰：「今彊寇在外，眾心恟懼，事之安危，繫於一人。大王此際無所推委，當自彊以厲[116]將士，不宜示弱。事急矣，臣請出擊之，縱無大捷，足以安眾。」乃將敢死數百騎出衝趙兵，所向披靡117，斬獲而還，於是士氣自倍。皝問計於封奕，對曰：「石虎凶虐已甚，民神共疾118，禍敗之至，其何日之有119！今空國遠來，攻守勢異120。戎馬雖彊，無能為患121。頓兵積日122，釁隙123自生，但堅守以俟之124耳。」皝意乃安。或說皝降，皝曰：「孤方取天下，何謂降也！」

趙兵四面蟻附緣城125，慕輿根等晝夜力戰，凡十餘日，趙兵不能克，壬辰126，引退。皝遣其子恪帥二千騎追擊之，趙兵大敗，斬獲三萬餘級。趙諸軍皆棄甲逃潰，惟游擊將軍石閔127一軍獨全。閔父瞻，內黃128人，本姓冉，趙主勒破陳午獲之，命虎養以為子。閔驍勇善戰，多策略。虎愛之，比於諸孫。

虎還鄴，以劉羣為中書令，盧諶為中書侍郎，蒲洪129以功拜使持節、都督六夷諸軍事、冠軍大將軍，封西平郡公。石閔言於虎曰：「蒲洪雄儁，得將士死力，諸子皆有非常之才，且握彊兵五萬，屯據近畿130，宜密除之，以安社稷。」虎曰：「吾方倚其父子以取吳、蜀131，柰何殺之？」待之愈厚。

燕王皝分兵討諸叛城，皆下132之，拓境133至凡城134。崔燾、常霸奔鄴，封抽、宋晃、游泓奔高句麗135。皝賞鞠彭、慕輿根等，而治136諸叛者，誅滅甚眾，功曹劉翔為之申理137，多所全活。

趙之攻棘城也，燕右司馬李洪之弟普以為棘城必敗，勸洪出避禍。洪曰：「天道幽遠，人事難知[138]，且當委任[139]，勿輕動取悔。」普固請不已。洪曰：「卿意見明審[140]者，當自行之。吾受慕容氏大恩，義無去就[141]，當效死[142]於此耳！」與普流涕而訣[143]。普遂降趙，從趙軍南歸，死於喪亂。洪由是以忠篤[144]著名。

趙王虎遣渡遼將軍曹伏將青州之眾戍海島[145]，運穀三百萬斛以給之；又以船三百艘運穀三十萬斛詣高句麗[146]，使典農中郎將王典帥眾萬餘屯田海濱[147]；又令青州造船千艘，以謀擊燕。○趙太子宣帥步騎二萬擊朔方[148]鮮卑斛摩頭，破之，斬首四萬餘級。

冀州八郡大蝗，趙司隸[149]請坐守宰[150]。趙王虎曰：「此朕失政所致，而欲委咎[151]守宰，豈罪己之意邪？司隸不進讜言[152]，佐朕不逮[153]，而欲妄陷無辜，可白衣領職[154]。」○虎使襄城公涉歸、上庸公日歸[155]帥眾戍長安。二歸告[156]鎮西將軍石廣私樹恩澤[157]，潛謀不軌。虎追廣至鄴，殺之。

乙未[158]，以司徒導[159]為太傅，都督中外諸軍事，郗鑒為太尉，庾亮為司空。六月，以導為丞相，罷司徒官[160]，以并丞相府。

導性寬厚，委任諸將趙胤、賈寧等，多不奉法，大臣患[161]之。庾亮與郗鑒牋[162]

曰：「主上自八九歲以及成人，入則在宮人[163]之手，出則唯武官、小人[164]，讀書無從受音句[165]，顧問[166]未嘗遇君子。秦政[167]欲愚其黔首[168]，天下猶知不可，況欲愚其主[169]哉！人主春秋既盛[170]，宜復子明辟[171]。不稽首歸政[172]，甫居師傅之尊[173]，多養無賴之士。公[174]與下官並荷託付之重[175]，大姦不掃[176]，何以見先帝於地下乎！」欲共起兵廢導，鑒不聽。南蠻校尉陶稱，侃之子也，以亮謀語導。或勸導密為之備，導曰：「吾與元規[177]休戚是同[178]，悠悠之談[179]，宜絕智者之口[180]。則如君言，元規若來，吾便角巾還第[181]，復何懼哉！」又與稱書，以為庾公帝之元舅[182]，宜善事之。征西參軍孫盛密諫亮曰：「王公常有世外之懷[183]，豈肯為凡人事[184]邪，此必佞邪之徒欲間內外[185]耳。」亮乃止。盛，楚之孫也。是時亮雖居外鎮，而遙執朝廷之權，既據上流[186]，擁彊兵，趣勢者[187]多歸之。導內不能平，常遇西風塵起，舉扇自蔽，徐曰：「元規塵污人。」

導以江夏李充[188]為丞相掾。充以時俗崇尚浮虛[189]，乃著學箴，以為：「老子云『絕仁棄義，民復孝慈[190]』，豈仁義之道絕，然後孝慈乃生哉？蓋患乎情仁義[191]者寡而利仁義[192]者眾，將寄責於聖人[193]而遣累乎陳迹[194]也。凡[195]人見形者[196]眾，及道者鮮[197]，逐迹逾篤[198]，離本[199]逾遠。故作學箴以袪其蔽[200]曰：『名之攸彰，道之攸廢[201]，及損所隆[202]，乃崇所替[203]。非仁無以長物[204]，非義無以齊恥[205]，仁義固不可遠，去其害仁義者而已。』」

漢李奕從兄廣漢太守乾告大臣謀廢立。秋，七月，漢主壽使其子廣與大臣盟于前殿，徙乾為漢嘉太守，以李閎為荊州刺史，鎮巴郡[206]。閎，恭之子也。

八月，蜀中久雨，百姓饑疫，壽命羣臣極言得失[207]。龔壯上封事[208]稱：「陛下起兵之初，上指星辰，昭告[209]天地，歃血[210]盟眾，舉國稱藩[211]。天應[212]人悅，大功克集[213]。而論者未諭[214]，權宜稱制[215]。今淫雨[216]百日，饑疫並臻[217]，天其[218]或者將以監示陛下[219]故也。愚謂宜遵前盟，推奉建康[220]，彼[221]必不愛高爵重位[222]以報大功[223]。雖降階一等[224]，而子孫無窮，永保福祚[225]，不亦休哉[226]！論者或言二州[227]附晉則榮[228]，六郡人事之不便[229]。昔公孫述在蜀[230]，羈客用事[231]，劉備在蜀，楚士多貴[232]。及吳、鄧西伐[233]，舉國屠滅，寧分客主[234]！論者不達安固之基[235]，苟惜名位[236]，以為劉氏守令方仕州郡[237]，曾[238]不知彼乃國亡主易[239]，豈同今日義舉[240]，主榮臣顯[241]哉！論者又謂臣當為法正[242]。臣蒙陛下大恩，恣臣所安[243]，至於榮祿，無問漢、晉[244]，臣皆不處[245]，復何為效法正乎[246]！」壽省書[247]內慚，祕而不宣[248]。

九月，漢僕射任顏謀反，誅。顏，任太后之弟也。漢主壽因[249]盡誅成主雄諸子。

冬，十月，光祿勳顏含以老遜位[250]。論者以王導帝之師傅，名位隆重，百僚宜為降禮[251]。太常馮懷以問含，含曰：「王公雖貴重，理無偏敬[252]。降禮之言，或是諸君事宜[253]。鄙人[254]老矣，不識時務。」既而告人曰：「吾聞伐國不問仁人[255]，向[256]馮祖思問佞於我[257]，我豈有邪德[258]乎！」郭璞[259]嘗遇含，欲為之筮[260]。含曰：「年[261]在天，位[262]在人。脩己而天不與者，命也；守道而人不知者，性也[263]。自有性命，無勞蓍龜[264]。」致仕[265]二十餘年，年九十三而卒。

代王翳槐[266]之弟什翼犍質於趙，翳槐疾病，命諸大人[267]立之。翳槐卒，諸大人梁蓋等以新有大故[268]，什翼犍在遠，來未可必[269]。比其至[270]，恐有變亂，謀更立君[271]。而翳槐次弟屈剛猛多詐，不如屈弟孤仁厚，乃相與殺屈而立孤。孤不可[272]，自詣鄴迎什翼犍，請身留為質[273]。趙王虎義[274]而俱遣之。十一月，什翼犍即代王位於繁時[275]北，改元曰建國，分國之半以與孤。

初，代王猗盧[276]既卒，國多內難，部落離散，拓跋氏寖衰[277]。及什翼犍立，雄勇有智略，能脩祖業，國人附之。始置百官，分掌眾務。以代人燕鳳為長史，許謙為郎中令。始制反逆、殺人、姦盜之法，號令明白，政事清簡，無繫訊連逮[278]

之煩，百姓安之。於是東自濊貊[279]，西及破落那[280]，南距陰山[281]，北盡沙漠，率皆[282]歸服，有眾數十萬人。

十二月，段遼自密雲山遣使求迎於趙[283]，既而中悔，復遣使求迎於燕。趙王虎遣征東將軍麻秋帥眾三萬迎之。敕[284]秋曰：「受降如受敵，不可輕也。」以尚書左丞陽裕，遼之故臣，使為秋司馬。

燕王皝自帥諸將迎遼，遼密與燕謀覆趙軍[285]。皝遣慕容恪伏精騎七千於密雲山，大敗麻秋於三藏口[286]，死者什六七[287]。秋步走[288]得免，陽裕為燕所執[289]。

趙將軍范陽鮮于亮失馬，步緣山[290]不能進，因止端坐。燕兵環之，叱令起。亮曰：「身是貴人，義不為小人所屈[291]，汝曹[292]能殺亟殺[293]，不能則去！」亮儀觀豐偉[294]，聲氣雄厲。燕兵憚之，不敢殺，以白皝[295]。皝以馬迎之，與語大悅，用為左常侍，以崔毖[296]之女妻之。

皝盡得段遼之眾，待遼以上賓之禮，以陽裕為郎中令。

趙王虎聞麻秋敗，怒，削其官爵。

【章旨】以上為第一段，寫晉成帝咸康四年（西元三三八年）一年間的大事。主要寫了慕容皝與石虎聯合夾擊段遼，慕容皝佔領了段遼都城令支以北的大片地區；石虎從南線攻入令支城，佔領了今北京市一帶的四十餘城，幽州全部落入石虎之手。段遼慘敗，餘部逃入密雲山；寫了石虎率軍北攻慕容皝，遼西地區紛紛投降，慕容皝用慕輿根之謀堅守棘城，石虎攻之不能下，退兵時被慕容皝所追擊而大破之，慕容氏所失之地又皆收復；寫了段遼歸降慕容皝，並佐慕容皝設伏以破石虎軍。石虎在青州沿海聚兵屯糧，做渡海破燕之計；寫了成主李期殘暴多殺，李壽用蜀人龔壯之謀，襲取成都，殺掉李期，自立為皇帝，國號曰漢。蜀人龔壯給李壽上書勸李壽歸附晉王朝，李壽祕而不宣；寫了王導貪戀權位，不願歸政於晉成帝，朝臣不滿；馮懷為討好王導，建言大臣應為王導行叩拜禮，遭到顏含的怒斥；寫了庾亮欲起兵以廢王導，與王導聞訊後所回應庾亮的巧妙態度；寫了王導僚屬李充的巧斥《老》、《莊》，而著〈學箴〉以宣揚儒術；此外還寫了代王什翼犍即位後制定法律，「號令明白，政事清簡」，疆土擴大，有眾數十萬人，為日後拓跋氏的日益強大做鋪墊。

【注釋】❶如趙　到趙國。如，到；前往。❷聽師期　問起兵伐段遼的日期。❸悉拜龍騰中郎　全部任以為龍騰中郎。拜，升任。龍騰是形容驍勇的美稱，中郎是帝王的侍從人員。❹會　適逢；正值。❺幽州　州治即今北京市。❻易京　本漢易縣。東漢末公孫瓚據幽州，移鎮其地，盛修營壘樓觀，稱易京。在今河北雄縣西北。❼橫海將軍　西漢始置的雜號將軍，武帝元鼎六年（西元前一一一年），以韓說任此職。胡注謂「橫海將軍蓋石氏創置」，誤。❽漂渝津　渡口名，在今天津市東。❾棘城　燕王慕容皝的都城，即今遼寧義縣。❿令支　古城名，在今河北唐山市東北，遷安西，當時為段遼的都城。⓫并力　集中力量。⓬而更　如果再……。⓭禦南敵　對付南來的敵人，指趙兵。⓮前為卿所誤　指前年與慕容皝作戰，段蘭要乘勝追擊，被慕容翰阻撓未追事。⓯以成今日之患　所以才給今天留下了敵人。⓰墮卿計中　落入你的圈套。⓱將見眾　率領現有的兵力。見，同「現」。⓲金臺　即黃金臺，亦名「燕臺」，在今河北易縣東南易水南岸。相傳為戰國燕昭王所築，置千金於臺上，以延請天下賢士。⓳薊　薊縣，縣治在今北京市城西南。當時屬段遼管轄。⓴漁陽上谷代郡　皆郡名，漁陽郡的郡治在今北京市密雲西南，上谷郡的郡治在今河北懷來東南，代郡的郡治即今河北蔚縣東北的代王城。三郡當時都屬段遼。㉑守相　郡守與諸侯國相，當時都是郡一級的地方長官。㉒北平相　北平國的國相。北平國的都城徐無縣，在今河北遵化東。㉓燕山　指今河北遵化一帶的燕山山脈。㉔自固　自守。㉕矜惜名節　珍惜自己的名聲操守。㉖遂過之　指越過了北平國的地面。

㉗徐無　縣名，在今河北遵化東。㉘豪大　豪族的頭領。㉙密雲山　即今河北承德北武烈河上源諸山。㉚甘心　指怨不得別人。㉛失所　失去棲身之處。㉜宇文氏　鮮卑族的另一個部落政權，其頭領名宇文乞得歸。當時活動在今內蒙古的赤峰一帶地區。㉝走險　逃往深山的險阻之處。㉞奉表　獻上投降的表章。㉟令支宮　即令支城內段遼所居住的房舍。㊱擢敘　提拔、任用。敘，量才任用。㊲詣軍門　到石虎的營門。㊳讓　責備。㊴為奴虜走　像奴才一樣地逃走，指愍帝建興二年（西元三一五年）石勒攻克薊城，滅王浚，陽裕不應召，逃奔令支一事。㊵今為士人來　今天又像一個有身分的士大夫前來投降。㊶豈識知天命　莫非是你看清了時務，看清了誰是天命所歸而前來呢。㊷將逃匿無地邪　還是由於你再也沒有地方可逃而來投降我呢。㊸事王公　指在王浚部下。王浚是西晉的幽州刺史，被石勒打敗、殺害。事見《晉書》卷三十九。㊹不能匡濟　未能幫著王浚治好州郡、打敗敵人。匡濟，輔佐；幫助。㊺復不能全　又沒能使段遼得以保全。㊻籠絡四海　意即延攬四海豪傑。㊼風從　順風而從。㊽如臣比肩　都和我的情形一樣。比肩，並排而立，以喻聲望、地位相等。㊾制　裁斷；決定。㊿四月癸丑　四月初三。(51)籍沒　沒收被殺者的財物、婦女入官。(52)素貴重　李壽是李雄之叔李驤的兒子，李雄的堂兄弟，而且東征西戰，功勳卓著。(53)建寧王越　李越，李期之兄，李雄之子。(54)不免　難逃一死。(55)詐為邊書　假裝邊疆來信告急。(56)辭以警急　推說軍情緊急，不參加朝會。(57)龔壯　字子瑋，巴西郡（今四川閬中西）人。傳見《晉書》卷九十四。(58)積年　累年；多年。(59)不除喪　一直身穿孝服。(60)辟　聘任；請他出來做官。(61)自安　如何保障自己的安全。(62)節下　對對方的敬稱。秦漢以來稱皇帝為陛下，稱太子為殿下，稱將軍為節下。後來使臣或地方官吏也稱節下。(63)奮臂　揮臂，以言其興奮踴躍之狀。(64)豈徒　豈只。(65)頗聞　稍微聽到。(66)鴆　傳說中一種有毒的鳥，喜歡吃蛇，羽毛為紫綠色，放在酒中可毒死人。這裡指用毒酒殺人。(67)詐為　偽造。(68)取　襲取；襲捕。(69)其眾　指李壽的部下。任調當時在成都，故李壽偽造其來信以激怒部下。(70)涪　涪縣，縣治在今四川綿陽東，當時李壽率軍駐此。(71)許　許諾；答應。(72)初不設備　完全沒有準備。初，完全；從來。(73)納　接納；放入。(74)邛都縣公　貶李期為公爵，領地為邛都縣。邛都即今四川西昌。(75)戾太子　被李越政變所殺的李雄的太子李班，戾字是李越等給李班所加的惡諡。(76)筮　用蓍草占卜吉凶。(77)一日尚足　即使能做一天皇帝，也是決心要做。(78)朝聞道二句　二語出自《論語．里仁》。意思是如能早晨得到真理，即使晚上死了也值得。(79)改元漢興　改用新的年號，稱今年為「漢興元年」。(80)安車　安穩的車子。車輪用軟物包紮，以取其不顛簸。(81)束帛　帛五匹為束，古代以此作為饋贈的禮物。(82)改立宗廟　除去供奉李特、李雄一支的宗廟，而另立李驤一支的宗廟。(83)舊廟　指供奉李特、李雄的宗廟。(84)六郡士人　指與李特兄弟一起入蜀的秦、雍一帶的士大夫。(85)皆見疏斥　都被疏遠棄逐。(86)縊而卒　上吊而死。(87)自專其利　獨

佔其利，指慕容皝趁段氏敗，掠奪段氏人口、畜產北歸。88歲星　即木星，又名「應星」、「經星」、「紀星」。古人根據歲星十二年繞天一周，每年行經一個特定的星空區域，因據以紀年。古人為了說明日月五星的運行和節氣的變化，把黃道附近一周天按由西向東的方向分為星紀、玄枵等十二個等分，叫十二次。每次都有二十八宿中的某些星宿作標誌。換言之，星宿的分野即是以十二次為綱，而配以列國。89守燕分　靠近燕國的分野，也就是靠近尾宿、箕宿（二宿次名「析木」）。《晉書．天文志》有云：「歲星贏縮，以其舍命國；其所居久，其國有德厚，五穀豐昌，不可伐也。」90嚴兵　調集軍隊。91罷　撤銷……的建制。92六卿納言常伯冗騎常侍　都是只有皇帝才能設置的官職。六卿指去年慕容皝設置的國相、司馬、奉常、司隸、太僕、大理六個職務。93成周內史　成周國的行政長官。成周是西周初期建築的都城，即今洛陽。慕容氏政權將當時逃到燕地的中州百姓集中起來，設官管理，即稱這片居民點叫作「成周」。94居就令游泓　居就縣令姓游名泓。居就縣在今遼寧鞍山市東南。95冀陽流寓之士　外地逃難到冀陽的人士。流寓，漂泊寄住。96營丘內史鮮于屈　營丘國的行政長官，姓鮮于，名屈。營丘是西周初齊國建國時的都城，在今山東臨淄西北。慕容氏政權把當時逃到燕地的齊地百姓組織在一起，設官管理，即稱這一片居民點叫作「營丘」。97武寧令廣平孫興　武寧縣令廣平人孫興。98收屈　拘捕鮮于屈。99朝鮮令　朝鮮縣的縣令。朝鮮縣治在今平壤南。100樂浪　郡名，郡治就在朝鮮縣。101棘城　又名「大棘城」，在今遼寧義縣西北，慕容皝的都城。102戊子　五月初九。103出亡　出逃。104一舉足　猶言一抬腳，指逃跑。105收略國民　搜集起我們國家的人口與資財。106竊意　我想。竊字是謙詞。107其勢百倍　我們的士氣超過敵人百倍。108縱　縱然；即使。109枝持　支持；抵拒。枝，通「支」。110間出　伺機出擊。111不濟　不成；抵抗不了。112不失於走　意即再走不遲。113委去　棄城而逃。委，拋棄；丟下。114為必亡之理　製造一種必定滅亡的結局呢。115玄菟　郡名，郡治在今瀋陽東。116厲　通「勵」。激勵；激發。117所向披靡　所向無敵，如草木隨風而倒。118共疾　共同仇恨。119何日之有　即「尚有何日」，還有多少時日。120攻守勢異　雙方攻守的形勢發生了變化，意即他成了被我們所攻擊的對象。121無能為患　不可能給我們造成危害。122頓兵積日　停留的時間一長。頓，逗留。積日，累日；多日。123釁隙　漏洞、矛盾，各種可乘之機。124但堅守以俟之　我們儘管等待就是了。125蟻附緣城　像螞蟻一樣密集地往城上爬。緣城，沿著城牆。126壬辰　五月十三。按，從戊子到壬辰僅四天，非十餘日。127石閔　即冉閔，字永曾，小字棘奴，十六國時期魏國政權的建立者。傳見《晉書》卷一百七〈石季龍載記〉。128內黃　縣名，縣治在今河南內黃西北。129蒲洪　即苻洪，原是陝、甘、川交界地區的氐族頭領，此時為石虎部將。傳見《晉書》卷一百一十二。130近畿　國都的近郊。當時蒲洪屯枋頭，在今河南浚縣西南八十里，距石虎的鄴城（在今河北臨漳西南）不算太遠。131吳蜀　吳指江東的東晉王朝，蜀指成都的李壽政權。132下　攻下。133拓境　拓展疆域。134凡城　古城名，在今河北平泉南。135高句麗　當時朝鮮族人建立的政權，首埠丸都，即今吉林集安。136治　懲處。137申理　申訴重審。138天道幽遠二句　成敗若決定於天道，那麼天道遙遠莫測；若決定於人事，那麼人事難於知曉。139且當委任　應該暫且接受任務。140意見明審　如果你對未來看得清楚。明審，明白透徹。141義無去就　意即絕無離去之理。去就，這裡即指去。142效死　獻出生命。143訣　話別；告別。144忠篤　忠誠。145戍海島　據《晉書》卷一百七〈石季龍載記〉，乃石虎遣曹伏渡海戍蹋頓城，無水而還，因戍於海島。按，此海島應在今山東北部的沿海地區。146詣高句麗　送糧於高句麗，欲收買之使其攻慕容氏政權於東側。147屯田海濱　在今山東北部的海濱地區屯田，以備日後渡海攻燕。148朔方　漢郡名，約當今內蒙古的河套一帶地區。149司隸　漢代的司隸校尉，本為查辦特別重大的案件而設；魏晉以來省稱司隸，其職權改為管理司州，與漢代的京兆尹大致相同。石虎的都城鄴縣在冀州境內，故冀州的刺史可稱「司隸」。150請坐守宰　請求查辦冀州所屬八郡的太守與各縣縣令招來天譴的罪責。西漢以來迷信天人感應，說各種自然災害都是上天對人類的懲罰，因而要殺丞相以抵罪。今冀州大蝗，趙司隸不自己請求抵罪，反而推罪於屬下的太守與縣官，是很可惡的事。151委咎　推卸罪過。152讜言　正直的話。153佐朕不逮　猶言幫助我克服缺點。不逮，不及，指缺點、錯誤。154白衣領職　罷其職務，以平民的身分代理司隸之職。白衣，古時未仕者穿白衣，猶後世所稱「布衣」。155襄城公涉歸上庸公日歸　二歸，亦石氏之族。156告　告發，此處指誣告。157私樹恩澤　私施恩惠以結黨羽。樹，糾結。158乙未　五月十六。159司徒導　王導。西漢稱丞相為大司徒，東漢改稱司徒。東晉以王導為司徒，實即丞相。160罷司徒官　既以王導為丞相，故罷司徒官。及導卒，罷丞相，復置司徒。161患　擔心；憂慮。162牋　文體名，實即書信。163宮人　宮女、太監及主管皇帝日常生活事物的官員。164武官小人　武官謂趙胤、賈寧等；小人指佞幸、優伶、男寵等。165音句　文字的讀音與文章的斷句。166顧問　問訊，有疑問尋求解答。167秦政　秦始皇，姓嬴名政。168愚其黔首　指秦始皇焚詩書，實行愚民政策。黔首，庶民；平民。169愚其主　想讓他的主子越來越傻。170春秋既盛　指正年輕。春秋，謂年齡。171復子明辟　把國家政權交給他。辟，法，這裡指政權。《尚書・洛誥》，周公拜手稽首曰：「朕復子明辟。」意思是說我把君主的大權交回給你。庾亮引此，目的是督促王導歸政於晉成帝。172歸政　把政權交還皇帝。173甫居師傅之尊　還沒完沒了地貪戀著你那帝王師傅的尊貴地位。甫，始；剛剛。174公　敬稱郗鑒。175並荷託付之重　共同接受晉明帝的託孤重任。荷，承當；擔任。176大姦不掃　大奸不除。大姦，指王導。177元規　即庾亮，字元規。178休戚是同　即今之所謂「同甘苦，共患難」。休戚，喜樂與哀愁。179悠悠之談　沒有根據的流言。180宜絕智者之口　應當在智者的口中結束，意即不再向下傳。王導此言是在責備陶稱不應傳播這類悠悠之言。[181]角巾還第　改換上平民服裝，悠閒地回到自己家裡去。角巾，有稜角的頭巾，是古代隱士的打扮。[182]元舅　大舅。[183]世外之懷　辭官隱居的想法。[184]凡人事　指篡取政權。[185]欲間內外　想離間朝裡大臣與地方大臣的關係。內指在朝中輔政的王導，外指鎮守荊州的庾亮。[186]據上流　庾亮當時鎮守武昌，在建康的上游，隨時可以順長江而下，控制朝廷。[187]趣勢者　趨炎附勢、看風使舵的人。[188]李充　字弘度，幼好刑名之學，善楷書，是當時的著名文人。開中國圖書經、史、子、集四部分類法的先河，著有〈翰林論〉、〈學箴〉、〈釋莊論〉等。傳見《晉書》卷九十二。[189]崇尚浮虛　指喜好清談，崇尚老莊等等。[190]絕仁棄義二句　見《老子》十九章。老子認為儒家的仁義理論造成了社會道德的淪喪，只有摒棄仁義，使百姓無知無欲，人類行為才能再合乎道德。而李充對老子這段話卻有另一種理解。[191]情仁義　從內心裡講究仁義。[192]利仁義　從口頭上利用仁義。按，「患」字前的主語應是老子。[193]寄責於聖人　把批判的矛頭指向聖人。寄責，指出責任。[194]遣累乎陳迹　把社會的弊病歸因於《六經》。遣累，排除毛病。陳迹，指儒家的《六經》。《莊子・天運》：「夫『六經』，先王之陳迹也。」[195]凡　大凡；通常說來。[196]見形者　只看見（仁義學說）表面現象的人。[197]及道者鮮　真正理解仁義之道的人很少。鮮，少。[198]逐迹逾篤　對表面現象追求得越堅定。逾，通「愈」。越。篤，實在；用力。[199]離本　離著仁義學說的精神實質。[200]袪其蔽　去除它的弊病；揭開它的外殼。袪，除去。[201]名之攸彰二句　名聲越是鬧得大，真正的內容就越是少。攸，則。彰，顯著。[202]及損所隆　等你不再吹捧某種東西了。隆，推崇。[203]乃崇所替　那就說明你在開始重視曾經被你所廢棄的東西。替，廢棄。[204]長物　使事物成長、發展。[205]齊恥　使人們具有相同的道德準則。恥，廉恥，這裡引申為道德標準。[206]巴郡　郡治即今重慶市。[207]極言得失　盡情說出國家政事的缺失之處。[208]封事　密封的章奏。古代百官上書講機密事，為防洩露，用皂囊封緘呈進，故稱封事，也稱封章。[209]昭告　明告；公開諭告。[210]歃血　古時會盟、起誓，雙方口含牲畜之血或以血塗口旁，表示信誓，稱歃血。[211]稱藩　猶言稱臣，指稱臣於晉。[212]天應　上天順應我們行為舉動。[213]大功克集　猶言大功告成。集，成功。[214]論者未諭　當時慫恿李壽稱帝的人，沒有明白李壽真正的思想。[215]權宜稱制　李壽當時也只好臨時變通地答應了即位稱帝。稱制，意即稱帝。制，是皇帝的命令。[216]淫雨　久雨。[217]並臻　並至。[218]其　表示推測的副詞。或許；大概。[219]將以監示陛下　將要提醒、告訴你什麼事情。[220]推奉建康　擁戴東晉為我們的主子。[221]彼　指晉王朝。[222]不愛高爵重位　不吝惜高官厚祿。愛，吝惜。[223]以報大功　以酬勞我們對他們的推奉之功。[224]降階一等　從皇帝降一等稱王。[225]永保福祚　永保子孫在成都稱王的福祿。祚，福。[226]不亦休哉　這不是很好的事情嗎。休，美善。[227]二州　謂成漢所據的梁、益二州。這裡指二州的本地人。[228]則榮　感到光榮。[229]六郡人事之不便　指客居成都在李壽手下做事的六郡的異鄉人對附晉感到不便。六郡，秦、雍二州裡的六個郡，具體所指不詳。(230)公孫述在蜀　公孫述在蜀稱帝的時候。公孫述，字子陽，東漢初扶風茂陵（今陝西興平東北）人，新莽時，為導江卒正（蜀郡太守）。後起兵，據益州稱帝，國號成。傳見《後漢書》卷十三。(231)羈客用事　外來戶掌權。羈客，寄居作客之人，這裡指公孫述手下荊邯、王元、田戎、延岑等人。(232)楚士多貴　掌權的多是本地人，指劉備手下的龐統、黃忠、董和、劉巴、馬良兄弟、呂乂、廖立、李嚴、楊儀、魏延、蔣琬、費禕、董允等人。(233)吳鄧西伐　吳漢為劉秀統兵伐滅公孫述，鄧艾為司馬昭率兵伐滅劉禪。吳漢，字子顏，東漢初南陽宛縣（今河南南陽）人，新莽末年，歸劉秀為偏將軍。劉秀即位後任大司馬，為劉秀平定了公孫述。事見《後漢書》卷十八。鄧艾字士載，為魏征西將軍。魏大舉伐蜀，鄧艾偷度陰平，進迫成都，遂滅蜀漢。事見《三國志》卷二十八。(234)寧分客主　誰還分哪些是客居人，哪些是本地人。寧，豈。(235)不達安固之基　不明白使自己穩固的根本是什麼。(236)苟惜名位　就怕丟失自己的名號官爵。苟，苟且；不明大局。(237)以為劉氏守令方仕州郡　以為劉氏皇室的太守、縣令，投降後就會升任刺史與郡守了。劉氏，明指三國蜀漢劉備、劉禪父子，實則暗指李壽與其族人。方，即將。(238)曾　根本。(239)彼乃國亡主易　跟著劉禪降魏，那是蜀國滅亡、主子改換。(240)豈同今日義舉　哪裡比得上我們今天的光榮舉動，指舉國歸附於晉王朝。(241)主榮臣顯　君臣一起獲得光榮顯貴。(242)當為法正　應該學習蜀漢的法正，效忠於李壽，在李壽屬下為官。法正，字孝直，初依劉璋，奉命邀劉備入蜀拒張魯；又勸說劉備乘機取蜀；劉備佔據益州後，法正歷任尚書令，護軍將軍。傳見《三國志》卷三十七。龔壯曾勸李壽取李期，故論者以他與法正相比。(243)恣臣所安　讓我喜歡怎麼生活就怎麼生活。指不強迫他為官，讓他在家當隱士。(244)無問漢晉　不論在漢國，還是在晉王朝。(245)臣皆不處　我一律不做官。(246)復何為效法正乎　我為什麼要學習法正呢。法正教劉備取蜀，自己做了高官，故龔壯視法正以為恥。(247)省書　看了書信之後。(248)祕而不宣　隱藏起來不對別人說。(249)因　隨即。(250)遜位　退位，這裡指告老回鄉。(251)降禮　指下拜。(252)理無偏敬　沒有享受特別禮敬的道理。偏，獨特。(253)或是諸君事宜　也許是你們諸位應該做的。(254)鄙人　鄙陋之人，這裡是自謙之詞。(255)吾聞伐國不問仁人　《春秋繁露》卷九，董仲舒曰：「昔者魯君問柳下惠，『吾欲伐齊，何如？』柳下惠曰：『不可。』歸而有憂色，曰：『吾聞伐國不問仁人，此言何為至於我哉？』」伐國，討伐別國。(256)向　不久前。(257)馮祖思問佞於我　馮懷拿拍馬屁的事情來向我徵求意見。馮懷，字祖思。佞，以巧媚討好於人。(258)邪德　惡德；壞的品質。(259)郭璞　東晉初期的文學家，作有〈遊仙詩〉、《爾雅注》等，因反對王敦謀反，被王敦所殺。事見《晉書》卷七十二。(260)欲為之筮　想給他算一卦。筮，以蓍草占卜。(261)年　壽命。(262)位　職位；官位。(263)脩己而天不與者四句　努力修養自己而上天不給壽命，我則聽之在天，安之若命；恪守正道而別人不了解，我則只求盡其在我之稟性。《中庸》曰：「天命之謂性，率性之謂道。」儒家強調要盡性知命，性是內在於自己，命是外在之天，因此能盡其在我之性，安於聽之在天的命，謂之盡性知命。(264)無勞蓍龜　用不著占卜。蓍草和龜甲都是古時卜筮使用的東西，這裡即指占卜。(265)致仕　退休；辭官居家。(266)代王翳槐　鮮卑拓跋氏政權的首腦，都城盛樂，在今內蒙古和林格爾城北。(267)諸大人　各位部落頭領。(268)大故　大喪事。(269)來未可必　未必一定能回來。(270)比其至　等到他回來。這裡的意思是即使他能回來。(271)謀更立君　想要改立別人為君。(272)孤不可　拓跋孤不接受，不肯幹。(273)請身留為質　請求自己留下來，替什翼犍為質。身，自己本人。(274)義　認為拓跋孤為人正義。(275)繁畤　縣名，縣治在今山西渾源西。(276)代王猗盧　什翼犍之祖父。(277)寖衰　逐漸衰敗。(278)繫訊連逮　繫訊即逮捕審訊；連逮即連坐，一人犯法，其他人連帶受罰。(279)濊貊　我國古代東北地區的少數民族名，依濊水而居，故名。濊水，在今遼寧鳳城東。(280)破落那　漢時為大宛國，本作「拔汗那」，又稱「沛汗」、「鈸汗」，元魏時方稱「破落那」。都渴塞城，在今烏茲別克斯坦塔什干東南的卡散賽。(281)南距陰山　向南直抵陰山。距，抵達。陰山，在今內蒙古境內連延於包頭、呼和浩特以北的大山。(282)率皆　大體全部。(283)求迎於趙　願投降於趙，請求趙國派兵迎接，因怕燕國劫擊故也。(284)敕　告誡；囑咐。(285)謀覆趙軍　陰謀設埋伏以襲擊趙軍。(286)三藏口　在今河北承德北高寺臺附近武烈河東、北、西三源會合處。(287)什六七　十分之六、七。什，同「十」。(288)步走　徒步逃跑。(289)執　俘獲。(290)步緣山　徒步緣山而行。(291)義不為小人所屈　無論如何不能向你們這些下等人低頭。(292)汝曹　汝輩；你們這些人。(293)能殺亟殺　想殺就快點殺。(294)儀觀豐偉　身材高大，相貌堂堂。儀觀，儀表；容貌。(295)以白皝　跑去向慕容皝報告。(296)崔毖　原為晉朝的東夷校尉，駐兵於今遼寧遼陽，因附近的慕容氏、段氏等部勢力強大，崔毖作戰屢敗，其家屬亦歸附於慕容氏政權。

【校　記】[1]者　原無此字。據章鈺校，十二行本、乙十一行本、孔天胤本皆有此字，張敦仁《通鑑刊本識誤》、張瑛《通鑑校勘記》同，今據補。[2]為　原作「曰」。據章鈺校，十二行本、乙十一行本、孔天胤本皆作「為」，義長，今據改。[3]更易　據章鈺校，十二行本、乙十一行本、孔天胤本皆作「更改」。

【語　譯】顯宗成皇帝中之下

咸康四年（戊戌　西元三三八年）

春季，正月，燕王慕容皝派遣擔任都尉的趙槃前往後趙，向後趙打聽會師討伐段遼的日期。後趙大趙天王石虎準備襲擊段遼，於是招募了三萬驍勇善戰的人，全部升任為龍騰中郎。恰逢段遼派遣段屈雲率兵襲擊後趙的幽州，幽州刺史李孟退往易京據守。石虎於是任命桃豹為橫海將軍，任命王華為渡遼將軍，率領水軍十萬人從漂渝津出發，支雄為龍驤大將軍，姚弋仲為冠軍將軍，率領七萬名步兵、騎兵為前部先鋒討伐段遼。

三月，燕國都尉趙槃從後趙返回燕國的都城棘城。燕王慕容皝親自率軍攻打段遼首府令支以北的各城。段遼準備率兵追擊慕容皝，慕容翰對段遼說：「如今後趙的軍隊在我們的南方，我們應當集中兵力抵禦後趙的進攻。怎麼反倒要與燕國交戰，燕王慕容皝親自率軍前來，所率全都是精銳部隊，如果與其交戰萬一不勝，將用什麼來抵禦南來的趙軍呢？」段蘭憤怒地說：「我上次就因為被你耽誤，所以才給今天留下了禍患，我不會再墜入你的圈套了！」遂率領現有的全部兵眾追擊燕王慕容皝。慕容皝預先已經設好埋伏正等待著段軍的到來，遂大敗段蘭，斬殺了數千人，劫掠了五千戶和數以萬計的牲畜、財物，而後撤軍。

後趙大趙天王石虎率軍進駐金臺。龍驤大將軍支雄長驅直入進入薊城，段遼所管轄下的漁陽、上谷、代郡的守相全部向後趙投降，支雄遂一連攻取了四十多座城池。擔任北平國國相的陽裕率領部眾數千家撤退到燕山中自守，後趙諸將擔心陽裕將來會成為後患，就建議攻打他。石虎說：「陽裕不過是一介儒生，因為珍惜自己的名聲節操，把投降看成是一件恥辱的事情，所以才退入山中，他不會有什麼大作為。」遂越過了北平國的地面，逕直抵達徐無縣。段遼因為自己的弟弟段蘭已經打了敗仗，所以不敢再與趙兵交戰，就率領自己的妻子、宗族、各豪族的首領，總計一千多家，丟棄了首府令支，逃奔密雲山。臨行前，段遼拉著慕容翰的手泣不成聲地說：「沒有採用你的意見，而使自己敗亡到如此地步，我自然怨不得別人，卻讓你失去了棲身的場所，我真是愧疚得很呢。」慕容翰向北投奔了宇文氏。

段遼的左右長史劉羣、盧諶、崔悅等封閉了令支的府庫，向後趙請求投降。石虎派遣將軍郭太、麻秋率領二萬名輕騎兵追擊段遼，追至密雲山，俘獲了段遼的母親和妻子，斬殺了三千多人。段遼單人匹馬逃往深山中的險阻之處，他派自己的兒子乞特真獻上投降的表章向趙國投降，並將名貴的馬匹進獻給趙國，石虎接受了乞特真的降表和所貢獻的名馬。

大趙天王石虎進入段遼的令支宮，對自己的部下論功行賞。將段國的民眾二萬多戶遷移到司州、雍州、兗州、豫州四個州內，對於段國中那些知識分子和官員，凡是有才能、品行好的，全部提拔任用。北平相陽裕來到石虎的營門請求投降，石虎責備他說：「你往日像奴才一樣逃走，今天又像一個有身分的士大夫前來投降，是你已經看清楚了天命所歸，還是你已經再也沒有地方藏身而來投降我呢？」陽裕回答說：「我過去侍奉晉國的幽州刺史王浚的時候，沒能對他有所幫助，投奔了段氏，又沒能使段氏得以保全。如今陛下的天網高高張起，籠罩四海，幽州、冀州的英雄豪傑無不望風歸順，他們都和我的情形一樣，所以我沒有什麼可慚愧的。至於是生是死，只有陛下能夠決定！」石虎聽了很高興，立即任命陽裕為北平太守。

夏季，四月三日癸丑，東晉朝廷任命慕容皝為征北大將軍、幽州牧，兼任平州刺史。

成主李期的驕橫暴虐一天比一天厲害，誅殺了很多人，而且抄沒被殺者的家產、婦女入官，因此朝中大臣人人自危。鎮守涪城的漢王李壽向來地位高貴，享有很高的威望，成主李期以及建寧王李越等全都忌恨他。李壽擔心自己不能免禍，每當到成都晉見成主李期時，常讓部下謊報邊疆來信告急，李壽便以軍情緊急為由，不等參加朝會就告辭返回涪城。

當初巴西縣的隱士龔壯，他的父親、叔父都被李特殺死，龔壯為了表達自己報仇的決心，多少年來一直身穿孝服。漢王李壽多次以厚禮聘請他出來做官，龔壯都沒有答應。但卻前往涪城拜訪李壽，李壽祕密地向他請教如何保障自己的安全。龔壯說：「巴、蜀境內的民眾，原本都是晉國的臣民，將軍如果能夠發兵向西攻取成都，然後向晉國稱臣，誰能不踴躍爭先、甘願為大王充當開路先鋒呢！如此的話，不僅能將福澤留傳給子孫，而且大王的英名將永垂不朽，又豈止是擺脫了今日的災禍而已！」李壽認為龔壯的話很有道理。遂暗中與擔任長史的略陽人羅恆、巴西人解思明一起謀劃攻打成都。

成主李期對漢王李壽的陰謀也微有所聞，遂多次派遣許涪到漢王李壽的鎮所涪城探查動靜，又用毒酒殺死了李壽收養的弟弟安北將軍李攸。李壽便偽造了一封妹夫任調的來信，說成主李期就要來襲擊、逮捕李壽，李壽的部眾全都相信這消息是真的，李壽遂率領一萬多名步兵、騎兵從涪縣出發去襲取成都，他向部眾許諾，將把成都城中的財物全部用來賞賜他們，任命屬下將領李奕為前鋒。成主李期沒有料到李壽會來攻打成都，因此毫無防備。李壽的世子李勢在成都擔任翊軍校尉，他打開成都城門，將李壽等放入城中，李壽遂佔領了成都，他派自己手下的軍隊把守住宮門。成主李期派遣侍中慰勞李壽。李壽奏稱建寧王李越、景騫、田褒、姚華、許涪以及征西將軍李遐、將軍李西等人胸懷奸佞，擾亂朝政，於是將其全部逮捕殺掉，放縱士卒在成都城中大肆搶掠，數日之後才平靜下來。李壽假傳太后任氏的命令廢掉了李期，將李期貶為邛都縣公，囚禁在別的宮室之中。追諡戾太子李班為哀皇帝。

漢王李壽的長史羅恆、解思明、部將李奕等全都勸說李壽，讓他自稱鎮西將軍、益州牧、成都王，向東晉稱臣，做東晉的藩屬國，將邛都公李期送往建康，李壽的妹夫任調以及擔任司馬的蔡興、擔任侍中的李豔等則勸說李壽自稱皇帝。李壽命人用蓍草占卜吉凶，占卜者說：「可以當幾年天子。」任調高興地說：「即使能當一天皇帝也要當，何況是能當幾年皇帝呢！」解思明說：「當幾年天子，與百世諸侯相比哪一個更好呢？」李壽說：「如果能在早晨聽到真理，即使晚上死掉也值得。」遂即位為皇帝，改國號為漢，在境內實行大赦，改用新的年號為漢興元年。用安穩的車子裝滿金銀綢緞前往巴西縣徵召隱士龔壯為太師，龔壯發誓永不做官，李壽所饋贈的東西也一點沒有接受。

漢帝李壽改建皇家宗廟，追尊自己的父親李驤為獻皇帝，母親昝氏為皇太后，立自己的妃子閻氏為皇后，世子李勢為皇太子。將原來供奉李特、李雄的宗廟改稱為大成廟。對原來成國的制度，做了很多更改。任命董皎為相國，任命羅恆為尚書令，解思明為廣漢太守，任命妹夫任調為鎮北將軍、梁州刺史，任命李奕為西夷校尉，任命姪子李權為寧州刺史，凡是公、卿、州、郡級別的官員，全都由李壽從前的僚屬擔任，成國時期的舊臣、近親，以及當初跟隨李特、李驤兄弟共同入蜀的秦、雍一帶的士大夫全被疏遠或遭到斥逐。〇被貶為邛都縣公的李期歎息著說：「一國之主竟然變成了一個小小的縣公，生不如死！」五月，自縊而死。漢帝李壽給李期的諡號是「幽公」，用親王的禮儀將李期安葬。

後趙天王石虎因為燕王慕容皝沒有與趙兵會合就自行攻打段遼，自己又獨享戰果，就準備討伐燕國。擔任太史令的趙攬勸阻說：「今年的歲星正在靠近燕國的分野，如果出兵，一定會無功而返。」石虎聽了大怒，就用鞭子抽打趙攬。○燕王慕容皝聽到後趙準備發兵前來攻打的消息，馬上調集軍隊、加強戒備，撤銷了六卿、納言、常伯、冗騎常侍官的建制。後趙裝備精良的數十萬大軍向燕國進發，燕國人人驚恐不安。燕王慕容皝對擔任內史的高詡說：「我們應該怎樣應對呢？」高詡回答說：「後趙的兵力雖然強大，然而並不值得過分擔憂。只要採取堅守城池的辦法來對抗他們，趙兵將無所作為。」

後趙王石虎派遣使者到燕國各地招引漢人、胡人歸降趙國，燕國擔任成周內史的崔燾、擔任居就令的游泓、擔任武原令的常霸、擔任東夷校尉的封抽、擔任護軍的宋晃等全都起兵響應後趙，後趙僅用招降就得到了三十六座城池。游泓，是游邃的姪子。外地逃難來到冀陽的人共同殺死了太守宋燭，向後趙投降。宋燭，是宋晃的堂兄。營丘內史鮮于屈也派遣使者向後趙投遞了降書，擔任武寧縣令的廣平人孫興號召吏民共同逮捕了鮮于屈，列數鮮于屈的罪行並將鮮于屈殺死，然後緊閉城門堅守。朝鮮縣縣令昌黎人孫泳率領手下的兵眾抵抗後趙的進攻，而當地的豪門大姓王清等則密謀響應後趙，孫泳得知消息，便將王清等逮捕起來處死，與王清同謀的數百人都非常恐懼，全都來向孫泳請罪，孫泳把他們全部釋放，讓他們參與城池的防守。樂浪太守鞠彭因為自己轄境之內的各城全都叛變降趙，遂從鄉里挑選出二百多名壯士一起返回棘城。

五月初九日戊子，後趙的軍隊逼近燕國的首府棘城，燕王慕容皝準備逃亡，其帳下將領慕輿根勸阻他說：「趙國勢力強大而我們燕國弱小，只要大王您抬腳往外走出一步，則趙國滅掉燕國的大功就算告成。如果趙國人把我們燕國的人口與財富搜集起來，到那時，趙國兵強糧足，就再也無法與他們對抗。我認為趙國人正希望大王您棄城逃走呢，您為何要墜入他們的圈套呢？現在如果嚴密堅守住這座堅固的城池，我們的士氣將超過敵人一百倍，即使趙軍加緊攻城，我們還是有能力堅持下去，我們只要密切關注形勢的變化，抓住有利時機出擊以謀取勝利。如果仍然沒有成功的可能再逃走也為時不晚，為什麼剛看見趙軍的影子就棄城而去，做出一定會使國家滅亡的事情呢！」慕容皝遂打消了出亡的念頭，然而恐懼的神色還是無法掩飾地流露出來。玄菟太守河間人劉佩說：「如今強大的敵寇就在城外，眾人之心惶恐不安，局勢是平安還是危險，全都決定於大王一人。在這種緊急時刻，大王無法推卸責任，應當自己堅強起來以激勵全軍將士，而不應該表現出自己的軟弱。局勢已經非常緊急，我請求率兵出戰，縱使不能獲取大的勝利，安定民心還是可以的。」遂率領數百名騎兵敢死隊出城衝向趙軍，所向無敵，斬殺和擒獲了不少敵軍而後返回，於是全軍士氣大振。慕容皝向鎮軍左長史封奕請教破敵之策，封奕說：「後趙王石虎的兇惡殘暴已經達到極點，天上的神靈和地上的民眾全都痛恨他，對石虎來說，災禍和敗亡是隨時都會發生的事情！如今他抽空了國內的兵力遠道而來，雙方攻守的形勢已經發生了變化。他的兵馬雖然強大，卻不可能給我們造成多大危害。他們屯兵於堅城之下，時間一長，內部必然產生矛盾，我們只需嚴密堅守等待有利時機就可以了。」慕容皝這才定下心來。有人勸說慕容皝投降後趙，慕容皝回答說：「我正想要攻取天下，怎麼會投降呢！」

後趙的士兵就像螞蟻一樣從棘城的四面攀城而上，燕國將領慕輿根等晝夜苦戰，一連十幾天，趙兵都沒有攻入城中，五月十三日壬辰，後趙撤軍。燕王慕容皝派遣自己的兒子慕容恪率領二千名騎兵追擊趙兵，趙兵大敗，被慕容恪斬殺和擒獲的有三萬多人。後趙的各路大軍全都丟盔卸甲，四散逃命，只有擔任游擊將軍的石閔所率領的一支軍隊全數而歸。石閔的父親石瞻，是內黃縣人，原本姓冉，後趙王石勒攻破陳午的時候，俘獲了冉瞻，令石虎收養為子，改姓石。石閔驍勇善戰，經常出謀劃策。石虎很喜歡他，把他與自己的親孫子同等看待。

後趙天王石虎返回自己的首都鄴城，任命段遼的左右長史劉羣為中書令，盧諶為中書侍郎，氐族部落首領蒲洪因為有功被石虎加封為使持節、都督六夷諸軍事、冠軍大將軍，封西平郡公。石閔向石虎建議說：「氐人首領蒲洪是一個雄武、有才能的人，深得將士的拼死效力，他的幾個兒子也都有超出常人的才幹，而且手中掌握著五萬強大的軍隊，屯紮在都城的近郊，應該祕密地把他除掉，用以安定國家社稷。」石虎說：「我正想要依靠他們父子以奪取吳、蜀之地，怎麼能將他們殺掉呢？」對待蒲洪父子比以往更加優厚。

燕王慕容皝分別派兵討伐那些背叛自己投降後趙的城池，所有叛變的城池都被攻克，將疆界拓展到了凡城。叛將崔燾、常霸逃奔後趙的都城鄴城，封抽、宋晃、游泓逃往高句麗。燕王慕容皝封賞鞠彭、慕輿根等有功之人，而處治那些叛逆，誅滅了很多人，功曹劉翔為這些人申訴重審，救活了許多人。

後趙兵在攻打燕國首府棘城的時候，燕國擔任右司馬的李洪的弟弟李普認為棘城必定會被後趙攻破，便勸說李洪出逃以躲避災禍。李洪說：「成敗若決定於天道，那麼天道幽遠難以預測，如果決定於人事，那麼人事變化無常，也很難知曉，再說我既然接受了國家的委任，就不能輕舉妄動而使自己將來後悔。」李普堅持苦勸。李洪說：「你既然已經把形勢看得很清楚，你就按照自己的意思去做吧。我深受慕容氏的厚恩，就絕對沒有離去的道理，只有在此效死而已！」遂流著眼淚與李普訣別。李普投降了後趙，並跟隨趙軍南撤，在後來發生的喪亂中死去。李洪卻因為對慕容氏忠貞不二而聞名於世。

後趙王石虎派遣渡遼將軍曹伏率領青州部隊戍守海島，並給他送去三百萬斛糧食；又用三百艘船將三十萬斛糧食送往高句麗，讓擔任典農中郎將的王典率領一萬多人在海邊開荒種地，以備日後渡海攻燕；又令青州製造一千艘船，準備攻伐燕國。○後趙皇太子石宣率領二萬名步兵、騎兵攻打佔據著朔方的鮮卑族斛摩頭部落，將斛摩頭部落打得大敗，斬殺了四萬多人。

後趙冀州所轄的八個郡發生了很嚴重的蝗災，後趙的司隸署請求查辦冀州所屬八郡的太守與各縣縣令召來天譴的罪責。後趙王石虎說：「這是我處理政務失當而造成的，卻想把罪責推卸到郡縣的長官頭上，豈是古代天子引咎自責的本意？司隸署的官員從來沒有向我提出過好的建議，以糾正我的過失，現在卻想藉著冀州發生蝗災的機會妄加議論陷害無辜，免去他的所有職位，讓他以平民的身分代理司隸的職責。」○石虎派襄城公涉歸、上庸公日歸率領手下的部眾戍守長安。涉歸、日歸二人告發鎮西將軍石廣私施恩惠以結黨羽，暗中圖謀不軌。石虎追殺石廣，一直追到鄴城，才將石廣殺掉。

五月十六日乙未，東晉皇帝司馬衍任命司徒王導為太傅，都督中外諸軍事，任命郗鑒為太尉，任命庾亮為司空。六月，任命太傅王導為丞相，撤銷司徒府，併入丞相府。

東晉丞相王導性情寬宏仁厚，他所委任的諸將如趙胤、賈寧等人，大多都不能遵紀守法，大臣對此事很是擔憂。司空庾亮在寫給太尉郗鑒的信中說：「當今皇帝從八九歲開始一直到現在長大成人，入宮則生活在宮女、宦官這一群人之手，出宮則只能看到武官以及一些諸如佞幸、優伶等小人，讀書時沒有人教給他如何讀音、如何斷句，有了疑問尋求解答時，又從來沒有遇到過有專門知識、有才幹的正人君子。秦始皇嬴政想以焚毀詩書，實行愚民政策，天下人還知道那是不行的，何況是有人想使他的君主愚昧無知呢！如今，皇帝已經逐漸長大，是應該將大權交還給皇帝的時候了。而現在不說向皇帝磕頭稽首，把政權交還給皇帝，反而沒完沒了地貪戀著帝王師傅的尊貴地位，豢養了許多強橫無恥、行為惡劣的人士。閣下與我共同接受了先帝的託孤重任，面對大奸不除，將來有何顏面見先帝於地下！」庾亮希望郗鑒能與自己一同起兵廢掉擔任太傅、丞相的王導，郗鑒不贊成庾亮的想法。擔任南蠻校尉的陶稱，是陶侃的兒子，他把庾亮的陰謀告訴了丞相王導。有人勸說王導，讓他暗中做好應付的準備，王導說：「我與庾亮同甘苦、共患難，荒誕無稽之談，應該在智者的口中打住。如果真如你所說的那樣，庾亮一到，我立即換上平民的衣帽悠閒地回到我的宅第，有什麼值得害怕的！」王導又寫信給陶稱，認為庾亮是皇帝的舅舅，應該好好地對待他。擔任征西參軍的孫盛私下裡勸諫庾亮說：「王導一直想辭官隱退，優遊於人世之外，怎麼肯去做只有凡人才去做的謀權篡位的事情呢，這一定是那些奸佞邪惡之人想要離間朝廷大臣與地方大臣之間的關係。」庾亮遂打消了起兵廢掉王導的念頭。孫盛，是孫楚的孫子。當時，庾亮雖然身在江陵，卻遙控著朝政大權，既佔據著長江上游，又掌握著強大的軍隊，那些趨炎附勢的人便有很多投靠在他的門下。王導心中其實並不平靜，曾經遭遇到西風颳起沙塵，便舉起手中的扇子遮擋住面孔，慢條斯理地說：「庾亮颳起的灰塵把人都給弄髒了。」

東晉丞相王導任命江夏人李充為丞相掾。李充認為當時的社會風尚崇尚的是喜好空談，崇尚老莊，遂撰寫了一篇〈學箴〉，認為：「老子說『只有棄絕仁義，人類才能恢復孝順慈愛』，難道只有滅絕了仁義之後，才會產生孝順慈愛嗎？老子因為真正從內心講究仁義的人太少，而在口頭上利用仁義以謀取私利的人太多，才把批判的矛頭指向了聖人，而把社會的弊病歸因於《六經》。一般來說，只看到仁義學說表面現象的人很多，而真正理解仁義之道的人很少，對表面現象追求得越堅定，距離仁義學說的精神實質就越遠。所以他寫作〈學箴〉以去除它的弊病說：『虛名鬧得越大，真正的內容就越少，等你不再吹捧某種東西了，那就說明你在開始重視曾經被你廢棄的東西。沒有仁愛就不能使萬物生長、發展，沒有正義就不能使人們具有相同的道德準則，仁義本來就不能丟棄，關鍵是要將損害仁義的東西摒棄掉罷了。』」

漢國李奕的堂兄、擔任廣漢太守的李乾告發大臣陰謀廢掉皇帝李壽而另立新皇帝。秋季，七月，漢主李壽派自己的兒子李廣與朝廷大臣在前殿盟誓，將廣漢太守李乾改任為漢嘉太守；任命李閎為荊州刺史，治所設在巴郡。李閎，是李恭的兒子。

八月，蜀中久旱不雨，百姓忍飢挨餓，又遭遇瘟疫流行，漢主李壽下令群臣盡情說出國家政事的缺失之處。巴西隱士龔壯向漢主李壽遞交了一份密封的奏章，龔壯說：「陛下起兵之初，曾經上指日月星辰作證，並且公開告諭天地，又與眾人歃血盟誓，說等政變成功之後要帶領全國歸降東晉，做東晉的藩屬國。因為上應天意下順民心，所以才使大功告成。然而事情成功之後，那些參政議政的人沒有明白主上的真正思想，遂慫恿陛下臨時變通地答應了即位稱帝。如今淫雨連綿已有一百天，災荒、瘟疫同時爆發，這恐怕是上天以此來警醒陛下。我認為應該遵照當初的盟誓，擁戴建康的司馬氏皇帝為我們的主子，他們必定不會吝惜高官厚祿來酬答我們對他的推奉之功。雖然與現在稱帝比起來要降一個等級稱王，然而可以永保子孫在成都稱王的福祿，這不是很好的事情嗎！或許會有人議論說，將益州、梁州歸附於東晉後會感到很光榮，然而對客居成都在陛下手下做事的秦、雍二州六郡的人士來說卻有許多不利。過去公孫述在蜀稱帝的時候，是外來戶掌權，劉備在蜀地建立政權，卻是楚地的許多人佔據著高位。等到吳漢統兵滅掉公孫述、鄧艾率軍伐滅劉禪的時候，全蜀地的人都遭到毀滅性的大屠殺，難道還分誰是本地世居誰是外來客居嗎！議論的人不明白使自己穩固的根本是什麼，只苟且地貪戀眼前的名號和爵位，以為劉氏皇帝的太守、縣令投降後就會升任刺史與郡守，他們根本不知道，跟著劉禪降魏，那是蜀國滅亡、換了主子，怎能與我們今天舉國奉晉的光榮舉動相比呢！又會有人將我比作法正。我深受陛下的厚恩，讓我喜歡怎麼生活就怎麼生活，至於榮華富貴、金錢俸祿，無論是來自漢國，還是來自東晉，我都不接受，我為什麼要效法法正呢！」漢主李壽看了隱士龔壯的密奏，心裡也很慚愧，便把它收藏起來而沒有對外人說。

九月，漢國擔任僕射的任顏起兵謀反，被誅滅。任顏，是任太后的弟弟。漢主李壽因此便將成主李雄的兒子們全部除掉。

冬季，十月，東晉擔任光祿勳的顏含因為年老而辭職退休。議論的人都認為丞相王導是皇帝的師傅，名望很高、地位尊貴，文武百官都應該向他下拜行禮。擔任太常的馮懷就此事去諮詢顏含，顏含回答說：「王導雖然位高權重，然而沒有享受特別禮敬的道理。至於向他行跪拜之禮的意見，或許對你們來說合適。我老了，不識時務。」過後告訴別人說：「我聽說：不要向仁慈的人去諮詢討伐別國的事情，不久前，太常馮懷拿拍馬屁的事情來向我徵求意見，難道是我的品行中有邪惡的東西嗎！」郭璞曾經遇到過顏含，就想為顏含算一卦。顏含拒絕他說：「壽命長短取決於上天，職位高低取決於別人。努力修養自己而上天不給壽命，我則聽之在天，安之若命；恪守正道而別人不了解，我則只求盡其在我之稟性。我自有我盡性知命的認知，不用勞動你來為我算卦。」退休二十多年，活到九十三歲時去世。

代王拓跋翳槐的弟弟拓跋什翼犍在後趙充當人質，拓跋翳槐病重期間，令各部落首領擁立拓跋什翼犍為代王。拓跋翳槐去世，諸部落首領中以梁蓋為首，認為代國首領剛剛去世，而拓跋什翼犍又在遠方，未必能夠返回。如果等什翼犍回來，恐怕會有變亂發生，便商議擁立別人為新君。拓跋翳槐的二弟拓跋屈，剛暴兇猛、詭詐多端，不如他的弟弟拓跋孤為人仁愛寬厚，遂互相商定殺死拓跋屈而立拓跋孤。拓跋孤不願意為代王，便親自前往後趙的首都鄴城迎請拓跋什翼犍，他請求讓自己留下來替什翼犍作人質。後趙王石虎認為拓跋孤為人正義，便將二人一同送回代國。十一月，什翼犍在繁畤縣北即位為代王，改年號為建國元年，他將國土的一半分封給拓跋孤。

當初，代王拓跋猗盧死後，代國內亂不止，部落四分五裂，拓跋氏的勢力漸漸衰落。等到拓跋什翼犍即位為代王，他英勇而有謀略，能夠復興祖業，所以代國人都樂意歸附他。開始在國內設置文武百官，分別掌管各種政務。任命代國人燕鳳為長史，許謙為郎中令。開始針對有關謀反、叛逆、殺人、姦淫、盜竊等罪行制定法律規章，行政號令明白易懂，政事清明簡潔，沒有逮捕、審訊、連坐的煩惱，百姓都很樂意接受。於是東部從濊貊開始，西部到達破落那，南部到達陰山，北部到達大漠的最北端，在這廣大範圍之內的人大多都歸附了拓跋什翼犍，此時拓跋什翼犍已經擁有部眾數十萬人。

十二月，遼從密雲山中派遣使者前往後趙投降，並請求後趙派軍隊前來迎接，過後他又感到後悔，就又派使者前往燕國投降，同樣請求燕國派軍隊前來迎接。

後趙王石虎派遣征東將軍麻秋率領三萬人前往密雲山迎接段遼。石虎告誡麻秋說：「接受投降，就如同接受敵人的挑戰，不可有絲毫的輕敵思想。」因為擔任尚書左丞的陽裕是段遼的舊臣，便讓陽裕擔任麻秋的司馬。

燕王慕容皝親自率領諸將前往迎接段遼，段遼暗中與燕國密謀，準備設埋伏襲擊趙軍。慕容皝遂派遣慕容恪在密雲山中埋伏下七千名精銳騎兵，於是在三藏口將後趙的征東將軍麻秋打得大敗，麻秋所率領的三萬人死了有十分之六七。麻秋徒步逃走才免於一死，陽裕則被燕國擒獲。

後趙將軍范陽人鮮于亮丟失了戰馬，他徒步沿著山路而行，已經筋疲力盡的他再也無法前進，便停下來，端坐在地上休息。燕國的士兵將他包圍起來，並喝令他站起來。鮮于亮對燕軍士兵說：「我是趙國身分高貴的人，無論如何不能向你們這些下等人低頭，你們這些人能殺死我就趕快動手，不能殺死我就立刻走開！」鮮于亮儀表不凡，身材高大，聲音洪亮，氣勢威嚴。燕國的士兵因為懼怕他而不敢殺，便稟告了燕王慕容皝。慕容皝就帶著馬親自迎接鮮于亮，與他長談後，非常高興，立即任用他為左常侍，並把崔毖的女兒嫁給他為妻。

燕王慕容皝得到了段遼的所有部眾，把段遼尊為上賓，任命陽裕為郎中令。

後趙王石虎聽到征東將軍麻秋戰敗的消息，非常惱火，便剝奪了麻秋所有的官職和爵位。

五年（己亥　西元三三九年）

春，正月辛丑❶，大赦。

三月乙丑❷，廣州刺史鄧岳將兵擊漢寧州❸，漢建寧❹太守孟彥執其刺史霍彪以降。

征西將軍庾亮欲開復❺中原，表❻桓宣為都督沔北前鋒諸軍事、司州刺史，鎮襄陽，又表其弟臨川太守懌為監梁、雍二州諸軍事、梁州刺史，鎮魏興❼，西陽太守翼❽為南蠻校尉，領南郡太守，鎮江陵，皆假節❾。又請解豫州❿，以授征虜將軍毛寶⓫。詔以寶監揚州之江西諸軍事、豫州刺史，與西陽太守樊峻帥精兵萬人戍邾城⓬。以建威將軍陶稱⓭為南中郎將、江夏相，入沔中⓮。稱將二百人下見亮⓯。亮素惡稱輕狡⓰，數稱⓱前後罪惡，收而斬之。後以魏興險遠，命庾懌徙屯半洲⓲。更以武昌太守陳囂為梁州刺史，趣漢中⓳。遣參軍李松攻漢巴郡⓴、江陽㉑。夏，四月，執漢荊州刺史李閎、巴郡太守黃植送建康。漢王壽以李奕為鎮東將軍，代閎守巴郡。

庾亮上疏，言「蜀甚弱而胡尚彊，欲帥大眾十萬移鎮石城㉒，遣諸軍羅布江、沔㉓，為伐趙之規㉔。」帝下其議。丞相導請許之。太尉鑒議㉕，以為資用未備，不可大舉。

太常蔡謨㉖議，以為：「時有否泰㉗，道有屈伸㉘，苟不計彊弱㉙而輕動，則亡不終日㉚，何功之有！為今之計，莫若養威以俟時㉛。時之可否繫胡之彊弱㉜，胡之彊弱繫石虎之能否㉝。自石勒舉事，虎常為爪牙，百戰百勝，遂定中原，所據之地，同於魏世㉞。勒死之後，虎挾嗣君㉟，誅將相㊱，內難既平，翦削外寇，一舉而拔金墉㊲，再戰而禽石生㊳，誅石聰㊴如拾遺㊵，取郭權㊶如振槁㊷，四境之內，不失尺土。以是觀之，虎為能乎，將不能也㊸？論者以胡前攻襄陽不能拔㊹，謂之無能為。夫百戰百勝之彊，而以不拔一城為劣，譬如射者百發百中而一失，可以謂之拙乎？且石遇㊺，偏師㊻也，桓平北㊼，邊將㊽也，所爭者疆埸之土㊾[1]，利則進，否則退，非所急㊿也。今征西(51)以重鎮名賢(52)，自將大軍欲席卷河南(53)，虎必自帥一國之眾來決勝負，豈得以襄陽為比哉？今征西欲與之戰，何如石生？若欲城守，何如金墉？欲阻沔水(54)，何如大江？欲拒石虎，何如蘇峻？凡此數者，宜詳校之(55)。

「石生猛將，關中精兵，征西之戰殆不能勝也(56)！金墉險固，劉曜十萬眾不能拔，征西之守殆不能勝也[2]！又當是時(57)，洛陽、關中皆舉兵擊虎，今此[3]三鎮(58)反為其用，方之於前(59)，倍半之勢(60)也。石生不能敵其半，而征西欲當其倍(61)，愚所疑也。蘇峻之彊不及石虎，沔水之險不及大江，大江不能禦蘇峻，而欲以沔水禦石虎，又所疑也。昔祖士稚在譙[62]，佃於城北界[63]，慮[4]胡來攻[64]，豫置軍屯以禦其外[65]。穀將熟，胡果至，丁夫[66]戰於外，老弱穫[67]於內，多持炬火，急則燒穀而走[68]。如此數年，竟不得其利[69]。當是時，胡唯據河北[70]，方之於今，四分之一耳[71]。士稚不能捍[72]其一，而征西欲以禦其四，又所疑也。

「然此但論征西既至之後[73]耳，尚未論道路之慮[74]也。自沔以西，水急岸高，魚貫泝流[75]，首尾百里。若胡無宋襄之義[76]，及我未陣而擊之，將若之何？今王土[77]與胡，水陸異勢[78]，便習不同[79]，胡若送死[80]，則敵之有餘[81]，若棄江遠進[82]，以我所短擊彼所長，懼非廟勝之算也[83][5]。」朝議多與謨同，乃詔亮不聽[84]移鎮[85]。

燕前軍帥慕容評[86]、廣威將軍慕容軍[87]、折衝將軍慕輿根、蕩寇將軍慕輿埿襲趙遼西，俘獲千餘家而去。趙鎮遠將軍石成、積弩將軍呼延晃、建威將軍張支等追之，評等與戰，斬晃、支首。

段遼謀反於燕，燕人殺遼及其黨與數十人，送遼首於趙。

五月，代王什翼犍會諸大人於參合陂[88]，議都灅源川[89]。其母王氏曰：「吾自先世以來，以遷徙為業。今國家多難，若城郭而居，一旦寇來，無所避之。」乃止。

代人謂它國之民來附者皆為烏桓[90]，什翼犍分之為二部，各置大人以監之，弟孤監其北，子寔君監其南。◯什翼犍求昏[91]於燕，燕王皝以其妹妻之。

秋，七月，趙王虎以太子宣為大單于，建天子旌旗。

庚申[92]，始興文獻公王導薨[93]。喪葬之禮視漢博陸侯及安平獻王故事[94]，參用天子之禮。◯導簡素寡欲，善因事就功[95]，雖無日用之益，而歲計有餘[96]。輔相三世[97]，倉無儲穀，衣不重帛[98]。

初，導與庾亮共薦丹楊尹何充[99]於帝，請以為己副[100]，且曰：「臣死之日，願引充內侍[101]，則社稷無虞[102]矣。」由是加吏部尚書。及導薨，徵庾亮為丞相、揚州刺史、錄尚書事，亮固辭。辛酉[103]，以充為護軍將軍[104]，亮弟會稽內史冰為中書監、揚州刺史，參錄尚書事。

冰既當重任，經綸[105]時務，不捨晝夜，賓禮朝賢，升擢[106]後進，由是朝野翕然[107]稱之，以為賢相。初，王導輔政，每從寬恕，冰頗任威刑，丹楊尹殷融諫之。冰曰：「前相之賢，猶不堪其弘[108]，況如吾者哉！」范汪謂冰曰：「頃[109]天文錯度[110]，足下宜盡消禦之道[111]。」冰曰：「玄象[112]豈吾所測[113]，正當勤盡人事[114]耳。」又隱實[115]戶口，料出無名[116]萬餘人，以充軍實[117]。冰好為糾察，近於繁細，後益矯違[118]，復存寬縱[119]，疏密自由[120]，律令無用矣。

八月壬午[121]，復改丞相為司徒。

南昌文成公郗鑒疾篤，以府事[122]付長史劉遐，上疏乞骸骨[123]，且曰：「臣所統錯雜[124]，率多北人，或逼遷徙，或是新附，百姓懷土，皆有歸本之心。臣宣國恩[125]，示以好惡[126]，處與田宅[127]，漸得少安。聞臣疾篤，眾情駭動。若當北渡[128]，必啟寇心[129]。太常臣謨[130]，平簡貞正[131]，素望所歸，謂可以為都督、徐州刺史。」詔以蔡謨為太尉軍司，加侍中[132]。辛酉[133]，鑒薨，即以謨為征北將軍、都督徐·兗·青三州諸軍事、領[6]徐州刺史，假節。

時左衛將軍陳光請伐趙，詔遣光攻壽陽[134]。謨上疏曰：「壽陽城小而固。自壽陽至琅邪[135]，城壁相望[136]，一城見攻[137]，眾城必救。又，王師在路五十餘日，前驅未至[138]，聲息久聞[139]。賊之郵驛[140]，一日千里，河北之騎，足以來赴。夫以白起[141]、韓信、項籍[142]之勇，猶發梁焚舟[143]，背水而陳[144]。今欲停船水渚[145]，引兵造城，前對堅敵，顧臨[146]歸路，此兵法之所誡[147]。若進攻未拔[148]，胡騎猝[7]至[149]，懼桓子不知所為[150]，而舟中之指可掬[151]也。今光所將皆殿中精兵，宜令所向有征無戰。而頓[152]之堅城[153]之下，以國之爪士[154]擊寇之下邑[155]，得之則利薄而不足損敵，失之則害重而足以益寇[156]，懼非策之長者也。」乃止。

初，陶侃在武昌，議者以江北有邾城，宜分兵戍之，侃每不答，而言者不已。侃乃渡水獵，引將佐語之曰：「我所以設險而禦寇者，正以長江耳。邾城隔在江北，內無所倚[157]，外接羣夷。夷中利深[158]，晉人貪利，夷不堪命[159]，必引虜入寇。此乃致禍之由，非以禦寇也。且吳時戍此城[160]用三萬兵，今縱有兵守之[8]，亦無益於江南。若羯虜[161]有可乘之會[162]，此又非所資[163]也。」

及庾亮鎮武昌，卒使毛寶、樊峻戍邾城。趙王虎惡之，以夔安為大都督，帥石鑒、石閔、李農、張貉、李菟等五將軍、兵五萬人寇荊、揚北鄙[164]，二萬騎攻邾城。毛寶求救於庾亮，亮以城固，不時遣兵[165]。

九月，石閔敗晉兵於沔陰[166]，殺將軍蔡懷。夔安、李農陷沔南[167]。朱保敗晉兵於白石[168]，殺鄭豹等五將軍。張貉陷邾城，死者六千人。毛寶、樊峻突圍出走，赴江溺死。夔安進據胡亭[169]，寇江夏[170]，義陽[171]將軍黃沖、義陽太守鄭進皆降於趙。安進圍石城，竟陵[172]太守李陽拒戰，破之，斬首五千餘級，安乃退。遂掠漢東[173]，擁七千餘戶遷于幽、冀。

是時庾亮猶上疏欲遷鎮石城，聞邾城陷，乃止。上表陳謝[174]，自貶三等，行安西將軍[175]，有詔復位。以輔國將軍庾懌[176]為豫州刺史，監宣城、廬江、歷陽、安豐四郡諸軍事，假節，鎮蕪湖。

趙王虎患貴戚豪恣[177]，乃擢殿中御史李巨為御史中丞[178]，特加親任，中外肅然。虎曰：「朕聞良臣如猛虎，高步曠野，而豺狼避路，信哉！」

虎以撫軍將軍李農為使持節、監遼西・北平諸軍事、征東將軍、營州牧，鎮令支。農帥眾三萬與征北大將軍張舉攻燕凡城[179]。燕王皝以榼盧城大悅綰[180]為禦難將軍，授兵一千，使守凡城。及趙兵至，將吏皆恐，欲棄城走。綰曰：「受命禦寇，死生以之[181]。且憑城堅守，一可敵百，敢有妄言惑眾者斬！」眾然後定[182]。綰身先士卒，親冒矢石，舉等攻之經旬[183]不能克，乃退。虎以遼西迫近燕境，數遭攻襲，乃悉徙其民於冀州[184]之南。

漢主壽疾病，羅恆、解思明復議奉晉，壽不從。李演復上書言之，壽怒，殺演。◯壽常慕漢武[185]、魏明[186]之為人，恥聞父兄時事，上書者不得言先世政教，自以為勝之也。舍人[187]杜襲作詩十篇，託言應璩[188]以諷諫。壽報[189]曰：「省詩知意[190]。若今人所作，乃賢哲之話言，若古人所作，則死鬼之常辭[191]耳！」

燕王皝自以稱王未受晉命，冬，遣長史劉翔、參軍鞠運來獻捷論功[192]，且言權假之意193，并請剋期大舉194，共平中原。○皝擊高句麗，兵及新城195，高句麗王釗196乞盟，乃還。又使其子恪、霸擊宇文別部197。霸年十三，勇冠三軍。

張駿立辟雍198、明堂199以行禮。十一月，以世子重華行涼州事200。

十二月丁丑201，趙太保桃豹卒。

丙戌202，以驃騎將軍琅邪王岳203為侍中、司徒。

漢李奕寇巴東204，守將勞揚敗死。

【章　旨】以上為第二段，寫晉成帝咸康五年（西元三三九年）一年間的大事。主要寫了荊州刺史庾亮部署諸將，上表請求北伐中原，太常蔡謨上書分析形勢以為斷不可行；左衛將軍陳光又請求北伐，朝廷令其攻取壽陽，蔡謨又上書分析攻取壽陽的利害，以為不可；寫了庾亮改變當年陶侃的守邊方略，而派毛寶駐兵於江北之邾城，至趙兵南攻，庾亮又不及時救援，致使邾城失守，毛寶等犧牲，晉地多處失守，庾亮自請降職；寫了燕將慕容評大破遼西之趙兵；寫了段遼又謀反於燕，被燕人所殺；石虎派兵攻燕之凡城，不勝而退；而燕軍又破高句麗，高句麗求和；又破宇文部，地盤益廣；代王什翼犍擴大疆域於朔漠，但仍求婚，討好於慕容皝；慕容皝之勢力愈來愈大，遣使向東晉獻捷並請求稱王；寫了王導病死，喪事視霍光、司馬孚；寫了太尉郗鑒病死，推薦蔡謨為己之後任；寫了庾冰繼王導為丞相，政績先好後壞等等。

【注　釋】❶正月辛丑　正月二十五。❷三月乙丑　此句有誤，三月朔丙子，無乙丑日，疑為二月之誤。二月乙丑為二月二十。❸寧州　州名，治所滇池縣，即今雲南晉寧東北之晉城鎮。❹建寧　郡名，郡治即今雲南曲靖。❺開復　恢復。❻表上表向朝廷推薦。❼魏興　郡名，郡治西城縣，在今陝西安康西北的漢江北岸。❽西陽太守翼　庾翼，庾亮之弟，時為西陽太守。西陽郡的郡治在今湖北黃岡東。❾假節　朝廷授與旄節。朝廷授與方面大員旄節分使持節、持節、假節三種，使持節的權力最大。❿解豫州　解除自己的豫州刺史職務。⓫毛寶　當時的名將，在平定蘇峻的叛亂中功勳卓著。傳見《晉書》卷八十一。⓬邾城　故城在今湖北黃岡西北。⓭陶稱　陶侃之子，時為南蠻校尉，鎮江陵。⓮入沔中　到漢水流域上去。沔，沔水，即現今之漢水。⓯下見亮　順長江而下至武昌（今湖北鄂城）見庾亮。⓰輕狡　輕狂狡猾。⓱數稱　指數陶稱。數，列舉其罪行。⓲半洲　古城名，上屬江州，在今江西九江西。⓳趣漢中　奔赴漢中。趣，意思通「趨」。漢中，晉郡名，郡治南鄭，即今陝西漢中。⓴巴郡　郡治江州，在今重慶市城北。㉑江陽　晉郡名，郡治即今四川瀘州。㉒石城　即今湖北鍾祥。㉓羅布江沔　分據在長江、漢水流域的各要害之處。羅布，分布；擺列。㉔規　規劃；打算。㉕太尉鑒議　太尉郗鑒發表意見說。㉖蔡謨　字道明，永嘉亂後渡江，累官侍中、吳國內史。討蘇峻有功，為太常。傳見《晉書》卷七十七。㉗時有否泰　時機有好有壞。否、泰本為《周易》的兩個卦名。〈否卦〉顯示的是一種天地不交，上下隔閡，閉塞不適；〈泰卦〉顯示的是一種上下交通的情景。於是後人就習慣地把命運的好壞、事情的順逆，稱之為否泰。㉘道有屈伸　大道有時行得通，有時行不通。㉙不計彊弱　不考慮敵我雙方的誰強誰弱。㉚亡不終日　連一天也撐不下去。終日，一天。㉛俟時　等待時機的到來。㉜繫胡之彊弱　取決於北方胡人的強弱。㉝繫石虎之能否　取決於石虎有能力還是沒有能力。㉞同於魏世　有如當年的曹操、曹丕。㉟挾嗣君　先是挾制了石勒的繼承人石弘。㊱誅將相　殺了程遐、徐光、石堪等等。㊲拔金墉　攻克洛陽，殺了起兵討伐石虎的石勒舊將石朗。㊳禽石生　石生是石勒的大將，石虎篡位後，石生在長安起兵討石虎，初戰獲勝，其後失敗，被石虎所殺。禽，通「擒」。㊴誅石聰　石聰是石勒的部將，石虎篡位後，石聰欲率部降晉，被石虎所截殺。㊵如拾遺　像俯身拾起掉在地上的東西，以喻極端容易。㊶郭權　原是石生的部下，隨石生起兵討石虎，石生用郭權之計，先是獲得大勝；後因石生庸懦失敗，郭權率部越隴，領秦州之眾歸晉，後被石虎所敗。㊷振槁　搖落枝頭的枯葉，以喻事極易成。㊸將不能也　還是沒有能力呢。將，抑；還是。㊹前攻襄陽不能拔　指陶侃命桓宣鎮守襄陽，桓宣能保境安民事。見本書卷十七咸和七年。㊺石遇　後趙將領，咸康七年攻襄陽的主帥。㊻偏師　非主力的小部隊。㊼桓平北　桓宣，時為平北將軍。㊽邊將　守衛邊疆的將領。㊾疆場之土　兩國邊界上的一些土地。㊿非所急　不是危及國家，需要朝廷上下所特別操心的事情。(51)征西　指庾亮，時為征西將軍。(52)以重鎮名賢　作為一個大區司令的著名統帥。重鎮，一個重大地區的軍事總部。(53)席卷河南　收復黃河以南。(54)阻沔水　依據漢水為屏障以抗擊進攻之敵。(55)宜詳校之　應該詳細地衡量比較。校，比較。(56)殆不能勝也　恐怕打不過人家。殆，大概；恐怕。57當是時　指咸和八年，石生、石朗、郭權舉兵反石虎之時。58三鎮　指石生所據的關中、石朗所佔的洛陽和郭權所佔的秦州上邽。59方之於前　和以前的形勢相比。方，比較。60倍半之勢　敵方之強，較前增倍；我方之弱，較前減半。61當其倍　去對抗加倍強大了的敵人。當，對；迎敵。62祖士稚在譙　祖逖鎮守譙郡。祖逖字士稚。譙，即今安徽亳州。63佃於城北界　在城北種植了莊稼。64慮胡來攻　為防備胡兵來攻。65豫置軍屯以禦其外　在所種莊稼的北側，預先布置了防守據點。軍屯，防守據點。66丁夫　青壯年男子，這裡即指防守據點裡的士兵。67穫　收割莊稼。68急則燒穀而走　實在來不及收割的莊稼，就把它燒毀，總之是不讓敵兵得去。69竟不得其利　到底也還是沒能打敗敵人。70胡唯據河北　劉聰、石勒的地盤，還只是佔據著黃河以北。71方之於今二句　當初劉聰、石勒所佔的地盤，與今天石虎佔據的地盤相比，僅佔四分之一。72捍　抵抗。73但論征西既至之後　這還只是說庾亮到達中原以後的事情。既，已經。74未論道路之慮　還沒有說到從後方運兵運糧到前線的沿途的艱難。慮，憂；擔心。75魚貫泝流　舟船排成長隊逆水而上。76無宋襄之義　不像當年的宋襄公那麼講仁義，而中途襲擊我們的運輸船隊。宋襄公是春秋時代宋國的國君，在宋與楚國戰於泓水時，宋軍已列好陣勢，而楚兵正在渡河，有人勸他趕緊向楚兵發起攻擊，宋襄公說：「君子不鼓不成列」，要等楚兵過了河，列好陣再開戰。結果宋軍大敗，宋襄公也受傷而死。事詳《左傳》僖公二十二年。77王土　天子的國土，指東晉統治的江東地區。78水陸異勢　敵方多陸地，我方多溝渠。79便習不同　各自的習慣與長處不同，指南方便於用船，北方便於用馬。80胡若送死　指胡兵渡江進攻東晉。81敵之有餘　戰勝他們綽綽有餘。其實也未必，元朝、清朝都是證明。82棄江遠進　離開長江向北進攻。83非廟勝之筭也　不是在宗廟朝堂上制定的萬無一失的克敵制勝之策。廟，宗廟；朝廷。筭，同「算」。84不聽　不准；不允許。85移鎮　移動其指揮部。鎮，都督的辦公所在地。86前軍師慕容評　慕容評是慕容皝的部將，當時任前軍的統領。「前軍師」，據《晉書》當作「前軍帥」。87慕容軍　慕容廆之子，慕容皝之弟。88參合陂　水邊的堤壩名，在今內蒙古涼城東的岱海南側。89灅源川　古城名，在今河北遵化。90烏桓　我國東北部的少數民族名，東胡的別支。秦末匈奴冒頓強盛，滅其國，避徙至烏桓山（當在今內蒙古阿魯科爾沁旗西北）以自保，遂稱烏桓。91昏　同「婚」。92庚申　七月十八。93始興文獻公王導薨　意即王導病死。王導被封為始興公，始興是封地名。文獻二字是謚。因王導的地位相當於諸侯，故稱其死曰「薨」。94視漢博陸侯及安平獻王故事　王導喪事的規格，與漢代的霍光和晉代的司馬孚一樣。霍光是漢武帝的託孤大臣，輔佐年幼的漢昭帝管理朝政，以功高位重被封為博陸侯；司馬孚是司馬懿之兄，因與皇帝的血緣既親，建立的功勞又大，被封為安平郡王。霍光和司馬孚死時都被皇帝特別加恩，賜用部分天子的禮儀以治辦喪事。95因事就功　憑藉客觀條件而取得成功。96雖無日用之益二句　逐件地核察具體工作，看不出王導有何特別貢獻；但從總體上考查，又的確數王導的貢獻最多。97輔相三世　為晉元帝、晉明帝、晉成帝三世當宰相。98衣不重帛　外面罩著一層絲綢的衣服，裡邊套的都是粗布衫，極言其生活儉樸。99何充　字次道，東晉的名臣。傳見《晉書》卷七十七。100為己副　做自己的副手。101引充內侍　讓何充進宮侍候皇帝，意即讓其任輔相之職。102無虞　無憂。103辛酉　七月十九。104護軍將軍　統領皇帝的禁衛部隊。105經綸　整理絲縷，理出絲緒叫經，編絲成繩叫綸，這裡引申為籌劃治理國家大事。106升擢　提拔；選拔。107翕然　順從、服貼的樣子。108猶不堪其弘　尚且受不了寬弘所帶來的問題。不堪，不能承受。109頃　近來；不久前。110天文錯度　日、月及五星運行的次序錯亂。111宜盡消禦之道　應當想辦法化解這種天象錯亂的問題，大概是想讓庾冰舉辦一些迷信活動以祈求上蒼等等。消禦，消解、恢復。112玄象　天象；自然界的問題。113豈吾所測　哪裡是我所能理解的。114正當勤盡人事　只有把人世間的事情盡量做好。正，只有。115隱實　查清。116料出無名　清查出沒有戶籍的人口。料，清查。117以充軍實　把查出來的無戶籍人口編入軍隊。軍實，軍隊。118矯違　改變偏嚴的毛病。119復存寬縱　又變得過於放縱。120疏密自由　想寬想嚴都由他說了算。121八月壬午二句　八月初十。122府事　太尉府的一切事務，當時郗鑒任太尉，國家的最高軍事長官。123乞骸骨　謙卑的說法，即請求辭職歸田。124所統錯雜　所管轄的人來自不同地區、不同行業、不同種族。125宣國恩　意即按照朝廷說法。126示以好惡　告訴他們應該愛什麼、恨什麼。127處與田宅　分給他們土地房屋。128若當北渡　如果真要渡江北移。當時有人主張把郗鑒在京口（今鎮江市）的軍事機關遷往江北。129必啓寇心　必定引發北方敵人的南侵之心。130太常臣謨　即前文上書以駁庾亮的蔡謨。131貞正　忠厚正直。132太尉軍司二句　太尉的僚屬，並加有朝官侍中的職銜。133辛酉　九月二十。134壽陽　即今安徽壽縣。135琅邪　古郡名，郡治前後在今山東膠南、諸城等地。此時的壽陽、琅邪都在石虎政權的統治下，從琅邪到壽陽，是後趙與東晉的分界線。136城壁相望　敵人的軍城與堡壘一線拉開，彼此相連。137見攻　受到晉軍攻擊。138未至　未到達壽陽。139聲息久聞　我方的消息，敵方早早就知道了。140賊之郵驛　敵方消息的傳送。郵驛，古代傳送文書的驛站。步遞曰郵，馬遞曰驛。141白起　戰國時秦國名將，曾破鄢郢，燒夷陵，坑趙軍四十餘萬於長平。事見《史記・白起王翦列傳》。142項籍　即西楚霸王項羽。事詳《史記・項羽本紀》。143發梁焚舟　過河後，拆掉橋樑，燒毀舟船。《戰國策・中山策》：白起曰：「楚王恃其國大，不恤其政……故起所以得引兵深入，多倍城邑，發梁焚舟以專民……是以能有功也。」144背水而陣　以示無路可退，藉以激勵將士死裡求生的決心。楚漢戰爭中，韓信破趙時曾列背水陣，以吸引趙軍出擊。事詳《史記・淮陰侯列傳》。145水渚　水邊。渚，水中的小洲。146顧臨　回頭望著，形容擔心的樣子。147所誡　所忌諱；所應該迴避。誡，意思同「戒」。

(148)未拔　敵城未能攻下。(149)胡騎猝至　胡人的騎兵大隊突然來到。猝，突然。(150)桓子不知所為　指揮官不知如何是好。桓子，即荀林父，春秋時的晉軍統帥。與楚莊王作戰時被楚軍打敗，晉軍惶恐渡河北逃，腐敗無能的荀林父竟播鼓大喊：「先渡河者有賞」，於是晉軍更加沒有戰心，秩序更加混亂。(151)舟中之指可掬　先上船的急著開船，未上船的扒住船沿不放手，船上的人抽刀砍攀船的手，於是船上手指多得可以用手向外捧。掬，一捧；一掐。(152)頓　放置。(153)堅城　攻不下的城池，指壽陽。(154)國之爪士　爪牙之士，以喻國家高貴的精兵、勇士。《詩經·祈父》：「祈父，予王之爪牙。」(155)下邑　邊遠而不重要的城鎮，亦指壽陽。(156)益寇　增長敵兵的氣焰。(157)內無所倚　向內沒有倚靠，友鄰部隊都在遠遠的長江以南。(158)夷中利深　敵佔區可以讓人貪圖的東西多。(159)夷不堪命　敵區邊境的人忍受不了晉人的掠奪。(160)此城　指郟城。(161)羯虜　指後趙石虎政權。(162)有可乘之會　有了可以對之動手的時機。(163)此又非所資　靠著他們這點兵力也無法完成任務。資，依托；憑藉。(164)荊揚北鄙　荊、揚二州的北部邊境，即今江蘇、安徽的淮河以南及湖北的北部地區。(165)不時遣兵　沒有及時地派兵增援。(166)沔陰　即沔陰戍，在今湖北隨州西南的漢水東側。(167)沔南　沔水（即漢水）以南。(168)白石　山名，在今安徽含山縣西南六十里。(169)胡亭　在今安徽阜陽。(170)江夏　晉郡名，郡治安陸，即今湖北雲夢。(171)義陽　晉郡名，郡治即今河南信陽。(172)竟陵　晉郡名，郡治即石城，今湖北鍾祥。(173)漢東　漢水以東。(174)陳謝　陳情請罪。(175)行安西將軍　代理安西將軍。官階低而代理的職務高稱「行」。晉代地方高級軍政長官均帶將軍名號，有征、鎮、安、平四種。庾亮本是征西將軍，自貶三級，但仍代理安西將軍之職。(176)庾懌　庾亮之弟。(177)豪恣　不守王法，肆意胡為。(178)御史中丞　官名，掌管監察的主要長官。(179)凡城　古城名，在今河北平泉南。(180)榼盧城大悅綰　榼盧城的城主，名叫悅綰。城大，城主；一城之長。(181)死生以之　要豁出性命來完成任務。(182)眾然後定　眾人這才定下心來。(183)攻之經旬　攻擊了十多天。(184)冀州　州治即今河北冀州。(185)漢武　漢武帝劉徹。(186)魏明　魏明帝曹叡，曹丕子，西元二二七至二三九年在位。即位後，用曹真、司馬懿等人，多次與蜀漢交戰；又曾親自統兵救合肥，敗吳軍；派司馬懿擊殺遼東公孫淵。事詳《三國志·明帝紀》。(187)舍人　帝王的侍從官名，掌詔誥呈奏之事。(188)託言應璩　假說是當年應璩寫的。應璩，字休璉，曹魏時期的文學家。傳見《三國志·王粲傳》。(189)報　回答；覆信。(190)省詩知意　看詩後明白了你的意思。(191)常辭　老生常談；平常的言論。(192)獻捷論功　一方面向朝廷獻捷，同時向朝廷表述自己的功勞。(193)且言權假之意　向朝廷提出能否讓自己暫為代理燕王。權假，代理。(194)刻期大舉　約定日期，同時大舉出兵。(195)新城　據胡注，在高句麗西鄙，東北接南蘇、木底等城，即今遼寧的東部一帶。(196)高句麗王釗　名釗，都城丸都，即今吉林集安。(197)宇文別部　宇文部落的分支。當時的宇文部落活動在今內蒙古赤峰一帶地區。(198)辟雍　古代帝王為貴族子弟所設的大學，取四周有水，形如璧環為名。大學有五，南為成均，北為上庠，東為東序，西為瞽宗，中為辟雍。199明堂　古代帝王宣明政教的地方。凡朝會、祭祀、慶賞、選士、養老、教學等大典，均在此舉行。200行涼州事　意即代理涼州刺史。201十二月丁丑　十二月初七。202丙戌　十二月十六。203琅邪王岳　司馬岳，晉成帝司馬衍之弟。204巴東　晉郡名，郡治即今重慶市奉節。

【校記】1疆埸之士　原誤作「疆場之士」。據章鈺校，乙十一行本、孔天胤本「士」皆作「土」，尚不誤，今據校正。2金墉險固劉曜十萬眾不能拔征西之守殆不能勝也　原脫此三句。據章鈺校，十二行本、乙十一行本皆有此三句，張敦仁《通鑑刊本識誤》、張瑛《通鑑校勘記》同，今據補。3此　原誤作「比」。據章鈺校，十二行本、乙十一行本皆作「此」，當是，今據校正。4盧　原無此字。今據張敦仁《通鑑刊本識誤》增補。5也　原無此字。據章鈺校，十二行本、乙十一行本皆有此字，張敦仁《通鑑刊本識誤》同，今據補。6領　原無此字。據章鈺校，十二行本、乙十一行本、孔天胤本皆有此字，今據補。7猝　原作「卒」，胡三省注云：「卒，讀曰猝。」是胡所見本作「卒」。據章鈺校，十二行本、乙十一行本、孔天胤本皆作「猝」，今從改。8之　原無此字。據章鈺校，十二行本、乙十一行本、孔天胤本皆有此字，今據補。

【語譯】五年（己亥　西元三三九年）

春季，正月二十五日辛丑，東晉實行大赦。

三月乙丑日，東晉廣州刺史鄧岳率軍攻打漢國的寧州，漢國建寧太守孟彥捉住寧州刺史霍彪向東晉投降。

東晉征西將軍庾亮準備收復中原，遂上表請求任命桓宣為都督沔北前鋒諸軍事、司州刺史，鎮所設在襄陽，又上表舉薦自己的弟弟、擔任臨川太守的庾懌為監梁、雍二州諸軍事、梁州刺史，鎮所設在魏興，推舉擔任西陽太守的庾翼為南蠻校尉，兼任南郡太守，鎮所設在江陵，以上諸人全都授與旌節。又請求朝廷解除自己豫州刺史的職務，將豫州刺史授予征虜將軍毛寶。晉成帝司馬衍下詔任命毛寶為監揚州之江西諸軍事、豫州刺史，與擔任西陽太守的樊峻一起率領一萬名精兵戍守邾城。任命建威將軍陶稱為南中郎將、江夏相，進駐沔水流域。陶稱率領二百人從長江上游順流而下來到武昌晉見庾亮。庾亮一向厭惡陶稱的輕狂狡詐，便趁機將陶稱前前後後所犯罪行一條條列舉出來，而後將其逮捕、斬首。後來因為魏興環境險惡、距離遙遠，便令臨川太守庾懌將鎮所從魏興遷移到半洲。又改任武昌太守陳囂為梁州刺史，挺進漢中。庾亮派遣擔任參軍的李松率軍攻打漢國的巴郡、江陽。夏季，四月，擒獲了漢國的荊州刺史李閎、巴郡太守黃植，將二人押送京師建康。漢主李壽任命李奕為鎮東將軍，接替李閎的遺缺鎮守巴郡。

東晉征西將軍庾亮從武昌上疏給晉成帝，說「蜀地漢國的勢力弱小而後趙的胡人政權勢力強大，我準備率領十萬大軍把治所從武昌移到石城，派遣諸軍分別據守長江、沔水流域的各處要害，沿長江、沔水一帶布防，為討伐後趙做好準備。」晉成帝司馬衍將庾亮的意見下發給朝中大臣評議。擔任丞相的王導請求批准。擔任太尉的郗鑒發表意見，認為目前國家的物資儲備還不充足，不允許採取大規模的軍事行動。

擔任太常的蔡謨認為：「時機有好有壞，大道有時行得通，有時行不通，如果不考慮敵我雙方力量誰強誰弱而輕舉妄動，那麼滅亡之快，恐怕連一天也支撐不下去，哪裡會有什麼功勞呢！從目前的形勢考慮，不如培養威勢以等待有利時機。時機的好壞取決於胡人勢力的強弱，而胡人勢力的強弱取決於石虎有能力還是沒有能力。從石勒起事開始，石虎就是石勒的幫兇，他百戰百勝，平定了中原地區，目前後趙所佔據的地盤，相當於當初的曹魏。石勒死後，石虎挾制著即位的新君，誅殺了程遐、徐光、石堪等諸將相，朝廷內部的災難已經平息，便開始剪除朝廷外部的敵人，他一舉攻克了金墉城，殺死了起兵討伐石虎的石朗，再戰擒獲了後趙的大將石生，他誅滅石聰就像俯身撿起一件丟失在地上的東西那樣順手拈來，攻取郭權就像從樹上震落一片枯葉那般輕而易舉，而自己的四境之內，竟然沒有損失一寸土地。以此來看，石虎是有能力呢，還是沒有能力？議論的人因為胡人此前攻打襄陽沒有取勝，就認為他們已經成不了什麼大事。百戰百勝的強國，就因為偶爾一次沒有攻克一城就認為他無能，就好比射箭的人，百發百中，只有一次失誤，能因此就認為他射箭的技術很差嗎？而且，攻擊襄陽的部隊主帥石遇，不過是一股小部隊的將領，而平北將軍桓宣，乃是我們的一員主將，石遇所爭的是兩國邊境上的一些土地，形勢有利就攻進，形勢不利就撤退，並不是危及國家的大事情。如今征西將軍庾亮作為一個大區重鎮的著名統帥，要親帥大軍北伐後趙，打算收復河南全境，石虎必定親自率領全國的兵眾前來決一勝負，這怎麼能用襄陽之戰來作比較呢？如今征西將軍庾亮想要與後趙石虎對陣，試問：庾亮的能力比石生如何？如果是準備打城市保衛戰，請問比金墉城如何？如果想要把沔水作為阻擋石虎的一道天然屏障以抗擊進攻之敵，請問：沔水比長江如何？為何不依靠長江？如果說可以抵擋得住石虎，當初為什麼沒能抵擋得住蘇峻？凡此種種，都應該詳細地進行分析比較。

「石生是一員猛將，擁有關中的精兵，西征將軍庾亮不能取勝！金墉險峻堅固，劉曜十萬士卒不能攻取，征西將軍防守不能取勝！還有，在那個時候，鎮守洛陽的石朗、佔據長安的蔣英全都起兵攻打石虎，如今洛陽、長安、上邽三鎮全都為石虎所用，和以前的形勢相比，敵方之強，較前增倍；我方之弱，較前減半。石生敵不過只有自己一半力量的石虎，而征西將軍庾亮卻想對抗兩倍於己的石虎，這是令我懷疑的地方。當年蘇峻叛變時的實力比不上石虎，沔水的險峻比不上長江，長江沒能阻擋住蘇峻，卻希望沔水能擋住石虎，這又是令人懷疑的地方。當年祖逖鎮守譙城，在城北墾荒屯田，擔心胡人來攻，便預先在屯墾區域之北駐紮軍隊以防範胡人的進攻。等到穀物將要成熟的時候，胡人果然前來攻取，祖逖便安排強壯的青年人在墾區之外與胡人作戰，而老弱在墾區之內收穫莊稼，很多人手裡都拿著火把，情況緊急，實在來不及收穫的莊稼就放火燒掉而後撤走，絕不留給敵人。如此數年，到底還是沒有打敗敵人。在那個時候，胡人只是佔據著黃河以北地區，與現在石虎所佔的地盤相比，僅是現在的四分之一。祖逖不能抵抗四分之一的胡人，而征西將軍庾亮竟然想抵抗為其四倍的胡人，這又是一個令人懷疑的地方。

「而且，這只是在談論征西將軍庾亮進入中原之後的事情，尚且沒有考慮到從後方運兵運糧到前線，沿途可能遭遇到的危險。從沔水以西，水流湍急、岸高如削，行進在水中的戰船只能排成長隊逆水而上，首尾將拉開一百里。如果胡人不像當年宋襄公那樣講究仁義，在中途襲擊我們的運輸船隊，我們將如何應對？如今我們的國土與胡人的土地相比：敵方多陸地，我方多溝渠，雙方各自的習慣與長處也不同：我們便於用船水戰，而北方的胡人慣於陸地騎馬，如果胡人渡過長江前來送死，我們戰勝他們便綽綽有餘，如果我們放棄長江的險要，向遙遠的北方進軍，用我們不習慣陸戰的短處去攻擊他們的長處，恐怕不是在廟堂上制定的萬無一失的克敵制勝之策所能取勝的。」朝中大臣的意見絕大多數都與蔡謨的意見相同，晉成帝遂下詔給征西將軍庾亮，不同意他將鎮所移到石城。

燕國擔任前軍將軍的慕容評、廣威將軍慕容軍、折衝將軍慕輿根、蕩寇將軍慕輿渥率軍襲擊了後趙所佔領的遼西，俘獲了一千餘家而後撤軍。後趙的鎮遠將軍石成、積弩將軍呼延晃、建威將軍張支等追趕慕容評等，慕容評等返身與其交戰，將後趙的積弩將軍呼延晃、建威將軍張支斬首。

段遼在燕國謀反，燕國人殺死了段遼及其黨羽數十人，將段遼的首級送給後趙。

五月，代王拓跋什翼犍在參合陂招集各部落酋長，商議在灅源川建都之事。什翼犍的母親王氏說：「我們從祖先開始到現在，一直都是過著游牧生活，逐水草而居，遷徙不定。如今國家又是多災多難之時，如果建造起城池定居下來，一旦有賊寇入侵，我們連躲避的地方都沒有。」什翼犍因此打消了築城的念頭。

代國人把非本民族而前來歸附的全都稱之為烏桓，什翼犍把烏桓分為南北二部，每部設置一個頭領監管，什翼犍的弟弟拓跋孤擔任北部的烏桓首領，什翼犍的兒子拓跋寔君擔任南部的烏桓首領。〇代王什翼犍向燕國求婚，燕王慕容皝把自己的妹妹嫁給什翼犍為妻。

秋季，七月，後趙王石虎封太子石宣為大單于，使用皇帝的旌旗。

七月十八日庚申，東晉始興文獻公王導去世。喪事的規格與漢代博陸侯霍光以及西晉安平獻王司馬孚的一樣，參酌加用了一些天子特有的禮儀。〇東晉丞相王導清心寡欲，善於借助客觀條件取得成功，逐件地核查具體工作，看不出王導有何特別貢獻，但從整體上來考查，又的確數王導的貢獻最大。他一連輔佐了晉元帝、晉明帝、晉成帝三任皇帝，而自己家的糧倉裡卻沒有積存的糧食，身上穿的衣服，只有外面罩著的一層是用絲綢做的。

當初，丞相王導與征西將軍庾亮共同向皇帝舉薦擔任丹楊尹的何充，請求讓何充做自己的副手，並且說：「在我死後，希望能將何充調到皇帝身邊侍奉，那樣的話，國家就不會有什麼值得憂慮的了。」於是加授何充為吏部尚書。等到王導一死，晉成帝司馬衍立即徵調庾亮擔任丞相、揚州刺史、錄尚書事，庾亮堅決推辭。七月十九日辛酉，任命何充為護軍將軍，任命庾亮的弟弟擔任會稽內史的庾冰為中書監、揚州刺史、參錄尚書事。

庾冰自感責任重大，便不分白天黑夜地籌劃治理國家大事，禮遇朝廷中的賢能官員，提拔年輕的後進人才，於是，不論朝廷還是民間都很服從他，異口同聲地稱讚他，認為他是一個賢能的丞相。當初，王導輔佐朝政時，不論對什麼樣的事情，往往寬大處理，而庾冰則用刑威嚴，擔任丹楊尹的殷融勸諫他。庾冰說：「前任宰相王導，憑藉他的賢能，尚且承受不了寬宏所帶來的嚴重後果，何況是我這樣的人呢！」范汪對庾冰說：「近來天象發生變化，日、月以及五星的運行次序錯亂，閣下應該想辦法化解這種天象錯亂的問題。」庾冰回答說：「天象的玄妙豈是我所能理解的，我只能勤勞政務，把人世間的事務盡量做好而已。」又核實戶口，清查出沒有戶籍的人口一萬多，庾亮就把這些人全部編入軍隊以補充兵員。庾冰喜好對事情發生的原因進行刨根問底，為政過於繁苛細密，後來為了糾正執法偏嚴的毛病，卻又矯枉過正，變得過於寬縱，是寬是嚴，全憑庾冰說了算，國家的法規律令也就形同虛設了。

八月初十日壬午，東晉又將丞相改為司徒。

東晉南昌文成公郗鑒病勢沉重，便將太尉府的事務託付給擔任長史的劉遐，然後上疏給朝廷，請求退休，並且說：「我所統領的部屬，人員構成比較複雜，大多是北方人，有的是被逼迫而南遷的，有的是新近歸附的，百姓都眷戀自己的故土，全都有返回故鄉的心願。我按照朝廷的說法，告訴他們應該愛什麼、恨什麼，並分給他們土地、房屋，這才使他們逐漸安下心來。他們聽說我的病勢沉重，眾人之心驚駭惶恐。如果真要把京口的軍事機關遷往江北，必定會引發北方強敵的南侵之心。擔任太常的蔡謨，忠厚正直，眾望所歸，我認為他可以擔任都督、徐州刺史。」晉成帝司馬衍下詔任命太常蔡謨為太尉軍司，加授侍中。九月二十日辛酉，郗鑒去世，晉成帝任命蔡謨為征北將軍、都督徐·兗·青三州諸軍事、領徐州刺史，假節。

當時，擔任左衛將軍的陳光請求討伐趙國，晉成帝司馬衍遂下詔令陳光攻取後趙所佔領的壽陽。蔡謨上疏給朝廷說：「壽陽城池雖小，卻很堅固。從壽陽到琅邪，敵人的城堡一個挨著一個，互相都能望得見，一個城堡受到攻擊，其他城堡必定出兵來救。再有，朝廷的軍隊要在路上行進五十多天才能到達壽陽，前鋒部隊還沒有到達壽陽，敵方早已得到消息。賊人的驛站傳遞消息，一天可以跑一千里，黃河以北的騎兵完全可以趕來相救。以白起、韓信、項籍那樣的勇敢善戰，還要拆掉橋樑、焚毀船隻，背水布陣。如今我們卻準備把船停靠在水中的小島旁，然後引領著士兵去攻城，他們面對的是頑強的敵人，回頭還要擔心後退之路，這是兵法最大的忌諱。如果進攻，敵人的城池沒有攻克，胡人的騎兵大隊突然而至，我擔心指揮官會像中行桓子那樣不知所措，船上敗兵的斷指可以用手捧起來的情景將會再次發生。如今陳光所率領的都是護衛皇宮的精銳部隊，應該讓這部分部隊只有征討的名義而不要真正地去參加戰鬥。而現在卻要把他們擺放在堅不可破的壽陽城下，用國家裝備最好的部隊去攻擊敵人邊遠而不重要的城鎮，即使得到它，對我們來說利益太小，並不足以給敵人造成什麼損失；一旦失敗，則損失慘重，足以增長賊寇的氣焰，我擔心這不是好計策。」攻取壽陽的軍事行動才沒有付諸實施。

當初，陶侃駐守武昌的時候，有人認為，在長江以北有邾城，應該分出一部分兵力去戍守，陶侃總是置之不理，而進言的人卻無休止地反覆提起此事。陶侃遂渡過長江，到北岸打獵，他將諸將佐引領到邾城，對他們說：「我是憑藉著長江的天然險阻設置軍事據點以抵禦賊寇的入侵。邾城被長江隔離在北岸，向內沒有依靠，友鄰部隊都在遠遠的長江以南，外部卻與各夷人部落為鄰。夷人部落中有利可圖的東西很多，漢人貪圖利益，就會不斷地到夷人那裡進行劫掠，夷人實在忍受不了晉人的劫掠，就會去勾引胡虜來入侵。這乃是招災惹禍的根由，而不是抵禦賊寇的辦法。而且孫吳時期戍守此城用三萬人，如今即使我們有那麼多的兵力來守住邾城，對江南也沒有什麼益處。如果後趙顯露出可乘之機，僅靠邾城的這點兵力也無法完成任務。」

等到征西將軍庾亮鎮守武昌時，終於派毛寶與樊峻率軍戍守邾城。後趙王石虎對此大為厭惡，便任命夔安為大都督，率領石鑒、石閔、李農、張貉、李菟等五位將軍、五萬人馬入侵東晉荊州、揚州的北部邊境，另派二萬名騎兵攻擊邾城。毛寶向庾亮求救，庾亮認為邾城很堅固，因此沒有立時派兵前去支援邾城。

九月，後趙石閔在沔陰戍打敗晉兵，殺死了將軍蔡懷。後趙的夔安、李農攻陷了沔水以南地區。朱保在白石山擊敗晉軍，殺死了鄭豹等五位將軍。張貉攻克了邾城，晉軍損失了六千人。豫州刺史毛寶、西陽太守樊峻突圍南逃，落入長江淹死。後趙的夔安繼續進兵，又攻陷了胡亭，進而寇掠江夏。義陽將軍黃沖、義陽太守鄭進全都投降了後趙。夔安進軍包圍了石城，擔任竟陵太守的李陽率軍抵抗，打敗了趙軍，斬殺了五千多人，夔安才率軍退走。撤軍途中又趁勢劫掠了漢水以東地區，裹挾了七千多戶，分別安置在幽州、冀州。

當時，征西將軍庾亮還在上疏給朝廷想要將自己的鎮所從武昌遷往石城，聽到邾城陷落的消息才停止。庾亮上表陳情請罪，並自貶三級，但仍然代理安西將軍之職，晉成帝司馬衍下詔恢復庾亮原有的職務和爵位。任命擔任輔國將軍的庾懌為豫州刺史，監宣城、廬江、歷陽、安豐四郡諸軍事，假節，鎮所設在蕪湖。

後趙王石虎對皇親國戚的過分放蕩深表憂慮，遂提拔擔任殿中御史的李巨為御史中丞，在殿中伺察非法，石虎對李巨特別的親近與信任，於是，朝廷內外，立時秩序嚴整。石虎說：「我聽說，良臣如同猛虎，他在曠野中隨便走一走，那些豺狼就躲得遠遠的，確實如此啊！」

後趙王石虎任命撫軍將軍李農為使持節、監遼西·北平諸軍事、征東將軍、營州牧，鎮所設在令支。李農率領三萬名部眾與征北大將軍張舉一齊攻擊燕國的凡城。燕王慕容皝任命樓盧城城主悅綰為禦難將軍，撥給他一千名兵士，讓他守衛凡城。等到後趙的軍隊來攻凡城，守城的將吏都很恐懼，準備棄城逃走。悅綰說：「我接受燕王的命令守衛凡城、抵抗敵寇，就要豁出性命來完成任務。而且我們在城池的保護下，只要堅守，就能以一當百，敢有胡說八道動搖軍心者，斬！」眾人這才定下心來。悅綰身先士卒，親自冒著被亂箭射中、被飛石擊中的危險進行苦戰；後趙的張舉等攻打了十多天，因無法攻克而退兵。石虎因為遼西距離燕國的邊境太近，而且多次遭到燕國的攻擊，遂將遼西的居民全部遷徙到冀州之南。

漢主李壽身患重病，羅恆、解思明又提議尊奉東晉之事，李壽仍然不同意。李演也再次上疏給李壽，勸說他尊奉東晉，李壽怒不可遏，便殺死了李演。○漢主李壽常常羨慕漢武帝劉徹、魏明帝曹叡的為人，對父親李驤、哥哥李雄的往事感到恥辱，上疏的人，都不許提及先世的政令與教化，李壽認為自己比他們強。擔任舍人的杜襲寫了十首詩，假託是曹魏時期的文學家應璩的作品，對李壽的行為進行諷諫。李壽答覆杜襲說：「看了詩作，明白了你的意思。這些詩如果是現代人所寫，那可是賢哲的至理名言；如果是古人所寫，那不過是死鬼的老生常談罷了！」

燕王慕容皝認為自己稱燕王並非東晉皇帝所封，冬季，派擔任長史的劉翔、擔任參軍的鞠運前往建康，一方面向東晉朝廷獻捷，同時向朝廷表述自己的功勞，並且向朝廷提出能否讓自己暫為代理燕王，請求約定一個日期，到時與朝廷同時出動大軍攻打後趙，平定中原。〇燕王慕容皝率軍襲擊高句麗，軍隊抵達位於高句麗西部邊境的新城，高句麗王釗請求與燕國結盟，燕軍遂撤兵而回。慕容皝又派自己的兒子慕容恪、慕容霸攻擊宇文部落的一個旁支。慕容霸年僅十三歲，卻勇冠三軍。

張駿在涼州為貴族子弟設立了大學，修建起帝王宣明政教的明堂，作為朝會、慶賞等典禮的場所。十一月，令世子張重華為代理涼州刺史。

十二月初七日丁丑，後趙太保桃豹去世。

十二月十六日丙戌，東晉任命驃騎將軍琅邪王司馬岳為侍中、司徒。

漢國的李奕率軍進犯東晉的巴東，守衛巴東的將領勞楊戰敗而死。

六年（庚子　西元三四〇年）

春，正月庚子朔❶，都亭文康侯庾亮薨。以護軍將軍、錄尚書何充為中書令。

庚戌❷，以南郡太守庾翼❸為都督江・荊・司・雍・梁・益六州諸軍事、安西將軍、荊州刺史，假節，代亮鎮武昌。時人疑翼年少，不能繼其兄。翼悉心❹為治，戎政嚴明，數年之間，公私充實，人皆稱其才。〇辛亥❺，以左光祿大夫陸玩❻為侍中、司空。

宇文逸豆歸忌慕容翰才名，翰乃陽狂❼酣飲，或臥自便利❽，或被髮❾歌呼，拜跪乞食。宇文舉國賤⑩之，不復省錄⑪，以故得行來自遂⑫，山川形便，皆默記之。

燕王皝以翰初非⑬叛亂，以猜嫌出奔⑭，雖在它國，常潛為燕計，乃遣商人王車通市⑮於宇文部以窺翰。翰見車，無言，撫膺頷之⑯而已。皝曰：「翰欲來⑰也。」復使車迎之。翰彎弓三石⑱餘，矢尤長大。皝為之造可手弓矢⑲，使車埋於道旁⑳而密告之。二月，翰竊逸豆歸名馬，攜其二子過取弓矢㉑，逃歸。逸豆歸使驍騎百餘追之。翰曰：「吾久客思歸，既得上馬，無復還理㉒。吾鄉日㉓陽愚以誑汝㉔，吾之故藝㉕猶在，無為相逼自取死也！」追騎輕之，直突而前。翰曰：「吾居汝國久，恨恨㉖[1]，不欲殺汝。汝去我百步，立汝刀，吾射之，一發中者汝可還，不中者可來前。」追騎解刀立之，一發，正中其環㉗，追騎散走。皝聞翰至，大喜，恩遇甚厚。

庚辰㉘，有星孛于太微㉙。

三月丁卯㉚，大赦。

漢人攻拔丹川，守將孟彥、劉齊、李秋皆死。

代王什翼犍始都雲中㉛之盛樂宮。

趙王虎遣漢主壽書，欲與之連兵入寇，約中分江南。壽大喜，遣散騎常侍王嘏、中常侍王廣使于趙。龔壯諫，不聽。壽大脩舟艦[2]，繕兵㉜聚糧。秋，九月，以尚書令馬當為六軍都督，徵集士卒七萬餘人為舟師，大閱於成都，鼓譟盈江。壽登城觀之，有吞噬㉝江南之志。解思明諫曰：「我國小兵弱，吳、會㉞險遠，圖之未易。」壽乃命羣臣大議利害。龔壯曰：「陛下與胡通㉟，孰若與晉通？胡，豺狼也，既滅晉，不得不北面事之㊱。若與之爭天下，則彊弱不敵，危亡之勢也。虞、虢之事㊲，已然之戒㊳，願陛下孰慮之。」羣臣皆以壯言為然，叩頭泣諫[3]。壽乃止，士卒咸稱萬歲。

龔壯以為人之行莫大於忠孝，既報父、叔之仇㊴，又欲使壽事晉，壽不從。乃詐稱耳聾，手不制物㊵，辭歸，以文籍㊶自娛，終身不復至成都。

趙尚書令夔安卒。

趙王虎命司、冀、青、徐、幽、并、雍七州之民五丁取三，四丁取二，合鄴城舊兵滿五十萬，具船萬艘，自河㊷通海，運穀千一百萬斛于樂安城㊸。徙遼西、北平、漁陽萬餘戶於兗、豫、雍、洛㊹四州之地。自幽州以東至白狼㊺，大興屯田。悉括取㊻民馬，有敢私匿㊼者腰斬，凡得四萬餘匹。大閱於宛陽㊽，欲以擊燕。

燕王皝謂諸將曰：「石虎自以樂安城防守重複(49)，薊城(50)南北必不設備。今若詭路(51)出其不意，可盡破也。」冬，十月[4]，皝帥諸軍入自蠮螉塞(52)，襲趙，戍將當道者皆禽之，直抵薊城。趙幽州刺史石光擁兵數萬，閉城不敢出。燕兵進破武遂津(53)，入高陽(54)，所至焚燒積聚，略三萬餘家而去。石光坐懦弱徵還(55)。

趙王虎以秦公韜(56)為太尉，與太子宣迭日(57)省可(58)尚書奏事，專決賞刑(59)，不復啓白(60)。司徒申鍾諫曰：「賞刑者，人君之大柄(61)，不可以假人(62)，所以防微杜漸(63)，消逆亂於未然(64)也。太子職在視膳(65)，不當豫政(66)。庶人邃(67)以豫政致敗，覆車未遠(68)也。且二政分權(69)，鮮不階禍(70)。愛之不以道(71)，適(72)所以害之也。」虎不聽。

中謁者令(73)申扁以慧悟辯給(74)有寵於虎，宣亦暱(75)之，使典(76)機密。虎既不省事(77)，而宣、韜皆好酣飲畋獵，由是(78)除拜生殺(79)皆決於扁，自九卿已下，率皆望塵而拜(80)。

太子詹事孫珍病目，求方(81)於侍中崔約。約戲之曰：「溺中則愈(82)。」珍曰：「目何可溺？」約曰：「卿目睕睕(83)，正耐溺中(84)。」珍恨之，以白宣。宣於兄弟中最胡狀目深(85)，聞之怒，誅約父子，於是公卿以下畏珍側目(86)。

燕公斌(87)督邊州(88)，亦好畋獵，常懸管而入(89)。征北將軍張賀度每裁諫(90)之。斌怒，辱賀度。虎聞之，使主書禮儀(91)持節監之(92)。斌殺儀，又欲殺賀度，賀度嚴衛(93)馳白之(94)。虎遣尚書張離帥騎追斌，鞭之三百，免官歸第(95)，誅其親信十餘人。

張駿遣別駕馬詵入貢于趙，表辭蹇傲(96)。趙王[5]虎怒，欲斬詵。侍中石璞諫曰：「今國家所當先除者，遺晉(97)也。河西(98)僻陋，不足為意。今斬馬詵，必征張駿，則兵力分而為二，建康復延數年之命矣。」乃止。璞，苞(99)之曾孫也。

初，漢將李閎(100)為晉所獲，逃奔于趙，漢主壽致書於趙王虎以請之(101)，署(102)曰「趙王石君」。虎不悅，付外議之(103)。中書監王波曰：「今李閎以死自誓曰：『苟得歸骨於蜀(104)，當糾帥(105)宗族，混同王化(106)。』若其信(107)也，則不煩一旅(108)，坐定梁、益(109)。若有前卻(110)，不過失一亡命之人，於趙何損！李壽既僭大號(111)，今以制詔與之(112)，彼必酬返(113)，不若復為書與之。」會挹婁(114)國獻楛矢石砮(115)於趙，波因(116)請以遺漢(117)，曰：「使其知我能服遠方(118)也。」虎從之，遣李閎歸，厚為之禮。閎至成都，壽下詔曰：「羯使來庭(119)，貢其楛矢。」虎聞之，怒，黜(120)王波，以白衣領職(121)。

七年（辛丑　西元三四一年）

春，正月，燕王皝使唐國內史[122]陽裕等築城於柳城之北，龍山之西，立宗廟、宮闕，命曰龍城[123]。

二月甲子朔，日有食之。

劉翔至建康，帝引見，問慕容鎮軍[124]平安。對曰：「臣受遣之日，朝服[125]拜章[126]。」

翔為燕王皝求大將軍、燕王章璽。朝議以為：「故事[127]，大將軍不處邊，自漢、魏以來，不封異姓[128]為王，所求不可許。」翔曰：「自劉、石[129]構亂，長江以北，翦為戎藪[130]，未聞中華公卿之冑[131]有一人能攘臂揮戈[132]，摧破凶逆者也。獨慕容鎮軍父子竭力，心存本朝，以寡擊眾，屢殄[133]強敵，使石虎畏懼，悉徙邊陲之民[134]散居三魏[135]，蹙國千里[136]，以薊城為北境。功烈[137]如此，而惜[138]海北之地[139]不以為封邑[140]，何哉？昔漢高祖不愛王爵於韓、彭[141]，故能成其帝業，項羽刓[6]印不忍授[142]，卒用危亡[143]。吾之至心[144]，非苟欲尊其所事[145]，竊惜聖朝[146]疏忠義之國，使四海無所勸慕[147]耳！」

尚書諸葛恢[148]，翔之姊夫也，獨主異議，以為：「夷狄相攻，中國之利。惟器與名，不可輕許[149]。」乃謂翔曰：「借使慕容鎮軍能除石虎，乃是復得一石虎也，朝廷何賴[150]焉！」翔曰：「嫠婦猶知恤宗周之隕[151]。今晉室阽危[152]，君位侔元、凱[153]，曾[154]無憂國之心邪？嚮使靡、鬲之功不立[155]，則少康何以祀夏[156]？桓、文之戰不捷[157]，則周人皆為左衽[158]矣。慕容鎮軍枕戈待旦[159]，志殄[160]凶逆，而君更唱[161]邪惑之言，忌間[162]忠臣，四海所以未壹[163]，良由君輩[164]耳！」翔留建康歲餘，眾議終不決。

翔乃說中常侍彧弘[165]曰：「石虎苞[166]八州之地，帶甲百萬，志吞江、漢，自索頭[167]、宇文暨[168]諸小國，無不臣服。惟慕容鎮軍翼戴[169]天子，精貫白日[170]，而更不獲殊禮[171]之命，竊恐天下移心解體，無復南向者矣。公孫淵[172]無尺寸之益於吳，吳主封為燕王，加以九錫。今慕容鎮軍屢摧賊鋒，威震秦、隴[173]。虎比遣[174]重使[175]，甘言厚幣[176]，欲授以曜威大將軍、遼西王。慕容鎮軍惡其非正[177]，卻[178]而不受。今朝廷乃[179]矜惜虛名[180]，沮抑[181]忠順，豈社稷之長計乎？後雖悔之，恐無及已。」弘為之入言於帝，帝意亦欲許之。會[182]皝上表，稱「庾氏兄弟擅權召亂[183]，宜加斥退，以安社稷。」又與庾冰書，責其當國秉權[184]，不能為國雪耻。冰甚懼，以其絕遠[185]，非所能制[186]，乃與何充奏從其請[187]。乙卯[188]，以慕容皝為使持節、大將軍、都督河北諸軍事、幽州牧、大單于、燕王，備物[189]典策[190]，皆從殊禮。又以其世子儁為假節、安北將軍、東夷校尉、左賢王，賜軍資器械以千萬計。又封諸功臣百餘人，以劉翔為代郡太守，封臨泉鄉侯，加員外散騎常侍。翔固辭不受。

翔疾江南士大夫以驕奢酣縱[191]相尚[192]，嘗因朝貴宴集，謂何充等曰：「四海板蕩[193]，奄踰三紀[194]，宗社[195]為墟，黎民塗炭[196]。斯[197]乃廟堂[198]焦慮之時，忠臣畢命[199]之秋也。而諸君宴安江沱[200]，肆情縱欲，以奢靡為榮，以傲誕為賢，謇諤之言[201]不聞，征伐之功不立，將何以尊主濟民乎！」充等甚慚。

詔遣兼大鴻臚郭悕持節詣棘城冊命[202]燕王，與翔等偕北[203]。公卿餞[204]于江上，翔謂諸公曰：「昔少康資一旅[205]以滅有窮[206]，句踐[207]憑會稽[208]以報彊吳。蔓草猶宜早除，況寇讎乎！今石虎、李壽，志相吞噬，王師縱未能澄清北方，且當從事巴、蜀[209]。一旦石虎先人舉事，併壽而有之，據形便之地以臨東南，雖有智者，不能善其後矣！」中護軍謝廣曰：「是吾心也[210]！」

三月戊戌[211]，皇后杜氏崩。夏，四月丁卯[212]，葬恭皇后于興平陵。○詔實[213]王公以下至庶人皆正土斷、白籍[214]。

秋，七月，郭悕、劉翔等至燕，燕王皝以翔為東夷護軍、領大將軍長史，以唐國內史陽裕為左司馬，典書令李洪為右司馬，中尉鄭林為軍諮祭酒。

八月辛酉[215]，東海哀王沖[216]薨。

九月，代王什翼犍築盛樂城於故城南八里。○代王妃慕容氏卒。

冬，十月，匈奴劉虎寇代西部[217]。代王什翼犍遣軍逆擊，大破之。虎卒，子務桓立，遣使求和於代，什翼犍以女妻之。務桓又朝貢於趙，趙以務桓為平北將軍、左賢王。

趙橫海將軍王華帥舟師自海道襲燕安平[218]，破之。

燕王皝以慕容恪[219]為渡遼將軍，鎮平郭[220]。自慕容翰、慕容仁之後，諸將無能繼者。及恪至平郭，撫舊懷新[221]，屢破高句麗兵。高句麗畏之，不敢入境。

十二月，興平康伯陸玩[222]薨。

漢主壽以其太子勢領大將軍、錄尚書事。初，成主雄以儉約寬惠得蜀人心，及李閎、王嘏還自鄴，盛稱鄴中繁庶[223]，宮殿壯麗，且言趙王虎以刑殺御下[224]，故能控制境內。壽慕之，徙旁郡民三丁以上者以實成都[225]，大脩宮室，治器玩，人有小過，輒殺以立威。左僕射蔡興、右僕射李嶷皆坐直諫死。民疲於賦役，吁嗟[226]滿道，思亂者眾矣。

【章 旨】以上為第三段，寫晉成帝咸康六年（西元三四〇年）、七年共兩年間的大事。主要寫了慕容皝迎慕容翰回國，兄弟友好；寫了慕容皝自間道出襲趙國前線後面的薊城，多有破獲；寫了燕使劉翔至建康為慕容皝請封，晉朝諸臣頑固堅持不允，劉翔據理力爭，並對各方面分別進行說服，最後終於完成使命，使慕容皝被冊封為燕王；劉翔還痛斥了晉朝諸臣的「宴安江沱，肆情縱欲，以奢靡為榮，以傲誕為賢」，可謂一針見血；劉翔還建議晉王朝應積極行動，伐滅成漢政權，並說如果「一旦石虎先人舉事，併壽而有之，據形便之地以臨東南，雖有智者，不能善其後矣。」更可謂高瞻遠矚，很有戰略眼光；寫了漢主李壽的輕狂不自量力，先是想要東出伐晉，被群臣勸止；又對石虎政權狂傲無禮，把石虎向他轉贈的挹婁進獻的楛矢石砮，說成是石虎向他臣服。李壽還學石虎的奢侈嚴刑，鬧得「民疲於賦役，吁嗟滿道，思亂者眾」；此外還寫了石虎令石宣與石韜對掌朝政，「專決賞刑，不復啓白」，大臣勸諫，石虎不聽；石宣、石韜又都嗜酒怠事，實權遂落入中書令申扁之手，為石虎政權的失敗做鋪墊。

【注 釋】❶正月庚子朔 正月初一是庚子日。❷庚戌 正月十一。❸庾翼 庾亮之弟。❹悉心 盡心；花出全副精神。❺辛亥 正月十二。❻陸玩 字士瑤，陸曄之弟。傳見《晉書・陸曄傳》。❼陽狂 裝瘋。陽，通「佯」。假裝。❽便利 小便；撒尿。❾被髮 披髮。被，通「披」。❿賤 輕視；厭惡。⓫不復省錄 沒有人監視、收留。⓬行來自遂 往來自便；行動自由。⓭初非 從來不是。⓮以猜嫌出奔 乃由於懷疑慕容皝而逃出燕國。⓯通市 經商；做買賣。⓰頷之 向著王車點頭。⓱翰欲來 慕容翰想要回來。⓲三石 指拉弓所需要的力量。一百二十斤為一石，三石為三百六十斤。⓳為之造可手弓矢 預先給他製造了一套合手的弓箭。因現在他身邊不可能攜帶武器，故預先準備好供他逃跑時使用。⓴使車埋於道旁 讓王車給他埋藏在道邊。㉑過取弓矢 路過時把弓箭取出來。㉒無復還理 沒有再回到你那裡去的道理。㉓曏日 往日。㉔陽愚以誑汝 裝傻以騙你。㉕故藝 原來的本領。㉖悢悢 眷戀、感恩的樣子。㉗環 刀頭上的環子。㉘庚辰 二月十一。㉙有星孛于太微 有流星劃過太微垣。孛，火光四射的樣子。㉚三月丁卯 三月二十九。㉛雲中 郡名，在今內蒙古和林格爾城西北，後來改稱「盛樂」。㉜繕兵 修治兵器。㉝吞噬 吞併。噬，咬。㉞吳會 吳郡、會稽郡，二郡皆屬東晉，這裡用以代指晉王朝。㉟通 通好；聯盟。㊱北面事之 意即向石虎稱臣。㊲虞虢之事 即假虞滅虢之事。春秋時，晉獻公為滅虢而假道於虞，滅虢後，回兵時乃順便將虞國滅掉。事見《左傳》僖公五年。(38)已然之戒　是已往的現成教訓。(39)報父叔之仇　謂借李壽之手滅李特子孫。(40)手不制物　不能拿任何東西。(41)文籍　圖書典籍。(42)自河　經由黃河。(43)樂安城　在今河北昌黎西南。(44)洛　洛州。石虎在鄴城（在今河北臨漳西南古鄴城）置司州，乃改晉之司州為洛州。(45)白狼　縣名，縣治在今遼寧喀喇沁左翼蒙古族自治縣西南。(46)括取　徵調。(47)匿　隱藏。(48)大閱於宛陽　在宛陽舉行盛大閱馬式。宛陽，又名閱馬臺，在今河北臨漳西南古鄴縣城西。(49)重複　意即牢固。(50)薊城　薊縣縣城，即今北京市城的西南部。(51)詭路　走隱祕的小路。(52)蠮螉塞　即今北京市昌平西北之居庸關。或說在今北京市密雲東北。(53)武遂津　渡口名，在今河北武強西北。(54)高陽　縣名，縣治在今河北高陽東二十五里。(55)坐懦弱徵還　因畏敵不敢出擊被調回鄴城。(56)秦公韜　石韜，石虎之子。(57)迭日　一人一天。迭，更；輪流。(58)省可　審閱、批准。(59)專決賞刑　想殺誰、想賞誰，也都由他們一個人說了算。(60)不復啓白　不再向石虎稟報。(61)大柄　大權。(62)假人　給予別人。(63)防微杜漸　在錯誤和壞事萌芽時，及時加以制止，不使其擴大發展。杜，堵塞。(64)未然　尚未形成。(65)視膳　意即侍候父母。父母進食時，太子在旁侍候。(66)豫政　過問政事。豫，通「與」。參與。(67)庶人邃　石邃，石虎的前太子，因欲謀殺其父被廢為庶人。(68)覆車未遠　猶言教訓尚新。(69)二政分權　國家的權力一分為二，指太子宣與秦公韜迭日決事。(70)鮮不階禍　禍變往往就是由此而生。鮮，少，類多如此。階禍，為災難的形成鋪好臺階。(71)不以道　不用好的辦法。(72)適　恰好。(73)中謁者令　帝王的侍從官，主管收發傳達。(74)慧悟辯給　聰明伶俐，能說會道。(75)昵　親近；親愛。(76)典　掌管。(77)不省事　不過問政事。(78)由是　因此。(79)除拜生殺　想提拔誰，想讓誰死誰活。拜，任命官職。(80)望塵而拜　望見他的車子就磕頭行禮。塵，車子行走帶起的風塵。(81)求方　尋求藥方。(82)溺中則愈　對著眼睛撒泡尿就好了。(83)睕睕　眼窩深陷的樣子。(84)正耐溺中　正適合往裡頭撒尿。(85)最胡狀目深　長得最像胡人，眼窩深陷。(86)側目　不敢正眼相看。(87)燕公斌　石斌，石虎之子。(88)督邊州　石斌原稱章武王，自石虎自稱「大趙天王」後，諸子皆由王降公，石斌被封燕公，總督燕地諸事。(89)懸管而入　自身掛著城門的鑰匙，以便其早晚自由出入。管，這裡指城門鑰匙。(90)裁諫　勸阻。裁，節制。(91)主書禮儀　石虎身邊的文祕官員姓禮名儀。(92)持節監之　手執石虎所賜的旌節以監督石斌的行事。(93)嚴衛　嚴密防衛。(94)馳白之　跑到鄴城向石虎報告。(95)免官歸第　免去現有職務，回家閉門思過。(96)蹇傲　用語傲慢。(97)遺晉　殘存的東晉王朝。(98)河西　指涼州的張駿政權，據有今甘肅河西走廊之地，故言。(99)苞　石苞，魏末與西晉之交人，幫助司馬昭、司馬炎篡魏的重要人物。按，作者如此寫法，對石苞、石璞有諷刺意味。(100)李閎　成漢的荊州刺史。咸康五年，被東晉將李松俘獲，送至建康。(101)請之　請求放還漢國。(102)署　書信開頭的稱呼。(103)付外議之　交給外面的朝臣討論。(104)歸

骨於蜀　謙言倘能回到成漢。(105)糾帥　收拾、率領。糾，聚集。帥，通「率」。(106)混同王化　敬稱歸依後趙，成為你的子民，和你固有的國民一起沐浴在你的教化之中。(107)信　信守諾言。(108)不煩一旅　猶言用不著一旅的兵力。古以五百人為一旅。(109)坐定梁益　輕而易舉地平定據有梁、益二州的成漢。坐，不消勞動，極言其省力。(110)前却　一前一卻，猶今言首鼠兩端，即指反悔。(111)僭大號　盜用皇帝的名號。僭，越分。(112)以制詔與之　對他使用皇帝的詔令。(113)彼必酬返　他必然也用同樣的態度回敬我們。(114)挹婁　我國古代東北地區的少數民族名，周至西漢稱肅慎，東漢至晉稱挹婁。其國西南連扶餘，南接北沃沮，東濱大海，在今黑龍江、烏蘇里江流域。(115)楛矢石砮　用楛木做桿的箭，與石製的箭頭。砮，石箭頭。早在周朝，肅慎就進獻過這種禮品，以表示朝賀歸附。(116)因　於是；趁勢。(117)請以遺漢　請求把這楛矢石砮轉送給漢國。(118)服遠方　使遠方之國臣服。服，服從。(119)羯使來庭　意謂趙國遣使來朝。羯，對趙國的蔑稱。來庭，意即來朝，來向我們朝賀、歸服。(120)黜　貶；廢免。(121)以白衣領職　以平民的身分仍代理原來的職務。(122)唐國內史　唐國地區的行政長官。此唐國應是當時山西人聚居的地方，故以「唐國」稱之，亦猶東晉境內的僑郡。(123)龍城　慕容皝的新都城，即今遼寧朝陽。(124)慕容鎮軍　以稱慕容皝，晉王朝封慕容皝為鎮軍將軍，而一直未答應他們自請的「燕王」。(125)朝服　慕容皝身穿朝服。(126)拜章　慕容皝親自對著上奏的表章行叩拜之禮，以表現其對晉王朝的恭謹之狀。(127)故事　意即先例，一貫的章程。(128)異姓　指非皇族的人員。(129)劉石　劉淵、石勒。(130)翦為戎藪　盡變為五胡的勢力範圍。翦，盡；全。戎，古少數民族名，此處代指匈奴、鮮卑、羯、氐、羌各族。藪，湖澤的通稱，是魚和獸聚居的地方，此處喻稱各少數民族的聚集、雜居之地。(131)胄　後代；苗裔。(132)攘臂揮戈　捋袖出臂，揮舞兵器。(133)殄　消滅；滅絕。(134)悉徙邊陲之民　把他北部邊境的百姓全部搬遷。悉，盡；全都。徙，搬遷。邊陲，邊疆。(135)三魏　指趙都鄴城周圍的三個郡，即魏郡（治鄴，在今河北臨漳西南三十里）、陽平郡（治元城，在今河北大名東北。後又移治館陶，在今河北館陶）、廣平郡（郡治在今河北雞澤東南）。(136)蹙國千里　國境向南收縮了上千里。(137)功烈　功勳、業績，指慕容皝。(138)惜　吝嗇；捨不得。(139)海北之地　渤海以北之地，包括今河北之東北部及遼寧全境，時為慕容氏所據有。(140)不以為封邑　不封給慕容皝做領地、稱燕王。(141)漢高祖不愛王爵於韓彭　西元前二〇三年，劉邦被項羽圍困在滎陽（今河南滎陽東北），這時在齊擁有重兵的韓信派人要求封之為假齊王，為了使韓信更堅定地擁護自己，劉邦用張良謀，封韓信為齊王。西元前二〇二年，劉邦與諸侯約共擊楚軍，而韓信、彭越之兵遲遲不至，劉邦又用張良計，約與韓信、彭越滅楚後共分其地，韓、彭這才出兵，共同滅項羽於垓下。(142)項羽刓印不忍授　《史記・淮陰侯列傳》載韓信曰：「項王之為人也……使人有功當封爵者，印刓敝，忍不能予，此所謂婦人之仁也。」刓敝，摩弄掉了稜角。刓，通「玩」。撫摩。(143)卒用危亡　最後就是因為吝嗇而滅亡。[144]至心　至誠之心。[145]非苟欲尊其所事　並不是勉強地只為提高自己的主子。苟，勉強。[146]竊惜聖朝　我是為你們晉王朝感到惋惜。竊，謙詞。聖朝，敬稱東晉。[147]無所勸慕　得不到鼓勵，看不到可效法的榜樣。勸，鼓勵。[148]諸葛恢　字道明，諸葛誕之孫。東晉初任會稽太守，後任尚書令。傳見《晉書》卷七十七。[149]惟器與名二句　《左傳》成公二年：「唯器與名，不可以假人。」器，古代標誌名位、爵號的器物。名，表示身分、地位的封爵、名號等。[150]何賴　有何利益。[151]嫠婦猶知恤宗周之隕　一個民間寡婦都知道關心國家的滅亡。《左傳》昭公二十四年，有所謂「嫠不恤其緯，而憂宗周之隕，為將及焉。」嫠，寡婦。恤，關心。宗周，西周。[152]阽危　面臨危險。阽，近。[153]位侔元凱　位同「八元」、「八愷（凱）」一樣的國家大臣。堯舜時代有所謂「八元」、「八愷」，後人用以比喻皇帝的輔佐大臣。[154]曾　難道；竟然。[155]嚮使靡鬲之功不立　當初假如沒有「靡」、「鬲」二者的功勞。[156]少康何以祀夏　少康帝何以能中興夏王朝，繼續夏王朝的世襲。相傳夏后帝啓死，其子帝太康立，太康沉於畋獵，不恤民事，被有窮氏羿所逐。其弟仲康子帝相徙於商丘，依斟尋氏。羿相寒浞殺羿，襲有窮之號，代夏；浞子澆滅斟尋氏，殺帝相。相妃后緡逃歸母家有仍氏，生少康。夏之遺臣靡在羿死後，逃於有鬲氏，聚集被澆所滅斟尋、斟灌二國殘餘，殺寒浞，立少康，滅澆於過，恢復了夏王朝。事詳《左傳》襄公四年，與《史記・夏本紀》的《索隱》和《正義》。[157]桓文之戰不捷　如果當年齊桓公、晉文公不能兩次打敗楚國，阻住楚兵的北進。齊桓公南伐楚，與楚定召陵之盟；晉文公破楚於城濮，都是春秋時代尊王攘夷、藩屏周室的大事。[158]周人皆為左衽　意即周王朝的領土都將被楚國佔據，中原地區的人都將穿起楚人的服裝。我國古代少數民族的服裝，前襟向左，不同於中原地區服裝的前襟向右。於是人們遂稱左衽為少數民族服飾。《論語・憲問》記載孔子稱道管仲輔佐齊桓公的貢獻說：「微管仲，吾其被髮左衽矣。」[159]枕戈待旦　頭枕兵器，等待天明，形容殺敵心切。[160]殄　滅。[161]更唱　反而高唱。[162]忌間　離間。[163]未壹　未能統一。[164]良由君輩　都是被你們這些人鬧的。良，實在。[165]彧弘　姓彧，名弘。彧，通作「郁」。[166]苞　通「包」。覆蓋；兼有。[167]索頭　指鮮卑族的拓跋氏部落，即前文所說的建都盛樂的「代國」。鮮卑拓跋部人皆編髮為辮，故東晉、南朝稱之為「索頭」、「索虜」，含蔑視之意。[168]曁　同「及」。[169]翼戴　擁戴。[170]精貫白日　忠誠之心上貫天日。[171]殊禮　特殊的禮遇，即封之為燕王。[172]公孫淵　三國遼東襄平（今遼寧遼陽）人，三國魏明帝時，為遼東太守，又南通東吳，孫權封其為燕王，加九錫。傳附《三國志・公孫度傳》。[173]威震秦隴　遼東距秦、隴甚遠，且中隔後趙，這裡是指聲威所及。[174]比遣　接連派遣。[175]重使　級別高的使臣。[176]甘言厚幣　說好話，送厚禮。幣，指用作禮物的車、馬、玉、帛等。[177]惡其非正　討厭他不是正統。[178]卻　拒絕。[179]乃　竟；居然。[180]矜惜虛名　吝嗇一個空洞的名號。[181]沮抑　挫折、壓抑。[182]會　適逢；正趕上。[183]擅權召亂　指庾亮專權招致蘇峻、祖約之變，及戍郗城引來後趙之兵；庾亮死，弟翼握兵於外，弟冰專政於內。184當國秉權　主持國事，掌握政權。185絕遠　隔絕、遙遠。186非所能制　根本無法控制。187奏從其請　奏請皇帝答應他的請求。188乙卯　此語有誤，二月無乙卯，疑為三月之誤。乙卯，三月二十二。189備物　皇帝對有功大臣所賜的器物，如車輅、旗章、弓矢、斧鉞、佩飾等。190典策　亦作「典冊」，記載典章制度等事的書冊。191驕奢酣縱　驕橫奢侈，縱酒放蕩。192相尚　互相標榜、誇耀。193板蕩　《詩·大雅》有〈板〉、〈蕩〉二篇，譏刺周厲王無道，敗壞國家。這裡即指政局變化，社會動盪不安。194奄踰三紀　轉眼就過去三十多年了。奄，忽；急速的樣子。十二年為一紀，三紀，三十六年。195宗社　宗廟社稷。196塗炭　爛泥和炭火，即今所謂「水深火熱」，比喻災難困苦。197斯　此；這些。198廟堂　宗廟明堂，古代帝王有大事則告於宗廟，議於明堂。此代指朝廷。199畢命　獻出生命。200宴安江沱　躲在江邊吃喝玩樂。宴安，安閒享樂。江沱，這裡即指長江以南的建康城。沱江是長江的支流。201謇諤之言　正直的話。202冊命　這裡意即任命。冊，上寫皇帝封拜命令的簡冊。203偕北　相伴北行。204餞　設酒食給人送行。205資一旅　憑藉著一旅人馬起家。《左傳》哀公元年：少康「邑諸綸，有田一成，有眾一旅。能布其德，而兆其謀，以收夏眾，撫其官職……遂滅過、戈，復禹之績。」206以滅有窮　滅掉了篡奪夏王朝的有窮氏部落。207句踐　春秋末期越國的國君，西元前四九七—前四六五年在位。句踐先是被吳國大敗於夫椒，帶著所剩的五千人躲在會稽山上。後來他臥薪嘗膽，發憤圖強，終於滅掉了吳國，成為當時的霸主。事見《史記·越王句踐世家》。208會稽　會稽山，在今浙江紹興東南。209從事巴蜀　指消滅成漢，收復巴、蜀二郡。210是吾心也　這也正是我的想法。211三月戊戌　三月初五。212四月丁卯　四月初五。213實　查實；查清。214皆正土斷白籍　都要正式地或者按「土斷」，或者按「白籍」進行登記造冊。「土斷」即依據所住之地進行登記。不論本地人或外地遷來的人，只要在本郡本縣居住，就在本郡本縣登記戶口，納稅服役。土斷的戶籍用黃紙書寫。「白籍」是指東晉在江南建都後，過江的北方人口按地區集中居住，稱為僑戶；其所借居之地也以原來北方的郡縣為名，稱作僑置郡縣。戶籍用白紙書寫，故稱「白籍」。215八月辛酉　八月初一。216東海哀王沖　司馬沖，晉元帝司馬睿之子，被封為東海王，沖字是諡。217代西部　代王拓跋氏領土的西部，約當今內蒙古河套一帶地區。218安平　縣名。據胡注，此安平指遼東郡的西安平縣。西安平縣治在今遼寧丹東市東北。219慕容恪　慕容皝之子，燕國的名將。220平郭　漢縣名，屬遼東郡。西晉廢。故城在今遼寧蓋州南。221撫舊懷新　安撫舊居民，施惠於新居民。懷，使人懷念不忘。222興平康伯陸玩　興平伯是陸玩的封號，興平是封地名，康字是諡。陸玩是陸曄之弟。傳見《晉書》卷七十七。223繁庶　繁華、熱鬧。庶，多。224御下　駕御、管理部下。225以實成都　以充實成都城裡的人口。226吁嗟　哀傷歎息。

【校　記】[1]悢悢　據章鈺校，十二行本、乙十一行本、孔天胤本皆作「恨恨」。按，「悢悢」二字於義較長。[2]艦　據章鈺校，十二行本、乙十一行本、孔天胤本皆作「船」。[3]叩頭泣諫　原無此四字。據章鈺校，十二行本、乙十一行本、孔天胤本皆有此四字，張敦仁《通鑑刊本識誤》、張瑛《通鑑校勘記》同，今據補。[4]十月　據章鈺校，十二行本、乙十一行本皆無此二字。[5]趙王　原無此二字。據章鈺校，十二行本、乙十一行本、孔天胤本皆有此二字，張瑛《通鑑校勘記》同，今據補。[6]刓　據章鈺校，十二行本、乙十一行本、孔天胤本皆作「玩」。

【語　譯】六年（庚子　西元三四〇年）

春季，正月初一日庚子，東晉征西將軍、司空、都亭文康侯庾亮去世。晉成帝任命擔任護軍將軍、錄尚書事的何充為中書令。十一日庚戌，任命南郡太守庾翼為都督江州・荊州・司州・雍州・梁州・益州六州諸軍事、安西將軍、荊州刺史，假節，接替庾亮鎮守武昌。當時，人們都認為庾翼太年輕，承擔不了其兄庾亮的重任。庾翼把全部身心都用來處理政務，不論是軍事部門還是行政部門都管理得嚴正分明，幾年下來，公家與私人的資財都很充裕，人們都稱讚他才能出眾。〇十二日辛亥，東晉任命擔任左光祿大夫的陸玩為侍中、司空。

宇文部落酋長逸豆歸妒忌流亡於此的慕容翰的才能和名望，慕容翰為了免禍，遂假裝瘋狂，拼命飲酒，有時甚至躺臥在自己拉的屎尿中，有時又披散著頭髮在街道上大聲唱歌呼叫，跪在地上向人乞討食物。宇文部落上上下下都看不起這個瘋瘋癲癲的流亡漢，因此沒有人再監視他、收留他，慕容翰以此得以行動自由，他把宇文部落的山川地形，全都默默地記在心裡。

燕王慕容皝認為慕容翰從來沒有謀反叛變，只是由於懷疑慕容皝而逃出燕國，而且雖然身在異國他鄉，卻常常暗中幫助燕國，遂派遣商人王車前往宇文部落，以經商作掩護，暗中窺探慕容翰。慕容翰看見王車，沒有說話，只是用手捶打了一下胸部、向王車點點頭而已。慕容皝說：「慕容翰想要回來。」於是再次派王車前往宇文部落迎接慕容翰回國。慕容翰能夠拉動三石重的硬弓，所用的箭尤其長大。慕容皝就特地為他製造了合手的弓箭，派王車將這副特製的弓箭埋藏在路邊，然後悄悄地告訴了慕容翰。二月，慕容翰偷取了逸豆歸的名馬，帶著自己的二個兒子，取出王車給他埋藏的弓箭，準備逃回燕國。

逸豆歸派遣了一百多名驍勇的騎兵追趕慕容翰。慕容翰說：「我在外客居已經很久了，我想回國，我既然上了馬，就絕對沒有再跟你們回去的道理。我此前假裝瘋狂是為了愚弄你們，我的本領依然存在，你們不要相逼太甚，自己找死！」追趕的騎兵沒有把慕容翰放在眼裡，逕直拍馬向前想要抓捕慕容翰。慕容翰說：「我居住在你們的國家很長時間了，我對此地也有一種戀戀不捨之情，我不想殺你們。你們可以在距離我一百步遠的地方，把刀插在地上，我用箭來射它，如果我一箭射中它，你們就趕緊回去，如果射不中，你們就繼續追捕我。」追趕的騎兵解下刀立在地上，慕容翰一箭射去，正射中大刀頭上的環子，追趕的騎兵四散逃走。燕王慕容皝聽到慕容翰回來，非常高興，對待他非常優厚。

二月十一日庚辰，彗星從太微星的旁邊劃過。

三月二十九日丁卯，東晉實行大赦。

漢國人攻佔了東晉的丹川，丹川守將孟彥、劉齊、李秋全都戰死。

代王什翼犍開始建都於雲中的盛樂宮。

後趙王石虎寫信給漢主李壽，準備與李壽聯合起來攻打東晉，約定成功之後，平分江南東晉的領土。漢主李壽得到石虎的信後非常高興，立即派遣擔任散騎常侍的王嘏、擔任中常侍的王廣出使趙國。隱士龔壯極力苦諫，李壽就是不肯聽從。李壽大肆建造舟船，修繕兵器，積蓄糧草。秋季，九月，漢主李壽任命尚書令馬當為六軍都督，招募了七萬多名士卒組建成水軍，在成都舉行盛大的閱兵儀式，戰鼓聲、號令聲充滿江面。李壽親自登上城樓檢閱，心中不由得升起一股吞併江南的豪情壯志。廣漢太守解思明諫阻說：「我們國家很小，兵力也很弱，距離吳郡、會稽郡路途遙遠而又艱險，想要徹底征服很不容易。」李壽遂下令群臣，對出兵東晉的利弊進行分析論證。隱士龔壯說：「陛下與胡人通使結盟，哪裡比得上與東晉通使結盟？胡人，那是豺狼成性，滅掉東晉之後，漢國就不得不尊奉他為天子，北面稱臣。如果跟他爭奪天下，則胡強我弱，勢必戰勝不了他們，我們會立即面臨滅亡的危險。古代虞國、虢國的事例，是以往現成的教訓，希望陛下對此事深思熟慮。」群臣都認為龔壯的話是對的，紛紛叩頭哭諫。李壽遂打消了與後趙聯合攻晉的計畫，士卒全都高呼萬歲。

隱士龔壯認為，人的行為沒有比為國盡忠、為父母盡孝更為重要的事情了，自己已經為父親、叔父報了仇，本想再為國盡忠，引導漢主李壽侍奉東晉，而李壽不同意。龔壯遂詐稱耳朵聾了，雙手拿不住東西，辭別朝廷回到家中，在圖書典籍中尋找樂趣，終其一生沒有再去成都。

後趙尚書令夔安去世。

後趙王石虎下令給司州、冀州、青州、徐州、幽州、并州、雍州七個州的百姓，每家五個男丁中抽取三人，每家四個男丁中抽取二人，加上鄴城舊有的士兵湊滿五十萬，同時準備了一萬艘船隻，從黃河進入渤海，將一千一百萬斛的糧食運送到樂安城儲存。又將遼西、北平、漁陽的一萬多戶遷徙到兗州、豫州、雍州、洛州四州安置。從幽州以東一直到白狼城，大肆進行開荒墾田，將民間的馬匹全部徵調出來，有誰敢私自隱藏，一旦被發現，立即腰斬，總計得到四萬多匹馬。石虎在宛陽舉行盛大的閱兵儀式，準備攻打燕國。

燕王慕容皝對諸將說：「趙王石虎自認為樂安城的防守很嚴密、很牢固，因此薊城南北一定沒有設防。現在如果從無人知曉的偏僻小路出其不意地去攻打樂安城，一定能夠成功。」於是，在冬季十月，燕王慕容皝親自率領諸軍進入蠮螉塞，襲擊後趙，沿途要塞一一被摧毀，守軍中的大小頭領全部被擒獲，遂一直抵達薊城。後趙幽州刺史石光手下雖有數萬軍隊，卻緊閉城門不敢出戰。燕國軍隊遂順利進軍，攻破了武遂津，進入高陽，大軍所到之處，將後趙所積存的糧食草料全部焚毀，劫掠了三萬多戶，而後撤離。趙幽州刺史石光因為遇敵畏縮不前而被召回京師鄴城。

後趙王石虎任命秦公石韜為太尉，與太子石宣每人一天，輪流審批尚書省的奏章，二人有權就獎賞與刑罰獨行專斷，不需向石虎稟報。擔任司徒的申鍾勸阻說：「獎賞與刑罰，是一國之君的權柄，不能移交給他人，目的就是要防微杜漸，在叛逆內亂等還沒有顯露行跡時將其化解掉。太子的職責是照顧好陛下的飲食，而不應當參與政事。被貶為庶民的石邃因為干預朝政而導致失敗，傾覆的車輛就在前方不遠處。再說，國家的大權一分為二，很少能不造成大禍。愛護他們卻沒有採用好的方法，恰恰是害了他們。」石虎沒有採納申鍾的意見。

擔任中謁者令的申扁，因為聰明伶俐、能說會道而深受石虎的寵愛，太子石宣對他也很親熱，便讓他掌管宮廷機要。石虎因為自己不過問朝政，而石宣、石韜又都喜好酗酒、打獵，因此有關封官拜爵、生殺予奪等，全部由申扁決定，於是，大臣中從九卿以下，全都對申扁望塵下拜。

擔任太子詹事的孫珍因為患眼病，便向擔任侍中的崔約乞討藥方。崔約跟他開玩笑說：「往眼睛裡撒泡尿，眼病就好了。」孫珍說：「眼睛裡怎麼能撒尿？」崔約說：「你的眼窩很深，正適合往裡撒尿。」孫珍因此對崔約懷恨在心，便將此事稟告了太子石宣。偏偏太子石宣在自己的兄弟中胡人的特點最明顯，眼窩深陷，因此，當他聽了孫珍的稟報後非常憤怒，立即將崔約父子殺死，從此以後，上自公卿下至文武官員，全都懼怕孫珍，連正眼看他一眼都不敢。

後趙燕公石斌總管北部邊陲諸州郡的事務，他也喜好打獵，經常把城門的鑰匙帶在自己身上以便隨時出入。擔任征北將軍的張賀度每每勸說他。石斌竟因此大怒而陵辱了張賀度。趙王石虎得知消息，就派擔任主書的禮儀手執石虎所賜的符節前往監督石斌。石斌竟然殺死了禮儀，還準備殺死張賀度，張賀度嚴加防衛同時派人飛馬奏報趙王石虎。石虎派擔任尚書的張離率領騎兵追捕石斌，將石斌抽打了三百鞭子，免掉了他的官職，逐回府第閉門思過，將石斌的十多個親信殺死。

涼州張駿派遣擔任別駕的馬詵向後趙進獻貢品，而奏章的措辭卻傲慢無禮。後趙王石虎因此大怒，就要將使者馬詵斬首。擔任侍中的石璞勸阻說：「現在國家首先應該滅除的是東晉。張駿所在的河西地區荒僻簡陋，用不著太在意。現在如果斬殺了馬詵，就必須得征討張駿，那樣一來，兵力便要一分為二，東晉的建康朝廷又要延續幾年了。」石虎遂沒有殺馬詵。石璞，是石苞的曾孫。

當初，漢國的將領李閎被東晉擒獲，他輾轉逃到了後趙，漢主李壽寫信給後趙王石虎，請求將李閎遣送回漢國，書信開頭的稱呼是「趙王石君」。石虎很不高興，便將其交付給外面的朝臣們討論。擔任中書監的王波說：「可以讓李閎以他的生命發誓說：『如果能夠回到蜀地，必定糾集起全部皇族，率領他們歸降趙國，成為趙國的子民，和趙國固有的國民一起沐浴在你的教化之中。』如果李閎能夠信守承諾，則我們不用勞動一兵一卒，就能輕而易舉地平定梁州、益州。如果李閎回到蜀地後不敢實踐他的誓言，我們不過失去了一個亡命之徒，這對於趙國來說又有什麼損失呢！李壽已經盜用皇帝的名號，如果我們對他使用皇帝的詔令，他必然也會以同樣的態度來回敬我們，不如再寫一封詔書給他。」正巧此時挹婁國派使者來向後趙敬獻用楛木做桿的箭，與用石製成的箭頭，王波因此請求由挹婁國的使者把這些用楛木做桿的箭、用石製成的箭頭轉贈漢主李壽，王波說：「讓他們知道，我國的威勢已經使遠方的國家臣服。」石虎採納了王波的建議，遣送李閎回漢，並為他準備了豐厚的禮物。李閎回到成都，漢主李壽下詔說：「羯人派使者前來朝見漢國皇帝，進貢他們用楛木製造的弓箭。」石虎得到報告非常生氣，便將獻計的王波免職，讓他以平民的身分代理中書監的職責。

七年（辛丑　西元三四一年）

春季，正月，燕王慕容皝派擔任唐國內史的陽裕等在柳城之北、龍山以西建造城池，立宗廟、造宮殿，取名龍城。

二月初一日甲子，發生日蝕。

劉翔一行抵達京師建康，晉成帝司馬衍接見了他，向他詢問鎮軍將軍慕容皝是否平安。劉翔回答說：「我在接受派遣出使的那一天，慕容將軍身穿朝服，在庭院中朝南拜送表章。」

劉翔替燕王慕容皝向朝廷請求加授大將軍頭銜與頒發「燕王」印綬。參加商議的朝臣都認為：「按照舊有的章程，大將軍從來不駐守邊疆，且從漢、魏以來，非皇族的異姓人不得封王，不能答應慕容皝的請求。」劉翔說：「自從劉淵、石勒作亂以來，長江以北地區全都成為五胡的勢力範圍，沒有聽說中華高級官員的後代有哪一個能站出來振臂揮戈，消滅兇惡的叛逆者。只有慕容氏父子盡心竭力，念念不忘晉朝，用自己很少的兵力去攻擊強大的賊眾，並多次殲滅強大的敵人，使石虎感到畏懼，因而將其北部邊陲的民眾全部遷徙到魏郡、陽平、廣平三郡之中，國土也因此向南退縮了上千里，把薊城作為北部的邊境。慕容氏的功業如此恢宏壯烈，而朝廷竟然捨不得渤海以北的一方土地，把它作為封邑分封給慕容將軍，使他稱燕王，這是什麼道理？過去漢高祖劉邦毫不吝惜地將王位授予韓信、彭越等，所以能夠成就帝王的大業，霸王項羽把刻好的印信攥在手裡摩弄掉了稜角，就是捨不得授予別人，終於因此而滅亡。在我的內心，並不是非要勉強地提高自己主子的身分地位，而是私下裡為朝廷疏遠忠義的藩屬國而感到惋惜，因為其後果就是使四海之內的忠義之士得不到激勵，看不到可以效法的榜樣！」

東晉擔任尚書的諸葛恢，是劉翔的姐夫，獨自提出與眾不同的意見，諸葛恢認為：「夷狄互相攻擊，對中國來說是獲利的一方。只有代表名位、爵號的器物與表示身分、地位的封爵、名號不能輕易地給人。」他對劉翔說：「假如慕容將軍能夠滅掉後趙的石虎，就等於又出現一個石虎，對朝廷有何益處！」劉翔回答說：「西周時就連寡婦都知道對國家的衰落感到擔憂。如今晉室面臨著危險，而你作為『八元』、『八凱』一樣的國家大臣，怎麼竟然沒有一點憂國憂民之心呢？假使當初夏朝的大臣靡沒有在有鬲氏招募部眾，擁戴姒少康收回帝位，姒少康又怎能中興夏朝？如果齊桓公北伐山戎、南征楚國，晉文公與楚國的城濮之戰不能取勝，則周朝的國民都得將衣襟開在左邊了。慕容將軍每天頭枕戈矛等待天明，立志要為朝廷消滅兇惡的叛賊，而先生反而高唱惑亂人心的論調，離間忠良，四海所以未能統一，就是被你們這些人鬧的！」劉翔在建康停留了一年多，朝臣議論紛紛，卻仍然決定不下來。

劉翔遂遊說擔任中常侍的彧弘說：「後趙石虎的地盤包括了八個州，裝備精良的部隊有一百萬人，石虎的志向就是要吞併長江、漢水流域，如今從最大的代國索頭部落、宇文氏部落以及所有的小國，無不臣服於石虎。唯有慕容將軍擁戴天子，其一片赤誠之心，上貫天日，反而不能得到特殊的禮遇，我真擔心天下人會因此與朝廷離心離德，沒有人再南向尊奉朝廷了。過去，公孫淵對東吳沒有一點幫助，吳主孫權還封他為燕王，加授九錫。如今慕容將軍屢次摧敗賊寇的鋒芒，威望遠震秦、隴。石虎接連派遣高級官員為使者，攜帶著豐厚的禮物、甜言蜜語，想要授予慕容將軍為曜威大將軍、遼西王。慕容將軍嫌棄石虎不是正統而始終加以拒絕。如今朝廷竟然吝惜一個虛名，而使忠臣沮喪，難道這是為社稷的長治久安考慮嗎？以後即使再後悔，恐怕也來不及了。」或弘入宮將劉翔的這番話說給晉成帝聽，晉成帝的意思也願意答應慕容皝的請求。恰逢此時慕容皝給朝廷上表，抨擊庾亮兄弟說「庾氏兄弟專擅權柄而給國家招致禍亂，應該將他們罷免，逐出朝廷，以安定國家社稷。」又寫信給庾冰，責備他掌握國家最高權力，卻不能為國雪恥。庾冰心裡非常害怕，又因為慕容皝身處遙遠的北方，非自己所能控制，遂與何充一起奏請晉成帝答應慕容皝的請求。乙卯日，東晉朝廷任命慕容皝為使持節、大將軍、都督河北諸軍事、幽州牧、大單于、燕王，各種儀仗、器物、法典冊籍的賞賜，都非常優厚。又任命慕容皝的世子慕容儁為假節、安北將軍、東夷校尉、左賢王，賞賜的軍用物資、器械等數以千萬計。又封賞了有功之臣一百多人，任命劉翔為代郡太守，封其為臨泉鄉侯，加授員外散騎常侍。劉翔全部推辭，沒有接受。

劉翔痛恨東晉士大夫的以驕橫奢侈、縱酒放蕩互相誇耀的不良風尚，曾經藉著一次權貴集會宴飲的機會，對擔任中書令的何充等人說：「四海之內，時局動盪不安，轉眼之間已經過去了三十多年，宗廟社稷成為一片廢墟，黎民百姓生命塗炭。這正是朝廷心急如焚之時，忠臣為國效命之秋。而各位卻躲在長江南岸放縱情欲、任意享樂，把奢侈靡費作為榮耀，把傲慢怪誕當做賢能，公正直率的言論聽不到，征伐有罪的功勞沒有建立，你們將用什麼方法尊奉天子，拯救黎民呢！」何充等非常慚愧。

晉成帝司馬衍派遣兼任大鴻臚的郭悕手持符節前往棘城冊封慕容皝為燕王，與劉翔等偕同北上。朝中的公卿大臣都在長江邊上擺設酒宴為劉翔等餞行，劉翔對諸位大臣說：「夏朝的少康憑藉著一旅之師滅掉了篡奪夏王朝的有窮氏，越王句踐憑藉著會稽這麼一個小地方而滅掉了強大的吳國，洗雪了被滅國的恥辱。爬蔓的野草還要及早除掉，何況是寇仇呢！如今石虎、李壽，都有吞併對方的企圖，朝廷縱然沒有能力掃平北方的石虎，也應當把精力用在攻取巴、蜀方面。一旦石虎搶先下手，兼併了李壽，據有了巴、蜀，佔據了上游的有利地勢，把矛頭對準東南的朝廷，到了那時，即使有再高智慧的人出來，也無法挽救了！」擔任中護軍的謝廣說：「這正是我心中所想的！」

三月初五日戊戌，東晉皇后杜氏去世。夏季，四月初五日丁卯，將杜皇后安葬在興平陵，諡號恭皇后。○東晉皇帝司馬衍下詔：上自公卿，下至平民百姓，不論是本地人還是外來人口，都要按照現在的居住地，分為「土斷」、「白籍」，正式進行登記造冊。

秋季，七月，東晉大鴻臚郭悕偕同劉翔等到達燕國，燕王慕容皝任命劉翔為東夷護軍、兼任大將軍長史，任命擔任唐國內史的陽裕為左司馬，任命擔任典書令的李洪為右司馬，中尉鄭林為軍諮祭酒。

八月初一日辛酉，東晉東海哀王司馬沖去世。

九月，代王什翼犍在故城南八里修築盛樂城。○代王妃慕容氏去世。

冬季，十月，匈奴部落酋長劉虎率眾進犯代國西部。代王什翼犍派軍隊前往迎戰，大敗劉虎。劉虎死，劉虎的兒子劉務桓即位，他派遣使者到代國請求講和，代王什翼犍將自己的女兒嫁給劉務桓為妻。劉務桓又派人朝見後趙王石虎，向後趙納貢，後趙任命劉務桓為平北將軍、左賢王。

後趙的橫海將軍王華率領水軍從海路襲擊燕王管轄下的安平縣，將安平攻佔。

燕王慕容皝任命慕容恪為渡遼將軍，鎮守平郭。自慕容翰、慕容仁之後，鎮守平郭的將領才能都很平庸，沒有人能趕得上慕容翰、慕容仁。等到慕容恪到達平郭，安撫舊居民、關懷新歸附的居民，多次打敗高句麗的軍隊。高句麗很懼怕慕容恪，因此不敢再侵擾邊境。

十二月，東晉興平康伯陸玩去世。

漢主李壽任用自己的太子李勢兼任大將軍、錄尚書事。當初，成主李雄因為力行節儉、待人寬厚而深受蜀民的擁護，等到李閎、王嘏從後趙的都城鄴城返回成都，他們極力稱讚鄴城是多麼的繁華富庶，宮殿是多麼的宏偉壯麗，而且說後趙王石虎是靠刑罰、殺戮統治國家，所以能使國內局勢穩定。李壽很是羨慕後趙，遂將成都鄰近的州郡，凡是一家有三個男人的家庭全都遷徙到成都，以充實成都的人口戶數，又大肆建造宮殿，修治器物珍玩，有人犯了一點小過失，就將其殺掉以樹立自己的威信。擔任左僕射的蔡興、右僕射李嶷全都因為直言勸諫而被處死。民眾在繁重的賦稅勞役的壓迫下疲憊不堪，哀歎呼喊的聲音充滿了道路，希望通過作亂的形式來改變現狀的人越來越多。

【研　析】本卷寫了晉成帝咸康四年（西元三三八年）至咸康七年共四年間的各國大事，其中所寫的精彩人物與可議論的事件有以下幾點：

其一，本卷所寫的人物最生動、最令人心曠神怡的莫過於燕國派往東晉為慕容皝請封燕王的使者劉翔。劉翔作為一個燕國派出的使者，他不是僅僅傳達燕國的意旨，討得晉王朝的回音而已；他是積極主動、千方百計、創造性地完成了他的使命。當他到達晉王朝，晉成帝向他問詢「慕容鎮軍平安」的時候，劉翔回答說：「臣受遣之日，朝服拜章。」意思正如「完璧歸趙」的故事中藺相如對秦王所說的「趙王乃齋戒五日，使臣奉璧，拜送書於廷」。你看慕容皝對待晉朝皇帝是多麼虔誠！當晉朝群臣頑固地堅持不予慕容皝冊封時，劉翔先表彰了慕容皝在東北地區的功勳、抗拒石虎的力量，東晉諸臣誰能與之相比？而後又引證劉邦、項羽在分封部將時由於慷慨與吝嗇不同所造成的成功與失敗。而結論曰：「吾之至心，非苟欲尊其所事，竊惜聖朝疏忠義之國，使四海無所勸慕耳。」可謂一語千鈞！接著他便在下面分頭進行個別工作，對於墨守成規、冥頑不靈的諸葛恢之流，他厲聲痛斥，說「嫠婦猶知恤宗周之隕。今晉室阽危，君位侔元、凱，曾無憂國之心」；「慕容鎮軍枕戈待旦，志殄凶逆，而君更唱邪惑之言，忌間忠臣，四海所以未壹，良由君輩耳！」他向晉成帝身邊的侍中或弘介紹了慕容皝堅持敵後抗戰的艱辛，介紹了慕容皝不向石虎低頭，一心擁戴晉王朝的忠心耿耿，結論曰：「今朝廷乃矜惜虛名，沮抑忠順，豈社稷之長計乎？後雖悔之，恐無及已。」或弘報告晉成帝，連晉成帝也都同意了。這是多麼既有忠心，又有卓越辦事能力的使者！可惜晉王朝就缺少這種人。劉翔不僅出使不辱君命，而且在晉王朝昏昏噩噩的群臣中表現了幾十年沒有出現過的一枝獨秀。當時江南士大夫以驕奢酣縱相尚，劉翔在一個官僚貴族群集的宴會上對丞相何充等人說：「四海板蕩，奄踰三紀，宗社為墟，黎民塗炭。斯乃廟堂焦慮之時，忠臣畢命之秋也。而諸君宴安江沱，肆情縱欲，以奢靡為榮，以傲誕為賢，謇諤之言不聞，征伐之功不立，將何以尊主濟民乎！」真不亞於晴天一聲霹靂！而能將這種霹靂震響於晉王朝衰衰諸公耳邊的又有誰是第二個？當劉翔完成使命，返回燕國，公卿餞於江上，劉翔對諸公說：「昔少康資一旅以滅有窮，句踐憑會稽以報彊吳。蔓草猶宜早除，況寇讎乎！今石虎、李壽，志相吞噬，王師縱未能澄清北方，且當從事巴、蜀。一旦石虎先人舉事，併壽而有之，據形便之地以臨東南，雖有智者，不能善其後矣。」這又是高屋建瓴，極富戰略眼光的話。秦朝是怎樣滅楚的？晉朝是怎樣滅吳的？凡有歷史知識的人，怎能不聞之驚心？故余曰：劉翔，人傑也，應大書特書！

其二，石虎部下有王波其人，當漢將李閎被晉人所俘，李閎北逃至趙，漢主李壽求石虎放李閎歸漢時，石虎令群臣議之。王波勸石虎放其歸漢，他說：「令李閎以死自誓曰：『苟得歸骨於蜀，當糾帥宗族，混同王化。』若其信也，則不煩一旅，坐定梁、益，若有前却，不過失一亡命之人，於趙何損！」有謀有略，言簡意深，說明石虎部下確有高人，而不全是一群劊子手、殺人魔王。儘管由於李壽狂妄自大，不計後果，「糾帥宗族，混同王化」的效果一時未能見到，加以石虎短視，竟將王波黜職。但讜言正論，也自當大書特書！

其三，王導、庾亮都是晉明帝託孤的大臣，但兩人勾心鬥角，從無和衷共濟之心。當晉成帝已冠元服，王導猶老馬戀棧，不肯歸政；庾亮不是正言敦促，而是稱王導為「大姦」，「欲共起兵廢導」；當時庾亮任荊州刺史，「雖居外鎮，而遙執朝廷之權，既據上流，擁彊兵，趣勢者多歸之」。王導對此不是良言規勸，而是「內不能平，常遇西風塵起，舉扇自蔽，徐曰：『元規塵污人。』」冤家對頭，簡直像是漢朝的袁盎與鼂錯。當庾亮上書請求出兵北伐，太常蔡謨陳述利害，以為不可；而王導「請許之」。袁俊德《歷史綱鑑補》曰：「導歷相以來，從無一語及恢復，今忽請許亮北伐，豈真以中原為念哉？蓋外以和衷示亮，實則明知亮不能成功，而欲藉此以傾之耳。此正與仇殺周顗同詭計，不可不知。」鄒九峰曰：「王導身任宰衡，為國倚重，方且弘其襟度，用人推己，庶幾賢者奮庸，翊成中興之治也。彼庾亮者，以元舅之尊，與導同受顧命，矧握重兵於邊。遙執朝權，亦勢所必至者也。為王導者，度其所執者是，則當虛己相從，共勵成治；所執者非，則面相可否，大則公付廷議，關白於上，以折拒之；使或專擅違抗，然後聲義譴責，何有不服？顧乃內懷不平，自生忌妒，舉扇蔽塵污，何偪隘之甚耶？宜伯仁之不能免也。即此而觀，則知其見疏之時，史稱其『能任真推分而澹如也』，亦安知其非矯情也哉？」看慣了朝廷重臣中的這種勢同水火，方能深刻體會司馬遷寫〈廉頗藺相如列傳〉的苦心。廉頗、藺相如的故事當然是被司馬遷所理想化了的，司馬遷所以對這兩個人分外喜愛，刻意加工，不就是因為現實社會中這種人太少、太難得麼？

其四，庾亮死後，其弟庾冰掌權。《通鑑》寫庾冰：「冰既當重任，經綸時務，不捨晝夜，賓禮朝賢，升擢後進，由是朝野翕然稱之，以為賢相。初，王導輔政，每從寬恕，冰頗任威刑，丹楊尹殷融諫之。冰曰：『前相之賢，猶不堪其弘，況如吾者哉！』范汪謂冰曰：『頃天文錯度，足下宜盡消禦之道。』冰曰：『玄象豈吾所測，正當勤盡人事耳。』又隱實戶口，料出無名萬餘人，以充軍實。冰好為糾察，近於繁細；後益矯違，復存寬縱，疏密自由，律令無用矣。」整段文字的絕大部分是褒獎庾冰，令人覺得不無溢美之病；但最後幾句又說他「疏密自由，律令無用」，近乎全盤否定。前後不相統一，令讀者無所適從。後來寫到燕國使者劉翔來晉，請朝廷加封慕容皝為燕王，晉朝群臣一片反對，連晉成帝同意也無濟於事。迨至慕容皝上表討伐庾氏兄弟「擅權召亂」，提出「宜加斥退，以安社稷」的時候，庾冰才感到可怕，趕緊轉舵，「奏從其請」。由此看來，方知庾冰的確不是好料。

卷第九十七

晉紀十九

起玄黓攝提格（壬寅　西元三四二年），盡彊圉協洽（丁未　西元三四七年），凡六年。

【題　解】本卷寫晉成帝咸康八年（西元三四二年）至晉穆帝永和三年（西元三四七年）共六年間的東晉及各國大事。主要寫了晉成帝司馬衍死，庾冰、庾翼兄弟為把持朝權而立成帝之弟司馬岳為嗣，是為康帝，康帝在位二年死，庾氏兄弟又欲立元帝之子（成帝之叔）司馬昱為帝，何充堅持反對，遂立康帝子司馬聃為嗣，是為穆帝。是時穆帝兩歲，母后臨朝；庾翼以滅胡、滅蜀為己任，率桓宣、桓溫等人北伐後趙，結果敗於丹水；寫了桓溫為荊州刺史，舉兵伐蜀，拜表即行，攻破成都，漢主李勢兵敗投降。桓溫留益州刺史周撫、征虜將軍楊謙守西蜀，自己返回荊州；而漢將鄧定、隗文等舉兵反晉，入據成都，立范長生之子范賁為帝，蜀人多應之；晉將蕭敬文又叛殺楊謙，自稱益州牧，佔據巴西、漢中一帶地區；寫了慕容皝用慕容翰之謀，先滅高句麗，又滅宇文氏，又滅夫餘國，疆土日廣；慕容皝又能罷苑囿、貸耕牛與貧民以發展農業，國勢日強；寫了後趙石虎父子痴迷畋獵，擴大獵場；又廣建宮室，既建襄國、平陽，又建洛陽、長安，大肆搜求民女以實之；寫了石虎政權下的嚴刑酷法，相互告訐，小人亂政，藉災異讒殺大臣，又挑動太子石宣與其弟石韜間的尖銳矛盾，從而亂象叢生；寫了西平公張駿死，其子重華繼位，趙將麻秋、孫伏都等連續進攻涼州，都被涼將謝艾、張悛、張據等所敗；此外還寫了石虎部下的姚弋仲、蒲洪，有膽有識，為其日後興起作伏筆；寫了林邑王攻陷日南郡，殺晉日南太守夏侯覽，又殺都護劉雄等等。

顯宗成皇帝下

咸康八年（壬寅　西元三四二年）

春，正月己未朔❶，日有食之。○乙丑❷，大赦。

豫州刺史庾懌❸以酒餉❹江州刺史王允之❺。允之覺其毒，飲犬，犬斃，密奏之。帝曰：「大舅❻已亂天下，小舅復欲爾❼邪？」二月，懌飲鴆❽而卒。

三月，初以武悼后❾配食武帝廟❿。

庾翼在武昌數有妖怪⓫，欲移鎮樂鄉⓬，征虜長史王述⓭與庾冰牋⓮曰：「樂鄉去武昌⓯千有餘里，數萬之眾，一旦移徙，興立城壁，公私勞擾。又江州當泝流⓰數千里供給軍府⓱，力役增倍。且武昌實江東鎮戍之中，非但扞禦⓲上流而已，緩急赴告⓳，駿奔⓴不難。若移樂鄉，遠在西陲㉑，一朝江渚㉒有虞，不相接救。方嶽㉓重將，固當居要害之地，為內外形勢㉔，使闚闟㉕之心不知所向。昔秦忌亡胡之讖，卒為劉、項之資㉖；周惡檿弧之謠，而成褒姒之亂㉗。是以達人㉘君子，直道而行，禳避㉙之道，皆所不取，正當擇人事之勝理㉚，思社稷之長計耳。」朝議亦以為然。翼乃止。

夏，五月乙卯㉛，帝不豫㉜。六月庚寅㉝，疾篤。或詐為㉞尚書符㉟，敕宮門無得內宰相㊱，眾皆失色。庾冰曰：「此必詐也。」推問㊲，果然。帝二子丕、奕皆在襁褓㊳，庾冰自以兄弟秉權㊴日久，恐易世㊵之後，親屬愈疏㊶，為它人所間㊷，每說帝以國有彊敵，宜立長君，請以母弟琅邪王岳㊸為嗣，帝許之。中書令何充曰：「父子相傳，先王舊典，易之者鮮不致亂㊹。故武王不授聖弟㊺，非不愛也。今琅邪踐阼㊻，將如孺子何㊼？」冰不聽。下詔，以岳為嗣，并以奕繼琅邪哀王㊽。壬辰㊾，冰、充及武陵王晞、會稽王昱、尚書令諸葛恢並受顧命。癸巳㊿，帝崩。帝幼沖(51)嗣位，不親庶政(52)。及長，頗有勤儉之德。

甲午(53)，琅邪王即皇帝位，大赦。◯己亥(54)，封成帝子丕為琅邪王，奕為東海王。

康帝亮陰不言(55)，委政於庾冰、何充。秋，七月丙辰(56)，葬成帝于興平陵。帝徒行(57)送喪至閶闔門，乃升素輿至陵所。既葬，帝臨軒(58)，庾冰、何充侍坐。帝曰：「朕嗣鴻業(59)，二君之力也。」充曰：「陛下龍飛，臣冰之力也。若如臣議，不覩升平之世[60]。」帝有慚色。己未[61]，以充為驃騎將軍、都督徐州・揚州之晉陵[62]諸軍事、領徐州刺史，鎮京口，避諸庾也。

冬，十月，燕王皝遷都龍城[63]，赦其境內。◯建威將軍翰言於皝曰：「宇文彊盛日久，屢為國患。今逸豆歸篡竊得國[64]，羣情不附[65]，加之性識庸闇[66]，將帥非才，國無防衛，軍無部伍[67]。臣久在其國，悉[68]其地形，雖遠附彊羯[69]，聲勢不接[70]，無益救援。今若擊之，百舉百克。然高句麗去國密邇[71]，常有闚覦之志。彼知宇文既亡，禍將及己，必乘虛深入，掩[72]吾不備。若少留兵則不足以守，多留兵則不足以行[73]。此心腹之患也，宜先除之。觀其勢力，一舉可克。宇文自守之虜，必不能遠來爭利。既取高句麗，還取宇文，如返手[74]耳。二國既平，利盡東海，國富兵彊，無返顧[75]之憂，然後中原可圖也。」皝曰：「善！」

將擊高句麗。高句麗有二道，其北道平闊，南道險狹，眾欲從北道。翰曰：「虜以常情料之，必謂大軍從北道，當重北而輕南。王宜帥銳兵從南道擊之，出其不意，丸都不足取[76]也。別遣偏師從北道，縱有蹉跌[77]，其腹心已潰，四支無能為也。」皝從之。

十一月，皝自將勁兵四萬出南道，以慕容翰、慕容霸為前鋒，別遣長史王寓等將兵萬五千出北道以伐高句麗。高句麗王釗果遣弟武帥精兵五萬拒北道，自帥羸兵[78]以備南道。慕容翰等先至，與釗合戰，皝以大眾繼之。左常侍鮮于亮[79]曰：「臣以俘虜蒙王國士之恩[80]，不可以不報，今日，臣死日也。」獨與數騎先犯高句麗陳[81]，所嚮摧陷。高句麗陳動，大眾因而乘之[82]，高句麗兵大敗。左長史韓壽斬高句麗將阿佛和度加，諸軍乘勝追之，遂入丸都。釗單騎走，輕車將軍慕輿埿追獲其母周氏及妻而還。會王寓等戰於北道，皆敗沒，由是皝不復窮追，遣使招釗，釗不出。

皝將還，韓壽曰：「高句麗之地，不可戍守。今其主亡[83]民散，潛伏山谷，大軍既去，必復鳩聚[84]，收其餘燼[85]，猶足為患。請載其父尸、囚其生母而歸，俟其束身自歸[86]，然後返之[87]，撫以恩信，策之上也。」皝從之。發釗父乙弗利墓，載其尸，收其府庫累世之寶，虜男女五萬餘口，燒其宮室，毀丸都城而還。

十二月壬子[88]，立妃褚氏為皇后，徵豫章太守褚裒為侍中、尚書。裒自以后父[89]，不願居中任事，苦求外出，乃除建威將軍、江州刺史，鎮半洲[90]。

趙王虎作臺觀四十餘所於鄴，又營洛陽、長安[1]二宮，作者四十餘萬人。又欲自鄴起閤道[91]至襄國。敕河南四州[92]治南伐之備[93]，并、朔、秦、雍嚴西討之資[94]，青、冀、幽州為東征之計[95]，皆三五發卒[96]。諸州軍造甲者五十餘萬人，船夫十七萬人，為水所沒、虎狼所食者三分居一。加之公侯牧宰[97]競營私利，百姓失業愁困。貝丘[98]人李弘因眾心之怨，自言姓名應讖[99]，連結黨與，署置百寮[100]。事發，誅之，連坐[101]者數千家。

虎畋獵無度，晨出夜歸；又多微行[102]，躬察作役[103]。侍中京兆[104]韋謏諫曰：「陛下忽天下之重[105]，輕行斤斧之間[106]，猝有狂夫[107]之變，雖有智勇，將安所施？又興役無時[108]，廢民耘穫[109]，吁嗟盈路，殆非仁聖[110]之所忍為也。」虎賜謏穀帛，而興繕滋繁[111]，游察自若[112]。

秦公韜有寵於虎，太子宣惡之。右僕射張離領五兵尚書[113]，欲求媚於宣，說之曰：「今諸侯[114]吏兵過限，宜漸裁省，以壯本根[115]。」宣使離為奏：「秦、燕、義陽、樂平四公[116]聽[117]置吏一百九十七人，帳下兵二百人。自是以下[118]，三分置一[119]，餘兵五萬[120]，悉配東宮[121]。」於是諸公咸怨，嫌釁[122]益深矣。

青州上言：「濟南平陵城[123]北石虎一夕移於城東南，有狼狐千餘迹隨之[124]，迹皆成蹊[125]。」虎喜曰：「石虎者，朕也。自西北徙而東南者，天意欲使朕平蕩江南也。其敕諸州兵明年悉集，朕當親董六師[126]，以奉天命[127]。」羣臣皆賀，上皇德頌者一百七人。制(128)：「征士五人出車一乘，牛二頭，米十五斛，絹十匹，調不辦(129)者斬。」民至鬻子(130)以供軍須，猶不能給(131)，自經(132)於道樹者相望(133)。

康皇帝(134)

建元元年（癸卯　西元三四三年）

春，二月，高句麗王釗遣其弟稱臣入朝於燕，貢珍異以千數。燕王皝乃還其父尸，猶留其母為質。

宇文逸豆歸遣其相莫淺渾(135)將兵擊燕。諸將爭欲擊之，燕王皝不許。莫淺渾以為皝畏之，酣飲縱獵，不復設備。皝使慕容翰出擊之，莫淺渾大敗，僅以身免，盡俘其眾。

庾翼為人忼[2]慨(136)，喜功名，不尚浮華[3]。琅邪內史桓溫，彝(137)之子也，尚南康公主(138)，豪爽有風概(139)。翼與之友善，相期(140)以寧濟海內(141)。翼嘗薦溫於成帝曰：「桓溫有英雄之才，願陛下勿以常人遇之(142)，常壻畜之(143)，宜委以方、邵之任(144)，必有弘濟艱難(145)之勳。」時杜乂、殷浩(146)並才名冠世，翼獨弗之重(147)也，曰：「此輩宜束之高閣(148)，俟(149)天下太平，然後徐議其任(150)耳。」浩累辭徵辟(151)，屏居墓所(152)，幾將(153)十年，時人擬之管、葛(154)。江夏相謝尚(155)、長山令王濛(156)常伺其出處(157)，以卜江左興亡[158]。嘗相與省之[159]，知浩有確然之志[160]。既返，相謂曰：「深源不起[161]，當如蒼生何[162]！」尚，鯤之子也。翼請浩為司馬，詔除侍中、安西軍司[163]，浩不應。翼遺浩書曰：「王夷甫[164]立名非真，雖云談道[165]，實長華競[166]。明德君子，遇會處際[167]，寧可然乎[168]？」浩猶不起。

殷羨[169]為長沙相，在郡貪殘，庾冰與翼書屬之[170]。翼報[171]曰：「殷君驕豪，亦似由有佳兒[172]，弟[173]故小令物情容之[174]。大較[175]江東之政，以嫗煦豪彊[176]，常為民蠹[177]，時有行法[178]，輒施之寒劣[179]。如往年偷石頭倉米一百萬斛，皆是豪將[180]輩，而直[181]殺倉督監[182]以塞責[183]。山遐為餘姚長[184]，為官[185]出豪彊所藏二千戶[186]，而眾共驅之[187]，令遐不得安席。雖皆前宰之惛謬[188]，江東事去[189]，實此之由[190]。兄弟不幸，橫陷此中，自不能拔足於風塵之外[191]，當共明目而治之。荊州所統二十餘郡，唯長沙最惡，惡而不黜[192]，與殺督監者[4]復何異邪？」遐，簡[193]之子也。

翼以滅胡取蜀為己任，遣使東約燕王皝，西約張駿，刻期[194]大舉。朝議多以為難，唯庾冰意與之同，而桓溫、譙王無忌[195]皆贊成之。無忌，承[5]之子也。

秋，七月，趙汝南太守戴開帥數千人詣翼降。丁巳[196]，下詔議經略中原[197]。

翼欲悉所部之眾北伐，表桓宣為都督司雍梁三州・荊州之四郡[198]諸軍事、梁州刺史，前趨丹水[199]，桓溫為前鋒都督[6]，假節，帥眾入臨淮[200]，並發所統六州奴[201]及車牛驢馬，百姓嗟怨。

代王什翼犍復求婚於燕，燕王皝使納馬千匹為禮[202]，什翼犍不與，又倨慢[203]無子壻禮[204]。八月，皝遣世子儁帥前軍師評[205]等擊代。什翼犍帥眾避去，燕人無所見而還。

漢主壽卒，諡曰昭文，廟號中宗。太子勢即位，大赦。

趙太子宣擊鮮卑斛穀提，大破之，斬首三萬級。

宇文逸豆歸執段遼弟蘭，送於趙，并獻駿馬萬匹。趙王虎命蘭帥所從鮮卑五千人屯令支。

庾翼欲移鎮襄陽，恐朝廷不許，乃奏云移鎮安陸[206]。帝及朝士皆遣使譬止[207]翼，翼遂違詔北行，至夏口[208]，復上表請鎮襄陽。翼時有眾四萬，詔加翼都督征討諸軍事。先是，車騎將軍、揚州刺史庾冰屢求出外[209]。辛巳[210]，以冰都督荊・江・寧・益・梁・交・廣七州、豫州之四郡[211]諸軍事，領江州刺史，假節，鎮武昌，以為翼繼援[212]。徵[213]徐州刺史何充為都督揚、豫、徐州之琅邪[214]諸軍事，領揚州刺史，錄尚書事，輔政。以琅邪內史桓溫為都督青・徐・兗三州諸軍事、徐州刺史，徵江州刺史[7]褚裒為衛將軍，領中書令。

冬，十一月己巳[215]，大赦。

二年（甲辰　西元三四四年）

春，正月，趙王虎享[216]羣臣於太武殿。有白鴈百餘集馬道[217]之南，虎命射之，皆不獲。時諸州兵集者百餘萬，太史令趙攬密言於虎曰：「白鴈集庭，宮室將空之象，不宜南行。」虎信之，乃臨宣武觀大閱而罷[218]。

漢主勢改元太和，尊母閻氏為皇太后，立妻李氏為皇后。

燕王皝與左司馬高詡謀伐宇文逸豆歸，詡曰：「宇文彊盛，今不取，必為國患。伐之必克，然不利於將。」出而告人曰：「吾往必不返，然忠臣不避也。」於是皝自將伐逸豆歸，以慕容翰為前鋒將軍，劉佩副之，分命慕容軍、慕容恪、慕容霸及折衝將軍慕輿根將兵三道[219]並進。高詡將發，不見其妻，使人語以家事而行。

逸豆歸遣南羅大涉夜干[220]將精兵逆戰[221]。皝遣人馳謂慕容翰曰：「涉夜干勇冠三軍，宜小[222]避之。」翰曰：「逸豆歸掃其國內精兵[223]以屬[224]涉夜干，涉夜干素有勇名，一國所賴也。今我克之，其國不攻自潰矣。且吾孰知[225]涉夜干之為人，雖有虛名，實易與[226]耳，不宜避之以挫吾兵氣。」遂進戰。翰自出衝陳，涉夜干出應之，慕容霸從傍邀擊[227]，遂斬涉夜干。宇文士卒見涉夜干死，不戰而潰，燕軍乘勝逐之，遂克其都城。逸豆歸走死漠北，宇文氏由是散亡。皝悉收其畜產資貨，徙其部眾五千餘落於昌黎，闢地千餘里。更命涉夜干所居城曰威德城[228]，使弟彪戍之而還。高詡、劉佩皆中流矢卒。

詡善天文，皝嘗謂曰：「卿有佳書[229]而不見與，何以為忠盡[230]？」詡曰：「臣聞人君執要[231]，人臣執職[232]；執要者逸，執職者勞。是以后稷[233]播種，堯不預焉。占候[234]天文，晨夜甚苦，非至尊之所宜親，殿下將焉[8]用之？」皝默然。

初，逸豆歸事趙甚謹，貢獻屬路[235]。及燕人伐逸豆歸，趙王虎使右將軍白勝、并州刺史王霸自甘松[236]出救之。比至，宇文氏已亡，因攻威德城，不克而還。慕容彪追擊，破之。

慕容翰之與宇文氏戰也，為流矢所中，臥病積時[237]不出。後漸差[238]，於其家試騁馬。或告翰稱病而私習騎乘，疑欲為變。燕王皝雖藉翰勇略[239]，然中心終忌之，乃賜翰死。翰曰：「吾負罪出奔，既而復還，今日死已晚[240]矣！然羯賊[241]跨據中原，吾不自量，欲為國家蕩壹區夏[242]，此志不遂[243]，沒有遺恨[244]，命矣夫！」

飲藥而卒。

代王什翼犍遣其大人長孫秩迎婦於燕。

夏，四月，涼州將張瓘敗趙將王擢于三交城[245]。

初，趙領軍王朗言於趙王虎曰：「盛冬雪寒，而皇太子使人伐宮材[246]，引於漳水，役者數萬，吁嗟滿道，陛下宜因出游[247]罷之。」虎從之。太子宣怒。會熒惑守房[248]，宣使太史令[249]趙攬言於虎曰：「房為天王，今熒惑守之，其殃不細[250]，宜以貴臣王姓者當之[251]。」虎曰：「誰可者？」攬曰：「無貴於王領軍[252]。」虎意惜朗，使攬更言其次。攬無以對，因曰：「其次唯中書監王波耳。」虎乃下詔追罪波前議楛矢事[253]，腰斬之，及其四子，投尸漳水。既而愍[254]其無罪，追贈司空，封其孫為侯。

趙平北將軍尹農攻燕凡城[255]，不克而還。

漢太史令韓皓上言：「熒惑守心[256]，乃宗廟不修之譴[257]。」漢主勢命羣臣議之，相國董皎、侍中王嘏以為：「景、武創業[258]，獻、文承基[259]，至親不遠[260]，無宜疏絕[261]。」勢[9]乃更命祀成始祖[262]、太宗[263]，皆謂之漢[264]。

征西將軍庾翼使梁州刺史桓宣擊趙將李羆於丹水，為羆所敗，翼貶宣為建威將軍。宣慚憤成疾，秋，八月庚辰[265]，卒。翼以長子方之為義城太守，代領宣眾。又以司馬應誕[266]為襄陽太守，參軍司馬勳為梁州刺史，戍西城[267]。

中書令褚裒固辭樞要[268]，閏月丁巳[269]，以裒為左將軍、都督兗州・徐州之琅邪諸軍事、兗州刺史，鎮金城[270]。

帝疾篤，庾冰、庾翼欲立會稽王昱[271]為嗣。中書監何充建議立皇子聃，帝從之。九月丙申[272]，立聃為皇太子。戊戌[273]，帝崩于式乾殿。己亥[274]，何充以遺旨奉太子即位，大赦。由是冰、翼深恨充。尊皇后褚氏[275]為皇太后。時穆帝方二歲，太后臨朝稱制。何充加中書監，錄尚書事。充自陳既錄尚書，不宜復監中書，許之，復加侍中。

充以左將軍褚裒，太后之父，宜綜朝政[276]，上疏薦裒參錄尚書。乃以裒為侍中、衛將軍、錄尚書事，持節、督、刺史如故。裒以近戚，懼獲譏嫌[277]，上疏固請居藩[278]。改授都督徐・兗・青三州、揚州之二郡[279]諸軍事，衛將軍，徐、兗二州刺史，鎮京口[280]。尚書奏：「裒見太后，在公庭則如臣禮，私覿[281]則嚴父[282]。」從之。

冬，十月乙丑[283]，葬康帝于崇平陵。

江州刺史庾冰有疾，太后徵冰輔政，冰辭。十一月庚辰[284]，卒。庾翼以家國情事[285]，留子方之為建武將軍，戍襄陽。方之年少，以參軍毛穆之為建武司馬以輔之。穆之，寶[286]之子也。翼還鎮夏口。詔翼復督江州，又領豫州刺史。翼辭豫州，復欲移鎮樂鄉，詔不許。翼仍繕修軍器，大佃[287]積穀，以圖後舉。

趙王虎作河橋於靈昌津[288]，采石[289]為中濟[290]，石下，輒隨流，用功五百餘萬而橋不成。虎怒，斬匠而罷。

【章　旨】以上為第一段，寫晉成帝咸康八年（西元三四二年）至晉康帝建元二年（西元三四四年）共三年間的大事。主要寫了晉成帝司馬衍死，庾冰、庾翼兄弟為把持朝權而立成帝之弟司馬岳為嗣，是為康帝，何充反對未成，請求外任；康帝在位二年死，庾氏兄弟又欲立元帝之子（成帝之叔）司馬昱為帝，何充堅持反對，遂立康帝子司馬聃為嗣，是為穆帝。是時穆帝兩歲，母后臨朝；寫了庾翼以滅胡、滅蜀為己任，朝臣反對，而庾冰助成之。庾翼率桓宣、桓溫等人北伐後趙，結果敗於丹水。退兵後仍「大佃積穀，以圖後舉」；寫了慕容皝用慕容翰之謀，先滅高句麗，一年後又滅鮮卑族的宇文氏，使燕國政權壯大，其中慕容翰所表現出的謀略與勇敢異常動人，但不久慕容翰即被慕容皝尋舊隙所殺害，令讀史者為之抱恨不已；還寫了後趙主石虎在鄴城、襄國大興土木，遊獵無度；又下令全國動員，做西討、南伐之備，賦斂殘酷，百姓怨怒；太子石宣挾私欲殺忠正為國的領軍將軍王朗，一時未成，遂轉而讒殺了良臣王波，種種跡象預示了石虎政權的嚴重危機等等。

【注　釋】❶正月己未朔　正月初一是己未日。❷乙丑　正月初七。❸庾懌　庾亮之弟。❹餉　饋贈。❺王允之　字深猷，王舒之子，王敦、王導之姪。傳附《晉書》卷七十六〈王舒傳〉。❻大舅　謂庾亮，庾亮為成帝舅。❼復欲爾　又想如此。爾，如此。❽鴆　傳說中一種有毒的鳥，喜歡吃蛇，羽毛為紫綠色，放在酒中能毒死人。這裡指毒酒。❾武悼后　楊駿之女，名芷，字季蘭，小字男胤，晉武帝司馬炎的皇后。惠帝登基，尊為皇太后。元康元年（西元二九一年），楊駿被惠帝皇后賈南風及楚王瑋所殺，楊芷被貶去皇太后之號，移居金墉城，絕食而卒。傳見《晉書》卷三十一。❿配食武帝廟　將其靈位擺在晉武帝司馬炎靈牌的旁邊，一同享受祭祀。懷帝永嘉元年（西元三〇七年），楊芷已恢復尊號，但神主不配食武帝，至此方配食武帝廟。⓫妖怪　奇特兇險的現象。⓬樂鄉　古城名，即今湖北松滋東北長江南岸的宛市。⓭征虜長史王述　王述字懷祖，東晉前期的名士，此時任征虜將軍庾冰的長史。傳見《晉書》卷七十五。長史是丞相或將軍屬下的諸史之長，地位崇高。⓮牋　文體名，寫給上級或尊長的書札。⓯去武昌　距離武昌。樂鄉在武昌的上游。當時的武昌即今湖北鄂城。⓰泝流　逆長江而上。⓱軍府　此指荊州刺史、荊州都督的辦公機構，猶今之司令部。⓲扞禦　捍衛。⓳緩急赴告　朝廷一旦有危急之事要招呼荊州刺史。緩急，偏義複詞，這裡即指緊急。⓴駿奔　急速奔走，這裡指援救朝廷。㉑西陲　西部邊地，這裡即指西部。㉒江渚　江邊，這裡隱指長江下游的東晉都城。㉓方嶽　方伯、四嶽，古代的一方諸侯之長，這裡指刺史、都督等高級地方長官。㉔為內外形勢　意即維護朝廷與地方的安全。為……形勢，為……起拱衛與威懾作用。㉕闚闟　窺測時機，指內外敵人之圖謀不軌。㉖秦忌亡胡之讖二句　秦始皇三十二年（西元前二一五年），燕人盧生奏《錄圖書》，曰：「亡秦者胡也。」胡指胡亥，秦二世名。始皇見圖書，不知此為人名，反使蒙恬北伐胡。最終胡亥亡秦，成就了劉邦、項羽的功業。事詳《史記・秦始皇本紀》。㉗周惡檿弧之謠二句　《國語・鄭語》載，周宣王時有童謠說：「檿弧萁服，實亡周國。」宣王聽說有一對夫婦正賣這種弓箭，派人去抓捕。宮中小妾私產一女，害怕周王追究，將其拋棄，正被那對逃避追捕的夫婦收養，帶到褒國。後來褒君得罪於周，便把這個女子獻給周幽王，幽王非常寵愛，她就是褒姒。後來褒姒為了立自己的兒子伯服，欲廢太子宜臼，終於釀成申侯、西戎之亂，西周遂亡。檿弧，山桑所製的弓。㉘達人　通達事理的人。㉙禳避　指通過迷信手段以祈求去除災難與迴避禍殃。禳，去邪除惡的祭祀。㉚擇人事之勝理　意即多在改良政治、處理好人事方面做些有益的工作。人事，與「禳避」相對而言。㉛五月乙卯　此語有誤，五月朔丁巳，無乙卯日。「乙卯」疑為「己卯」之誤，五月己卯，即五月二十三。㉜不豫　不舒服，對天子有病的諱稱。㉝六月庚寅　六月初五。㉞或詐為　有人偽造。㉟尚書符　尚書省發出的命令。符，以竹木或金玉為之。上書文字，剖而為二，朝廷和接受命令之人各存其一，用時相合以為信。㊱無得內宰相　不要讓宰相進宮見皇帝。內，同「納」。放進。㊲推問　推究審問。㊳繈褓　揹小孩的背帶和布兜，這裡以喻人的年齡之小。㊴秉

權　掌權。㊵易世　換代；新皇帝即位。㊶親屬愈疏　親屬關係更加疏遠。庾亮、庾冰兄弟為成帝之舅，如果讓成帝的兒子上臺，就又隔了一代。㊷間　離間。㊸母弟琅邪王岳　司馬岳，晉成帝的胞弟，此時被封為琅邪王。㊹鮮不致亂　很少不出亂子的。鮮，少。㊺不授聖弟　不傳位給被稱為「聖人」的周公。周公是武王之弟，名姬旦。㊻琅邪踐阼　司馬岳一旦登基為帝。阼，殿堂前東面的臺階。古代主客相見時，客人走西面的臺階，主人走東面的臺階。帝王也登阼階以主持祭祀，因以「阼」指帝位。㊼將如孺子何　將對晉成帝的兩個小兒子如何安排。孺子，指司馬丕、司馬奕。㊽以奕繼琅邪哀王　元帝初以其子裒奉琅邪恭王後，卒，謚曰孝，其子哀王安國立，不滿一年，卒；元帝又以皇子煥嗣封，當日卒；復以皇子昱為琅邪王。咸和初，昱徙封會稽，以岳為琅邪王。今岳踐阼，故以奕繼哀王後。㊾壬辰　六月初七。㊿癸巳　六月初八。(51)幼沖　年幼。(52)庶政　各種政務。庶，眾多。(53)甲午　六月初九。(54)己亥　六月十四。(55)亮陰不言　居喪守孝，不問政事。亮陰，也作「亮闇」，指帝王居喪。(56)七月丙辰　七月初一。(57)徒行　步行。(58)臨軒　不坐正殿而坐於殿前的平臺上。軒，殿前屋簷下有欄杆的平臺，即「廊簷」。如車之軒，故亦稱軒。(59)嗣鴻業　繼承大業，即繼位稱帝。鴻業，指帝業。鴻，大。(60)不覩升平之世　不會看到你統治的太平盛世，意即不會同意你為皇帝。(61)己未　七月初四。(62)晉陵　郡名，孫吳時稱毗陵。永嘉五年避東海王越世子毗諱，改晉陵。治所京口，即今江蘇鎮江市。西晉末大亂，徐州、淮北流民相繼逃到江南，居於晉陵郡界。咸和四年，郗鑒又徙淮南流民於晉陵各縣，並立僑郡以統轄。徐州在江北實際只有廣陵、堂邑、鍾離三郡，而揚州境內的晉陵郡由於遷徙過來的徐州流民過多，因而也屬徐州，即所謂都督徐州、揚州之晉陵諸軍事。(63)龍城　慕容皝新建的都城，即今遼寧朝陽。(64)篡竊得國　咸和八年，宇文逸豆歸逐乙得歸，而篡其國。事見本書前文〈晉紀〉十七。(65)羣情不附　猶謂人心不服。(66)性識庸闇　資質平庸愚昧。(67)軍無部伍　軍隊的編制沒有章法。部曲、行伍都是古代軍隊的編制名。(68)悉　熟悉；知道。(69)彊羯　指前趙石虎政權。(70)聲勢不接　指不能及時地互通消息、相互救助。聲，聲聞；消息。鮮卑宇文部都於遼西紫蒙川，在今遼寧朝陽西北，在慕容部的轄境以北，與石虎的轄地不相接。(71)去國密邇　和我們的都城很是接近。密邇，兩相靠近。(72)掩　突然襲擊。(73)不足以行　不夠往滅宇文部之用。(74)返手　同「反手」。把手掌翻過來，以比喻解決問題的輕而易舉。(75)返顧　猶後顧。(76)丸都不足取　高句麗都城可以不用費力而奪取。丸都是高句麗的都城，在今吉林集安西北。不足取，不用費力，唾手可得。(77)縱有蹉跌　即使我們在北路受點損失，有點失誤。(78)羸兵　瘦弱之兵。(79)鮮于亮　本後趙將，咸康四年（西元三三八年）戰敗降燕。事見上卷咸康四年。(80)國士之恩　像對待國士一樣待我的恩德。國士，一國之內的傑出之士。(81)陳　通「陣」。(82)乘之　趁勢發起攻擊。(83)主亡　其國主釗單騎逃亡。(84)鳩聚　聚集。(85)收其餘燼　集合起殘兵敗將。餘燼，以比喻殘餘勢力。(86)束身自歸　意即主動請罪歸降。束身，將自己捆起。(87)然後返之　到那時再放他們回去。(88)十二月壬子　十二月二十九。(89)后父　晉康帝褚皇后之父。(90)半洲　古城名，在今江西九江市西。(91)閣道　複道；架木而成的空中通道。(92)河南四州　指洛、豫、徐、兗四州。(93)治南伐之備　作向南伐晉的準備。治，作。(94)嚴西討之資　籌備向西伐張駿的兵員、物資。嚴，緊急動員，積極籌備。(95)東征之計　向東討伐慕容皝的計畫。(96)三五發卒　三丁徵二，五丁徵三。(97)牧宰　泛指州縣長官。州官稱牧，縣官稱宰。(98)貝丘　古地名，在今山東博興南。(99)應讖　和讖語所說的情況相同。讖，一種預言吉凶的流言，顯然是別有用心的人所編造。(100)署置百寮　意即任命百官。署，委任。寮，通「僚」。官吏。(101)連坐　一人犯罪，其家屬、親友、鄰居等都要連帶受處罰的法令。(102)微行　便裝出行，不使人知其尊貴的身分。(103)躬察作役　親自去查看工地施工的情景。躬，親身。作役，正在勞作的役夫。(104)京兆　京兆尹，政區名，指長安與其郊區，級別相當於一個郡。(105)忽天下之重　指不顧自己的安危。忽，不重視。天下之重，即身繫國家安危的帝王。(106)輕行斤斧之間　輕率地在施工現場穿行。斤斧，斤也是斧，這裡泛指勞動工具。(107)狂夫　隱指刺客、奸細。(108)興役無時　大興勞役，不管農閒農忙。(109)廢民耘穫　妨礙農業生產。除草謂耘，收割謂穫。(110)仁聖　謂仁聖之君。(111)興繕滋繁　開工的工程越來越繁多。(112)游察自若　到處遊獵、到處檢查的習慣依然照舊。(113)領五兵尚書　兼任五兵尚書，掌管中兵、外兵、騎兵、別兵、都兵等五種。(114)諸侯　指石虎的其他兒子，石宣的眾多兄弟。(115)以壯本根　以加強皇太子的勢力。本根，指皇太子，其他諸侯則僅為枝葉。(116)四公　即秦公韜、燕公斌、義陽公鑒、樂平公苞。(117)聽　允許。(118)自是以下　四公以下的其他官員。(119)三分置一　都把自己屬下的官員、警衛，裁去三分之二，留下三分之一。置，留下。(120)餘兵五萬　裁減下來的五萬人。(121)悉配東宮　全部調撥給太子所居之宮。(122)嫌釁　相互猜疑、相互矛盾。嫌，猜疑。釁，裂痕。(123)平陵城　平陵縣的縣城，上屬濟南郡，即今山東章丘西的平陵城。(124)迹隨之　追蹤尾隨著它。(125)迹皆成蹊　結果踩成了一條小路。蹊，小路。(126)親董六師　親自統率全國軍隊。六師，也稱「六軍」，指天子的軍隊。按周制，天子有六軍，諸侯大國有三軍，中國有二軍，小國有一軍。每軍一萬二千五百人。(127)以奉天命　以奉行天命，討伐不順者。(128)制　石虎下令。制，皇帝的命令。(129)調不辦　沒有按命令帶足車、牛以及各種物品者。(130)鬻子　賣孩子。(131)不能給　不能完成；不能交足。給，足。(132)自經　自縊；上吊。(133)相望　從這一個可以望到另一個，極言其多。(134)康皇帝　司馬岳，字世同，明帝之子，成帝的母弟，西元三四二—三四四年在位。事詳《晉書》卷七〈康帝紀〉。《謚法》曰：溫柔好樂曰康。(135)莫淺渾　人名。(136)忼慨　意氣風發，情緒激昂。(137)彝　桓彝，東晉初期名臣，先參加平王敦之亂有功，受朝廷重用；蘇峻造反時，又起兵勤王，兵敗，被叛黨所殺。傳見《晉書》卷七十四。(138)尚南康公

主 娶明帝女南康公主為妻。尚，高攀，以敬稱娶皇帝之女。(139)風概 風采氣概。(140)相期 彼此希望；共同希望。(141)寧濟海內 安定天下，拯救天下。(142)勿以常人遇之 不要像對待一般人那樣對待他。常人，普通人。遇，對待。(143)常壻畜之 不要像對待一般的女婿那樣對待他。壻，同「婿」。畜，養，這裡即指對待。(144)宜委以方邵之任 應該像周宣王那樣委之以方叔、邵虎那樣的征伐重任。方叔、邵虎都是西周宣王時的大臣。方叔曾奉命統率兵車三千輛大舉攻楚，擒獲許多戰俘，使楚國因而畏服。方叔與邵虎都還率兵討伐玁狁，穩定了周國的邊疆。事見《詩經》之〈采芑〉、〈出車〉、〈六月〉等篇。方叔、邵虎被歷史稱作幫周宣王中興的名臣。(145)弘濟艱難 改變國家的艱難局面。弘，光大。濟，救助。(146)杜乂殷浩 以清談聞名的士族官僚。(147)弗之重 弗重之，不重視他們。(148)束之高閣 意即棄置一旁。(149)俟 等候。(150)徐議其任 慢慢地討論他們能夠幹些什麼。(151)累辭徵辟 屢次推辭朝廷或權臣對他的聘任。徵辟，聘任。朝廷詔聘為徵，三公以下請召為辟。(152)屏居墓所 隱居在他們先人的墳墓旁。屏居，退居。(153)幾將 差不多有。(154)擬之管葛 把殷浩比作管仲、諸葛亮。管仲名夷吾，字仲，春秋時代的名臣，曾輔佐齊桓公九合諸侯，一匡天下，使齊桓公成為春秋五霸之首。傳見《史記・管晏列傳》。諸葛亮字孔明，三國時期的政治家，曾輔佐劉備在西蜀稱帝，後又受顧命輔佐後主劉禪，支撐蜀漢數十年。傳見《三國志・諸葛亮傳》。(155)謝尚 字仁祖，謝鯤之子，謝安的從兄。傳見《晉書》卷七十九。(156)王濛 字仲祖，善談玄，精隸書，通禮制。傳見《晉書》卷九十三。(157)伺其出處 觀察、根據殷浩的出山與歸隱。出，出仕。處，在家當隱士。(158)以卜江左興亡 以判斷東晉政治局面的昌盛還是衰微。卜，判斷。(159)相與省之 結伴去拜訪殷浩。省，看望。(160)確然之志 即下定決心不出山。(161)深源不起 這殷浩總是不出山。殷浩，字深源。起，離家入仕。(162)當如蒼生何 這黎民百姓可怎麼辦呢。意思是治國平天下非他不行。(163)安西軍司 安西將軍庾翼的司馬官。(164)王夷甫 名衍，字夷甫，西晉時期的權臣。喜談老莊，居高官而不任事。在西晉內亂引來外患的時候，不問國事而專謀自保。當他被石勒所俘，王衍為圖苟活竟勸石勒稱帝，被石勒所殺。傳附《晉書》卷四十三。(165)談道 指老子、莊子之道。(166)實長華競 實際是在助長官場上的浮華豪奢與奔競之風。(167)遇會處際 在遇到可以施展才幹的機會的時候。遇會，遇風雲之會。處際，處功名之際。(168)寧可然乎 能夠老是這種樣子嗎。(169)殷羨 字洪喬，殷浩之父。(170)屬之 委託；為之說情。(171)報 回信。(172)由有佳兒 還有一個出色的兒子殷浩。由，通「猶」。(173)弟 庾翼自稱。庾翼是庾冰之弟。(174)令物情容之 讓輿論對他有所寬容。物情，人心；社會輿論。(175)大較 大略；大概。(176)嫗昫豪彊 對豪門貴族寬容放縱。嫗昫，愛護、養育。天降氣以養物曰昫，地賦物以形體曰嫗。昫，同「煦」。(177)常為民蠹 總是侵奪、損害百姓的利益。蠹，蛀蟲。(178)行法 施法；懲罰犯法者。(179)輒施之寒劣 總是抓幾個貧苦的下等人來充數。輒，總是。寒劣，寒門賤人。(180)豪將　有權勢的武官。(181)直　只；僅僅。(182)倉督監　管理倉庫的小吏。(183)塞責　搪塞上頭的查問。(184)餘姚長　餘姚縣的縣令。(185)為官　為了國家的利益。官，國家；公家。(186)出豪彊所藏二千戶　查出了某豪門掩護下的兩千多家黑戶口。西晉末，由於戰亂，大量北方流民南遷，地方豪強為了與官府爭利，往往隱瞞一些黑戶口。(187)驅之　指驅逐縣令山遐。(188)前宰之惛謬　上一代宰相的昏庸所造成。前宰，指王導。惛謬，糊塗荒謬。(189)江東事去　東晉王朝的法制敗壞不可收拾。(190)實此之由　即「實由於此」。(191)不能拔足於風塵之外　意即不能看著這種腐敗政治流行而不管。風塵，猶言「惡濁」。(192)黜免；貶退。(193)簡　山簡，山濤之子，三國時代的魏國名將。傳見《晉書》卷四十三。(194)刻期　訂好日期。(195)譙王無忌　司馬無忌，老譙王司馬丞之子。司馬丞死於王敦之亂。傳見《晉書》卷三十七。(196)丁巳　七月初八。(197)議經略中原　討論收復中原的方略。經略，經營。(198)荊州之四郡　指南陽、新野、襄陽、南鄉四郡。(199)趣丹水　進軍丹水縣。丹水縣的縣治在今河南淅川縣西南的丹江之北。趣，意思同「趨」。(200)臨淮　郡名，郡治盱眙，在今江蘇盱眙東北。(201)六州奴　庾翼所統轄的江、荊、司、雍、梁、益六州境內的奴隸。奴，指罪人，罪人之子和家奴等被剝奪人身自由者。(202)禮　聘禮。(203)倨慢　驕傲自大。(204)無子壻禮　沒有個做女婿的樣子。(205)前軍師評　前軍將軍的軍師慕容評。(206)安陸　晉縣名，縣治即今湖北安陸。(207)譬止　勸阻。(208)夏口　即今湖北武漢的漢口，地當漢水入江之口，因漢水自沔陽以下兼稱夏水，故稱夏口。與江南的武昌相望。(209)出外　離開建康，到外埠任都督。(210)辛巳　八月初二。(211)豫州之四郡　即宣城、歷陽、廬江、安豐四郡。(212)以為翼繼援　作為庾翼的後援。(213)徵　調；召回。(214)徐州之琅邪　西晉永嘉之亂後，琅邪國（治所開陽縣，在今山東臨沂北）人隨元帝過江者千餘戶。元帝太興三年，在琅邪人聚居地丹陽郡置懷德縣（縣治在今江蘇南京鼓樓一帶），又在丹陽置琅邪相，但無其地。桓溫為琅邪內史，鎮江乘之蒲洲金城（在今江蘇句容北），求割丹陽之乘縣（縣治在今江蘇句容北六十里）境立琅邪郡。即所謂「徐州之琅邪」。(215)十一月己巳　十一月二十二。(216)享　以酒食招待群臣。(217)馬道　宮廷中為馳馬往來所築之道。(218)大閱而罷　檢閱了一回軍隊後便結束。(219)三道　分三路進軍。(220)南羅大涉夜干　南羅城的城主名叫涉夜干。南羅城即威德城。大，城大；城主。(221)逆戰　迎戰。(222)小　稍；略。(223)掃其國內精兵　盡其全國所有。(224)以屬　全部交給。屬，交付。(225)孰知　深刻瞭解。孰，同「熟」。(226)易與　容易對付。(227)邀擊　半路截擊。(228)威德城　有說在今內蒙古西遼河上源西拉木倫河或老哈河流域一帶。(229)佳書　指其所藏的天文、占候之書。(230)忠盡　竭盡忠心。(231)執要　掌管最重要的東西。指國家大權。(232)執職　做好具體工作。(233)后稷　周族始祖，名棄，善於種植各種穀類，堯、舜時任農事之官，故稱后稷。(234)占候　觀測天象變化以測人事吉凶。(235)屬路　絡繹於路。屬，連接。(236)甘松　胡三省以為在濡源之東，突門嶺之西。(237)積時　積日；好長時間。(238)漸差病情漸好。差，通「瘥」。病好。239藉翰勇略　倚仗慕容翰的勇敢與謀略。藉，借助；仰仗。240死已晚　意即早就該死了。241羯賊　指石虎後趙政權。242蕩壹區夏　統一中國。243不遂　沒有達到；未能實現。244沒有遺恨　意即死不瞑目，終生抱憾。沒，通「歿」。死。245三交城　在今陝西寶雞西，一說在今陝西綏德境。246宮材　營建宮殿所需的木材。247因出游　趁著出遊的機會，假裝是被自己看到了。248會熒惑守房　正好這時在天文上出現了火星運行到房宿的位置。熒惑，火星，因其隱現不定，令人迷惑，故名。守，守候，這裡指靠近。房，星宿名，二十八宿之一，蒼龍七宿的第四宿，有星四顆，亦稱「天駟」。《晉書・天文志》云：「房四星，為明堂，天子布政之宮也。」「熒惑……天子之理也。故曰，雖有明天子，必視熒惑所在。其人守……房、心，主命惡之。」249太史令　官名，為太史署的長官，隸屬太常，掌天文、曆法、占候。250其殃不細　其禍不小。251以貴臣王姓者當之　要殺一個姓王的國家大臣來沖抵上天對我們國事的警告。當，沖抵；抵消。252無貴於王領軍　沒有比領軍將軍王朗更合適的了。貴，這裡意即合適。253議楛矢事　王波勸石虎放成將李閎回蜀，並勸石虎將挹婁進獻的楛矢一併轉贈李壽事，見本書上卷咸康六年。254愍　同「憫」。同情；可憐。255凡城　燕城名，在今河北平泉南。256熒惑守心　火星運行到了心宿的附近。心宿是二十八宿之一，蒼龍七宿的第五宿，有星三顆。《晉書・天文志》曰：「心三星，天王正位也。中星曰明星，天子位。……前星為太子，後星為庶子。」257乃宗廟不修之譴　這是上天譴責我們沒有很好地祭祀宗廟。不修，沒有做好。258景武創業　李特、李雄打下了天下。李特謚為景皇帝，李雄謚為武皇帝。259獻文承基　李驤、李壽是繼承了李特、李雄的基業。李驤謚為獻皇帝，李壽謚為文皇帝。260至親不遠　李驤與李特是親兄弟，李壽與李雄是堂兄弟，所以說他們都是「至親」。261無宜疏絕　不應該與他們斷絕關係。指李壽即位後改國號、另立宗廟而言。262祀成始祖　重新祭祀李特，稱其廟號曰「始祖」。263太宗　重尊李雄，稱其廟號曰「太宗」。264皆謂之漢　前後都稱為「漢國」。李特、李雄時代，稱自己的政權曰「成」；咸康四年，李壽改國號為「漢」，更立漢宗廟。以李特、李雄舊廟為「大成廟」。此時又以大成廟為漢宗廟，一併祭祀。265八月庚辰　八月初七。266司馬應誕　庾翼軍中的司馬名叫應誕。司馬是大將軍、將軍、校尉的屬官，在軍中掌管司法。267西城　晉縣名，縣治在今陝西安康西北。268固辭樞要　堅決辭去朝廷要害部門的職權。樞要，機要；要害部門。269閏月丁巳　閏八月十四。270金城　在當時的江乘縣之蒲州（今南京東），當時也是琅邪僑郡的所在地。271會稽王昱　司馬昱，元帝司馬睿之子，明帝司馬紹之弟。按，庾氏兄弟主張立司馬昱為嗣，目的是有利於庾氏繼續把持朝政。272九月丙申　九月二十四。273戊戌　九月二十六。274己亥　九月二十七。275褚氏　褚裒之女。276宜綜朝政　應該總理朝權。綜，綜合；總理。277懼獲譏嫌　害怕遭到群臣的非議和猜疑。278居藩　出外為一方諸侯之任，指刺史、都督之類。279揚州之二郡　即晉陵、義興二郡。280京口　即今江蘇鎮江市。281私覿　私下相見。282嚴父　以父親為尊。嚴，尊。283十月乙丑　十月二十三。284十一月庚辰　十一月初九。285以家國情事　以兄弟之情，則當赴庾冰之喪；以國事，則當治兵繼續謀求北伐。286寶　毛寶，東晉名將，平蘇峻之亂有大功。傳見《晉書》卷八十一。287大佃　大力發展農墾，積蓄糧食。288靈昌津　延津的別名，在今河南衛輝東的古黃河上，已湮。289采石　採集石塊。290為中濟　在河道的中心為架橋堆築橋柱的基礎。

【校　記】1洛陽長安　據章鈺校，十二行本、乙十一行本、孔天胤本皆「洛陽」、「長安」互乙。2忼　十二行本、乙十一行本、孔天胤本皆作「慷」。按，二字同。3不尚浮華　原無此四字。據章鈺校，十二行本、乙十一行本、孔天胤本皆有此四字，張敦仁《通鑑刊本識誤》、張瑛《通鑑校勘記》同，今據補。4者　原無此字。據章鈺校，十二行本、乙十一行本、孔天胤本皆有此字，今據補。5承　原誤作「承」，前卷不誤。6都督　原作「小都」。嚴衍《通鑑補》改作「都督」，當是，今據改。7徵江州刺史　原無此五字。據章鈺校，十二行本、乙十一行本、孔天胤本皆有此五字，張敦仁《通鑑刊本識誤》、張瑛《通鑑校勘記》同，今據補。8焉　據章鈺校，十二行本、乙十一行本、孔天胤本皆作「安」。9勢　原無此字。據章鈺校，十二行本、乙十一行本、孔天胤本皆有此字，今據補。

【語　譯】顯宗成皇帝下

咸康八年（壬寅　西元三四二年）

春季，正月初一日己未，發生日蝕。○初七日乙丑，東晉實行大赦。

東晉擔任豫州刺史的庾懌將美酒饋贈給江州刺史王允之。王允之疑心酒裡有毒，便先倒給狗喝，喝了酒的狗立即倒地而死，王允之便把此事祕密地奏報給晉成帝司馬衍。晉成帝說：「大舅庾亮已經擾亂了一次天下，難道小舅庾懌也要如此嗎？」二月，庾懌飲鴆酒而死。

三月，東晉開始把武悼皇后楊芷的靈位擺放在武帝廟中晉武帝司馬炎靈牌的旁邊，與晉武帝一同享受祭祀。

東晉庾翼的鎮所所在地武昌，屢次發生令人感到奇特、怪異的事情，想把鎮所遷移到樂鄉，征虜長史王述寫信給庾冰說：「樂鄉距離武昌一千多里，屬下有數萬部眾，一旦遷徙，就得修築城池，於公於私，都會造成很大的辛勞和困擾。再有，江州的物產需要逆流而上數千里才能到達樂鄉，供給軍府，費用和人力都得增加一倍。而且武昌實屬江東鎮戍的中心，不止是捍衛長江上游而已，國家一旦發生緊急情況需要通知荊州刺史，由荊州迅速出兵赴援朝廷都很容易。如果移到樂鄉，樂鄉遠在西部邊陲，一旦位於長江下游的都城有事，首尾不能相救。獨當一面的高級將領，本來就應該戍守要害之地，維護朝廷與地方的安全，使那些圖謀不軌的人不知從哪裡下手。過去，秦始皇忌諱『亡秦者胡也』的讖語而出動大軍攻擊匈奴，結果反而幫助劉邦、項羽成就了功業；周宣王厭惡『檿弧其服，實亡周國』的童謠，結果導致褒姒之亂。所以通達事理的人，要堅持走光明正確的直路，至於那些通過迷信手段以祈求驅災避邪，都是錯誤的，只能選擇改良政治、竭盡人事，為國家的長治久安多做一些有益的事情。」朝廷的意見也是如此。庾翼遂打消了遷移樂鄉的念頭。

夏季，五月乙卯日，晉成帝司馬衍身體不適。六月初五日庚寅，病情加重。有人偽造尚書省發布的公文，命令宮門侍衛不得允許丞相入宮晉見皇帝，文武百官全都大驚失色。但庾冰說：「這其中一定有詐。」經過推究審問，果然如此。晉成帝的兩個兒子司馬丕、司馬奕還都在襁褓之中，庾冰認為自己兄弟執掌朝政已經很長時間，擔心換了皇帝以後，自己與皇帝的親屬關係更加疏遠，將會被別人挑撥離間，每每勸晉成帝說國家面對著強大的敵人，應該立年紀大些的為儲君，請求晉成帝立自己的同母弟琅邪王司馬岳為皇位繼承人，晉成帝表示同意。擔任中書令的何充說：「父親傳位給自己的兒子，這是先王的規矩，凡是改變這一規矩的很少不招致禍亂。所以周武王不把王位傳授給被稱為『聖人』的胞弟周公，而是傳給了自己的兒子周成王姬誦，不是周武王不愛他的弟弟。現在一旦讓琅邪王司馬岳繼承皇位登上皇帝寶座，那晉成帝的兩個小兒子怎麼安排？」庾冰對何充的意見不予採納。於是晉成帝司馬衍下詔，立琅邪王司馬岳為繼承人，並將司馬奕過繼給琅邪哀王為後。初七日壬辰，庾冰、何充以及武陵王司馬晞、會稽王司馬昱、尚書令諸葛恢一同接受了晉成帝司馬衍的臨終囑託。初八日癸巳，晉成帝司馬衍駕崩。晉成帝幼年登基繼承了皇位，由於年幼，並不親自處理各種政務。等到年紀漸長，很有克勤克儉的美德。

六月初九日甲午，琅邪王司馬岳即皇帝位，大赦天下。○十四日己亥，新皇帝司馬岳封晉成帝的兒子司馬丕為琅邪王，封司馬奕為東海王。

晉康帝司馬岳在為自己的哥哥晉成帝居喪守孝期間不過問政事，將一切政務全部委託給庾冰、何充。秋季，七月初一日丙辰，將晉成帝司馬衍安葬在興平陵。晉康帝司馬岳徒步為晉成帝送喪，一直走到閶闔門，才坐上素色的車子，護送成帝的靈柩到達陵園。安葬完畢，晉康帝登上金殿前的平臺上，庾冰、何充陪坐在旁邊。晉康帝說：「我能夠繼承皇家宏大的功業，全靠了二位的力量。」何充說：「陛下像龍一樣飛升天際，是庾冰的力量。如果採納我的意見，恐怕看不見陛下統治的太平盛世。」晉康帝司馬岳臉上露出慚愧的神色。初四日己未，任命何充為驃騎將軍、都督徐州・揚州之晉陵諸軍事、兼任徐州刺史，鎮所設在京口，為的是躲開庾氏諸人。

冬季，十月，燕王慕容皝將都城遷往龍城，在燕國境內實行大赦。○建威將軍慕容翰對燕王慕容皝說：「宇文部落強盛的時間已經很久了，屢次給我國帶來災禍。如今宇文逸豆歸篡位奪取了政權，人心不服，加上他資質平庸，沒有遠見卓識，手下的將帥又都不是將帥的材料，國家沒有防衛，軍隊的編制沒有章法。我在其國待的時間很久，熟悉那裡的地形，雖然他們歸附於遠方強大的趙國，然而兩地相距遙遠，不能即時地互通消息，遇到緊急情況根本無法互相救援。現在攻擊他，可以百戰百勝。然而高句麗距離我們的都城很近，經常在窺視著我們，打我們的主意。他們知道一旦宇文氏被滅掉，災禍馬上會落到他們頭上，必定趁我出兵宇文氏，後方兵力空虛的機會，率領大軍深入我國境內，突然襲擊我們的後方。如果留下的兵力很少，則不足以抵抗高句麗的入侵，如果留守的軍隊很多，則前往消滅宇文部落的兵力則不夠用。這才是我們的心腹之患，所以應該先除掉高句麗。觀察他們的形勢，只需出兵一次便可將其攻克。宇文部落酋長逸豆歸是一個性格保守的胡虜，必定不能遠道而來，為了自己的長遠利益與我們爭鬥。攻取了高句麗之後，回過頭來攻取宇文氏，便易如反掌了。高句麗與宇文氏全部平定之後，一直到東海之濱，全部利益都將歸我國所有，到那時，國富兵強，又沒有後顧之憂，就可以考慮奪取中原。」燕王慕容皝聽後說：「好主意！」

燕國準備出兵攻取高句麗。通往高句麗有兩條道路，其北部道路平坦開闊，而南道險峻狹窄，眾人都主張從北道進軍。建威將軍慕容翰說：「高句麗按照常情來判斷，必定認為我們的大軍會從北路進入其國境，所以肯定把重兵安置在北道而輕視南道的防禦。大王應該率領精銳部隊從南道打他一個出其不意，攻取高句麗的都城丸都就很容易了。另外派遣一支部隊從北路進兵，即使我們在北路受點損失，然而高句麗的心臟已經崩潰，四肢也就無能為力了。」慕容皝批准了慕容翰的進兵方案。

十一月，燕王慕容皝親自率領四萬名精兵，從南道向高句麗進發，任用慕容翰、慕容霸為前部先鋒，另外派遣擔任長史的王寓等率領一萬五千人從北路討伐高句麗。高句麗主釗果然派遣他的弟弟高武率領五萬名精兵前往北道迎戰燕軍，而自己卻率領著老弱殘兵前往南道防禦。燕國建威將軍慕容翰等率軍搶先到達，與高句麗國主所率領的羸兵交戰，燕王慕容皝率領大隊人馬隨後趕來。擔任左常侍的鮮于亮說：「我原本是一個俘虜，承蒙燕王像對待國士一樣對待我，大恩大德不能不報；今天就是我為大王效死的日子。」鮮于亮於是獨自率領幾名騎兵率先衝入高句麗的軍陣，所向披靡。高句麗的軍陣已經動搖，燕國的大股部隊趁勢猛攻，高句麗的軍隊大敗。燕國的左長史韓壽斬殺了高句麗的將領阿佛和度加，諸軍乘勝追擊，遂一舉攻陷了高句麗的都城丸都。高句麗國主釗單騎逃走，燕國輕車將軍慕輿埿隨後追殺，擒獲了高句麗國主釗的母親周氏和他的妻子，而後回軍。正趕上長史王寓等所率領的北道軍全軍覆沒的消息傳來，因此，燕王慕容皝不再對敗逃的高句麗國主釗窮追猛打，派遣使者招降高句麗主釗，釗不肯出降。

燕王慕容皝準備班師，擔任左長史的韓壽進言說：「高句麗的地盤，我們不可以在此留兵戍守。現在高句麗主釗已經逃走，民眾逃散，全都躲藏到了山溝裡，只要我們的大軍一離開，他們必然會重新聚集起來，招集起那些殘兵敗將，其勢力還完全可以給我們造成災禍。請帶著高句麗主釗父親的屍體、囚禁起他的母親，將他們帶回燕國，等候高句麗主釗主動前來請罪歸降，到那時再把他們放回，用恩惠和誠信對待他，這是上策。」慕容皝聽取了韓壽的建議。於是挖開高句麗主釗父親乙弗利的墳墓，將乙弗利的屍體裝載上車，收拾起高句麗府庫中歷代收藏的財寶，俘虜了五萬多名男女，燒毀了高句麗主的宮室，毀壞了高句麗的都城丸都，然後凱旋而歸。

十二月二十九日壬子，東晉康帝司馬岳立王妃褚氏為皇后，徵召褚皇后的父親、擔任豫章太守的褚裒為侍中、尚書。褚裒因為自己是皇后的父親，所以不願意留在朝廷任職，他苦苦地請求到地方去，遂升任褚裒為建威將軍、江州刺史，鎮所設在半洲。

後趙王石虎在鄴城建造了四十多處臺觀，又在洛陽、長安分別建造宮殿，徵調民夫四十多萬。他還準備在鄴城到襄國之間修建一條空中通道。又給黃河以南的洛州、豫州、徐州、兗州四州下詔，要他們做好大軍南伐東晉的準備，給并州、朔州、秦州、雍州下詔，要他們積極籌備向西討伐涼州張駿所需的兵員、物資，下詔給青州、冀州、幽州，要他們做好向東征討燕國慕容皝的計畫。在國內大肆徵兵，並嚴格規定，凡是一家之中有三個男丁，就要徵調二人服兵役，家中有五個男丁，就要徵調三人服兵役。各州光是為軍人打造鎧甲、武器的就有五十多萬人，船夫十七萬人，被水淹死、被虎狼吃掉的佔了三分之一。再加上公爵、侯爵，以及州牧、郡守、縣令等趁機謀取個人私利，使得百姓失去了他們賴以謀生的產業，已經完全陷入窮困不堪的境地。貝丘人李弘，借助於百姓對石虎政權充滿怨恨的心情，便宣稱自己的姓名應驗了讖語上的預言，遂互相聯絡、發展黨羽，設置各種職能機構，任命文武官員。事情敗露之後，李弘被殺，因為受牽連而被判罪的達數千家。

大趙天王石虎喜歡遊獵，而且毫無節制，經常早晨出去，一直到深夜才歸來；又經常便裝出行，親自到各工地查看工程進度。擔任侍中的京兆人韋謏勸諫他說：「陛下忽略了自己是身繫國家安危的帝王，輕率地在手拿刀斧的施工現場走來走去，萬一發生刺客襲擊的事件，即使再有智謀和勇力，恐怕一時之間也施展不出吧？再有，大興勞役，不考慮農忙農閒，農民耕作、收穫的工作全部被迫停止，哀歎、怨恨的聲音充滿了道路，這恐怕不是仁慈聖明的君主所忍心去做的事情。」石虎賞賜給韋謏穀米和布帛，表示對他直言勸諫的獎勵，然而開工興建的工程卻越來越多，到處遊獵、到處檢查的習慣依然如故。

後趙秦公石韜很受天王石虎的寵愛，皇太子石宣因此而厭惡石韜。擔任右僕射的張離同時兼任著五兵尚書的職務，他想向皇太子石宣討好，就對石宣說：「如今各諸侯屬下的官吏和軍隊數量都超過了國家規定的限度，應該逐漸地對他們加以裁減，以加強皇太子的勢力。」石宣遂指使張離向天王石虎奏報說：「秦公石韜、燕公石斌、義陽公石鑒、樂平公石苞四位公爵手下可以允許設置官吏一百九十七人，帳下的士兵二百人。其餘公爵只能按照這個標準的三分之一保留，裁減下來的三分之二，總計約有兵力五萬人，全部調撥給東宮的皇太子。」因為這件事，諸公爵全都心生怨恨，與皇太子石宣之間的矛盾也就更加深化。

後趙的青州官員上疏說：「濟南郡平陵城北面的一個雕刻石虎，一夜之間，突然移到了平陵城東南，有一千多隻狼、狐狸跟隨著它，竟然踩出了一條小路。」石虎高興地說：「石虎，那是代表我呀。石虎從西北遷往東南，這是上天希望我平定江南。趕緊下詔給各州的軍隊，要他們明年全部集結，我要親自率領六軍，奉行天命討伐東晉。」滿朝文武官員全都向石虎祝賀，呈遞〈皇德頌〉的就有一百零七人。石虎下詔說：「接到徵集令的軍士，每五個人要帶齊一輛車、兩頭牛、十五斛米、十匹絹，沒有按照命令帶齊上述物品的一律斬首。」窮苦的百姓為了交納軍需，甚至賣掉了自己的孩子，但還是達不到繳納的標準，於是紛紛在路旁的樹上上吊自殺，懸掛的屍體從這一個可以望見那一個。

康皇帝

建元元年（癸卯　西元三四三年）

春季，二月，高句麗王釗派自己的弟弟前往燕國的都城龍城朝見燕王慕容皝，向燕國稱臣，進貢給燕國的珍禽異獸數以千計。燕王慕容皝遂將高句麗王父親的屍體交還給來使帶回，但仍然將其母親扣作人質。

宇文部落首領逸豆歸派遣自己的國相莫淺渾率領軍隊攻打燕國。燕國諸將都爭相準備迎擊，燕王慕容皝沒有批准。莫淺渾遂認為慕容皝懼怕他們，便開始放鬆警惕，每天飲酒打獵，不再進行警戒。燕王慕容皝派建威將軍慕容翰率軍出擊，莫淺渾被慕容翰打得大敗，僅逃得一命，他所率領的部眾全部被燕國俘虜。

庾翼意氣風發，情緒激昂，醉心於建功揚名，不崇尚浮華。擔任琅邪內史的桓溫，是已故宣城內史桓彝的兒子，他娶了晉明帝的女兒南康公主為妻，為人豪爽，有風采、有氣概。庾翼與桓溫關係友好，兩人都以安定天下、澄清海內互相期許。庾翼曾經向晉成帝司馬衍推薦桓溫說：「桓溫有英雄的才能和氣概，希望陛下不要把他當做一般人看待，不要像對待一般的女婿那樣對待他，應該像周宣王對待方叔、邵虎那樣，委以征伐的重任，一定能夠建立弘大的功勳，改變國家的艱難局面。」當時杜乂、殷浩所負才名天下第一，唯獨庾翼不看重他們二人，庾翼說：「這一類人應該把他們放到高閣上去，等到天下太平以後，再慢慢地商議讓他們幹點什麼。」朝廷多次徵聘殷浩出來做官，都被殷浩推辭謝絕了，他隱居在先人的墓園旁將近十年，當時的人都把他比作管仲與諸葛亮。擔任江夏國相的謝尚、擔任長山縣令的王濛經常根據殷浩的出山與歸隱來推斷江東政治局面是昌盛還是衰微。他們曾經結伴去拜訪殷浩，知道殷浩已經下定決心不肯出來做官。在返回的途中，二人相互說：「殷浩不肯出來從政，這黎民百姓可怎麼辦呢！」謝尚，是謝鯤的兒子。庾翼聘請殷浩擔任司馬，晉康帝下詔任命殷浩為侍中、安西軍司，殷浩都不接受。庾翼遂寫信給殷浩說：「王衍雖然負有盛名卻並不實際，雖然是講述老子、莊子的學說，實際上是在助長官場上的浮華豪奢與奔競之風。有才有德的正人君子，在遇到可以施展才幹的機會的時候，能夠老是像你這樣子嗎？」殷浩還是不肯出山。

殷浩的父親殷羨擔任長沙相，在郡中貪贓枉法，殘害百姓，擔任中書監的庾冰寫信給庾翼，為殷羨說情。庾翼在給庾冰的回信中說：「殷羨那樣的驕縱豪橫，似乎是因為他有殷浩那樣一個出色的兒子，我也因此而讓輿論對他稍加寬容。從江東政治局勢的大略來分析，對那些有權有勢的豪門貴族總是寬容放縱，而這些豪門貴族總是侵奪、損害老百姓的利益，成為人民的禍害，官府有時懲罰犯罪者，也總是抓幾個出身貧寒、地位低下的人來充數。比如往年有人偷盜了石頭城倉庫中的一百萬斛糧食，官府明知偷盜的人是有權勢的武官幹的，卻不敢追究，只把管理倉庫的小官吏殺掉以搪塞上司的查問。山遐擔任餘姚縣長時，為了國家利益，從豪強大戶家中清查出二千家沒有戶籍的黑戶，而有權勢的人竟然聯合起來將山遐驅逐，使山遐連睡覺都不得安穩。這些事情雖然都是因為前任宰輔昏庸荒謬造成的，然而東晉王朝的法制敗壞得不可收拾，都是因為這個原因造成的。我們兄弟都很不幸，陷入這種政治漩渦之中，就不能看著這種腐敗政治流行而不管，所以就要明目張膽地加以治理。荊州所管轄的有二十多個郡，唯有長沙郡的政績最惡劣，惡劣而不罷黜，與只殺掉管倉庫的小官吏而不敢追究真正的盜賊有何不同？」山遐，是山簡的兒子。

庾翼把消滅北方的後趙石虎、消滅蜀地的成漢當成自己義不容辭的責任，他派遣使者前往東方約請燕王慕容皝、前往西方約請涼州的張駿，訂好日期，同時出兵對後趙的石虎、漢主李壽發起攻擊。朝廷官員都認為這是一件很困難、很難取得成功的事情，只有庾冰的意見與他相同，而桓溫、譙王司馬無忌也都贊成他這麼做。司馬無忌，是譙王司馬丞的兒子。

秋季，七月，後趙汝南太守戴開率領數千人到武昌向庾翼投降。初八日丁巳，晉康帝司馬岳下詔讓群臣商討收復中原的方略。庾翼準備率領自己所統領的全部兵力北伐後趙石虎，他上表舉薦桓宣擔任了都督司・雍・梁三州、荊州之南陽・新野・襄陽・南鄉四郡諸軍事，梁州刺史，率軍向丹水縣進發，同時還舉薦桓溫擔任前鋒都督，假節，率軍進入臨淮，並大肆徵調自己管轄之下六州境內的奴僕以及車、牛、驢、馬，百姓對此無不怨聲載道。

代王拓跋什翼犍又向燕王求婚，燕王慕容皝讓什翼犍進獻一千匹馬作為聘禮，什翼犍不給，而且態度傲慢，沒有個做女婿的樣子。八月，燕王慕容皝派自己的世子慕容儁率領擔任前軍將軍的軍師慕容評等襲擊代國。代王什翼犍率領自己的部眾躲避起來，燕軍連代國人的影子也沒有看見，只好退兵。

漢主李壽去世，謚號為昭文，廟號中宗。皇太子李勢即位為漢國皇帝，在其境內實行大赦。

後趙皇太子石宣率軍攻擊鮮卑族斛穀提部落，大獲全勝，斬殺了斛穀提三萬人。

宇文部落首領逸豆歸逮捕了段氏部落首領段遼的弟弟段蘭，將段蘭送給後趙，同時向後趙進獻一萬匹好馬。後趙王石虎令段蘭率領自己的五千名鮮卑人屯守令支。

庾翼準備把鎮所從武昌遷往襄陽，擔心朝廷不批准，遂奏請說遷往安陸。晉康帝司馬岳以及朝中官員都派人勸阻庾翼，庾翼竟然違背詔令擅自北行，抵達夏口時，再次上表請求將鎮所遷移到襄陽。當時庾翼擁有四萬兵眾，晉康帝司馬岳下詔加授庾翼為都督征討諸軍事。在此之前，擔任車騎將軍、揚州刺史的庾冰屢次請求離開京師建康到外埠任職。八月初二日辛巳，朝廷任命庾冰都督荊・江・寧・益・梁・交・廣七州、豫州之宣城、歷陽、廬江、安豐四郡諸軍事，兼任江州刺史，假節，鎮所設在武昌，作為庾翼的後援。徵調徐州刺史何充為都督揚州、豫州、徐州之琅邪諸軍事，兼任揚州刺史，錄尚書事，輔佐朝政。任命擔任琅邪內史的桓溫為都督青・徐・兗三州諸軍事、徐州刺史，任命江州刺史褚裒為衛將軍，兼任中書令。

冬季，十一月二十二日己巳，東晉實行大赦。

二年（甲辰　西元三四四年）

春季，正月，後趙王石虎在鄴城太武殿設宴招待文武百官。有一百多隻白雁降落在宮廷的馬道南側，石虎命人用箭射獵白雁，可誰也沒有射中。當時後趙各州的軍隊集結起來的已有一百多萬，擔任太史令的趙攬悄悄地對石虎說：「白雁飛落在宮廷之中，這是宮室將空的象徵，大軍不適宜南下。」石虎聽信了趙攬，遂親自到宣武觀，舉行了一次盛大的閱兵典禮之後，將兵眾遣散。

漢主李勢改年號為太和，尊奉自己的母親閻氏為皇太后，立妻子李氏為皇后。

燕王慕容皝與擔任左司馬的高詡在宮中謀劃討伐宇文氏首領逸豆歸的方略，高詡說：「宇文氏國力強盛，現在如果不把它滅掉，必定會成為國家的禍患。討伐他必勝無疑，然而不利於我們的將帥。」高詡從宮中出來對人說：「我這次出兵一定回不來，然而忠臣絕不會逃避死亡。」於是，燕王慕容皝親自率軍討伐逸豆歸，任命建威將軍慕容翰為前鋒將軍，劉佩做慕容翰的副手，分別命令慕容軍、慕容恪、慕容霸以及折衝將軍慕輿根率軍，兵分三路向宇文氏的領地進發。高詡即將出發，刻意不見自己的妻子，派人把家務事向妻子作了交代便出征去了。

宇文氏部落首領逸豆歸派遣南羅城主涉夜干率領精兵迎戰燕軍。燕王慕容皝派人火速告知前鋒將軍慕容翰說：「南羅城主涉夜干勇冠三軍，應該稍稍避其鋒芒。」慕容翰回覆說：「逸豆歸把全國所有的精兵都交給涉夜干統領，涉夜干一向以勇猛善戰聞名於世，全國之人都把他當做靠山。如果我戰勝了涉夜干，宇文氏的國家將不攻自破。而且我深知涉夜干的為人，雖然負有虛名，實際上很容易對付，不應該避開他，否則將使我軍的士氣受挫。」遂率軍上前迎戰涉夜干。慕容翰親自衝鋒陷陣，涉夜干也親自出陣來迎戰慕容翰，慕容霸從半路進行截擊，遂將涉夜干殺死。宇文氏的士兵看見涉夜干已經被燕軍殺死，不戰自潰，燕軍乘勝追殺，遂攻克了宇文氏的都城。宇文氏首領逸豆歸逃往大漠以北，竟死在那裡，宇文氏部落從此消亡。燕王慕容皝把宇文部落的所有畜產、物資全部接收，將逸豆歸的部眾五千多落遷徙到昌黎，這一仗，燕王慕容皝的疆土擴展了一千多里。燕王把涉夜干所居的南羅城改名為威德城，留下自己的弟弟慕容彪駐守威德城，然後班師返回龍城。左司馬高詡、慕容翰的副手劉佩都被流矢射死。

左司馬高詡有豐富的天文知識，燕王慕容皝曾經對他說：「你有好書卻不肯獻給我，怎麼能算竭盡忠心？」高詡說：「我聽說，君主掌握國家大權，人臣做好具體工作；執掌大權的安逸，做具體工作的辛勞。所以后稷親自在田間播種五穀，而堯帝並不參與播種。觀測天象變化以推測人事吉凶，早晨夜晚都要起來進行觀察，非常辛苦，所以不適宜尊貴的君主親自操作，您哪裡用得著這些書呢？」慕容皝無話可說，只好沉默不語。

當初宇文部落首領逸豆歸侍奉後趙非常恭敬謹慎，貢獻物品的使者絡繹不絕於道路。等到燕人出兵討伐逸豆歸的時候，後趙王石虎派右將軍白勝、并州刺史王霸從甘松出兵前往救援。等後趙的軍隊趕到時，宇文氏已經被燕軍滅掉，遂進兵攻打慕容彪守衛的威德城，但沒有攻克，只得退兵。慕容彪率軍從後追擊，又將白勝、王霸打敗。

燕國建威將軍慕容翰在與宇文氏交戰的時候，被四處飛來的亂箭射中，臥病在床休養了很長時間，因而一直沒有出門。後來箭傷逐漸好轉，便在自家的庭院中試著騎馬。有人向燕王慕容皝告發慕容翰，說他裝病，而私下裡卻在練習騎馬，懷疑他準備發動政變。燕王慕容皝雖然借助慕容翰的勇敢和謀略滅掉了宇文氏，然而心中始終忌憚他，遂賜慕容翰自殺。慕容翰說：「我帶罪逃出國外，後來又返回家園，現在死已經算很晚了！然而，羯人逆賊橫跨中原，我不自量力，還想為國家蕩平賊寇統一中原，這個志願沒有實現，我死不瞑目，只能說是命該如此！」遂喝下毒酒而死。

代王拓跋什翼犍派他屬下的一個部落酋長名叫長孫秩的前往燕國迎娶妻子。

夏季，四月，涼州將領張瓘在三交城打敗了後趙將領王擢。

當初，後趙的領軍將軍王朗對後趙王石虎說：「隆冬季節，雪深天寒，而皇太子石宣還在派人採伐建造宮殿所需的木材，並通過漳水將木材運到鄴城，服勞役的有數萬人，哀歎不滿之聲充滿道路，陛下應該藉著出遊的機會讓他停下來。」石虎聽從了王朗的意見。太子石宣得知消息非常生氣。恰逢此時天象發生變化，火星運行到房宿的位置，太子石宣便藉機讓掌管天文、曆法、占卜的太史令趙攬對後趙王石虎說：「房星代表天王，如今火星運行到了房宿的位置，預示著天王的災禍不小，應該殺掉一位尊貴的王姓大臣來沖抵上天對我們國事的警告。」石虎問：「誰可以沖抵？」趙攬說：「沒有人能比領軍將軍王朗更合適的了。」石虎心裡有些捨不得王朗，就讓趙攬再推薦一個次一等的人選。趙攬因為沒有思想準備，一時無言以對，便順口說出一人：「其次只有擔任中書監的王波了。」石虎遂下詔，追究以前王波勸說放成將李閎回蜀、並將挹婁進獻給後趙的楛矢轉送給漢主李壽的過失，將王波腰斬，同時還殺死了王波的四個兒子，並將他們的屍體全部投入漳水之中。過後，石虎又可憐王波無罪被殺，遂追贈王波為司空，封王波的孫子為侯爵。

後趙平北將軍尹農率軍攻打燕國的凡城，無功而返。

漢太史令韓皓上疏給漢主李勢說：「火星運行到心星的附近，這是上天在譴責我們沒有很好地祭祀皇家宗廟。」漢主李勢命群臣就此事進行討論，相國董皎、侍中王嘏認為：「景皇帝李特、武皇帝李雄打下了天下，獻皇帝李驤、文皇帝李壽繼承了他們的基業，原本是至親骨肉，血緣關係並不遠，不應該與他們斷絕關係，廢除對景皇帝李特、武皇帝李雄的祭祀。」漢主李勢遂將成國始祖李特、太宗李雄改稱為漢始祖、漢太宗，將李特、李雄時期的成國、後來李壽改稱的漢國，統稱為漢國，將歷代君主一併祭祀。

東晉征西將軍庾翼派梁州刺史桓宣率軍攻擊後趙防守丹水縣的將領李羆，反被李羆擊敗，庾翼遂將桓宣貶職為建威將軍。桓宣又慚愧又憤怒，竟因此患病，秋季，八月初七日庚辰，建威將軍桓宣去世。庾翼任命自己的長子庾方之為義城太守，接替桓宣統領他的部眾。又任命擔任司馬的應誕為襄陽太守，任命參軍司馬勳為梁州刺史，屯駐在西城。

擔任中書令的褚裒堅決要求辭去朝廷要害部門的職權，閏八月十四日丁巳，任命褚裒為左將軍、都督兗州、徐州之琅邪諸軍事、兗州刺史，鎮所設在金城。

晉康帝司馬岳病重，庾冰、庾翼都想立會稽王司馬昱為皇位繼承人。擔任中書監的何充建議立皇子司馬聃為繼承人，晉康帝贊成何充的意見。九月二十四日丙申，立皇子司馬聃為皇太子。二十六日戊戌，晉康帝司馬岳在式乾殿駕崩。二十七日己亥，中書監何充遵照晉康帝司馬岳的遺旨迎奉皇太子司馬聃即皇帝位，實行大赦。因為皇太子人選問題，庾冰、庾翼非常仇恨何充。新皇帝司馬聃尊褚皇后為皇太后。當時晉穆帝司馬聃年方二歲，皇太后褚氏遂臨朝執政。加授何充為中書監，錄尚書事。何充親自向褚太后陳述，自己已經擔任了錄尚書事，就不適宜再兼任中書監，詔書准奏，又加授何充為侍中。

擔任錄尚書事、侍中的何充因為左將軍褚裒是皇太后的父親，應該由他來總理朝政，遂上疏給皇太后，舉薦褚裒為參錄尚書。皇太后於是任命褚裒為侍中、衛將軍、錄尚書事，持節、都督兗州、徐州之琅邪諸軍事、兗州刺史職務不變。褚裒因為自己是皇帝近親，害怕遭到群臣的非議和猜嫌，遂上疏堅決請求到地方任職。朝廷批准了他的請求，改任褚裒為都督徐·兗·青三州、揚州之晉陵、義興二郡諸軍事，衛將軍，徐、兗二州刺史，鎮所設在京口。尚書省奏請說：「褚裒在朝堂之上見到皇太后，應該遵循臣屬朝見太后的禮節，在私下裡相見，則以父親為尊。」朝廷下詔准奏。

冬季，十月二十三日乙丑，將晉康帝司馬岳安葬在崇平陵。

東晉擔任江州刺史的庾冰患病，皇太后徵召他回到朝廷輔佐朝政，庾冰推辭了。十一月初九日庚辰，庾冰在武昌去世。庾翼考慮到自己與庾冰之間的兄弟之情，應該前往武昌主持庾冰的喪事；論國事，自己肩負著為國家收復中原的重任，就應當治兵繼續謀求北伐，遂任命自己的兒子庾方之為建武將軍，負責留守襄陽。因為庾方之還很年輕，就又任用擔任參軍的毛穆之為建武司馬輔佐他。毛穆之，是廬江太守毛寶的兒子。庾翼將鎮所撤回到夏口。朝廷下詔，命庾翼再任都督江州諸軍事、兼任豫州刺史。庾翼辭讓豫州刺史職務，還想將鎮所移到樂鄉，朝廷下詔不准。庾翼遂繼續修繕武器，大力發展農墾，積蓄糧食，為以後大舉進兵收復中原做準備。

後趙王石虎在靈昌津建造黃河大橋，開採山石投入水中，想以此種方式在河道的中心堆築起橋柱的基礎，然而，山石投下去之後，便立即被激流沖走，花費了五百多萬人工而河橋竟然沒有修成。石虎大怒，便將工匠全部殺死，而後停工。

孝宗穆皇帝❶上之上

永和元年（乙巳　西元三四五年）

春，正月甲戌朔❷，皇太后設白紗帷於太極殿，抱帝臨軒。

趙義陽公鑒❸鎮關中，役煩賦重。文武有長髮者，輒拔為冠纓，餘以給宮人❹。長史取髮白❺趙王虎，虎徵鑒還鄴，以樂平公苞❻代鎮長安。發雍、洛、秦、并州十六萬人治長安未央宮。

虎好獵，晚歲，體重不能跨馬，乃造獵車千乘，刻期校獵❼。自靈昌津南至滎陽❽、東極陽都❾為獵場，使御史監察，其中禽獸有犯者罪至大辟❿。民有美女、佳牛馬，御史求之不得，皆誣以犯獸，論死⓫者百餘人。發諸州二十六萬人修洛陽宮。發百姓牛二萬頭配朔州⓬牧官。增置女官二十四等，東宮十二等，公侯七十餘國皆九等，大發民女三萬餘人，料⓭為三等以配之。太子、諸公私令采發⓮者又將萬人。郡縣務求美色，多強奪人妻，殺其夫及夫自殺者三千餘人。至鄴，虎臨軒簡第⑮，以使者為能，封侯者十二人。荊楚、揚、徐之民流叛略盡⑯，守令⑰坐不能綏懷⑱，下獄誅者五十餘人。金紫光祿大夫逯明因侍切諫，虎大怒，使龍騰⑲拉殺之。

燕王皝以牛假貧民⑳，使佃苑中，稅其什之八㉑，自有牛者稅其七。記室參軍封裕上書諫，以為：「古者什一而稅㉒，天下之中正㉓也。降及魏、晉，仁政衰薄，假官田官牛者㉔，不過稅其什六，自有牛者中分之，猶不取其七八也。自永嘉㉕以來，海內蕩析㉖，武宣王㉗綏之以德，華夷之民，萬里輻湊㉘，襁負而歸㉙之者，若赤子㉚之歸父母，是以戶口十倍於舊，無田者什有三四。及殿下繼統，南摧彊趙，東兼高句麗，北取宇文，拓地三千里，增民十萬戶。是宜悉罷苑囿，以賦新民㉛。無牛者，官賜之牛，不當更收重稅也。且以殿下之民用殿下之牛，牛非殿下之有，將何在哉？如此，則戎旗南指㉜之日，民誰不簞食壺漿㉝，以迎王師，石虎誰與處矣㉞！川瀆溝渠㉟有廢塞者，皆應通利㊱，旱則灌溉，潦㊲則疏泄。『一夫不耕，或受之飢㊳。』況游食㊴數萬，何以得家給人足乎！今官司猥多㊵，虛費廩祿㊶，苟才不周用㊷，皆宜澄汰㊸。工商末利㊹，宜立常員㊺。學生三年無成，徒塞㊻英儁之路，皆當歸之於農。殿下聖德寬明，博察芻蕘㊼。參軍王憲、大夫劉明並以言事忤旨(48)，主者(49)處以大辟。殿下雖恕其死，猶免官禁錮(50)。夫求諫諍(51)而罪直言，是猶適越而北行，必不獲其所志(52)矣。右長史宋該等阿媚苟容(53)，輕劾諫士(54)，己無骨鯁(55)，嫉人有之，掩蔽耳目，不忠之甚者也。」

皝乃下令，稱：「覽封記室之諫，孤實懼焉。國以民為本，民以穀為命，可悉罷苑囿，以給民之無田者。實貧者，官與之牛。力有餘願得官牛者，並依魏、晉舊法。溝瀆果[1]有益(56)者，令以時修治。今戎事方興，勳伐(57)既多，官未可減，俟中原平壹(58)，徐更議之。工商、學生皆當裁擇。夫人臣關言於人主(59)，至難也，雖有狂妄，當擇其善者而從之。王憲、劉明，雖罪應廢黜，亦由孤之無大量也，可悉復本官，仍居諫司(60)。封生蹇蹇(61)，深得王臣之體，其賜錢五萬。宣示(62)內外，有欲陳孤過者，不拘貴賤，勿有所諱。」皝雅好文學(63)，常親臨庠序(64)講授，考校(65)學徒至千餘人，頗有妄濫者(66)，故封裕及之(67)。

詔徵衛將軍褚裒，欲以為揚州刺史、錄尚書事。吏部尚書劉遐、長史王胡之(68)說裒曰：「會稽王(69)令德雅望，國之周公也，足下宜以大政(70)授之。」裒乃固辭，歸藩。壬戌(71)，以會稽王昱為撫軍大將軍，錄尚書六條事(72)。

昱清虛寡欲，尤善玄言(73)，常以劉惔、王濛及潁川韓伯為談客，又辟郗超為撫軍掾(74)，謝萬為從事中郎。超，鑒(75)之孫也，少卓犖不羈(76)。父愔，簡默沖退(77)而嗇於財，積錢至數千萬。嘗開庫任超所取，超散施親故，一日都盡。萬，安(78)之弟也，清曠秀邁(79)，亦有時名。

燕有黑龍、白龍見于龍山(80)，交首遊戲，解角(81)而去。燕王皝親祀以太牢(82)，赦其境內，命所居新宮曰和龍。

都亭肅侯庾翼疽(83)發于背，表(84)子爰之行輔國將軍、荊州刺史，委以後任，司馬義陽朱燾(85)為南蠻校尉，以千人守巴陵。秋，七月庚午(86)，卒。○翼部將干瓚等作亂，殺冠軍將軍曹據。朱燾與安西長史江虨、建武司馬毛穆之、將軍袁真等[2]共誅之。虨，統(87)之子也。

八月，豫州刺史路永(88)叛奔趙，趙王虎使永屯壽春。

庾翼既卒，朝議皆以諸庾世在西藩，人情所安(89)，宜依翼所請，以庾爰之代其任。何充曰：「荊楚，國之西門，戶口百萬，北帶彊胡(90)，西鄰勁蜀，地勢險阻，周旋(91)萬里，得人則中原可定(92)，失人則社稷可憂，陸抗(93)所謂『存則吳存，亡則吳亡』者也，豈可以白面少年當之(94)哉！桓溫英略過人，有文武器幹(95)。西夏(96)之任，無出溫者(97)。」議者又曰：「庾爰之肯避溫乎(98)？如令阻兵(99)，恥懼不淺[100]。」充曰：「溫足以制之，諸君勿憂。」

丹楊尹劉惔每奇溫才，然知其有不臣之志[101]，謂會稽王昱曰：「溫不可使居形勝之地[102]，其位號常宜抑之[103]。」勸昱自鎮上流[104]，以己為軍司[105]，昱不聽。又請自行[106]，亦不聽。

庚辰[107]，以徐州刺史桓溫為安西將軍、持節、都督荊・司・雍・益・梁・寧六州諸軍事、領護南蠻校尉、荊州刺史，爰之果不敢爭。又以劉惔監沔中諸軍事，領義成太守，代庾方之，徙方之、爰之于豫章。

桓溫嘗乘雪欲獵，先過[108]劉惔。惔見其裝束甚嚴[109]，謂之曰：「老賊欲持此何為[110]？」溫笑曰：「我不為此，卿安得坐談乎[111]？」

漢主勢之弟大將軍廣[112]以勢無子，求為太弟[113]，勢不許。馬當、解思明諫曰：「陛下兄弟不多，若復有所廢，將益孤危。」固請許之。勢疑其與廣有謀，收當、思明斬之，夷其三族[114]。遣太保李奕襲廣於涪城，貶廣為臨邛侯，廣自殺。思明被收，歎曰：「國之不亡，以我數人在也，今其殆矣！」言笑自若而死。思明有智略，敢諫諍。馬當素得人心，及其死，士民無不哀之。

冬，十月，燕王皝使慕容恪攻高句麗，拔南蘇[115]，置戍而還。

十二月，張駿伐焉耆[116]，降之。是歲，駿分武威等十一郡[117]為涼州[118]，以世子重華為刺史；分興晉等八郡[119]為河州[120]，以寧戎校尉張瓘為刺史；分敦煌等三郡[121]及西域都護等[3]三營為沙州[122]，以西胡校尉楊宣為刺史。駿自稱大都督、大將軍、假涼王[123]，督攝[124]三州。始置祭酒、郎中、大夫、舍人、謁者等官，官號皆倣天朝[125]，而微變其名，車服旌旗擬於王者[126]。

趙王虎以冠軍將軍姚弋仲為持節、十郡六夷大都督、冠軍大將軍。弋仲清儉鯁直，不治威儀[127]，言無畏避，虎甚重之。朝之大議，每與參決[128]，公卿皆憚而下之[129]。武城[130]左尉，虎寵姬之弟也，嘗入弋仲營[131]，侵擾其部眾。弋仲執而數之曰：「爾為禁尉[132]，迫脅小民；我為大臣，目所親見，不可縱也[133]。」命左右斬之。尉叩頭流血。左右固諫，乃止。

燕王皝以為古者諸侯即位，各稱元年，於是始不用晉年號，自稱十二年。

趙王虎使征東將軍鄧恆將兵數萬屯樂安[134]，治攻具，為取燕之計。燕王皝以慕容霸為平狄將軍，戍徒河[135]。恆畏之，不敢犯。

二年（丙午　西元三四六年）

春，正月丙寅[136]，大赦。

己卯[137]，都鄉文穆侯[138][4]何充卒。充有器局[139]，臨朝正色[140]，以社稷為己任，所選用皆以功效，不私親舊[141]。

初，夫餘[142]居于鹿山[143]，為百濟[144]所侵，部落衰散，西徙近燕，而不設備。燕王皝遣世子儁帥慕容軍、慕容恪、慕輿根三將軍萬七千騎襲夫餘。儁居中指授[145]，軍事皆以任恪，遂拔夫餘，虜其王玄[146]及部落五萬餘口而還。皝以玄為鎮軍將軍，妻以女。

二月癸丑[147]，以左光祿大夫蔡謨領司徒，與會稽王昱同輔政。◯褚裒薦前光祿大夫顧和、前司徒左長史殷浩。三月丙子[148]，以和為尚書令，浩為建武將軍、揚州刺史。和有母喪，固辭不起，謂所親曰：「古人有釋衰絰從王事[149]者，以其才足幹時[150]故也。如和者，正足以虧孝道，傷風俗耳[151]。」識者美之。浩亦固辭。會稽王昱與浩書曰：「屬當厄運[152]，危弊理極[153]。足下沈識淹長[154]，足以經濟[155]。若復深存挹退[156]，苟遂本懷[157]，吾恐天下之事於此去矣。足下去就，即時之廢興，則家國不異[158]，足下宜深思之。」浩乃就職。

夏，四月己酉朔[159]，日有食之。

五月丙戌[160]，西平忠成公張駿薨，官屬上[161]世子重華為使持節、大都督、太尉、護羌校尉、涼州牧、西平公、假涼王，赦其境內，尊嫡母[162]嚴氏為大王太后，母馬氏為王太后。

趙中黃門[163]嚴生惡尚書朱軌，會久雨，生譖[164]軌不脩道路，又謗訕[165]朝政。趙王虎囚之。蒲洪諫曰：「陛下既有襄國、鄴宮，又修長安、洛陽宮殿，將以何用？作獵車千乘，環數千里以養禽獸，奪人妻女十萬餘口〔5〕以實後宮，聖帝明王之所為，固若是乎！今又以道路不修，欲殺尚書。陛下德政不修，天降淫雨[166]，七旬乃霽[167]。霽方二日，雖有鬼兵百萬，亦未能去道路之塗潦[168]，而況人乎！政刑如此，其如四海何？其如後代何？願止作徒[169]，罷苑囿，出宮女，赦朱軌，以副眾望[170]。」虎雖不悅，亦不之罪[171]，為之罷長安、洛陽作役[172]，而竟誅[173]朱軌。又立私論朝政之法，聽吏告其君[174]，奴告其主。公卿以下，朝覲[175]以〔6〕目相顧，不敢復相過從[176]談語。

趙將軍王擢擊張重華，襲武街[177]，執護軍曹權、胡宣，徙七千餘戶于雍州。涼州刺史麻秋、將軍孫伏都攻金城[178]，太守張沖請降，涼州震動〔7〕。

重華悉發境內兵，使征南將軍裴恆將之以禦趙。恆壁於廣武[179]，久而不戰。涼州司馬張耽言於重華曰：「國之存亡在兵，兵之勝敗在將。今議者舉將，多推宿舊[180]。夫韓信之舉[181]，非舊德也[182]。蓋明主之舉，舉無常人[183]，才之所堪[184]，則授以大事。今彊寇在境，諸將不進[185]，人情危懼。主簿謝艾，兼資文武[186]，可用以禦趙。」重華召艾，問以方略。艾願請兵七千人，必破趙以報。重華拜艾中堅將軍，給步騎五千，使擊秋。艾引兵出振武[187]，夜有二梟[188]鳴于牙[189]中，艾曰：「六博[190]得梟者勝[191]，今梟鳴牙中，克敵之兆也。」進與趙戰，大破之，斬首五千級。重華封艾為福祿伯。

麻秋之克金城也，縣令敦煌車濟不降，伏劍而死。秋又攻大夏[192]，護軍梁式執太守宋晏，以城應秋。秋遣晏以書誘致[193]宛戍[194]都尉敦煌宋矩，矩曰：「為人臣，功既不成，唯有死節耳！」先殺妻子而後自刎。秋曰：「皆義士也。」收而葬之。

冬，漢太保李奕自晉壽舉兵反，蜀人多從之，眾至數萬。漢主勢登城拒戰，奕單騎突門，門者[195]射而殺之，其眾皆潰。勢大赦境內，改元嘉寧。

勢驕淫，不恤[196]國事，多居禁中[197]，罕接公卿，疏忌舊臣，信任左右，讒諂並進，刑罰苛濫[198]，由是中外離心。蜀土先無獠[199]，至是始從山出，自巴西至犍為、梓潼，布滿山谷十餘萬落，不可禁制，大為民患，加以饑饉[200]，四境之內，遂至蕭條。

安西將軍桓溫將伐漢，將佐皆以為不可，江夏相袁喬勸之曰：「夫經略大事[201]，固非常情所及[202]，智者了於胸中，不必待眾言皆合也。今為天下之患者，胡、蜀二寇而已。蜀雖險固，比胡為弱。將欲除之，宜先其易者。李勢無道，臣民不附，且恃其險遠，不修戰備。宜以精卒萬人輕齎[203]疾趨[204]，比其覺之，我已出[205]其險要，可一戰擒也。蜀地富饒，戶口繁庶[206]，諸葛武侯[207]用之抗衡中夏。若得而有之，國家之大利也。論者恐大軍既西，胡必闚覦[208]，此似是而非。胡聞我萬里遠征，以為內有重備，必不敢動。縱有侵軼[209]，緣江[210]諸軍足以拒守，必無憂也。」溫從之。喬，瓌[211]之子也。

十一月辛未[212]，溫帥益州刺史周撫、南郡太守譙王無忌伐漢，拜表即行[213]，委安西長史范汪以留事[214]，加撫都督梁州之四郡[215]諸軍事，使袁喬帥二千人為前鋒。○朝廷以蜀道險遠，溫眾少而深入，皆以為憂，惟劉惔以為必克。或問其故，惔曰：「以博知之[216]。溫，善博者也，不必得則不為[217]。但恐克蜀之後，溫終專制朝廷[218]耳。」

【章　旨】以上為第二段，寫晉穆帝永和元年（西元三四五年）至永和二年共兩年間的大事。主要寫了後趙石虎的晚年好獵，擴大獵場，造獵車千乘；又廣建宮室，既建襄國、平陽，又建洛陽、長安，大肆搜求民女以實之；寫了小人亂政，藉災異以讒殺大臣；寫了石虎的嚴刑酷法，相互告訐，亂象叢生；寫了石虎部下的姚弋仲、蒲洪其人，有膽有識，為其日後興起作伏筆；寫了燕主慕容皝聽良臣相勸，罷苑囿、貸耕牛與貧民以發展農業；寫了慕容皝滅夫餘，疆土日廣；寫了漢主李勢無子，又殺其弟李廣及忠正之臣，又李奕謀反，獠族作亂，漢國敗亡在即；寫了庾翼死後，何充當政，任命桓溫為荊州刺史；寫了桓溫舉兵伐蜀，拜表即行，智者知其必勝，同時亦見桓溫之日後必為晉患；此外還寫了西平公張駿死，其子重華繼位，趙將進攻涼州，被涼將謝艾所破等等。

【注　釋】❶孝宗穆皇帝　司馬聃，字彭子，康帝之子。西元三四四—三六一年在位。事詳《晉書》卷八〈穆帝紀〉。《諡法》：中情見貌曰穆。❷正月甲戌朔　此語有誤，正月朔辛未，甲戌應為正月初四。❸義陽公鑒　石鑒，石虎之子，被封為義陽公。❹給宮人　給後宮的侍女做假髮。❺白　下級對上級的陳訴；稟告。❻樂平公苞　石苞，亦石虎之子，被封為樂平公。❼刻期校獵　定期地進行狩獵活動。校獵，設柵欄圈圍野獸，然後獵取。❽滎陽　晉縣名，縣治即今河南滎陽東北的古滎鎮。❾東極陽都　向東直到陽都縣。陽都縣的縣治在今山東沂水縣南。❿大辟　死刑。⓫論死　判處死刑。⓬朔州　石虎時代的朔州州治在今內蒙古烏拉特前旗西南。⓭料　區分；劃分。⓮采發　選取、徵集。⓯簡第　評定等級。⓰流叛略盡　差不多都流亡叛逃光了。⓱守令　郡守、縣令。⓲坐不能綏懷　以不能「安撫」、「體恤」百姓的罪名。綏懷，安撫、關懷。⓳龍騰　石虎身邊的衛士之稱。石虎募勇士，拜為龍騰中郎。⓴假貧民　借給窮人使用。㉑稅其什之八　徵收百姓租稅為其收成的十分之八。㉒什一而稅　以收入的十分之一充當租稅。什一，十分之一。㉓中正　公平的標準。㉔假官田官牛者　向公家租土地、租耕牛的佃戶。假，借；租用。㉕永嘉　晉懷帝司馬熾的年號（西元三〇七—三一二年）。㉖蕩析　動盪；分裂；離散。㉗武宣王　以稱慕容廆，慕容廆諡為武宣王。㉘輻湊　從四面八方前來歸附，猶如車子的輻條集中於軸心。㉙襁負而歸　用襁褓背著孩子前來投奔。㉚赤子　嬰兒。嬰兒初生時為赤色，故稱「赤子」。㉛賦新民　分配給前來歸附的新國民。賦，分配；給予。㉜戎旗南指　指南下征討後趙。戎旗，軍旗。㉝簞食壺漿　用竹筐盛著飯，用壺提著水，以形容歡迎仁義之師的情狀。

簞，盛飯的圓形竹筐。漿，用米熬成的酸汁，古人用以代酒。「簞食壺漿，以迎王師」二句引自《孟子・梁惠王下》。㉞石虎誰與處矣　還有誰會忠於石虎呢。誰與處，誰還和他在一起。㉟川瀆溝渠　指各種水利灌溉設施。㊱皆應通利　都應該把它們疏通好。㊲潦　過多的雨水。㊳一夫不耕二句　有一個人不幹活兒，就有人因此而挨餓。二句見賈誼〈論積貯〉。㊴游食　遊手好閒而不從事勞動的人。㊵官司猥多　官府多，官吏多，人浮於事。猥多，沒有道理地多。㊶廩祿　官府供應的祿米。廩，糧倉。祿，祿米。古代官吏俸給皆以米計，稱祿米。㊷才不周用　才能不夠用。周，足。㊸澄汰　清洗、淘汰。㊹工商末利　指從事工商活動以求贏利。中國古代以農為本，輕視工商，故稱之為末業。㊺常員　固定人員；固定人數。㊻徒塞　白白妨礙。言其空佔地位，而影響別人進用。㊼博察芻蕘　廣泛徵求意見，廣泛瞭解情況。割草叫芻，打柴叫蕘。芻蕘指割草打柴的人，引申為草野之人。㊽忤旨　違背了你的心思。㊾主者　指主持處理王憲、劉明之案的官員。㊿禁錮　勒令不准做官，猶後世的永不敘用。(51)求諫諍　徵求反對意見。(52)所志　所追求的東西；想達到的目的。(53)阿媚苟容　阿諛諂媚，苟合取容。(54)輕劾諫士　隨隨便便地彈劾諫官。(55)骨鯁　自己不能堅持原則。獸骨和魚刺，比喻剛直、有氣節。(56)果有益　確實對發展農業有好處。(57)勳伐　功勳。《史記・高祖功臣侯者年表》：「古者人臣功有五品：『以德立宗廟定社稷曰勳，以言曰勞，用力曰功，明其等曰伐，積日曰閱。』」勳、伐本有區別，後來通稱功勳。(58)俟中原平壹　等中原平定統一之後。(59)關言於人主　向帝王稟報事情。關言，進言；稟報。這裡指直言君主之過。(60)諫司　主管諫諍的部門。(61)蹇蹇　通「謇謇」。忠貞直言的樣子。(62)宣示　布告；昭告。(63)雅好文學　一向愛好儒家學術。雅，平素；一向。文學，儒家的經典學問。(64)庠序　古代的學校，這裡指太學。(65)考校　考試；考查。(66)頗有妄濫者　其中混有一些無知充數的人。頗，有些。(67)故封裕及之　所以封裕提到「學生三年無成，徒塞英儁之路，皆當歸之於農」等等。(68)王胡之　王導之姪王廙兒子。事見《晉書》卷七十六。(69)會稽王　司馬昱，司馬睿之子，當時的皇帝司馬聃的叔祖。(70)大政　國家的根本大權。(71)壬戌　二月二十二。(72)錄尚書六條事　官名，位在「錄尚書事」之下。(73)玄言　精微玄妙之言，多為辨析老莊學說的義理，以及佛經、楚辭等等。(74)撫軍掾　撫軍將軍的僚屬，當時司馬昱任撫軍將軍。(75)鑒　郗鑒，東晉前期的名臣，先參加平定王敦之亂有功，後又在蘇峻之亂時起兵勤王，與陶侃一道平定了蘇峻之亂。傳見《晉書》卷六十七。(76)卓犖不羈　人品出眾，倜儻超俗。(77)簡默沖退　簡易寡言，淡泊仕途。(78)安　謝安，東晉前期的名臣，孝武帝時為宰相。傳見《晉書》卷七十九。(79)清曠秀邁　清虛高遠，風采卓異。(80)龍山　在當時燕國都城的東側。(81)解角　指「交首之戲」結束，二龍的頭部分開。(82)太牢　牛、羊、豕各一頭的祭品叫太牢。如果只有豬羊而無牛，則稱少牢。(83)疽　毒瘡。(84)表　上表推薦。(85)司馬義陽朱燾　義陽人朱燾，是輔國將軍庾翼帳下的司馬。(86)七月庚午　七月初三。(87)統　江統，字應元，西晉時曾為太子洗馬，後為諸王僚屬，曾著有〈徙戎論〉。傳見《晉書》卷五十六。(88)路永　原是蘇峻的部下，後歸順朝廷。(89)人情所安　西部百姓都服從庾氏的統轄。(90)北帶彊胡　北部與石虎政權為鄰。帶，環繞相接如衣帶。(91)周旋　邊境盤曲連延。(92)中原可定　中原地區可被我收復。(93)陸抗　字幼節，三國時的孫吳名將。陸遜之子，孫策的外孫。曾為吳鎮東大將軍，都督西陵、信陵、夷道、樂鄉、公安諸軍事，駐兵樂鄉（即今湖北松滋東北長江南岸的宛市）。曾擊退晉將羊祜的進攻，攻殺叛將西陵督步闡。死前上疏吳主謹守西陵（治所在今湖北宜昌東南）、建平（治所巫縣在今重慶市巫山縣）二郡，以保荊州。事見《三國志·陸遜傳》。(94)當之　擔當此地長官。(95)器幹　才幹。(96)西夏　華夏西部，此指荊州一帶地區。(97)無出溫者　沒有比桓溫更合適的了。出，超過。(98)肯避溫乎　肯讓給桓溫嗎。避，讓。(99)如令阻兵　如果庾爰之一旦擁兵作亂。阻兵，擁兵。阻，倚仗；憑藉。(100)恥懼不淺　日後的恥辱擔心少不了。恥，給朝廷造成的麻煩。不淺，不會少。(101)不臣之志　不甘屈為人臣，志欲稱帝稱王。(102)形勝之地　位置險要，影響國家安全的地區。(103)常宜抑之　應該經常有所彈壓，不能讓其太囂張。(104)自鎮上流　自己統轄長江上游地區，指荊州。(105)以己為軍司　讓劉惔為之做軍師，執掌監察諸軍。軍司，軍中的關鍵僚屬。司，控制；監管。(106)自行　自己前去任桓溫的軍司，以監督桓溫的行動。胡三省曰：「劉惔，談客耳，其言桓溫無不中，蓋深知溫之才者。設使昱鎮上流，惔為司馬，未足以敵燕、秦。揚子曰：『非苟知之，亦允蹈之；非知之難，行之為難也。』」(107)庚辰　九月十三。(108)過　訪問；探望。(109)甚嚴　很威武；很整齊。(110)欲持此何為　打扮成這個樣子想要幹什麼。(111)我不為此二句　沒有我們這些人保衛國家，你們能夠每天吃飽了在那裡清談嗎。(112)大將軍廣　李廣，現任大將軍之職，統兵駐在涪城。(113)太弟　被立為接班人的皇帝之弟，以區別於其他一般兄弟。(114)夷其三族　滅掉了他們的三族。夷，平；滅絕。三族，指父族、母族、妻族。尚有別的說法多種，此不錄。胡三省曰：「儲君不可求，使馬當、解思明為國計，固當從容言之，使其主自悟，安可固以為請也？相從而就死，宜矣。」(115)南蘇　古城名，在今遼寧撫順東蘇子河與渾河合流處。(116)焉耆　西域國名，都城即今新疆境內的焉耆回族自治縣。(117)十一郡　指武威、武興、西平、張掖、酒泉、建康、西郡、湟河、晉興、須武、安故。(118)涼州　州治即今甘肅武威。(119)八郡　指興晉、金城、武始、南安、永晉、大夏、武成、漢中。(120)河州　州治金城，在今甘肅蘭州西北。(121)三郡　一為敦煌，一為晉昌，另一郡不詳。(122)沙州　州治即今甘肅敦煌。(123)假涼王　代理涼王，因其標榜擁戴晉王朝，而尚未得東晉加封故也。(124)督攝　監督統領。(125)皆倣天朝　都依照晉王朝的樣子。天朝，對其擁戴的中原王朝的敬稱。(126)擬於王者　與晉朝的皇帝差不多。擬，相似；相等。(127)不治威儀　不願意搞那些表面形式的一套。威儀，指表示其身分、權勢的宅第、衛隊、車馬儀仗等等。(128)每

與參決　很多時候都讓他參加謀劃決定。(129)懼而下之　敬畏之而居於其下。(130)武城　此指東武城，上屬清河郡，在今山東武城西北。(131)弋仲營　當時姚弋仲駐兵於灄頭，在今河北清河縣城東，離武城不遠。(132)禁尉　縣尉的職責是負責督辦盜賊、查禁奸邪，故稱禁尉。(133)不可縱也　不能放過你。縱，釋放。(134)樂安　趙郡名，郡治在今山東淄博西北。(135)徒河　燕城名，即今遼寧錦州。(136)正月丙寅　正月初一。(137)己卯　正月十四。(138)都鄉文穆侯　何充被封為都鄉侯，文穆二字是諡。(139)器局　才識與度量。(140)正色　謂態度嚴正。色，表情；神色。(141)不私親舊　不偏向自己的親屬與故人。(142)夫餘　古國名，也作「扶餘」，位於松花江流域。居民務農。東漢時與中原交往頗密。西晉太康六年，為慕容廆所敗，其王依慮自殺。事見《後漢書・夫餘傳》、《晉書・夫餘國傳》。(143)鹿山　地名，在今遼寧遼陽東。(144)百濟　古國名，本出夫餘，古為馬韓諸國之一。傳說為東漢末夫餘王尉仇台之後，初以百家濟海而立國，因以為名。自晉以後，吞併諸國，盡有今朝鮮半島的南部地區。參見《通典》卷一百八十五〈百濟〉、《舊唐書》卷一百九十九上〈百濟傳〉。(145)居中指授　身居大帳，指點教導，指不參與具體的軍事行動。(146)其王玄　夫餘國的國王，名玄。(147)二月癸丑　二月十九。(148)三月丙子　三月十二。(149)釋衰絰從王事　不在家守喪，而去為帝王效力。衰絰，指喪服。穿於身者曰「衰」，有齊衰、斬衰之分；繫於頭者曰「絰」。(150)才足幹時　其才能足以治國安民。幹時，能辦好當時的國家要務。(151)正足以虧孝道二句　意謂像我這種沒有本事的人，不在家守孝，出去又幹不好國家大事，那就只剩下「虧孝道，傷風俗」了。(152)屬當厄運　當下正時局艱難。(153)危弊理極　危難衰敗已達極點。(154)沈識淹長　學識淵博，目光遠大。沈識，謂見解深刻。沈，同「沉」。(155)足以經濟　完全可以經國濟民。(156)深存挹退　總是想著謙抑退讓。(157)苟遂本懷　只想滿足個人的隱士情懷。(158)家國不異　謂國興家亦興，國亡家也亡，不為國，也就不可能有家。(159)四月己酉朔　此語有誤，四月朔甲午，己酉當為四月十六。(160)五月丙戌　五月二十三。(161)上　推舉；擁戴。(162)嫡母　妾生的子女稱父的正妻為嫡母。重華為張駿妾馬氏所生，故尊其嫡母為大王太后。(163)中黃門　宦官名，給事宮中。(164)譖　在尊長面前說人壞話，這裡即指誣陷。(165)謗訕　誹謗；詆毀。(166)淫雨　久雨；雨連降三日以上。(167)霽　指雨雪停止，天氣放晴。(168)塗潦　泥和水。潦，積存的雨水。(169)止作徒　停止一切土木工程的勞作。(170)以副眾望　以滿足臣民的希望。副，稱；使之滿意。(171)不之罪　即「不罪之」，不治其罪。(172)作役　勞役，猶今之所謂土木工程。(173)竟誅　最後還是殺掉了。(174)吏告其君　下級官吏舉告他的上級。古代下級官吏稱其主官曰「君」。(175)朝覲　朝見皇帝。春見曰朝，秋見曰覲。(176)不敢復相過從　不敢互相來往。胡三省曰：「石虎之法，雖周厲王之監謗、秦始皇之禁偶語，不如是之甚也。」(177)武街　晉縣名，縣治在今甘肅臨洮東。(178)金城　晉郡名，郡治在今甘肅蘭州西北的黃河南岸。(179)壁於廣武　屯兵駐紮於廣武城。壁，修築壁壘。廣武，涼郡名，郡治在今甘肅永登東南。(180)宿舊　有名望的老將。(181)韓信之舉　韓信當年的被劉邦所任用。韓信脫離項羽，往投劉邦，被劉邦任以為大將事，詳見《史記·淮陰侯列傳》。(182)非舊德也　並不在於韓信跟隨劉邦的時間長與年齡大、威望高。(183)舉無常人　並沒有一定條條框框，資歷、地位的限制。(184)才之所堪　只要他具有承當這項工作的才幹。(185)不進　相互觀望不前。(186)兼資文武　猶言文武雙全。資，資質。(187)振武　古城名，在今甘肅永登北，屬廣武郡。(188)二梟　兩隻貓頭鷹。(189)牙　通「衙」。舊時的官署之稱，這裡即指中軍大帳。(190)六博　古代的一種博戲，共十二子，六黑六白，兩人相博，每人六子，故名。《爾雅翼》云：「博之采有梟。博兼行惡道，故以梟為采。」(191)得梟者勝　六博中的梟，猶如撲克牌中的鬼牌，或麻將牌中的混兒（可當任何牌，但吃牌或碰牌時不能使用）。(192)大夏　涼郡名，郡治在今甘肅臨夏東南。(193)誘致　引誘往降。(194)宛戍　城堡名，上屬大夏郡。(195)門者　守城門的人。(196)恤　憂慮；關心。(197)禁中　帝王宮中，因門戶有禁，非侍衛及通籍之臣，不得入內，故名。(198)苛濫　既殘酷，又細碎。(199)獠　少數民族名，古代對仡佬族的蔑稱。(200)饑饉　荒年。穀不熟為饑，蔬不熟為饉。(201)經略大事　意即征伐之事。經略，指開拓疆土而言。(202)非常情所及　不是一般人所想得到、看得到的。(203)輕齎　輕裝。齎，隨身攜帶。(204)疾趨　快速奔襲。(205)出　通過；越過。(206)繁庶　眾多。(207)諸葛武侯　諸葛亮，謚忠武。事跡詳見《三國志·諸葛亮傳》。(208)胡必闚覦　石虎必乘隙對我進攻。闚覦，偷看；伺機。(209)侵軼　侵擾。軼，襲擊。(210)緣江　沿長江一線。(211)瓌　袁瓌，東晉前期的儒學之士，曾起兵討蘇峻，建議朝廷興學。事見《晉書》卷八十三。(212)辛未　十一月十一。(213)拜表即行　給皇帝上表後，隨即起兵上路，意即不給朝廷討論、爭論的時間，以免延誤軍機。(214)留事　留守荊州，處理日常事務。(215)梁州之四郡　即涪陵、巴東、巴西、巴郡。(216)以博知之　以博弈的道理可以知其必勝。(217)不必得則不為　沒有十分的把握絕對不幹。(218)專制朝廷　控制朝廷，對朝廷發號施令。

【校　記】[1]果　原作「各」。據章鈺校，十二行本、乙十一行本、孔天胤本皆作「果」，今據改。[2]等　原無此字。據章鈺校，十二行本有此字，今據補。[3]等　原無此字。據章鈺校，十二行本、乙十一行本、孔天胤本皆有此字，今據補。[4]都鄉文穆侯　「侯」字原作「公」。據章鈺校，十二行本、乙十一行本、孔天胤本皆作「侯」，今據改。按，《晉書》卷八〈穆帝紀〉云：永和二年正月己卯，「都鄉侯何充卒」。[5]十萬餘口　原作「十餘萬口」。據章鈺校，十二行本、乙十一行本、孔天胤本皆作「十萬餘口」，今從改。[6]以　據章鈺校，孔天胤本作「仄」。按，二字於義皆通。[7]動　原作「恐」。據章鈺校，十二行本、乙十一行本、孔天胤本皆作「動」，今從改。

【語譯】孝宗穆皇帝上之上

永和元年（乙巳 西元三四五年）

春季，正月甲戌朔，東晉褚皇太后在太極殿上張設了白紗帷帳，懷中抱著三歲的晉穆帝司馬聃，臨朝聽政。

後趙義陽公石鑒鎮守關中地區，在他的統治之下，關中人民差役繁多、賦稅沉重。文武官員中誰的頭髮長，石鑒就強行讓人拔下他的頭髮供他編織繫冠的帶子，剩餘的便送給後宮的侍女做假髮。長史拿著被石鑒拔下來的頭髮作為證據向後趙王石虎稟報了此事，石虎將石鑒召回鄴城，然後讓樂平公石苞代替石鑒鎮守長安。石虎徵調了雍州、洛州、秦州、并州總計十六萬人為自己在長安修建未央宮。

後趙王石虎喜好打獵，到了晚年，因為身體發福，體重增加，不能騎馬，就打造了一千輛專門用來供他打獵的車子，定期出去進行打獵活動。從靈昌津往南到達滎陽、往東到達陽都縣，都是他的獵場。石虎令御史負責監察獵場，如果有人冒犯了其中的禽獸，情節嚴重的就被判處死刑。民間有誰家的女孩長得好，誰家的牛馬健壯，御史如果索求不到，就誣陷對方冒犯了禽獸，於是受誣陷被處死的有一百多人。石虎又從各州徵調了二十六萬人修建洛陽宮。強行從民間徵調了二萬頭牛配備給朔州的畜牧官。皇宮中的女官增加到二十四等，皇太子所在的東宮，女官增加到十二等，公爵、侯爵總計七十多個封國的女官全都分為九等，大量掠取民間女子三萬多人，分為三個等級，分別分配到皇宮、太子宮，以及公爵、侯爵府。皇太子、諸公爵私下裡採選徵集的還有將近一萬人。郡守、縣令把女子的姿色作為首要標準，為了得到美女，他們強行奪取別人的妻子，她們的丈夫被殺死的以及自殺而死的多達三千多人。這些美女被送到鄴城，趙王石虎登上金殿前平臺，親自鑑定她們的容貌等級，如果哪個官員選送的女子多、女子貌美，石虎就認為他是有才能的人，因此而被封為侯爵的就有十二人。荊州、揚州、徐州的百姓有的逃亡，有的叛變，幾乎都逃光了，於是這些地方的郡守、縣令便被以不能安撫、體恤百姓的罪名而被判處下獄、殺頭的有五十多人。擔任金紫光祿大夫的逯明趁著侍奉石虎的機會，對石虎進行了懇切的勸諫，石虎竟然勃然大怒，立即下令龍騰武士將逯明拉出去殺死。

燕王慕容皝將耕牛租借給貧窮的百姓，讓他們在皇家的園囿中耕作，抽取收成的十分之八作為租稅，自家有耕牛的抽取收成的十分之七作為租稅。擔任記室參軍的封裕上疏給燕王慕容皝進行規勸，認為：「古代以收入的十分之一作為賦稅，這是最公平的賦稅標準。後來到了魏晉時期，由於仁政廢弛，對於那些向公家租借土地、租借耕牛的佃戶，也不過抽取他們收入的十分之六作為賦稅，自家有耕牛的，則按收入的一半進行徵收，也沒有抽取十分之七、八。自永嘉年間以來，國家局勢動盪、人民分崩離析，武宣王慕容廆用恩惠安撫百姓，不論是漢人還是夷人，他們不遠萬里，從四面八方前來歸附，就像車輪上的輻條集中於軸心一樣，他們用襁褓背著孩子前來投奔，就像初生的嬰兒投向父母的懷抱，所以，戶口比從前增加了十倍，而沒有耕地的人佔了三四成。到了殿下繼承大統，又向南摧敗了強大的趙國，向東兼併了高句麗，向北攻取了宇文部落，拓展疆土三千里，民戶增加了十萬戶。所以正應該廢除皇家園林，分配給新歸附的人進行耕種，沒有耕牛的，官府應該賜給他們耕牛，而不應該再加重稅收。再說，殿下的百姓使用殿下的耕牛，倘若耕牛不是殿下所有，百姓將到哪裡去租借呢？這樣做的話，等到殿下的軍旗指向南方的時候，人們誰不用竹筐盛著飯、用壺提著水前來迎接王者之師，還有誰會忠於石虎呢！川瀆、溝渠等各種水利灌溉設施凡是被壅塞不通的，都應該派人把它們疏通好，遇到乾旱，可以用來灌溉，遇到積水橫流，可以用來宣洩。『有一個男人不耕作，就要有人挨餓。』何況是遊手好閒而不從事勞動的人有數萬之多，怎麼能家給人足呢！如今是官府多、官吏太多，人浮於事，白白地浪費國家倉庫中的糧食，如果其才不能勝任，都應該進行淘汰。從事工商業以牟取利益的，應該有固定的人數。在校的學生，如果三年而學無所成，白白地在那裡阻擋英才的上進之路，都應當讓他們去從事農業。殿下聖明寬宏，廣泛地聽取意見，哪怕是打草砍柴的都可進言。擔任參軍的王憲、大夫劉明都是因為進言違背了殿下的心思，主管部門便將他們判處死刑。殿下雖然赦免了他們的死罪，還是將他們免了官，並且永不錄用。向臣屬徵求意見，卻又懲罰直言敢諫之士，這就如同要往越國去卻向北走一樣，必然不能到達目的地。擔任右長史的宋該等人阿諛諂媚，苟合取容，動不動就彈劾諫官，自己不能堅持原則，缺少硬骨頭精神，卻嫉妒別人有，他們蒙蔽殿下，是最不忠誠的人。」

燕王慕容皝遂下令說：「看了記室參軍勸諫的奏章，使我深感恐懼。國家以民為本，民以食為命，可以把皇家園囿全部廢除，分給沒有耕田的人。確實窮得買不起耕牛的，由官府分配給他們耕牛。財力稍微寬裕，願意使用官府耕牛的，就依照魏、晉時期的稅收標準進行徵稅。河瀆溝渠確實對發展農業有好處的，要按時進行修治。如今戰事緊張，建立功勳的人很多，官員的數量還不適宜減少，等到中原平定、國家統一之後，再慢慢商議。工商業者、學生都應當進行適當的削減和遴選。臣子直言君主之過，是一件非常困難的事情，即使其言語有狂妄不當之處，人主也應當選擇有用的加以採納。王憲、劉明雖然有罪應該廢黜，但也是我沒有寬大的度量，現在立即讓他們官復原職，仍然負責諫諍部門。封裕先生忠心耿耿，深刻理解君王臣屬之禮，賞賜封裕五萬錢。昭告朝廷內外，使人人皆知，有人想指摘我的過失，不論地位高低，都不要有所顧慮。」燕王慕容皝一向喜好儒家經典，經常親自到學校給學生授課，經他考查在校的學生多達一千多人，難免有些無知之徒混在其中、濫竽充數，所以封裕在奏章中提到「學生三年無成，徒塞英儁之路，皆當歸之於農」等語。

東晉朝廷下詔徵調衛將軍褚裒，準備任用他為揚州刺史、主管朝廷機要的錄尚書事。擔任吏部尚書的劉遐、擔任長史的王胡之向褚裒建議說：「會稽王司馬昱美德聲望素著，實在是國家的周公一樣的人物，閣下應該把國政大權讓與會稽王。」褚裒遂堅決辭讓，仍舊回到京口。二月二十二日壬戌，朝廷下詔任命會稽王司馬昱為撫軍大將軍，錄尚書六條事。

東晉撫軍大將軍、會稽王司馬昱清心寡欲，特別善於在有關老莊學說以及佛經、楚辭等方面發表一些精微玄妙的言論，常常把劉惔、王濛以及潁川人韓伯當做談論的夥伴，又徵聘郗超為撫軍將軍的僚屬，任命謝萬為從事中郎。郗超，是郗鑒的孫子，從小就人品出眾，倜儻超俗。郗超的父親郗愔，簡易寡言，淡泊仕途，但卻吝嗇錢財，家中積蓄了數千萬的家產。他曾經打開倉庫，讓郗超任意取用，郗超便把倉庫中的財物散發給親朋好友，一天之內就將所有財物散光了。謝萬，是謝安的弟弟，清虛高遠，風采卓異，在當時也很有聲望。

燕國都城東面的龍山出現了一條黑龍、一條白龍，兩個龍頭交叉在一起遊戲，後來交首之戲結束，二龍的頭部分開才離去。燕王慕容皝親自用牛、羊、豬三牲全備的太牢大禮進行祭祀，並在境內實行大赦，將自己居住的新宮取名叫做「和龍宮」。

東晉都亭肅侯庾翼背上長了毒瘡，遂上表請求讓自己的兒子庾爰之代理輔國將軍、荊州刺史，將自己身後之事交付給他，舉薦擔任司馬的義陽人朱燾為南蠻校尉，率領一千人守衛巴陵。秋季，七月初三日庚午，庾翼去世。○庾翼的部將干瓚等起兵作亂，殺死了冠軍將軍曹據。朱燾與擔任安西長史的江虨、建武司馬毛穆之，以及將軍袁真等一起討平了干瓚之亂，殺死了干瓚。江虨，是江統的兒子。

八月，東晉豫州刺史路永叛變，投降了後趙，後趙王石虎派路永率軍屯守壽春。

庾翼去世以後，朝廷官員都認為，庾氏兄弟世代都在西部任職，西部的百姓都樂於服從他們的統轄，應該依從庾翼臨終之時所請求的，任用庾翼的兒子庾爰之接替庾翼的職位。中書監何充說：「楚國故地荊州，是國家西部的門戶，那裡的戶口有上百萬，北部邊境與胡人石虎所建立的強大趙國為鄰，西部與蜀地的李氏政權為鄰，地勢險阻，邊境盤曲連延一萬里，如果任用得人，則中原可以收復，如果用人不當，則國家社稷前途堪憂，正如當年陸抗所說『荊州存則吳國存，荊州失則吳國亡』，怎麼能任用一個白面少年來擔當如此重任呢！桓溫英武，謀略超過常人，兼有文臣武將的氣度和才幹。西部的重任，沒有比讓桓溫擔任更合適的了。」議論的人又說：「庾爰之肯將權力讓給桓溫嗎？如果庾爰之一旦擁兵作亂，朝廷軍不能取勝，將成為國家的恥辱，恐怕為禍不淺。」何充說：「桓溫足可以制服庾爰之，諸位不要擔憂。」

擔任丹楊尹的劉惔每每對桓溫的才能驚異不已，然而知道桓溫有不甘屈為人臣，想稱王稱帝的野心，便對會稽王司馬昱說：「不能讓桓溫駐守在形勢險要、能夠影響國家安全的地區，而且對他的權位及稱號也要經常加以抑制，不能讓他太囂張。」並勸說司馬昱，讓他親自去統轄長江上游地區，並表示自己願意在他手下擔任軍司以輔佐他，然而司馬昱不予採納。劉惔又請求自己前去擔任桓溫的軍司，司馬昱也不同意。

九月十三日庚辰，東晉朝廷任命擔任徐州刺史的桓溫為安西將軍、持節、都督荊・司・雍・益・梁・寧六州諸軍事、兼任護南蠻校尉、荊州刺史，庾爰之果然不敢抗爭。又任命劉惔為監沔中諸軍事，兼任義成太守，取代庾方之，把庾方之、庾爰之遷移到豫章。

東晉桓溫曾經趁著下大雪的機會出去打獵，他先到劉惔家裡拜訪。劉惔看見桓溫全身裝備得很威武、很齊整的樣子，就問他說：「老賊，你打扮成這個樣子準備去做什麼？」桓溫笑著說：「如果沒有我們這些人保衛國家，你怎麼能每天吃飽了坐在那裡清談呢？」

漢主李勢的弟弟、擔任大將軍的李廣，因為漢主李勢沒有兒子，就請求漢主李勢立自己為皇太弟，李勢沒有同意。馬當、解思明都勸諫李勢說：「陛下的兄弟本來不多，如果其中再有被廢掉的，陛下的勢力將會更加孤單危險。」二人堅決請求李勢立李廣為太弟。李勢懷疑馬當、解思明與李廣密謀，所以就將馬當、解思明逮捕、斬首，並滅掉了他們的三族。李勢又派擔任太保的李奕率軍前往涪城襲捕李廣，將李廣貶為臨邛侯，李廣自殺。解思明被逮捕之後歎息著說：「國家沒有滅亡，那是因為有我們幾個人在的緣故，現在恐怕就危險了！」臨死之時，言談笑語還與往常一樣。解思明很有智慧和謀略，敢於當面進行諫諍。馬當一向很得民心，等到他被殺，無論是士大夫還是一般平民百姓，無不感到哀痛。

冬季，十月，燕王慕容皝派慕容恪攻打高句麗，慕容恪率軍攻克了南蘇，留下一部分軍隊戍守之後，便班師而回。

十二月，涼州張駿出兵攻伐西域的焉耆國，焉耆向張駿投降。這一年，張駿將武威、武興、西平、張掖、酒泉、建康、西郡、湟河、晉興、須武、安故這十一個郡劃歸為涼州，任命世子張重華為涼州刺史；把興晉、金城、武始、南安、永晉、大夏、武成、漢中八個郡劃為河州，任用寧戎校尉張瓘為河州刺史；把敦煌、晉昌等三個郡以及西域都護等三營劃為沙州，任用西胡校尉楊宣為沙州刺史。張駿自稱大都督、大將軍、假涼王，統帥三州。開始設置祭酒、郎中、大夫、舍人、謁者等官職，官位名稱大體仿照東晉朝廷，只是稍微有些更改，車子、服飾、旗幟與皇帝的差不多。

後趙王石虎任命冠軍將軍姚弋仲為持節、十郡六夷大都督、冠軍大將軍。姚弋仲為人清廉鯁直，不願意搞那些表面形式的一套，說話直言不諱、無所畏懼，石虎非常敬重他。朝廷重大決議，往往都讓姚弋仲參與決策，公卿大臣也都因為敬畏他而甘居其下。武城左尉，是石虎寵姬的弟弟，他曾經闖入姚弋仲的大營，侵擾姚弋仲的部下。姚弋仲將其捉住，責備他說：「你身為督辦盜賊、查禁奸邪的禁尉官，卻逼迫小民百姓；我身為朝廷大臣，你的行為是我親眼所見，對你這樣的人絕不能輕易放過。」立即命令左右將其拉下去斬首。左尉磕頭求饒，頭上磕得鮮血直流。姚弋仲身邊的人一再勸說，姚弋仲才將他釋放。

燕王慕容皝認為，古時候諸侯即位，各自都有自己的元年，決定從此不再使用東晉年號，遂稱本年為十二年。

後趙王石虎派征東將軍鄧恆率領數萬兵眾屯駐在樂安，同時加緊打造攻城用具，為攻打燕國做準備。燕王慕容皝任命慕容霸為平狄將軍，率軍戍守徒河。後趙征東將軍鄧恆懼怕慕容霸，因此不敢進犯燕國。

二年（丙午　西元三四六年）

春季，正月初一日丙寅，東晉實行大赦。

正月十四日己卯，都鄉文穆侯何充去世。何充很有才幹和度量，在朝堂之上，總是態度嚴正、一臉正氣，他把國家興衰當做自己的責任，選用官員的標準，主要看實際工作能力和效果，對自己的親朋故友從來不存私心。

當初，夫餘國位於鹿山，因為經常遭受百濟人的侵擾，因此部落逐漸衰敗離散，遂向西遷移，與燕國為鄰，然而邊境卻不設防。

燕王慕容皝派遣世子慕容儁率領慕容軍、慕容恪、慕輿根三位將軍、一萬七千名騎兵襲擊夫餘國。世子慕容儁只是身居大帳，指點教導，並不參與具體的軍事行動，實際上是把軍事指揮權全部授予了慕容恪，遂攻陷夫餘，俘虜了夫餘王玄及其部眾五萬多口，得勝而回。燕王慕容皝任命夫餘王玄為鎮軍將軍，並把自己的女兒嫁給他為妻。

二月十九日癸丑，東晉任命擔任左光祿大夫的蔡謨兼任司徒，令他與會稽王司馬昱共同輔佐朝政。○東晉褚裒向朝廷舉薦前光祿大夫顧和、前司徒左長史殷浩。三月十二日丙子，任命顧和為尚書令，任命殷浩為建武將軍、揚州刺史。顧和因為自己的母親去世，因此堅決推辭朝廷的任命而沒有前去赴任，他對自己所親近的人說：「古人有不在家守喪，脫下孝服去為帝王效力的，那是因為他們的才幹足以承擔時代所賦予的重任。像我這樣沒有本事的人，如果不在家守孝，出去做官又幹不好國家的事情，那就只剩下『虧孝道，傷風俗』了。」有見識的人都很稱讚他。殷浩也堅決推辭。會稽王司馬昱遂寫信給殷浩說：「國家眼下正遭遇時局艱難，危難困弊已經達到極點。先生學識淵博、見識深遠，完全有能力經國濟民。而你心裡卻總是想著謙抑退讓，如果滿足了先生個人的隱士心願，我擔心天下大勢恐怕就要從此完結了。先生肯不肯出來任職，將影響到國家的興衰存亡，國興則家也興，國亡則家也亡，沒有國，也就不可能有家，先生應該認真地考慮考慮。」殷浩這才決心赴任。

夏季，四月己酉朔，發生日蝕。

五月二十三日丙戌，西平忠成公張駿去世，張駿屬下的文武官員遂尊奉世子張重華為使持節、大都督、太尉、護羌校尉、涼州牧、西平公、假涼王，在其境內實行大赦，張重華尊奉自己的嫡母嚴氏為大王太后，尊奉自己的生母馬氏為王太后。

後趙擔任中黃門的嚴生厭惡擔任尚書的朱軌，恰逢此時淫雨連綿，久不停息，嚴生遂藉機在石虎面前誣陷朱軌不修治道路，又說朱軌誹謗朝政。後趙王石虎遂將朱軌囚禁起來。蒲洪勸阻說：「陛下在襄國、鄴城都已經有宮殿，又在長安、洛陽修建宮殿，準備用它做什麼呢？還打造了一千輛專供打獵的車子、圈起數千里的地方用來畜養禽獸，搶奪別人的妻子、女兒總計十萬多人用來充實皇宮寢殿，難道聖明帝王的所作所為就是這個樣子嗎！現在又因為道路沒有修整好，就準備殺掉尚書。陛下不修德政，上天連降陰雨，七十多天才放晴。現在放晴剛兩天，就是有一百萬鬼兵，也不能馬上將道路上的泥濘和積水全部清除，何況是人呢！政令刑罰如此，將如何向四海的人民交代？如何向後世子孫交代？希望陛下早日將各項工程停止，廢除皇家園囿，放出宮女，赦免朱軌，以滿足臣民的希望。」石虎雖然很不高興，但也沒有認為蒲洪有罪而對他加以處治，而是將長安、洛陽興建宮殿的工程停止，但最終還是殺死了朱軌。又制定了懲治私下裡議論朝政的法律，允許下級官吏告發自己的長官、奴僕告發自己的主人。公卿大臣在朝見石虎的時候，互相之間只敢用眼神打一下招呼，不敢再像從前那樣互相往來。

後趙將軍王擢率軍攻擊張重華，襲擊武街，活捉了張重華的屬將、擔任護軍的曹權和胡宣，將七千多戶遷徙到雍州。後趙涼州刺史麻秋、將軍孫伏都攻打河州轄下的金城郡，金城太守張沖向後趙投降，涼州境內人心撼動。

張重華動員了境內的全部兵力，派征南將軍裴恆率領抵禦後趙的侵略。裴恆屯兵駐紮於廣武城，久久不敢出戰。擔任涼州司馬的張耽對張重華說：「國家的生死存亡全看軍隊，而軍隊是打敗仗還是打勝仗則取決於將領。如今參與決策的人在決定出征將領的時候，大多都推舉有名望、有豐富作戰經驗的老將。當初漢高祖拜韓信為大將，並不在於韓信跟隨劉邦的時間長以及年齡大、威望高。英明的君主任用人，並沒有一定的條條框框，以及資歷、地位的限制，只要他具備承當這項工作的才能，就將大任授予他。如今強大的賊寇已經侵入境內，諸將全都互相觀望不敢向前，人心恐懼不安。擔任主簿的謝艾，文武全才，可任用他去抵抗趙軍。」張重華於是召見謝艾，向他諮詢退敵的方略。謝艾請求張重華撥給他七千人馬，保證能擊退強敵回來彙報。假涼王張重華拜謝艾為中堅將軍，撥給他五千名步兵、騎兵，讓他率領著去攻擊後趙涼州刺史麻秋。謝艾率領五千人馬從振武出發，夜間有二隻貓頭鷹飛到中軍大帳鳴叫，謝艾說：「博弈的時候，誰得到梟子誰就能贏，現在梟鳥在我軍營鳴叫，這是我們戰勝敵人的預兆。」遂指揮軍隊與後趙軍交戰，大敗趙軍，斬殺了後趙五千人。張重華封謝艾為福祿伯。

後趙涼州刺史麻秋在攻克金城的時候，金城縣令敦煌人車濟不肯向後趙投降，他用身上的佩劍自殺而死。麻秋又率軍進攻涼州管轄之下的大夏，涼州擔任護軍的梁式將大夏太守宋晏捉住，獻出大夏城向後趙的麻秋投降。麻秋派大夏太守宋晏給宛戍都尉敦煌人宋矩寫信，勸說宋矩投降後趙，宋矩說：「我身為臣屬，既然不能守住城池為國家建功立業，就只有堅守節操而死一條路可走了！」宋矩先殺死了自己的妻、子，然後自殺身亡。廝秋說：「這些人都是忠義勇敢之人。」遂將宋矩等收殮安葬。

冬季，漢太保李奕在晉壽起兵謀反，很多蜀地人都追隨他，部眾很快發展到數萬人。漢主李勢登上成都的城牆指揮抵抗，李奕單人匹馬攻擊城門，守衛城門的衛士用箭將李奕射死，李奕的部眾立即潰散。漢主李勢在境內實行大赦，改年號為嘉寧。

漢主李勢驕奢淫逸，不關心國家政務，絕大部分時間都是居住在深宮之中，很少接見公卿等大臣，對朝中的老臣更是疏遠、猜忌，只信任身邊的幾個人，於是進讒言陷害他人、阿諛奉承之風盛行，刑罰苛刻殘酷，因此內外離心。蜀地早先並沒有獠族人居住，現在獠族人開始從深山中走了出來，從巴西到犍為、梓潼，有十多萬落的獠族人布滿山谷，官府無法禁止，成為民眾的一大禍害，再加上災荒年景，漢國境內逐漸呈顯出蕭條景象。

東晉安西將軍桓溫準備率軍攻伐漢國，桓溫屬下的將佐都認為時機不到，不可以出兵，江夏相袁喬勸諫桓溫說：「籌謀征伐這樣的大事，本來就不是一般人所能想得到、看得到的，智慧者的心中如果已經考慮得很清楚明白，就不一定要等眾人全都贊成。如今給天下造成災禍的，只有胡人石虎、蜀地李勢這兩個賊寇而已。蜀地地勢雖然艱險，然而實力比胡人弱得多。如果準備將蜀、胡除掉，應該先從比較容易的下手。漢主李勢荒淫無道，他屬下無論是官吏還是民眾，沒有人擁護他，而且李勢仗恃其地勢險峻，距離江東路途遙遠，因而沒有戰備措施。應該派遣一萬名精兵輕裝前進、快速奔襲，等到李勢發覺的時候，我們已經跨越了他們的險要進入平原，可以一戰將李勢擒獲。蜀地富饒、人口眾多，諸葛武侯曾經利用它抗衡中原。我們如果能夠佔有蜀地，實在是國家最大的收益。議論的人擔心一旦大軍西進討伐李勢，胡人石虎必然要趁機前來進犯，這表面看起來似乎有道理，而實際上不是那麼回事。胡人聽說我們大軍不遠萬里西征，必定認為我們內部留有重兵防守，所以一定不敢前來侵擾。縱使有些小股的胡人前來入侵，長江沿線的守軍也足以將其擊退，完全沒有必要為此擔憂。」桓溫聽從了袁喬的建議。袁喬，是袁瓌的兒子。

十一月十一日辛未，東晉安西將軍桓溫率領擔任益州刺史的周撫、擔任南郡太守的譙王司馬無忌出兵討伐漢國李勢，向朝廷發出表章之後立即起兵上路，將留守荊州事宜委託給安西將軍府長史范汪，加授周撫為都督梁州之涪陵、巴東、巴西、巴郡四郡諸軍事，派袁喬率領二千人做先鋒。〇東晉朝廷認為蜀道艱險、路途遙遠，而桓溫所率人馬很少，又是深入敵境，都很為桓溫感到擔憂，只有劉惔認為桓溫必能攻克蜀地。有人問他原因，劉惔說：「根據博弈的原理知道桓溫必勝。桓溫是個善於博弈的人，如果沒有十分獲勝的把握他是不會去做的。但令人擔憂的是，桓溫一旦攻克蜀地之後，必將會控制朝廷，向朝廷發號施令。」

三年（丁未　西元三四七年）

春，二月，桓溫軍至青衣❶。漢主勢大發兵，遣叔父右衛將軍福、從兄鎮南將軍權、前將軍昝堅等將之，自山陽❷趣合水❸。諸將欲設伏於江南❹以待晉兵。昝堅不從，引兵自江北鴛鴦碕❺渡向犍為❻。

三月，溫至彭模❼。議者欲分為兩軍，異道俱進，以分漢兵之勢。袁喬曰：「今懸軍深入萬里之外，勝則大功可立，不勝則噍類無遺❽，當合勢齊力，以取一戰之捷。若分兩軍，則眾心不一，萬一偏敗❾，大事去矣。不如全軍而進，棄去釜甑❿，齎三日糧，以示無還心，勝可必也。」溫從之，留參軍孫盛、周楚將羸兵⓫守輜重⓬，溫自將步卒直指成都。楚，撫之子也。

李福進攻彭模，孫盛等奮擊，走之。溫進，遇李權，三戰三捷。漢兵散走歸成都，鎮東將軍[1]李位都迎詣溫降。昝堅至犍為，乃知與溫異道，還，自沙頭津濟⑬。比至，溫已軍於成都之十里陌⑭，堅眾自潰。

勢悉眾出戰于成都之[2]笮橋⑮。溫前鋒不利，參軍龔護戰死，矢及溫馬首。眾懼，欲退。而鼓吏誤鳴進鼓⑯，袁喬拔劍督士卒力戰，遂大破之。溫乘勝長驅至成都，縱火燒其城門。漢人惶懼，無復鬬志。勢夜開東門走，至葭萌⑰，使散騎常侍王幼送降文於溫，自稱「略陽李勢叩頭死罪」，尋⑱輿櫬面縛⑲詣軍門⑳。溫解縛焚櫬，送勢及宗室十餘人於建康，引漢司空譙獻之等以為參佐，舉賢旌善㉑，蜀人悅之。

日南㉒太守夏侯覽貪縱㉓，侵刻胡商㉔；又科調船材㉕，云欲有所討，由是諸國恚憤㉖。林邑王文㉗攻陷日南，將士死者五六千，殺覽，以尸祭天。檄交州㉘刺史朱蕃，請以郡北橫山㉙為界。文既去，蕃使督護劉雄戍日南。

漢故尚書僕射王誓、鎮東將軍鄧定、平南將軍王潤、將軍隗文等皆舉兵反，眾各萬餘。桓溫自擊定，使袁喬擊文，皆破之。溫命益州刺史周撫鎮彭模，斬王誓、王潤。溫留成都三十日，振旅㉚還江陵。李勢至建康，封歸義侯。夏，四月丁巳㉛，鄧定、隗文等入據成都。征虜將軍楊謙㉜棄涪城㉝，退保德陽㉞。

趙涼州刺史麻秋攻枹罕㉟。晉昌㊱太守郎坦以城大難守，欲棄外城。武成㊲太守張悛曰：「棄外城則動眾心，大事去矣！」寧戎校尉張璩從悛言，固守大城。秋帥眾八萬圍塹㊳數重，雲梯地突㊴，百道皆進。城中禦之，秋眾死傷數萬。趙王虎復遣其將劉渾等帥步騎二萬會之。郎坦恨言不用，教軍士李嘉潛引趙兵千餘人登城。璩督諸將力戰，殺二百餘人，趙兵乃退。璩燒其攻具，秋退保大夏㊵。

虎以中書監石寧為征西將軍，帥并、司州兵二萬餘人為秋等後繼。張重華將宋秦等帥戶二萬降于趙。重華以謝艾為使持節、軍師將軍，帥步騎三萬進軍臨河㊶。艾乘軺車㊷，戴白帢㊸，鳴鼓而行。秋望見，怒曰：「艾年少書生，冠服如此，輕我也！」命黑矟龍驤㊹三千人馳擊之，艾左右大擾㊺。或勸艾宜乘馬，艾不從，下車，踞胡牀㊻，指麾處分㊼。趙人以為有伏兵，懼不敢進。別將張瑁自間道引兵截趙軍後，趙軍退，艾乘勢進擊，大破之，斬其將杜勳、汲魚，獲首虜㊽萬三千級。秋單馬奔大夏。

五月，秋與石寧復帥眾十二萬進屯河南㊾，劉寧、王擢略地㊿晉興、廣武、武街(51)，至于曲柳(52)。張重華使將軍牛旋拒之[3]，退守枹罕，姑臧大震。重華欲親出拒之，謝艾固諫。別駕從事[4]索遐曰：「君者，一國之鎮[53]，不可輕動。」乃以艾為使持節、都督征討諸軍事、行衛將軍[54]，遐為軍正將軍，帥步騎二萬拒之。別將[55]楊康敗劉寧于沙阜[56]，寧退屯金城[57]。

六月辛酉[58]，大赦。

秋，七月，林邑復陷日南，殺督護劉雄。

隗文、鄧定等立故國師范長生之子賁[59]為帝而奉之，以妖異惑眾，蜀人多歸之。

趙王虎復遣征西將軍孫伏都、將軍劉渾帥步騎二萬會麻秋軍，長驅濟河，擊張重華，遂城長最[60]。謝艾建牙[61]誓眾，有風吹旌旗東南指。索遐曰：「風為號令，今旌旗指敵，天所贊也。」艾軍于神鳥[62]。王擢與艾前鋒戰，敗，走還河南。八月戊午[63]，艾進擊秋，大破之，秋遁歸金城。虎聞之，歎曰：「吾以偏師定九州[64]，今以九州之力困於枹罕，彼有人焉，未可圖也！」艾還，討叛虜斯骨真等萬餘落，皆破平之。

趙王虎據十州之地[65]，聚斂金帛，及外國所獻珍異，府庫財物，不可勝紀。猶自以為不足，悉發前代陵墓，取其金寶。

沙門吳進[66]言於虎曰：「胡運將衰，晉當復興。宜苦役晉人[67]，以厭其氣[68]。」虎使尚書張羣發近郡男女十六萬人，車十萬乘，運土築華林苑及長牆于鄴北，廣袤數十里[69]。申鍾、石璞、趙攬等上疏陳天文錯亂，百姓彫弊。虎大怒曰：「使苑牆朝成，吾夕沒，無恨矣！」促張羣使然燭[70]夜作，暴風大雨，死者數萬人。郡國前後送蒼麟[71]十六，白鹿七，虎命司虞張曷柱[72]調之以駕芝蓋[73]，大朝會，列於殿庭。

九月，命太子宣出祈福于山川，因行游獵。宣乘大輅[74]，羽葆華蓋[75]，建天子旌旗，十有六軍戎卒十八萬出自金明門[76]。虎從其後宮升陵霄觀望之，笑曰：「我家父子如此，自非[77]天崩地陷，當復何愁！但抱子弄孫，日[78]為樂耳。」

宣所舍[79]，輒列人為長圍，四面各百里，驅禽獸，至暮皆集其所[80]。使文武跪立[5]，重行圍守[81]，炬火如晝，命勁騎[82]百餘馳射其中，宣與姬妾乘輦臨觀，獸盡而止。或獸有迸逸[83]，當圍守者，有爵[84]則奪馬，步驅[85]一日，無爵則鞭之一百。士卒飢凍死者萬有餘人。所過三州十五郡，資儲皆無孑遺[86]。

虎復命秦公[6]韜繼出，自并州[87]至于秦、雍[88]亦如之。宣怒其與己鈞敵[89]，愈嫉之。宦者趙生得幸於宣，無寵於韜，微[90]勸宣除之，於是始有殺韜之謀矣。

趙麻秋又襲張重華將張瑁，敗之，斬首三千餘級。枹罕護軍李逵帥眾七千降于趙，自河以南，氐、羌皆附於趙。

冬，十月乙丑[91]，遣侍御史俞歸至涼州，授張重華侍中、大都督、督隴右、關中諸軍事、大將軍、涼州刺史、西平公。歸至姑臧，重華欲稱涼王，未肯受詔，使所親沈猛私謂歸曰：「主公[92]奕世[93]為晉忠臣，今曾[94]不如鮮卑[95]，何也？朝廷封慕容皝為燕王，而主公纔[96]為大將軍，何以褒勸[97]忠賢乎？明臺[98]宜移河右[99]，共勸[100]州主為涼王。人臣出使，苟利社稷，專之可也[101]。」歸曰：「吾子[102]失言！昔三代之王[103]也，爵之貴者[104]莫若上公。及周之衰，吳、楚始僭號稱王[105]，而諸侯亦[7]不之非[106]，蓋以蠻夷畜之[107]也。借使[108]齊、魯稱王，諸侯豈不四面攻之乎？漢高祖封韓、彭[109]為王，尋[110]皆誅滅。蓋權時之宜[111]，非厚之也[112]。聖上以貴公[113]忠賢，故爵以上公，任以方伯[114]，寵榮極矣，豈鮮卑夷狄所可比哉！且吾聞之，功有大小，賞有重輕。今貴公始繼世[115]而為王，若帥河右之眾，東平胡、羯[116]，脩復陵廟[117]，迎天子返洛陽，將何以加之乎？」重華乃止。

武都氐王楊初[118]遣使來稱藩，詔以初為使持節、征南將軍、雍州刺史、仇池公。

十二月，振威護軍蕭敬文⑲殺征虜將軍楊謙，攻涪城，陷之，自稱益州牧⑳，遂取巴西㉑，通于漢中㉒。

【章　旨】以上為第三段，寫晉穆帝永和三年（西元三四七年）一年間的大事。主要寫了桓溫率軍伐西蜀，連戰連勝，遂攻破成都，漢主李勢兵敗投降，桓溫留益州刺史周撫、征虜將軍楊謙守西蜀，自己返回荊州；漢將鄧定、隗文等舉兵反晉，入據成都，立范長生之子范賁為帝，蜀人多應之；晉將蕭敬文叛殺楊謙，自稱益州牧，佔據巴西、漢中一帶地區；寫了趙將麻秋西攻涼州的枹罕，被涼將張悛、張璩打敗；石虎又派石寧率兵助麻秋攻涼，被涼將謝艾大破於黃河之濱；漢將孫伏都、劉渾又率兵助麻秋攻涼，又被謝艾所敗。後因枹罕守將李逵率眾降趙，河南氐、羌皆附於趙；寫了石虎貪婪聚斂，肆意搜刮，發掘古墓，盜取金寶；在鄴北大修華林苑，廣袤數十里；其太子石宣與其弟秦王石韜，縱情遊獵，奸小暗中挑動石宣與石韜的矛盾；此外還寫了晉派御史俞歸往授張重華西平公，張重華不欲受，俞歸巧妙說服之；以及林邑王攻陷日南郡，殺晉日南太守夏侯覽，又殺都護劉雄等等。

【注　釋】❶青衣　蜀縣名，縣治在今四川雅安北。❷山陽　蜀地名，約在今四川峨眉山市南，岷江龔嘴水庫之北。❸趣合水　撲向合水。趣，意思同「趨」。合水，為青衣江注入岷江處，在今四川樂山市東南。❹江南　岷江之南。❺鴛鴦碕　蜀地名，在今四川彭山縣東。❻犍為　古郡名，郡治武陽，在今四川彭山縣東十里。❼彭模　蜀地名，又名「彭亡聚」、「彭望」、「平模」、「平無」。在今四川彭山縣東十里，距成都二百里。❽噍類無遺　一個活人也留不下。噍，嚼，以人能咀嚼，故稱。❾偏敗　兩路進軍，一路失敗。❿釜甑　做飯的鍋碗瓢盆之類。釜是金屬製的烹飪器皿，無足的鍋。甑，瓦製的煮器。⓫羸兵　老弱病殘之兵。羸，瘦弱。⓬輜重　沉重的武器與暫時不用的軍需物資。⓭自沙頭津濟　在沙頭津渡過岷江。沙頭津是渡口名，在今四川彭山縣北二十里的岷江上。⓮十里陌　蜀地名，在今成都城南。⓯笮橋　在今四川成都西南郊外，因以竹索製成，故名笮橋。⓰誤鳴進鼓　本來讓鳴金收兵，結果誤擊了進軍之鼓。古代打仗，鳴金收兵，擊鼓進軍。⓱葭萌　蜀縣名，縣治在今四川廣元西南。⑱尋　緊接著。⑲輿櫬面縛　以車載棺跟隨，表示請死；兩手反綁於身後，而面向前，表示投降。櫬，棺材。⑳詣軍門　到桓溫的營門。㉑旌善　表彰善人。㉒日南　晉郡名，郡治西卷，在今越南廣治甘露河與廣治河的合流處。㉓貪縱　貪財、放縱。㉔侵刻胡商　侵擾剝削少數民族的商人。㉕科調船材　徵收造船的木材。科調，徵集；徵收。㉖諸國恚憤　日南一帶諸小國全都對之怨恨。㉗林邑王文　林邑國王，名文。古林邑國原是漢代的象林縣，縣治即今越南廣南省維川縣南的茶橋。東漢象林縣人區連，殺縣令，自稱林邑王，遂為林邑國。㉘交州　晉州名，州治龍編，在今越南河內東北。㉙橫山　山名，胡注以為當在日南郡的北界。㉚振旅　整頓部隊，這裡即指勝利回師。振，整頓。㉛四月丁巳　四月二十九。㉜楊謙　晉朝的守將。㉝涪城　涪縣縣城，在今四川綿陽東。㉞德陽　縣名，縣治在今四川遂寧東南。㉟枹罕　古縣名，縣治在今甘肅臨夏東北，上屬大夏郡。㊱晉昌　涼郡名，郡治在今甘肅安西縣東南。㊲武成　涼郡名，郡治不詳。㊳圍塹　環城挖壕溝。㊴雲梯地突　雲梯用以從高空攻城，地突即挖地道至城中以突然襲擊。㊵大夏　古郡名，在今甘肅臨夏東。原屬涼州張氏，此時被趙將麻秋佔領。㊶臨河　東臨黃河，與黃河東岸的枹罕相隔不遠。㊷軺車　一匹馬拉的輕便小車。《晉書·輿服志》：「古之軍車也，一馬曰軺車，二馬曰軺傳。」㊸白帢　白色的便帽，未仕者所戴。帢，同「帢」。按，謝艾乘軺車，戴白帢，分明是一個文雅書生打扮。㊹黑矟龍驤　勇士、敢死隊的名號，持黑槊，像龍虎一樣兇猛。矟，同「槊」。矛一類的兵器。龍驤，龍矯健，善騰躍，用以比喻勇士。㊺大擾　大亂。㊻踞胡牀　坐在一把椅子上。胡牀，一種可以折疊的輕便坐具，即椅子、板凳之類。㊼指麾處分　指揮、調動。指麾，意思同「指揮」。處分，調動；分配。㊽首虜　斬敵之首與俘獲生敵。㊾河南　即今甘肅之臨夏與青海之同仁一帶地區，地處黃河之南，距前次作戰之枹罕相隔不遠。㊿略地　拓展地盤，這裡實指襲擊、攻擊。51晉興廣武武街　晉興郡的郡治在今青海民和西北，廣武郡的郡治即今甘肅永登，武街的方位不詳。52曲柳　古城名，在今甘肅武威東南。53一國之鎮　猶言一國之主。古稱一方的主山為鎮，以喻君為一國主宰。54行衛將軍　同時兼任衛將軍。衛將軍是帝王禁衛部隊的統領。55別將　張重華部下另一支部隊的將領。56沙阜　古地名，在今甘肅武威。57金城　古郡名，郡治在今甘肅蘭州西北。58六月辛酉　六月初五。59范長生之子賁　范賁。范長生是李雄時代的謀士，被封為天地太師。事見《晉書》卷一百二十一。60長最　古城名，在今甘肅永登南。61建牙　建旗；豎起大旗。62神鳥　古城名，在今甘肅武威南。63八月戊午　八月初三。64九州　意即全國，古稱中國境內有九州。65十州之地　指幽、并、冀、司、豫、兗、青、徐、雍、秦。66沙門吳進　一個名叫吳進的和尚。67苦役晉人　加重對晉國遺民的奴役。68以厭其氣　以鎮壓晉王朝的氣數。厭，同「壓」。鎮壓；壓抑。69廣袤數十里　園林的長寬各數十里。古時稱東西的長度叫廣，南北的長度叫袤。(70)然燭　點起燈籠火把。然，「燃」的本字。(71)蒼麟　青黑色的大公鹿。(72)司虞張曷柱　主管馴養禽獸的工人，名叫張曷柱。(73)調之以駕芝蓋　訓練牠們，讓牠們拉一種仙人乘坐的車駕。芝蓋，篷頂呈靈芝形的車子，本為仙人之車，這裡供帝王乘坐。(74)大輅　天子之車，也作「大路」。(75)羽葆華蓋　以編織鳥羽為飾的車蓋。(76)金明門　鄴城的西門，又名「西明門」。(77)自非　除非；如果不是。(78)日　天天；每天。(79)所舍　所居住、所休息的地方。舍，止息。(80)集其所　聚集在石宣的居住之處。(81)重行圍守　層層圍住那些被驅趕來的野獸。(82)勁騎　驍勇的騎兵。(83)迸逸　逃脫；逃走。(84)有爵　有爵位的人。(85)步驅　徒步追捕逃獸。(86)無孑遺　花費得一點不剩。(87)并州　州治晉陽，在今山西太原西南。(88)秦雍　二州名，秦州的州治上邽，即今甘肅天水市，雍州的州治長安，即今西安的北部。(89)鈞敵　規格相同；待遇相等。鈞，通「均」。(90)微暗中；悄悄地。(91)十月乙丑　十月十一。(92)主公　沈猛對張重華的尊稱。(93)奕世　累世；世代。(94)曾　居然；竟然。(95)鮮卑指慕容廆、慕容皝父子，皆被晉朝封為燕王。(96)纔　僅僅。(97)褒勸　褒獎、激勵。(98)明臺　兩漢魏晉時稱御史府為「御史臺」。俞歸以侍御史的身分奉帝命出使涼州，故尊稱之曰「明臺」。(99)移河右　通告河西地區。移，傳檄，猶今通告。河右，即河西，涼州處河西走廊，故稱。(100)共勸　共同推奉、擁戴。(101)專之可也　自己拿一回主意是可以的。專，做主；先斬後奏。(102)吾子敬稱對方。子是男子的美稱，稱「吾子」，表示親近。(103)昔三代之王　當初夏、商、周三代天子稱王的時候。(104)爵之貴者　勳臣最尊貴的爵位。(105)吳楚始僭號稱王　吳、楚這種不守王化的國家，開始盜用天子名號，自己擅自稱王，如吳王闔閭、吳王夫差、楚文王、楚莊王之類。僭，越分。(106)不之非　不非之，不責難他們。(107)以蠻夷畜之　像對待蠻夷那樣對待他們。畜，養；看待。(108)借使　假使。(109)韓彭　韓信、彭越，都是劉邦的功臣，韓信曾被劉邦封為齊王、楚王，彭越被封為梁王。(110)尋緊跟著；很快地。(111)權時之宜　權宜之計；根據當時的形勢而採取的臨時措施。(112)非厚之也　並不是出於對他的特別優待。(113)貴公　敬稱張氏父子。張氏父子被封為西平公。(114)方伯　一方的諸侯之長。(115)始繼世　剛剛繼承父位，管理國事。(116)東平胡羯　這裡即指東平石虎。石勒、石虎是羯族，劉淵、劉聰是胡人，這時胡已經被羯所滅。「胡羯」在這裡是偏義複詞。(117)脩復陵廟　指收復西晉王朝的河山，重修晉朝的皇陵、宗廟。(118)楊初　楊難敵之子楊毅的族兄。(119)振威護軍蕭敬文　蕭敬文本是晉將，任振威將軍的護軍。(120)自稱益州牧　自稱益州刺史。胡三省曰：「蕭敬文以晉新并蜀，又有范賁之亂，故亦乘之而反。」(121)遂取巴西　佔領了巴西郡。巴西郡的郡治在今四川閬中。(122)通于漢中　勢力達到漢中。漢中郡的郡治即今陝西漢中。

【校　記】[1]鎮東將軍　原作「鎮軍將軍」。據章鈺校，十二行本、乙十一行本、孔天胤本皆作「鎮東將軍」，當是，今據改。

②成都之　據章鈺校，十二行本、乙十一行本、孔天胤本皆無此三字，張瑛《通鑑校勘記》同。③拒之　據章鈺校，此二字十二行本、乙十一行本、孔天胤本皆作「禦」。④別駕從事　原無此四字。據章鈺校，十二行本、乙十一行本、孔天胤本皆有此四字，今據補。⑤跪立　此二字上原有「皆」字。據章鈺校，十二行本、乙十一行本、孔天胤本皆無「皆」字，今據刪。⑥秦公　原無此二字。據章鈺校，十二行本、乙十一行本、孔天胤本皆有此二字，張瑛《通鑑校勘記》同，今據補。⑦亦　原無此字。據章鈺校，十二行本、乙十一行本、孔天胤本皆有此字，張敦仁《通鑑刊本識誤》同，今據補。

【語　譯】三年（丁未　西元三四七年）

春季，二月，東晉安西將軍桓溫率領討伐成漢的大軍抵達青衣縣，漢主李勢出動大軍，派遣自己的叔父擔任右衛將軍的李福、堂兄鎮南將軍李權、前將軍昝堅等率領大軍，從山陽出發趕往合水。諸將都主張在岷江南岸設置伏兵等待東晉的軍隊。昝堅不同意，遂率軍從江北的鴛鴦碕渡過岷江向犍為進發。

三月，東晉安西將軍桓溫率軍抵達彭模，有人建議將軍隊分為兩路，從不同的道路同時向前推進，以分散漢軍的兵力。擔任先鋒官的袁喬說：「如今我們孤軍遠在萬里之外深入敵境，勝利則可以建立不朽之功，不勝，則全軍覆沒，沒有一個人能夠生還，所以應當將兵力集中在一處，齊心合力，以求得一次會戰的勝利。如果分為二軍，眾人之心將不能統一，萬一有一路軍失敗，則全軍敗亡的局勢將無法挽救。不如全軍在一起向前推進，丟掉鍋碗瓢盆等炊事用具，每人只帶三天的乾糧，表示絕不後退的決心，勝利是可以期待的。」桓溫採納了袁喬的意見，留下擔任參軍的孫盛、周楚率領老弱殘兵守護輜重，桓溫親自率領步兵逕直去攻打成都。周楚，是周撫的兒子。

漢主李勢的叔父李福率軍進攻被晉兵佔領的彭模，東晉留守輜重的孫盛等奮力出擊，將李福趕走。桓溫在進軍途中遭遇李權的反抗，桓溫與李權打了三次，三次都取得了勝利。漢兵潰散逃走，跑回成都，漢鎮東將軍李位都迎接桓溫，向桓溫投降。漢前將軍昝堅獨自率領自己的部下到達犍為，才知道桓溫的軍隊走的是另外一條路，遂率軍而回，從沙頭津渡江北上。等他追上晉軍的時候，桓溫已經將軍隊駐紮在成都近郊的十里陌，昝堅的部眾不戰自潰。

漢主李勢出動現有的所有部隊，在成都城外的笮橋向晉軍發起反擊。桓溫的前鋒部隊作戰失利，擔任參軍的龔護戰死，流矢一直射到桓溫的戰馬之前。眾人都很恐懼，桓溫遂準備暫時後退。而執掌戰鼓的官吏在接到撤退命令後，本應鳴金收兵，卻錯誤地擂起了進軍的戰鼓，前鋒官袁喬拔出劍來督促士卒奮力向前拼殺，竟然打敗了漢軍。桓溫乘勝率軍長驅直入到達成都城門之下，派人縱火燒毀了城門。漢人非常驚慌恐懼，已經完全喪失了鬥志。漢主李勢在夜間打開城東門逃走，當他逃到葭萌的時候，派擔任散騎常侍的王幼前來向桓溫遞交降書，李勢在降書中稱自己是「略陽李勢，磕頭，死罪」，不久，李勢便用車子拉著棺材，自己雙手反綁在身後來到桓溫的營門投降。桓溫為李勢鬆開綁繩，燒毀了棺材，然後把李勢以及漢宗室十多人送往東晉的都城建康，聘請漢國司空譙獻之等作為自己的僚屬，在蜀地舉拔賢能、表彰良善，蜀地的人非常高興。

東晉擔任日南郡太守的夏侯覽貪贓枉法、胡作非為，侵擾、剝削少數民族商人；又下令徵收造船的木材，說是為出兵討伐的軍事行動做準備，於是日南一帶諸小國全都對夏侯覽充滿怨恨與憤怒。林邑王文率軍攻陷了日南，日南守軍將士死了五六千人，林邑王殺死了日南太守夏侯覽，用夏侯覽的屍體祭天。還以檄文的形式知會交州刺史朱蕃，要求撤銷日南郡，以日南郡郡北的橫山作為兩國的邊界。林邑王撤走之後，交州刺史朱蕃便委派擔任督護的劉雄率人戍守日南。

故漢國尚書僕射王誓、鎮東將軍鄧定、平南將軍王潤、將軍隗文等全都起兵反抗東晉的統治，他們每個人屬下都有一萬多人。東晉安西將軍桓溫親自率軍攻擊鄧定，派袁喬率軍攻擊隗文，鄧定、隗文全都被擊敗。桓溫任命益州刺史周撫鎮守彭模，隨後又斬殺了王誓、王潤。桓溫留在成都三十天，然後整頓軍旅返回江陵。漢主李勢被送到建康，東晉封他為歸義侯。夏季，四月二十九日丁巳，故漢鎮東將軍鄧定、將軍隗文等重新奪取了成都。東晉征虜將軍楊謙丟棄了涪城，退守德陽。

後趙涼州刺史麻秋率軍攻打涼王境內的枹罕。涼州晉昌太守郎坦認為城大難守，就想拋棄外城。擔任武成太守的張悛勸阻說：「如果丟棄外城，就會動搖軍心，大事將去！」寧戎校尉張璩聽從了張悛的意見，堅決固守外城。麻秋率領八萬兵眾把枹罕包圍了好幾層，上架雲梯、下挖地道，各種攻城方法全都用到了。枹罕城中拼死抵抗，麻秋的將士死傷了數萬人。後趙王石虎又派將領劉渾等率領二萬名步兵、騎兵前來與麻秋會合。晉昌太守郎坦怨恨眾人不聽從自己，竟然派軍士李嘉偷偷地引領一千多名後趙兵登上了枹罕城牆。寧戎校尉張璩督促諸將奮力拼殺，殺死了後趙二百多人，後趙兵才退走。張璩燒毀了後趙攻城的工具，麻秋撤退到大夏據守。

後趙王石虎任命擔任中書監的石寧為征西將軍，讓他率領并州、司州的二萬多名兵士充當麻秋的後援。假涼王張重華的部將宋秦等率領二萬戶投降了後趙。張重華任命謝艾為使持節、軍師將軍，率領三萬人馬進軍東臨黃河。謝艾乘坐著一輛由一匹馬拉著的輕便小車，頭上戴著白色的便帽，擂著戰鼓向前行進。麻秋看見後大怒說：「謝艾乃是一介年少書生，今天如此穿戴，這是不把我放在眼裡呀！」遂下令手持黑槊、像龍虎一樣勇猛的三千敢死隊閃電般攻擊謝艾軍，謝艾身邊的人立時大亂。有人勸說謝艾棄車騎馬，謝艾不僅沒有採納他們的建議，反而從車上下來，坐在一把椅子上，從容指揮。後趙人認為謝艾一定設有埋伏，所以產生懼怕心理而不敢前進。涼王張重華的另一名將領張瑁率領著一支部隊從一條隱祕的小路繞到趙軍的背後進行攻擊，後趙軍只得撤退，謝艾趁勢指揮軍隊出擊，遂大敗趙軍，將趙軍將領杜勳、汲魚斬首，斬殺和俘虜了後趙一萬三千人。麻秋單人獨騎逃往大夏。

五月，後趙涼州刺史麻秋與中書監石寧又率領著十二萬人馬進駐黃河以南地區，後趙將軍劉寧、王擢率軍攻取晉興、廣武、武街等地，軍隊挺進到曲柳。涼王張重華派將軍牛旋率軍抵抗，牛旋抵敵不住，退守枹罕，涼國都城姑臧大為震動。涼王張重華準備親自率軍抵抗，謝艾苦苦地進行勸阻。別駕從事索遐說：「國君，是一國的主宰，不能輕率地採取行動。」張重華遂任命謝艾為使持節、都督征討諸軍事、兼任衛將軍，索遐為軍正將軍，率領二萬人馬抵禦後趙的進攻。擔任別將的楊康在沙阜打敗了後趙將領劉寧，劉寧率眾退守金城。

六月初五日辛酉，東晉實行大赦。

秋季，七月，林邑國再次攻陷了東晉的日南郡，殺死了鎮守日南的督護劉雄。

故漢國將軍隗文、鎮東將軍鄧定等擁立原漢國國師范長生之子范賁為皇帝，范賁用妖言惑眾，蜀地的人大多數又都歸附了范賁。

後趙王石虎再次派遣征西將軍孫伏都、將軍劉渾率領二萬名人馬，與涼州刺史麻秋所率領的部隊會合，然後長驅直入，渡過黃河，攻擊假涼王張重華，遂修築了長最城。涼國謝艾豎起大旗，宣誓後準備出發，忽然颳起大風，大旗順風指向東南方向。軍正將軍索遐說：「風神已經發下號令，如今我們的軍旗指向東南方向的敵人，這是上天在幫助我們。」謝艾將軍隊駐紮在神鳥。後趙將領王擢與謝艾的前鋒交戰，戰敗後逃回河南。八月初三日戊午，謝艾率軍攻打麻秋，將麻秋打得大敗，麻秋逃回了金城。後趙王石虎聽到趙軍失敗的消息，歎息著說：「我憑藉著一支非主力部隊平定了九州，如今憑藉九州的力量卻被困在枹罕，對方有人才在，我還不能馬上消滅他們！」謝艾班師後，立即率軍討伐叛變的少數民族酋長斯骨真等一萬多落，全部將其討平。

後趙王石虎佔據著幽州、并州、冀州、司州、豫州、兗州、青州、徐州、雍州、秦州這十個州的地盤，他大肆聚斂金銀布帛，加上外國向他進獻的奇珍異寶，國家府庫中的財物多得數也數不清。即使如此，石虎還是覺得不滿足，竟然派人挖掘前代的陵墓，盜取陪葬的金銀珍寶。

一個名叫吳進的和尚對後趙王石虎說：「胡人的國運即將衰亡，晉朝將要復興。應該想盡辦法加重對晉國遺民的奴役，以鎮壓晉王朝的氣數。」石虎遂令擔任尚書的張羣從鄴城的鄰近郡縣徵調十六萬男女、十萬輛車，在鄴城以北運土修建華林苑和長圍牆，華林苑的長與寬各數十里。申鍾、石璞、趙攬等大臣全都上疏給後趙王石虎，向他報告上天星辰錯亂、地上百姓窮困凋敝的情況。石虎大怒說：「如果能使華林苑以及圍牆早晨竣工，我當天晚上死去，也沒有遺憾！」石虎督促張羣要夜以繼日地進行施工，晚上天黑，就點燃燈籠火把照明施工，又遭遇狂風暴雨的襲擊，民工死了數萬人。各郡、封國前後送來青黑色的大公鹿十六隻、白鹿七隻，石虎就讓擔任司虞的張曷柱訓練牠們，讓牠們為皇帝拉裝飾有靈芝形篷蓋的輦車，在舉行盛大朝會的時候，將牠們排列在殿前進行展示。

九月，後趙王石虎令皇太子石宣出京祭祀山川，好讓山川為後趙降福，順便打獵。太子石宣乘坐著天子之車，車上罩著用美麗羽毛編織的豪華車蓋，樹立起只有皇帝才能使用的旌旗，有十六支軍隊總計十八萬身穿戎裝的士卒跟隨，他們從鄴城西面的金明門出發。石虎從後宮登上陵霄觀眺望，他笑著說：「我家父子如此，如果不是天塌地陷，還有什麼值得憂愁！只需抱著兒孫，每日享受天倫之樂而已。」

後趙太子石宣每日休息的地方，都要用人圍成人牆，東西南北每面各長一百里，為他驅逐飛禽走獸，到天色傍晚時分，一定要將禽獸驅趕到石宣的住所周圍。石宣讓文武群臣跪立在地上，層層圍住那些被驅趕來的野獸，點燃的火把照耀得如同白晝，然後命令一百多名勇敢的騎兵在中間跑馬射箭，石宣帶著他的姬妾乘坐著輦車在高處觀看，一直到被圍起來的禽獸全部被消滅才停止。如果有野獸逃走，從誰守衛的地方逃走，如果是有爵位的人，就沒收他的馬匹，讓他徒步追逐禽獸一整天；如果是沒有爵位的就要挨一百下鞭子。士卒餓死、冷死的有一萬多人。所經過的三個州十五個郡，所有的物資儲備全被消耗光了，連一點剩餘都沒有。

後趙王石虎又令秦公石韜繼太子之後出京祭祀山川，石韜從并州一直到秦州、雍州，規模與情形與太子石宣完全相同。太子石宣對石韜在出遊時的規格與自己相同感到非常憤怒，也就更加嫉恨石韜。一個名叫趙生的宦官很受太子石宣的寵愛，卻得不到石韜的寵愛，於是便暗中勸說太子把石韜除掉，石宣遂開始祕密謀劃除掉石韜的計畫。

後趙涼州刺史麻秋又率兵襲擊涼王張重華的部將張瑁，將張瑁打敗，斬殺了三千多人。擔任枹罕護軍的李逵率領七千名部眾投降了後趙，黃河以南地區的氐人、羌人全都歸附了後趙。

冬季，十月十一日乙丑，東晉朝廷派遣擔任侍御史的俞歸前往涼州，授予張重華侍中、大都督、督隴右、關中諸軍事、大將軍、涼州刺史、西平公。俞歸到達張重華的首府姑臧，張重華自己想稱涼王，所以沒有接受東晉朝廷的任命，張重華派自己的親信沈猛私下裡對俞歸說：「我家主公，累世都是晉國的忠臣，現在的爵位竟然比不上鮮卑人慕容皝，這是為什麼呢？朝廷封慕容皝為燕王，而我家主公才封為大將軍，這怎能起到褒獎、勸勉忠良的作用呢？閣下應該往河西地區發表文告，共同推舉涼州長官張重華為涼王。作為朝廷的使臣，只要對國家有好處，即使自己拿一回主意也未嘗不可。」俞歸答覆說：「先生的話說錯了！古代夏、商、周統治天下的時候，最尊貴的爵位就是公爵。等到了周朝勢力衰微的時候，吳、楚開始自稱為王，而其他諸侯也不責難他們，那是因為把他們當做蠻夷看待。如果是齊國、魯國的國君自己稱王，諸侯豈能不舉兵從四面八方前去討伐他們？漢高祖劉邦封韓信、彭越為王，不久就將他們誅滅。所以封他們為王只是根據當時的形勢需要而採取的一種臨時措施，並不是對韓信、彭越特別厚愛。現在，聖明的皇帝因為貴主公忠心賢能，所以才封他為最尊貴的公爵，任命他為一方的諸侯之長，寵愛和榮耀已經達到極點，豈是鮮卑夷狄所能比的呢！而且我聽說，功勞有大有小，賞賜有重有輕。如今貴主公剛剛繼承了他父親的職位就要稱王，如果將來再率領河西地區的兵眾向東滅掉了胡人、羯人，重新修復了皇家的陵寢、宗廟，把晉朝天子迎回故都洛陽，到那時，將用什麼尊貴的爵位來賞賜他呢？」張重華遂不再堅持要求封涼王。

佔據武都的氐人首領楊初派遣使者來到東晉，稱自己是東晉的藩屬國，東晉皇帝下詔任命楊初為使持節、征南將軍、雍州刺史、仇池公。

十二月，東晉擔任振威護軍的蕭敬文叛變，他殺死了征虜將軍楊謙，攻陷了涪城，自稱益州牧，隨後又攻取了巴西，勢力達到了漢中地區。

【研　析】本卷寫晉成帝咸康八年（西元三四二年）至晉穆帝永和三年（西元三四七年）共六年間的各國大事。其中給人留下深刻印象的人物與故事，突出的有兩組：

其一是燕地慕容皝政權的飛快壯大，在短短幾年裡它滅掉了高句麗政權、宇文氏政權，和古老的夫餘國。在這當中起重大作用的是慕容皝的庶兄慕容翰。慕容翰在慕容皝剛即位時，曾因為擔心被害而逃出了燕國，往依段氏政權。當段氏政權被慕容皝消滅後，慕容翰又北投宇文氏。後來在燕國群臣的勸解下，慕容皝與慕容翰捐棄前嫌，迎慕容翰返回燕國。慕容翰在燕滅高句麗、滅宇文氏的過程中，其作用是關鍵性的。首先，作品寫燕國決策於廟堂的時候，慕容翰說：「宇文彊盛日久，屢為國患。今逸豆歸篡竊得國，羣情不附，加之性識庸闇，將帥非才，國無防衛，軍無部伍。臣久在其國，悉其地形，雖遠附彊羯，聲勢不接，無益救援。今若擊之，百舉百克。然高句麗去國密邇，常有闚鬮之志。彼知宇文既亡，禍將及己，必乘虛深入，掩吾不備。若少留兵則不足以守，多留兵則不足以行。此心腹之患也，宜先除之。觀其勢力，一舉可克。宇文自守之虜，必不能遠來爭利。既取高句麗，還取宇文，如返手耳。」其料事之明決，就和當年曹操的謀士郭嘉給曹操謀劃先滅三郡烏桓，後滅荊州劉表的思路完全一樣，歷史家所使用的語言也大體相同。慕容翰不僅有謀，而且臨戰有勇。當燕國滅掉高句麗，還取宇文氏時，宇文氏派大將涉夜干率精兵迎戰。慕容皝提醒慕容翰，說：「涉夜干勇冠三軍，宜小避之。」慕容翰說：「逸豆歸掃其國內精兵以屬涉夜干，涉夜干素有勇名，一國所賴也。今我克之，其國不攻自潰矣。且吾孰知涉夜干之為人，雖有虛名，實易與耳，不宜避之以挫吾兵氣。」於是慕容翰「自出衝陳，涉夜干出應之，慕容霸從傍邀擊，遂斬涉夜干。宇文士卒見涉夜干死，不戰而潰。燕軍乘勝逐之，遂克其都城。逸豆歸走死漠北，宇文氏由是散亡。」慕容翰的勇氣固然令人神往，而歷史家的文章之氣勢也如「駿馬下注千丈坡」，使讀者心曠神怡。

但慕容翰的結局是悲慘的，他在與宇文氏的作戰中受傷，傷好後在家中練習騎馬，於是被人誣告說是「稱病而私習騎乘，疑欲為變」，遂被一直懷有猜忌的慕容皝賜死。讀史者讀到此處，無不為慕容翰的才略與忠心而深感痛惜。但王夫之的《讀通鑑論》對此寫道：「慕容翰不安於國而出奔，始依段氏，沮段氏之追慕容皝，而貽其害，猶曰『懼宗國之亡也』。段氏滅，宇文氏逸豆歸恤而安之。乃既歸於燕，即說皝以滅宇文，輸其上下之情形、地形之險阻，以決於必得。然則翰在宇文之日，鷹目側注，蠆尾潛鉤，窺伺其舉動而指畫其山川，用心久矣。逸豆歸走死，宇文氏散亡，翰得全功以歸，而皝急殺之。非徒皝之忍也，翰之挾詐陰密，而示人以叵測，天下未有能容之者也。」單從道德而言，慕容翰的確不無可議；但對於燕國的利益而言，慕容翰則是有大功而無任何罪過，慕容皝致之於死是毫無道理的。

其二是寫桓溫的滅蜀。桓溫是東晉百數年間少有的傑出人物，其人才情洋溢，能當大事；但也有人看出他日後必然有「不臣」之心，建議對他要加強防範，例如擅長於清談的劉惔就是很有「遠見」的一個。當庾翼病死，朝廷任命桓溫為荊州刺史時，劉惔不同意，他建議會稽王司馬昱自己任荊州刺史，他去荊州給他當軍司。司馬昱不聽，堅持任命了桓溫。有一天，桓溫準備冒雪出去打獵，他全副武裝地來見劉惔。劉惔看著桓溫的這身莊嚴打扮說：「老賊欲持此何為？」桓溫也不含糊地回答說：「我不為此，卿安得坐談乎？」彼此都心照不宣，玩笑中帶有凜凜殺氣。

桓溫伐滅西蜀的李勢政權是輕而易舉，不帶懸念的，但如果請示朝廷，那便肯定是不行，因為苟且偷安、不思進取的慣性瀰漫東晉朝野，所以桓溫採取的手段是「拜表即行」，不等朝廷討論、批准，西討的大軍就已經開拔上路了。於是，十一月出發；二月攻入蜀境；三月攻入成都，漢主李勢投降；四月桓溫返回荊州，事情就是這麼簡單、麻利！《通鑑》寫作戰的過程說：當桓溫到達蜀境的彭模時，有人建議兵分兩路，異道俱進，「以分漢兵之勢」。先鋒袁喬說：「今懸軍深入萬里之外，勝則大功可立，不勝則噍類無遺，當合勢齊力，以取一戰之捷。若分兩軍，則眾心不一，萬一偏敗，大事去矣。不如全軍而進，棄去釜甑，齎三日糧，以示無還心，勝可必也。」於是勢如破竹，三戰三捷，一直推進到了成都城下。接著寫到了「笮橋之戰」，作品說：「勢悉眾出戰于成都之笮橋。溫前鋒不利，參軍龔護戰死，矢及溫馬首。眾懼，欲退。而鼓吏誤鳴進鼓，袁喬拔劍督士卒力戰，遂大破之。溫乘勝長驅至成都，縱火燒其城門。漢人惶懼，無復鬬志。勢夜開東門走，至葭萌，使散騎常侍王幼送降文於溫。」戰鬥很激烈，但其中的「眾懼，欲退。而鼓吏誤鳴進鼓」十一字不可解。難道桓溫看到「前鋒不利，參軍龔護戰死，矢及溫馬首」，就下令撤退了？不然鼓吏怎麼能「誤鳴進鼓」？這一仗勝得也太偶然離奇了！明代袁黃《歷史增評綱鑑補》批評這一段文章的寫法說：「桓溫遠薄堅城，屢戰克捷，乘勝席卷，正當鳴鼓勵勇，鼓吏安得誤鳴？記載家不識韜鈐，妄謂事出僥倖，所謂夏蟲不可以語冰也！」桓溫的前鋒袁喬兩處都表現了西楚霸王項羽的勇敢，他前面所說的「不如全軍而進，棄去釜甑，齎三日糧，以示無還心，勝可必也」，用的都是《史記．項羽本紀》的語言；後面又是靠著他的「拔劍督士卒力戰」，從而一舉破敵。誰說東晉沒有英雄？只是由於朝廷腐敗，淹沒了無數將士的光輝！

桓溫後來隨著功勞太大，而漸漸增長了「不臣」之心，其實這也是朝廷的無能給慣出來的。關於桓溫的伐蜀，王夫之《讀通鑑論》說：「蜀之宜伐久矣，至李壽死，李勢立，驕淫虐殺，此天亡李氏之日，不待再計而宜興師者也。桓溫西討，晉廷惴惴然憂其不克，溫目笑而心鄙之，『拜表即行』，知晉之無人也。劉惔曰：『但恐克蜀之後，專制朝廷。』其言驗矣。乃其遂無以處此哉？溫表至，朝廷信之而不疑，下詔獎之以行，而命重臣率大師以繼其後，則溫軍之孤可無慮，而專制之邪心抑不敢萌。惴惴憂之，漠漠聽之，敗則國受之，克則溫專其功。惔誠慮及，而胡不為此謀也？蓋惔者，會稽王昱之客，非能主持國計者也。惔即為此謀而固不聽，徒為太息而無可如何。晉非無人，有人而志不能行也。」說得相當精彩到位。

卷第九十八

晉紀二十

起著雍涒灘（戊申　西元三四八年），盡上章閹茂（庚戌　西元三五〇年），凡三年。

【題　解】本卷寫晉穆帝永和四年（西元三四八年）至永和六年共三年間的東晉及各國大事。主要寫了後趙石虎的太子石宣暗殺石虎的愛子石韜，並欲藉機弒其父，被石虎發覺，石虎殺掉了石宣，而聽信野心家張豺之謀改立幼子石世為太子；寫了後趙主石虎病死，幼子石世為帝，張豺把持朝政，石虎的另一個兒子石遵在姚弋仲、蒲洪等人的擁戴下殺石世，自己稱帝；石虎的養孫石閔（後稱冉閔）因恨石遵食言，遂與石虎的另一個兒子石鑒勾結，殺了石遵，立石鑒為趙主，自己控制朝廷大權。石閔欲滅石氏之跡，改國號曰「衛」；衛主石鑒謀殺石閔，被石閔所殺，石閔自稱皇帝，改國號為大魏；石虎的另一個兒子石祗在襄國稱帝，命石琨、王朗、劉國、張賀度等多次大舉攻魏，都被石閔以少量軍隊輕易打敗；寫了氐人蒲洪、羌人姚弋仲皆有據關中自立之志，姚弋仲派其子姚襄擊蒲洪，被蒲洪打敗，蒲洪自稱三秦王，改姓為苻洪；接著苻洪被降將麻秋毒死，其子苻健退而仍稱晉官爵，請聽朝命；這時趙將杜洪據長安，自稱晉之征北將軍，關西夷夏皆應之；苻健則假裝受趙官爵，示無西意，以麻痹杜洪，尋而麾軍長驅入關，所過城邑，紛紛歸附；苻健進入長安，並西取上邽，但以人心思晉，乃向晉朝告捷，並修好於桓溫；寫了燕主慕容皝病死，其子慕容儁繼立，燕之將相勸慕容儁起兵伐趙，慕容儁進行一定準備後，起兵南伐，很快地攻克樂安、薊城，並進軍魯口，中途受到魏將鹿勃早的夜襲，遂引兵還薊；接著二次南伐，取得章武、河間、樂陵等地；寫了晉王朝賞桓溫平蜀之功，加溫為征西大將軍，但朝廷又恐桓溫怙權不可制，於是起用殷浩以抗之，從而形成桓溫與殷浩的內外對立；寫了褚裒率軍北伐，兵敗於代陂；梁州刺史司馬勳率眾出駱谷，破趙長城戍，又拔宛城，因無後援而退回漢中；寫了晉王朝以殷浩為都督，謀取北伐；此外還寫了蔡謨被授司徒之職，三年不上任，以致太后、皇帝坐朝立等，蔡謨仍拒不應命，殷浩欲治以「無人臣禮」，處以大辟，後從荀羨之議，免謨為庶人等等。

孝宗穆皇帝上之下

永和四年（戊申　西元三四八年）

夏，四月，林邑❶寇九真❷，殺士民什八九❸。

趙秦公韜有寵於趙王虎，欲立之。以太子宣長，猶豫未決。宣嘗忤旨，虎怒曰：「悔不立韜也！」韜由是益驕，造堂於太尉府❹，號曰宣光殿，梁長九丈。宣見而[1]大怒，斬匠，截梁❺而去。韜怒，增之至十丈。宣聞之，謂所幸楊柸[2]、牟成、趙生曰：「凶豎❻傲愎乃敢爾❼！汝能殺之，吾入西宮❽，當盡以韜之國邑❾分封汝等。韜死，主上必臨喪❿，吾因行大事⓫，蔑不濟⓬矣！」柸等許諾。

秋，八月，韜夜與僚屬宴於東明觀⓭，因宿於佛精舍⓮。宣使楊柸等緣獮猴梯⑮而入，殺韜，置⑯其刀箭而去。旦日⑰，宣奏之。虎哀驚氣絕，久之方蘇。將出臨其喪，司空李農諫曰：「害秦公者未知何人，賊在京師，鑾輿⑱不宜輕出。」虎乃止，嚴兵⑲發哀於太武殿⑳。宣往臨韜喪，不哭，直言「呵呵」㉑，使舉衾㉒觀尸，大笑而去。收㉓大將軍記室參軍鄭靖、尹武等，將委之以罪㉔。

虎疑宣殺韜，欲召之。恐其不入，乃詐言㉕其母杜后㉖哀過危惙㉗。宣不謂見疑㉘，入朝中宮㉙，因留之㉚。建興㉛人史科知其謀，告之。虎使收楊柸、牟成，皆亡去㉜，獲趙生。詰㉝之，具服㉞。虎悲怒彌甚，囚宣於席庫㉟，以鐵環穿其頷㊱而鏁之。取殺韜刀箭舐㊲其血，哀號震動宮殿。佛圖澄曰：「宣、韜皆陛下之子，今為韜殺宣，是重禍㊳也。陛下若加慈恕㊴，福祚㊵猶長。若必誅之，宣當為彗星㊶下掃鄴宮。」虎不從。積柴於鄴北，樹標其上㊷，標末置鹿盧㊸，穿之以繩，倚梯柴積㊹。送宣其下，使韜所幸宦者郝稚、劉霸拔其髮，抽其舌，牽之登梯。郝稚以繩貫其頷㊺，鹿盧絞上。劉霸斷其手足，斫眼㊻潰腸㊼，如韜之傷。四面縱火，煙炎際天㊽。虎從㊾昭儀㊿已下數千人登中臺[51]以觀之。火滅，取灰分置諸門交道[52]中。殺其妻子[53]九人。宣少子纔數歲，虎素愛之，抱之而泣，欲赦之。其大臣不聽[54]，就抱中取而殺之。兒挽[55]虎衣大叫，至於絕帶，虎因此發病。又廢其后杜氏為庶人。誅其四率(56)已下三百人，宦者五十人，皆車裂(57)節解(58)，棄之漳水(59)。洿其東宮(60)以養豬牛。東宮衛士十餘萬人皆讁戍涼州(61)。先是(62)，散騎常侍[3]趙攬(63)言於虎曰：「宮中將有變，宜備之。」及宣殺韜，虎疑其知而不告，亦誅之。

朝廷論平蜀之功，欲以豫章郡封桓溫。尚書左丞荀蕤曰：「溫若復平河、洛(64)，將何以賞之？」乃加溫征西大將軍、開府儀同三司，封臨賀郡公(65)，加譙王無忌前將軍，袁喬龍驤將軍，封湘西伯。蕤，崧(66)之子也。

溫既滅蜀，威名大振，朝廷憚之。會稽王昱以揚州刺史殷浩有盛名，朝野推服(67)，乃[4]引為心膂(68)，與參綜朝權(69)，欲以抗溫(70)，由是與溫寖相疑貳(71)。

浩以征北長史荀羨(72)、前江州刺史王羲之(73)夙有令名，擢(74)羨為吳國內史，羲之為護軍將軍，以為羽翼。羨，蕤之弟。羲之，導之從子(75)也。羲之以為內外協和(76)，然後國家可安，勸浩(77)及羨[5]不宜與溫搆隙(78)。浩不從。

燕王皝有疾，召世子儁屬(79)之曰：「今中原未平，方資賢傑(80)以經世務(81)。恪(82)智勇兼濟(83)，才堪任重，汝其委之(84)，以成吾志(85)。」又曰：「陽士秋(86)士行高潔，忠幹貞固(87)，可託大事，汝善待之。」九月丙申(88)，薨。

趙王虎議立太子，太尉張舉曰：「燕公斌有武略(89)，彭城公遵有文德，惟陛下所擇。」虎曰：「卿言正起吾意。」戎昭將軍張豺曰：「燕公母賤，又嘗有過[90]，彭城公母[91]前以太子事廢，今立之，臣恐不能無微恨，陛下宜審思[92]之。」初，虎之拔上邽[93]也，張豺獲前趙主曜幼女安定公主，有殊色，納於虎[94]，虎嬖[95]之，生齊公世[96]。豺以虎老病，欲立世為嗣，冀劉氏為太后，己得輔政，乃說虎曰：「陛下再立太子[97]，其母皆出於倡賤[98]，故禍亂相尋[99]，今宜擇母貴子孝者立之。」虎曰：「卿勿言，吾知太子處矣！」虎再與羣臣議於東堂，虎曰：「吾欲以純灰三斛[100]自滌其腸[101]，何為專生惡子，年踰二十輒欲殺父！今世方十歲，比其二十，吾已老矣！」乃與張舉、李農定議，令公卿上書請立世為太子。大司農曹莫不肯署名，虎使張豺問其故，莫頓首曰：「天下重器[102]，不宜立少，故不敢署。」虎曰：「莫，忠臣也，然未達朕意。張舉、李農知朕意矣，可令諭之。」遂立世為太子，以劉昭儀為后[103]。

冬，十一月甲辰[104]，葬燕文明王[105]。世子儁即位，赦境內，遣使詣建康告喪。以弟交為左賢王，左長史陽騖為郎中令。

十二月，以左光祿大夫、領司徒[106]、錄尚書事蔡謨為侍中、司徒。謨上疏固讓，謂所親曰：「我若為司徒，將為後代所哂[107]，義不敢拜[108]也。」

【章 旨】以上為第一段，寫晉穆帝永和四年（西元三四八年）一年間的大事。主要寫了後趙石虎的兩個兒子太子石宣與秦公石韜的彼此矛盾，石宣暗殺石韜，並欲藉機弒其父，被石虎發覺，石虎嚴厲地殺掉了石宣，嚴懲其黨羽，而聽信野心家張豺之謀改立幼子齊公石世為太子；寫了晉賞桓溫平蜀之功，加溫為征西大將軍、臨賀郡公；但朝廷又恐桓溫怙權不可制，於是起用殷浩以抗之，從而形成桓溫與殷浩的內外對立；此外還寫了燕主慕容皝病死，其子慕容儁繼立等等。

【注 釋】❶林邑 古國名，在今越南中部地區。這時的林邑王名文，姓范氏。❷九真 晉郡名，在交州交趾郡南，日南郡、九德郡北。治所胥浦縣，在今越南清化東山縣的陽舍村。❸什八九 十分之八九，極言其殺人之多。❹太尉府 即秦王石韜的府第，當時石韜任太尉之職。❺截梁 截斷殿樑。「宣光殿」因觸犯太子宣的名諱，故太子大怒。❻凶豎 兇惡的小子。豎，小子；奴才。這裡是罵人語。❼傲愎乃敢爾 居然敢如此狂妄傲慢。愎，悖拗。爾，如此。❽吾入西宮 意即我日後為趙王時。當時石虎居於西宮，石宣居於東宮。「入西宮」即指繼位為趙王。❾國邑 領地、城鎮。❿臨喪 親自前來哭喪。臨，親自前來，這裡即指哭喪。⓫行大事 指殺父篡位。⓬蔑不濟 不可能不成功。蔑，無；沒有。濟，成功。⓭東明觀 臺觀名，在鄴都的東城上。⓮佛精舍 佛教寺廟的宿舍。精舍，和尚修煉居住之所，即佛寺。⓯獼猴梯 小而長的梯子，人如獼猴攀援而上，故稱。⓰置 丟下。⓱旦日 天亮之後。⓲鑾輿 即鑾駕，天子的車駕，這裡即稱石虎本人。⓳嚴兵 派兵嚴加戒備。⓴太武殿 石虎宮中的正殿。㉑直言呵呵 只是乾笑了兩聲。直，只。呵呵，乾笑聲。㉒舉衾 掀起大被。衾，被。㉓收 逮捕。㉔將委之以罪 準備給他們強加罪名。委，加。㉕詐言 謊稱。㉖杜后 石宣、石韜二人的生母杜氏。咸康三年，杜氏以昭儀被石虎立為天王皇后。㉗哀過危惙 由於悲哀過度而病危。惙，哀痛；憂愁。㉘不謂見疑 沒有想到已被石虎所懷疑。㉙入朝中宮 到石虎的西宮來拜見他的母親。中宮，皇后所居之處。㉚因留之 因而遂被石虎所扣留。㉛建興 後趙時期的郡名，郡治即今河北廣宗。㉜亡去 逃走。㉝詰 問；拷問。㉞具服 全部招認。㉟席庫 收藏席子的倉庫。㊱頷 下巴頦。㊲舐 用舌頭舔。㊳重禍 禍上加禍。㊴若加慈恕 指饒過石宣。㊵福祚 指國祚、國運。祚，福。㊶當為彗星 將會變成彗星。彗星，俗名掃帚星，以曳長尾似掃帚故名。古人認為彗星出現，將有災難發生。㊷樹標其上 在柴堆上豎起一根高桿。㊸標末置鹿盧 高桿的頂端裝有滑輪。末，頂端。鹿盧，起重用的滑輪。㊹倚梯柴積 倚梯於柴積，在柴堆旁豎起梯子。㊺貫其頷 套住他的脖子。頷，下巴，這裡即指脖子。㊻斫眼 鑿瞎他的眼睛。斫，砍；擊。㊼潰腸 剖腹出腸。㊽際

天　衝天；接天。際，至；接連。㊾從　使跟從，即帶領。㊿昭儀　帝王妃嬪的稱號。魏制，王后、夫人之下有昭儀，爵比縣侯。昭儀，言昭顯其儀，以示尊寵。51中臺　即銅雀臺。曹操曾在鄴城西北立三臺，中臺名銅雀臺，南臺名金虎臺，北臺名冰井臺。遺址在今河北臨漳西南三臺村。52交道　十字路口。取灰置諸門交道，以供過往眾人踐踏。53妻子　其妻與其子。54大臣不聽　大臣不答應，不放過。大臣所以「不聽」者，怕留下禍根，日後起來算帳及己。55挽　拉住；揪住。56四率　官名，秦漢時設衛率，主領兵卒和門衛以衛東宮。後世又置司御率、清道率、監門率，合稱「四率」，皆太子屬官。57車裂　即俗所謂五馬分屍，一種以車撕裂人體的酷刑。58節解　一種斷四肢、分解骨節的酷刑。59漳水　河北南部的河水名，流經當時鄴城的城北。60洿其東宮　把石宣居住的東宮毀成泥塘。洿，通「汙」。毀壞；糟蹋。61謫戍涼州　發配到趙國西部的涼州前線戍邊。當時後趙與涼州張氏政權的交界線在今甘肅、青海的黃河一線。後趙曾在今甘肅蘭州西北的金城一帶設立涼州。62先是　以此之前。古代寫歷史常用「先是」二字補敘舊事。63趙攬　趙將名。64河洛　黃河與洛水，這裡指該兩流域的中原地區，西晉都城洛陽之所在。65臨賀郡公　公是封爵名，臨賀郡是其封地。66崧　荀崧，荀藩之弟。傳見《晉書》卷七十五。67推服　推崇、佩服。68心膂　猶心腹。膂，脊骨。心和膂都是人體重要部分，因以喻骨幹親信。69參綜朝權　參加管理朝廷大權。70抗溫　抗衡桓溫，不使桓溫一人獨斷。71寖相疑貳　彼此越來越相互猜疑、對立。貳，對立；對抗。72荀羨　字令則，荀崧之子，荀蕤之弟。傳附《晉書》卷七十五。73王羲之　字逸少，琅邪臨沂（今山東臨沂北）人，我國古代著名書法家。王導之姪，郗鑒之婿。曾任江州刺史，後為右軍將軍。傳見《晉書》卷八十。74擢　提拔。75從子　兄弟之子，即姪。76內外協和　朝官和地方官協調一致。朝官指殷浩，地方官指桓溫。77勸浩　勸說殷浩。78搆隙　結怨；鬧矛盾。搆，通「構」。79屬　囑託；囑咐。80方資賢傑　正需要依靠賢才英傑。81以經世務　以管理國家事務。82恪　慕容恪，慕容儁之弟。83智勇兼濟　有勇有謀。兼濟，兼長；兼通。84汝其委之　你要委任他。其，副詞。表示祈請或命令，可譯為「要」、「一定」。85以成吾志　以實現我的願望，即平定中原。86陽士秋　陽騖，字士秋，燕國名將。事見《晉書》卷一百十一。87忠幹貞固　忠誠幹練，堅貞可靠。88九月丙申　九月十七。89武略　軍事謀略。90有過　有過失，指咸康六年燕公石斌因好獵而殺禮儀（人名）並欲殺張賀度未成事。91彭城公母　指前太子邃與彭城公遵之母鄭櫻桃，初為天王皇后，咸康三年，以太子邃事，廢為東海太妃。92審思　仔細考慮。93拔上邽　前趙主劉曜被石勒打敗俘獲，劉曜的兒子劉熙退保上邽。石虎率軍攻克上邽，又活捉了劉熙、劉胤等。事見本書〈晉紀〉成帝咸和四年。94納於虎　獻給了石虎。95嬖　寵愛。96齊公世　石世，石虎之子，被封為齊公。97再立太子　以往的兩次立太子。再，兩次。98出於倡賤　出身於低賤的歌女。99禍亂相尋指石邃、石宣兩任太子都不得善終。相尋，相繼。❿純灰三斛　純淨的石灰三石。古一斛也即一石。⓫自滌其腸　好好洗洗我的腸子。滌，洗。⓬天下重器　國家政權，是個非同小可的東西，意思是必須嚴肅認真地選擇接班人。⓭以劉昭儀為后　將石世之生母劉昭儀立為皇后。⓮十一月甲辰　十一月二十六。⓯燕文明王　即燕王慕容皝，諡曰文明。⓰司徒　官名，東晉時期的宰相或稱「丞相」，或稱「司徒」。⓱所哂　所笑；所譏笑。⓲義不敢拜　我絕不能接受這個重任。義，絕對。不敢，不能。

【校　記】1而　原作「之」。據章鈺校，十二行本、乙十一行本、孔天胤本皆作「而」，與《晉書》卷一百七〈石季龍載記下〉相合，今從改。2楊杯　原作「楊杯」。據章鈺校，十二行本、乙十一行本、孔天胤本皆作「楊杯」，今據改。按，《晉書》卷一百七〈石季龍載記〉與十二行本同。下文「杯」字皆改作「杯」。3散騎常侍　原無此四字。據章鈺校，十二行本、乙十一行本皆有此四字，張敦仁《通鑑刊本識誤》、張瑛《通鑑校勘記》同，今據補。4乃　原無此字。據章鈺校，十二行本、乙十一行本皆有此字，今據補。5及羨　原無此二字。據章鈺校，十二行本、乙十一行本皆有此二字，張敦仁《通鑑刊本識誤》同，今據補。

【語　譯】孝宗穆皇帝上之下

永和四年（戊申　西元三四八年）

夏季，四月，林邑國的軍隊侵入東晉的九真郡，將九真郡的官吏和百姓殺死了十分之八九。

後趙擔任太尉職務的秦公石韜最受後趙王石虎的寵愛，石虎想改立石韜為皇太子。因為太子石宣是長子，所以猶豫不決。皇太子石宣有一次違背了石虎的旨意，石虎竟然憤怒地脫口說出：「我真後悔當初沒有立石韜為皇太子！」秦公石韜因此更加驕傲，他在太尉府建造了一座高大的殿堂，取名為宣光殿，宣光殿的大樑長達九丈。太子石宣看到後勃然大怒，立即殺死了施工的工匠，截斷了宣光殿的大樑，然後揚長而去。秦公石韜也很憤怒，就將大樑更換為長十丈的。太子石宣聽到消息，就對自己的親信楊杯、牟成、趙生說：「這個兇惡的小子，竟敢如此的狂妄驕橫！你們如果能夠把他殺死，等我即位為趙王，就把石韜的領地、城邑分封給你們。石韜死了，主上必定親自到石韜的靈前來哭喪、祭奠，我趁機做出一件大事，沒有不成功的道理！」楊杯等人把殺死石韜的事情應承下來。

秋季，八月的一天，後趙秦公石韜因為在東明觀與僚佐聚會宴飲，當晚便住宿在佛教寺廟的宿舍中。太子石宣派楊柸等用小而長的軟梯攀緣而上，殺死了石韜，拋棄了刀箭而後離去。第二天天亮之後，石宣將石韜被殺的消息奏報石虎。石虎聽到如此噩耗，因為驚駭、哀痛，竟一時氣絕，過了許久才慢慢地蘇醒過來。石虎將要親自前往石韜的靈前哭弔，擔任司空的李農勸阻他說：「現在還不知道是什麼人殺害了秦公，賊人肯定還在京城，皇帝不應該輕率地出宮。」石虎遂沒有出去。石虎下令派兵嚴加戒備，然後在太武殿為石韜舉行喪禮。太子石宣來到石韜的靈前，他沒有哭泣，嘴裡只是「呵呵」地乾笑了兩聲，他讓人掀起蓋在石韜身上的大被，看了看果然是石韜被害的屍體，遂大笑而去。他下令將擔任大將軍記室參軍的鄭靖、尹武等人抓起來，準備把殺死石韜的罪責強行栽到他們身上。

後趙王石虎懷疑是太子石宣殺死了石韜，準備召石宣進宮。擔心石宣不肯來，遂謊稱天王皇后、石宣的母親杜氏因為過於哀痛而生命垂危。石宣沒有料到自己已經遭到石虎的懷疑，就放心大膽地進入石虎的西宮來拜見自己的母親杜氏皇后，石虎藉機將他扣留起來。建興人史科知道他們的陰謀，遂將他們告發。石虎派人逮捕楊柸、牟成，二人早已逃走，只將趙生抓獲。經過拷問，趙生全部招認，遂將實情全盤托出。石虎更加悲傷憤怒，他將石宣囚禁在儲藏席子的倉庫中，用鐵環穿過鎖住他的下巴頦。又拿起殺害石韜的刀箭舔上面的血，哀痛嚎哭的聲音幾乎震動得宮殿都晃動起來。佛圖澄對石虎說：「石宣、石韜都是陛下的兒子，如果為了石韜而殺死石宣，是禍上加禍。陛下如果能夠以慈愛之心饒恕了石宣，趙國的國運還能長久。如果一定要將石宣殺死，石宣將變成掃帚星下界掃平鄴城。」石虎還是不肯赦免石宣。石虎在鄴城北面用木柴堆積成一座高臺，在上面豎起一根高桿，在高桿的頂端安有滑輪，在滑輪上面穿上繩子，把梯子依靠在柴堆上。把石宣送到梯子旁邊，然後令石韜所親信的宦官郝稚、劉霸上前先拔光石宣的頭髮，再拔掉他的舌頭，牽著他登上梯子。由郝稚把滑輪上的繩子套在他的脖子上，再用滑輪把石宣絞上柴堆，劉霸用刀砍斷石宣的手足，挖掉石宣的雙眼，剖開石宣的肚子，掏出裡面的腸子，就像石韜被殺死時的樣子。然後四面放火，烈焰濃煙上衝天際。石虎帶著嬪妃中地位在昭儀以下的美女數千人登上銅雀臺觀看。等火熄滅後，讓人把灰燼分別撒在各城門的十字路口。石虎還將石宣的妻子、兒子總計九個人殺死。石宣最小的兒子才幾歲，石虎一向非常疼愛他，就抱著他哭泣，因為捨不得，就想將他赦免。大臣怕為將來留下禍根而不肯答應，竟然不顧石虎的感受，從石虎的懷抱中強行將孩子拉走殺死。那孩子揪住石虎的衣服不肯撒手，又哭又叫，以至於把石虎的衣帶都拉斷了，石虎經受不住這麼大的打擊，因此病倒。石虎把皇后杜氏廢為庶民。將太子的屬官衛率、司御率、清道率、監門率及以下三百人、宦官五十人，全都施以車裂的酷刑，再將全身骨節進行分解，然後扔到漳河水中。把石宣住過的東宮毀壞，當做豬圈、牛棚，在裡面養豬、養牛。把東宮屬下的十多萬衛隊全都發配到西部涼州戍邊。在此之前，擔任散騎常侍的趙攬曾經對石虎說：「皇宮將有變亂之事發生，應該早些做好準備。」等到石宣殺死石韜，石虎懷疑趙攬知道石宣的陰謀卻不告發，因此也將趙攬殺死。

東晉朝廷評定滅掉成漢李勢的功勞，準備把豫章郡封給桓溫。擔任左尚書的荀蕤說：「如果以後桓溫再平定了黃河與洛水流域的中原地區，將用什麼來賞賜他呢？」遂加授桓溫為征西大將軍、開府儀同三司，封其為臨賀郡公，加授譙王司馬無忌為前將軍，任命袁喬為龍驤將軍，封其為湘西伯。荀蕤，是荀崧的兒子。

東晉征西大將軍、臨賀郡公桓溫滅掉蜀地的李勢政權之後，威名大振，東晉朝廷因此對他深感忌憚。會稽王司馬昱因為擔任揚州刺史的殷浩一向負有盛名，不論是朝廷大臣還是民間百姓都很推崇他、敬服他，遂把他當做自己的心腹臂膀，讓他參與朝政，想以此來抗衡桓溫，不使桓溫一人獨斷；正因如此，司馬昱與桓溫之間越來越相互猜疑，互有二心。

殷浩認為征北長史荀羨、前江州刺史王羲之一向具有很高的聲望，遂提升荀羨為吳國內史，任用王羲之為護軍將軍，拉作自己的黨羽。荀羨，是荀蕤的弟弟。王羲之，是王導的姪子。王羲之認為朝廷官員與地方官員應該協調一致、和睦相處，只有這樣，國家才能安定，勸說殷浩和荀羨不要與桓溫鬧矛盾。殷浩沒有接受王羲之的意見。

燕王慕容皝身患重病，他將世子慕容儁叫到跟前囑咐說：「如今中原地區還沒有平定，正需要賢才英傑來幫助治理國家。慕容恪智勇兼備，他的才能可以承擔重任，你一定要委他以重任，以實現我平定中原的志願。」又說：「陽士秋品德高尚、行為廉潔，忠誠幹練、堅貞可靠，可以把大事託付給他去辦，你一定要好好地對待他。」九月十七日丙申，燕王慕容皝去世。

後趙王石虎與大臣一起商議立太子的事情，擔任太尉的張舉說：「燕公石斌有軍事謀略，彭城公石遵有文才美德，就看陛下願意選擇誰了。」石虎說：「你說的話很合乎我的心意。」擔任戎昭將軍的張豺說：「燕公石斌的生母地位低賤，又曾經犯有過錯，彭城公石遵的生母鄭氏以前因為太子石邃的事情，與石邃一起被廢，現在如果再封她的兒子石遵為太子，我擔心她心中的餘恨難以消除，陛下應該仔細認真地加以考慮。」當初，石虎攻克上邽的時候，張豺得到了前趙主劉曜的小女兒安定公主，安定公主生得貌美異常，張豺就把安定公主獻給了石虎，石虎很寵愛安定公主，安定公主為石虎生育了齊公石世。張豺認為石虎年老多病，所以想立石世為皇太子，希望石虎死後，安定公主成為皇太后，自己就有機會輔佐朝政，遂勸說石虎說：「大王曾經二次立太子，而二位太子的母親都出身低賤，所以才使得災禍不斷，現在應該選擇母親出身高貴、兒子懂得孝敬的立為皇太子。」石虎說：「你不用再說下去了，我知道太子在哪裡了！」石虎在東堂與群臣再次商議立太子的事情，石虎說：「我要用三斛純淨的石灰好好洗洗自己的肚腸，為什麼專門生養惡毒的兒子，年紀才過二十歲就要殺死自己的父親！現在石世才十歲，等他長到二十歲的時候，我已經老了！」遂與張舉、李農商議決定，再讓公卿大臣上疏請求立石世為太子。擔任大司農的曹莫不肯在奏疏上簽名，石虎派張豺向曹莫詢問原因，曹莫磕頭說：「國家政權，是個非同小可的東西，不適宜立年幼的人為太子，所以我不敢署名。」石虎說：「曹莫是一個忠臣，只是對我內心的想法不瞭解。張舉、李農明白我的意思，可以讓他們前去說服曹莫。」遂立石世為皇太子，封石世的母親劉昭儀為皇后。

冬季，十一月二十六日甲辰，安葬燕文明王慕容皝。世子慕容儁即位為燕王，在燕國境內實行大赦，並派遣使者前往東晉的都城建康報告燕王慕容皝去世的消息。慕容儁任命自己的弟弟慕容交為左賢王，任命左長史陽騖為郎中令。

十二月，東晉朝廷任命擔任左光祿大夫、兼任司徒、錄尚書事的蔡謨為侍中、司徒。蔡謨上疏給朝廷堅決辭讓，他對自己的親朋好友說：「我如果擔任司徒，將會被後人所嘲笑，所以我絕對不能接受這項重任。」

五年（己酉　西元三四九年）

春，正月辛未朔❶，大赦。

趙王虎即皇帝位，大赦，改元太寧，諸子皆進爵為王。

故東宮高力❷等萬餘人謫戍涼州，行達雍城❸，既不在赦例❹，又敕❺雍州刺史張茂送之❻。茂皆奪其馬，使之步推鹿車❼，致糧戍所❽。高力督定陽梁犢❾因眾心之怨，謀作亂東歸。眾聞之，皆踴抃❿大呼。犢乃自稱晉征東大將軍，帥眾攻拔下辨⓫。安西將軍劉寧自安定⓬擊之，為犢所敗。高力皆多力善射，一當十餘人，雖無兵甲，掠民斧，施一丈柯⓭，攻戰若神，所向崩潰，戍卒皆隨之。攻陷郡縣，殺長吏⓮、二千石⓯，長驅而東，比至長安，眾已十萬。樂平王苞⓰盡銳拒之⓱，一戰而敗。犢遂東出潼關⓲，進趣洛陽⓳。趙主虎以李農為大都督、行大將軍事，統衛軍將軍張賀度等步騎十萬討之，戰于新安⓴，農等大敗。戰于洛陽，又敗，退壁成皋㉑。

犢遂東掠滎陽、陳留㉒諸郡。虎大懼，以燕王斌為大都督，督中外諸軍事，統冠軍大將軍姚弋仲、車騎將軍蒲洪等討之。弋仲將其眾八千餘人至鄴㉓，求見虎。虎病，未之見㉔，引入領軍省㉕，賜以己所御食㉖。弋仲怒，不食，曰：「主上召我來擊賊，當面見授方略㉗，我豈為食來邪！且主上不見我，我何以知其存亡邪！」虎力疾㉘見之。弋仲讓虎㉙曰：「兒死，愁邪，何為而病？兒幼時不擇善人教之，使至於為逆；既為逆而誅之，又何愁焉？且汝久病，所立兒幼，汝若不愈，天下必亂，當先憂此，勿憂賊也！犢等窮困思歸，相聚為盜，所過殘暴，何所能至㉚！老羌㉛為汝一舉了之㉜！」弋仲性狷直㉝，人無貴賤皆汝之㉞，虎亦不之責㉟。於坐㊱授使持節、侍中[1]、征西大將軍，賜以鎧馬。弋仲曰：「汝看老羌堪破賊否？」乃被鎧跨馬于庭中，因策馬南馳，不辭而出。遂與斌等擊犢於滎陽，大破之，斬犢首而還，討其餘黨，盡滅之。虎命弋仲劍履上殿㊲，入朝不趨㊳，進封西平郡公，蒲洪為侍中[2]、車騎大將軍、開府儀同三司、都督雍·秦州諸軍事、雍州刺史，進封略陽郡公。

始平㊴人馬勗聚兵，自稱將軍。趙樂平王苞討滅之，誅三千餘家。

夏，四月，益州刺史周撫、龍驤將軍朱壽擊范賁㊵，斬之，益州平。

詔遣謁者陳沈如燕㊶，拜慕容儁為使持節、侍中、大都督、督河北諸軍事、幽・平二州牧、大將軍、大單于、燕王。

桓溫遣督護滕畯帥交、廣之兵擊林邑王文於盧容[42]，為文所敗，退屯九真[43]。

乙卯[44]，趙王虎病甚，以彭城王遵為大將軍，鎮關右[45]，燕王斌為丞相，錄尚書事，張豺為鎮衛大將軍[46]、領軍將軍[47]、吏部尚書[48]，並受遺詔輔政。

劉后惡斌輔政，恐不利於太子，與張豺謀去[49]之。斌時在襄國，遣使詐謂斌曰：「主上疾已漸愈，王須獵者[50]，可少〔3〕停[51]也。」斌素好獵嗜酒，遂留獵，且縱酒。劉氏與豺因矯詔稱[52]斌無忠孝之心，免官歸第，使豺弟雄帥龍騰[53]五百人守之[54]。

乙丑[55]，遵自幽州至鄴，敕朝堂受拜[56]，配禁兵三萬遣之，遵涕泣而去。是日，虎疾小瘳[57]，問：「遵至未？」左右對曰：「去已久矣。」虎曰：「恨不見之[58]！」

虎臨西閤[59]，龍騰中郎二百餘人列拜於前。虎問：「何求？」皆曰：「聖體不安，宜令燕王入宿衛[60]，典兵馬。」或言：「乞以為皇太子[61]。」虎曰：「燕王不在內邪？召以來！」左右言：「王酒病，不能入。」虎曰：「促持輦迎之[62]，當付璽綬[63]。」亦竟無行者。尋惛眩[64]而入。張豺使張雄矯詔殺斌。

戊辰[65]，劉氏復矯詔以豺為太保、都督中外諸軍，錄尚書事，如霍光故事[66]。侍中徐統歎曰：「亂將作矣，吾無為預之[67]！」仰藥[68]而死。己巳[69]，虎卒，太子世即位，尊劉氏為皇太后。劉氏臨朝稱制[70]，以張豺為丞相。豺辭不受，請以彭城王遵、義陽王鑒為左右丞相，以慰其心。劉氏從之。豺與太尉張舉謀誅司空李農。舉素與農善，密告之。農奔廣宗[71]，帥乞活[72]數萬家保上白[73]，劉氏使張舉統宿衛諸軍圍之。豺以張離為鎮軍大將軍，監中外諸軍事，以為己副。

彭城王遵至河內[74]，聞喪。姚弋仲、蒲洪、劉寧及征虜將軍石閔、武衛將軍王鸞等討梁犢還，遇遵於李城[75]，共說遵曰：「殿下長且賢，先帝亦有意以殿下為嗣。正以末年惛惑[76]，為張豺所誤。今女主臨朝，姦臣用事[77]，上白相持未下，京師宿衛空虛。殿下若聲[78]張豺之罪，鼓行[79]而討之，其[80]誰不開門倒戈而迎殿下者！」遵從之。

五月[4]，遵自李城舉兵，還趣鄴，洛州刺史劉國帥洛陽之眾往會之。檄至鄴[81]，張豺大懼，馳召[82]上白之軍。丙戌[83]，遵軍于蕩陰[84]，戎卒九萬，石閔為前鋒[85]。豺將出拒之[5]，耆舊羯士[86]皆曰：「彭城王來奔喪，吾當出迎之，不能為張豺守城也。」踰城而出，豺斬之，不能止。張離亦帥龍騰二千斬關[87]迎遵。劉氏懼，召張豺入，對之悲哭曰：「先帝梓宮未殯[88]，而禍難至此！今嗣子沖幼[89]，託之將軍，將軍將若之何？欲加遵重位[90]，能弭之乎[91]？」豺惶怖不知所出[92]，但云「唯唯[93]」。乃下詔，以遵為丞相，領大司馬、大都督、督中外諸軍、錄尚書事，加黃鉞、九錫[94]。己丑[95]，遵至安陽亭[96]，張豺懼而出迎，遵命執[97]之。庚寅[98]，遵擐甲曜兵[99]，入自鳳陽門[100]，升太武前殿，擗踊[101]盡哀，退如東閤[102]。斬張豺于平樂市[103]，夷其三族。假劉氏令[104]曰：「嗣子幼沖，先帝私恩[105]所授，皇業至重，非所克堪，其以遵嗣位[106]。」於是遵即位，大赦，罷[107]上白之圍。辛卯[108]，封世為譙王，廢劉氏為太妃，尋皆殺之。

李農來歸罪[109]，使復其位。尊母鄭氏為皇太后，立妃張氏為皇后，故燕王斌子衍為皇太子。以義陽王鑒為侍中、太傅，沛王沖為太保，樂平王苞[6]為大司馬，汝陰王琨[110]為大將軍，武興公閔[111]為都督中外諸軍事、輔國大將軍。

甲午[112]，鄴中暴風拔樹，震電[7]，雨雹大如盂升。太武、暉華殿災[113]，及諸門觀閤蕩然無餘，乘輿服御[114]，燒者太半[115]，金石皆盡。火月餘乃滅。

時沛王沖鎮薊[116]，聞遵殺世自立，謂其僚佐曰：「世受先帝之命，遵輒廢而殺之，罪莫大焉！其敕內外戒嚴，孤將親討之。」於是留寧北將軍沭堅戍幽州[117]，帥眾五萬自薊南下，傳檄燕、趙[118]，所在雲集[119]。比至常山[120]，眾十餘萬，軍于苑鄉[121]。遇遵赦書[122]，沖曰：「皆吾弟也，死者不可復追，何為復相殘乎！吾將歸矣。」其將陳暹曰：「彭城[123]篡弒自尊[124]，為罪大矣！王雖北旆[125]，臣將南轅[126]，俟平京師，擒彭城，然後奉迎大駕[127]。」沖乃復進。遵馳遣王擢以書喻沖，沖弗聽。遵使武興公閔及李農等[8]帥精卒十萬討之。戰于平棘[128]，沖兵大敗，獲沖于元氏[129]，賜死，阬其士卒三萬餘人。

武興公閔言於遵曰：「蒲洪，人傑也。今以洪鎮關中，臣恐秦、雍之地非復[9]國家之有。此雖先帝臨終之命，然陛下踐阼[130]，自宜改圖[131]。」遵從之，罷洪都督，餘如前制。洪怒，歸枋頭[132]，遣使來降[133]。

燕平狄將軍慕容霸[134]上書於燕王儁曰：「石虎窮凶極暴，天之所棄，餘燼僅存，自相魚肉[135]。今中國倒懸[136]，企望仁恤[137]。若大軍一振，勢必投戈[138]。」北平太守孫興亦表言：「石氏大亂，宜以時進取中原。」儁以新遭大喪[139]，弗許。霸馳詣[140]龍城，言於儁曰：「難得而易失者，時也。萬一石氏衰而復興，或有英雄據其成資[141]，豈惟失此大利，亦恐更為後患。」儁曰：「鄴中雖亂，鄧恆[142]據安樂[143]，兵彊糧足。今若伐趙，東道不可由[144]也，當由盧龍[145]。盧龍山徑險狹，虜乘高斷要[146]，首尾為患，將若之何？」霸曰：「恆雖欲為石氏拒守，其將士顧家，人懷歸志，若大軍臨之，自然瓦解。臣請為殿下前驅，東出徒河[147]，潛趣令支[148]，出其不意，彼聞之，勢必震駭，上不過閉門自守，下不免棄城逃潰，何暇[149]禦我哉！然則殿下可以安步而前[150]，無復留難[151]矣。」儁猶豫未決，以問五材將軍[152]封奕，對曰：「用兵之道，敵彊則用智，敵弱則用勢[153]。是故以大吞小，猶狼之食豚[154]也；以治易亂[155]，猶日之消雪[156]也。大王自上世[157]以來，積德累仁，兵彊士練[158]。石虎極其殘暴，死未瞑目[159]，子孫爭國，上下乖亂[160]。中國之民，墜於塗炭[161]，延頸企踵[162]，以待振拔[163]。大王若揚兵南邁[164]，先取薊城，次指鄴都，宣燿威德[165]，懷撫遺民[166]，彼孰不扶老提幼以迎大王！凶黨將望旗冰碎，安能為害乎！」從事中郎黃泓曰：「今太白經天[167]，歲集畢北[168]，天下易主〔10〕，陰國受命[169]，此必然之驗也。宜速出師，以承天意[170]。」折衝將軍慕輿根曰：「中國之民困於石氏之亂，咸思易主[171]以救湯火之急，此千載一時[172]，不可失也。自武宣王[173]以來，招賢養民，務農訓兵，正俟今日。今時至不取，更復顧慮，豈天意未欲使海內平定邪？將[174]大王不欲取天下也？」儁笑而從之。以慕容恪[175]為輔國將軍[176]，慕容評[177]為輔弼將軍，左長史陽騖為輔義將軍，謂之「三輔」。慕容霸為前鋒都督、建鋒將軍，選精兵二十餘萬，講武戒嚴(178)，為進取之計。

六月，葬趙王虎於顯原陵，諡曰武帝[11]，廟號太祖。

桓溫聞趙亂，出屯安陸(179)，遣諸將經營北方。趙揚州刺史王浹舉壽春降(180)，西中郎將陳逵進據壽春。征北大將軍褚裒上表請伐趙，即日戒嚴，直指泗口(181)。朝議以裒事任貴重(182)，不宜深入[12]，宜先遣偏師(183)。裒奏言：「前已遣先鋒[13]督護王頤之等徑造彭城(184)，後遣督護麋嶷進據下邳(185)，今宜速發，以成聲勢(186)。」秋，七月，加裒征討大都督，督徐、兗、青、揚、豫五州諸軍事，裒帥眾三萬，徑赴彭城，北方士民降附者日以千計。

朝野皆以為中原指期可復，光祿大夫蔡謨獨謂所親曰：「胡滅誠為大慶，然恐更貽朝廷之憂(187)。」其人曰：「何謂也？」謨曰：「夫能順天乘時，濟羣生(188)於艱難者，非上聖(189)與英雄不能為也，自餘(190)則莫若度德量力。觀今日之事，殆非時賢所及(191)。必將經營分表(192)，疲民以逞(193)；既而才略疏短(194)，不能副心(195)，財殫(196)力竭，智勇俱困，安得不憂及朝廷乎！」

魯郡民五百餘家相與起兵附晉，求援於褚裒。裒遣部將王龕、李邁將銳卒三千迎之。趙南討大都督李農帥騎二萬與龕等戰于代陂[197]，龕等大敗，皆沒於趙[198]。八月，裒退屯廣陵[199]。陳逵聞之，焚壽春積聚，毀城遁還[200]。裒上疏乞自貶，詔不許。命裒還鎮京口，解征討都督。時河北大亂，遺民二十餘萬口渡河欲來歸附。會裒已還，威勢不接，皆不能自拔[201]，死亡略盡。

趙樂平王苞謀帥關右之眾攻鄴，左長史石光、司馬曹曜等固諫，苞怒，殺光等百餘人。苞性貪而無謀，雍州豪傑知其無成，並[202]遣使告晉，梁州刺史司馬勳[203]帥眾赴之[204]。◯楊初[205]襲趙西城[206]，破之。

九月，涼州官屬共上[207]張重華為丞相、涼王、雍・秦・涼三州牧。重華屢以錢帛賜左右寵臣，又喜博弈[208]，頗廢政事。徵〔14〕事[209]索振諫曰：「先王夙夜[210]勤儉以實府庫，正以讎恥未雪，志平海內故也。殿下嗣位之初，彊寇侵逼，賴重餌[211]之故，得戰士死力，僅保社稷[212]。今蓄積已虛，而寇讎[213]尚在，豈可輕有耗散，以與無功之人乎！昔漢光武[214]躬親萬機[215]，章奏詣闕[216]，報不終日[217]，故能隆中興之業[218]。今章奏停滯，動經時月[219]，下情[220]不得上通，沈冤[221]困於囹圄[222]，殆非明主之事也。」重華謝[223]之。

司馬勳出駱谷[224]，破趙長城戍[225]，壁于懸鉤[226]，去長安二百里。使治中劉煥攻長安，斬京兆太守劉秀離，又拔賀城[227]。三輔[228]豪傑多殺守令以應勳，凡三十餘壁[229]，眾五萬人。趙樂平王苞乃輟[230]攻鄴之謀，使其將麻秋、姚國等將兵拒勳。趙主遵遣車騎將軍王朗帥精騎二萬，以討勳為名，因劫苞送鄴。勳兵少，畏朗不敢進[231]。冬，十月，釋縣鉤[232]，拔宛城[233]，殺趙南陽太守袁景，復還梁州。

初，趙主遵之發李城[234]也，謂武興公閔曰：「努力，事成，以爾為太子。」既而立太子衍。

閔恃功欲專朝政，遵不聽。閔素驍勇，屢立戰功，夷夏宿將皆憚之。既為都督，總內外兵權，乃撫循[235]殿中將士，皆奏為殿中員外將軍[236]，爵關外侯[237]。遵弗之疑[238]，而更題名善惡[239]以挫抑[240]之，眾咸怨怒。中書令孟準、左衛將軍王鸞勸遵稍奪閔兵權，閔益恨望[241]，準等咸勸誅之。

十一月，遵召義陽王鑒、樂平王苞、汝陰王琨、淮南王昭等入議於鄭太后前，曰：「閔不臣之迹漸著，今欲誅之，如何？」鑒等皆曰：「宜然。」鄭氏曰：「李城還兵，無棘奴[242]，豈有今日！小驕縱之[243]，何可遽殺[244]！」鑒出，遣宦者楊環馳以告閔。閔遂劫李農及右衛將軍王基密謀廢遵，使將軍蘇彥、周成帥甲士三千人執遵於南臺[245]。遵方與婦人彈碁[246]，問成曰：「反者誰也？」成曰：「義陽王鑒當立。」遵曰：「我尚如是，鑒能幾時[247]！」遂殺之於琨華殿，并殺鄭太后、張后、太子衍、孟準、王鸞及上光祿[248]張斐。

鑒即位，大赦。以武興公閔為大將軍，封武德王，司空李農為大司馬，並錄尚書事；郎闓為司空，秦州刺史劉羣為尚書左僕射，侍中盧諶為中書監。

秦、雍流民[249]相帥西歸[250]，路由枋頭[251]，共推蒲洪為主，眾至十餘萬。洪子健在鄴，斬關出奔枋頭。鑒懼洪之逼，欲以計遣[252]之，乃以洪為都督關中諸軍事、征西大將軍、雍州牧、領秦州刺史。洪會官屬，議應受與不[253]。主簿程朴請且與趙連和，如列國[254]分境而治。洪怒曰：「吾不堪為天子邪[255]！而云列國乎[256]！」引朴斬之。

都鄉元穆[15]侯褚裒[257]還至京口，聞哭聲甚多，以問左右。對曰：「皆代陂死者之家也。」裒慚憤發疾。十二月己酉[258]，卒。以吳國內史荀羨[259]為使持節、監徐兗二州‧揚州之晉陵諸軍事、徐州刺史，時年二十八，中興方伯[260]未有如羨之少者。

趙主鑒使樂平王苞、中書令李松、殿中將軍張才夜攻石閔、李農於琨華殿，不克，禁中擾亂。鑒懼，偽若不知者，夜斬松、才於西中華門，并殺苞。

新興王祗，虎之子也，時鎮襄國，與姚弋仲、蒲洪等連兵，移檄中外[261]，欲共誅閔、農。閔、農以汝陰王琨為大都督，與張舉及侍中呼延盛帥步騎七萬分討祗等。

中領軍石成、侍中石啓、前河東太守石暉謀誅閔、農，閔、農皆殺之。龍驤將軍孫伏都、劉銖等帥羯士三千伏於胡天[262]，亦欲誅閔、農。鑒在中臺[263]，伏都帥三十餘人將升臺挾鑒[264]以攻之。鑒見伏都毀閣道[265]，臨問[266]其故。伏都曰：「李農等反，已在東掖門[267]，臣欲帥衛士討之，謹先啓知[268]。」鑒曰：「卿是功臣，好為官陳力[269]。朕從臺上觀，卿勿慮無報[270]也。」於是伏都、銖帥眾攻閔、農，不克，屯於鳳陽門，閔、農帥眾數千毀金明門[271]而入。鑒懼閔之殺己，馳招閔、農，開門內之[272]，謂曰：「孫伏都反，卿宜速討之。」閔、農攻斬伏都等，自鳳陽至琨華，橫尸相枕，流血成渠。宣令內外，六夷[273]敢稱兵仗[274]者斬。胡人或斬關或踰城而出者不可勝數。

閔使尚書王簡、少府王鬱帥眾數千守鑒[275]於御龍觀，懸食以給[276]之。下令城中曰：「近日孫、劉構逆[277]，支黨伏誅，良善一無預[278]也。今日已後，與官同心[279]者留，不同者各任所之[280]，敕城門不復相禁。」於是趙人[281]百里內悉入城，胡、羯去者填門[282]。閔知胡之不為己用[283]，班令內外[284]：「趙人斬一胡首送鳳陽門者，文官進位三等，武官悉拜牙門[285]。」一日之中，斬首數萬。閔親帥趙人以誅胡、羯，無貴賤、男女、少長，皆斬之，死者二十餘萬，尸諸城外[286]，悉為野犬豺狼所食。其屯戍四方者[287]，閔皆以書命趙人為將帥者誅之，或高鼻多須濫死者[288]半[289]。

燕王儁遣使至涼州，約張重華共擊趙。

高句麗王釗送前東夷護軍宋晃[290]于燕，燕王儁赦之，更名曰活，拜為中尉。

【章　旨】以上為第二段，寫晉穆帝永和五年（西元三四九年）一年間的大事。主要寫了後趙太子石宣部下的高力（勇士的稱號）被遣送涼州戍邊，其首領梁犢趁機率之作亂，回軍東下，所向披靡，佔據洛陽；最後被石虎部下的姚弋仲、蒲洪所討平；寫了後主石虎病死，死前聽野心家張豺之謀，立幼子石世為帝，張豺殺石斌把持朝政；寫了石遵在姚弋仲、蒲洪等人的擁戴下起兵討張豺，殺石世，自己稱帝；石沖起兵討石遵，兵敗被殺；寫了石閔因恨石遵食言，遂與石鑒勾結，殺了石遵，控制朝廷大權。石虎諸子與趙臣孫伏都等討石閔，兵敗被殺。石閔趁機挑動民族關係，殺光了胡、羯二族；寫了褚裒率軍北伐，兵敗於代陂；梁州刺史司馬勳率眾出駱谷，破趙長城戍，又拔宛城，因無後援而退回漢中；此外還寫了燕之將相勸慕容儁起兵伐趙，慕容儁開始進行準備；以及晉之益州刺史周撫討范賁殺之，益州得以平定等等。

【注　釋】❶正月辛未朔　此語有誤，正月朔戊寅，無辛未。辛未是二月二十四。❷高力　大力士的稱號名，石宣生前曾挑選多力之士以護衛東宮，名曰高力，並置督將以統領之。❸雍城　本春秋時秦國的都城，後置雍縣，縣治在今陝西鳳翔西南的豆腐村與河南屯之間。❹不在赦例　不在石虎即帝位大赦之例。❺赦　皇帝的命令。❻送之　押送這些「高力」繼續西行。❼鹿車　原指用鹿拉的一種小車，這裡即指人力推挽的車子。❽致糧戍所　運送糧食到被發配戍守的地方。❾高力督定陽梁犢　這些大力士的督將梁犢，是定陽人。定陽是漢縣名，在今陝西延安東南，當時屬上郡。❿踊抃　跳躍、拍手，歡欣鼓舞的樣子。⓫下辨　古縣名，縣治在今甘肅成縣西，當時屬於後趙。⓬安定　趙郡名，郡治在今甘肅涇川縣北。⓭施一丈柯　把斧子頭安裝在一丈長的大棍子上。施，安裝。柯，斧子柄。⓮長吏　泛指郡、縣的官吏。《漢書・景帝紀》中元六年詔：「吏六百石以上，皆長吏也。」又《漢書・百官公卿表上》：「縣令、長……皆有丞尉，秩四百石至二百石，皆為長吏。」⓯二千石　指郡一級長官。郡守的官階為二千石，郡尉為比二千石。⓰樂平王苞　石苞，石虎之子，被封為樂平王，此時正鎮守長安。⓱盡銳拒之　調動全部精銳軍隊進行抵抗。⓲潼關　陝西東部的關塞名，在今陝西潼關縣境內。⓳進趣洛陽　接著向洛陽前進。趣，這裡的意思同「趨」。⓴新安　縣名，縣治在今河南澠池縣東。當時屬於後趙。㉑退壁成皋　退到成皋防守。壁，軍營的外圍工事，這裡意即防守。成皋，古縣名，縣治在今河南滎陽西北的汜水鎮。㉒滎陽陳留　二郡名，滎陽郡的郡治即今河南滎陽東北的古滎鎮，陳留郡的郡治在今河南開封東南。㉓至鄴　言自灄頭戍來到鄴城。灄頭戍在今河北棗強東北，自咸和八年石虎使姚弋仲帥眾戍此。㉔未之見　未見之，未接見他。㉕領軍省　領軍將軍的衙署。漢制總群臣而聽政為省，治公務之所為寺。尚書、中書、門下各官署皆設於禁中，故也稱省。領軍將軍統率帝王的禁衛軍，故其衙署亦在宮內。㉖己所御食　自己準備要吃的東西。御，進用。㉗當面見授方略　要當面向我交代計謀策略。㉘力疾　勉強支撐病體。㉙讓虎　責備石虎。㉚何所能至　即「能至何所」的倒裝。意思是又能走到哪裡，能成什麼氣候。㉛老羌　我姚弋仲。姚弋仲為羌人，故自稱「老羌」。㉜一舉了之　一仗解決他。了，收拾；解決。㉝狷直　暴躁耿直。㉞皆汝之　都直稱對方曰「你」。汝，你，這裡用為動詞。㉟不之責　不責怪他。㊱於坐　就在這君臣對坐的時刻。㊲劍履上殿　帝王賜給有功大臣的特殊待遇，受賜者可以佩劍穿履朝見皇帝。㊳入朝不趨　也是帝王賜給有功大臣的特殊待遇，受賜者在進入朝堂的時候可以不必小步疾行。趨，小步疾行，這是古代臣子在君父面前行走的一種特殊姿勢。㊴始平　郡名，郡治在今陝西西安西北，當時屬後趙。㊵范賁　李雄國師范長生之子，成漢滅亡後，於永和三年被漢將隗文、鄧定奉之稱帝於成都。㊶如燕　前往燕國。如，往。㊷盧容　晉縣名，縣治即今越南承天廣田縣，當時屬日南郡。日南郡在今越南中部，當時屬晉。㊸九真　晉郡名，郡治愛州，在今越南河內南。㊹乙卯　四月初九。㊺關右　即關西。秦、漢、唐等時代都用以泛指函谷關以西地區。㊻鎮衛大將軍　為劉聰所置的十六個大將軍之一。石虎置鎮衛大將軍，位在車騎將軍上。㊼領軍將軍　職務是統領禁軍。㊽吏部尚書　掌管官吏的選舉任免。按，至此張豺已經總攬朝廷的文武大權。(49)去　排擠掉。(50)王須獵者　你要是想打獵的話。(51)少停　可以再停留一段時間。(52)矯詔稱　假傳石虎的命令說。矯詔，假傳聖旨。(53)龍騰　石虎衛隊的名號，取其英武矯健之意。(54)守之　圍守著他。(55)乙丑　四月十九。(56)敕朝堂受拜　讓他在朝廷的正殿接受任命，意思是不讓他拜見父親石虎。(57)小瘳　病情稍有好轉。(58)恨不見之　遺憾沒有見到他。恨，遺憾。(59)西閤　太武殿的西閣。(60)入宿衛　進宮保衛皇帝。宿衛，在宮中值宿，擔任警衛。(61)乞以為皇太子　請求讓石斌成為皇太子。(62)促持輦迎之　趕緊派車接他進來。促，火速。輦，皇帝的車子。(63)當付璽綬　我要把皇帝的印璽交給他掌管。古代印璽上繫有彩色絲帶，稱綬，這裡即稱印璽。(64)尋惛眩　很快又昏迷起來。尋，接著。(65)戊辰　四月二十二。(66)如霍光故事　像當年西漢的霍光輔佐年幼的漢昭帝一樣。霍光字子孟，西漢名將霍去病的異母弟。漢武帝死時，昭帝年幼，霍光與桑弘羊等同受武帝遺詔輔政。事見本書〈漢紀〉十四。(67)吾無為預之　我沒有必要摻在這裡頭。預，參與。(68)仰藥　服毒。(69)己巳　四月二十三。(70)臨朝稱制　當朝行使皇帝的權力。稱制，稱自己的命令為「制」，即以皇帝的命令行事。(71)廣宗　縣名，縣治在今河北威縣東二十里，當時屬趙。(72)乞活　到有糧之地就食以求生的人。《晉書・東海王越傳》：「初，東嬴公騰之鎮鄴也，攜并州將田甄……等部眾萬餘人至鄴，遣就穀冀州，號為『乞活』。」是後流徙逐糧者亦曰乞活。(73)上白　古城名，在今河北威縣南。(74)至河內　由關西回鄴城，中途到達河內郡，河內郡的郡治野王，即今河南沁陽。(75)李城　即今河南溫縣。《史記・平原君虞卿列傳》載邯鄲李同與三千敢死之士赴秦軍戰死，趙封其父為李侯，即此城。(76)惛惑　昏瞶糊塗。(77)用事　主事。(78)聲　聲討。(79)鼓行　擊鼓則進，公開地對其進行討伐。(80)其　表示估計、推測的副詞，意思同「那時將會」。(81)檄至鄴　石遵的檄文傳到鄴城。檄，檄文；聲討被討伐者的公告。(82)馳召　火速召之使回。(83)丙戌　五月十一。(84)蕩陰　縣名，也稱「湯陰」，縣治在今河南湯陰西南。(85)石閔為前鋒　石閔，也稱「冉閔」，石虎的養孫。傳見《晉書》卷一百七。(86)耆舊羯士　年老的羯族人與漢族人。耆舊，老人。羯士，羯人與漢人。(87)斬關　砍掉鄴城城門的鎖，這裡即打開城門。(88)梓宮未殯　棺材尚未下葬。帝王常以梓木做棺材，故稱其靈柩曰「梓宮」。停靈以接受祭弔稱作「殯」。但這裡的「未殯」指尚未安葬。(89)沖幼　年紀弱小。(90)加遵重位　提高石遵的官爵。(91)能弭之乎　能消除這場災難嗎。弭，停止；結束。(92)不知所出　不知如何是好。(93)唯唯　應答詞，順應而不表示可否，這是人在驚慌失措時的表現。(94)九錫　朝廷加給權臣的九種特殊待遇，包括「入朝不趨」、「劍履上殿」、「贊拜不名」、「納陛以登」等九項。(95)己丑　五月十四。(96)安陽亭　安陽地區的亭名，在今河北臨漳西南的故鄴城附近。(97)執　拘捕。(98)庚寅　五月十五。(99)擐甲曜兵　身穿鎧甲，手持兵器。曜，亮出；手執。(100)鳳陽門　鄴城南門。(101)擗踴　捶胸頓足，極其悲悼的樣子。擗，拍；捶胸。(102)東閤　太武殿的東閣。(103)平樂市　鄴城中的集市名。(104)假劉氏令　假傳劉太后的命令。(105)私恩　個人的喜愛感情，意即不顧國家的禮法與利益。(106)其以遵嗣位　現在讓石遵繼承帝位。其，表示命令的副詞。(107)罷　解除。(108)辛卯　五月十六。(109)歸罪　自首；投案。(110)汝陰王琨　石琨。按，石琨與前數句所提到的燕王斌、義陽王鑒、沛王沖、樂平王苞，都是石虎之子。(111)武興公閔　石閔，也稱「冉閔」，石虎的養孫。按，寫石閔開始掌大權，為後文石閔殺胡羯張本。(112)甲午　五月十九。(113)災　失火。(114)乘輿服御　皇帝的車駕、衣服以及各種生活日用的東西。御，使用。(115)太半　一大半；三分之二。(116)鎮薊　鎮守薊城，即今北京市。(117)戍幽州　留守幽州。幽州的州治即薊城。(118)傳檄燕趙　發放討伐石遵的檄文於燕、趙地區。(119)所在雲集　極言響應者之多，到處風起雲湧。(120)比至常山　等到達常山郡時。常山郡的郡治真定，在今河北正定南。(121)苑鄉　縣名，縣治在今河北任縣東北十八里。(122)赦書　赦免石沖興兵問罪的詔書。(123)彭城　彭城王石遵。(124)篡弒自尊　殺君奪位，自稱皇帝。(125)北旆　猶言向北回師。旆，古代旗末形如燕尾的垂旒。(126)南轅　車向南走，指殺向鄴城。(127)奉迎大駕　意即到那時再接您到鄴城稱帝。大駕，指石沖。(128)平棘　縣名，縣治在今河北趙縣東南。(129)元氏　縣名，縣治在今河北元氏西北。(130)踐阼　指登上帝位。(131)改圖　改變主意。(132)枋頭　即今河南浚縣西南的淇門渡。咸和八年，蒲洪說石虎徙秦、雍民及氐、羌十餘萬戶於關東，虎使洪帥眾居枋頭。(133)遣使來降　派使者來東晉請求投降。(134)慕容霸　慕容儁之弟。(135)自相魚肉　自相殘殺。(136)中國倒懸　中原之民深陷水深火熱之中。倒懸，頭向下腳向上地倒掛，以喻其處境極其困苦危急。(137)企望仁恤　盼著仁義之師去解救他們。企望，舉足翹望。企，提起腳後跟。(138)投戈　丟下兵器，表示投降。(139)大喪　指慕容皝卒。(140)馳詣　飛馬奔到。(141)據其成資　將其現有的資本接收過來。成資，現有的資本、基礎。(142)鄧恆　趙將。(143)安樂　據胡三省注，「安樂」應作「樂安」。樂安縣在今河北昌黎西南。咸康六年，石虎欲伐慕容皝，曾徵調七州民，合鄴城舊兵共五十萬，具船萬艘，自河通海運穀至樂安城。(144)不可由　不可通行。(145)盧龍　古山道名，即盧龍塞，在今河北遷西縣北的喜峰口一帶。曹操征烏桓，與當年慕容儁進兵中原，均經由此道。(146)乘高斷要　居高臨下地將我們攔腰截斷。要，同「腰」。(147)徒河　縣名，縣治在今遼寧錦州西北，當時屬燕。(148)潛趣令支　暗中奔向令支。令支是古城名，在今河北遵化東南、昌黎西北。(149)何暇　哪裡顧得上。暇，空閒。(150)安步而前　安穩地前進。(151)無復留難　不會再有任何阻撓、障礙。(152)五材將軍　慕容氏所置的將軍名號。(153)勢　勢力；威力。(154)豚　小豬。(155)以治易亂　以一個安定統一的國家去對付一個內部混亂的國家。易，改變；對付。(156)消雪　融化積雪。(157)上世　猶上代，指慕容皝。(158)練　精明；幹練。(159)死未瞑目　剛死還沒有閉上眼睛，極言趙國的變亂發生之快。(160)上下乖亂　上下相互衝突，相互叛亂。(161)塗炭　爛泥和炭火，即今所謂水深火熱。(162)延頸企踵　伸長脖子，踮起腳跟，形容盼望解救之殷切。

163振拔　拯救。164揚兵南邁　即出兵南下。邁，行。165宣耀威德　宣揚、顯示燕王的兵威與德政。166懷撫遺民　安撫那些戰亂剩餘的百姓。167太白經天　太白星白天出現。太白即金星，一名啟明星，應在早晨出現。現在白天出現，意味著將有重大戰爭。《漢書・天文志》：「太白經天，天下革民更王。」168歲集畢北　木星運行到了畢星的北側。歲星又名木星。《漢書・天文志》說：「歲星所在，國不可伐，可以伐人。」畢，星宿名，二十八宿之一，有星八顆。昴、畢二宿是趙國和冀州的分野，而燕國正在畢星之北。169陰國受命　我們燕國正好接受天命為全國之王。昴、畢二宿間為主國界的天街二星。天街西南為陰國，正下應燕；而歲集畢北，明陰國當受命而王。170以承天意　以順應上天的旨意。171咸思易主　都想更換一個君主。易，改換。172千載一時　千載難逢的好時機。173武宣王　指慕容廆，慕容儁的祖父，被謚為武宣王。174將　轉折語詞。抑或；還是。175慕容恪　慕容儁之弟。176輔國將軍　與下面的輔弼將軍、輔義將軍、建鋒將軍，都是慕容儁創置。177慕容評　亦慕容儁之弟。178講武戒嚴　操練軍隊，嚴密準備。179安陸　晉縣名，縣治在今湖北安陸西北。180舉壽春降　帶領壽春城投降晉朝。181直指泗口　兵鋒直接指向泗口。泗口，即泗水入淮河之口，在今江蘇淮陰西南。182事任貴重　職位過高。褚裒為褚太后之父，建元二年，拜徐、兗二州刺史，鎮京口。183宜先遣偏師　應該先派一支小部隊打一下試試。184徑造彭城　直取徐州。當時的彭城即今江蘇徐州，當時屬後趙。185下邳　郡名，郡治在今江蘇邳州南，當時屬後趙。186以成聲勢　以造成一種大舉北伐的聲威陣勢。187更貽朝廷之憂　又給朝廷帶來新的憂患。貽，遺留；造成。188濟羣生　拯救黎民百姓。189上聖　大聖；德才最高之人。190自餘　其餘的人。191殆非時賢所及　恐怕不是眼下這些人所能做到的。時賢，指褚裒等人。192經營分表　做一些他們能力達不到的事情。193疲民以逞　靠著勞民傷財，以滿足他們的心願。逞，滿足自己的意願。194才略疏短　即才疏略短。疏，粗疏；不周密。195副心　稱心。196財殫　資財耗費淨盡。殫，竭盡。197代陂　堤壩名，在今山東滕州。198皆沒於趙　都被趙人所俘獲。沒，全部丟失。199廣陵　晉郡名，郡治即今江蘇揚州。200遁還　逃回長江一線。201自拔　自救；自己逃脫。202並　一齊；不約而同。203司馬勳　濟南惠王司馬遂的曾孫。司馬遂是司馬懿之弟司馬恂之子。204帥眾赴之　率軍到雍州援救那些反趙的豪傑。205楊初　武都郡氏族的頭領。206西城　縣名，縣治在今陝西安康西北。207共上　共同給晉王朝上書擁戴。208博弈　下棋賭博。209徵事　官名，職責不詳。210夙夜　從早到晚。夙，早晨。211重餌　指收買籠絡戰士所用的錢帛重賞。餌，釣魚用的魚食。212僅保社稷　僅僅保住了國家的不致滅亡。僅，勉強。213寇讎　指石氏政權。214漢光武　劉秀，東漢的開國帝王。215躬親萬機　親自處理國家的各種事務。216詣闕　送到朝廷。闕，宮門兩側的臺觀，這裡即指朝廷。217報不終日　不到一整天就能做出批覆。終日，一整天。218隆中興之業　使東漢的中興大業得以昌盛。219動經時月　常常一拖延就是一個月，乃至幾個月。動，常常；動不動地。時，一個季度，即三個月。(220)下情　猶民情，百姓們的意見。(221)沈冤　含有重大冤枉的人。沈，同「沉」。(222)困於囹圄　被陷入牢獄，哭告無門。(223)謝　謝罪；表示歉意。(224)駱谷　山谷名，在今陝西周至西南，是漢中地區通往關中的一條山路的北段。(225)長城戍　在今陝西周至，三國時魏國的司馬望、鄧艾曾在此與蜀將姜維對峙。(226)壁于懸鉤　在懸鉤構築工事進行防守。懸鉤在今陝西周至西南駱谷的北口。(227)賀城　即今陝西周至。(228)三輔　西漢都城長安周圍的三個郡，即京兆尹、左馮翊、右扶風。相當於今陝西的關中地區。(229)三十餘壁　三十多座營寨、壁壘。(230)輟　停止；中止。(231)畏朗不敢進　胡三省曰：「使桓溫於是時攻關中，關中可取也。」(232)釋懸鉤　放棄了懸鉤要塞。(233)拔宛城　攻克宛城。宛城即今河南南陽，當時為後趙南陽郡的郡治所在地。(234)發李城　從李城出發的時候。(235)撫循　同「拊循」。關心體貼。(236)殿中員外將軍　殿中將軍的候補人員。(237)關外侯　爵位名，為漢獻帝建安二十年曹操所置的名號侯，無國邑，位在關內侯下。(238)弗之疑　即「弗疑之」，不懷疑他這樣做的目的。(239)題名善惡　在爵位前加上表明善惡的字樣。(240)挫抑　壓制。(241)恨望　猶怨望、怨恨。(242)棘奴　石閔的小名。(243)小驕縱之　意思是他的行為表現是有些驕慣放縱，但我們還是應該稍微寬容一點。小，意思同「稍」。(244)何可遽殺　怎麼能突然置之於死地。遽，突然；立即。(245)南臺　鄴都三臺之一，原名金虎臺，石虎置金鳳凰於臺頂，改名金鳳臺。(246)彈碁　漢成帝時發明，盛行於魏、晉的一種博戲。也作「彈棊」。碁、棊均為「棋」的本字。(247)能幾時　能維持多久。(248)上光祿　上光祿大夫。石虎置上、中光祿大夫，位在左、右光祿大夫上。(249)秦雍流民　指咸和四年與八年被石虎遷往關東和司、冀二州的氐、羌及秦、雍之民。(250)西歸　重新返回到雍州、秦州一帶。(251)路由枋頭　在他們路過枋頭的時候。(252)遣　派遣；差遣。(253)應受與不　應該接受還是不接受。不，同「否」。(254)列國　並列之國。(255)吾不堪為天子邪　難道我就不能做皇帝嗎。(256)而云列國乎　怎麼能說我與他是並列之國呢。(257)都鄉元穆侯褚裒　都鄉侯是褚裒的封號，元穆是謚。(258)十二月己酉　十二月初七。(259)荀羨　字令則，荀崧之子。傳見《晉書》卷七十五。(260)中興方伯　東晉建國以來的州刺史、督軍等方面大員。(261)移檄中外　意即通告全國。中外，朝廷內外。(262)胡天　石氏宮中的官署名。(263)中臺　即銅雀臺。(264)升臺挾鑒　登上銅雀臺挾持石鑒。(265)閣道　複道；樓閣之間的空中通道。(266)臨問　從上俯身向下問。(267)東掖門　石氏皇宮的東旁門。(268)啓知　稟告。(269)好為官陳力　好好地為國家出力。官，指國家，也可以指皇帝。陳力，貢獻力量。(270)勿慮無報　不要擔心得不到酬勞。(271)金明門　鄴城的西門，又名「西明門」。(272)開門內之　打開殿門，讓他們進來。內，「納」的本字。接納；使進入。(273)六夷　泛指石氏政權下的各少數民族。(274)稱兵仗　攜帶刀槍。稱，舉，這裡即指攜帶。兵仗，泛指兵器。(275)守鑒　看守石鑒。(276)懸食以給　用繩索繫食物給他。(277)搆逆　發動叛亂。搆，通「構」。是後起字。(278)良善一無

預　良善之人一概不受牽連。279與官同心　意即擁護現在皇帝的人。此處的「官」字即指皇帝。280各任所之　任憑他們想去哪裡就去哪裡。281趙人　此指戰亂之前的趙地人，即漢族人。282填門　沿著門口向外擠，形容出城的胡人羯人之多。283胡之不為己用　胡人羯人是不會擁護自己，成為自己的子民的。胡，這裡也兼指羯。胡是劉淵、劉聰、劉曜等人的種族，即匈奴人；羯是石勒、石虎所屬的種族。284班令內外　向朝裡朝外發布命令。285牙門　牙門將的省稱。286尸諸城外　陳屍於城外。諸，「之於」的合音字。287屯戍四方者　指胡人。288高鼻多須濫死者　指外貌像胡羯而被無辜殺死的漢人。濫死，是不當死而死的意思。289半　佔死者的一半。290宋晃　本慕容皝將，咸康四年降趙，趙攻棘城大敗，宋晃懼，投奔高句麗。

【校　記】1侍中　原無此二字。據章鈺校，十二行本、乙十一行本皆有此二字，張瑛《通鑑校勘記》同，今據補。按，《晉書》卷一百十六〈姚仲弋傳〉有「侍中」二字。2侍中　原無此二字。據章鈺校，十二行本、乙十一行本皆有此二字，張瑛《通鑑校勘記》同，今據補。3少　據章鈺校，十二行本、乙十一行本皆作「小」，二字義同。4五月　原無此二字。據章鈺校，十二行本、乙十一行本皆有此二字，張敦仁《通鑑刊本識誤》、張瑛《通鑑校勘記》同，今據補。5豺將出拒之　原無此句。據章鈺校，十二行本、乙十一行本皆有此句，張敦仁《通鑑刊本識誤》、張瑛《通鑑校勘記》同，今據補。6樂平王苞　原作「樂平公苞」。據章鈺校，十二行本、乙十一行本皆作「樂平王苞」，張敦仁《通鑑刊本識誤》同，今據改。按，《晉書》卷一百五〈石勒載記下〉云，石弘延熙元年，廣封石氏諸王，苞為平樂王。7電　據章鈺校，十二行本、乙十一行本、孔天胤本皆作「雷」。8等　原無此字。據章鈺校，十二行本、乙十一行本、孔天胤本皆有此字，今據補。9復　原無此字。據章鈺校，十二行本、乙十一行本、孔天胤本皆有此字，張敦仁《通鑑刊本識誤》同，今據補。10天下易主　原無此句。據章鈺校，十二行本、乙十一行本、孔天胤本皆有此句，張敦仁《通鑑刊本識誤》、張瑛《通鑑校勘記》同，今據補。11諡曰武帝　原無此句。據章鈺校，十二行本、乙十一行本、孔天胤本皆有此句，張敦仁《通鑑刊本識誤》、張瑛《通鑑校勘記》同，今據補。12不宜深入　原無此句。據章鈺校，十二行本、乙十一行本、孔天胤本皆有此句，張敦仁《通鑑刊本識誤》、張瑛《通鑑校勘記》同，今據補。13先鋒　原無此二字。據章鈺校，十二行本、乙十一行本、孔天胤本皆有此二字，張敦仁《通鑑刊本識誤》、張瑛《通鑑校勘記》同，今據補。14徵　據章鈺校，孔天胤本作「從」。15穆　原無此字。據章鈺校，十二行本、乙十一行本皆有此字，張敦仁《通鑑刊本識誤》同，今據補。

【語　譯】五年（己酉　西元三四九年）

春季，正月辛未朔，東晉實行大赦。

後趙王石虎即位為皇帝，在趙國境內實行大赦，改年號為太寧，他的兒子們原來被封為公爵的全都晉升為王。

後趙為故東宮太子石宣擔任護衛任務的一萬多名大力士全都被流放去戍守涼州邊境，當他們走到雍城的時候，聽到了石虎即皇帝位，並大赦天下的消息，然而他們這些人卻不在赦免的範圍之內，還下令讓雍州刺史張茂押送他們繼續西行。張茂把他們的馬匹全部扣留，讓他們徒步推車將糧食運送到被發配戍守的地方。擔任大力士督將的定陽人梁犢趁著眾人心中充滿怨恨的機會，陰謀武裝作亂返回東方。眾人聽說後，全都歡欣鼓舞。梁犢遂自稱晉征東大將軍，率領著這些大力士攻克了下辨。後趙安西將軍劉寧率軍從安定出發攻打梁犢，被梁犢打敗。梁犢手下的士卒全都力氣很大，又善於射箭，一個人能抵擋十多個人，雖然他們沒有兵器鎧甲，就奪取老百姓家的斧頭，綁上一根一丈長的木棍，在戰場上左右衝殺，好像天兵下界，大軍所向，無不立即崩潰，各地戍守的士卒全都追隨他們。攻陷郡縣，殺死郡守、縣令以及享受二千石俸祿的官員，長驅直入，向東方挺進，當他們抵達長安的時候，數量已經發展到十萬人。樂平王石苞率領全部精銳部隊進行抵抗，結果只經過一場戰鬥就被打敗。梁犢遂向東穿過潼關，向洛陽進發。後趙皇帝石虎任用李農為大都督、代理大將軍，統領擔任衛軍將軍的張賀度等十萬人馬討伐梁犢，雙方在新安展開會戰，李農也被打得大敗。在洛陽對戰，又失敗，只得退到成皋紮營據守。

梁犢率領屬下的部眾繼續向東劫掠滎陽、陳留諸郡。後趙皇帝石虎非常恐懼，他任命燕王石斌為大都督，督中外諸軍事，統領冠軍大將軍姚弋仲、車騎將軍蒲洪等率軍討伐梁犢。冠軍大將軍姚弋仲率領自己的八千多名部眾從自己的鎮所灄頭來到京師鄴城求見石虎。石虎因為有病，沒有召見姚弋仲，而是派人把他領到了領軍將軍的衙署，把自己吃的食物送給姚弋仲吃。姚弋仲非常生氣，不肯吃石虎送給他的東西，他說：「皇帝既然召我前來抵禦叛賊，就應當召見我，當面向我指示方略，我難道是為了吃東西才來的嗎！再說皇帝不召見我，我怎麼知道皇帝還活著沒有！」石虎迫不得已，只得勉強支撐著病體召見他。姚弋仲責備石虎說：

「你兒子死了，你發愁啊，不然怎麼會病成這個樣子？兒子小的時候，不為他們選擇善良的人教育他們，致使他們成為叛逆；既然因為叛逆而把他殺死，你還愁什麼？再說，你長期患病，所立的太子又很幼小，你如果不能痊癒，天下必定大亂，你應該先發愁這個，不要發愁叛賊不滅！梁犢等不過因為窮困到了極點，想返回自己的家鄉，所以才聚集在一起成為盜賊，他們經過的地方，殘酷兇暴，如此行徑，能成什麼氣候！我這個老羌人為你一戰就將他們解決了！」姚弋仲性情暴躁耿直，說話時不論對方身分高低貴賤，一律稱呼對方為「你」，石虎也沒有責怪他。就在這君臣對坐談話的時候，石虎授予姚弋仲使持節、侍中、征西大將軍，賞賜給他鎧甲馬匹。姚弋仲說：「你看看我老羌能不能破滅此賊？」就在殿庭之中披上鎧甲、跨上戰馬，便策馬向南奔馳而去，沒有向石虎辭行。姚弋仲與石斌等一起在滎陽攻打梁犢，將梁犢打得大敗，斬下了梁犢的首級而後返回，又繼續追殺梁犢的餘黨，將餘黨也全部消滅。石虎遂賜予姚弋仲特殊的禮遇，允許姚弋仲上殿朝見皇帝的時候，可以身佩寶劍，腳上穿著靴子，入朝時不必小步疾行，並封他為西平郡公，任命蒲洪為侍中、車騎大將軍、開府儀同三司、都督雍、秦二州諸軍事、雍州刺史，封為略陽郡公。

後趙始平人馬勗聚眾謀反，自稱將軍。後趙樂平王石苞率軍將其消滅，誅殺了三千多家。

夏季，四月，東晉益州刺史周撫、龍驤將軍朱燾率軍攻伐范賁，將范賁斬首，益州平定。

東晉朝廷下詔派遣擔任謁者的陳沈為使者前往燕國，拜慕容儁為使持節、侍中、大都督、督河北諸軍事、幽・平二州州牧、大將軍、大單于、燕王。

東晉桓溫派遣擔任督護的滕畯率領交州、廣州的軍隊前往盧容征討林邑王文，被林邑王文打敗，退回九真據守。

四月初九日乙卯，後趙皇帝石虎病勢沉重，遂任命彭城王石遵為大將軍，鎮守關右，燕王石斌為丞相、錄尚書事，張豺為鎮衛大將軍、領軍將軍、吏部尚書，三人同時接受遺詔，輔佐幼主石世處理朝政。

後趙皇后劉氏怨恨由燕王石斌輔佐朝政，恐怕將對太子石世不利，遂與張豺密謀除去石斌。石斌當時在襄國，劉皇后遂派人欺騙石斌說：「皇帝的病已經逐漸痊癒，大王如果想要打獵，不妨在襄國再停留一段時間。」石斌一向喜好打獵，又喜歡飲酒，他聽信了來人的話，遂留在襄國打獵，而且縱情飲酒。劉皇后與張豺假傳石虎的命令，說石斌沒有忠孝之心而將石斌免職，讓他回歸府第，又派了張豺的弟弟張雄率領著五百名龍騰武士嚴密監守石斌。

四月十九日乙丑，後趙彭城王石遵從幽州抵達都城鄴城，劉皇后與張豺等吩咐，讓石遵到朝廷的正殿接受任命，也只是把宮廷的三萬名禁衛軍撥給石遵，便打發石遵離開鄴城，石遵因為沒有見到自己生病的父親石虎，他流著眼淚離開了鄴城。這一天，石虎的病情稍有好轉，他問：「石遵來了沒有？」石虎身邊的人說：「石遵來了，但已經走了很久了。」石虎說：「可惜我沒有見到他！」

後趙皇帝石虎來到太武殿的西閣，龍騰中郎二百多人排列在面前向石虎跪拜。石虎問他們：「你們有什麼要求？」龍騰中郎都說：「陛下龍體不安，應該讓燕王石斌入宮保衛皇帝，統領兵馬。」有的說：「請立燕王石斌為太子。」石虎問：「石斌難道沒有在宮裡嗎？把他召來！」石虎身邊的人回答說：「燕王石斌酒醉不醒，不能進宮。」石虎說：「趕緊派車去接他進宮，我要把皇帝璽印交給他掌管。」然而竟然沒有人去執行。不一會兒，石虎又開始神智不清，進入昏迷狀態，遂返回後宮。張豺指使他的弟弟張雄假傳皇帝詔命殺死了石斌。

四月二十二日戊辰，後趙劉皇后假傳石虎詔命任命張豺為太保、都督中外諸軍事、錄尚書事，如同當年西漢霍光輔佐年幼的漢昭帝一樣。擔任侍中的徐統感慨地說：「大亂即將爆發了，我沒有必要捲在這裡頭！」遂喝下毒藥而死。

四月二十三日己巳，後趙皇帝石虎去世，皇太子石世即皇帝位，尊劉氏為皇太后。劉氏臨朝行使皇帝的權力，她任命張豺為丞相。張豺不肯接受，請求任命彭城王石遵、義陽王石鑒為左右丞相，作為對他們的安撫。劉氏採納了張豺的建議。

張豺與擔任太尉的張舉商議，想要除掉擔任司空的李農。張舉一向與李農關係友好，就將張豺的陰謀偷偷地告訴了李農。李農遂逃往廣宗，率領數萬家逃荒者據守上白城，皇太后劉氏讓太尉張舉統領宿衛軍包圍上白。張豺任命張離為鎮軍大將軍，監中外諸軍事，作為自己的助手。

後趙彭城王石遵離開鄴城來到河內的時候，聽到了父親石虎去世的消息。姚弋仲、蒲洪、劉寧，以及征虜將軍石閔、武衛將軍王鸞等率軍討伐梁犢回來，在李城與石遵相遇，他們全都對石遵說：「殿下年紀最大，而且賢明能幹，先帝也曾有意立殿下為太子。只是因為年老，昏聵糊塗，被張豺所蒙蔽才立石世為太子。如今皇太后劉氏把持朝政，奸臣張豺等主事，包圍上白的朝廷軍與李農所率領的流民軍相持不下，京師鄴城防守空虛。殿下如果能夠宣布張豺的罪狀，大張旗鼓地進行討伐，誰能不打開城門，倒提戈矛前來迎接殿下呢！」石遵聽從了姚弋仲等人的意見。

五月，後趙彭城王石遵在李城起兵反抗由劉太后臨朝稱制的朝廷，率眾準備返回都城鄴城，擔任洛州刺史的劉國率領洛陽的軍隊前往李城與石遵會合。石遵的檄文傳到鄴城，張豺非常恐懼，趕緊派人將包圍上白城的宮廷禁衛軍召回。五月十一日丙戌，彭城王石遵的軍隊駐紮在蕩陰，此時手下已經擁有九萬人馬，他任命征虜將軍石閔為前鋒，張豺率領軍隊出城抵抗。那些年老的羯族人與漢族人都說：「彭城王石遵回京是來奔喪，我們應當出去迎接他，不能在這裡為張豺守城。」紛紛越城而出，張豺連殺數人企圖阻止，卻阻止不住。就連張離也率領著二千名龍騰武士，打開城門迎接石遵進城。劉太后非常害怕，趕緊將張豺召進宮來，皇太后劉氏哭著對張豺說：「先帝的靈柩還沒有安葬，災禍竟然如此快地發生了！如今作為嗣君的石世年紀還小，我把他託付給將軍，將軍將如何處置？我想加封石遵更高的職位，你看能不能阻止這場災禍的發生？」張豺驚慌失措，根本拿不出任何主意，嘴裡只會發出「唯唯」的聲音。劉氏遂下詔任命石遵為丞相，兼任大司馬、大都督、督中外諸軍事、錄尚書事，加授黃鉞、九錫。十四日己丑，石遵抵達安陽亭，張豺提心吊膽地出來迎接，石遵命人將張豺抓起來。十五日庚寅，彭城王石遵身穿鎧甲、手持亮晃晃的兵器，在嚴密的保護下，從鄴城南面的鳳陽門進入鄴城，登上太武殿前殿，在石虎的靈柩前捶胸頓足，極其悲傷地痛哭祭拜了一場，然後退入太武殿的東閣。石遵下令將張豺綁縛平樂市斬首，誅滅他的三族。又假傳劉氏的詔令說：「嗣子石世年紀幼小，先帝因為自己喜愛幼子，所以將皇位繼承權授予了他，然而帝王事業至關重大，不是石世所能承擔，應由石遵繼承皇位。」於是，石遵即位為後趙皇帝，實行大赦，同時將包圍上白城的軍隊撤回。十六日辛卯，石遵封石世為譙王，廢劉氏為太妃，不久將劉氏母子全部殺死。

司空李農從上白城來到鄴城向新皇帝石遵自首請罪，石遵令李農仍舊擔任原來的司空職務。石遵尊奉自己的母親鄭氏為皇太后，立自己的妃子張氏為皇后，封已故燕王石斌的兒子石衍為皇太子。任命義陽王石鑒為侍中、太傅，任命沛王石沖為太保，任命樂平王石苞為大司馬，汝陰王石琨為大將軍、武興公石閔為都督中外諸軍事、輔國大將軍。

五月十九日甲午，後趙京師鄴城突然狂風大作，將樹木連根拔起，同時電閃雷鳴，冰雹隨之而下，大的像盂、像升。皇宮中的太武殿、暉華殿著起大火，各宮門以及宮內的亭臺樓閣，被大火燒得蕩然無存，就連皇帝的車輦衣服以及各種生活日用的東西也被燒毀了一大半，金銀碧玉全都成為灰燼。大火整整燃燒了一個多月才熄滅。

當時後趙沛王石沖負責鎮守薊城，他聽到石遵殺死石世自立為皇帝的消息，便對其僚佐說：「石世是先帝所立的太子，石遵竟敢把他廢掉，而且還把他殺死，真是罪大惡極呀！現在傳下號令，薊城內外緊急集合，我要親自率軍前去討伐石遵。」遂留下寧北將軍沭堅戍守幽州，自己率領著五萬名兵眾從薊城南下，他向燕、趙地區發布了討伐石遵的檄文，號召各地起兵，石沖率領大軍所到之處，起兵響應的如同風起雲湧一樣。等到達常山郡的時候，石沖屬下的軍隊已經發展到十多萬人，軍隊駐紮於苑鄉。恰逢石遵派人送達赦免石沖興兵問罪的詔書，石沖於是改口說：「反正都是我的弟弟，死了的也不能再活，活著的何必再互相殘殺呢！我還是撤軍回去吧。」石沖的部將陳暹說：「彭城王石遵為了篡權，殺死了先帝所立的皇太子，自己做了皇帝，罪惡太大了！大王的旌旗即使指向北方，我的戰車還是要向南殺向鄴城，等平定了京師，擒拿了彭城王石遵，然後再來迎接大王的車駕。」石沖遂決定繼續向鄴城進兵。石遵迅速地寫好書信，派王擢送給石沖，向石沖進行解釋，勸他不要如此，而石沖不聽。石遵遂派武興公石閔與司空李農等一起率領十萬名精兵討伐石沖。雙方在平棘會戰，結果，沛王石沖被打得大敗，石閔等在元氏縣將石沖擒獲，石遵令石沖自殺，將石沖屬下的三萬多名士卒全部活埋。

後趙武興公石閔對石遵說：「蒲洪，那可是人中豪傑。如果任用他去鎮守關中，我擔心秦州、雍州將不再屬於我們趙國所有。蒲洪的職位雖然是先帝臨終之時所任命的，然而陛下既然已經登基做了皇帝，自然可以改變主意。」石遵採納了石閔的意見，免除了蒲洪都督雍、秦二州諸軍事這一頭銜，其他官職仍舊保留。蒲洪對此非常憤怒，他返回自己的鎮所枋頭之後，立即派遣使者前往東晉，請求歸降。

燕國平狄將軍慕容霸上疏給燕王慕容儁說：「石虎窮兇極惡，殘暴到了極點，上天雖然拋棄了他，而他的餘孽，卻還在骨肉相殘。如今中原人民深陷在水深火熱之中，就像被頭朝下倒掛在那裡一樣，急切地期盼著仁義之師前去解救他們。如果我們此時出兵，只要義軍的大旗一揮，中原各地的武裝必然會紛紛放下武器向我們投降。」擔任北平太守的孫興也上表給燕王慕容儁說：「目前石氏內部大亂，我們應該藉著這個機會進取中原。」慕容儁因為國家剛剛遭遇喪事，所以沒有同意。慕容霸騎著馬飛快地趕往京都龍城來見慕容儁，他對慕容儁說：「難以得到卻又很容易錯過的就是時機。萬一石氏從衰敗中重新復興，或是另有英雄人物趁機取而代之，接收了石氏現有的資本，到那時，我們不僅僅失去了攻取石氏的大利，而且會後患無窮。」慕容儁說：「鄴城中雖然遭遇內亂，然而征東將軍鄧恆據守安樂，兵強糧足。如果現在出兵討伐趙國，東路不能走，只能通過盧龍塞。而盧龍山路險峻狹窄，如果敵人借助有利地形，站在高處，將我們的部隊攔腰截斷，然後首尾夾擊，我們將怎麼辦？」慕容霸說：「鄧恆雖然想為石氏防守，然而他手下的將士顧念家人，人人都心懷歸志，如果看到我們大軍壓境，他們自然土崩瓦解。我請求為您擔任先鋒，從東方的徒河出發，偷偷地趕往令支，打他一個出其不意，他們突然聽到我們進攻的消息，勢必感到震驚、害怕，上策不過是關閉城門堅守，下策不免要棄城逃跑，哪裡還顧得上抵抗我們呢！這樣的話，陛下可以安穩地前進，不會再有任何阻撓、障礙。」慕容儁還是猶豫不決，便去問擔任五材將軍的封奕，封奕回答說：「用兵的規則是，敵人勢力強盛就用智取，敵人勢力衰弱就用威力。所以以大國吞併小國，就如同豺狼吞吃小豬一樣；以一個安定統一的國家去對付一個內部混亂的國家，就像太陽融化積雪。大王自從前代以來，累積仁德，兵強士壯。而石虎則用極其殘暴的手段統治他的國家，所以石虎死後連眼睛還沒有來得及閉上，他的子孫就為了爭奪統治國家的權力，便上下相互衝突，互相背叛。中原的百姓陷入水深火熱之中，他們全都伸著脖子、踮起腳跟，殷切地企盼著有人前來拯救他們。大王如果揮師南下，首先攻取薊城，然後直取他們的京師鄴城，向他們展示大王的兵威與德政，安撫那些戰亂剩餘下來的百姓，有誰還不扶老攜幼前來迎接大王呢！兇惡的賊黨望見大王的大旗，就會像冰塊掉到地上，馬上摔得粉碎，怎麼能危害我們呢！」擔任從事中郎的黃泓說：「現在，太白星大白天出現在天際，歲星運行到畢星的北側，天下改換君主，陰國當受天命，而我們燕國正上應陰國，所以正好接受天命為全國之王，這是一定能夠應驗的。應該趕快出兵攻取趙國，以順應上天的旨意。」折衝將軍慕輿根說：「中原的百姓深受石氏內亂的困擾，全都希望更換新主人，把他們從水深火熱的危急之中解救出來，這可是千載難逢的好時機，千萬不能錯過。自從武宣王時期起，就招納賢能、休養士民，獎勵農耕、訓練軍隊，正是為了等待今天。如今機會已經來了卻不去爭取，反而在這裡顧慮重重，難道是上天不想讓天下平定嗎？還是大王不想爭奪天下呢？」燕王慕容儁開懷大笑起來，決心出兵攻取趙國。於是任命慕容恪為輔國將軍，任命慕容評為輔弼將軍，任命擔任左長史的陽騖為輔義將軍，把這三人統稱之為「三輔」。任命慕容霸為前鋒都督、建鋒將軍，挑選了二十多萬精兵，操練武事，嚴密戒備，進入臨戰狀態，隨時準備出征。

六月，後趙將石虎安葬在顯原陵，諡號武帝，廟號太祖。

東晉征西大將軍、臨賀郡公桓溫聽到後趙發生內亂的消息，遂率領軍隊進屯安陸，他下令諸將做好北伐的一切準備。後趙擔任揚州刺史的王浹獻出壽春，向東晉投降，東晉擔任西中郎將的陳逵率軍進入壽春。征北大將軍褚裒上表給朝廷請求出兵伐趙，當天就下令進入戰爭戒備狀態，軍隊逕直向泗口進發。朝廷認為褚裒地位尊貴、責任重大，不宜深入，應該先派一支小部隊打一下試試。褚裒上奏說：「先前已經派遣先鋒督護王頤之等逕直攻取彭城，後來又派遣督護麋嶷率軍逼近下邳，現在應該迅速出兵，以造成一種大舉北伐的聲勢。」秋季，七月，東晉加授褚裒為征討大都督，督徐、兗、青、揚、豫五州諸軍事，褚裒遂率領三萬人馬，逕直趕赴彭城，北方趙國境內的民眾每天前來歸附的都有上千人。

朝廷上下全都認為收復中原指日可待，只有擔任光祿大夫的蔡謨持有不同看法，他對自己的親友說：「胡人被消滅，確實是值得慶賀的事情，然而恐怕會給朝廷帶來新的更大的憂患。」那人問：「你所指的是什麼？」蔡謨說：「能夠順應天命、借助有利時機將陷入艱難困苦中的蒼生解救出來，如果不是大聖人和蓋世英雄是做不到的，其他的人則不如度德量力而行。觀察今天的局勢，恐怕不是眼下這些人所能做到的。他們勢必會做一些憑藉他們的能力根本無法實現的事情，只是靠著勞民傷財，以滿足他們個人的心願；結果才發現自己才疏略短，自己的心願不僅無法實現，反而將國家的人力、物力耗費淨盡，再也拿不出智慧和勇氣，怎能不給朝廷帶來憂患呢！」

後趙魯郡有五百多戶民眾起兵叛變後趙，投靠了東晉，他們向褚裒請求援助。褚裒遂派遣部將王龕、李邁率領三千名精兵前往接應。後趙擔任南討大都督的李農率領二萬名騎兵與東晉的王龕、李邁在代陂展開決戰，王龕等被李農打得大敗，三千名精兵全都覆沒於後趙境內。八月，東晉褚裒率軍撤退到廣陵。陳逵聽到前方戰敗的消息，便焚燒了壽春城中所積蓄的所有糧秣輜重，毀壞了壽春城，逃回到長江一線。褚裒上疏給朝廷，請求將自己貶官，朝廷下詔不准所請。令褚裒仍舊回到原來的防地京口，因為此次征伐已經結束，褚裒征討都督的職務也隨之解除。當時河北地區政局混亂，西晉時期的遺民有二十多萬人都已經渡過黃河準備投奔東晉。遇上褚裒軍事失利，已經撤軍，聲威形勢接續不上，這些人無力自救，幾乎都死光了。

後趙樂平王石苞密謀率領關右地區的群眾攻打京師鄴城，擔任左長史的石光、擔任司馬的曹曜等堅決勸阻，石苞大怒，竟然將石光等一百多人全部殺掉。石苞生性貪婪又沒有謀略，雍州的豪傑知道他將一事無成，所以都派遣使者前往東晉通報消息，東晉擔任梁州刺史的司馬勳率領軍隊前往雍州救援那些反趙的豪傑。○武都郡的氐族首領楊初率軍襲擊後趙的西城，將西城攻克。

九月，涼州官員共同推舉張重華為丞相、涼王、雍・秦・涼三州牧。張重華經常把金錢、絲綢等賞賜給自己身邊的寵臣，又喜歡下棋賭博，經常因為賭博而耽誤了政事。擔任徵事的索振勸諫張重華說：「先王從早到晚克勤克儉，竭盡全力充實國家的府庫，為應付未來的戰爭積極做著準備，因為還有大仇未報、大恥未雪，並立志要平定海內。殿下即位之初，強大的後趙軍隊就多次前來侵擾，是靠了重賞，戰士們才拼死效力，即使如此，也僅僅是保住了國家的不致滅亡而已。如今國家倉庫中的儲蓄已經空虛，而寇仇還沒有被消滅，豈能輕易地消耗這些僅有的儲備去賞賜那些沒有為國立功的人呢！過去，漢光武帝劉秀親自處理國家的各種政務，奏章送到朝廷，不到一天就能得到批覆，所以能夠實現中興漢室的大業。如今奏章擱置在那裡，常常一拖就是一個月，甚至幾個月，下面的民情不能及時上達，蒙受重大冤屈的人被囚禁在監牢之中，哭訴無門，這些恐怕不是聖明的君主所應該做的事情。」張重華向索振表示感謝。

東晉梁州刺史司馬勳率軍穿過駱谷，攻破了後趙長城戍的守軍，在懸鉤修築工事進行防守，懸鉤距離長安二百里。司馬勳派擔任治中的劉煥率軍攻取長安，劉煥斬殺了後趙京兆太守劉秀離，又攻佔了賀城。三輔地區的很多豪傑殺死了他們的郡守、縣令來響應司馬勳，總計有三十多座營寨壁壘，兵眾五萬人。後趙樂平王石苞這才打消攻打鄴城的念頭，他派遣屬下將領麻秋、姚國等人率軍抵抗司馬勳。後趙皇帝石遵派遣車騎將軍王朗率領二萬名精銳騎兵以討伐司馬勳為名，趁機將樂平王石苞劫持到鄴城。司馬勳兵力不多，畏懼王朗而不敢繼續進兵。冬季，十月，司馬勳放棄了懸鉤要塞，攻佔了宛城，殺死後趙南陽太守袁景，然後返回梁州。

當初，後趙主石遵從李城出兵之時，曾經對武興公石閔說：「好好努力，事情成功之後，立你為太子。」後來石遵即位為皇帝，竟違背了當初的諾言，改立石衍為太子。

後趙武興公石閔仗著自己有功，便想要專擅朝政，而石遵不同意。石閔一向驍勇善戰，屢次建立大功，夷人、漢人中的那些老將都懼怕他。石閔被封為都督，執掌朝廷內外兵權之後，遂用心結交宿衛皇宮的將士，並奏請後趙主石遵，把這些將士全都提升為殿中員外將軍，封為關外侯。石遵對石閔的用心一點都沒有懷疑，還在這些將士的名單前專門注明每個人的善或惡進行壓制，眾人因此而對石遵充滿怨恨。擔任中書令的孟準、擔任左衛將軍的王鸞都勸說石遵逐漸裁奪石閔的權力，石閔越發怨恨，孟準等於是又都勸說石遵殺掉石閔。

十一月，後趙主石遵召義陽王石鑒、樂平王石苞、汝陰王石琨、淮南王石昭等到鄭太后面前舉行祕密會議，石遵說：「石閔叛逆的行跡已經逐漸顯露出來，現在想把他除掉，你們有什麼意見？」石鑒等人都說：「正應該如此。」鄭太后說：「在李城起兵之時，如果沒有石閔，怎麼會有今天！即使他仗恃自己功勞大，行為上稍微表現得有些驕傲放縱，也應該對他稍微寬容一點，怎麼能說殺就把他殺掉呢！」義陽王石鑒從宮中出來，立即派宦官楊環飛馬報告給石閔。石閔遂劫持了司空李農和右衛將軍王基，密謀廢掉石遵，他派將軍蘇彥、周成率領三千名武裝士兵衝入皇宮，到金鳳臺去抓捕石遵。石遵當時正在和一位美人玩彈棋，他問周成說：「謀反的人是誰？」周成回答說：「義陽王石鑒應該繼承皇帝大位。」石遵說：「我尚且如此，石鑒還能維持得了幾天！」周成等把石遵殺死在琨華殿，連同鄭太后、張皇后、太子石衍、中書令孟準、左將軍王鸞以及上光祿大夫張斐全部殺死。

後趙義陽王石鑒即位為皇帝，在後趙境內實行大赦。他任命武興公石閔為大將軍，封為武德王，司空李農為大司馬，二人同時擔任錄尚書事；任命郎闓為司空，任命秦州刺史劉羣為尚書左僕射，任命擔任侍中的盧諶為中書監。

被後趙強迫遷往關東和司州、冀州的氐人、羌人以及秦州、雍州的民眾趁著後趙內亂，紛紛西歸，重新返回到秦州、雍州一帶，在他們路過枋頭的時候，共同推戴蒲洪為首領，此時已經達到十多萬人。蒲洪的兒子蒲健當時在鄴城，他砍開城門逃離鄴城奔往枋頭。剛剛即位的石鑒畏懼蒲洪的逼迫，就準備設計將蒲洪打發到遠處去，遂任命蒲洪為都督關中諸軍事、征西大將軍、雍州牧、兼任秦州刺史。蒲洪將屬下的官員招集起來，商議應該不應該接受石鑒的任命。擔任主簿的程朴請求暫且與趙聯合，像並列之國那樣劃分疆界，實行獨立自治。蒲洪大怒說：「難道我就不能當天子嗎！你怎麼說列國！」立即下令將程朴拉出去斬首。

東晉都鄉元穆侯褚裒回到京口鎮所，聽到很多哭聲，於是就問身邊的人是誰在哭。他身邊的人回答說：「是在代陂戰役中死難者的家屬在哭。」褚裒又慚愧又憤恨，竟因此得病。十二月初七日己酉，褚裒去世。朝廷任命吳國內史荀羨為使持節、監徐・兗二州、揚州之晉陵諸軍事、徐州刺史，當時，荀羨只有二十八歲，東晉建國以來擔任州刺史、督軍等方面大員的人中沒有人比荀羨更年輕的了。

後趙主石鑒派樂平王石苞、中書令李松、殿中將軍張才率軍在夜間前往琨華殿攻擊石閔、李農，沒有取勝，皇宮之中一片混亂。石鑒非常恐懼，就裝作毫不知情的樣子，連夜將李松、張才等殺死在西中華門，連同石苞也一齊殺死。

後趙新興王石祗，是石虎的兒子，當時負責鎮守襄國，他北連姚弋仲，南連蒲洪，發布檄文通告全國，號召各地起兵共同討伐石閔、李農。石閔、李農任命汝陰王石琨為大都督，與張舉以及擔任侍中的呼延盛一起率領七萬人馬分別討伐石祗等。

後趙擔任中領軍的石成、擔任侍中的石啓、前河東太守石暉密謀誅殺石閔與李農，結果反被石閔、李農殺死。龍驤將軍孫伏都、劉銖等率領三千名羯族士兵埋伏在胡天，也想除掉石閔和李農。石鑒正在銅雀臺中，孫伏都率領著三十多人準備登上銅雀臺劫持石鑒以攻擊石閔等。石鑒看見孫伏都毀壞了閣道，就從上俯下身子詢問緣故。孫伏都說：「李農等謀反，就在東掖門，我想率領衛士前去討伐，所以先來奏明陛下。」石鑒說：「你是有功之臣，好好地為國家出力。我就站在銅雀臺上觀看，你不用擔心得不到酬勞。」於是孫伏都、劉銖率領部眾攻擊石閔、李農，因為不能取勝，便屯紮在鄴城南面的鳳陽門，石閔、李農率領數千人搗毀了金明門衝入皇宮。石鑒懼怕石閔會殺死自己，趕緊派人騎馬去招呼石閔、李農，並打開宮門放他們進入，石鑒對石閔等人說：「孫伏都謀反，你等應該趕緊去消滅他。」石閔、李農攻敗了孫伏都，將他們斬首，皇宮之內，從鳳陽門到琨華殿，屍體橫七豎八，互相枕藉，血水流成了渠。石閔通令全國，國內所有的少數民族，不論是誰，只要身上攜帶著兵器，一律殺無赦。於是那些少數民族的人有的砍開城門逃走，有的翻越城牆逃走，逃走的人多得數不過來。

後趙石閔把燕主石鑒囚禁在御龍觀，派擔任尚書的王簡、擔任少府的王鬱率領數千人進行監守，斷絕了石鑒與內外一切的聯繫，飲食用具，都是用繩子吊上觀去。石閔下令城中說：「近日孫伏都、劉銖等發動叛亂，他們的黨羽已經被全部消滅，善良的人一概不受牽連。從現在起，擁護現在皇帝的人就留下來，不擁護的，憑個人的意願，願意到哪裡去就到哪裡去，已經下令守衛城門的人不許禁止。」於是，鄴城附近一百里之內的漢族人全部湧入城中，而胡人、羯人則朝著城門往外擠。石閔因此知道胡人、羯人都不擁護自己，不會成為自己的子民，便向朝裡朝外發布命令說：「趙國人斬首一個胡人，並將首級送到鳳陽門的，文官提升三級，武官全部封為牙門將。」命令頒布之後，一天之內就殺死了數萬名胡人、羯人。石閔還親自率領趙國人誅殺那些胡人、羯人，不論貧富貴賤、男女老少，全都殺死，被殺死的有二十多萬人，並將這些被殺死者的屍體拖到鄴城之外進行展示，結果全被野狗、豺狼吃掉了。對於那些在四方戍守的胡人，石閔給擔任將帥的漢人全都寫了信，命令他們就地將他們處死，被殺死的人中甚至有一半是因為鼻樑比較高、鬍鬚比較多，外貌特徵很像胡人、羯人而被無辜殺死的漢人。

燕王慕容儁派遣使者前往涼州，約請涼王張重華共同攻打後趙。

高句麗王釗把原燕國東夷護軍宋晃送回燕國，燕王慕容儁赦免了宋晃，給他改名為宋活，並任命他為中尉。

六年（庚戌　西元三五〇年）

春，正月，趙大將軍閔欲滅去石氏之迹❶，託以讖文❷有「繼趙李」，更國號曰衛，易姓李氏❸，大赦，改元青龍。太宰趙庶、太尉張舉、中軍將軍張春、光祿大夫石岳、撫軍石寧、武衛將軍張季及公、侯、卿、校、龍騰等萬餘人出奔襄國❹，汝陰王琨奔冀州❺。撫軍將軍張沈據滏口❻，張賀度據石瀆❼，建義將軍段勤據黎陽❽，寧南將軍楊羣據桑壁❾，劉國據陽城❿，段龕據陳留⓫，姚弋仲據灄頭，蒲洪據枋頭，眾各數萬，皆不附於閔。勤，末柸之子。龕，蘭之子也。

王朗、麻秋自長安赴洛陽。秋承閔書⑫，誅朗部胡千餘人，朗奔襄國。秋帥眾歸鄴，蒲洪使其子龍驤將軍雄迎擊，獲之，以為軍師將軍。

汝陰王琨及張舉、王朗帥眾七萬伐鄴，大將軍閔帥騎千餘與戰於城北。閔操兩刃矛，馳騎擊之，所向摧陷，斬首三千級。琨等大敗而去。閔與李農帥騎三萬討張賀度于石瀆。

閏月⑬，衛主鑒密遣宦者齎書⑭召張沈等，使乘虛襲鄴。宦者以告閔、農，閔、農馳還，廢鑒，殺之，并殺趙主虎二十八孫[1]，盡滅石氏。姚弋仲子曜武將軍益、武衛將軍若帥禁兵數千斬關奔灄頭。弋仲帥眾討閔，軍于混橋⑮。

司徒申鍾等上尊號於閔，閔以讓李農，農固辭。閔曰：「吾屬故晉人也，今晉室猶存，請與諸君分割州郡，各稱牧、守、公、侯，奉表迎晉天子還都洛陽何如[2]？」尚書胡睦進曰：「陛下聖德應天，宜登大位。晉氏衰微，遠竄江表，豈能總馭⑯英雄，混壹⑰四海乎？」閔曰：「胡尚書之言，可謂識機知命⑱矣。」乃即皇帝位，大赦，改元永興，國號大魏。

朝廷聞中原大亂，復謀進取。己丑⑲，以揚州刺史殷浩為中軍將軍、假節、都督揚・豫・徐・兗・青五州諸軍事，以蒲洪為氐王⑳、使持節、征北大將軍、都督河北諸軍事、冀州刺史、廣川郡公，蒲健㉑為假節、右將軍、監河北征討前鋒諸軍事、襄國公。

姚弋仲、蒲洪各有據關右之志。弋仲遣其子襄帥眾五萬擊洪，洪迎擊，破之，斬獲三萬餘級。洪自稱大都督、大將軍、大單于、三秦王，改姓苻氏㉒。以南安雷弱兒㉓為輔國將軍，安定梁楞為前將軍，領左長史，馮翊魚遵為右將軍[3]，領右長史，京兆段陵為左將軍，領左司馬，王墮為右將軍，領右司馬[4]，天水趙俱、隴西牛夷、北地辛牢皆為從事中郎，氐酋㉔毛貴為單于輔相。

二月，燕王儁使慕容霸將兵二萬自東道出徒河，慕輿于自西道出蠮螉塞㉕，儁自中道出盧龍塞㉖以伐趙。以慕容恪、鮮于亮為前驅，命慕輿泥槎山通道㉗。留世子曄守龍城，以內史劉斌為大司農，與典書令皇甫真留統後事。○霸軍至三陘㉘，趙征東將軍鄧恆惶怖㉙，焚倉庫，棄安樂㉚遁去，與幽州刺史王午共保薊㉛。徒河南部都尉孫泳㉜急入安樂，撲滅餘火，籍其穀帛㉝。霸收安樂、北平兵糧，與儁會臨渠㉞。

三月，燕兵至無終㉟。王午留其將王佗以數千人守薊，與鄧恆走保魯口㊱。乙巳㊲，儁拔薊，執王佗，斬之。儁欲悉阬其士卒千餘人，慕容霸諫曰：「趙為暴虐，王興師伐之，將以拯民於塗炭而撫有中州[38]也。今始得薊而阬其士卒，恐不可以為王師之先聲也[39]。」乃釋之〔5〕。儁入都于薊[40]，中州士女降者相繼。

燕兵至范陽[41]，范陽太守李產欲為石氏拒燕，眾莫為用，乃帥八城令長[42]出降，儁復以產為太守。產子績為幽州別駕[43]，棄其家從王午在魯口，鄧恆謂午曰：「績鄉里在北[44]，父已降燕，今雖在此，恐終難相保，徒為人累，不如去之[45]。」午曰：「此何言也！夫以當今喪亂[46]，而績乃能立義捐家[47]，情節[48]之重，雖古烈士[49]無以過。乃欲以猜嫌害之，燕、趙之士聞之，謂我直相聚為賊[50]，了無意識[51]。眾情[52]一散，不可復集，此為坐自屠潰[53]也。」恆乃止。午猶慮諸將不與己同心，或致非意[54]，乃遣績歸[55]。績始辭午往見燕王儁，儁讓之曰：「卿不識天命，棄父邀名[56]，今日乃始來邪！」對曰：「臣眷戀舊主，志存微節[57]，官身所在[58]，何事非君[59]？殿下方以義取天下，臣未謂得見之晚[60]也。」儁悅，善待之。

儁以弟宜為代郡城郎[61]，孫泳為廣寧[62]太守，悉置幽州郡縣守宰。

甲子[63]，儁使中部俟釐[64]慕輿句督薊中留事[65]，自將擊鄧恆於魯口。軍至清梁[66]，恆將鹿勃早[67]將數千人夜襲燕營，半已得入，先犯[68]前鋒都督慕容霸，突入幕下[69]。霸起奮擊，手殺十餘人，早不能進，由是燕軍得嚴[70]。儁謂慕輿根曰：

「賊鋒甚銳，宜且避之。」根正色曰：「我眾彼寡，力不相敵，故乘夜來戰，冀萬一獲利(71)。今求賊得賊(72)，正當擊之，復何所疑！王但安臥，臣等自為王破之！」儁不能自安，內史李洪從儁出營外，屯高冢(73)上。根帥左右精勇數百人，從中牙(74)直前擊早，李洪徐整騎隊還助之，早乃退走。眾軍追擊四十餘里，早僅以身免，所從士卒死亡略盡。儁引兵還薊(75)。

魏主閔復姓冉氏，尊母王氏為皇太后，立妻董氏為皇后，子智為皇太子，胤、明、裕皆為王。以李農為太宰、領太尉、錄尚書事，封齊王，其子皆封縣公。遣使者持節赦諸軍屯(76)，皆不從(77)。

麻秋說苻洪曰：「冉閔、石祗方相持，中原之亂未可平也。不如先取關中，基業已固，然後東爭天下，誰敢敵之！」洪深然之(78)。既而秋因宴鴆洪，欲并其眾，世子健收秋斬之。洪謂健曰：「吾所以未入關者，以為中州可定。今不幸為豎子所困(79)，中州非汝兄弟所能辦(80)，我死，汝急入關。」言終而卒。健代統其眾，乃去大都督、大將軍、三秦王之號，稱晉官爵，遣其叔父安來告喪，且請朝命(81)。

趙新興王祗即皇帝位于襄國，改元永寧，以汝陰王琨為相國，六夷據州郡(82)

擁兵⑥者皆應之。祗以姚弋仲為右丞相、親趙王，待以殊禮。弋仲子襄，雄勇多才略，士民多愛之，請弋仲以為嗣。弋仲以襄非長子(83)，不許。請者日以千數，弋仲乃使之將兵。祗以襄為驃騎將軍、豫州刺史、新昌公。又以苻健為都督河南諸軍事、鎮南大將軍、開府儀同三司、兗州牧、略陽郡公。

夏，四月，趙主祗遣汝陰王琨將兵十萬伐魏。◯魏王閔殺李農及其三子，并尚書令王謨、侍中王衍、中常侍嚴震、趙昇。閔遣使臨江(84)告晉曰：「逆胡亂中原，今已誅之，能共討者，可遣軍來也。」朝廷不應。

五月，廬江太守(85)袁真攻魏合肥，克之，虜其居民而還。

六月，趙汝陰王琨進據邯鄲，鎮南將軍劉國自繁陽(86)會之。魏衛將軍王泰擊琨，大破之，死者萬餘人。劉國還繁陽。

初，段蘭卒於令支(87)，段龕代領其眾，因石氏之亂，擁部落南徙。秋，七月，龕引兵東據廣固(88)，自稱齊王。

八月，代郡人趙榼帥三百餘家叛燕歸趙并州刺史張平。燕王儁徙廣寧、上谷二郡民於徐無(89)，代郡民於凡城。

王朗之去長安也，朗司馬京兆⑦杜洪據長安，自稱晉征北將軍、雍州刺史，以馮翊張琚為司馬，關西夷、夏[90]皆應之。苻健欲取之[91]，恐洪知之，乃受趙官爵[92]，以趙俱[93]為河內太守，戍溫[94]，牛夷為安集將軍，戍懷[95]。治宮室於枋頭，課民[96]種麥，示無西意[97]。有知而不種者，健殺之以徇[98]。既而自稱晉征西大將軍、都督關中諸軍事、雍州刺史，以武威賈玄碩為左長史，略陽[8]梁安為右長史，段純為左司馬，辛牢為右司馬，京兆王魚、安定程肱、胡文等為軍諮祭酒，悉眾而西。以魚遵為前鋒，行至盟津[99]，為浮梁[100]以濟[101]。遣弟輔國將軍雄帥眾五千自潼關入，兄子揚武將軍菁帥眾七千自軹關[102]入。臨別，執菁手曰：「若事不捷，汝死河北，我死河南，不復相見。」既濟，焚橋，自帥大眾隨雄而進。

杜洪聞之，與健書，侮嫚[103]之。以張琚弟先[104]為征虜將軍，帥眾萬三千逆戰于潼關之北。先兵大敗，走還長安。洪悉召關中之眾以拒健。洪弟郁勸洪迎健[105]，洪不從，郁帥所部降於健。

健遣苻雄徇渭北[106]。氐酋毛受屯高陵[107]，徐磋屯好畤[108]，羌酋白犢屯黃白[109]，眾各數萬，皆斬洪使，遣子降於健。苻菁、魚遵所過城邑，無不降附。洪懼，固守長安。

張賀度、段勤、劉國、靳豚會于昌城[110]，將攻鄴。魏主閔自將擊之，戰于蒼亭[111]。賀度等大敗，死者二萬八千人。追斬靳豚於陰安[112]，盡俘其眾而歸。閔戎卒三十餘萬，旌旗鉦鼓[113]綿亙[114]百餘里，雖石氏之盛，無以過也。

故晉散騎常侍隴西辛謐有高名，歷劉、石之世，徵辟[115]皆不就。閔備禮徵為太常，謐遺閔書，以為：「物極則反，致至則危[116]。君王功已成矣，宜因茲大捷[117]，歸身晉朝，必有由、夷之廉[118]，享松、喬之壽[119]矣。」因不食而卒。

九月，燕王儁南徇冀州，取章武[120]、河間[121]。

初，勃海[122]賈堅少尚氣節，仕趙為殿中督。趙亡，堅棄魏主閔還鄉里，擁部曲[123]數千家。燕慕容評徇勃海，遣使招之，堅終不降。評與戰，擒之。儁以評為章武太守，封裕為河間太守。儁與慕容恪皆愛賈堅之材，堅時年六十餘，恪聞其善射，置牛百步上[124]以試之。堅曰：「少之時能令不中。今老矣，往往中之。」乃射再發[125]，一矢拂脊[126]，一矢磨腹[127]，皆附膚落毛[128]，上下如一[129]，觀者咸服其妙。儁以堅為樂陵[130]太守，治高城[131]。

苻菁與張先戰于渭北，擒之，三輔郡縣堡壁[132]皆降。冬，十月，苻健長驅至長安，杜洪、張琚奔司竹[133]。

燕王儁還薊，留諸將守之。儁還至龍城，謁陵廟[134]。

十一月，魏主閔帥步騎十萬攻襄國，署[135]其子太原王胤為大單于、驃騎大將軍；以降胡一千配之為麾下[136]。光祿大夫韋謏諫曰：「胡、羯皆我之仇敵，今來歸附，苟存[9]性命耳。萬一為變，悔之何及？請誅屏[137]降胡，去單于之號，以防微杜漸[138]。」閔方欲撫納羣胡，大怒，誅謏及其子伯陽。

甲午[139]，苻健入長安，以民心思晉，乃遣參軍杜山伯詣建康獻捷[140]，并修好[141]於桓溫，於是秦、雍夷夏皆附之。趙涼州刺史石寧獨據上邽不下，十二月，苻雄擊斬之。

蔡謨除司徒，三年不就職，詔書屢下，太后遣使諭意，謨終不受。於是帝臨軒[142]，遣侍中紀據、黃門郎丁纂徵謨。謨陳疾篤，使主簿謝攸陳讓[143]。自旦至申[144]，使者十餘返，而謨不至。時帝方八歲，甚倦，問左右曰：「所召人何以至今不來？臨軒何時當竟[145]？」太后以君臣俱疲，乃詔：「必不來者[146]，宜罷朝。」中軍將軍殷浩奏免[147]吏部尚書江虨官。會稽王昱令曹[148]曰：「蔡公傲違上命[149]，無人臣之禮。若人主[150]卑屈於上[151]，大義[152]不行於下，亦不知復[10]所以為政矣！」公卿乃奏：「謨悖慢[153]傲上，罪同不臣[154]，請送廷尉[155]，以正刑書[156]。」謨懼，帥子弟素服[11]詣闕稽顙[157]，自到廷尉待罪[158]。殷浩欲加謨大辟[159]，會徐州刺史荀羨入朝，浩以問羨，羨曰：「蔡公今日事危[160]，明日必有桓、文之舉[161]。」浩乃止。下詔免謨為庶人。

【章　旨】以上為第三段，寫晉穆帝永和六年（西元三五〇年）的大事。主要寫了石閔欲滅石氏之跡，改國號曰「衛」；衛主石鑒謀殺石閔，被石閔所殺，石閔自稱皇帝，改國號為大魏；寫了石祗在襄國稱帝，命石琨、王朗、劉國等兩次大舉攻魏，都被魏以少量軍隊輕易打敗；張賀度、段勤等起兵攻魏，被魏軍大破於蒼亭；寫了晉王朝以殷浩為都督，謀取北伐，以上年降晉的苻洪（即蒲洪）為征討前鋒；寫了苻洪、姚弋仲皆有據關中自立之志，姚弋仲派其子姚襄擊苻洪，被苻洪打敗，苻洪自稱三秦王；接著苻洪被降將麻秋毒死，其子苻健退而仍稱晉官爵，請聽朝命；這時趙將杜洪據長安，自稱晉之征北將軍，關西夷夏皆應之；苻健則假裝受趙官爵，示無西意，以麻痹杜洪，尋而麾軍長驅入關，所過城邑，紛紛歸附；苻健進入長安，並西取上邽，但以人心思晉，乃向晉朝告捷，並修好於桓溫；寫了燕主慕容儁起兵南伐，很快攻克樂安、薊城，並進軍魯口，中途受到魏將鹿勃早的夜襲，遂引兵還薊；接著二次南伐，取得章武、河間、樂陵等地；此外還寫了蔡謨被授司徒之職，三年不上任，以致太后、皇帝坐朝立等，蔡謨仍拒不應命，殷浩欲治以「無人臣禮」，處以大辟，後從荀羨之議，免謨為庶人等等。

【注　釋】❶欲滅去石氏之迹　想消除石氏政權的一切痕跡。❷託以讖文　假託預言吉凶的讖文上有如何如何的說法。讖文，古代陰謀家為實現某種目的而編造的一種預言。如秦末出現的「滅秦者，胡也」；漢代「尹敏」編造的「君無口，為宰輔」等皆其顯例。❸易姓李氏　意謂石閔遂改姓「李」。「姓」與「氏」本來有區別，「姓」是一個大的範疇，裡頭再分若干支派叫「氏」。後來人們將其混用、連用。❹出奔襄國　投奔石祗。石祗是石虎的兒子，當時駐兵襄國，即今河北邢臺。❺冀州　趙國的州名，州治即今河北冀州。❻滏口　山口名，在今河北磁縣西北的鼓山，滏陽河發源於此。為太行山的八陘之第四陘，故又名滏口陘。古時為自鄴縣西出的要道。❼石瀆　也稱石竇堰，在今河北臨漳西南的故鄴縣城東。❽黎陽　古鎮名，也是古黃河的渡口名，在今河南衛輝東。⑨桑壁　據胡注，桑壁指漢桑中縣故城，俗稱石勒城。桑中故城在今河北平山縣東南。⑩陽城　即今繁陽縣城，遺址在今河南內黃東北。永和六年，劉國自繁陽引兵會石琨擊冉閔。⑪陳留　趙郡名，郡治小黃縣，在今河南開封東。⑫承閔書　按照石閔來信的要求。⑬閏月　閏二月。⑭齎書　帶著密信。⑮混橋　橋名，在今河北臨漳西南故鄴城東北。⑯總馭　統領駕御。總，凝聚；統領。⑰混壹　猶言「統一」。⑱識機知命　識時務，知天命。機，時機。⑲己丑　閏二月十八。⑳以蒲洪為氐王　蒲洪原是氐族人，去年遣使來降，今經略中原，故授任以懷來之。㉑蒲健　蒲洪之子。㉒改姓苻氏　據說蒲洪是由於看到讖文上有所謂「草付應王」及其孫堅背上生有「艸付」字樣，故而改姓「苻」。㉓南安雷弱兒　南安郡人姓雷名弱兒。南安郡是趙郡名，郡治在今甘肅隴西縣東南。㉔氐酋　氐族人的頭領。㉕蠮螉塞　即今北京市昌平西北的居庸關，或說蠮螉塞在今北京市密雲東。㉖盧龍塞　在今河北喜峰口附近，古有山道自今天津市薊縣南來，東北行經遵化，再經喜峰口東北行，通往遼西到大凌河流域。㉗槎山通道　劈山開道。槎，斜砍。㉘三陘　地名，在今河北灤縣北的橫山上。㉙惶怖　恐懼驚慌。㉚安樂　當作「樂安」，在今河北昌黎西南。㉛共保薊　共同保衛薊縣。按，此薊縣即今之北京市，當時屬於後趙。㉜孫泳　燕國將領。㉝籍其穀帛　將救下來的糧食、絹帛都登記入冊。㉞臨渠　一名臨溝城，以臨溝渠得名，在今河北三河市東。㉟無終　古縣名，縣治即今天津市薊縣。㊱魯口　古城名，即今河北饒陽。㊲乙巳　三月初五。㊳撫有中州　安定並佔有中原地區。中州，以河南為中心的黃河中游地區。㊴不可以為王師之先聲也　王者之師的開頭不應該是這種樣子。先聲，先導；開端。㊵入都于薊　進駐薊縣，並以薊縣作為燕國的都城。㊶范陽　郡國名，郡治即今河北涿州。㊷八城令長　涿州所屬的八個縣的縣令、縣長。此八縣指涿縣、良鄉、方城、長鄉、遒縣、故安、范陽、容城。㊸幽州別駕　幽州刺史的高級僚屬。因其隨刺史出行時能別乘一車，故稱「別駕」。㊹鄉里在北　王績為范陽人，范陽在魯口之北。㊺去之　意即殺了他。㊻喪亂　死亡戰亂。㊼乃能立義捐家　竟然能夠為了義氣而不顧家。捐，捨棄；丟下。㊽情節　情義、氣節。㊾古烈士　古代史書所表彰的那些為大義而獻身的剛烈之士。㊿直相聚為賊　只不過是偶然聚集起來的一群強盜。(51)了無意識　全然沒有一點思想、道德。(52)眾情　猶言「人心」。(53)坐自屠潰　自相殘殺，自尋崩潰。潰，散亂；瓦解。(54)或致非意　做出違背自己本意的事，謂殺掉李績。(55)乃遣績歸　於是打發李績回了范陽。(56)邀名　求得一個不背舊主的名聲。(57)志存微節　想保留一點微小的氣節。(58)官身所在　為誰任職，就應該為誰效命。(59)何事非君　那個你為之效過力的人，不就是你過去的主子嗎？你怎麼能不念一點情義呢。(60)未調得見之晚　我看不出現在來投奔您就算是多麼晚。(61)代郡城郎　代郡郡城的軍政長官。城郎，也稱「城大」、「城主」，皆鮮卑所置。代郡的郡城即今河北蔚縣東北的代王城。(62)廣寧　燕郡名，郡治即今河北涿鹿。63甲子　三月二十四。64中部俟釐　鮮卑部族的首領之稱。65督薊中留事　管理薊縣裡的留守事宜，實即留守薊縣都城。66清梁　古城名，在今河北保定西南四十里，也作「清涼城」。67鹿勃早　姓鹿，名勃早。68先犯　首先進攻。69幕下　帳篷之內。70燕軍得嚴　給燕軍爭取到了進行抵抗的時間。嚴，武裝自己。71萬一獲利　意即僥倖取勝。72求賊得賊　我們不是要打敵人麼，敵人已經送上門來。73高冢　高丘之頂。74中牙　指慕容儁的中軍大帳。牙，通「衙」。75儁引兵還薊　儁之還薊，亦鹿勃早有以挫其鋒，否則將直攻魯口矣。76赦諸軍屯　寬恕那些反對他的屯駐在外的各位後趙將領，如張沈、蒲洪等。77皆不從　都不買冉閔的帳，不理睬他。78深然之　極以其所說為然；認為很正確。79為豎子所困　被麻秋弄成了這種樣子，指自己中毒將死。豎子，罵人語，猶謂小子，此指麻秋。80所能辦　所能平定統一。81且請朝命　願意接受晉王朝的指揮。82六夷據州郡　那些佔據州郡號令一方的胡、羯、氐、羌、段氏鮮卑及巴蠻等人。83以襄非長子　姚襄是姚弋仲的第五子。84臨江　到長江邊。85廬江太守　東晉的廬江太守。廬江郡的郡治即今安徽舒城。86繁陽　縣名，縣治在今河南內黃東北。87段蘭卒於令支　段蘭是鮮卑段氏部落頭領段遼之弟，段遼被慕容氏消滅後，段蘭北投宇文氏，宇文氏將段蘭送給了後趙主石虎，石虎讓段蘭率其舊部仍居於段氏的故城令支，在今河北昌黎西北。事在晉康帝建元元年。段蘭死後，其子段龕代領其眾。88廣固　古城名，在今山東青州西北八里的堯山之南。龕自陳留而東據廣固。89徐無　古縣名，縣治在今河北遵化西。90關西夷夏　關中地區的各少數民族與漢族人。91欲取之　想要奪取杜洪的部眾與地盤。92受趙官爵　謂表面上接受趙主祗所授的官爵。93趙俱　苻健的部下。94溫　縣名，縣治在今河南溫縣西南三十里。95懷　縣名，縣治在今河南武陟西南。96課民　督促百姓。97示無西意　做出一種不打算再向西部進兵的樣子。98殺之以徇　殺死後載其屍體巡行示眾。99盟津　渡口名，也稱「孟津」，在今河南孟州西南的黃河上。100為浮梁　搭建浮橋。101濟　渡河，此指渡過黃河。102軹關　山口名，在今河南濟源西北。因其地當軹道之險，故名。為太行八陘中的第一陘，歷來是軍事要衝。103侮嫚　侮辱、漫罵。104張琚弟先　張琚之弟張先。105迎健　意即向苻健投降。106徇渭北　攻取渭水以北之地。107高陵　縣名，縣治在今陝西高陵西南一里。108好時　縣名，縣治在今陝西乾縣東的好時村東南二里。109黃白　古城名，本秦之曲梁宮，在今陝西三原東北十里。110昌城　古城名，在今河南南樂西北。或說在今河北大名境。111蒼亭　渡口名，在今山東莘縣南的古黃河上。112陰安　縣名，縣治在今河南清豐北二十里。113鉦鼓　古代軍中所用樂器名，鳴鉦以為鼓節。鉦，樂器名，亦名丁寧。形似鐘而狹長，有長柄，柄中上下通，用時口朝上，以槌敲擊。行軍時也可以用來節制步伐。114綿亙　連綿不斷的樣子。115徵辟　詔聘。朝廷詔聘為徵，三公以下請召為辟。116致至則危　壘東西壘到一定高度就要倒。至，盡頭；極點。117因茲大捷　趁著這場大獲全勝的時機。(118)由夷之廉　像許由、伯夷一樣廉潔的名聲。相傳許由、伯夷都是拒絕天下之權而不受的高潔之士。事詳《史記・伯夷列傳》與《莊子・逍遙遊》、晉皇甫謐的《高士傳》。(119)松喬之壽　赤松子、王子喬一樣的長壽。赤松子、王子喬都是傳說中的仙人。《韓非子・解老》有所謂「赤松得之與天地統」;《論衡・無形》有所謂「赤松、王喬好道為仙，度世不死」。(120)章武　郡國名，郡治東平舒，即今河北大城。(121)河間　郡國名，郡治樂城，在今河北獻縣東南。(122)勃海　郡名，郡治在今河北滄州西南。(123)擁部曲　擁有軍民合一的私人武裝。部曲，古代戰亂時期常有某個地主豪紳團聚許多鄉民，組織成一種軍民合一的、獨立的自衛組織。(124)百步上　百步以外。(125)再發　射了兩箭。(126)拂脊　擦其脊背而過。拂，輕輕擦過。(127)磨腹　貼著肚皮而過。(128)附膚落毛　不傷皮膚地射斷了一些毛。附，靠近。(129)如一　完全一樣。(130)樂陵　郡名，郡治在今山東惠民東北。(131)治高城　慕容儁把樂陵郡的郡治改到了高城縣，縣治在今河北鹽山縣東南。(132)堡壁　塢壁、堡寨，都是戰亂年代為謀求自衛而構築的防守工事。(133)司竹　即司竹園，在今陝西周至東南十五里，漢於此設有司竹長丞。(134)謁陵廟　到祖陵和宗廟告祭祖先。(135)署　任命，這裡是使代理的意思。(136)麾下　部下。(137)誅屏　意即誅滅、誅除。(138)防微杜漸　在事物剛剛出現不良現象時，即加以限制，不使擴大發展。(139)甲午　此語有誤。十一月朔戊戌，無甲午日。甲午應是十月二十七。(140)獻捷　戰勝後向朝廷進奉俘虜和戰利品。(141)修好　結好；搞好關係。(142)臨軒　皇帝不坐正殿而坐到殿前的堂階之間，表示急切等待的樣子。殿前近簷之處兩邊有欄杆，如車之軒，故也稱軒。(143)陳讓　辭讓。(144)自旦至申　從早晨到下午。申，指十五時至十七時。(145)何時當竟　何時算是結束。竟，終了。(146)必不來者　如果他一定不來。者，語氣詞。表示假設，相當於「……的話」。(147)奏免　請求皇帝罷免。(148)令曹　下令給尚書曹。時昱錄尚書六條事。尚書省下設若干曹，曹下置尚書若干人，此指尚書臺主管官吏任免的尚書。(149)傲違上命　傲慢地違背皇帝的命令。(150)人主　指皇帝。(151)卑屈於上　指皇帝說話，蔡謨不聽。(152)大義　人臣應該服從君主的一般道理。(153)悖慢　狂悖傲慢。(154)罪同不臣　應該與那些不忠於君主或背叛君主的罪過相同。(155)送廷尉　送交司法部門。廷尉是朝廷的最高司法長官，秩中二千石，後代也稱「大理寺」。(156)以正刑書　猶後世之所謂「正法」、「以正典刑」，亦即維護刑法條文的尊嚴。(157)詣闕稽顙　到朝廷磕頭請罪。闕，宮廷正門前的雙闕，這裡即指宮廷。稽顙，磕頭至地。(158)待罪　聽候處治。(159)大辟　即殺頭。(160)事危　謂被處以死刑。(161)必有桓文之舉　謂將有人舉兵以討伐司馬昱與殷浩之罪。桓、文，指齊桓公和晉文公，兩位春秋時代的諸侯霸主。

【校　記】[1]二十八孫　據章鈺校，十二行本、乙十一行本皆作「三十八孫」。[2]何如　原無此二字。據章鈺校，十二行本、乙十一行本、孔天胤本皆有此二字，張敦仁《通鑑刊本識誤》、張瑛《通鑑校勘記》同，今據補。③右將軍　據章鈺校，十二行本、乙十一行本、孔天胤本皆作「後將軍」。④王墮為右將軍領右司馬　原無此二句。據章鈺校，十二行本、乙十一行本、孔天胤本皆有此二句，張敦仁《通鑑刊本識誤》、張瑛《通鑑校勘記》同，今據補。⑤乃釋之　原無此三字。據章鈺校，十二行本、乙十一行本皆有此三字，張瑛《通鑑校勘記》同，今據補。⑥擁兵　原無此二字。據章鈺校，十二行本、乙十一行本皆有此二字，張瑛《通鑑校勘記》同，今據補。⑦京兆　原無此二字。據章鈺校，十二行本、乙十一行本皆有此二字，張敦仁《通鑑刊本識誤》、張瑛《通鑑校勘記》同，今據補。⑧略陽　原作「洛陽」。據章鈺校，十二行本、乙十一行本皆作「略陽」，熊羅宿《胡刻資治通鑑校字記》同，今據改。⑨存　據章鈺校，十二行本、乙十一行本皆作「全」。⑩復　原無此字。據章鈺校，十二行本、乙十一行本、孔天胤本皆有此字，張敦仁《通鑑刊本識誤》同，今據補。⑪素服　原無此二字。據章鈺校，十二行本、乙十一行本、孔天胤本皆有此二字，張敦仁《通鑑刊本識誤》同，今據補。

【語譯】六年（庚戌　西元三五〇年）

春季，正月，後趙大將軍石閔想要消除石氏統治的痕跡，就假託預言吉凶的讖文中有「繼趙李」的字樣，遂將國名改為衛國，石閔自己也改姓李，大赦天下，改年號為青龍元年。擔任太宰的趙庶、擔任太尉的張舉、擔任中軍將軍的張春、光祿大夫石岳、撫軍將軍石寧、武衛將軍張季，以及公爵、侯爵、卿、校、龍騰等一萬多人全都逃離鄴城投奔了襄國的石祗，汝陰王石琨逃往冀州。撫軍將軍張沈則佔據了滏口，張賀度佔據了石瀆，建義將軍段勤佔據了黎陽，寧南將軍楊羣佔據了桑壁，劉國佔據了陽城，段龕佔據了陳留，姚弋仲佔據了灄頭，蒲洪佔據了枋頭，他們每人都擁有部眾數萬人，都不服從石閔。段勤，是段末柸的兒子。段龕，是段蘭的兒子。

後趙車騎將軍王朗、將軍麻秋從長安趕赴洛陽。麻秋接到大將軍石閔要求誅殺胡人、羯人的命令，誅殺王朗部下一千多名胡人，王朗逃往襄國投奔了石祗。麻秋率領部眾準備返回鄴城，蒲洪派自己的兒子龍驤將軍蒲雄在途中迎頭痛擊，俘獲了麻秋，蒲洪任命麻秋為軍師將軍。

後趙汝陰王石琨與太尉張舉、車騎將軍王朗率領七萬人馬前往鄴城討伐石閔，大將軍石閔率領一千多名騎兵與石琨等在鄴城城北展開決戰。石閔手中揮舞著一桿兩面都帶有利刃的長矛，騎著戰馬，左衝右突、縱橫馳騁，所到之處，無不遭到摧毀，這一仗，石閔斬殺了三千多人。石琨等大敗而逃。石閔與李農率領三萬名騎兵前往石瀆討伐張賀度。

閏二月，衛主石鑒偷偷地派遣手下的宦官拿著自己的親筆書信前往滏口送給撫軍將軍張沈等人，讓他們趁鄴城空虛前來襲擊鄴城。宦官卻將此事告訴了石閔、李農，石閔、李農迅速地撤軍返回鄴城，廢掉了石鑒，並將石鑒殺死，同時被殺死的還有後趙皇帝石虎的二十八個孫子，石氏皇族全部被誅殺。姚弋仲的兒子、擔任曜武將軍的姚益、擔任武衛將軍的姚若率領數千名禁衛軍打開鄴城城門逃往灄頭。姚弋仲率軍討伐石閔，將軍隊駐紮在鄴城東北的混橋。

司徒申鍾等人向石閔奉上皇帝尊號，石閔辭讓給李農，李農堅決推辭。石閔說：「我們這些人原本都是晉國人，如今晉朝還存在，就讓我們分別割據州郡，各自稱州牧、太守、公爵、侯爵，然後上表給晉朝皇帝，迎請他返回都城洛陽如何？」尚書胡睦建言說：「陛下聖明的恩德，上應天心，應該登基做皇帝。晉室政權衰微，遠遠地逃到了江東，他哪裡統領駕御得了各路英雄豪傑，統一天下呢？」石閔說：「胡尚書的話，可以說是識時務、知天命了。」遂即位為皇帝，實行大赦，改年號為永興，國號大魏。

東晉朝廷得知中原地區陷入一片混亂，就又開始商議進取中原之事。閏二月十八日己丑，任命擔任揚州刺史的殷浩為中軍將軍、假節、都督揚・豫・徐・兗・青五州諸軍事，任命歸降的蒲洪為氐王、使持節、征北大將軍、都督河北諸軍事、冀州刺史，封為廣川郡公，任命蒲洪的兒子蒲健為假節、右將軍、監河北征討前鋒諸軍事，封為襄國公。

佔據灄頭的姚弋仲與佔據枋頭的蒲洪都有佔據關右的想法。姚弋仲派自己的兒子姚襄率領五萬人馬襲擊蒲洪，蒲洪率軍迎戰，將姚襄打敗，斬殺了三萬多人。蒲洪遂自稱大都督、大將軍、大單于、三秦王，改姓苻氏。他任命南安郡人雷弱兒為輔國將軍，安定人梁楞為前將軍，兼任左長史，馮翊人魚遵為右將軍，兼任右長史，京兆人段陵為左將軍，兼任左司馬，王墮為右將軍，兼任右司馬，天水人趙俱、隴西人牛夷、北地人辛牢都為從事中郎，另一氐人部落酋長毛貴為單于輔相。

二月，燕王慕容儁派遣慕容霸率領二萬人馬從東路徒河出兵，慕輿于從西路穿過蠮螉塞，慕容儁親自率領大軍從中路穿過盧龍塞討伐後趙。任命慕容恪、鮮于亮為前驅，令慕輿埿逢山開路，打通前進的道路。留下世子慕容曄守衛京師龍城，任命擔任內史的劉斌為大司農，與擔任典書令的皇甫真主持留守府的事務。〇燕國慕容霸率領大軍抵達三陘，後趙擔任征東將軍的鄧恆驚慌失措，遂焚毀了倉庫，丟棄了樂安城逃走，與擔任幽州刺史的王午共同堅守薊城。燕國徒河南部都尉孫泳率人緊急進入樂安城，撲滅了餘火，將殘存的糧食、布帛等登記造冊。慕容霸繳獲了樂安、北平的軍糧，與燕王慕容儁在臨渠會合。

三月，燕國軍隊抵達無終。後趙幽州刺史王午留下他的部將王佗率領數千人守衛薊城，自己則與鄧恆一起逃往魯口據守。初五日乙巳，燕王慕容儁攻克了薊城，活捉了後趙守將王佗，將王佗斬首。慕容儁準備把王佗手下的一千多名士卒全部活埋，慕容霸勸阻說：「因為趙國主殘忍暴虐，大王才出兵討伐趙國，目的是為了拯救陷於水深火熱之中的百姓而佔有中州。現在剛攻克薊城就要把守衛薊城的士卒活埋，恐怕不能做為王者之師的先導吧。」於是將他們全都釋放。慕容儁進入薊城，中原人士前來投降歸附的接踵而至。

燕國的軍隊到達范陽，擔任范陽太守的李產還想為後趙抗拒燕軍，而他的部眾全都不聽從他的指揮，不得已，率領范陽郡管轄之下的涿縣、良鄉、方城、長鄉、遒縣、故安、范陽、容城八個縣的縣令、縣長出城投降，慕容儁任命李產為范陽郡太守。李產的兒子李績在幽州刺史屬下擔任別駕，他拋棄了自己的家人跟隨幽州刺史王午撤退到了魯口，征東將軍鄧恆對王午說：「李績的家鄉在北方的范陽，他父親李產已經投降了燕國，李績現在人雖然在這裡，但難以保證他會始終如一地跟隨我們，白白地受他拖累，不如除掉他。」王午說：「你說的是什麼話！如今戰亂頻仍，局勢已經成了這個樣子，而李績竟然能夠為了義氣而拋棄家小跟隨我們，其情義、氣節之高，即使是古書所表彰的那些為大義而獻身的剛烈之士也不過如此。你竟然因為心存猜忌就想害死他，如果讓燕國、趙國的人士知道，一定會認為我們只不過是偶然聚集起來的一群強盜，完全沒有思想、沒有道德。眾人之心一散，就再也無法凝聚到一起，這就等於在這裡自相殘殺、自尋崩潰。」

鄧恆這才不再主張除掉李績。王午還是擔心諸將與自己的想法不一致，或許會有人私下裡做出違背自己心意的事情，將李績殺掉，遂打發李績返回范陽。李績辭別幽州刺史王午往見燕王慕容儁，慕容儁責備李績說：「你不知道天命，竟然拋棄了自己的父親而去求得一個不背叛舊主人的虛名，為什麼直到今天才來見我！」李績回答說：「我眷戀自己舊日的主人，想要保留一點微小的氣節，我為誰做官，就要為誰效命，那個你為之效過力的人，不就是你過去的主子，怎麼能不念一點情義呢？殿下正在高舉義旗攻取天下，我不認為自己現在前來投奔是來晚了。」慕容儁聽了李績的這番話，心裡很高興，因此待他很好。

燕王慕容儁任命自己的弟弟慕容宜為代郡城郎，任命徒河南部都尉孫泳為廣寧太守，把幽州所有郡守、縣令等全部安置完畢。

三月二十四日甲子，燕王慕容儁派擔任中部俟釐的慕輿句管理薊城留守事宜，慕容儁親自率軍攻打據守魯口的鄧恆。燕軍到達清梁，鄧恆的部將鹿勃早率領數千人馬在夜間襲擊燕軍的營寨，已經有一半人馬衝入，首先攻擊燕國前鋒都督慕容霸，衝進慕容霸的帳幕之中。慕容霸一躍而起進行反擊，親手殺死了十幾人，鹿勃早的攻勢受阻，不能繼續前進，遂給燕軍贏得了調動軍隊進行抵抗的時間。慕容儁對慕輿根說：「賊人的士氣很盛，我們應該暫且避一避他們的鋒芒。」慕輿根態度嚴肅地說：「我們人多，他們人少，因為無法與我們對抗，所以才趁黑夜來襲擊我們，希望憑藉僥倖獲取勝利。現在我們正想要攻打敵人，敵人竟然自己送上門來，我們正應該迎頭痛擊，這還有什麼可值得懷疑的！大王儘管安然地在大帳之中依枕高臥，我等自然會替大王消滅這些敵人！」慕容儁心不自安，擔任內史的李洪跟隨慕容儁離開大營，駐紮在一座高丘之上。慕輿根率領自己身邊的數百名精壯勇敢的士卒，從中軍大帳出來逕直向鹿勃早衝去，李洪慢慢地整頓好騎兵，回轉身來協助慕輿根攻殺鹿勃早，鹿勃早一看形勢不妙，趕緊率軍退走。燕軍隨後追殺了四十多里，鹿勃早只自身逃得性命，他率領的數千人馬幾乎死光了。慕容儁遭到鹿勃早的劫營之後，便取消了原定攻打魯口的計畫，率軍返回了薊城。

魏主石閔恢復自己原來所姓的冉姓，並尊奉自己的母親王氏為皇太后，立自己的妻子董氏為皇后，立兒子冉智為皇太子，冉胤、冉明、冉裕都被封為王。任命李農為太宰、兼任太尉、錄尚書事，封為齊王，李農的幾個兒子都被封為縣公。冉閔派使者手持符節前往滏口、枋頭、黎陽等地寬恕那些反對他的各位後趙將領，卻沒有一個人買他的帳。

將軍麻秋向苻洪建議說：「鄴城的冉閔、襄國的石祗正在進行軍事對峙，中原的戰亂很難一下子平息。現在不如先攻取函谷關以西地區，等到基業穩固，然後再出兵向東爭奪天下，到那時，誰還敢反抗我們！」苻洪認為麻秋說得非常正確。但事過不久，麻秋就趁著宴會的機會在酒中下毒，想要毒死苻洪，兼併苻洪的部眾，苻洪的世子苻健逮捕了麻秋，將麻秋斬首。苻洪對苻健說：「我所以到現在還沒有進入函谷關，是覺得我有能力很快地平定中原地區。現在卻不幸中了麻秋這小子的毒，將不久於人世，平定中原統一天下的大業，僅靠你們兄弟的能力是完不成的，我死之後，你們要趕緊入關。」說完之後便去世了。苻健接替苻洪統領他的部眾之後，就去掉了大都督、大將軍、三秦王的稱號，改稱東晉所授予的職位和爵號，並派遣自己的叔父苻安前往建康稟報苻洪逝世的消息，表示願意接受東晉朝廷的指揮。

後趙新興王石祗在襄國即位為皇帝，改年號為永寧，任命汝陰王石琨為相國，那些佔據州郡擁有軍隊的胡人、羯人、氐人、羌人、段氏鮮卑以及巴蠻等人全都響應石祗。石祗於是任命姚弋仲為右丞相、親趙王，用特別優厚的禮節對待他。姚弋仲的兒子姚襄，英雄勇武而有謀略，士民都很愛戴他，就請求姚弋仲指定姚襄為合法繼承人。姚弋仲因為姚襄不是自己的長子，所以沒有同意。於是前來請求的人每天都有上千人，姚弋仲遂令姚襄帶兵。石祗任命姚襄為驃騎將軍、豫州刺史、新昌公。又任命苻洪的兒子苻健為都督河南諸軍事、鎮南大將軍、開府儀同三司、兗州牧、略陽郡公，想要拉攏他。

夏季，四月，後趙主石祗派遣汝陰王石琨率領十萬人馬討伐魏國。○魏主冉閔殺死了李農和他的三個兒子，同時被殺的還有擔任尚書令的王謨、擔任侍中的王衍、擔任中常侍的嚴震、趙昇。冉閔派使者到長江邊告訴東晉說：「叛逆的胡人擾亂中原，現在我已經在誅滅胡人，如果願意與我一同討伐剩餘的胡人，就請派遣軍隊前來。」東晉朝廷沒有給予答覆。

五月，東晉廬江太守袁真率軍攻打魏國所佔據的合肥，將合肥攻克，俘虜了那裡的居民而後撤回廬江。

六月，後趙汝陰王石琨率軍進佔邯鄲，據守繁陽的鎮南將軍劉國率軍從繁陽趕往邯鄲與石琨會合。魏國擔任衛將軍的王泰率軍反擊石琨，將石琨打得大敗，石琨損失了一萬多人。鎮南將軍劉國率軍返回繁陽。

當初段蘭死在令支，段龕代替段蘭統領他的部眾，他趁著後趙石氏內亂，率領自己的部眾向南遷徙。秋季，七月，段龕率軍從陳留向東佔據了廣固之後，遂自稱齊王。

八月，代郡人趙榼率領三百多戶居民背叛了燕國，投靠了後趙并州刺史張平。燕王慕容儁將廣寧、上谷二郡的民眾遷徙到徐無縣，將代郡的民眾遷徙到凡城。

後趙車騎將軍王朗離開長安的時候，在王朗手下擔任司馬的京兆人杜洪佔據了長安，他自稱晉國征北將軍、雍州刺史，並任命馮翊人張琚為司馬，關中地區的各少數民族和漢人全都紛紛起來響應杜洪。苻健想要攻取長安，奪取杜洪的部眾與地盤，他擔心杜洪發覺他的陰謀，遂決定表面上接受後趙主石祗所授予的官職和爵位，任命自己的部將趙俱為河內郡太守，戍守溫縣，牛夷為安集將軍，戍守懷縣。並在枋頭修築宮室，督促百姓種植小麥，向人表明自己並沒有西進的企圖。有人知道這不過是苻健的一種偽裝，所以拒絕耕種，苻健就把拒不執行耕種命令的人殺掉後載其屍體巡行示眾。不久之後，苻健便自稱東晉征西大將軍、都督關中諸軍事、雍州刺史，任用武威人賈玄碩為左長史，任用略陽人梁安為右長史，任用段純為左司馬，任用辛牢為右司馬，任用京兆人王魚、安定人程肱、胡文等為軍諮祭酒，率領所有的部眾向關西挺進。苻健任命魚遵為前鋒，大軍行進到盟津時，就在黃河上搭建起浮橋，從搭建的浮橋上渡過黃河。苻健派自己的弟弟、擔任輔國將軍的苻雄率領五千人馬從潼關進入關中，派自己的姪子揚武將軍苻菁率領七千人從軹關進入關中。臨別的時候，苻健拉著苻菁的手說：「如果不能攻克長安，你就死在河北，我則死在河南，此生不再相見。」苻健率領大軍從盟津渡過黃河之後，立即派人放火燒毀了搭建起來的浮橋，苻健親自率領大眾緊隨苻雄之後向西挺進。

杜洪聽到苻健率領大軍進入函谷關來攻取長安的消息後，便寫了一封信給苻健，他在信中用極其惡毒的語言對苻健進行侮辱和漫罵。杜洪任命擔任司馬的張琚的弟弟張先為征虜將軍，率領一萬三千名兵眾在潼關以北迎戰苻健。張先被苻健打得大敗，逃回了長安。杜洪趕緊徵召關中所有的兵眾都來抵抗苻健的進攻。杜洪的弟弟杜郁勸說杜洪迎接苻健，杜洪不聽，杜郁就率領自己手下的人馬投降了苻健。

苻健派自己的弟弟、擔任輔國將軍的苻雄率領兵眾攻取渭水以北地區。氐人酋長毛受率眾屯駐在高陵縣，徐磋率眾屯駐在好時，羌人酋長白犢率眾屯駐在黃白城，每人屬下都擁有數萬部眾，他們都把杜洪派來的使者斬首，隨後送自己的兒子到苻健那裡充當人質，向苻健投降。苻健姪子苻菁、魚遵所經過的城邑，沒有一處不向他們投降。杜洪這才感到恐懼，於是決心固守長安。

佔據石瀆的張賀度、佔據黎陽的段勤、佔據著繁陽城的劉國、靳豚等人全都到昌城會師，準備共同率軍攻打佔據鄴城的魏主冉閔。魏主冉閔親自率軍迎擊，雙方在蒼亭展開激戰。張賀度等被冉閔軍打得大敗，戰死了二萬八千人。冉閔追殺靳豚，一直追到陰安，終於將靳豚殺死，同時俘獲了靳豚的所有部眾，然後凱旋而回。魏主冉閔此時已經擁有三十多萬部眾，旌旗鉦鼓連綿一百多里，即使是石氏的鼎盛時期，也比不上此時的冉閔。

西晉建都洛陽時擔任散騎常侍的隴西人辛謐，一向享有很高的聲望，他經歷了前趙劉氏、後趙石氏，每個朝代的朝廷都曾經徵聘他出來做官，他都加以拒絕而不去赴任。魏主冉閔現在又準備了豐厚的禮品徵聘他出任太常，辛謐於是寫信給冉閔，認為：「事物發展到極點，就要走向它的反面，壘東西壘到一定高度就面臨著倒塌的危險。君主您的功業已經完成了，應該趁此大獲全勝的時機，回歸晉朝，如此一來，君主您一定會有許由、伯夷那樣清廉的名聲，享受赤松子、王子喬那樣的高壽。」辛謐將信送出之後，便絕食而死。

九月，燕王慕容儁率軍南下攻取冀州，攻佔了冀州所屬的章武縣、河間縣。

當初，勃海人賈堅從小就崇尚氣節，他在後趙國做官時，擔任殿中督。後趙滅亡後，賈堅便離開魏主冉閔回到自己的家鄉勃海郡，屬下仍然擁有數千家私人武裝。燕國慕容評率軍攻取勃海，派使者招降賈堅，賈堅始終不肯投降。慕容評與賈堅交戰，將賈堅擒獲。燕王慕容儁任命慕容評為章武太守，任命封裕為河間太守。慕容儁與慕容恪都很愛惜賈堅的才能，賈堅當時已經六十多歲，慕容恪聽說賈堅精於射箭，就牽來一頭牛，讓牛站在一百步之外，請賈堅試射。賈堅說：「年輕的時候，我可以不讓自己射中。如今年紀老了，往往能夠射中。」遂連發兩箭，一支箭擦著牛背而過，一支箭貼著牛肚皮而過，兩支箭都是不傷皮膚地射掉了一些牛毛，上下箭痕一模一樣，觀看的人全都對賈堅箭術的奇妙佩服得五體投地。燕王慕容儁遂任用賈堅為樂陵太守，並把樂陵郡的郡治改設在高城。

苻菁率軍與張先在渭水以北交戰，苻菁將張先擒獲，三輔地區各郡縣的堡寨全都向苻菁投降。冬季，十月，苻健率領大軍長驅直入到達長安，杜洪、張琚逃奔司竹。

燕王慕容儁回到薊城，他留下諸將守衛薊城。慕容儁返回燕國的都城龍城後，就到祖陵及家廟告祭祖先。

十一月，魏主冉閔率領步兵、騎兵總計十萬人馬攻打襄國的後趙主石祗，任命自己的兒子太原王冉胤為大單于、驃騎大將軍，把投降過來的一千名胡人調撥給冉胤，做冉胤的部下。擔任光祿大夫的韋謏勸阻說：「胡人、羯人都是我們的仇敵，如今前來歸附，只是為了暫時保全性命。萬一他們叛變，後悔哪裡來得及呢？請把這些投降的胡人或是殺掉，或是驅逐，然後去掉單于稱號，在事物剛剛出現不良現象時，就立即加以限制，不讓它擴大發展，以防止變亂發生。」冉閔正準備招撫、接納諸胡人，聽了韋謏的這番話，不僅勃然大怒，竟然將韋謏以及韋謏的兒子韋伯陽殺死。

甲午日，苻健進入長安，因為民心都懷念晉國，苻健於是派遣擔任參軍的杜山伯為使者前往都城建康，向東晉朝廷奏報勝利的消息和進奉戰利品，同時與東晉征西大將軍桓溫建立友好關係，於是秦州、雍州二州之中不論是夷人還是漢人全都歸附於苻健。後趙的涼州刺史石寧獨自據守上邽，不肯向苻健投降，十二月，苻雄率軍攻擊上邽，將石寧斬首。

東晉朝廷任命蔡謨為司徒，三年過去了，蔡謨一直沒有赴任，朝廷多次下達詔書，皇太后也派使者向他表達誠意，蔡謨始終不肯接受司徒這一任命。於是晉穆帝司馬聃坐在金殿前面的平臺上，派遣擔任侍中的紀據、擔任黃門郎的丁纂前往徵召蔡謨。蔡謨推說自己病勢沉重不能前去，竟然派自己屬下的主簿謝攸出來辭讓。從早晨一直到了下午五時左右，使者往返了十多次，而蔡謨始終不來。當時皇帝司馬聃才剛剛八歲，等了將近一天的時間，已經非常疲倦，就問身邊的人說：「我所召見的人為什麼不來？我在這裡要等到什麼時候？」褚太后因為君臣都很疲乏，就下詔說：「如果他一定不來，就退朝吧。」擔任中軍將軍的殷浩奏請皇帝罷免主管官吏任免的吏部尚書江彪的官職。會稽王司馬昱下令給尚書曹說：「蔡謨傲慢無禮，公然違背皇帝的詔命，沒有一點臣屬的禮貌。如果高高在上的皇帝已經謙遜地下詔給大臣，而大臣卻不服從人臣必須服從君主的大義，那就不知道又該如何推行國家的政令了！」公卿大臣遂上疏給皇帝說：「蔡謨狂悖傲慢，藐視君主，就應該與那些不忠於君主或是背叛君主的罪過同等對待，請將蔡謨送往廷尉處，依法處置，以維護國家法律的尊嚴。」蔡謨大為恐懼，立即率領自己的子弟穿著白衣到皇宮門口請罪，並主動到廷尉那裡聽候處治。殷浩想要判處蔡謨死刑，恰巧此時徐州刺史荀羨入朝，殷浩就此事詢問荀羨，荀羨說：「如果今天把蔡謨殺掉，明天必然有人站出來，像齊桓公、晉文公那樣起兵興師問罪。」殷浩才沒敢堅持殺掉蔡謨。皇帝下詔罷免蔡謨的所有官職，貶為平民。

【研　析】本卷寫晉穆帝永和四年（西元三四八年）至永和六年共三年間的各國大事。所寫的主要人物與事件可議論的有如下幾點：

其一是後趙石虎政權的行將滅亡。石虎是石勒的養子，自幼殘暴異常，但在戰場上卻幾乎是所向無敵。他首先幫著石勒滅了前趙主劉曜，使石勒政權接近於統一了中原地帶，勢力與當年三國時代的曹魏大致相同。石勒死後，石虎殺光了石勒子孫而自己稱帝，其地盤擴展得比石勒時代還要大，它西到甘肅，向南接近長江邊，向東佔到山東，向北佔到長城一線。石虎為趙王十四年，死後趙國迅即滅亡，其原因是由於其自身的兇殘，與其內部的互鬥。石虎有兒子幾十個，父子都醉心於打獵，而且都玩得別出心裁：「虎好獵，晚歲，體重不能跨馬，乃造獵車千乘，刻期校獵。自靈昌津南至滎陽、東極陽都為獵場，使御史監察，其中禽獸有犯者罪至大辟。民有美女、佳牛馬，御史求之不得，皆誣以犯獸，論死者百餘人」；石虎「命太子宣出祈福于山川，因行遊獵。宣乘大輅，羽葆華蓋，建天子旌旗，十有六軍戎卒十八萬出自金明門。虎從其後宮升陵霄觀望之，笑曰：『我家父子如此，自非天崩地陷，當復何愁！但抱子弄孫，日為樂耳。』」「宣所舍，輒列人為長圍，四面各百里，驅禽獸，至暮皆集其所，使文武跪立，重行圍守，炬火如晝，命勁騎百餘馳射其中，宣與姬妾乘輦臨觀，獸盡而止。或獸有迸逸，當圍守者，有爵則奪馬，步驅一日，無爵則鞭之一百。士卒飢凍死者萬有餘人。所過三州十五郡，資儲皆無孑遺。」石虎迷戀於大興土木，建造宮殿，既建鄴城、襄國，又建洛陽、長安。「虎使尚書張羣發近郡男女十六萬人，車十萬乘，運土築華林苑及長牆于鄴北，廣袤數十里。申鍾、石璞、趙攬等上疏陳天文錯亂，百姓彫弊。虎大怒曰：『使苑牆朝成，吾夕沒，無恨矣！』促張羣使然燭夜作，暴風大雨，死者數萬人。郡國前後送蒼麟十六，白鹿七，虎命司虞張曷柱調之以駕芝蓋，大朝會，列於殿庭。」石虎又「發諸州二十六萬人修洛陽宮。發百姓牛二萬頭配朔州牧官。增置女官二十四等，東宮十二等，公侯七十餘國皆九等，大發民女三萬餘人，料為三等以配之。太子、諸公私令采發者又將萬人。郡縣務求美色，多強奪人妻，殺其夫及夫自殺者三千餘人。至鄴，虎臨軒簡第，以使者為能，封侯者十二人。荊楚、揚、徐之民流叛略盡，守令坐不能綏懷，下獄誅者五十餘人。金紫光祿大夫逯明因侍切諫，虎大怒，使龍騰拉殺之。」蒲洪曾質問石虎：「陛下既有襄國、鄴宮，又修長安、洛陽宮殿，將以何用？作獵車千乘，環數千里以養禽獸，奪人妻女十萬餘口以實後宮，聖帝明王之所為，固若是乎！」古代著名的昏君、暴君如夏桀、殷紂等等似乎都達不到這種程度。

石虎政權與他之前的劉聰政權、劉曜政權、石勒政權滅亡的情形如出一轍，都是周邊的其他外部勢力所瞠目窺觀、無可奈何，而被他們自己身邊的親信所滅掉的。劉聰死後，政權被靳準所篡奪，劉聰子孫被誅除淨盡，劉曜誅靳準而代立；劉曜強大一時，結果被親密戰友石勒所擒殺，子孫被誅除淨盡；石勒英雄蓋世，豪氣過人，整個東晉時代少有其比。但一朝逝世，政權立刻被其養子石虎所篡奪，子孫又被誅除淨盡。石虎與劉曜、石勒相比，簡直不齒於人類，但其軍威之強大，仍較其前代有過之而無不及。其家族滅亡之悲慘，也更為歷史之所少有。石虎的首任太子石邃因欲弒虎而被虎所殺；石虎的二任太子石宣因殺其弟石韜而被石虎所燒死；石虎死後其三任太子石世被立為嗣，石虎之子石遵不服，殺石世而自立為帝；石虎的養孫石閔因恨石遵食言，擁立石虎的另一個兒子石鑒為帝而殺掉石遵；石鑒最後又被石閔殺害而石閔自立為帝，改國號曰魏，恢復其本姓為冉閔；石虎的另一個兒子石祗自立為帝，興兵以討冉閔，歷經幾次反覆，石祗的叛將殺石祗，投降冉閔，冉閔遂滅趙並殺光石氏家族（見下卷）。冉閔為魏帝三年，被鮮卑之燕王慕容儁所破殺。這就是石氏後趙政權的始末，豈不驚心動魄與可哀也哉？

其二，在石氏政權嚴重內亂、內部千瘡百孔之際，周邊的政權都在做什麼？與石氏政權並立的南方政權是晉王朝，晉王朝表面風流儒雅，其內部實則腐敗、墮落，朝臣之間鉤心鬥角，各懷鬼胎。這時能不失時機地出兵北伐，並取得了一定成績的是梁州刺史司馬勳。他由漢中兵出駱谷，奪取了趙軍佔領的長城戍（今陝西周至西南），並派部下率兵進攻長安，破殺了趙國的京兆太守，又攻下周至西邊的賀城。三輔地區為之震動，許多郡縣都紛紛起義以響應司馬勳。這是多麼好的軍事形勢，但是朝廷與荊州的方面大員竟然沒有給司馬勳提供任何及時的後續支持，使司馬勳孤立無援，不能繼續深入，無奈何只好轉兵攻取南陽，殺其太守而退回漢中。宋代的胡三省對此遺憾地說：「使桓溫於是時攻關中，關中可取也。」

從朝廷方面主動提出北伐的是褚裒，晉穆帝的外祖父。朝廷裡七嘴八舌意見不一，有人堅決反對，有人敲邊鼓，說什麼「夫能順天乘時，濟羣生於艱難者，非上聖與英雄不能為也，自餘則莫若度德量力。觀今日之事，殆非時賢所及。」意思是如果有文王、武王、周公、太公，或者可以趁此立功；否則像今天朝廷上的這些人，便只能掂量自己的能力，還是老實點好了。一句話，多一事不如少一事，還是不幹的好。褚裒不甘心，堅決請行，遺憾的是褚裒的確不是一個有才幹的軍事家，而且整個朝廷也根本沒有一種「勢在必戰、戰則必勝」的勇氣。於是褚裒率兵三萬，趨向徐州。北方地區，聞訊紛紛響應，前來歸降者不絕。結果由於部將王龕、李邁率領的小部隊在山東曲阜一帶遇到敵人的騎兵大隊，作戰不利，褚裒便因此率軍退回揚州。於是這晉王朝的所謂「北伐」，便宣告失敗了。褚裒沒有捉到狡猾狐狸，白惹了一身騷，招來了朝裡朝外的一通臭罵。丁春為此氣憤地說：「褚裒，晉康帝之后父也。后父之憑仗寵靈，自求於殄滅者簡冊相望矣。裒之畏避國權，已非椒房諸戚之可企；而況彭城一舉，獨欲攘夷而尊夏？雖其功不克，然其名義赫乎可尚。彼晉臣自安石之餘，鮮有此志矣。史臣贊為『后族之英華，縉紳之令望』，信矣。」袁黃說：「褚裒拜疏北伐，事雖無成，然尚有丈夫氣；蔡謨謂『當度德量力』，豈以中原為不應復乎？事前無所見白，退有後言，而史氏方以『憂國』許之，無識甚矣！」

相比之下，我們再看看燕地的慕容儁政權在幹什麼。燕將慕容霸、孫興、黃泓等都反覆上書，勸慕容儁乘機南伐，慕容儁下令準備。幾個月後，燕軍分兩路進入長城，很快地攻克薊縣（今北京市），隨後又南下范陽（今河北涿州）；幾個月後，又攻下章武（今河北大城）、河間（今河北獻縣）、樂陵（今河北鹽山縣）。離著趙、魏的襄國、鄴城已經沒有多遠了。看見麼？這就是新生事物的力量！比起死氣沉沉的東晉王朝，這才是生氣勃勃的真老虎！到下一年，讀者就可以看到慕容儁是如何地收拾冉閔，如何地把國境南推到與東晉為鄰，讓這個該死的腐朽王朝日夜揪心了。

其三，本卷還寫了蔡謨其人，此人是守舊、苟安、不思進取之勢力的代表。一貫反對經營北方。朝廷任命蔡謨為司徒，蔡謨拒不上任，一拖三年之久。直到太后下令，皇帝臨軒，百官聚集相候，蔡謨仍是不來。對於這樣一個廢物，朝廷怎麼竟會如此地看成香餑餑呢？尹起莘對上議論說：「蔡謨在晉，誠為表表，然安天子臨軒，百官布列，若待神明，謨乃傲然偃蹇，使者十餘返而不至哉？唯使者往返之時，而謨亦明知臨軒久矣之意，其心何以自安？既而朝廷不容，請致廷尉，方乃稽顙待罪，何前倨而後恭耶？況謨甫陳疾篤，隨即詣闕，又何愈之速耶？由前言之則不忠，由後言之則不智，此皆謨忽視幼君，下視同列之故爾。使果遇英豪之君、朝綱振肅，必不敢爾。」袁黃說：「蔡謨三年不就職，徵召以疾辭，偃蹇不臣，論以『無將』之誅，實無可逃。苟羨乃用危言沮止，豈復知有大義耶？尹起莘責其傲上不忠，尚不失褒貶之正；書法乃云『免謨為無罪』之辭，則顛倒是非甚矣。」其實這種怪現象也只有產生在東晉這種奇怪的王朝之中，王導可以讓亂臣賊子獲得旌表，朝廷高官可以居官而不管事，真正居官任職一心奉公的人被視為庸俗。舉朝如此，想把一個下等人「明正典刑」是可以的；想把一個地位崇高的大士族「明正典刑」，辦得到麼？

古籍今注新譯叢書

哲學類

- 新譯四書讀本　謝冰瑩等編譯
- 新譯學庸讀本　王澤應注譯
- 新譯論語新編解義　胡楚生編著
- 新譯孝經讀本　賴炎元等注譯
- 新譯易經讀本　郭建勳注譯
- 新譯周易六十四卦經傳通釋　黃慶萱注譯
- 新譯乾坤經傳通釋　黃慶萱注譯
- 新譯易經繫辭傳解義　吳　怡著
- 新譯禮記讀本　姜義華注譯
- 新譯儀禮讀本　顧寶田等注譯
- 新譯孔子家語　羊春秋注譯
- 新譯老子讀本　余培林注譯
- 新譯帛書老子　趙　鋒注譯
- 新譯老子解義　吳　怡著
- 新譯莊子讀本　黃錦鋐注譯
- 新譯莊子讀本　張松輝注譯
- 新譯莊子本義　水渭松注譯
- 新譯莊子內篇解義　吳　怡著
- 新譯列子讀本　莊萬壽注譯
- 新譯管子讀本　湯孝純注譯
- 新譯墨子讀本　李生龍注譯
- 新譯公孫龍子　丁成泉注譯
- 新譯晏子春秋　陶梅生注譯
- 新譯鄧析子　徐忠良注譯
- 新譯荀子讀本　王忠林注譯
- 新譯尹文子　徐忠良注譯
- 新譯尸子讀本　水渭松注譯
- 新譯鶡冠子　趙鵬團注譯
- 新譯鬼谷子　王德華等注譯
- 新譯韓非子　傅武光等注譯
- 新譯呂氏春秋　朱永嘉等注譯
- 新譯韓詩外傳　孫立堯注譯
- 新譯淮南子　熊禮匯注譯
- 新譯春秋繁露　朱永嘉等注譯
- 新譯新書讀本　饒東原注譯
- 新譯新語讀本　王　毅注譯
- 新譯潛夫論　彭丙成注譯
- 新譯論衡讀本　蔡鎮楚注譯
- 新譯申鑒讀本　林家驪等注譯
- 新譯人物志　吳家駒注譯
- 新譯張載文選　張金泉注譯
- 新譯近思錄　張京華注譯
- 新譯傳習錄　李生龍注譯
- 新譯呻吟語摘　鄧子勉注譯
- 新譯明夷待訪錄　李廣柏注譯

文學類

- 新譯詩經讀本　滕志賢注譯
- 新譯楚辭讀本　林家驪注譯
- 新譯楚辭讀本　傅錫壬注譯
- 新譯文心雕龍　羅立乾注譯
- 新譯六朝文絜　蔣遠橋注譯
- 新譯世說新語　劉正浩等注譯
- 新譯昭明文選　周啟成等注譯
- 新譯古文觀止　謝冰瑩等注譯
- 新譯古文辭類纂　黃　鈞等注譯
- 新譯樂府詩選　溫洪隆注譯
- 新譯古詩源　馮保善注譯
- 新譯千家詩　邱燮友等注譯
- 新譯詩品讀本　成　林等注譯
- 新譯花間集　朱恒夫注譯
- 新譯南唐詞　劉慶雲注譯
- 新譯絕妙好詞　聶安福注譯
- 新譯唐詩三百首　邱燮友注譯
- 新譯宋詩三百首　陶文鵬注譯
- 新譯宋詞三百首　汪　中注譯
- 新譯宋詞三百首　劉慶雲注譯
- 新譯元曲三百首　賴橋本等注譯
- 新譯明詩三百首　趙伯陶注譯
- 新譯清詩三百首　王英志注譯
- 新譯清詞三百首　陳水雲等注譯
- 新譯唐人絕句選　卞孝萱等注譯
- 新譯唐才子傳　戴揚本注譯
- 新譯拾遺記　石　磊注譯
- 新譯搜神記　黃　鈞注譯
- 新譯唐傳奇選　束　忱等注譯
- 新譯宋傳奇小說選　束　忱注譯
- 新譯明傳奇小說選　陳美林等注譯
- 新譯容齋隨筆選　朱永嘉等注譯
- 新譯明散文選　周明初注譯
- 新譯明清小品文選　鄭　婷注譯

新譯人間詞話　馬自毅注譯
新譯白香詞譜　劉慶雲注譯
新譯幽夢影　馮保善注譯
新譯菜根譚　吳家駒注譯
新譯小窗幽記　馬美信注譯
新譯圍爐夜話　馬美信注譯
新譯郁離子　吳家駒注譯
新譯歷代寓言選　黃瑞雲注譯
新譯賈長沙集　林家驪注譯
新譯揚子雲集　葉幼明注譯
新譯曹子建集　曹海東注譯
新譯建安七子詩文集　韓格平注譯
新譯阮籍詩文集　林家驪注譯
新譯嵇中散集　崔富章注譯
新譯陸機詩文集　王德華注譯
新譯陶淵明集　溫洪隆注譯
新譯江淹集　羅立乾等注譯
新譯庾信詩文選　歸　青注譯
新譯初唐四傑詩集　李福標注譯
新譯駱賓王文集　黃清泉注譯
新譯王維詩文集　陳鐵民注譯
新譯孟浩然詩集　楊　軍注譯
新譯李白詩全集　郁賢皓注譯
新譯李白文集　郁賢皓注譯
新譯杜甫詩選　張忠綱等注譯
新譯杜詩菁華　林繼中注譯
新譯高適岑參詩選　孫欽善等注譯
新譯昌黎先生文集　周啟成等注譯
新譯劉禹錫詩文選　閻　琦注譯

新譯柳宗元文選　卞孝萱等注譯
新譯白居易詩文選　陶　敏等注譯
新譯元稹詩文選　郭自虎注譯
新譯李賀詩集　彭國忠注譯
新譯杜牧詩文集　張松輝注譯
新譯李商隱詩選　朱恒夫等注譯
新譯范文正公選集　王興華等注譯
新譯蘇洵文選　羅立剛注譯
新譯蘇軾文選　滕志賢注譯
新譯蘇軾詞選　鄧子勉注譯
新譯蘇軾詩選　鄧子勉注譯
新譯蘇轍文選　朱　剛注譯
新譯曾鞏文選　高克勤注譯
新譯王安石文選　沈松勤注譯
新譯唐宋八大家文選　鄧子勉注譯
新譯柳永詞集　侯孝瓊注譯
新譯李清照集　姜漢椿等注譯
新譯陸游詩文選　韓立平注譯
新譯辛棄疾詞選　聶安福注譯
新譯歸有光文選　鄔國平注譯
新譯唐順之詩文選　馬美信注譯
新譯徐渭詩文選　周　群等注譯
新譯袁宏道詩文選　孫立堯注譯
新譯薑齋文集　平慧善注譯
新譯顧亭林文集　劉九洲注譯
新譯納蘭性德詞　馮　乾注譯
新譯方苞文選　鄔國平等注譯
新譯閒情偶寄　馬美信注譯
新譯鄭板橋集　朱崇才注譯

新譯袁枚詩文選　王英志注譯
新譯李慈銘詩文選　潘靜如注譯
新譯聊齋誌異選　任篤行等注譯
新譯閱微草堂筆記　嚴文儒注譯
新譯浮生六記　馬美信注譯
新譯弘一大師詩詞全編　徐正綸編著

【歷史類】

新譯史記　韓兆琦注譯
新譯漢書　吳榮曾等注譯
新譯後漢書　魏連科等注譯
新譯三國志　吳樹平等注譯
新譯資治通鑑　韓兆琦等注譯
新譯史記—名篇精選　韓兆琦注譯
新譯尚書讀本　吳　璵注譯
新譯尚書讀本　郭建勳注譯
新譯周禮讀本　賀友齡注譯
新譯逸周書　牛鴻恩注譯
新譯左傳讀本　郁賢皓等注譯
新譯公羊傳　雪　克注譯
新譯穀梁傳　顧寶田注譯
新譯春秋穀梁傳　周　何注譯
新譯戰國策　溫洪隆注譯
新譯國語讀本　易中天注譯
新譯說苑讀本　左松超注譯
新譯說苑讀本　羅少卿注譯
新譯新序讀本　葉幼明注譯
新譯吳越春秋　黃仁生注譯
新譯西京雜記　曹海東注譯

新譯列女傳　黃清泉注譯
新譯越絕書　劉建國注譯
新譯燕丹子　曹海東注譯
新譯東萊博議　李振興等注譯
新譯唐六典　朱永嘉等注譯
新譯唐摭言　姜漢椿注譯

【宗教類】

新譯金剛經　徐興無注譯
新譯高僧傳　朱恒夫等注譯
新譯碧巖集　吳　平注譯
新譯百喻經　顧寶田注譯
新譯楞嚴經　賴永海等注譯
新譯梵網經　王建光注譯
新譯圓覺經　商海鋒注譯
新譯法句經　劉學軍注譯
新譯六祖壇經　李中華注譯
新譯禪林寶訓　李中華注譯
新譯維摩詰經　陳引馳等注譯
新譯經律異相　顏洽茂注譯
新譯阿彌陀經　蘇樹華注譯
新譯無量壽經　邱高興注譯
新譯無量壽經　蘇樹華注譯
新譯妙法蓮華經　張松輝注譯
新譯景德傳燈錄　顧宏義注譯
新譯大乘起信論　韓廷傑注譯
新譯釋禪波羅蜜　蘇樹華注譯
新譯八識規矩頌　倪梁康注譯
新譯永嘉大師證道歌　蔣九愚注譯
新譯華嚴經入法界品　楊維中注譯
新譯地藏菩薩本願經　李承貴注譯
新譯悟真篇　劉國樑等注譯
新譯无能子　張松輝注譯
新譯坐忘論　張松輝注譯
新譯列仙傳　張金嶺注譯
新譯抱朴子　李中華注譯
新譯神仙傳　周啟成注譯
新譯性命圭旨　傅鳳英注譯
新譯老子想爾注　顧寶田等注譯
新譯周易參同契　劉國樑注譯
新譯道門觀心經　王　卡注譯
新譯養性延命錄　曾召南注譯
新譯樂育堂語錄　戈國龍注譯
新譯冲虛至德真經　張松輝注譯
新譯長春真人西遊記　顧寶田等注譯
新譯黃庭經・陰符經　劉連朋等注譯

【軍事類】

新譯司馬法　王雲路注譯
新譯尉繚子　張金泉注譯
新譯三略讀本　傅　傑注譯
新譯六韜讀本　鄔錫非注譯
新譯吳子讀本　王雲路注譯
新譯孫子讀本　吳仁傑注譯
新譯李衛公問對　鄔錫非注譯

【教育類】

新譯爾雅讀本　陳建初等注譯
新譯顏氏家訓　李振興等注譯
新譯聰訓齋語　馮保善注譯
新譯曾文正公家書　湯孝純注譯
新譯三字經　黃沛榮注譯
新譯百家姓　馬自毅等注譯
新譯幼學瓊林　馬自毅注譯
新譯增廣賢文・千字文　馬自毅注譯
新譯格言聯璧　馬自毅注譯

【政事類】

新譯商君書　貝遠辰注譯
新譯鹽鐵論　盧烈紅注譯
新譯貞觀政要　許道勳注譯

【地志類】

新譯山海經　楊錫彭注譯
新譯水經注　陳橋驛等注譯
新譯佛國記　楊維中注譯
新譯大唐西域記　陳　飛等注譯
新譯洛陽伽藍記　劉九洲注譯
新譯徐霞客遊記　黃　珅注譯
新譯東京夢華錄　嚴文儒注譯

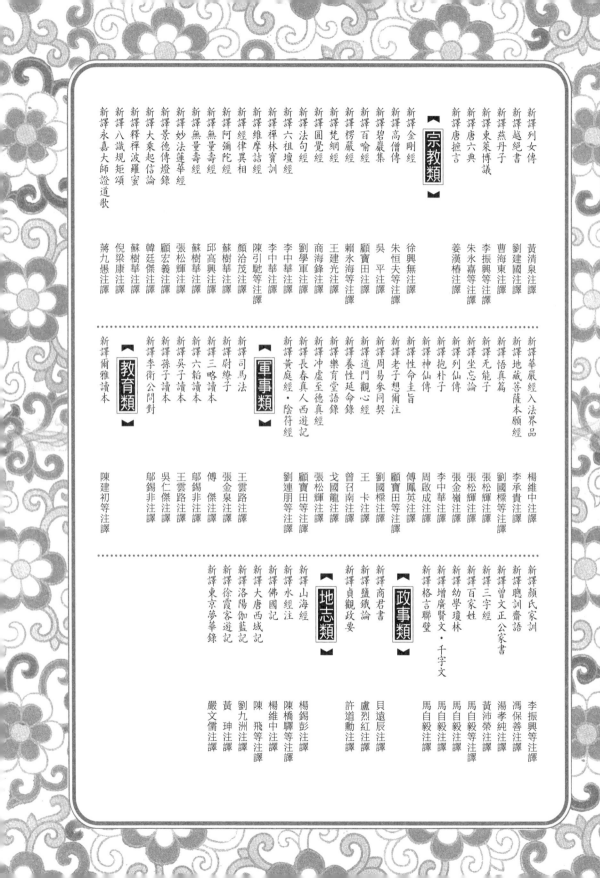

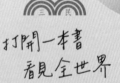

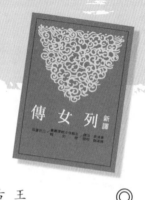